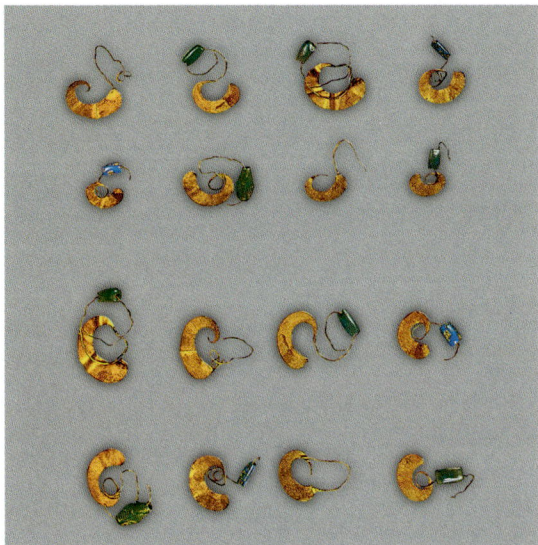
图版 1. 金耳饰（商）

图版 2. 金辟邪纹带扣（汉）

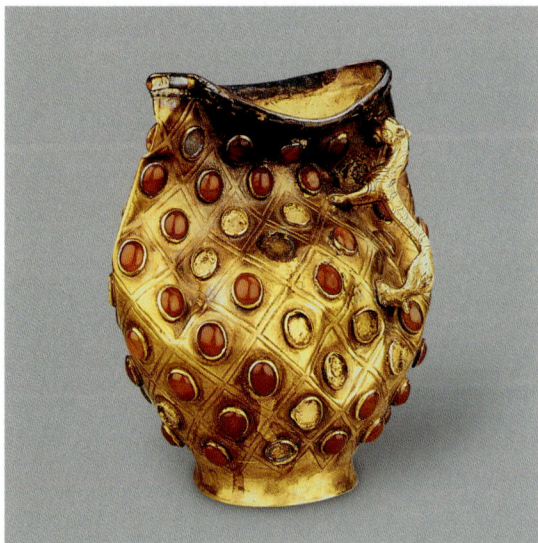
图版 3. 金镶红玛瑙虎柄杯（西突厥）

图版 4. 金伎乐纹八棱杯（唐）

图版 5. 金冠（战国匈奴）

图版 6. 金翼善冠（明）

图版 1～图版 6. 摘自《中国金银玻璃珐琅器 全集·金银器》

图版 7. 银镀金金翅鸟（大理）

图版 8. 金楼阁人物钗（明）

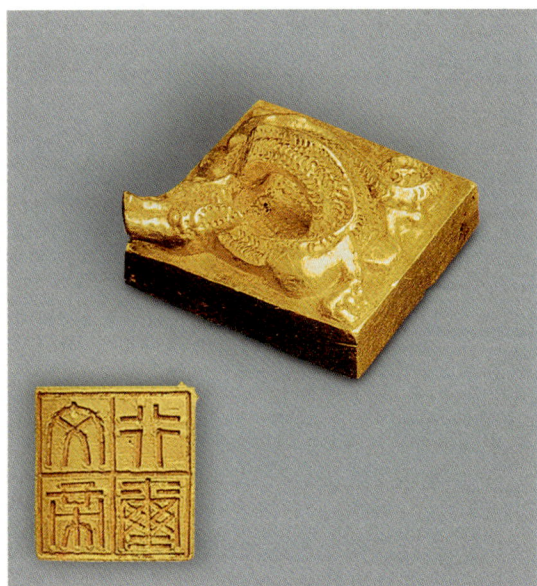
图版 9. 金"文帝行玺"（南越王）

图版 10. 金"晋鲜卑归义侯"印（西晋）

图版 11. 金交龙钮"奉天之宝"印（清）

图版 12. 金錾耳杯（蒙古汗）

图版 7～图版 12. 摘自《中国金银玻璃珐琅器全集·金银器》

图版 13. 银镀金执壶（萨珊波斯）

图版 14. 银镀金龟负论语玉烛筹筒（唐）

图版 15. 银舞马衔杯纹壶（唐）

图版 16. 银龟游纹杯（金）

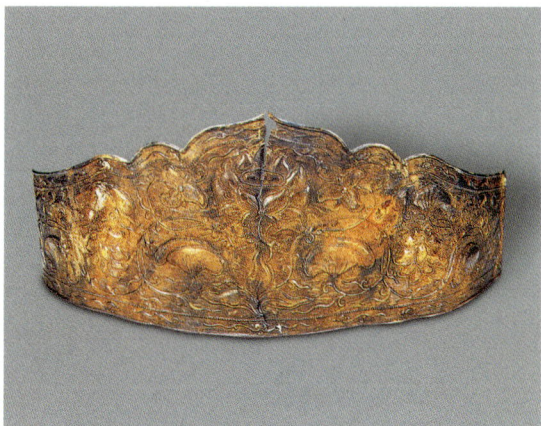

图版 17. 银镀金莲花纹捍腰（辽）

图版 18. 银芙蓉花形盏杯（南宋）

图版 13～图版 18. 摘自《中国金银玻璃珐琅器全集·金银器》

图版 19. 银盘（秦）

图版 20. 银镀金飞廉纹六曲盘（唐）

图版 21. 银錾人物故事图片（北宋）

图版 22. 金掐丝珐琅方形牌（唐吐蕃时期）

图版 23. 银朱碧山造款槎杯（元至正乙酉）

图版 24. 银镀金捧金身菩萨（唐）

图版 19～图版 21、图版 23、图版 24. 摘自《中国金银玻璃珐琅器全集·金银器》

图版 22. 摘自《中国金银玻璃珐琅器全集·5 珐琅器》

图版 25. 银镀金塔（北宋）

图版 26. 金发塔（清）

图版 27. 金镶珠弥勒佛（清）

图版 28. "至元二年"款铜释迦坐像（元）

图版 25～图版 27. 摘自《中国金银玻璃珐琅器全集·金银器》
图版 28. 摘自《故宫博物院藏文物珍品全集·60·藏传佛教造像》

图版 29. 蜻蜓眼玻璃珠（春秋晚期）

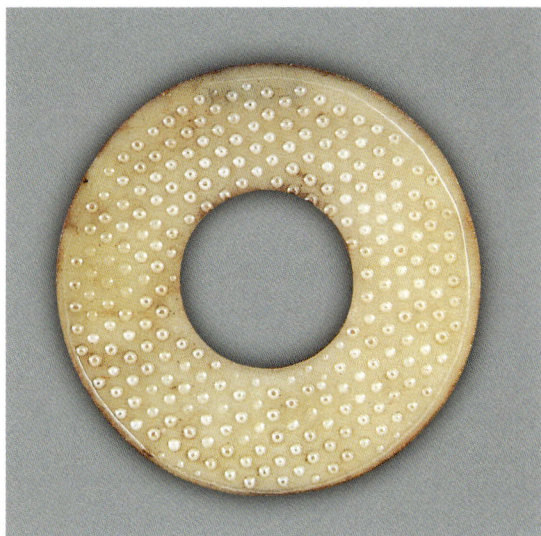
图版 30. 玻璃谷纹璧（战国）

图版 31. 莲花形玻璃盏托（元）

图版 32. 淡黄色透明玻璃茶盏（唐）

图版 33. 玻璃瓶（波斯）

图版 34. 黄玻璃菊瓣形渣斗（清雍正）

图版 29～图版 34. 摘自《中国金银玻璃珐琅器全集·4 玻璃器》

图版 35. 玻璃耳环（西汉）

图版 36. 蓝色玻璃十字团花纹盘（唐）

图版 37. 玻璃六曲花口碗（宋）

图版 38. 透明玻璃水丞（清康熙）

图版 39. 金星玻璃天鸡形水盂（清）

图版 40. 鸭形玻璃注（东罗马）

图版 35～图版 40. 摘自《中国金银玻璃珐琅器全集·4 玻璃器》

图版 41. 白玻璃圭（元）

图版 42. 银经匣（清）

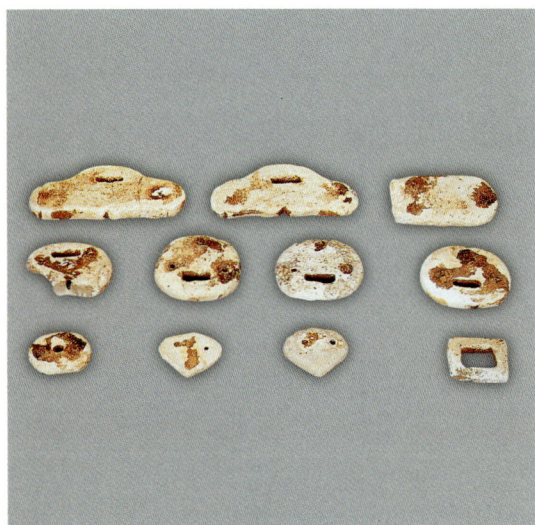

图版 43. 涅白玻璃带銙（辽）

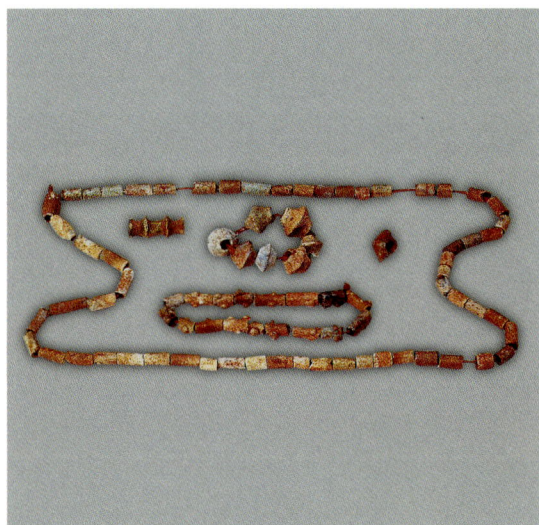

图版 44. 原始玻璃珠管（先周～西周）

图版 45. 凤穿花纹玻璃碗（明）

图版 46. 绞胎捵金星玻璃葫芦式鼻烟壶
（清乾隆）

图版 41、图版 43～46. 摘自《中国金银玻璃珐琅器全集·4 玻璃器》
图版 42. 摘自《中国金银玻璃珐琅器全集·3 金银器》

图版47. 陈国公主墓出土玉佩（y93）上的
两件摩竭（辽）

图版48. 铜胎画珐琅黄地缠枝牡丹纹五供
（清雍正）

图版49. "康熙御制"款画珐琅开光梅花鼻烟壶
（清康熙）

图版50. 乾隆款玻璃胎画珐琅花鸟鼻烟壶
（清乾隆）

图版51. 牙雕茜色鹌鹑盒（清）

图版52. 犀角雕卧鹿形杯（宋）

图版47. 摘自《故宫博物院院刊》2001年6期　图版48. 摘自《中国金银玻璃珐琅器全集·5珐琅器》
图版49～图版50. 摘自《鼻烟壶》　图版51～图版52. 摘自《珍玩雕刻》

图版 53. 铜胎掐丝珐琅缠枝莲纹
三足炉（元）

图版 54. 铜胎掐丝珐琅缠枝莲纹双耳三柱足炉
（明洪武—永乐）

图版 55. 铜胎掐丝珐琅香炉纹僧帽壶
（明永乐）

图版 56. 金錾胎画珐琅开光妇婴图执壶
（清乾隆）

图版 53～图版 56. 摘自《中国金银玻璃珐琅器全集·珐琅器》

图版 57. 铜胎掐丝珐琅摩竭捧寿纹四足炉
（明万历）

图版 58. 铜胎掐丝珐琅夔凤纹提梁卣
（清乾隆）

图版 59. 铜胎画珐琅山水图双耳炉
（清康熙）

图版 60. 铜胎掐丝珐琅缠枝莲纹凤耳薰炉
（清康熙）

图版 61. 铜胎画珐琅勾莲纹觚（明景泰）

图版 62. 银镀金刻花玉壶春（元）

图版 57～图版 61. 摘自《中国金银玻璃珐琅器全集·珐琅器》
图版 62. 摘自《中国金银玻璃珐琅器全集·3 金银器》

图版 63. 广州铜胎錾掐珐琅太平有象
（清乾隆）

图版 64. 扬州铜胎掐丝珐琅凫尊
（清乾隆）

图版 65. 紫檀牙雕广州十三行图插屏
（清乾隆）

图版 66. 苏州黄花梨拐子纹靠背椅
（清乾隆）

图版 63、图版 64. 摘自《中国金银玻璃珐琅器全集·6 珐琅器》　图版 65. 摘自《清代广东贡品》
图版 66. 摘自《故宫博物院藏文物珍品全集·37·明清家具·下》

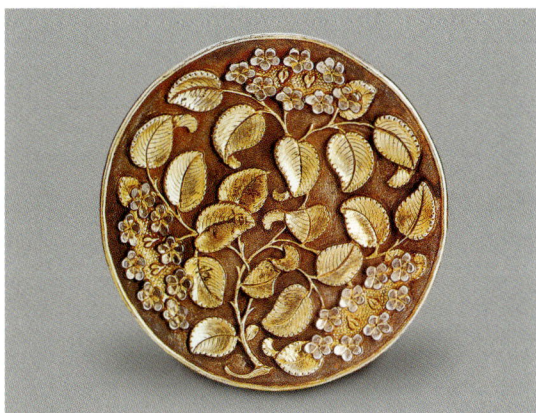

图版 67. 银镀金聚八仙纹盘（南宋）

图版 68. 金闻宣造款缠枝莲云纹盘
（元大德八年）

图版 69. 银月梅纹盘（元）

图版 70. 陈国公主金面具（辽）

图版 71. 银镀金双蛾圈花纹镂空香囊（唐）

图版 72. 金掐丝镶宝石人形饰（唐）

图版 67～图版 72. 摘自《中国金银玻璃珐琅器全集·金银器》

图版 73. 鎏金银摩竭舟（宋）

图版 74. 玉摩竭（辽）

图版 75. 宝相花迦陵频迦莳绘纻夹册子箱（日本平安朝延喜十九年即 919 年）

图版 76. 八桥莳绘砚箱（日本江户时代）

图版 77. 杨茂造款剔红花卉渣斗（元）

图版 73. 摘自《中国美术分类全集·金银器》 图版 74. 摘自《故宫博物院院刊》2001 年 6 期
图版 75、图版 76. 摘自《日本美术名宝展》 图版 77. 张荣提供

图版 78. 黑濑户茶碗（桃山期）

图版 79. 织部菊纹茶碗（桃山期）

图版 80. 青花窗绘花草纹"秋草手"壶
（李朝，公元 17～18 世纪）

图版 81. 仁清色绘武藏野文茶碗（桃山期）

图版 78、图版 79、图版 81. 摘自《日本の名碗》 图版 80. 摘自《东洋陶瓷の展开》

图版 82. 范文虎玉有盖贯耳瓶（元）

图版 83. 竹雕对弈图笔筒（清康熙）

图版 84. 青瓷镶嵌竹鹤纹梅瓶（高丽）

图版 85. 白瓷瓜形水注、承盘
（高丽，公元 12 世纪）

图版 86. 粉青沙器"长兴库"铭印花菊花纹
三耳壶（李朝，公元 15 世纪）

图版 87. 青花梅竹纹壶
（李朝，公元 15 世纪）

图版 82. 摘自《中国玉器全集·5》 图版 83. 摘自《故宫博物院藏文物珍品全集·44·竹木牙角雕刻》
图版 84～图版 87. 摘自《东洋陶瓷の展开》

杨伯达论艺术文物

杨伯达　著

科学出版社

北京

图书在版编目（CIP）数据

杨伯达论艺术文物／杨伯达著 . —北京：科学出版社，2007. 12

ISBN 978-7-03-020730-2

Ⅰ. 杨… Ⅱ. 杨… Ⅲ. 工艺美术品 – 历史文物 – 研究 – 中国

Ⅳ. K876. 04

中国版本图书馆 CIP 数据核字（2007）第 189166 号

责任编辑：张亚娜 郝莎莎／责任校对：朱光光

责任印制：赵德静／封面设计：张 放

科学出版社 出版

北京东黄城根北街16号

邮政编码：100717

http://www.sciencep.com

中国科学院印刷厂 印刷

科学出版社发行 各地新华书店经销

*

2007 年 12 月第 一 版 开本：787×1092 1/16

2007 年 12 月第一次印刷 印张：34 1/4 插页：8

印数：1—1 500 字数：805 000

定价：180. 00 元

（如有印装质量问题，我社负责调换〈科印〉）

目　　录

七、鼻烟壶

八、明器

九、元代美术

十、清代艺术

十一、鉴定

十二、日朝工艺

一、绘　　画

东魏石造像上的一幅思惟画像

　　我国绘画艺术具有悠久的历史，实物遗存极其丰富，譬如从长沙出土的我国最早的绘画遗存——帛画开始，中间有河北、东北、山东、河南、四川等地的汉代至南北朝的墓葬壁画、画像石、画像砖，新疆、甘肃等地的宗教石窟壁画以及我国现存的从展子虔到齐白石的大量卷轴画，为我们认识我国古代绘画艺术的伟大成就、演变及其发展的历史提供了比较系统的材料；再参酌早期零星的文献资料以及从南齐谢赫《古画品录》至后代若干的绘画评论或理论著述等进行研究，则可获得我国古代绘画史的较为完整的认识。

　　新中国成立后随着基本建设事业的发展及文物保护政策的深入贯彻，出土并搜集了大量的绘画性材料，更加丰富了我国的绘画实物遗存，其中有许多是了解与研究古代绘画的重要材料。在这些重要材料当中有一批不被人们了解与注意的材料，河北省曲阳修德寺出土的画在各种石造像方座上或背光上的佛像和供养人像就是这样一种材料。固然，曲阳修德寺的绘画材料都是被毁后埋在地下1000多年，所以残破不全，色彩多已脱落，线条漫漶不清，但是这些缺欠无论如何不能抹杀它在绘画史上的价值。过去我国南北朝时期的北方绘画主要是依靠新疆和甘肃的石窟壁画，如从敦煌石窟的北魏、西魏、北周的佛教壁画来了解这一时期的绘画艺术。当然敦煌在历史上曾经是我国古代极其重要的佛教中心，可以相信它的艺术水平与风格在很大程度上能够反映当代的某些普遍性特点；但是，美中不足的是它离当时北方的政治和文化中心比较远，是否能够完全反映当代的绘画水平与风格以及技术上的演变与发展呢？这是值得考虑的。尤其从公元534年北魏灭亡东西魏分治，至公元577年北周统一北方，长达四十三年几乎近半个世纪的时间内，其绘画艺术究竟起了什么变化，这是大家所关心的。侥幸的是由于敦煌285窟的存在，使我们有可能了解我国北方西半部西魏绘画艺术的一些情况。但是，东魏的绘画艺术究竟怎样呢？过去几乎没有人看见过这方面的实物，人们为了了解它也只有依赖文献记载，而唐张彦远"历代名画记"关于这方面的记载也是极其简单。如该书第八卷后魏一节中只有祖班是东魏人，对他的评价是"善画"；至于对北齐的画家记载虽较详细，但看后也无法获得具体认识。而曲阳修德寺绘画材料却恰好填充了这一空白，给我们学习和研究我国北朝东半部的绘画艺术或者说佛教绘画艺术提供了可信的资料。

　　曲阳石造像上的绘画材料共有九件，这是其中最完整的一件。这件画像的石造像没有纪年，但从三瓣莲冠，面庞圆浑，胸瘪腹鼓，头大身短的儿童型身体比例，宝装莲座，披肩于腹下交叉，两端回曲折叠垂至莲座以及刀法柔软等特点，可以判断是典型的东魏式菩萨立像（图一），再与东魏武定元年王思和造观音像（图三）以及另外两件武定时期观音像（图二、四）相比，更可以肯定它是完成于武定时期，即公元 543～550 年之间。这一躯造像至今仍遗留着若干处闪闪发光的库金和垫地用的朱红色，原来可能是鲜艳绚丽的彩绘造像，而画像就在它的舟形背光后面。

图一　东魏武定时期菩萨像　残高 47 厘米

图二　武定二年苏丰洛造菩萨像

图三　武定元年王思和造观音像

图四　武定元年邹洛住造观音像

　　这幅武定时期的画像表现的是佛还是人？是思惟还是观音？是男性还是女性？乍一看不如石造像那么容易辨认。如果说这幅画描写的是现实的人，但它又有圆项光；若说是菩萨，衣饰非常简单，又与石造像上所通行的华丽衣饰不同，甚至连宝冠都不戴；假若联系到半跏趺坐可以承认它是思惟菩萨的话，但在其他方面又不合乎修德寺思惟菩萨的印相，如东魏与北齐的思惟菩萨都是右脚搭在左膝上，即"吉祥之半跏"，右手支撑面颊做沉思状；而这幅东魏画像却是左脚搭在右膝上的所谓"降魔之半跏"，右手抬起捏着披巾离开面庞，左腕因模糊不清，似乎斜垂下来，左手按在左膝上。另外画像系高髻，髻根两侧各有七瓣与三瓣的花簪，用白带扎紧髻根，髻尖细长向后斜挺，蜷曲的余发披散至背后，与"女史箴"的发髻相似，好像是女性，但下裳是长裙覆盖至脚面，两条背带提着下裳，用宽宽的带子紧束胸膛，在胸前打结后下垂过左腿，上身有细长带状的披巾绕过左肩通到背后，另一端垂至地面，除了胸饰外基本是祖露的，虽然这种上身祖露的作风在飞天像中很普遍，不过更容易使人联想到唐代名画家阎立本画的《北齐校书图》里坐在榻上、长着髭须、赤背披纱的校书人的装束。总之这幅画像的印相在曲阳造像中未曾见过，是一种别具特点的画像。如果不留心背光，谁都会承认是一幅不可多得的人物画。不过从圆项光、半跏趺坐的特点来看，可以肯定这幅画像是思惟菩萨而不是现实的人，也不是观音，但是它的飞天式装束与衣着如此简单，平易近人，说明作者没有忠实的遵循佛教经典的要求，描绘远离现实、装饰华丽、"思想忆念彼国"的思惟菩萨，而在一定程度上突破了佛教信仰的约束，把尊严的思惟像作了大胆的修改，表现出工匠自己对思惟菩萨的独特见解，也表现出对佛教的"叛逆精神"。

　　下面把曲阳思惟画像和敦煌 285 窟壁画，从形象、衣饰、线条、色彩等方面作一比较，说明东、西魏佛教绘画的某些共同性与差别。285 窟建于西魏大统四至五年（公元 538～539 年），大体上和曲阳东魏思惟画像同时期或略早几年；现选择东壁北边的五尊式佛像中最北面的一个胁侍菩萨，作为比较的对象（图五）。

　　（1）形象方面：我国南北朝时期的绘画风格，按照唐代张彦远的说法是"迹简意澹而雅正"，并以顾恺之、陆探微、张僧繇作为代表。而这三位绘画大师各有千秋，即"张得其肉，陆得其骨，顾得其神（唐代张彦远语）。"就以宋陆探微来说，他的创作可以达到"参灵酌妙，动与神会"的极高造诣，用笔运线上的特点是："劲利如锥刀"，因此创造出非常生动的"秀骨清像"，让人们目睹时竟产生"若对神明"的感觉。我认为西魏 285 窟的胁侍菩萨的形象和上面提到的陆探微的作风大体上是吻合的。如胁侍菩萨面庞的眉弓、颧骨、颏骨突起，强调

图五　敦煌第 285 窟东壁北半部胁侍菩萨

表现骨骼的起伏，颈细长，眼小，弧型嘴呈现出北魏时代所特有的"古拙笑"，是一幅典型的瘦削修长型"秀骨清像"。又因胸向后倾，腹鼓起，为了保持重心，双腿叉开，头向前挺，整个身体变成一条优美的曲线，避免了直立的呆板，加之富丽飘动的衣饰，给人婀娜婆婆的感觉，可以说在较大程度上保留了北魏晚期的作风。而曲阳思惟画像却有所不同，它在一定程度上仍保留了"秀骨清像"的痕迹，它的重要特征是：面庞长方，颊颐丰实，颧骨已不显露，弯曲的浓眉，杏核眼，两唇相合已不再作"古拙笑"而代之以平静安详，似乎是由旧风格转向新风格的过渡形态。从曲阳思惟画像和曲阳出土的东魏早期元象二年惠照造思惟石像相同来看，估计尚不是标准的东魏式画像，可能是东魏早期型向东魏标准型过渡的形式。

在这里必须说明，尽管敦煌 285 窟的胁侍菩萨与曲阳思惟画像在形象的表现上有多少不同，但在最基本的倾向上还是一致的。为什么这一时期的形象基本上都是"秀骨清像"或者是由秀骨清像发展下来的修长形象呢？这不是偶然的。我认为这是封建社会统治者的观念与当时北方佛教思想统治的结果，虽然从事绘画的工匠是劳动者，但也摆脱不了统治阶级偏见的支配，不得不按照统治者的意志与要求去作画，285 窟南壁的《五百强盗故事图》最生动的说明了这个问题。如五百强盗的形象都是非常写实的，尤其强盗的形象有个性、有表情，他们的面孔都接近现实的人，目、鼻、口的安排十分自然，比例准确，没有一个修长型面孔，但是被俘、挖掉眼珠以后到山中悔过，重新得到新眼珠以至成正果时，他们的面孔也由现实的、有个性的特点演变为与菩萨相同的修长型面庞了（图六）。这里有一点尤其值得注意，除了成正果后的强盗外，还有审判时的官员以及东南北三壁的供养人也都是修长型面庞。这样看来统治阶级和成正果后的"强盗"都有资格用修长型面庞，生活在世上的所谓"强盗"是忌用的。可见修长型面庞和"秀骨清像"都是统治者的一个标志，具有显明的阶级性；也是当时北方佛教把最高统治者——皇帝看作"当今如来"的观念的一种形象表现，包括胁侍菩萨、思惟菩萨在内的一切菩萨，不过都是大小封建统治者及其爪牙——官员与士大夫的化身。从这里不难看出佛教艺术的阶级本质，它是为当时封建统治阶级服务的，它只不过是封建统治者手中愚弄与压榨劳苦大众的一种工具，一切所谓"亡者归真，现存得福""受苦众生，离苦得乐"等等"虔诚"的发愿，只不过是永远无法实现的美妙幻想和精神的麻醉剂而已。所以曲阳思惟画像的工匠虽然处于被压迫、被奴役的地位，具有"叛逆精神"把思惟的印相与装束作了大胆的改变，但是也无法完全摆脱统治者观念的支配，不得不与西魏 285 窟的工匠一样仍采用作为封建统治者标志的，由"秀骨清像"脱胎的长方形面庞。

（2）衣饰方面：285 窟的胁侍菩萨戴宝冠，胸饰与腕饰有莲花、忍冬等草纹，极其华丽，既不同于曲阳石造像的三瓣莲冠，更不同于思惟画像。已如前述思惟画像的衣饰十分简单，未戴宝冠只用带子扎着发根，只有花簪及余发上一颗圆珠，胸饰与腕饰也没什么纹样。在衣着方面，285 窟胁侍菩萨是通行的宽巾代替了上衣，覆盖在双肩并垂至

① 与追捕的官兵搏斗的　　② 追捕"五百强盗"　　③ 被俘受审时　　④ 审判"强盗"时的官员
　"强盗"面型　　　　　　的骑军面型　　　　"强盗"面型　　　面型 左：副审 右：正审

⑤ 得眼后听佛讲法的　　⑥ 苦修时的"强盗"面型　　⑦ 成正果后的"强盗"面型(左)
　"强盗"面型　　　　　　　　　　　　　　　　　　和佛的面型

图六　敦煌第285窟南壁中部《五百强盗故事图》中"强盗"面型演变与统治者面型对比图

肘部，于腹下交叉，过双腕翩翩舞动于身侧，长裙底边有压边的窄带，在两腿处出现极其繁缛而又不自然的羊肠式折纹，也较多地保留了北魏晚期的特点。曲阳思惟画像的披肩狭而长，好像飞天身上的一条飘带，绕过背后与右腕，先端垂至地面，上身完全祖裸，长裙底边无折纹，表现得既简练又自然。这种飞天式的衣饰与装束是不符合曲阳修德寺思惟菩萨身份的，构成了和285窟胁侍菩萨重要的不可忽略的区别。

（3）用线方面：曲阳思惟画像与285窟共同的地方是都没有顿挫、转折很简单、运笔起落处稍细的"铁线描"。不过两者比较起来285窟胁侍菩萨用笔老练，线条遒劲流畅，思惟画像则稍有逊色，虽还熟练尚有几处误笔，但线条却硬直利落、坚劲短促，仍不失锥镂刀刻的趣味，而缺乏连绵飘逸之感。

（4）色彩方面：285窟壁画用色较丰富，最低限度不下十色，虽然色彩已脱落不少，但仍可以使人联想起当时浓艳夺目的效果。首先从线条的色彩比较一下：285窟壁画形象的外轮廓主要用浅赭色勾勒，内部的转折线多用灰色也有用白色的，而曲阳思惟画像的所有线条都是用深浅浓淡粗细不等的墨线勾勒，近似后世的白描。

用色方面胁侍菩萨也不少于十多种颜色，如深土红、深浅赭色、杏黄、黑、深灰、灰蓝、灰绿、湖绿等等。胸饰的深浅赭色、披肩上的深灰条文、长裙的土红色与蓝灰色底边都丰富了色彩的变化。

思惟画像在色彩方面仍然简单，但也有自己的鲜明的特点。如背光、腕饰都是一层厚厚的浅黄色粉剂，估计可能羼和了浅黄的"胡粉"，面庞与祖裸的上身未加敷染，露出光洁晶莹的石本色，表现出雪白的肌肤，和黛发朱唇、鲜红的长裙形成强烈的对比，获得爽朗醒目的效果，尤其从宽宽的腰间垂下两条细长的白色带子，分割了长裙的红色，避免了喧宾夺主的缺点。曲阳思惟画像用色如此简单是由于条件限制与要求不同，可能因为它不过是造像背光后面的点缀品，所以不需要花费很多时间和材料如同壁画那样敷色。因此不宜用曲阳思惟像来类推东魏佛教绘画的水平和风格，更不宜由此得出东魏佛教绘画不及西魏佛教绘画的结论。

通过上述对比，约略可以看出东西魏佛教绘画的某些共同性与区别，使我们可以了解 285 窟的西魏胁侍菩萨较多地保留了北魏晚期的风格与特点，在形象上变化还不甚大，而东魏思惟画像则代表着一定的新作风；在形象上已经超越了"秀骨清像"的阶段，形成过渡形态。在题材处理方面也比较自由，没有 285 窟胁侍菩萨那样浓厚的贵族气而较为平易近人（当然与劳动人民的性格有本质不同）。所以曲阳思惟画像虽然不能完全反映曲阳地区的佛教绘画水平，也不完全具备东魏时期佛教绘画的普遍特点，但是在缺乏东魏系统的绘画材料，不可能对东魏佛教绘画获得完整知识与了解的今天，思惟画像为我们提供了东魏佛教绘画第一件实物证据，这是值得我们重视的。

（原刊于《文物》1960 年 7 期）

试论风俗画宋张择端《清明上河图》的艺术特点与地位

对张择端《清明上河图》发表论文，我很荣幸能有这个探讨的珍贵机会。可是因为近十几年我的研究项目偏重于其他领域，虽涉及古代绘画时又专注于清代，所以，承担这个项目，似乎力有所不逮。但由于我过去曾不止数十次目验过《清明上河图》，对其内容和题材也做过一些探索，并认为它是与一般的风俗画有较大差别的风俗画，而不是一般的界画或人物画在总的观点上与大会一致，因此，我在繁重的行政工作之余，才勉力将我的意见整理成文。如果能对《清明上河图》的进一步研究以及对风俗画的概念、范畴、特点等等的深入探讨有所裨益，则是我十分荣幸的事。如有不妥之处，亦望得到专家学者赐教。

我国文化界尤其是美术史界、文物界对《清明上河图》极为重视、并给予崇高评价的。自从 1953 年《清明上河图》于故宫博物院绘画馆（紫禁城宁寿宫内）公开展出以来，名家先后多次评论。郑振铎先生在《中国绘画的优秀传统》一文中说：

"张择端的《清明上河图》是现实主义的大杰作。从乡村到城市，百货俱陈，百态具备，是最好的一幅风俗画。……这卷巨作，久已隐去，相传都是仿本，今日才得见到这庐山真面目"[1]。

有关《清明上河图》的论文于 1952 年即已问世[2]，此后 30 余年内据不完全统计，国内先后共发表了论文或专著共 24 篇。这对深入研究《清明上河图》都是有益的贡献。但对其风俗画的内容与形式等课题阐发的不够明确。也就是大多数论文承认它是风俗画。但对其意义、特点等范畴缺乏全面的系统的分析。之所以形成这种情况，与我国古代绘画题材的专门研究还未引起人们的注意有关。进入 20 世纪 80 年代前后，对原有的结论性看法开始提出不同意见，然尚未深入展开讨论，因此，拙文不可避免地要涉及当前学术界对我院所藏《清明上河图》的不同观点和意见的评述。为了讨论的方便，现首先介绍《清明上河图》的画面，再探讨《清明上河图》风俗画的内容、意义及特点，并谈一谈我国绘画界、美术史界对《清明上河图》评论上的一些值得商榷的观点和意见。

一、《清明上河图》概述

现在展开在各位眼前的《清明上河图》，是故宫博物院 1973 年的新装裱本。可能有些人还不知道，截至目前，已发表的《清明上河图》照片，有一个旧裱本和新裱本的区别问题，新裱本有一处更正，和前裱本有所不同。

1953 年此画由辽宁省博物馆移交故宫博物院，于绘画馆（皇极殿）首次展出。其后，每年国庆期间展出，供观众鉴赏。由于此画曾经历过一段极其不幸的遭遇，遍体鳞伤，不宜卷舒，需要装池，以恢复其青春，遂于 1973 年重加装裱。在研究揭裱的会议上，对早已发现的旧裱全补时的误笔，作了去留的研究。这处误笔，开卷即可看到，在一段比较富有情节的场面里画蛇添足，歪曲了原景，在透视上不合理，破坏了原景。具体说，场面是这样：一队轿骑清晨出郊祭坟后匆匆返回的途中，前导的一马突然惊狂而奔驰。在这一刹那，其前后的人物和牲畜无不迅速作出各种不同反响。十分可惜：奔马的前身不知在历史上哪个年月已经残缺，从剩下的鞍鞯判断应有骑手，马后三个驭者正在边追边喊，前方树下屋前的二牛正在扭头看那惊马，正在房内休息的客人也被惊醒，探身观视，拴在店前柱上的黑驴也发性狂跳，或许它就是白马狂奔的"冲动力"，在奔马前侧的一个老人赶忙起身去抱正在蹒跚学步的小孙子，防被踏伤。这一场面被摄取入画，说明画家不仅对生活有着深入观察，而且也不放过常见的一些琐事，才有可能将惊马这一习以为常的生活小事纳入画面，给宁静的清明佳节增添了几分险情，大大丰富了它的情节性和生动性。这也是画家成功之处。过去我们仔细观察这一景时，早已发现在躬身将起的老人右上方的补绢处，画有一似驴非驴、似牛非牛的尖啄牛身的畜类和一独轮平板车，在结构比例、透视关系上都极不合理，可以说明明代那全补者并不了解残处所缺的是什么，而误以为剩下的立柱与横向的木杆交叉点是一牲畜头，于是将补绢全补为一牛身，其下空白处又添画了一块平板和一立轮。这处全补的不合情理，是出自全补画工的杜撰，不是原作之笔（图一），对原作亦无益，不应保留。经过我们反复讨论后，便决定重新补绢，不再全笔，以保留残缺不全的历史面貌（图二）。因此，凡是没有尖啄牛身的怪兽和大车轮子的照片、印刷品，都是从故宫博物院 1973 年的新裱本拍摄的。反之则是 1972 年以前的明末裱本。这一点，《清明上河图》的研究者需要了解。

图一 《清明上河图》旧裱本全补处

图二　《清明上河图》新裱本补绢不再全笔处

（1）第一段　郊野　长129.6厘米（图三）

张择端《清明上河图》于1973年新裱后高度是25.8厘米，长534.6厘米。据统计全图共画人物550余人，马、牛、驴、骡、骆驼等各种牲畜共80余匹，车轿约20输，大小船只共20余艘，房屋30余栋。

图三　《清明上河图》第一段　郊野

开卷之后映入眼帘的是有待耕耘的一片空旷荒莽的田野。在沟渠两边，古树数株，枯枝丫杈，尚待复萌，五匹驮着新炭的毛驴，走在沟渠旁的小路上，赶脚者驱赶领头的毛驴，右转准备过小桥，显然是运向城内。桥这一边有草棚、瓦屋六栋、猪舍一所，东西分列，围着一片场院，闲置碌碡，显示这是农闲季节。前面是高低不平的土坡和一片水塘。老杨树八株，细枝已抽发嫩绿，稍往西，柳下草棚中坐一小贩恭候买主。西邻瓦房二栋，柴扉大开，房前有二人骑驴，头戴风帽，身穿厚袍，在三侍陪同下向东南进发。房北大路上，一轿一骑和数仆正向城内走来，轿顶与四边均插杨柳枝，正合当时清明佳节时"轿子即以杨柳杂花装簇顶上，四垂遮映"[3]的风俗。说明他们出城上坟之后返回城里。这一点是鉴定此图所描绘季节的重要依据，确是清明无疑。前面的惊马将观者视线引向客店前发性的黑骡和回头惊望的座客；房舍前两牛也悚然目瞪奔马，这是畜类特有的天性反应；还有一位老者慌忙抢身去抱他的孙儿，怕他受奔马伤害，深刻地表现了祖孙之爱。这一段情节非常生动，把素不相识的人和属于不同主家的牲畜联系在一起，形成了一个富有情节性的高潮。客店之后是一片畦田，可能是供城内吃菜的菜园，有供浇田之用的水井一眼，一人担水正朝着远处房舍走去。这一段画面所绘的是田野农舍和简陋脚店，有进城的，亦有出城的，呈现一派幽静恬淡的郊野风光。这是全图的引子和序幕，明确地交代了农历三月二日清明佳节这一特定的时间和环境。

（2）第二段　漕运、汴河与上土桥　长197厘米（图四）

第二段主要是表现清明之日活跃于汴河的20余艘大小船只以及汴河两岸的脚店、饮食店和小摊贩。

图四　《清明上河图》第二段　漕运
汴河与上土桥

与城郊相衔接的是一棵饱经风霜的古杨及停泊在汴河上的两艘木船，桅杆已放平，踏板已搭岸。前面一艘，货已卸完；后面一艘，船夫正背米袋登岸，并排在地上码齐，一个老板模样的坐在米袋上指挥搬运。沿河大街通向西北，靠岸四家脚店，正门前面插一竹竿，两侧拴绳悬小旗20余面。这也是一种市招。有的面河设有座位，但客极少。对面有王家店铺，有市招者二，一是挂着"小酒"条幡的脚店，门前扎五尖顶饰欢门[4]，后院植古木修竹，高台上筑四阿顶方亭、亭内置方案一张，空无游人。二是"小酒"脚店西邻的"王家纸马店"，二间门脸，中间用纸衮叠成楼阁之状[5]。纸马店西是一条向北的小巷，一骑二侍向北徐行。巷西饮食店二家，有座客数人，牛、驴亦在内食料。再西仍是脚店，有客出入，门前还有两挑菜筐，对面有"年"字立招。沿岸一家悬"团"字旗脚店，两客走进大门，向北的大街路东有一家扎重檐十八尖顶欢门、悬五条帜招的大型脚店。路西店铺有一马、两驴独轮车停在门前，车夫正在罩布上书写。向西及沿河均是饮食店，临河一店有四客聊天。

汴河岸边停泊五六艘大型木船，临街一艘正在卸粮，一人露出肩、头及四支签子，这是发签人。另有五人正在背粮，手拿签子，横穿大街向一小巷走去。停泊在最前面一艘大船，一侧露出十五间客舱，从打开的窗扉可以窥见舱内桌椅床铺等陈设；后部有一悬山顶门，一妇女凭门外眺，门旁置一梯，一船夫正从舱顶走下，船舷上立一中年人，桅杆放平在舱顶，船索牢牢拴在岸边桩上，此船吃水极浅，从东南来客已下船，粮食已卸光，船夫可能下岸游逛，正在整装待发，比此船更大的另一艘十九舱木船，独桅立起，前有五纤夫拉船，逆水行舟，桅后由十二根绳索固定，绷得很紧，前六索松，这种拉力的细节，表现得十分合理，船尾一人操舵执竿，与船头、左舷执竿人相配合，密切注意不与停泊的或行进中的其他船只相撞。打开的一扇舱内，一妇一婴正在向外观望，其他舱板紧闭。此船载重量极大，吃水很深，一定是刚刚来自东南的运粮和方物的漕运大船。第二艘顺水而行的木船则是：船头八人摇橹，船尾亦有数人摇橹，但因被一古杨所遮，不得详明。然唯恐与逆水而上的一大船相撞，船头八夫正在拼力向南拨动的情节十分明了。这是画家捕捉的汴河漕运的第一个险情。在南岸停一小舟，搭棚，斜杆上悬一个竖旗，棚上晾晒衣物，一童向河中泼水，这当是本地短途客船。桥东的北岸停泊两艘中型木船，靠岸的一艘有木构圆拱形舱，似以货运为主的船舶。紧靠此外边的一艘，中部有固定舵位，前后搭有席棚。相对的南岸也停有一艘独桅船。

汴河上那宛如飞虹的上土桥，挤满行人、游客，正在兴致勃勃地观看汴河上繁忙的行舟。据孟元老《东京梦华录》载：上土桥与虹桥："其桥无柱，皆以巨木虚架，饰以丹雘，宛如飞虹"[6]，与图上所绘样式、结构一致。最引人注目的，是一艘大型船舶逆水过桥的动人心魄的紧张情景，此船相当于上述五纤夫纤引十五舱位的那艘大船，船身正与桥身摆平。为什么要这样？是否为了将船体拨到桥拱正中，以便顺利过桥？总之，这样调度安排可能是过桥所必需。相信这不是张择端的杜撰。前面的固定绳索已松解的船桅，正向后缓缓放下，这时船上包括妇幼全部二十四人齐心协力，紧密配合，以保障安全过桥；后舱顶有四人掌舵；一人放桅；船前舱顶有一妇人领一小孩亦在呼叫。在船头左舷撑竿的六人，这是拨正船头的。船头右舷上正在伸手去接绳索的五人，舱顶一人举竿接另一根绳索。此外，桥上在栏外向船上掷绳索的五人，桥下北桥堍人行道栏内指点航向的二人。这艘单桅船过桥，不仅船上二十四人全神贯注，就连附近其他船上的船夫和桥上看热闹的行人也无不为之捏汗。船头方向已靠南岸的那艘船上，有二人举手叫喊。靠船尾那艘船上的四人更是惊慌，唯恐大船被激流冲退，撞着他们，其中一人已用撑竿推开正在过桥的那船。这是张择端对东南船只过桥，有了深入细致的观察之后，才能描绘出船夫与船夫的上下呼应的配合默契和互相关照的充满险情而富有人情味的生动场面。当然，也不是桥上所有行人都看见和关心这艘单桅船的过桥。有的习以为常，司空见惯，漠不关心，这就是千差万别的现实生活。张择端作了如实的反映，但比生活更加集中、概括、生动、突出。这是他的现实主义艺术思想的具体表现。

让我们再来看看桥上来往的行人：有的骑马，有的坐轿，有的挑担，有的步行，南来北往，熙熙攘攘。有的闲人站在桥边凭栏观看过桥船舶，有的探头，有的指手，有的议论，有的呐喊，也有的在互相谈话，视而不见。桥头两边有撑伞的、支席棚的地摊迎接来往行人的光顾，这样，中间来往、通行的路就很窄，也现了互相夺路的窘况。北来二马，南往一骑，前导举起右手，各行一边，以免冲突。桥边也有不少游客在倚栏观看过桥东下的船只，一艘刚驶入桥下，可见橹已抬起，船尾尚露在桥西，摇橹六人，直身喘息，显得轻松，其中二人正在弯腰下锚以稳定船位，免得冲下。相对地说：桥西边看热闹的人比东面的为少，也不够激动，稍现平淡，这也反映了下水行船过桥之后船夫与旁观者的心情不紧张了。一边紧张，一边松快，这是多么明显而又自然的对比，桥头两边各立华表，木质，身细高，近顶处有十字立架，顶上立一仙鹤。这是桥的标志。

桥南北两岸，店铺鳞次栉比，行人众多。桥北有南北向和东西向两条大街，因受卷幅所限，画家仅表现了十字路口。虽属远景，仍可看出饮食店的规模。路东一家也扎欢门，前有停下来的双轮车、骡，人物有步行的、挑担的、赶毛驴的、坐在地上打盹的。

桥南也是南北街和东西街的十字交叉路口。东街沿河设地摊，桥头两坡的席棚中，一客坐在方桌前，另一侍端来一盘菜，方桌上放置屉盒筷筒、敞口浅碗。对面是三家店铺，店铺之间又是一条小巷，中间一家仍是饮食店，共四桌，只有二客，一侍端二碗，里间则是厨房，可见灶上炊具。其门口又设一小饭摊，以破伞遮阳，一客正在用饭。两行人穿巷走向河岸。桥南大街只表现了北口两座大店，街东一店举架较高，前后二坡瓦顶，前伸平坡灰顶，门旁二伞悬"饮子"小牌招，三个挑担人立在前面，似乎要买饮料。街心有一骡前拽，正下桥南行，前后二人驾辕的大独轮车，街心是"十千"、"脚店"三面立招，立于彩楼之南，门前扎高大壮观的观门彩楼，用杉槁搭成，三层、重檐、多尖塔顶，其结构清晰可辨；两柱挂"天之""美禄"二招，南侧挂"积酒"横幅，以席为檐，檐角上翘，脊饰菱形方胜纹，下垂长方帷旗，正门悬黑白相间的条帷，下部扎结以便进出。这可能既是门帘又是帷招。二层结构横直交错，中部出栏，未施任何装饰，骨架裸露。顶层出檐，檐角尖翘，顶为多尖塔形，即正面五尖，两侧各三尖，亦未施任何装饰，仅北侧出一横木，悬三黑二白的条帷市招，中条书"新酒"，这是开卷后所见的最大的欢门彩楼。门前拴一白马。店倌手捧两碗走出大门，街心有一卖穗状物者，手领一婴的老人似在讨价还价，店前停有一辆大独轮车，货物已出手，一人手捧锱钱，另一人在点数，还有一手捧锱钱从脚店走出。十千脚店之北，桥脚有地摊四处，三家以平席、一家以伞遮阳。卖靴鞋、刀剪和饮食等，摊前一穿黑袍骑者，有一驭二侍正向沿河西街走去。

十千脚店后身有楼一栋，内有供人吃酒用饭的二桌，沿河西街被此楼所掩，楼前为向北弯曲的汴河，有两艘船停在北岸，东边一艘舱内置盆栽花果和方箱，这应是花石纲了。有五船靠汴河拐弯处之两岸停泊，河心开拔二舟，一是顺水而下，前后各六人摇橹，船首六人执橹，专管航向；另一是五夫拉纤的独桅船逆水而上。至此，汴水便出了画面。行船将投西角子门至相国寺桥，此桥低平，青石为之，舟船不能通过。此图所绘舟楫，都接近通航船的终点。如从这里向下看，正是表现了汴水自西向东的总的流向。从东南运粮出淮入泗进汴河、逆水行舟，每前进一步都要靠纤夫拖拉和船夫撑竿。这种劳动非常艰苦，没有这些人的劳动和付出血汗，汴京的繁荣无法维持。

沿向北拐的汴河的西岸，有一条面河小街，行人少，极冷清，仅有的店铺也是为泊岸的船只服务，第二段至此便告结束。

（3）第三段　城关角门子内外市廛　长208厘米（图五）

沿河的北大街，店铺多是饮食业，自北向南有三个驴驮。街西有一坐在地上的卖药老人，药品摊在地上，有十余人围着听其叫卖。街东则是正在斲轮的制车作坊。肩荷食盒的小贩在街心叫卖。

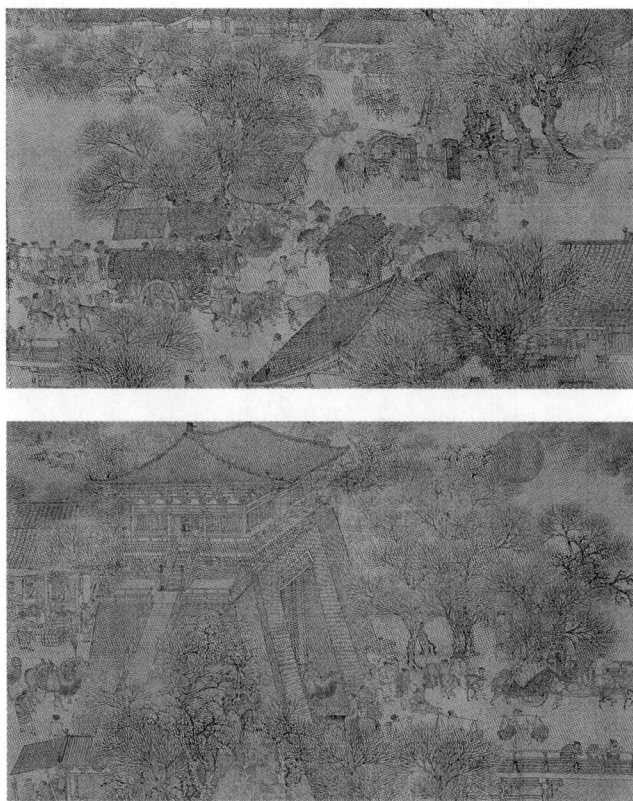

图五　《清明上河图》第三段　城关角门子内外市廛

十字路口的西北角是一间较大的饮食店，可见三排九张方桌，客人不多。店前一人正在上驴，三侍者服侍；一穿白袍老人在旁观看；一马则在低头吃料，驭者在旁料理。店前尚停一轿，旁立一妇人，十字路口南街，两边也是饭铺，街中行走二牛拽行的，供女眷坐的棕顶车，驭者扬鞭西拐，车后一头戴大檐帽身着长袍骑白马的人紧跟。

东西向大街两侧也都是饮食店，东街面南的饮食店，三客边饮边聊，一客静听。路南也是店铺，西街路南，为一大店，正中为悬山门，旁树高竿，悬黑白相间的五条旗，应是脚店牌招。门后二栋大瓦房，内设桌凳，有客用膳，后院竹树成荫，相当幽静。店前也有一大棕顶车，前有一盖，一戴纱帽侍者前引。街北的百年古杨下坐一侍者，正在整扎鞋带。树后有一席棚，悬"申课"、"看命"、"决疑"等三帖，内坐黑冠黑袍的算命先生，顾客坐桌旁，正问凶吉，另有三人站在棚外倾听。沟渠以木板护岸，沿岸植杨数株，往西搭一小桥，过桥便是衙署，悬山顶大门，墙上有夹刺；门外有公役六人，或坐或卧，正在休息，伞盖旗帜均倚墙放置。衙署门扉上贴有告示，院内只见西厢和厅堂，一马卧在阶前，庭东被林木所遮。

往西是一条沿护城河的南北街，只有东面有店铺房舍。与护城河相通的沟渠上架一木拱小桥，桥前有一马二桥四侍一驭者。这是三主八仆的小康之家，打尖后正准备出发的情景。有一挑元宝筐者向北行走。沟北树下，停驻三匹毛驴，各驮两筐新炭。一妇抱婴正在看着十字路口上车骑往返的热闹情景。妇旁七头长喙肥豚正在觅食，呈现一派乡村气息。北面有一座小店，一人正在过秤。店西是一座佛寺，正门紧闭，两侧塑哼哈二将，守护大门，东西二门敞开，一着袈裟僧人向东走去，也不见香客。西边两所瓦房，面南一所门前是五条门帜，斜杆悬三条市招，应是脚店，路上除一骑一轿一侍去西北方向以外，不见他人。护城河岸，密植新杨，沟渠木桥之南，护城河岸的杨树荫下，有饭摊和卖杂花团扇者，有顾客问津，两辆三牛拉拽的卷棚大车过了护城河上的平桥，正相继东行。南街路东有一悬山顶大瓦房，房前一拄杖老翁与一老妪正在攀谈；身旁幼孙却张开双手要爷爷抱他。护城河上平桥，南北设勾栏，游人凭栏观看水中鱼藻，显得百无聊赖。桥上行人不多，出城东去的一骑驴老丈，其后跟一仔驴，二侍随行。有二人前后驾辕，一驴拽行的满载独轮车；和挑担者跟随的骑驴者，还有驭人牵一骆驼走出城门。进城的有四个挑担者，两个荷扁担者，和一骑白马者，一人跪在地上，怀前躺着一物，一人立在后面指划。城门北墙下有数人或立或坐，议东论西，城门前大街两边遍植杨榆。

城门墩以砖砌就，平顶门，东西向，甚高大，上筑四阿顶单檐城楼，正面五开间，进深三间，直棂窗，围有勾栏，楼东门紧闭，南门大开，内置建鼓和铺垫，楼南角似有一女倚栏远眺，楼东木阶通下平台，南北平台各建勾栏，城墩南设砖砌阶道以上下，阶下悬山五铺门，门半启，城墩南北接土墙，荆棘树木丛生。据考，这应是南汴河南岸的"角子门"，为内城东墙最南边的一座城门，亦称"东角子门"。因汴京在外城设防，内城不置守备，故土城墙年久失修，就不足为奇了。

城内一条横贯东西的大街，通向保康门街。但画面截止处距保康门街尚远。图内这条城内大街以孙羊店为重点，它是本卷最大也是唯一的一家"酒楼"[7]。近城门处尚属繁华。三匹骆驼驮着丝帛与茶砖等物向城外走去，估计是共有七八只的骆驼队。前后驭者均是汉人，可能是向金境贸易的商贩。街南靠城楼下的街道门旁，有一理发棚，一顾客正在光面。沿城南似乎有条小巷，大街路南有"曹三"脚店，门前扎三尖顶欢门。西邻是"李家输卖……"。再向西则是"久住王员外家"，庭院内建有一楼，楼的北墙可见悬挂两件字画轴，一中年男子在楼内读书。大街上向西行者有一骑白马的中年士绅，后随一侍。向东行的有两轿一骑，轿夫八人、驭者二人，侍者三人，计三主十三仆。前一轿向北拐，可能在孙羊店前下轿；后一轿窗帷打开，一女眷向外窥望。骑着头戴上翘宽脚乌纱帽，身着白袍，手执便面，是一中年士大夫模样。"便面"形状似扇，但其用途不同。"不欲见人，以此自障面，则得其便，故曰便面"[8]。街北店铺共六家，自靠城这边数起，先是三间门脸的批发商铺，一人坐在东间正在核账，中间的桌后，坐一账房先生，正在写账，背后张贴草书屏，桌东侍者双手托着手卷。门外一人正与三个卖主点收货包。后院接一栋瓦房，房后又有一条小河，东岸一牸牛卧憩，小牛立于身后，牧童也卧在地上，远处农舍树丛，隐约可见，是一片林野风光。批发商铺西边是两间瓦房，内置酒桶八只，桶后有三人正在练功：一人缠腕、一人控弓，一人紧腰。门前有毛驴和独轮车，正在卸货，或已经卸完。再西则是孙家正店，歇山顶，楼广三间，进深一间，间间有客。东间桌上置一莲瓣温酒器，内置长流酒壶，这些当是银器无疑[9]。紧贴楼房扎结非常华丽的彩楼，彩楼前又扎欢门。由此可知，彩楼与欢门既可分置，亦可合组。如"小酒"仅设欢门，十千酒店，仅设彩楼，惟孙羊店于二层彩楼之前义设欢门。这比《东京梦华录》所记，要具体而微。彩楼二层，一层上部缚帷幕勾栏，二层中间，田字格搭斜行骨架裸露在外，饰有纸花和天鹅等装饰，第二层檐下仍垂帷幕，顶饰尖三角形花及天鹅图案。门前围以直棱栅栏。彩楼前设梯形檐欢门，正中饰十字镜，顶扎三个高大的尖状塔饰，当中的最高，饰方胜图案，两旁三角尖状饰稍矮，饰鸾凤。欢门不见支柱，两边各饰二花柱，等于出檐结构。彩楼下设四个方柱形市招，可识者"香□"、"孙□"、"正店"。彩楼西角，斜插一竿，悬五条旗招，中书"孙羊店"。"孙羊"即店主姓名，也就是孙羊正店之意。其规模确实不同于一般脚店，有顾客进进出出。店前熙熙攘攘十分热闹，卖花和糖果担前围着两个妇人、穿长袍士绅和小孩等顾客。孙羊店西是一座歇山顶瓦房，内设大案，上置文具，桌后坐一胖者低头做事，室内悬一长条市招，仅见"斤六十邑"四字，不知何意。门柱旁有一体形肥硕者，高居椅上，门前一长满胡须的人正在说书，一群人听得入神，听者中有一小沙弥。东西街至此又与南北街交叉成十字路口。

路口南街，有一骒拽行的装载两桶酒的两轮大车，驭者赶车东拐。南街路西一平顶席棚下方桌旁的说书人正说得眉飞色舞，凳上坐着的听众，个个全神贯注。席棚旁穿袍的士绅正在对话，另一士绅指着挽小孩走路的老人，可能在询问孩子的生长情况。棚南角一穿白袍者正在上马，准备出发。棚南有瓦房一栋，面东两扇屏搭在房檐上，檐下横竿上悬一"解"字方牌。目前对"解"字的释意不同。从门外檐下置一大笼，两张门扉倚檐而靠，室内置一长凳并冷冷清清等情况来看，此瓦房作何用途尚不清楚。

路口北街，向南驰来四骒拽行的高轮大车两辆，前一辆货已卸完，似在返程。一辆独轮车则由南向北。一挑担人正在上肩。路东的黑漆字招已无字迹，北部还有一"杨家应症"立招，可能是一医铺。街北面南两家：一家是小饭铺，空无一客，只有堂倌立在桌旁候客，门外有二人攀谈，和一领小孩的向"杨家应症"处走去。另一家檐下挂七字横幕——"王家□明匹帛铺"、房西立："……锦匹帛铺"市招。一平板独轮小车倚在立招之旁。向西仍是店铺，街道至此再向北转，北街路西拐角处有一摆着高桩馍馍的小摊。面南为一栋大瓦房，北间是饮食铺，南间缚简陋欢门，两柱间悬帷，书十一字"□□沉□□□丸散□香铺",出檐五尖顶。旁立"刘家上色沉檀拣香……"招,应是一间香药店,瓦房南墙有以伞遮阳的地摊,出售做佛事用的供器。

十字路口有骑有担,有僧有道,三三两两漫步闲谈,从容不迫,悠然自得。

十字路口西街路北一棵杨树下有一井,"田"字口,可供四人汲水,现有三人在汲水或刚放下空桶。井西是"赵太丞家"一间门脸,柜前置一交椅,两旁各置条凳,两边凳上坐一抱婴妇人,侍女立于身旁,一人正在与妇人谈话。柱上挂联,左联书"五劳七伤□□□"。门前立有三市招,东边立招书"大理中丸医肠胃□"西边立招书"治酒所伤真方集香丸"。赵家西邻,宅院极深广,非同一般商户,悬山大门未闭,二进院内置一太师椅,后帘卷起,露出字屏,门外有二人携带大包,一立一坐。门西二人头带小帽,满腮胡须,长袍窄袖,腰束细带,坐在石上。此处或许是衙署驿馆之类前堂。

西街口,一对较胖的夫妇等,伫立在卖供器的摊前,与人闲谈。一苦修僧、一货郎先后东走。在街上行走的最后一批人,以五侍做前导,最前一人手执长竿开路,其后是戴一大沿竹笠,面目清癯,长着髭须,身着白袍,手执长鞭,跨着白马的士绅,有二驭者牵马,马后紧跟一背伞侍从,又二侍挑担快步追随,一主十仆,可知此人身份较高,架势凌人,不可一世。路南为一悬山门楼和悬山瓦房,庭院为杨柳枯树所掩,路北则只剩倒垂老柳一棵。至此,画面以半露之柳杨槐树住笔,非常自然。但个别学者认为"画卷到此,截然而止,……疑心后面是割去了不少的"[10]。但这只是个别人意见,大多数人并未提出疑义。我认为应从现存实际情况出发,对形象、环境、活动进行历史的、艺术的具体分析,才有助于理想它的内涵与意义,以及它是否截然而止。

从上述简略的介绍可以了解,《清明上河图》的全部内容可分为郊野、汴河与城关三个部分,从情节、取材来看,显然以汴河、上土桥的描绘为全图的最高潮。从画卷的树木和野花装簇的轿子以及人物衣着来看,可以确定其表现的季节为清明佳节。创作意图是突出表现这一天,沿汴河逆水而上的船夫们的艰苦劳动。其前面的郊野,其后面的角门子内外,都是为了指引和衬托汴河遭运。基于这样的总认识,就能正确了解《清明上河图》的风俗画的特殊意义及其在风俗画上的历史地位。

二、剖析《清明上河图》的广义风俗画典型的特殊要素

日本国际交流美术史研究会第四次讨论会指出"东亚文化中对于风俗画没有取得统一的概念","又因为这些绘画都是描述日常生活的社会阶层的风俗习惯或当时的风尚,有必要在最广泛的意义上来使用'风俗画'一词"。这种见解与我们了解的对我国古风俗画的认识大体相符。欧洲绘画史界对风俗画的认识,至少在六七十年代,大体也是这样,就是说东西方大致相似。这是可以理解的,但也造成一些混乱。针对这种情况,经过广泛的讨论,得出风俗画的一些准则,这是完全必要的,也是完全可能的。基于这种愿望,再谈谈有关风俗画的传统观念和一般概念,并通过对《清明上河图》这

广义风俗画的两方面要素的具体分析，从中找出一些带有普遍意义的规律，为今后开展风俗画的专题性研究提供参考。

1. 风俗画的概念

在我国古代绘画著录中，有一些关于风俗画的论述，从这里可以了解我国有关风俗画的传统观念。

《图画见闻志》卷一"叙论"的"叙图画名意"一段中，郭若虚提出"名随意立"的论点，并试图以意分类，得出"典范"、"观德"、"忠鲠"、"高节"、"写景"、"靡丽"、"风俗"等七类。"风俗则南齐毛惠远有《剡中溪谷村墟图》，陶景真有《永嘉屋邑图》，隋杨契丹有《长安车马人物图》，唐韩滉有《尧民鼓腹图》"[11]。毛惠远、陶景真、杨契丹、韩滉等人的上述作品，郭若虚时已"不能尽见其迹"，何况我们今天！可是，非常重要一点是：它告诉我们宋代绘画著录家已经认识到"名随意立"，即"以意分类，以意定名"的道理。推毛惠远为风俗画的早期名家。宋代高无亨《从驾两军角觝戏场图》、燕文贵《七夕夜市图》、苏汉臣的《重午婴戏》、《春牛图》、《九阳消寒图》等等都是当时风俗画的名作。从现存传世作品中，堪称风俗画者，有《大傩图》和《龙舟竞渡图》等。它们表现了相沿已久的传统风尚习俗，也就再现了特定的时、空及其特殊形式的活动的某一场景，风俗即其作品之意，可是这种分类方法并未贯彻下去。自《宣和画谱》提出"道释"、"人物"、"宫室"、"蕃族"、"龙鱼"、"山水"、"畜类"、"花鸟"、"墨竹"、"蔬果"十门，确立了以题分类的原则。同时宋孙绍远提出天文类、地理类、山水类、名胜类等"二十六门"[12]，清康熙时又提出古贤、故事等"二十九门"[13]，《宣和画谱》"宫室"门内，包括风俗。此外，亦有十三科之说。古人分类之歧义由此可见一斑。如以画科论，它分别属于人物画和界画两科。其实，某些山水画中也夹带着一些风俗性内容，或者说，以某一风俗性活动衬托着水光山色，董源《潇湘图》就是一例。他是南方山水画的代表，在古称云梦泽区域到处可见董源笔底的山水，此图与风俗画有关的是捕鱼与迎亲两个场面。捕鱼属生产活动，迎亲则是风俗。这位著名画家描绘的是：湖中泛舟，一对新婚男女并坐伞下，前后各二人，有的摇橹，有的撑竿，对岸有吹鼓者五人，再后有妇女三人，都在迎接即将上岸的新人。迎接这种活动，正是中南湖区流传至今的嫁女迎媳的风俗。这仅是一例，可知五代、宋山水画中含蕴一些风俗性题材。因而可以这样说，风俗画应是我国古代绘画中人物画、界画、山水画长期发展互为结合的必然结晶。而《清明上河图》则是北宋及其以后的风俗画的杰出代表。郑振铎先生称它为"最好的一幅风俗画"[14]，是不过分的，其他著名的古画研究家也都给予肯定的评价[15]。

风俗画是以特定环境中某些人群从事那相沿已久的某种特殊活动为题材的绘画。这种特殊活动总与民俗、习惯和传统紧密在一起。它是一个民族特有的或邻近的几个民族共有的一些与日常生活不同而又脱颖于其中的风尚、习俗，包括婚丧嫁娶、生儿育女以及二十四节气、年节、佛诞、寿辰、育婴、歌舞、欢宴等多种范围，所以，它的领域比较宽广。但从绘画表现上，则有狭义与广义之分。不论广义或狭义风俗画，过去之所以不被人注意，除偏见[16]之外，也还有一个往往被包括在人物画里，模糊人们的视野的原因。今后应将风俗画从人物画中剔出自成一系列。

何谓狭义的风俗画？我认为，凡专门描绘一种民间或帝王风尚习俗，而没有一般生产与生活的表现者，如《大傩图》、《婴戏图》、《岁朝图》等等。这些风俗画描绘的大多是一时一地的某种风俗、或是其中的一个场面，没有别的事物，因此是狭义的风俗画。《大傩图》即是。它描写冬季腊月或之先一日几个化妆老人既歌且舞以"逐疫"这种"傩"，传自春秋时代至宋代，已有一千五六百年历史。《岁朝图》是表现元旦时举行代代相传的堆狮、祭祀、提灯等等具体游戏，虽然具体活动较多，但都未离开"岁朝"这天早晨，也属于狭义的风俗画。又如《塞宴四事图》描写清代蒙古王公为迎接皇帝到围场"秋狝"而献演"诈马"、"什榜"、"相扑"、"教驵"等四种旧俗，这也是狭义的风俗画。

何谓广义的风俗画？我以为与狭义的风俗画比较，也就是内容中夹带一些一般的社会生活情节，而不仅是纯粹的风俗。哪些是属于一般社会生活，过去对这种区别注意不够，因而往往被划归在界画或人物画之内。现在需要做区分工作。

2. 《清明上河图》是广义的风俗画

从第一部分概括介绍，可知《清明上河图》是描写清明佳节（农历三月三日）那天郊野、汴河、上土桥的漕运以及角门子内外的城郭市廛的商业活动和世俗生活。它所描写的地区实际距离总有几里之长，空间较为广阔，但是，时间却是凝固的，即清明那天的一刹那。它与一张独幅（横披或斗方）表现一定的、有限的客观事物不同。不论地域空间的广狭，都符合空间艺术——绘画的规律。从时、空相结合的观点看，手卷是以表现在同一时间或不同时间内不同地点的各种对象的社会活动。就这一点来说，它已远远超出独幅风俗画的社会功能与美学价值，也是一种与独幅画不同的有着特殊功能的风俗画。所谓特殊功能的风俗画是指它既具备一般风俗画都有的社会功能，同时，又有一般风俗画所缺少的特殊效果。也就是说，它具备风俗画的典型要素和超越一般风俗画的特殊成分的双重性格和两层意义。

3. 《清明上河图》的典型的风俗画要素

本图中属于"风俗"范畴的画题，是以"清明"为主、如开卷时荒莽待耕的田野、树枝杈丫尚待萌发、杨柳已呈浅绿、驴队运炭等等，已经明确地提示了作者描写的时间是季春。祭扫新墓后回城的轿子，以杨柳杂花装簇轿顶，已点出了这是清明佳节的时刻。这一时间的选择构成了不同于一般季节的条件，这是《清明上河图》作为风俗画的最典型的要素与表现。此外，停泊的船只，船夫绝少，有少数船夫招呼行舟，免得碰撞，有的在饮酒，有的仅留一二人守船，那么其余的船夫到何处去了呢？还有，正店、脚店、饮子等，坐食之客寥寥可数，看不出都人侈纵百端呼索[17]的热闹景象。市廛百姓和东南船夫是否也都出郊"互相劝酬"或赴观"歌儿舞女"尚未返归？这些是画外之意。画家没有直接描绘，这正是他的伏笔。以杨柳装簇轿顶，自郊外回城这一场景暗示"都人出郊"的卷外之画，以及卷内的各阶层的清明生活，这正是此卷作为风俗画的典型因素，或者说也是唯一的见证。虽然它在全卷中不过占有几十分之一的篇幅，但在定性上，它有着绝对的优势。如果本卷没有这一景，它将失去作为风俗画的典型性格，而成为描写一般社会生活的画卷。很可能成为"写景"或"糜丽"一类的人物画或界画了。在这里还需指出：我们今天对宋代风俗性生活的细节已很陌生，或许画家在陆上或船上描绘了一些有关清明的习俗，只是我们今天尚未认识，不能把它指出来，而被忽略过去。

我们所以要论述《清明上河图》的典型意义，在于指明它是风俗画而不是其他。也就是说，从整体上看它是一幅风俗画，而不是一幅普通的人物画或社会生活画，如像有些人所说的那样：此卷所绘的是秋景。这就改变了它的性质，不成其为风俗画了。

4.《清明上河图》的特殊的风俗画要素

既然认为《清明上河图》是一幅广义风俗画，就还必须分析它与一般风俗画的相异之点。它的特殊因素，从数量上说，占有绝对优势，在笔墨、长度等方面，远远超出出郊扫墓返城这一段。可是，不管怎样，这一切都是在清明节这一传统风俗的条件下出现的。我们分别作如下分析：

其一，漕运情况。仅在上土桥上下游一带汴河中，即有二十余艘大小船只，不仅将背粮、撑竿、摇橹、拉纤等繁重而艰苦的劳动表现得淋漓尽致，栩栩如生，同时，更加透彻地告诉观者：漕运对"四方所凑，天下之枢，可以临制四海"[18]的政治中心和"岁漕江、淮、湖、浙米数百万石，及至东南之产，百物之宝，不可胜计"[19]的高级消费城市汴京来说，该有多么重要！汴河对宋王朝政权有何等价值？最高统治者对此甚为理解。如淳化二年（公元991年）汴水决浚仪县，宋太宗赵光义亲临现场视察，群臣一再劝他回宫，他却说："京师养甲兵数十万，居人百万家，天下转漕，仰给在此一渠水，朕安得不顾"[20]。如果说汴河是开封的大动脉，而这些船只及船夫则是在大动脉中流通的血液。

其二，陆上运输的情况。回过头来想想，开卷伊始映入眼帘中的那五匹毛驴运炭的情景，这不是"下西山之薪炭"吗？薪炭可以用于取暖，也可用为饮食业或手工业生产的燃料。这也告诉观者：陆运对汴京来说也是它的荣枯所系，不能等闲视之。故车畜运输之繁，可想而知。

粗略地查一下图上的车辆，多于孟元老《东京梦华录》所记，约略有以下几种：

（1）"平头车"：如"太平车"而小[21]，两轮前出长木作辕木，梢横一木，以独牛在辕内，项负横木，人在一边，以手牵牛鼻绳驾之[22]。停于上土桥北一辆便是。

（2）棕盖车：两轮、勾栏、箱安窗扉，顶覆棕盖，檐下垂接至车轮，一牛驾辕，一牛前拽，供宅眷乘用。行于汴河西十字路口，共二辆，前一辆，一盖前行，说明乘车者身份较高。它们是史籍上所记的"即宅眷坐车子"[23]。

（3）席棚车：两轮、木栏箱，前后可启闭，顶作卷席棚，独木辕，两牛合驾，前一牛拽行，共四辆，过护城河平桥向东行者是。

（4）运货车：两轮，左右有栿，无顶，驭者在辕内，扬鞭策四骡拽车。共二辆，在刘家香药店前，正向南行。

（5）运酒车：两轮无箱，置二酒桶，驭者亦在辕内，二驴拽行。只见一辆，行于"王员外家"前。

独轮车在城郊近距运输中起着不可忽视的作用，此图共绘七辆。

（1）双人驾辕独轮车：独轮高大，二人前后驾辕，有一驴（两辆），二驴（骡）（二辆）助拽之。史籍上称为"串车"[24]。

（2）单人独轮车：车身、车轮均小于双人独轮车，只见一辆，在刘家香药店前。

（3）小独轮车：独轮极小，平板，一人推行。

牲畜运输也很重要，如开卷就是五条驴驮运木炭，在上土桥，有驮粮的驴五匹，还有从事长途运输的骆驼队。供人骑的马、驴不下二十骑。

在画卷中描绘如此众多的运输工具，说明陆路运输对汴京也至关重要。它的繁华在很大程度上靠运输业来维系，尤其水运更为重要。从本卷所揭示的商业、服务业、手工业的发展情况，也可以得到印证。

其三，市廛商业情况。全卷可以辨认的店铺五十家，其中"小酒"、"王家纸店"、"年"、"团"、"十千脚店"、修车作坊、收货店、"孙羊店"、"曹家"、"李家输卖"、"久住王员外家"、"杨家应症"、"王家锦匹帛铺"、"刘家上色沉香铺"、"解"、"赵太巫家"等十六家，其余三十四家几乎都是酒楼、脚店、大小饮食店铺。扎结欢门彩楼者计有"小酒"、"团"、"十千脚店"、"孙羊店"、"曹店"、"刘家"香药店等六家。"孙羊店"的欢门彩楼在上述六家中最为壮观，"十千脚店"次之。这批酒楼、脚店、饮食店以及"饮子"等小摊的服务对象，主要应是来往客商与本埠士庶，也间接地烘托出交通运输业的兴旺发达。

其四，形象地揭示了北宋末年各阶层人物的关系。《清明上河图》一个可贵之处是它反映"太平日久，人物繁阜"的首都的一处不太繁华的角落及其各社会阶层人物的生产活动和生活情趣。在我国现存宋、元画卷中表现五百余人的生产、生活情景的作品是绝无仅有的，可以说只此一件。清代传世作品中只有《康熙六旬万寿》、《乾隆八旬万寿》以及康、乾二帝的《南巡图》画卷的人物，可能与本图相当或有所增加。多与少仅是数量之差，并不是本图真正价值之所在。最难得的是，它所描写的人物都是活生生的有血有肉的社会人物，从其衣着穿戴，表情举止，便可了解他们的职业分工及其经济、文化、政治的素养有着不同程度或较大的差异。在船旁发签或坐在岸上指挥卸粮的，或站在船尾观望的，可能都是船主，还有妇婴，亦属主方的眷属。其他都是受雇的劳动者。有拉纤、背粮、撑竿、摇橹、支柁、煮炊等不同分工。在路上行走的人，有的骑马或骑驴，有的坐车或乘轿，他们在经济上都是富有者。从乘马人来看，其衣着也不尽同，说明他们的身份有异：戴无脚乌纱、穿盘领窄袖长袍、手执便面的，可能是士绅；在"赵太丞家"门前的骑马人，头戴尖顶半笠，身着盘领长袍，右手执长鞭，表情严肃，两个头戴无脚乌纱的驭者牵马疾行，马前有五人开路，走在最前面的侍者，手执长杆，马后三侍随行，一人肩伞，另二人挑担，一主十仆，这是本卷中侍者最多的骑者。更有一骑二轿，侍者、驭者、轿夫等共十二人的一组。他们都是比较有权势的人物。这批牵马、开路、抬轿、挑担的伺候主人的佣人，社会地位低微，但又可狐假虎威，气势凌人。摆地摊的小本经营，有卖刀剪、绳索、靴鞋、茶水、馍馍的，五花八门，应有尽有。步行的人有行商、小贩、士庶百姓，还有僧人、道士和苦行僧。在街上游逛的人中，有的听书，有的看船，有的带着婴孩，有的头戴巾帻、身穿长袍，或三五成群，或夫妇伴游，有的持"便面"行走，有的东张西望。城外，在脚店吃酒的人与骑马坐轿的人，比城内少，大多是各行各业的劳动者和看热闹的闲人，多数下层庶民。城内的游人显得温文尔雅，悠然自得，而桥上人群则大喊大叫，不拘小节。画家如实地刻画了生活于汴京的不同经济地位、社会身份、文化素养的各阶层人物。像这般将社会各阶层人物的不同性格、作风和精神状态刻画得细致入微，确是难能可贵。尤其值得一提的是，画家张择端对下层劳动人民的形象，总是郑重、严肃地加以勾勒，绝无鄙俗之笔，更无丑化之意。这更是不可多见的。对上层士绅或有权势的人，也未过分渲染。可以说，他是比较客观地有选择地表现了开封内城东南部的社会相和社会各阶层人士的活动。就这一点看，说本图是北宋社会的百科全书也不过分。

其五，《清明上河图》在界画领域中取得的出类拔萃的地位。界画作为一门独立的画科，难度最大，如《宣和画谱》卷第八《宫室叙论》中指出："……虽一点一笔，必求诸绳矩，比他画为难工，故自晋宋迄于梁、隋，未闻其工者；粤三百年之唐，历五代以还，仅得卫贤，以画宫室得名，本朝郭忠恕既出，视卫贤辈，其余不足数矣。……自唐、五代而至本朝，画之传者得四人，信夫画之中，规矩准绳者为难工，游规矩准绳之内，而不为所窘，如忠恕之高古者，嵩复有斯人之徒欤。后之作者，如王瓘、燕文贵、王士元等辈，故可以皂隶处，因不载之谱"[25]。界画确实在绘画之中是比较特殊的，"必求诸绳矩，比他画为难工"，故名工极少。当然，张择端必认"皂隶处"而未列名。其实，坦率地说，只有虚心地毫无成见地仔细看看《清明上河图》舟车、桥梁、屋庐、城郭，均不失之规矩准绳，准确逼真，而又一气呵成，毫无板滞之笔，所有舟车，无论从正侧还是从前后任何一个角度描绘，其透视的准确、刻画的精微，是十分惊人的。与今天运用科学透视原理绘成的对象相比也毫无逊色。若从界画角度评论其技艺水平，可以说已达到很高境界。这种"刳木为舟，剡木为楫，与其车舆之制，凡涉于度数而近类夫宫室"[26]归属于界面之列，"而宫室台榭之参差，民庐邑屋之众，与夫工拙奢俭，率见风俗"[27]，宋人也承认界面的"工拙奢俭，率见风俗"的道理。可是，这也造成后世风俗画寓于界画之内，而不能独立的理论根据。这也就是《清明上河图》的已成其为界画的特殊表现的传统观念及其依据。

以上《清明上河图》作为风俗画所独有的五点特殊要素，都是在"清明"这一风俗题材的总前提下派生的。如果不是"清明"这一天，或者是在通常情况下，它将成为界画的典范。这就是广义的风俗画《清明上河图》的典型性与特殊性的两重要素的联系与区别。至于《清明上河图》界画与人物画的关系，则舟、车、城郭是为人物活动提供了环境和工具，人物自然是最重要、最活跃的因素，是此画的主角，这也是它与以建筑为主体、人物为点缀的一般界画的不同之处。

5. 风俗画《清明上河图》产生的背景与条件

任何事物的出现都不是偶然的，当时高度发达的城市经济、工商贸易、东南漕运以及与此相适应的城市庶民意识的抬头，为他们所喜爱的通俗文学（说唱和戏剧）的兴起，绘画艺术的进一步成熟，尤其人物画和界画已达到极高的造诣等情况，都是《清明上河图》问世的肥沃土壤、社会基础及其文化条件。离开这些社会的、物质的、艺术的基础、土壤和背景，《清明上河图》也决不会产生。

张择端在《清明上河图》里所描写的汴河南岸角门子内外的城关市容，与孟元老《东京梦华录》所记载的朱雀门外街巷、州桥夜市、东角横街巷、藩楼东街巷相比，确有逊色，仅以本图最大的"孙羊店"亦不过是"任店"[28]之十一而已。据《东京梦华录》记载："在京正店七十二户，此外不能遍数，其余皆谓之脚店"。不知"孙羊店"是属于"在京正店七十二户"还是在"不能遍数"之内。即使在"七十二户"之内，也不过是七十二分之一。规模更小的"十千脚店"更不能列入七十二户正店之内了。通查全卷不见金银铺、漆器铺，更不见"屋宇雄壮，门面广阔，望之森然，每一交易，动即千万，骇人闻见"的"金银彩帛交易之所"[29]，亦不见小唱、杂剧等京瓦技艺，其民居质朴，构筑亭台、楼阁的极少，没有"坊巷院落，纵横万数"[30]之稠密，而东城角的"定力院"，也被摒弃于画外[31]。由此，可知汴河南岸角门子一带并不是汴京商业、娱乐、饮食的繁华区，而是为水陆交通、往来旅客服务的一处要冲和驿站。这是值得深思的，画家张择端为什么不选一个繁华闹市、而特别选中了汴河上土桥水段和东角门子一带，这只能说明：画家的注意力并不在于汴京的表面繁华，没有描写"饮食果子"、"万姓交易"或"诸色杂卖"、"京瓦伎艺"，而揭示了汴京繁荣的动力，京城经济的命脉——水陆交通，尤其是"大众之命，惟汴河是赖"[32]的漕运。将这一主题摆在清明这一天，显得更为突出。故此图的真正主题并不在于宋帝国首府的"太平日久，人物繁阜，垂髫之童，但习鼓舞，斑白之老，不识干戈，时节相次，各有观赏"[33]
的太平景象。与《东京梦华录》作者孟元老自白："仆今追念，回首怅然，岂非华胥之
梦觉哉"[34]，有着天壤之别。主张"南宋时追摹汴京景物，有西方美人之思"的说法
更为不妥。这些提法是不理解画家张择端的现实主义艺术思想与方法。正因为张择端与
孟元老不同，一个正视现实，关心生活，注意揭示汴京繁华的动力，另一个是"避地
江左，情绪牢落……暗想当年，节物风流，人情和美，但成怅恨"[35]的伤感心情的逃避
现实的人，形成鲜明的对照。这也是他较一般的风俗画家、士夫画家以及像孟元老这样
的文人要高出一筹的最有力见证。尤以清明佳节为题，而实际上并未直接描写扫拜新
坟、四野如市、歌儿舞女、遍满园亭等汴京清明的特殊风俗与游乐。而着意描画了二十
余艘大小船只，其中两艘正在卸粮，三艘正在逆水行舟，一艘独桅大船正在艰苦拼搏以
渡过"上土桥"。这是多么动人心魄的战斗，哪里还有清明佳节的欢乐气氛。前进中的
船夫所需要的是机智勇敢和吃苦耐劳，节日的欢乐早已被抛到九霄云外。这正是从漕运
的角度烘托出各阶层人物对清明佳节的不同态度。这是符合实际的，这就是画家张择端
在本卷中所持的对当代社会的批判态度和针砭手法。这是《清明上河图》的灵魂。这
一点从后世明、清两代所绘的《清明上河图》的变化与传播也可得到启发，并帮助我
们加深理解杰出的现实主义画家张择端及其风俗巨帙——《清明上河图》的巨大社会
意义和美学价值及其在风俗画史上的崇高地位。

三、澄清对《清明上河图》的误解与鉴定上的错误意见

前面对风俗画《清明上河图》的两种要素及其意义、地位进行了探索分析，并表
明自己的观点与认识之后，拟对当前我国学术界对《清明上河图》研究工作中出现的
问题，如画题诠释和真伪鉴定的错误意见，提出个人看法。

1. 画题的诠释

近年对《清明上河图》的题名诠释上提出了新意见。这就是孔宪易《〈清明上河
图〉的"清明"质疑》、邹身城《〈清明上河图〉为什么不绘春色绘秋景?》两文[36]，
对该图卷"清明"、"上河"的题名提出与早已确认下来的观点的不同的解释，认为
"清明"不是节气而是称颂其"清明之世"，所绘的节气不是清明的"春色"而是"秋
景"。这虽属个别意见，但值得重视。我以为，鉴评古代绘画作品，其主要依据是实物
本身，也就是画面的内容、题材、笔墨、风格等等，而不是画题。如果画题与画本身有
牴牾，应以画面所表达的事物为依据，不必拘泥于画题。之所以必须这样做，因现存古
画之未题名者不在少数，有些题名也往往由当时或后代的藏家根据画意而定，是否与画
家本意相符或者能否准确概括，确有值得商榷之处。以本卷题《清明上河图》来说，
杨准跋中云："卷前有徽庙标题"。李东阳跋亦云："卷首有祐陵瘦筋五字签及双龙小

印"，说明题名是由宋徽宗赵佶"钦定"的。从赵佶这最高统治者角度分析"清明"，可能有着"清明佳节"和"清明之世"两层意思。张择端原意如何，因他没有留下笔迹，已无从查考。但从画面分析，张择端的本意并非歌颂"清明之世"，而是在揭示汴京赖以繁荣的动力——漕运。这说明与画意并不完全相符，同样，孔、邹二文亦未必符合张择端本意。我们看了全卷画面的树木、田地以及人物服用，件件都说明画中节气正是季春的三月。关于这一点，许多权威性论文早已肯定，不再赘述。

对"上河"二字也有不同解释。有将"上河"作名词解，即汴河的另一名称，可是不见出处。孔宪易的"上河"解，也未说明其出典。但当时汴河居于五丈河、金水河与蔡河之中，名为"上河"似不妥。他还介绍："只是一些人认为（上）字应作动词去解释，那就是说，在清明节那天，东京'士庶'上（到）河上去冶春的意思"。这样解释是否合适，是否合题签者赵佶的原意，现已无从查考，但从画卷看，虽不能说没有"冶春者"，可是已被船夫的紧张搏斗的气氛所冲淡，至少上河冶春之意并不突出。那么"上河"究竟作何解释？从孟元老《东京梦华录》记载可知"东城一边，其门有四，东南曰东水门，乃汴河下流水门也"[37]。穿城河道有四："中曰汴河，自西京洛口分水入京城，东去至泗州入淮，运东南之粮"[38]。这就是说，汴河由西北向东南行，是下水，反之则是上水。此卷所绘船只由纤夫牵引，正是从东向西，表现逆水行舟的情景。如果与这种情况相联系，"上"只能作"上水"解，"河"即汴河，"上河"即在汴河逆水行舟之意，表示"运东南之粮，凡东南方物，自此入京城，公私仰给焉"[39]之意。画面上绘行进的船只有六艘，三艘逆水向东水门驶去。这三艘船只的行进方向是"上河"的有力注脚。当然，这种解释是否符合赵佶本意，已无关紧要，只要不悖画意即可。画题与画面两者联系起来，可以这样理解：于清明佳节这一天，在汴河上逆水行舟，以反映汴河及其漕运对京城皇室、士庶的重要意义。这一层更深的意义，张择端真正理解了，并寻找到恰当的形式加以表达而获得成功。

对"清明"的诠释非常重要，如果承认"清明"是指节气，即农历三月三日清明佳节之意，这样便从标题上肯定了该图的风俗画的季节习俗的框架，而不是什么其他门科的绘画。

2. 关于《清明上河图》的真赝之争

二十年前，关于故宫博物院收藏宋·张择端《清明上河图》的鉴定，在台北曾引起一场风波。近几年，我听到这样一种传言：故宫博物院收藏的张择端《清明上河图》是摹本，真本在台北。我当时以为这是无稽之谈，不值一驳。可是，深思以后，便想到"无风不起浪"，这种传言可能有其来头，但一时尚未掌握实情，只好暂且搁置。

国内专家对《清明上河图》的见解，虽然在细节上有不少分歧，但鉴定为真迹这一点上确无异议。徐邦达同志于《〈清明上河图〉的初步研究》一文中肯定它是张择端于宣、政年间所绘，表现了清明佳节时开封汴河下游虹桥一带繁忙的漕运和东水门附近的繁荣商业，我个人认为这个鉴定意见的主流是有根据的，可以信赖。但同时又必须注意到国内学者和研究人员的不同意见，譬如有人对"清明"、"上河"、"解"、"虹桥"、"东水门"甚至创作年代都提出过疑义。这些意见如果有道理，我们应当认真听取。关于那"宛如飞虹"的木桥是"虹桥"还是"上土桥"，虽早就有人提出，但1979年杨新同志列举大量证据，认为是"上土桥"[40]，而1981年姜庆湘、萧国亮二人也提出相同的见解[41]，我认为他们三人的意见确是言之成理，而纠正了徐文的误考。"解"作何解？徐文释作"廨"，即官吏办公的地方，而朱家缙同志主张应释为"当押"，"解"即当铺[42]。至于《清明上河图》是画春色还是秋景，已在上面作了正面答复。还有，此画是张择端作于北宋宣、政年间，还是他在南宋行在杭州回忆汴京之作？这种分歧出现于明人，由来已久，近三十年又有人主张此说[43]。对这幅名画有各种看法，但上述诸多见解未涉及真伪问题。

今年六月二日，笔者在美国华盛顿弗利尔艺术博物馆看到那志良先生有关《清明上河图》的专著。当晚，罗覃馆长又提供了《大陆杂志》、《博物馆杂志》，使我了解到台北学术界对《清明上河图》的鉴定意见。从上述论文和专著，可知台北方面先后提出两卷"真迹"。

其一，台北董作宾先生于1951年《大陆杂志》（第二卷第八期），首先提出那早已流出美国、当时藏于芝加哥孟义君手中的《元秘府本·清明上河图》是宋·张择端手笔。1953年在《大陆杂志》（第七卷第六期）上，与其他四件后仿本加以比较后又重申了他的意见。

其二，之后台北刘渊临先生在1968年出版的《〈清明上河图〉的综合研究》中提出《清明易简图》是张择端真迹。当他看了故宫博物院收藏宋·张择端《清明上河图》印本之后认为"可证其为宋画，至少可证其为最接近张择端真本或最接近宋代之摹本"。作了错误判断。

关于上述两种"真迹"，那志良先生于1977年《清明上河图》一书中提出质疑，并一一加以批驳，最后论定《石渠宝笈三编本》即北京故宫博物院收藏的张择端《清明上河图》是真迹。由此可知台北有关方面对《清明上河图》真迹的分歧，已有公正结论。但不知何故居然有人于八十年代将董、刘二位的错误鉴定信以为真，并传入北京。

笔者未见《元秘府本·清明上河图》和《清明易简图》原件，但从照片、插图看，其笔墨、形象、构图、风格与本文介绍的张择端《清明上河图》真迹相距甚远，显然并非同一时代人的手笔。而《元秘府本·清明上河图》和《清明易简图》的共同点是将张择端《清明上河图》的木结构"上土桥"改为石结构圆拱桥。我们知道，这种圆拱石桥版本的《清明上河图》，相传始于明仇英，其时间不早于明嘉靖时代。此后的摹本无不源于此本。而故宫博物院收藏由《石渠宝笈三编》著录过的张择端《清明上河图》有以下几个特点：

（1）金代张著题跋，留下了张择端的籍贯、生平及擅长，并指明《清明上河图》确系张择端新笔。张跋极为重要，后人对张择端的介绍无不本于此跋，然略有所损益而已。张跋仅六行八十五字，现摘录如下：

"翰林张择端，字正道，东武人也。幼读书游学于京师。后习绘事，本工其界画，尤嗜于舟车、市桥、郭径，别成家数也……"。

"翰林"即图画院（局）的"翰林待诏"，指明张择端确已在图画院（局）中供职，应是宋代院画家。"东武"即今山东省诸城县。查阅《图画见闻志》记录了自五代、北宋神宗熙宁七年（公元 1074 年）间画坛名家及其作品和轶事等等，故张择端必在其后。《画继》[44]、续《图画见闻志》止乾道三年（公元 1167 年）计九十四年，记"上而王侯，下而工技"凡二百一十九人。但囿于所见，亦未列张择端。总之，张择端名不见著录，仅见于张著跋，足知其重要了。

（2）金、元人题跋，肯定《清明上河图》是徽宗时做成的，如金·张公药诗："通衢车马正喧阗，只是宣和第几年，当日翰林呈画本，升平风物正堪传"。

金·张世积诗云："繁华梦断两桥空，唯有悠悠汴水东。谁知当年图画日，万家帘幕翠烟中"。

元·杨准跋云："……卷前有徽庙标题。……是图脱稿，曾几何时，而向之承平故态，已索然荒烟野草之不胜其感矣"。宋徽宗题签至明·李东阳时，在其第二次跋语中也曾提到："卷首有祐陵瘦筋五字签及双龙小印"。入清内府时徽宗题签、双龙小印可能已经轶失，故《石渠宝笈三编》未载。

元·李祁跋也主张："静山周氏文府所藏《清明上河图》，乃故宋宣政间名笔也。"

以上几例金、元人题跋，离北宋不远，估计相当可靠，尤其元·杨準、明·李东阳均指出卷前有徽宗标题或瘦筋五字签及双龙小印，更加肯定了《清明上河图》确实成于徽宗政、宣间。

对张择端《清明上河图》成画时间除北宋末年一说之外，尚有主张南宋初年的说法，如：

明·詹景风云："《清明上河图》，本南宋院人张择端画"[45]。

明·董其昌云："南宋时追摹汴京景物，有西方美人之思"[46]。

清·孙承泽亦云："上河图乃南宋人追忆故宫之盛而写清明繁盛之景也"[47]。

上述三人的文字语气虽十分肯定，但未提出有力根据，难以自圆其说，我们也不应附和。

（3）关于木桥与城关的具体地点，据孟元老《东京梦华录》卷之一《河道》一条指出，汴河上自东水门外七里至西水门外，共有桥十三座。以巨木虚架，宛如飞虹的拱桥有三，即虹桥与上、下土桥。那么，图的"飞虹"桥究竟是三座中的哪一座？以桥论桥是无法解决的，只有联系周围景物，如汴河走向，与城门位置进行考证，才能得出正确结论。关于汴河走向，极为清楚，即自西北过桥之后，流向东南。而城门位于汴河走向的东南，有车、马、骆驼通过，应是陆路交通要冲，并非水门。对此门的考证已见前引二文，应是内城汴河南岸的"角子门"，也就是东角子门，这亦与图中汴河走向一致。城门既是角子门，其桥必是近内城角子门的上土桥，而不是外城东水门七里的"虹桥"。

（4）图中以杨柳杂花装簇顶上的轿子以及杨柳已吐出嫩芽的节气，均与清明相符。各阶层人物的衣着有单有夹，行旅者也有头戴风帽，身着厚长袍者，似乎是处于寒暖交替的季节，亦与清明不悖。至于有身份的人士手中持"便面"骑马或走路，是宋代文人的习惯，不是为了扇风去暑。不能说明是"秋景"。尤其以槎枒的古木，尚待耕耘的田地来看，亦应是"春色"而非"秋景"，所以"清明"二字是指季节之说，应是可信的。

（5）孟元老《东京梦华录》所记北宋汴京店铺多冠以姓氏，此图亦是。如"孙羊店"、"杨家应症"、"王家罗锦匹帛铺"、"刘家上色沉檀栋香"、"赵太丞家"等等，均冠以姓氏。

（6）金·张著等跋说明此图长期在金境流传，而自金迄清之跋、印，历历可数，表示其流传之绪，为有力佐证。

（7）画卷本身的艺术成就和时代风格，是最可信的最有说服力的证据。此图画风绝无南宋院体之嫌，有着浓郁的北宋画风。在城郭、市桥、屋庐、舟车的界画方面，是迄今所见的在艺术造诣、笔墨情趣均属上乘的精艺绝伦之作。

以上七点可证故宫博物院所藏张择端《清明上河图》是真迹无疑，而且是后世各种《清明上河图》的祖本。与本图迥然有别的《元秘府本·清明上河图》和《清明易简本》必是后仿本。

拙文至此结束。不知拙文提出的《清明上河图》具有广义风俗画的典型的与特殊的两方面的要素以及此图的意义与地位诸论点能否成立，对中国古代风俗画的研讨有无参考价值，尚请各位学者、专家们批评指正。

注　释

［1］［14］　见《文物参考资料》1954 年 1 期。

［2］　李步：《谈张择端的〈清明上河图〉》，《群众美术》1952 年 2 期。

［3］［5］　孟元老：《东京梦华录》卷之七《清明节》，上海古典文学出版社，1956 年。

［4］［7］［28］　孟元老：《东京梦华录》卷之二《酒楼》，上海古典文学出版社，1956 年。

［6］［38］［39］　孟元老：《东京梦华录》卷之一《河道》，上海古典文学出版社，1956 年。
　　　　杜连生：《宋〈清明上河图〉虹桥建筑的研究》，《文物》1975 年 4 期。

［8］　《汉书》赵尹韩张两王传中之张敞传，颜师古注，中华书局，1962 年。

［9］　孟元老：《东京梦华录》卷之四《会仙酒楼》，上海古典文学出版社，1956 年。

［10］［16］　徐邦达：《〈清明上河图〉的初步研究》，《故宫博物院院刊》1985 年 1 期。

[11]　　见于安澜：《画史丛书》第一期，上海人民美术出版社，1962 年。

[12]　　孙绍远：《声画集》，扬州诗局重刊本。

[13]　　陈邦彦：《历代题画诗类》，扬州诗局重刊本。

[15]　　除［1］、［10］之外尚可举出以下：

张安治：《张择端〈清明上河图〉研究》，朝花美术出版社，1962 年。

王逊：《中国美术史讲义》，第五章《宋元时期的美术》第五节《十二世纪人物故事画》贰《张择端的〈清明上河图〉》，中央美术学院。

[17]　　孟元老：《东京梦华录》卷之四《食店》，上海古典文学出版社，1956 年。

[18]［19]［20]　　脱脱等撰：《宋史》卷四十六《河渠三·汴河上》。

[21]［22]［23]［24]［26]　　孟元老《东京梦华录》卷之三《船载杂卖》，上海古典文学出版社，1956 年。

[25]［44]　　见于安澜编：《画史丛书》第二册，上海人民美术出版社，1962 年。

[27]　　《宣和画谱》序目，见于安澜《画史丛书》第二册，上海人民美术出版社，1962 年。

[29]　　孟元老：《东京梦华录》卷之二《东角楼街巷》，上海古典文学出版社，1956 年。

[30]　　孟元老：《东京梦华录》卷之三《马行街铺席》，上海古典文学出版社，1956 年。

[31]　　孟元老：《东京梦华录》卷之三《大内前州桥东街巷》，上海古典文学出版社，1956 年。

[32]［34]［35]　　脱脱等撰：《宋史》四十三，《河渠三汴河上》。

[33]　　孟元老：《东京梦华录》序。

[36]　　孔宪易：《〈清明上河图〉的"清明"质疑》，《美术》1981 年 2 期；邹身城：《〈清明上河图〉为什么不绘春色绘秋景?》，《历史知识》1984 年 4 期。

[37]　　孟元老《东京梦华录》卷之一《东都外城》，上海古典文学出版社，1956 年。

[40]　　杨新：《〈清明上河图〉地理位置小考》，《美术研究》1972 年 2 期。

[41]　　姜庆湘、萧国亮：《从〈清明上河图〉和〈东京梦华录〉看北宋汴京的城市经济》，《中国社会科学》1981 年 4 月。

[42]　　朱家缙：《关于清明上河图中的"解"字招牌》，《故宫博物院院刊》总二期，1960 年。

[43]　　同［36]邹文。

[45]　　詹景风《詹东园玄览编》之一，故宫博物院印本，1947 年。

[46]　　董其昌《容台别集》卷之四，晚清手抄本。

[47]　　孙承泽《庚子销夏记》卷八，知不足斋刊本，1878 年。

（原刊于《辽海文物学刊》1989 年 1 期）

读宋张择端《清明上河图》卷札记三则

流传有绪的张择端《清明上河图》卷在北京公开与国内外观众见面,至今已逾32年。图中那生动的人物,真实的生活,激动的情节,壮观的场面,准确的透视,精妙的笔墨,无不令人惊赞。学术界、美术史界、文物界为此也会发表不少论文,评价极高,并编纂专著,图录,予以阐扬。开封市工艺界按照原作绣制汴绣《清明上河图》卷,千针万线,针针不苟,工程至钜。始在荣宝斋,继在故宫工作的画家冯忠莲,照本临摹,先后用去20年心血,终于临摹完成了"下真迹一等"的《清明上河图》。这样,真迹、绣本、摹本、印本并存天下,确是空前盛况。真迹昔日藏于深宫,今日虽不能常见,绣本、摹本也不可多观,但印本却较易见,足以怡神悦目,受到热烈欢迎(图一)。

图一　《清明上河图》(局部)

对于这幅名画,我于32年前,在故宫博物院皇极殿第一次看到,彼情彼景,记忆犹新。不久,我调故宫博物院工作,因工作之故,看过《清明上河图》不下几十次,然而,每看一次都感到非常亲切又新鲜,每次均有所得,确是"开卷常新"!今年有两件事,使我与《清明上河图》的感情更加亲近了一层。一是,日本国际交流美术史研究会第四次国际学术讨论会邀我于今年九月十日就《清明上河图》作一次公开的学术演讲;二是荣宝斋制定了一项木刻水印《清明上河图》的宏伟计划,要求故宫博物院支持、协助,上述两个要求应该支持。为此,我对《清明上河图》重新学习,发觉五六十年代已确定下来的基本观点和正确鉴定,至七八十年代又遭到公开的挑战,使是非莫辨,这是值得深思的。说明人们的认识过程总是要反复的,即使一种正确的认识也不是被人们一下所接受。现在有这种情况，将来也会有的，不足为奇。在这里拟就这幅名画的鉴定，画题、全补的问题，略抒己见，供《清明上河图》爱好者参考。

一、关于《清明上河图》的真赝鉴定问题

近年来曾引起一场风波。我听到这样一种传言，故宫博物院收藏的张择端《清明上河图》是摹本，真迹在台北。我当时以为这是一种无稽之谈，不值一驳。可是，深思以后，便想到"无风不起浪"，这种传言可能有其来头，但一时尚未掌握实况，只好暂时搁置。

国内专家对《清明上河图》的见解，虽然在细节上有不少分歧，但鉴定为真迹这一点上确无异议，徐邦达同志于《清明上河图的初步研究》一文中肯定它是张择端于宣、政年间所绘，表现了清明佳节时开封汴河下游虹桥一带繁忙的漕运和东水门附近的繁荣商业，我个人认为这个鉴定意见是有根据的，可以信赖的。但，同时又必须注意到国内学者和研究人员的不同意见。如有人对"清明"、"上河"、"解"、"虹桥"、"东水门"，甚至创作年代都提出过疑义。这些意见如果有道理，我们应当认真听取。关于那"宛如飞虹"的木桥是"虹桥"还是"上土桥"，虽早就有人提出，但1979年杨新同志列举大量证据，认为是"上土桥"，而1981年姜庆湘、萧国亮二人也提出相同的见解，我以为他们的意见确是言之成理，而纠正了徐文的误考。"解"作何解，徐文释作"廨"，即官吏办公的地方，而朱家溍同志主张应释为"当押"，"解"即当铺。至于《清明上河图》是画春色还是秋景，将在下一节分析。还有，此画是张择端作于北宋政、宣年间，还是他在南宋行在杭州回忆汴京之作？这种分歧出现于明人，由来已久，近30年又有人主张此说。对这幅名画各种看法，但上述诸多见解不涉及真伪问题。

1987年6月2日笔者在美国华盛顿弗利尔艺术博物馆看到那志良先生有关《清明上河图》的专著，当晚罗覃馆长又提供了《大陆杂志》、《博物馆杂志》，使我了解到台北学术界对《清明上河图》的鉴定意见。从上述论文和专著，可知台北方面有人提出两卷"真迹"。

其一：《元秘府本·清明上河图》，董作宾先生认为应是北宋张择端手笔，他于1951年《大陆杂志》（第二卷·第八期）首先提出。此本早已流出美国，当时藏于芝加哥孟义君手中。

其二：《清明易简图》，刘渊临先生认为是张择端真迹。在1968年出版的《清明上河图的综合研究》中提出他的见解。

关于上述两种"真迹"，那志良先生于1977年《清明上河图》一书中提出质疑，并一一加以批驳，最后论定《石渠宝笈三编本》即北京故宫博物院收藏的张择端《清明上河图》是真迹。由此可知台北有关方面对《清明上河图》真迹的分歧，已经解决，但不知何故，居然有人将董、刘两位的错误鉴定信以为真，并传入北京。

笔者未见《元秘府本·清明上河图》和《清明易简图》原件，但从照片、插图看，其笔墨、形象、构图、风格与故宫博物院所藏张择端《清明上河图》相距甚远，虽然并非同一时代人的手笔。而《元秘府本·清明上河图》和《清明易简图》的共同点是将张择端《清明上河图》的木结构"上土桥"改为石结构圆拱桥（图四）。我们知道，这种圆拱石桥版本的《清明上河图》相传始于明仇英，其时间不早于明嘉靖时代。而故宫博物院收藏由《石渠宝笈三编》著录过的张择端《清明上河图》有以下几个特点：

（1）金代张著题跋。它留下了张择端的籍贯、生平及擅长并指明《清明上河图》确系张择端亲笔。张跋极为重要，后人对张择端的介绍无不本于此跋，然略有所损益而已，张跋仅六行八十五字，现摘录如下：

"翰林张择端，字正道，东武人也。幼读书游学于京师。后习绘事，本工其界画，尤嗜于舟车、市桥、郭径，别成家数也。……"

"翰林"即图画院（局）的"翰林待诏"，指明张择端确已在图画院（局）中供职，应是宋代院画家。"东武"即今山东省诸城县。查阅《图画见闻志》记录了自五代讫北宋神宗熙宁七年（公元1074年）间画坛名家及其作品和轶事等等，故张择端必在其后，《画继》，续《图画见闻志》止乾道三年（公元1167年），计94年，记"上而王侯，下而工技"，凡二百一十九人，但囿于所见，亦未列张择端。总之，张择端名不见著录，仅见于张著跋，张跋的重要性可知。

（2）金、元人题跋，肯定《清明上河图》是徽宗时代作成的，如金张公药诗："通衢车马正喧阗，只是宣和第几年，当日翰林呈画本，升平风物正堪传"。

金·张世积诗云："繁华梦断两桥空，唯有悠悠汴水东。谁识当年图画日，万家帘幕翠烟中"。

元·杨准跋云："……卷前有徽庙标题。……是图脱稿，曾几何时，而向之承平故态，已索然荒烟野草之不胜其感矣"。宋徽宗题签至明，李东阳时在真跋语中也曾提到，卷首有祐陵瘦筋五字，及双龙小印。入清内府时徽宗题签，双龙小印可能已经轶失，故《石渠宝笈三编》未载。

元·李祁跋中也主张："静山周氏文府所藏《清明上河图》乃故宋宣、政间名笔也。"

以上几例题跋中，金、元人离北宋不远，估计相当可靠，尤其元、杨准，明、李东阳均指出卷前有徽宗标题或瘦筋五字及双龙小印，更加肯定了《清明上河图》确实成于徽宗政、宣间。

对张择端《清明上河图》成画时间除北宋末年一说之外，尚有主张南宋初年的说法，如：

明·詹景风云："清明上河图，本南宋院人张择端画"（《东图玄览编》）。

明·董其昌云："南宋时追摹汴京景物，有西方美人之思。"（《客台集》）。

清·孙承泽亦云："上河图乃南宋人追忆故宫之盛而写清明繁盛之景也。"（庚子销夏记）。

上述三人的文字语气虽十分肯定，毫不含糊，但未提出有力根据，难以自圆其说，我们也不应附和。

（3）关于木桥与城关的具体地点，据孟元老《东京梦华录》卷之一《河道》一条指出，汴河上自东水门外七里至西水门外，共有桥十三座。以巨木虚架，宛如飞虹的拱桥有三，即虹桥与上、下土桥。那么，图的"飞虹"桥究竟是三座中的哪一座？以桥论桥是无法解决的，只有联系周围景物，如汴河走向与城门位置，进行考证，才能得出正确结论。关于汴河走向，极为清楚，即自西北过桥之后流向东南。而城门位于汴河走向的东南，有车、马、骆驼通过，应是陆路交通要冲，并非水门。对此门的考证已见前引二文，应是内城汴河南岸的"角门子"也就是东角门子。这亦与图中汴河走向一致。城门既是角门子，其桥必是近内城角门子的上土桥。而不是外城东水门七里的"虹桥"。

（4）图中以杨柳杂花装簇顶上的轿子以及杨柳已吐出嫩芽的节气，均与清明相符。各阶层人物的衣着有单有夹，行旅者亦有头戴风帽，身着厚长袍者，似乎是处于冷暖交替的季节，亦与清明不悖。至于有身份的人士手中持"便面"骑马或走路，是宋代文人的习惯，不是为了扇风去暑。不能说明是"秋景"。尤其从槎枒的古木，尚待耕耘的田地来看亦应是"春色"而非"秋景"，所以"清明"二字是指季节之说，应是可信的。

（5）孟元老《东京梦华录》所记北宋汴京店铺多冠以姓氏，此图亦是。如"孙羊店"、"杨家应症"、"王家罗锦疋帛铺"、"刘家上色沉檀栋香"、"赵太丞家"等等，均冠以姓氏。

（6）金张著等跋说明此图长期在金境流传，而自金讫清，跋、印历历可数，表示其流传之绪，为有力佐证。

（7）画卷本身的艺术成就和时代风格，是最可信的最有说服力的证据。此图画风绝无南宋院体之嫌，有着浓郁的北宋画风，在"城郭、市桥、屋庐、舟车"的界画方面是迄今所见的，在艺术造诣、笔墨情趣均属上乘的精艺绝伦之作。

以上七点可证故宫博物院所藏张择端《清明上河图》是真迹无疑，而且是后世《清明上河图》的祖本，与本图迥然有别的元秘府本《清明上河图》和《清明易简图》必然是后仿本。

二、画 题 问 题

近年对《清明上河图》的题名诠释上也提出了新意见。这就是孔宪易《〈清明上河图〉的"清明"质疑》、邹身城《〈清明上河图〉为什么不绘春色绘秋景?》两文对该图卷"清明"、"上河"的题名提出新的解释，认为清明不是节气而是政治概念或地点名称，所绘的节气不是清明的"春色"而是"秋景"。这虽属个别意见，也值得注意。

笔者以为鉴评古代绘画作品，其主要依据是实物本身，也就是画面的内容、题材、笔墨、风格等等，而不是画题。如果画题与画本身有牴牾，应以画面所表达的事物为依据，不必拘泥于画题，之所以必须这样做，则因现存古画之未题名者不在少数，有些题名也往往由当时或后代的藏家根据画意而定名，是否与画家本意相符或者能否准确概括，确有值得商榷之处。以本卷题《清明上河图》来说，杨准跋中云："卷前有徽庙标题"。李东阳跋云："卷首有祐陵瘦筋五字及双龙小印"，说明题名是由宋徽宗赵佶"钦定"的。从赵佶这最高统治者角度分析"清明"，可能有着"清明佳节"和"清明之世"两层意思，或者说侧重于表现"太平日久，人物繁阜。垂髫之童但习鼓舞，斑白之老，不识干戈"的升平景象。而画家张择端原意如何？只能从画卷的美学价值和社会效果来判断。当我们看了全卷之后，将有助于我们的正确理解。从画面的树木、田地、人物服用等都说明是季春的三月是不成问题的。关于这一点许多权威性论文早已肯定，恕不赘言。

对"上河"二字也有不同解释。有将"上河"作名词解，即汴河的另一名称，可是不见出处。孔宪易"上河"解，亦未说明其出典。但当时汴河居于五丈河、金水河与蔡河之中，名为"上河"似不妥。他还介绍：只是一些人认为"上"字应作动词去解释，那就是说，在清明节那天东京"士庶"上（到）河上去冶春的意思。这样解释是否合适，是否为题签者赵佶的原意，现已无从查考，但从画卷看，虽不能说没有"冶春者"，可是已被船夫的紧张博门气氛所冲淡，至少上河冶春之意并不突出。那么"上河"究竟作何解释呢？从孟元老《东京梦华录》记载可知"东城一边，其门有四，东南曰东水门，乃汴河下流水门也。"穿城河道有四："中曰汴河，自西京洛口分水入京城，东去至泗州入淮，连东南之粮"。这就是说汴河由西北向东南行，是下水，反之则是上水。此卷所绘船只正是从东向西，表现逆水行舟的情景。如果与这种情况相联系，"上"只能作"上水"解，"河"即汴河，"上河"即在汴河逆水行舟之意，表示"连东南之粮，凡东南方物，自此入京城，公私仰给焉"。而画面上绘行进之船只有六，都是逆水向东水门驶去。这六艘船只的行进方向是"上河"的有力注脚。当然，这种解释是否符合赵佶本意，已无关紧要，只要不悖画意即可。画题与画面两者联系起来，可以这样理解：于清明佳节这一天，在汴河上逆水行舟，以反映汴河及其漕运对京城皇室，士庶的重要意义。这一层更深的意义，张择端真正理解了，并寻找到恰当的形式，加以表达而获得成功。

三、旧裱全补之误笔得到纠正

1953年此画由辽宁省博物馆移交故宫博物院，于绘画馆（皇极殿）首次展出。其后，每年国庆期间展出，供观众鉴赏。由于此卷曾经历过一段极其不幸的遭遇，遍体鳞伤，不宜卷舒，需要装池，以恢复其青春。遂于1973年重加装裱，在研究揭裱的会议上，对早已发现的旧裱全补时的误笔，作了去留的研究。这处误笔，开卷即可看到，在一段比较富有情节的场面里画蛇添足，歪曲了原景，在透视上不合理，破坏了原景。具体说场面是这样，一队轿骑清晨出郊祭坟后匆匆返回的途中，前道的一马突然惊狂而奔驰。在这一刹那，其前后的人物和牲畜无不迅速作出各种不同反响。十分可惜：奔马的前身已残缺，从剩下的鞍鞯判断应有骑手，马后三个驭者正在边追边喊，前方的树下屋前的二牛正在扭头看那惊马，已在房内休息的客人也被惊醒，探身观察，拴在店前柱上的黑驴也发性狂跳，或许它就是白马狂奔的"冲动力"，在奔马身边的一个老人赶忙起身去抱正在蹒跚学步的小孙子。这一场面被摄取入画，说明画家不仅对生活有着深入观察，而且也不放过常见的一些琐事，才有可能将惊马这种习以为常的生活小事，纳入画面，给宁静的清明佳节增添了几分险情，大大丰富了它的情节性和生动性。这也是画家成功之处。过去我们仔细观察这一景时，早已发现在躬身将起的老人右上方补绢处，画一似驴非驴，似牛非牛的尖喙牛身的畜类和一只轮子的平板车，在结构比例，透视原理上都极不合理，可以说明全补者并不了解残处所缺的是什么，而误以为剩下的立柱与横向的木杆交叉点是一牲畜头，于是将补绢处全补一牛身，其下空白处又添画了一块平板和一立轮，这处全补的不合情理，是出自全补画工的杜撰，不是原作之笔，对原作亦无益，不应保留，经过讨论后，便决定予以撤换，重新补绢，而不再全笔以保留残缺不全的面貌，这样做较为妥当。因此，凡是没有尖喙牛身的怪畜和大车轮子的照片、印刷品，都是从故宫博物院 1973 年新裱本拍摄的（图二）；反之则是 1972 年以前的明末裱本（图三）。这一点，《清明上河图》的研究者，应该了解。

荣宝斋正拟议中的木版淡彩水印《清明上河图》，也是以故宫新裱本为依据，照本勾摹的。

开业 35 年的荣宝斋，在中外文化艺术界中享有很高声誉，这是我们应为之既庆且寿的事，而木刻彩印《清明上河图》又是一项宏伟工作。故宫博物院珍藏的张择端《清明上河图》是我们中华民族的文化瑰宝，这稀世之珍能通过荣宝斋木刻水印为更多

图二　清明上河图卷（局部，1973 年新裱本）

图三 《清明上河图》（明末旧裱本）

图四 《清明上河图》（局部）

的中外各界人士欣赏，学习研究，则对祖国文化艺术的宣扬已卓具成就的荣宝斋，又将增添一项功业。

（原刊于《荣宝斋》1987 年）

关于宋人《大傩图》的正名问题

宋《大傩图》于《石渠宝笈初编》著录[1]，绢本，工笔重彩。画面仅有穿戏装的十二名乡里老汉作手舞足蹈状，无背景，是一幅宋代风俗画，有着重要的历史与艺术价值，1959～1960年故宫博物院划分一级品时定为一级品乙。在划分定级过程中，唐兰先生提出此画不是"大傩"的见解，当时因这类问题不少，为了不影响划级工作的进度，便一律搁置起来，这样一搁便是四十余年。其间，中国艺术研究院舞蹈研究所孙景琛先生于1982年发表了《〈大傩图〉名实辨》[2]一文，经考证提出《迎春舞队（或社火）》的新名。当时我已读过此文，但因我已转向繁重的古玉研究工作，无暇兼顾该专题的探讨，亦未察觉到该文在院内专业研究人员中引发的反响。

今年年初，接到中华人民共和国文化部副部长、故宫博物院院长郑欣淼阁下的邀请函，邀我参加故宫博物院建院八十周年的庆典活动暨古书画研究中心落成和研究员受聘仪式，出席2005年10月10日至12日在北京举行的"《清明上河图》及宋代风俗画国际学术研讨会"，我深感荣幸，同时又因我近二十余年来全力以赴地投入玉器和玉文化研究工作，对早年间涉猎的古代绘画已感陌生。关于《清明上河图》，我于1980年前后曾经做过一定的研究工作，撰写了《读宋张择端〈清明上河图〉卷札记三则》（刊于《荣宝斋（1950～1985）》）和《试论风俗画宋张择端〈清明上河图〉的艺术特点与地位》（刊于《辽海文物学刊》1989年第1期）二文。此后未能继续收集资料，亦未深入研究，所以不能为"《清明上河图》及宋代风俗画国际学术研讨会"提供有关《清明上河图》的新论文。于是我便想到《大傩图》这一个积年旧题，遂请张彬为我查找相关资料，又在古书画部主任余辉研究员和画库负责人袁捷女士的关照下再次观看了宋人《大傩图》和清院画家丁观鹏临摹的《宋人大傩图》，看后颇有所感，受益匪浅。现将我的看法分为以下四个问题略加陈述：

一、傩的起源及其特点

关于"傩"的一系列问题我没有做过专门研究，仅因近年在考证研究史前玉器时发现了有关傩的图徽和"玉傩面"，遂撰写了论文《玉傩面考》（刊于《中原文物》2004年第3期），对其源流略加论述。在此，拟从傩的源头谈起，对《大傩图》的正名工作或有所裨益。

"傩"又称"魌头"，其字首见于甲骨文的"𦰏"字，郭沫若先生释为"系像人戴面具之形，当是'魌'之初文。"[3]《周礼·夏官》："方相氏掌蒙熊皮，黄金四目。"郑注云："如今魌头也。"[4]但是刻画在史前古玉上的傩面要早于甲骨文约两千年，始见于距今5000年的良渚文化墓葬，这就是浙江余杭反山12号墓出土的玉琮王（98号）和玉钺王（100号）上所刻的"觋骑兽事神图徽"（原称"神徽"）。此"图徽（图一）"中骑兽的觋，其面孔为倒立梯形，其大冠的左中右三边均扎结菁草。此戴冠的倒立梯形绝非觋之真面貌而是"魌头（图二）"，也就是"面具"，这是我们迄今所见的最早的刻画于玉上的魌

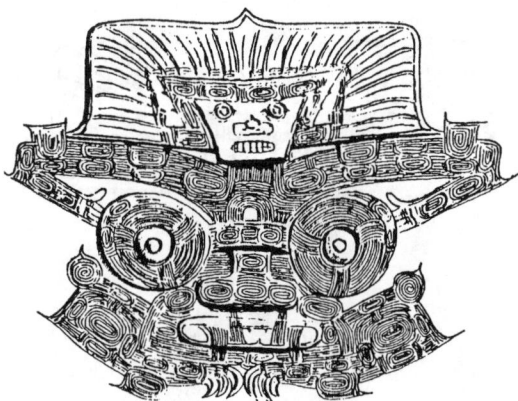

图一　良渚文化觋骑兽事神图徽
（引自《文物》1988年第10期图二〇）

头。晚于良渚文化的玉魌头像出于石家河文化（图三）和大洋洲扬越墓葬（图四）及张家坡西周墓葬（图五）。这三个玉魌头像都是片状戴冠獠牙面像，最初是巫觋戴魌头事神，到了文明时代，周、汉均有傩仪，如东汉时亦将戴四目魌头的驱鬼者称为方相氏[5]。至宋衍为大傩仪，"诸班值戴假面，……共千余人，自禁中驱祟出南薰门外转龙湾，谓之'埋祟'而罢"[6]。至南宋"禁中除夜呈大驱傩仪，并系皇城司诸班值，戴面具，着绣画杂色衣装，手执金枪银戟、画木刀剑、五色龙凤、五色旗帜，以教乐所伶工装将军、符使、判官、钟馗、六丁、六甲、神兵、五方鬼使、灶君、土地、门户、神尉等神，自禁中动鼓吹，驱祟出东华门外，转龙池湾，谓之'埋祟'而散。"[7]上述皇家大傩仪不仅是为了驱祟，保祐禁中皇族平安，同时又是一种规模宏大、组织严密并有着一定情节性的演艺活动。此时，桂林人善制戏面，"佳者一值万钱"，"桂林傩队自承平时，名闻京师，曰静江诸军傩，而所在坊巷村落又自有百姓傩，严身之具甚饰，进退言语咸有可观，视中州装队仗似优也。"[8]说明桂林不仅是傩面具制造中心，在全国首屈一指，而且其傩舞戏活动也遍及城乡，出现了难以计数的"百姓傩"，盛况空前。

上述记载与《大傩图》画面实难契合，可知在大傩仪或大驱傩仪中出场的角色都须戴假面具，"百姓傩"亦不例外，也必戴"戏面"，而《大傩图》上的十二角色均不戴面具，仅在面上勾描几笔而已。关于《大傩图》上的十二角色是否戴有面具也是这次重新察看原作的目的之一，经过反复地仔细验察，并没有发现任何面具，所以说此图内容与其画名是相牴牾的。按常理，画名应表达画面所体现的内容，名与画应是一致的，而《大傩图》却名不符实，舞蹈艺术界也有这样的看法。

图二　魑头

（引自《文物》1988 年第 10 期，图二〇）

图三　石家河文化玉傩面像

（引自《传世古玉辨伪与鉴考》，119 页　图一·1）

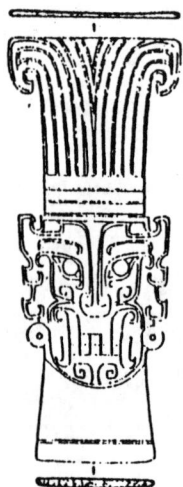

图四　扬越墓出土玉傩面像

（引自《文物》1991 年第 10 期，图一九·2）

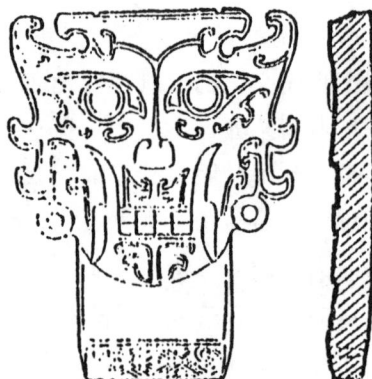

图五　沣西玉傩面像

（引自《考古》1987 年 5 期，470～473 页）

二、关于《大傩图》画面的分析

关于《大傩图》（图六）画面角色的服饰及其该图所表现的时令等问题，孙景琛先生已做过分析考证，并提出了不少有益的意见，但是我认为画面上十二人的细节仍需要详察并作进一步的分析，务使订名更加贴切。现分为组合、角色、服饰、面相等若干侧面进行观察比较。

1. 十二人的组合关系

此十二人分为上下四排，每排三人。从其面庞的方向来分，又可分为两大组，为了行文和解释方便，现将十二人编为 1～12 号（图七），从下排乐舞人由右向左编为 1

号、2号、3号；第二排舞人编为4号、5号、6号；第三排舞人编为7号、8号、9号；第四排乐舞人编为10号、11号、12号。若从十二乐舞人的方向及具体组合来看，再将下两排合为一组共六人，其中1号与4号两人为击鼓手，5号直立，口微张，左手下垂，露出所执尖首拍，右手张开，五指上下活动，似在打拍，可能是此舞队（社火）的领班人（"色长"）[9]。2号、3号、6号均作抬左腿状，似在边舞边唱。上两排的六人又可合为另一组，7号也伸出左腿舞蹈，10号为打拍板人，8号、9号、11号、12号均为舞人，都面向7号，而7号又面向5号。这种组合关系即画面构图，似非来自生活原型，而是画家为了某种需要而有意安排的，或许是受方形素绢的局限，致使画面没有背景，其四周亦无充分的空间。

图六 《大傩图》

图七 十二舞人的编号示意图

2. 角色分工

除了5号为领班之外，1号、4号为击鼓色，10号为拍板色。乐器仅有三种，即大鼓、小腰鼓及拍板，均属"鼓板"[10]，概无丝管乐器。2号、3号、6号、7号、8号、9号、11号、12号等八人均为歌舞者，分为不同角色。

3. 服饰

头上戴冠的有1号、3号、4号、5号、6号、9号等六人，身着绘绣纹袍的有除去10号以外的十一人，仅10号穿交襟有纹的素袍。唯2号头戴双角帽。3号、4号、5号、6号、9号等五人的冠上饰蝶蛾纹，其中5号所戴蝶形冠上的蛱蝶纹饰尤为突出。7号头顶竹箕，8号头戴竹凉帽，11号头戴竹篥篓，12号头戴木方斗。身上佩戴及手执的饰物、道具品种甚繁，没有佩饰和道具的为 1 号和 4 号击鼓色、10 号拍板色、5 号领班、9 号舞人等五位。2 号舞人用细竹竿挑着一冠，背着周边生有长毛的一老蚌壳，左腿上还伏一蟾蜍。3 号舞人右侧佩椭圆形香囊，左侧系斑竹筒和二竹板。6 号舞人右手执芭蕉扇，腰系双扁方包。7 号舞人道具特多，腹前系二龟，腹左侧和左肩露出四爪大粗腿和四长尖物，似为一大龟，腰间佩蚌壳二串，双手腕打丝结，左手执一笤帚，腰上插一勺，勺柄上拴一炊帚。11 号舞人腰下系一小勺和袋子，右手执一丝瓜高高举起。12 号舞人腰左侧系有二扁方包，腰后插一抹平器，右手执一小竹篓。冠上除了饰蛱蝶之外，还分别饰有它物，1 号饰松枝，3 号饰梅竹和孔雀翎，6 号饰葵花，8 号饰梅花，9 号饰双孔雀翎，10 号饰柏枝，11 号饰梅竹，12 号饰雉尾的羽毛。这些服饰面料十分讲究，可能都是城市裁缝特制，而不像乡间女红之物。

4. 人物身材与面相

人物身材均头大身矮，比例失调，近似侏儒。面相亦均丑陋，多为大长鼻头，双鼻孔向上翻，满面胡须，眼睛甚大，实属五官不正之人。10 号执拍板人二目畸形，一目已瞽，血口兔唇，无须髯，是十二人中最为丑陋者，其头上有髻，可能是一女性。除10 号外，余者皆蓄须，2 号、12 号黑须黑发，其他九人白须白发。

三、关于《大傩图》为粉本的思考

通过上述对《大傩图》的仔细观察与分析，似乎可以引申出对此图的如下看法：

1. 此图的舞蹈场面

画面上描绘了十二个人的形象，除了两个鼓色和一个板色之外尚有九人，在二排中间站立的5 号头戴蛱蝶冠，应是"色长"，其他八人类似杂剧中的"末"、"净"之色，内中2 号、7 号可能扮演庖厨之役人，也不排除二者是"教走兽"和"教飞禽虫蚁"[11]之技艺人。画中一干人等均未戴假面，确非"大傩仪"甚明。究竟是"社火"还是"杂班"需要认真思考。"社火"数见于《东京梦华录》，其所记场面均与此图不符。另有"打夜胡"也行"驱祟之道"[12]，与此图画面亦风马牛不相及。"杂班"亦称"杂扮"、"杂旺"，"即杂剧之后散段也，顷在汴京时，村落野夫罕得入城，遂撰此端。多是借装为山东、河北村叟，以资笑端。"[13]古籍对"杂班"的具体角色记载不明，也不便将其与《大傩图》相比附。

2. 此图的形象刻画

此图十二乐舞人的个体形象刻画均细腻入微，在宋画中亦不可多见。上下平列四排的构图处理十分恰当，做到疏密有致、重点突出，是非常成功的，但是有两个不够正常的情况值得我们留意：一是十二个人物布置在约二尺见方的素绢上，显得天地都很狭窄，两侧更为局促，这在宋画中也是一种特殊的孤例；二是没有背景，说得准确一点，也不可能再添画背景，这种无背景的人物画、风俗画也仅此一例。我们再设问一下，是否原画较大，后经剪裁成了我们现在所见的状况？当然，此画于 1960 年曾经重裱，其时可能对天地两边稍加切割，图中 1 号鼓色所持手鼓的长缓下端似被切去一角，已不完整，上、左、右三边尽管显得十分紧促，但并未伤及形象，这是有目共睹的。由此使我自然地想到黄筌《珍禽图卷》的构图与此图倒有不少相像之处。《珍禽图》也是疏密相宜、错落有致、没有背景，在绢素上如实地描绘了几十只飞禽。美术史界、古书画界都认同此卷是黄筌的稿本，也就是他的工笔彩色写生粉本。据此我认为该《大傩图》与五代黄筌《珍禽图》一样，也是南宋某画家的工笔写生稿本，想必是其作者为了创作迎春社火题材的图画作品而去体验乡镇的社火活动，并将所见场面勾勒成此敷彩粉稿，所以此图并非已完成的正式作品，而是画家所搜集的生活素材，画面并没有完整地表现迎春庆祝活动的全过程，只是抓住了活动中最为生动、最为典型的细节，并以其作为创作原型。当然，也不能完全排除此图是修内司等禁中衙门指令画家设计的角色及其服饰的图样。

3. 此图人物形象的特征

此图人物形象或五官不正，或有某种缺陷，大都比较丑陋，这是我国古代画家通用的手法，也可以认为这是画家对劳动人民的鄙视和偏见，是他们的世界观、社会观所决定的，也是时代的局限性所致。这里须说明的是，此图的形象描写上与耐得翁在讲影戏（即皮影）形象"公忠者雕以正貌，奸邪者与之丑貌，盖亦寓褒贬于市俗之眼戏也"[14]有着原则的区别，我所说的"五官不正或有某种缺陷的丑陋形象"并非指其为"奸邪者"，而是被南宋画家扭曲了的农人野夫的形象，与这些画家笔下的士夫官宦形象相比较，确实形成鲜明对照。平日生产、节日演艺的劳动者并非科班出身的杂剧角色或"诸色技艺人"，但是此图中他们的冠帽衣裳却是工精料实的演艺服装，想必这是画家将宫廷或州府的专业技艺人的服装移植到农人野夫身上，无形中美化了他们，而在现实生活中这些农村的业余演艺人在参加立春节日庆祝活动时是不会身着如此华美的服装的。另有四个演艺人头上戴的不是蛱蝶冠而是竹笠、竹簸箕、竹篓和木斗，并且竹篓、竹笠已残破被补缀过，这些器具都是庶民百姓日常生活用品临时拿来用作冠帽的，与蛱蝶冠不可相比。

综上所述，《大傩图》名不符实的问题已昭然若揭，需要为其正名，而图中描写的十二人也不是民间演艺活动的真实写照，而是画家从其所见的表演场面中筛选出十二个典型人物加以细腻的描绘，成为整个作品的局部彩绘稿本，已不是其生活原貌，因而我认为此图不是一件作品，而是一幅粉本。

四、《大傩图》可更名为《社舞图》

关于《大傩图》的更名问题，只能从上述十二演艺人的冠服、动态来认识其所从事活动的真相，它只能是立春时节府城附近乡镇社火的演艺活动。从各位舞者用手把住木斗、竹箕或双手扣紧冠带的动作来看，演出确已进入了热烈而狂放的高潮段子。根据这种情况，拟将此图姑且改订为《立春社火图》，但是"社火"两字对现代观者来说不易理解，难以接受，于是想到《〈大傩图〉名实辨》一文中引了不少诗句，与本图多有契合之处，尤其范成大《上元纪吴中节物俳谐体三十二韵》[15]中的"轻薄行歌过，颠狂社舞呈"句原注曰"民间鼓乐谓之社火，不可悉记，大抵以滑稽取笑"，如此解释社火甚为通俗，此图以"颠狂社舞"四字名之岂不无比贴切。这种取用诗词及题跋中的文字作画名的作法由来已久，我借用《〈大傩图〉名实辨》所引用范成大五言诗句中的文字为《大傩图》正名，无抄袭之嫌，又可免除搜索枯肠、绞尽脑汁之劳苦，于是不揣浅陋，趁这次隆重举行"《清明上河图》及宋代风俗画国际学术研讨会"的良机，拟将"宋《大傩图》卷"正名为"宋《社舞图》"。至于此图的作者的探索和具体年代（北宋还是南宋）的鉴定都是非常重要的而又是不可回避的课题，但是目前条件尚不成熟，可留待今后研究。这次仅对《大傩图》的正确名称提出个人建议，这只是在时间仓促、准备不足的情况下的一种权宜作法，姑名《社舞图》而已，究竟如何处理这个积年旧题，要取决于今后资料有无新发现与研究工作能否深入等条件。譬如上面提到的"粉本说"、"图样说"尚属笔者一己之见，能否成立还须探讨，关于《大傩图》更订图名的建议仅供本院书画研究家参考，不妥之处请各位方家批评指出。

2005 年 6 月 24 日

注　释

[1]　张照、梁诗正等奉敕撰：《石渠宝笈》卷四十："储御书房、无名氏、画轴上等·宋人《大傩图》一轴、上等·宇一。"（《景印文渊阁四库全书》825 册 524 页：台湾商务印书馆）。

[2]　孙景琛：《〈大傩图〉名实辨》（《文物》1982 年 3 期，70～74 页）。

[3]　郭沫若：《卜辞通纂》第四九八片上半（科学出版社，1983 年）。

[4]　郑玄注、唐贾公彦疏、陆德明音义：《周礼注疏》卷三十一（《景印文渊阁四库全书》90 册 574 页，台湾商务印书馆）。

[5]　司马彪撰：《后汉书·志第五·礼仪中》第十一册三一二七页（中华书局，1965 年）。

[6]　孟元老：《幽兰居士东京梦华录》卷之十·"除夕"（刊于《东京梦华录》62 页，古典文学出版社，1957 年，上海）。

[7]　吴自牧:《梦粱录》卷六·"除夜"（刊于《东京梦华录》181 ~ 182 页,古典文学出版社,1957 年,上海。

[8]　周去非撰:《岭外代答》卷七"乐器门·桂林傩"（《景印文渊阁四库全书》589 册 447 页,台湾商务印书馆)。

[9]　四水潜夫辑:《武林旧事》卷六·"诸色技艺人,鼓板"（刊于《东京梦华录》457 页,古典文学出版社,1957 年)。

[10]　耐得翁:《都城纪胜》,"瓦舍众伎"（刊于《东京梦华录》96 页,古典文学出版社,1957 年,上海)。

[11]　前揭宋四水潜夫辑:《武林旧事》465 页。

[12]　前揭宋孟元老:《幽兰居士东京梦华录》61 ~ 62 页。

[13]　前揭宋吴自牧:《梦粱录》309 页。

[14]　前揭宋耐得翁:《都城纪胜》97 ~ 98 页。

[15]　前揭孙景琛:《〈大傩图〉名实辨》74 页。

二、造 像

关于曲阳修德寺遗址出土纪年石造像的再认识

　　河北曲阳修德寺遗址瘗藏石造像的重现人间，已经整整30年了。30年对于自然历史来说，不过是一刹那，但对人文历史来说，却是一段宝贵的时间。30年来，有关曲阳石造像的发掘简报[1]，已经刊行。拙文《曲阳修德寺出土纪年造像的艺术风格与特征》，发表于《故宫博物院院刊》（总二期），公布了57件纪年造像［神龟三年（公元520年）—唐天宝五年（公元746年）］，扼要地阐述了北魏晚期，东魏、北齐、隋、唐纪年造像的艺术风格与特征，提出东魏、北齐、隋的造像在我国佛教雕刻艺术史上的独立地位，引起了中外美术史、佛教史的研究人员的浓厚兴趣。值得高兴的是，20世纪70年代先后在河北藁城贾同村[2]以及临漳县的栗辛庄村、张彭城、河图棉站西等古邺南城遗址一带[3]，又出土了24件曲阳白石造像，为研究曲阳白石造像的分布区域及其艺术造诣提供了新资料。遗憾的是由于各种原因，我们对曲阳白石造像并未继续进行全面的整理与研究。但随时间推移，对它的理解逐渐深化，进一步认识到它在我国雕塑艺术史上的更加重要的学术价值。故而趁其出土30周年之际，仅就它的历史地位、特殊意义以及彩绘艺术等三个方面，略抒己见，以供学人们参考。

一、曲阳修德寺遗址出土纪年造像的历史地位

　　关于这一问题，拙文"曲阳修德寺出土纪年造像的艺术风格与特征"已有所涉及，在此，更分为四个题目作进一步的探讨。

1. 我国佛教艺术发展的回顾

　　为了说明曲阳修德寺纪年造像的历史地位，需要先了解我国早期佛教艺术发展的概况。

　　我国佛教传自印度，其雕塑艺术来于西方，这是大家公认的。

　　佛教最初起源于尼泊尔，印度，而佛像雕塑却起始于犍陀罗（今巴基斯坦、阿富汗交界处）。此后，在印度由北向南以至全境内得到发展和成熟，出现了犍陀罗，抹菟罗、摩揭陀、麴多以及帕拉等等著名的造像形式。这些造像形式先后传入我国，并对我国佛教造像艺术产生了不同程度的影响。譬如犍陀罗、抹菟罗两种造像形式，在我国现存4~5世纪造像艺术中留下了或隐或现的踪迹，但都不是它的标准形式和典型风格，

而是这两种外来形式的地方化、中国化之后，中外结合的一种特殊形式。敦煌莫高窟的北凉 272、275 窟（公元 397～439 年）[4]，酒泉石佛寺湾子出土的承玄、承阳、缘禾、太缘等年款（公元 426～436 年）石造像塔[5]，炳灵寺的 169 窟[6]，麦积山 78、74 等窟[7]都留下了犍陀罗的微弱影响，云岗北魏第 16～20 窟[8]的大佛有着抹菟罗遗痕，但犍陀罗影响更加淡薄。北齐、隋、初唐的造像，有摩揭陀某些特点。而盛唐佛像、元代密宗造像中的麴多、帕拉影响则十分明显。这些外来造像大体沿着丝绸之路或其他途径进入内地，这是自西向东的路线，主要的影响在北方。在南方两晋和南朝时，也传来罽宾、印度等佛像，如晋义熙（公元 405～418 年）初，狮子国佛像曾由海路运到建业[9]，这时，玄学的泛滥，士大夫参与佛像的创作，促使造像艺术有了空前提高。同时，北方的少数民族执政者日臻汉化，加以南北方文化艺术频繁交流，终于使北方后期佛像与南方形式趋向一致，这就是通行于南北方的、身着褒衣博带的秀骨清像。它们在北方始见并盛行于洛阳龙门石窟，故亦称龙门期造像。秀骨清像向西发展，远及敦煌莫高窟。

　　这种中外交融与南北统一形式的佛教造像，是以龙门为中心向西扩展的，这是佛教艺术史上的一次重大转折。曲阳修德寺石造像稍晚于这一时期诞生。之后，有了一个由繁至简的转变。在曲阳纪年造像中，清楚地看出自神龟三年（公元 520 年）至隋大业二年（公元 606 年）这 86 年间的本地造像系统，及其继承型造像与革新型造像交错发展的序列，反映了旧形式的蜕变，新形式的萌发及其并存与发展状况。这是石窟寺难以表现的。与敦煌、云岗、龙门、响堂山等王家权贵所凿石窟相比，曲阳造像是洛阳以东、邺都以北的中山地区民间世俗阶层为祈福成佛而雕造，是民间匠师的杰作。既有地方特色，又有时代特点，在佛教雕刻史上占有不可忽视的地位。他补充了石窟寺纪年造像的空白，又反映了这一时期庙宇石造像艺术的概貌。并从而证明：东魏石造像有自己的时代特征及其在佛教雕刻史上的独立地位。到北齐时代，佛教造像发生了重大变革。到隋代，在北齐造像的基础上又有了崭新的发展，为佛教造像的研究提供了可靠的科学资料。

2. 修德寺遗址出土东魏纪年造像说明：东魏在佛教雕刻史上有其独立地位

　　北魏于公元 534 年分裂为东、西魏。东魏统治着黄河中游南北走向以东的北魏领土，公元 550 年为高氏所篡，国祚极短，不过 16 年。16 年在艺术史上是微不足道的一刹那。这大概也是过去佛教雕刻研究者把东魏造像附列于北魏而无视其独立存在的一个重要原因。如果把北魏、东魏佛教造像并而为一，则东魏造像只能是秀骨清像的继续和变化了。当然，在修德寺出土的东魏 40 件纪年造像中也可以找到褒衣博带而面庞修长削瘦的，如天平四年（公元 537 年）邑义十七人造释迦像[10]。但有的也出现了一定的变化。兴和三年（公元 541 年）王丰姬造弥勒像，（9）上的变化比较清楚：面庞收短，略较丰满；衣着虽然是褒衣博带，但褶纹积叠已变为双勾阴线纹，底边的羊肠回曲折叠已变得简单。菩萨像则由北魏晚期的面相修长向方硕、丰圆转变，服饰趋向简化。这种变化比佛像的变化，更易辨认。

　　根据上述数例，可以说明东魏造像有着不同于北魏的时代风格。它的形成时间大约在武定时期（公元 543～549 年）。其特点在武定元年（公元 543 年）杨迥洛造观音像（17），武定二年（公元 544 年）苏丰洛造菩萨像（19）（图一）、武定五年（公元 547 年）赵宗贵造菩萨像（20）、武定七年（公元 549 年）马行兴造观世音像（18）、表现得十分清晰而肯定。这种薄衣透体、圆脸鼓腹、身材矮胖、和蔼可亲的菩萨像，是这一时期的新式造像，而迥异于面型修长，巾裳厚重的北魏菩萨像。

图一　武定二年苏丰洛造菩萨像

　　这种新型菩萨像经历了一个发展过程。最初它滥觞于北魏晚期。目前所知，北魏永熙二年（公元 533 年）张法姜造观音像（8）就是它的先驱。而元象二年（公元 539 年）董定姜造菩萨像（15）、兴和三年（公元 541 年）乐零秀造观世音像（16），均显示了她的演变过程的一些轨迹。所以武定型菩萨像的出现并非偶然。她是我国佛像雕刻由北魏晚期的秀骨清癯向面圆短胖过渡的开山形式。这种突破为北齐、隋代造像风格的形成开辟了道路。

　　佛教造像的演变规律，总是由量变到质变。开始时变化细微，不为人注意，经过多次累积，特点渐趋显著，最终形成一种崭新形式，或者成了一种占统治地位的形式时，人们才猛然觉察。即使在这样的情况下，旧形式或多或少地还被后人保留，或与新风格相糅合，造出不彻底、不完善的，新旧折中的造像形式。元象二年（公元 539 年）惠照造思惟像（21），兴和二年（公元 540 年）邸广寿造思惟像（22）两件舒坐思惟像属于这一类型。但是这种情况并不妨碍我们肯定武定式新型造像的客观存在。

　　关于东、西魏造像的异同也是值得研究的，目前尚没有发现成批的西魏纪年造像，对其演变状况尚不能作出十分肯定的结论。不过，笔者所见敦煌西魏洞窟（285）以及甘、陕两省出土造像碑都较多地保留了北魏晚期风格，向新型造像转化的速度较为迟缓，阴线的、绘画的性格也比较突出，而有别于东魏石造像。所以，从造像艺术的发展趋势看，西魏的步伐略迟于东魏。这属地区差别。新造像形式的出现有早有迟，也是正常现象，但这反映了佛教造像由东向西施展影响的实际状况。

3. 修德寺出土北齐纪年造像说明：北齐造像艺术发生了重大变革

高洋于公元 550 年取东魏孝静帝元善见而代之，登上宝座，建国号齐。传五代亡于北周（公元 577 年），共立国二十八年。高氏营造响堂山石窟寺，南北两区共十窟。以北响堂山的南、北、中三洞为代表。日本水野清一、长广敏雄等学者早已作了专门的研究和著录（《响堂山石窟》1937 年 6 月出版），其成就为学术界所公认。对北齐佛教造像风格之变革极为显著，这一点中外论者见解比较一致。曲阳修德寺出土 101 件纪年造像的序列不仅再一次有力地证明了上述见解的正确性，而且充分说明北齐造像在其二十八年间所发生的重大变革的具体过程。后一点，南、北响堂山石窟亦无能表现。在这里不可能详细论述北齐各个时期造像的不同变化，只能着重说明北齐造像的典型形式出现于天统—武平（公元 565～575 年）十年间的这一重要史实。这一点，南、北响堂山石窟造像也是难以证实的。天统二年（公元 566 年）静藏造释迦像（27）肩宽而凸起，腰细，腹敛，袈裟轻薄贴体，突出了体积感与量感等特点，具备了麹多式造像体量上的特征，说明北齐佛像典型形式的确立年代。武平四年（公元 573 年）赵田姜造坐佛（33）堪与静藏造释迦像媲美。菩萨像中具备北齐作风者，如河清三年（公元 564 年）法郏造菩萨像（39）、天统二年（公元 566 年）高市庆造双思惟像（45）、其体量处理与静藏造释迦像（27）比较接近。武平六年（公元 575 年）高修陀造菩萨像（40），在形象，身躯、服饰等雕工方面，有着典型的北齐风格，可以说是它的代表作。这种佛像、菩萨像共同的艺术特点，已不是孤立的，偶然的存在，而是艺术历史的必然规律的表现。

北齐造像在衣饰方面趋向疏落简练，是与袈裟极薄，璎珞精巧有关，故其刀法与东魏有所不同。东魏造像镂刻柔劲缠绵，而北齐佛像、菩萨像的雕镂崇尚利落流畅，没有拖泥带水的现象。当然，101 件北齐纪年造像模式并非单一，同样也是新旧形式并存，变化极其复杂。既有继承东魏风格的，也有隐起型或身躯单薄、雕作简朴的简化型的造像形式。

北齐造像的丰满挺秀，爽朗简练，体积突出的时代特点形成于天统、武平时期的看法是综合纪年造像的共性归纳而成。这完全符合全国石窟造像的实际情况。对探求其前期的演进线索及其后的发展踪迹有重大关系。

北齐王室崇佛，大修石窟，佛像雕造极其盛行。曲阳修德寺纪年造像多至 101 件，大大超过北魏、东魏、隋各朝纪年造像，也可略窥此期造像盛况之一斑。而北周王室则远不如北齐王室那样热衷于佛教。甚至中国历史上的三次"灭佛"，其一就发生在周武帝宇文邕时。但总的说来，北齐与北周这四十年间，以曲阳石造像、响堂山石窟、天龙山石窟为代表的东部地区的造像，确比同时期麦积山石窟、炳灵寺石窟、敦煌莫高窟等造像艺术进展迅速。

4. 修德寺出土隋代纪年造像说明，隋代造像形式有了飞跃的发展

隋代与各据一方的东魏、北齐不同，是一个统一的短祚王朝（公元581～618年）。由于统治者崇信佛陀，以行政命令方式在全国范围内有计划地营建塔寺，致使佛教造像事业勃兴，留下了大量遗迹。如敦煌、龙门、佛峪寺、云门山石窟中为数甚多的泥塑和雕刻，这些不同地区的造像固然各有地方特点，但共同的时代特征也有迹可寻。修德寺隋代石造像中81件有纪年，而且新旧形式并存，做工精粗混处，情况复杂。我们只能从中摄取它的典型形式，以考察这一时代造像雕刻艺术的特点及其造诣。

隋造像发扬了北齐造像的体积感突出、衣饰单薄简练，刀法遒劲利落的特长加以演变的。当然，这也是就其总趋势而言，并非件件如此，尤其是具体到某一造像，有时分寸也极难掌握。如我们在整理无铭造像时，曾经常遇到难以鉴别，在北齐与隋之间举棋不定和朝齐夕隋的情况。然而修德寺81件隋代纪年造像的出土，提供了为数众多的鉴定标准像。这一点也是上述各著名的大、中型石窟所没有的。今后我们可以充分地运用这一优势，从鉴定入手，深入整理研究。

修德寺隋代纪年造像中可以找到既渊于北齐而又与北齐不同的新式造像。它的特点是身材比例均称，挺胸，细腰，衣饰轻薄，以较稀疏的折叠来表现袈裟的褶纹，用刀刚劲挺拔。如开皇五年（公元585年）张波造弥勒像（46）、开皇十一年（公元591年）张茂仁造弥陀像（47）、可以作为曲阳隋佛像的典型，并有着普遍的意义。纪年菩萨像则有别于纪年佛像，其中加工极为粗糙的造像甚多，精者极少。开皇十七年（公元597年）邱善护造观世音像（50），比较接近北齐风格，面庞方硕，帔巾不作交叉；开皇十二年（公元592年）吴仲昴造菩萨像（52）、大业二年（公元606年）霍霍造双菩萨像（53）均与北齐有所不同，这也是鉴定隋菩萨像的一个重要标志。开皇十一年（公元591年）张难陀造双观世音像（51），头缺，身体丰满，富有肉感，佩璎珞胸饰，凸胸细腰，裙腰松弛下垂至脐。这些都是隋菩萨像的新作风、新特点。这就是说，在身躯体积感上难以区别北齐与隋时，则应参照衣饰细部处理上的变化与特点进行断代研究，便可获得较为满意的答案。只有注意到这些细节在科学研究中的价值，才能全面理解曲阳纪年石造像在我国六世纪佛教雕塑史上的历史地位与科学价值。

至于修德寺唐代造像，纪年的仅有8件，相隔时间又长。虽然没有东魏、北齐、隋三代纪年造像那样有较高的研究价值，但每件所具有的鉴定标准像的作用和参考价值，仍不可忽视。

修德寺遗址出土石造像的上述特点，究竟能在多大程度上反映全国佛教雕刻的共同规律呢？我认为答复是肯定的。因为上述特点的总趋势与全国佛教雕刻艺术的发展吻合，而且由于有纪年而使其在时间界限上更加明确、具体。这是其他任何雕刻群所无法比拟的。也是它的最珍贵之价值所在。

总之，曲阳修德寺纪年造像的最重要的科学价值，不仅在于它提供了我国六世纪的东魏、北齐、隋大约半个世纪造像艺术的形式和典型，还在于它本身的序列性、例证性、地方性和普遍性。这些小型石造像艺术的演变序列和带有规律性的一些特点，对其他各地无铭大中型石窟造像的研究，提供了确凿的范例，具有极重要的佐证作用和普遍意义。就曲阳石雕艺术本身来说，它代表了一个重要的历史阶段，向前可供探源，向后可瞰流布。一批长达230年［神龟三年（公元520年）—天宝九年（公元750年）］的造像群，是一组比较完整的发展序列，这就是它在我国佛教雕刻史上的历史地位。

二、曲阳白石造像在古代佛教雕刻史上具有的特殊意义

曲阳白石造像以其质地洁白润泽而闻名于世，在我国古代石雕用材方面具有特殊的意义。为了研究曲阳石工在何时，在何种社会思潮支配下采用白石雕造佛像，以及它在佛教雕刻史上的特殊地位，也需要从曲阳历代石造像以及佛教东传过程所用石材来分析探讨。

曲阳用白石造像，始于何时？出土石造像中，青砂石的仅有几件。这仅有的几件却为我们研究曲阳白石造像的历史提供了极有用的线索。其中一件交脚弥勒像，面庞圆胖，璎珞华美，是典型的云岗期造像。而曲阳白石造像中则不见这一类型。参照纪年造像，可以认为曲阳白石造像大约出现在五世纪末叶。此时之前的曲阳造像，可能也是应用青砂石一类石材，与云冈石窟的石质十分接近。其原材也与全国相通，还未显示出独有的地方特点。自五世纪末叶起，曲阳石工才以本地黄山所出白色石材雕造佛像。迄今外地发现的白石造像尚有陕西西安[11]，其时代稍晚于曲阳。其他地方似未发现。故就目前已掌握的资料，可以肯定，首先应用白石雕镌佛像的是曲阳石工。

就全国来说，佛教造像所用石材，随着佛教由西向东，再由东向西的传播过程，有所不同，不是一成不变。又以全国各地石材的自然分布，有时不易找到统一的时代标准，故通常情况下，石材仅仅反映出比较鲜明的地方特点。现把曲阳白石造像置于全国佛教造像用材的范围内，来研究它在古代佛教雕刻史上的意义。从石窟与单体石造像（包括可移动的、小型的碑塔）两个部分作分析。

新疆石窟寺壁画，虽然遭受天然的，人为的破坏，尚有踪迹可觅；但雕塑遗存，情况不明，故暂不论述。目前有文献、铭记可考的最古的石窟应是敦煌莫高窟。它建于前秦苻坚建元二年（公元366年）位于敦煌县鸣沙山的崖面上，为沙砾岩，质极粗松，不宜雕镌，往往只雕出粗型像体，再用泥塑成，干后装銮。故莫高窟从前秦建元二年至元朝至正二十八年的千余年间，前后经历了十多次改朝换代，留下了两千多尊塑像，而不见沙砾岩雕像[12]。向东，天水麦积山确也是砾岩，情况与莫高窟相似。永靖炳灵寺石窟，山崖是黄砂石，极易风化，还留下了一批石窟造像。发现的最早铭记是北魏延昌

二年（公元513年）的曹子元造龛一区的摩崖刻石[13]。又向东，山西大同云冈石窟，位于武州山南麓，是砂岩，比较容易风化，尚留下一批砂岩石造像。类似的砂岩石窟造像尚有河南巩县石窟寺[14]，辽宁义县万佛堂石窟寺[15]。上述砂岩石窟寺遗存说明，当佛教东传过程中各朝统治者或僧俗均在砂岩中凿掘石窟，雕镌佛像，其上限可能不晚于南北朝初期，甚至上溯至十六国（公元304～439年）。这是选岩凿窟的第二次变化。第三次变化是以河南洛阳龙门石窟[16]为起点。它位于伊水两岸，大部石窟均在西岸崖面，迄今发现最早的铭记为太和十九年（公元495年）丘穆陵亮夫人造像（古阳洞北壁上方）。该窟系石灰岩，色深灰、石质坚硬细腻，不易施工，如拓跋恪（北魏宣武帝、世宗）于景明（公元500～503年）初命造石窟，至正始二年（公元505年）中，始出斩山二十三丈，进展速度极慢，费工难就。北魏至隋唐的山东地区石窟寺，如济南东南的龙洞[17]（北魏造像）玉函山佛峪寺[18]（北齐、隋造像）、益都云门山[19]（隋、唐）等石窟造像都是石灰岩。河北省磁县南北响堂山石窟，于天保元年（公元550年）由北齐高洋营建，是典型的北齐造像窟，也是石灰岩。但北齐天龙山石窟却是砂岩。这是石灰岩石窟的分布状况。而四川、云南等石窟较晚，均系唐宋时期遗物。所见之大足，剑川等石窟都是较细的砂岩。它与山东一样都是由岩石分布条件决定的。总之，从上述石窟寺造像的石质来看：甘肃、山西、河南（巩县），四川、云南等地石窟材质都属砂岩，硬度不高，便于雕镌，而河南洛阳龙门以及山东地区石窟寺均雕造于较坚硬的石灰岩的崖面上，这两种软硬不同石材的石窟造像，大体反映了时代的早晚，即砂石造像的创始时间早于石灰岩造像。这种石窟造像的不同石质，固然有时代原因，同时地区的石材分布，石雕工匠的传统观念和作法以及当地人民的习惯爱好等物质的、社会的条件所起的作用，也是不可忽视的。

单体石造像与石窟寺造像的情况，大相径庭，更为复杂。迄今所见最早一批石造像是前面提到的甘肃敦煌县北山、三危山[20]以及酒泉城南石佛寺湾子出土的北凉石造像，有的刻有承玄、承阳、缘禾、太缘等年款（公元426～436年）。这几批石造像塔风格极近，应同属北凉之作，石材相同，都是颜色近似墨色，质地细腻坚硬。欧、美、日本等博物馆收藏的犍陀罗黑石造像以及我国旅顺博物馆收藏的犍陀罗造像的残件，与这几批石造像塔的石材十分相似。北凉造像塔与犍陀罗造像在石材上极其接近这一点，值得我们注意。而造像塔上的佛、菩萨、天王等形象都有着明显的犍陀罗的特点。这些都说明它应与犍陀罗石造像保持着近亲的血缘关系。但是北凉石造像塔还有阴刻的八卦纹。说明它已不是纯粹的犍陀罗型造像，更不是犍陀罗的直接产物，而是具有我国早期造像特点的一批佛塔。它们与出土于我国的具有犍陀罗特点的铜造像一样，都是佛教及其造像东传过程中，石工们模仿传自犍陀罗的造型，而还没有达到彻底民族化的一批早期造像。在石材、形象、塔婆形制等方面还在认真仿效犍陀罗形式，八卦阴纹以及雕刻手法却与犍陀罗造像颇具异趣。可以说，它们是正处于两种文化因素的交流和混合的过程中，还未达到水乳交融的完美境界。这主要表现在外来的佛教信仰、犍陀罗艺术模本与本地的神仙思想、艺术传统，已经拼合并列，而在艺术上仍处于模仿，尚未走向独立创新的阶段。故宫博物院收藏一件黑石造像塔，风格类似云岗期应晚于北凉，其出土地点不明，说明这类黑石造像由北凉至北魏早期，大约流行了半个世纪。我以为，从上述发现，可以推断，在我国早期佛像中，西北地方，可能出现过黑石造像阶段，其时间、分布、艺术特点等细节有待今后更多的出土资料和科学研究工作来完成。

之后，西北地区尚未发现直接北凉黑石造像的新的造像形式，陕西、河南、河北、山东等地也未发现标准的犍陀罗式石造像，因而佛教造像史上呈现出暂短的空白。云岗北魏造像窟是接受敦煌莫高窟的教义与艺术发展起来，不可避免地也包含着微弱的犍陀罗，抹菟罗的艺术影响，应是本地石雕艺术与敦煌造像形式结合、演化出来的新型造像，而拓跋族的统治意志也必然贯注其中。前面提到的云岗形式的砂石造像，也混在修德寺出土白石造像之中，一齐被发掘出来。除了青砂石交脚弥勒像之外，还有云岗期灰砂石菩萨像及龙门早期灰粗砂石三尊式佛像（图四）[21]。过去，我对这几件砂石造像作过两种假设：一是，五世纪时，外地佛教信徒赴修德寺从事佛教活动时的供养献纳；二是，由曲阳石工利用本地砂石雕造奉献。目前对上述两种估计尚无法确证，但是，修德寺遗址同出两种石材造像本身与曲阳地区的物质、技术等条件不能截然分割，应将青砂石造像与白石造像联系起来，视为同一地区不同时间的产物，比较妥当。因此，将曲阳石造像的起点上溯到云岗期也是合理的。再联系江苏连云港市孔望山东汉摩崖佛像[22]，青海省平安县城南砖厂汉墓出土的菩萨立像、维摩演教等模印砖[23]、南方魏晋铜镜、晋瓷器物上的佛像等资料以及中山地区的政治、经济、文化的发展状况判断，该地的佛教传播及其造像艺术的渊源，肯定是很早的。首先要明确指出它的上限，目前所知最早的纪年白石造像是神龟三年（公元 520 年）邑义二十六人造弥勒像，但无纪年造像中尚有早于神龟风格的，这说明曲阳白石像大约出现在龙门早期，即太和十年（公元 486 年）前后。它的下限是天宝九年（公元 750 年）。其实际下限应为唐武宗会昌年间灭佛时（公元 841～846 年），共约四个世纪。这一段是曲阳白石造像发生与繁荣的时代。此后，白石造像的发展，从现存零星资料判断，并未绝嗣，只是向其他领域如陵墓、建筑装饰方面转化，尤其元明清三代建都北京，其建筑用材和工匠也有来自曲阳者，近世，曲阳白石雕刻仍然极其盛行，这就是说：曲阳白石的造像及雕刻，大约延续了 1500余年，这是我国石雕史上延续时间最长的地区，形成了有明显特点的地方石雕艺术派别——曲阳石雕派。

其他地区出土与曲阳同时的白石造像情况，目前尚不甚明了。有待今后考古工作的新发现。晚于曲阳白石造像的有陕西省西安北郊出土北朝石佛造像[24]。还有西安唐大安国寺遗址出土的白石雕造的密宗造像[25]，道教造像[26]，其上限大约在盛唐，比曲阳白石造像晚二三百年，更晚的还有云南大理崇圣寺三塔主塔出土的白石水月观音像。[27]总之，迄今出土的白石造像，最早的仍是曲阳，其分布南达临漳县的漳河地区，西至西安[28]，其他走向尚不甚清楚，估计北到燕蓟，东至山东也是可能的。各地白石储量较少，或发现、采掘较晚，或采掘不易，价格昂贵，故白石造像还不如砂石、石灰石造像那样普遍，甚至从不问世，使曲阳白石造像显得更加贵重。正由于此，曲阳修德寺遗址出土的白石造像高度多在 20～30 厘米，大多雕刻极为简略，以便降低造价。这也是为了适应下层僧俗弟子低微的社会地位和有限的经济能力的缘故。至于以曲阳白石雕造的精美壮观的大型造像则另当别论，它总是与较为显贵的统治者联系在一起，而与供养小型白石造像的世俗信徒毫无关联。

曲阳白石造像的出现和发展除了上述各种条件而外，可能还有着别的什么原因。看了它们的铭记，使我们得到启发。

（1）东魏兴和二年（公元 540 年）　"清信佛弟子邸广寿仰为亡考敬造玉思惟一区……"（22）

（2）北齐天统二年（公元 566 年）"佛弟子高市庆共弟妹仰为 亡 考亡姊亡□ 现亲敬造 白 玉像一区……"。（45）

（3）隋开皇十一年（公元 591 年）"佛弟子张茂仁为亡父母敬造白玉弥陀一区……"。（47）

上述三例铭记分别称白石像为"玉思惟"、" 白 玉像"、"白玉弥陀"，不称白石像。这里，"玉"字是个关键。众所周知，我们先人早在原始社会便以"玉"制造龙形器、琮、璧以及各种非实用的器物，儒家又赋予玉以德的观念，如"玉有五德"、"君子比德于玉"，故"君子无事，玉不离身"。玉的社会功能与日俱增，用于皇家朝廷的典章、祭祀、佩带、陈设、文具、器皿等等。这种传统观念为后来的世俗教徒纳入佛教信仰之中，并加以发挥。如东晋南京"瓦棺寺三绝"之一的狮子国的玉像，如北魏宣武帝元恪（公元 500～515 年）于恒农荆山造珉玉丈六像，并于永平三年（公元 510 年）迎置于洛滨之报德寺[29]。北魏统治者拓跋氏制珉玉丈六佛是接受中原文化传统并移植到佛教造像之中，上行下效，传播四方，成为一时风尚，于是曲阳僧俗弟子便以白石代玉，称白石造像为玉像或白玉像。这里也包含着僧侣佛弟子对佛教的狂热信仰及其对造像的浓厚情感。

以地方特产石材雕像，当然不止曲阳一地。譬如，大体同时，在陕西地区也有以黄色石料雕造佛像并称作玉像的。故宫博物院收藏一件方形四面造像，铭文："永熙三年（公元 534 年）十二月十三日杜景世造玉像一区四面……"。

这真是无独有偶。东西两地，遥相辉映，这想必是在共同的传统观念支配下，不分南、北、东、西，只要有特殊石料的地方，便雕"玉像"供养。所以，曲阳白石造像的出现，反映了当时比较普遍现象中的一种新的趋势，同时又是一个重要的例证。它的意义在于，当砂岩、石灰岩等石造像盛极一时的时刻，作为玉的代用材料登上佛教造像的艺术舞台而大显身手。在造像用材上，进一步与古老的中华民族珍爱玉器的传统结合起来，并成为白石造像发展繁荣的特殊动力。

总之，曲阳白石造像在雕刻史上的重要意义，具体表现为以下四点：

（1）以白石作为玉的代用材料，被广泛地采用，这标志佛教雕刻在用材上进一步与传统观念结合起来，与以鎏金雕像充作"金像"一样，在较长的时间内起着积极的影响。

（2）曲阳的白石造像，是在用材方面，由黑色石料经砂岩，向石灰岩过渡的时刻，在玉像这一理想和实践的影响下出现的，有四百余年历史，对其他地方起着推波助澜的作用。为佛教造像的鉴定，增添了石材这样一条有力的依据。

3. 曲阳白石造像的发展序列，不仅反映了全国石造像的时代特点，同时又表现以曲阳为代表的中山地区佛教造像的地方风格的演变与发展。

4. 以曲阳白石造像为起端的曲阳白石雕刻，先后经历 1500 余年。它的成就足以构成一个独立的雕刻派系，即曲阳派。它是我国北方石雕艺术的重要支柱之一，对北方石雕艺术的发展作出了贡献。

三、曲阳白石造像彩绘的艺术特点

彩绘雕塑是我国古老的传统手法，它是彩绘和雕塑的结合，有数千年历史。曲阳白石造像，一方面被赞誉为"玉像"或"白玉像"，另一方面人们却又不满足于白色的单一色调，而采用传统的彩绘方法以增强其艺术感染力，在僧俗的偶像崇拜上扩大其宗教效果。

曲阳白石造像的彩绘是我们研究我国古老的彩绘艺术手段、方法、特点的宝贵资料。这也是研究曲阳修德寺遗址出土的白石造像艺术的不可忽视的一个重要侧面。

为了研究修德寺造像的全貌与造诣，必须面向包括纪年造像在内的全部造像，从中找出特点。曲阳修德寺遗址出土的白石造像中现能辨识施加彩绘者不下数百件。从这些资料看，修德寺石造像的彩绘，大致始于北魏中晚期，经历东魏、北齐、隋、唐共五个朝代。它的上限已如上述，最早的纪年造像是北魏晚期的神龟三年（公元 520 年）上曲阳邑义廿六人造弥勒像。但是，尚有几件彩绘宝物似乎早于神龟时期。其中一件在披肩上画红彩的青砂石菩萨像，是很好的例证，其形象完全有别于神龟三年邑义廿六人造弥勒像，应是北魏中期的遗物，早于龙门期，比现存最早的纪年白石造像提前 20 年至 40 余年。

彩绘造像的下限，可以从唐代彩绘供养人像得到说明。可惜的是这件造像从足部以上皆毁不存，给断代带来困难。不过从长裳曳地，履尖宽而高凸、裙折厚重、仰莲瓣极大而又光素的五方形底座等特点，与天宝五年（公元 746 年）佛像和僧像相近，可以证实它是唐代天宝年间（公元 742 ~ 756 年）的造像。由此看来，曲阳修德寺彩绘造像是从北魏中晚期即五世纪第四个 25 年前后开始，到唐代天宝年间，长达 270 余年。

彩绘的色彩多种多样。从现存的造像统计，最低不少于十种，即朱红、赭、金黄、黄、孔雀蓝、佛青、深绿、粉绿、黑色与金色等。而朱红的使用最为普遍，其次是赭色、黑色和金色。单一色的彩绘也往往用朱红一色。使用多种色彩的彩绘，在一个造像上少则两种，多则四五种。如东魏武定时期的彩绘菩萨像，背光涂浅黄，长裙涂鲜艳的朱红，莲座的宝装莲瓣上的两个突起椭圆核形也涂朱红，其间的尖状瓣涂深绿，底边涂孔雀蓝，整个莲座正面以及其他各处都有闪闪发光的金色斑痕。这些零碎的色彩斑点，使我们联想起当日的鲜艳绚丽、闪烁耀眼的彩绘效果。

北魏中、晚期造像彩绘都用朱红单彩，后来在北魏晚期造像中除朱红单彩外，还出现金色与孔雀蓝。从此以后，用色品种逐渐增多，增强了彩绘效果。但到隋代，朱红的单彩造像又有显著增加。修德寺造像用金的方法大致有两种：多数是贴金，（也有用泥金的。贴金似乎用库金，以朱红垫地），起烘托作用，使金色特别浓重深厚。这与我们今天贴金时垫黄的效果不同。最早的贴金像从形象判断可以上溯到北魏晚期，但有确切纪年的贴金石造像是东魏元象二年（公元 539 年）侯胜仁造菩萨像。

修德寺白石造像，质地洁白细润，为彩绘提供了有利条件，可以直接涂饰颜色，不必像四川、山西等地的有色石料造像那样，先垫敷一层白粉，再涂绘各种颜色。修德寺彩绘造像中不敷白粉底子的占了很大分量；垫白粉底子的比较少见。在这里，还要提出一个值得注意的现象：北魏中、晚期的最需要垫白粉地子的青灰砂石造像，却没有垫。而最早的一个垫粉石造像是北魏晚期白石佛像。那么是否可以这样说，早期修德寺彩绘造像多不垫粉，到了晚期才开始垫粉呢？这只能是假设。事实如何，有待今后发现更多的材料来证明。

修德寺造像彩绘的方法比较多。有的采用类似泥塑的"装銮"法，把造像的全身垫白粉或朱红底色，再进行"布彩"，完全掩盖住石造像表面。采用这种方法的比较少，除了前述的武定时期的菩萨像之外，还有一尊北齐思惟像。这尊思惟像下身已残缺。但从面庞的眼窝与鼻尖处留有一层厚厚的浅肉色彩残迹看来，估计当年这尊造像的面部可能经过"装銮"的。

彩绘的另一种方法是描画。它是对造像需要描画的部位加以彩绘。未加描画的部位便露出白石本色。这种描画包括单彩描画和多彩描画，顺应刻纹进行描画和不考虑刀纹与转折而根据需要描画，以及勾勒和勾勒敷彩等多种作法。现存造像中采用描画方法的比较多，在修德寺彩绘造像中占主要地位。它的代表性作品是东魏元象—兴和时期的菩萨像，将造像的花冠、两唇、颈饰、衣纹、莲座上的刻纹用朱红描绘，又用黑色勾描眉毛与头发。其他部位不加涂饰，露出白石本色。还有的只在造像的局部如披巾飘带或花冠等处草草涂抹几笔，而且往往只用朱红一色。至于不考虑原有的刀纹与转折，依据新的需要进行描画者比较少，如北齐立佛，袈裟上用赭线分割为若干方块表示"百衲衣"，就属于这种作法。勾勒的方法往往施于方座及背光后面，有的只用墨线勾描供养人：莲花化生、博山炉、双狮的轮廓等，不加敷彩，等于画在石造像上的白描。也有的用墨线勾勒之后再填彩，近乎工笔画效果。

用于彩绘的纹样也比较丰富。归纳起来有图案性的和绘画性的两种。图案性装饰当中又有几何纹样和动植物纹样两类，主要施于背光、方台座上，个别也有用于衣裳的。使用在背光上的有车轮型或圆形顶光和各种火焰纹、云气纹以及由火焰纹、云气纹演变出来的弧形、S形等曲线纹、圆圈纹、圆点纹、放射线等几何纹，还有莲花、忍冬以及花草等植物纹样，个别的也有供养比丘者。唯尚未发现飞天图案。方台座上的纹样，有在台面的前、左、右三边各画一排圆圈纹的，也有画莲花纹的。如北齐河清二年惠恩造菩萨像台座上，左右两个前角处各画了四分之一的莲花。莲花分三层，每层用两道弧线间隔，外层是连弧线，中层是十二瓣重叠，内层是五瓣，组成了多层的"宝装莲花"。它的正面中间是仰莲，其上有贴金的紫斑痕，可能是博山炉。两边有坐狮，台座左右两边和后面因刻有铭文故不再彩绘。另外也有的台座正面只画莲花与忍冬。衣服上的纹样有画在双膝部的四瓣莲花纹（武定元年邸副世造思惟像），或者在披肩和长裙上绘有圈点和重圈纹（北齐早期菩萨像）。

绘画性装饰主要是佛像与供养人。画在背光后面和台座的正面以及左右两面。这样的石造像共出土九件。如北魏晚期立佛背光后面的结跏趺坐佛画像，除了黛发之外还用朱、赭两色描绘，打结的带子用赭色，袈裟与莲座用朱。它的特点是线条粗放，不同于其他佛像与供养像。东魏武定时期的思惟像面型修长而丰实，黛发墨眉、朱唇红裙，近乎赤裸的上身和面庞未加敷染、露出光润的石质以表现雪白的肌肤。用线短促而劲利[30]。还有一尊大体与武定造像同期或略晚的菩萨造像，背光后面画有结跏趺坐像，面庞瘦削，光秃无发髻，身着红袈裟，作冥目沉思状，可能是一幅苦修的施主像或比丘像。用线与上述武定思惟画像同。这两幅思惟像和比丘像说明在东魏或北齐时期，修长型与瘦削型两种面型共存，但是都不同于北魏晚期或西魏大统时期的瘦削修长面型，表现出一定的新变化。尤其是比丘的面庞逼真而自然，不可多见。画像的肢体比例也较适当，与当时的面庞圆浑、儿童式身材比例的石造像也有极其明显的区别。另一件东魏武定时期或北齐早期的菩萨像背光后画有半结跏趺坐思惟像。可惜上半身已漶漫不存，下身也模糊不清。但从隐约可辨的双腿，线条流畅，披巾尖端的翩翩飘动，与上述东魏时期的思惟画像的静止状态有别，表现出静止中的运动，但是又比强调运动的敦煌285窟西魏佛像的图案化衣纹的处理，更加简练自然，生动活泼。还有一尊北齐晚期菩萨像方座两侧绘有四个供养人像，他们服装虽都相同，但面型各异，表现出不同的年龄与性格。其中的一个跪拜像比较清楚，是一个身材高大的胖子，表现出皈依佛法的虔诚，墨线勾描，笔法简单，黑发的画法颇得"破笔"风趣。隋代大业四年菩萨像方座的一个侧面，画有"剌妻杨供养"，跪拜者，面庞已模糊不清，但仍可看出黛发朱唇，白巾红裳。还有隋代的双菩萨立像的背光，正面左侧画有比丘供养像一尊，但用笔软弱无力，形象也简单潦草。

通过上述绘画性装饰，还可以看出曲阳地区前后五十余年的佛教绘画发展的一斑。它的题材受着佛教、经典的限制，多数是佛教形象，只有个别的是当时现实的人物——供养人。但其作风变化多，不似石造像那样程式化，故表现上比较自由灵活。这些彩绘还有精致与粗糙之分。精致的彩绘大致都经过"装銮"或用多彩，纹样规整丰富，描写也较精细。粗糙的彩绘多在石造像上直接用朱红或赭色勾描衣纹或莲座的轮廓线，或在背光上随意涂抹填充空间。这些彩绘在运笔用线上有细劲与粗壮、短促与连绵、硬直与流畅之别。它们的共同特点是不脱离"铁线描"，尚未发现顿挫之笔。若从时代上观察，北魏中、晚期彩绘多简单，北魏晚期开始出现多彩，东魏彩绘则相当精致。还有几件重要的绘画性装饰。北齐早期承东魏遗风，略有发展；北齐晚期至隋代，彩绘数量增多，但是粗糙的作风占多数。这说明曲阳修德寺石造像的彩绘作风或许经历了简单—精致—粗糙的发展过程。

从上述修德寺彩绘石造像的色彩、方法及纹样等方面不难看出，彩绘对石造像来说有两个作用：

第一，彩绘是石造像的补充手段。如背光正面的火焰纹、云气纹以及由两者转化的各种曲线纹。背面的佛画，台座上部的莲花，直线圆点及其正面的莲花化生和狮子像以及供养人等。这些都是石造像的有机组成部分之一。本来需要雕刻出来，可能是为了减少工本，降低造价，不施雕刻，而用彩绘的方法代替。这种补充作用在东魏以后越来越发展，尤其以北齐后期到隋代，有为数不少的白石造像只雕出大轮廓，面庞的眉、目、口以及衣饰上的褶纹等细部不做雕饰，却用朱、墨进行描画。这种彩绘实际上是部分地或极大程度上代替了雕刻。采用以笔代刀的方法，使许多简陋的雕像增色不少。

第二，彩绘是增强白石造像艺术感染力的有效方法。从雕塑角度出发，一件雕饰精工的石造像已经是一个完整的艺术品。但施主们并不满足于白石造像的单一色调，便借用各种色彩把精工完美的造像再加工，使白石造像变成一件富丽堂皇的彩绘造像，加强了造像的艺术感染力。这可能是石造像彩绘的主要目的。

总之，不论彩绘是造像的补充手段还是增强感染力的有效方法，但都是为了弥补因造像色彩单调而带来的宗教诱惑力不足的弱点，提高佛教造像的艺术感染力，在客观上达到使"道俗观者，皆发菩提心"[31]目的。因此，我们有充分的理由可以肯定佛教雕塑的彩绘是引诱人们（主要是劳苦大众）皈依佛教的重要艺术手段。

以上所探讨的仅系曲阳修德寺纪年造像中的三个课题的学术价值，还不是它的全部。其全部珍贵价值还有待阐明。诸如它的背光、台座、供养人、狮子、化生、博山炉等均有独立的研究价值。它们的简短铭文、施主的身份、地望、发愿目的，对佛教信仰、组织、地区、沿革等方面的研究，也是有着重要意义的。从铭刻艺术角度，以其与碑版比较，显然可以看出它代表了本地民间世俗的书法艺术特点。其简体、别体、假借等字体也反映了当时当地字体的演变及其应用状况。还可用其与日本、朝鲜石造像进行比较研究，这也是它的重要科学价值所在。

　　当我们在曲阳修德寺遗址发掘工作三十周年，再一次探讨其造像的历史与艺术、纪年造像在我国雕刻史上的历史地位及其重要的科研价值以及石材、彩绘等课题，并充分肯定发掘、整理、研究工作等已取得不少成绩的同时，还必须承认我们已经进行的工作与时代要求有很大差距，还有大量工作要做。目前，最重要的一项工作就是编辑出版包括出自各地的曲阳白石造像在内的曲阳修德寺遗址出土纪年造像的全集，为我国、日本、欧美的雕刻、美术史、文物博物馆等各界的工作人员提供可靠的系统的资料，以促进中华民族优秀遗产的佛教雕刻艺术的研究工作的深入开展、并取得更大成果。

　　附记：本文系笔者于 1984 年 10 月 8 日在中央美术学院美术史系的讲授稿全文。为了纪念曲阳修德寺遗址石造像出土 30 周年，笔者于《故宫博物院院刊》1984 年第 4 期发表了《曲阳修德寺遗址纪年石造像出土三十周年有感》（笔名：范登）一文，其基本内容取自本文第一部分。

注　　释

[1]　罗福颐：《河北省曲阳县出土石像清理工作简报》，《考古通讯》1955 年 3 期。

　　　　李锡金：《河北省曲阳县修德寺遗址发掘记》，《考古通讯》1955 年 3 期。

[2]　程纪中：《河北藁城县发现一批北齐石造像》，《考古》1980 年 3 期。

[3]　河北省临漳县文物保管所：《河北邺南城附近出土北朝石造像》，《文物》1980 年 9 期。

[4]　敦煌文物研究所：《敦煌莫高窟内容总录》，文物出版社，1982 年。

[5]　王毅：《北凉石塔》，《文物资料丛刊》一，文物出版社，1977 年。

[6]　甘肃省博物馆。永靖炳灵寺文物保管所：《炳灵寺石窟》，文物出版社，1982 年。

[7]　张宝玺：《麦积山石窟开凿年代及现存最早洞窟造像壁画》，《中国考古学会第一次年会论文集》，文物出版社，1979 年。

[8]　山西省文物工作委员会：《云冈石窟》，文物出版社，1977 年。

[9]　姚思廉：《梁画》卷五十四诸夷海南传师子国条。

[10]　系拙文《曲阳修德寺出土纪年造像的艺术风格与特征》的原编号。

[11]　保全：《西安文管处所藏北朝白石造像和隋鎏金铜像》，《文物》1979 年 3 期

[12]　史苇湘：《关于敦煌莫高窟内容总录》，《敦煌莫高窟内容总录》，文物出版社，1982 年。

[13]　同 [6]。

[14]　河南省文化局文物工作队：《巩县石窟寺》，文物出版社，1963 年。

[15]　阎文儒：《辽西义县万佛堂石窟调查及其研究》，《文物参考资料》（1951 年）2 卷 9 期。

[16]　龙门文物保管所：《龙门石窟》，文物出版社，1980 年。

[17]　荆三林：《济南近郊北魏隋唐造像》《文物参考资料》1955 年 9 期。

[18]　同 [17]。

[19]　阎文儒：《云门山与驼山》，《文物参考资料》1957 年 10 期。

［20］　见于敦煌县博物馆。

［21］　现藏故宫博物院。

［22］　连云港市博物馆：《连云港市孔望山摩崖调查报告》，《文物》1981 年 7 期。

［23］　现藏青海省博物馆。

［24］　同［11］。

［25］　程子华：《唐贴金画彩石刻造像》，《文物》1961 年 7 期。

［26］　见于陕西省博物馆石刻馆。

［27］　云南省文物工作队：《大理崇圣寺三塔主塔的实测和清理》，《考古学报》1981 年 3 期。

［28］　同 ［11］。

［29］　魏收：《魏书·释老志》卷一百一十四。

［30］　拙文：《东魏石造像上的一幅思惟画像》，《文物》1960 年 7 期。

［31］　道世：《法苑珠林》卷廿四敬佛篇感应缘晋谯国戴逵条。

（由 1984 年 10 月 8 日中央美术学院美术史系讲稿整理）

武定元年王仁兴"心造记"铭考

　　王仁兴心造记铭阴镌于正光元年其父母所造倚坐释迦像背光右下角。此石像1952年出土于曲阳修德寺遗址，文化部文物局拨交故宫博物院，经名师修复，拼成一件无头的残像，收藏于雕塑库，正式发表于《故宫博物院院刊》第二期[1]及《埋きれた中国石佛の研究》[2]。铭文只九行，前八行每行九字，末行六字，共七十八字。字为楷体，某些字的结体偶用连笔和减笔。在笔者已发表的曲阳修德寺北魏纪年造像铭文拓本中，其字数仅次于神龟三年上曲阳邑义二十六人造弥勒像（一一三字）；在已发表的五十七尊曲阳修德寺遗址出土石造像中也名列第四位，算得记文较长的一件造像。其"心造记"铭与常见的发愿文不同，系追记其父母发愿造像供养的经过，故有双年款，是已发表的五十七例铭刻中唯一的一例。镌刻记文位置也是不常见的，从已发表的五十七件铭刻来看，绝大多数的造像铭文均镌刻在台座上，有的刻于正面，也有的刻于侧面或背面，有的仅用一面，也有刻于二面或三面的。而此铭文镌于背光之右下角，记文行气井然有秩、工整秀美，与其他铭文布局不同，也是一种殊例。此造像出土时已断为五块，经粘接复原，所幸对铭文影响不大，仅有"年"、"女"、"父"、"元"、"两"、"区"等六字稍损，但仍清晰可识，未损其完整性。其刻工虽稍嫌绵软，但尚属利落。从铭刻记文的字体、刻工等方面来评论，在已发表的五十七例中亦应列为上品。但是此铭双年款给研究人员带来困惑，稍一疏忽便会造成本来可以避免的误释，如《定州系白玉佛像研究》[3]一文之注8云："《曲阳修德寺出土纪年造像的艺术风格与特征》文误将武定元年（公元543年）王女仁造像作正光元年。"此文主张以镌刻"心造记"铭的年月为造像年月是欠妥的。现将铭文转引于下并略加考释（图一），不妥之处请方家指正。

武定元年九月八日清

信女王女仁兴心造记

父母生存之日正光元

年中造像两区（躯）释迦观

音为国祚永康三宝苌

延兄弟姊妹亡者归真

现存得福亲罗蒙润眷

属得济一切含生普得

善愿一时成佛

图一 武定元年王仁兴"心造记"拓文

　　记文通俗易懂，对文物工作者来说尤其如此。一、二行为作记或刻记的年月日及撰记人或委托撰记人姓名辈分。之后的三、四两行为追记其父母生前于正光元年（公元520年）出资雕造释迦像、观音像各一躯。第五行第二字起至九行共四十一字为其父母之发愿文。文既无微不至、面面俱到，而其辞藻又朴实无华、情真意切。其中只有第二行由于隔年久远、时过境迁，今人对其理解和断句上难免出现失误。譬如原释"心造记"主的名字为"女仁"是不准确的，应予以更正。其实"女"即女儿之意，是对其父母而言，故其记主姓王，名"仁兴"。"心造记"一词在1958年撰稿时未解其意，因无碍造像断代，便未深究。近年出版的《汉语大词典》收"心造"一词，谓"为心所生"之意，系佛教语[4]，在此铭中有虔诚作记之意。至于如何理解"心造"、为何用"心造"为记? 对于生活在佛教泛滥的东魏这一社会条件下的在家供佛修法的王氏女子来说，其本意为"色"（像）"心"（记）互印，相得益彰。这确是常识，也是普普通通的事。但过了1400余年，到了20世纪下半叶，此造像记又重见天日，并为故宫博物院收藏，对我们这些刚刚走上文物工作岗位的人来说，如何解读"心造记"确实是一难题，茫茫不知其所云。当时，笔者之所以看重铭刻是由于它刻有纪年款识，为研究曲阳修德寺出土石造像提供了确切纪年，而其铭刻本身尚不在研究之列，但唯独对此双年款铭例外，不敢大意。经研读，确认武定元年款为"心造记"之年，而造像年款应为正光元年，系王氏父母所造，并非王仁兴所造，此像早于记文23年，这对曲阳修德寺出土白石造像来说十分关键，不容判断差误。所以，将其定为北魏晚期佛像之典范。但拙文在名称上疏漏"父母"两字，可能会给读者造成误会，这也是必须更正的。

时至今日，我对"心造"的理解仍停留在字意表面上，今释"为其心所生之记文"。究竟"心造"出自何典、何经，其内涵如何，有待今后查证。

此铭解读不仅涉及作记人或委托作记人的名字是否确切的问题，而且还在于此造像年代的鉴定问题。此像究竟是制于正光还是武定？笔者仍坚持原定正光元年王仁兴父母造释迦倚坐白石像的鉴定结论，而并非武定元年王仁兴所造，王仁兴仅撰"心造记"文，并雇工将其文七十八字镌刻于背光之一角且流传至今，这便成为我们判断此造像绝对年代的重要证据，故此像具有重要的鉴定标准器的价值。

注　释

[1]　见《故宫博物院院刊》1960 年第二期 43～60 页，图版 4·图 4 拓文。

[2]　见杨伯达著、松原三郎译：《埋キれた中国石佛の研究》图版 8·拓本 8，《东京美术》1985 年 9 月 20 日。

[3]　李静杰、田军：《定州系白石佛像研究》注 8，《故宫博物院院刊》1999 年 3 期。

[4]　见《汉语大词典》第 7 册第 381 页"心造"，汉语大词典出版社，1991 年。

（原刊于《故宫博物院院刊》2001 年 4 期）

曲阳白石雕刻史料拾零

曲阳县地处太行山之东南麓，人杰地灵，其黄山蕴藏着丰富的白石矿，质地细腻如玉，色泽洁白如雪。富有智慧的曲阳人善于发现和利用造化所赐之白石，用以雕作建筑装饰和佛教造像，培育了一大批擅长雕刻的能工巧匠。曲阳白石雕刻历史悠久、名工辈出，是我国白石雕刻的最古老的发源地，持续发展已长达一千五百余年之久，形成了著名的地方石雕派别，在我国雕塑艺术史上占有一席之地。今适逢《雕塑》月刊即将正式出版曲阳石雕专集，深感欣慰，愿趁此良机略谈有关曲阳石雕史上的四个问题，以便寻其根、溯其源而测知其辉煌未来。

一、东魏时期曲阳白石已被誉为"白玉"

曲阳所产黄山白石是大理石，因其洁白无疵、细腻光泽而受到人们的喜爱，大约在东魏时期（公元534～549年）定州、中山等地百姓称曲阳白石为"白玉"，专用雕造救苦难的佛像供养膜拜。迄今我国最古的白石雕刻出土于河南安阳殷墟，但不知其白石取自何方。河北满城西汉中山靖王刘胜墓出土了白石男女俑五件，经发掘者鉴定，皆用大理石（即汉白玉）雕成。河南安阳距曲阳稍远，有六百余公里；满城距曲阳较近，约一百五十余公里。安阳殷墟白石雕产地暂且不论，而曲阳地属卢奴（即今定州），为中山王封地，所用白石非曲阳黄山白石莫属。由此可知启用黄山白石不迟于公元前200年，距今已有二千二百余年了。

"汉白玉"一词不知出自何典。20世纪40年代北平古玩鉴赏家赵汝珍云："云南大理石，俗名'汉白玉'。"还有人称，今北京房山区大石窝所出之白色大理石为汉白玉。明清故宫所用白石均取自大石窝，这已是常识。上述两种解释都是狭义的，但专有所指，产地具体，品种明确，毫不含糊。然，现在比较通常的说法是：泛指全国各地出产的白色大理石。曲阳白石也可称为汉白玉，但查无出处，不过人云亦云罢了。曲阳白石称为"白玉"则确有出处。据查，距今1454年之前，东魏武定五年（公元543年）七月，高村张同柱等造白玉像（并坐多宝佛）一躯。此后，北齐天保八年（公元557年），曲阳人张延造白玉思惟像一躯，这是曲阳人称家乡所产的黄山白石为"白玉"的铁证。另外，仅笔者所见刻有"白玉"像铭的就有17例，刻"玉像"铭的有12例。这种像铭如此之多，值得我们重视。说得再具体一点，铭"白玉"像者，起自东魏武定五年（公元543年），至隋开皇二十年（公元600年），共57年间；称"玉像"者，自北魏永熙二年（公元533年）至隋大业二年（公元606年），共73年。至唐天宝十一年（公元752年）尚有称"玉石像"者。这些铭文如实记录了曲阳人崇玉的传统观念及其对本乡所产白石的珍爱。

二、曲阳是我国北方佛教白石造像的发源地及其雕造中心

佛教雕刻在我国也是以历史悠久、风格独特而著称于世的。西方佛教在东汉后期由西向东传播，而用白石雕造佛像似以曲阳为最早。现在我们能够见到的最早的一件纪年白石造像是神龟三年（公元520年），此像于1954年出土于曲阳修德寺遗址，同出的还有二千二百余件残损佛像，其中绝大部分是白石的，极个别的是砂石。笔者曾经排查过白石造像，没有发现更早的，譬如类似云冈期的造像。所以，可肯定曲阳白石造像大约在6世纪初或5世纪末这段时间内出现，在此以前可能是用青砂石雕佛。这有一个根据是，曲阳修德寺遗址出土了云冈期砂石佛造像数件。如果联系上述满城中山靖王刘胜墓所出白石男女俑的话，似乎可以说曲阳白石雕像先由俑类墓葬用雕刻开始起步，佛教传入后先用砂石、再用白石雕造佛像。此后，历经东魏、北齐、隋、唐连绵不断地发展。当然，曲阳白石造像的雕造不可能戛然停凿。据笔者踏访曲阳时，曾经看到宋、元的白石造像横卧遍地、比比皆是，保守地估计，曲阳白石佛教雕刻至少也有八百余年的历史。

曲阳石造像传播的区域较广，北至河北藁城、南至临漳均有曲阳造白石佛像出土。笔者曾在山西省五台山的一个寺庙僧舍窗台上还看到一件北齐或隋的小型白石造像。

曲阳石造像小型的只有二十余厘米，高大的有数米，可能就是丈八佛。从做工来分，精工的、简化的均有，大部分都留下砋砂等痕迹，理应是均加彩绘。可以想见虔诚的佛弟子将彩绘白石像献在佛前时一定是金碧辉煌、光彩夺目的。

三、哲匠杨琼是曲阳石雕的集大成者与杰出代表

曲阳矿藏富饶，黄山百姓勤劳智慧，就地取材，日夜不停雕琢白石，同时也造就了大批能工巧匠，但这些能工巧匠都没有留下姓名。只有一个例外，就是元初曲阳石工杨琼的名字。他的主要经历和成就均记于他的《神道碑铭》里，碑铭留在《曲阳县志》，但未闻其碑尚存的消息。

据碑铭记载，杨琼生年不明，卒于世祖前至元廿五年（公元1288年），中统（公元1260年）初受诏进京，朝世祖时献石狮、石鼎各一，世祖赏识，誉为"绝艺"，并委以重任，承担两都宫殿及城郭诸营造工程，历任大都等处山场石局总管、判大都留守司少府少监等要职。由于杨琼出生于曲阳石雕世家，自幼习雕刻，天赋聪慧，"每别出

新意，天巧层出，人莫能及焉"。他又任高官，负责指挥两都规划及建筑施工，想必还直接参与石雕的设计，尤其在建筑雕刻及石狮、供器等石雕的画样和雕造上作出贡献。遗憾的是我们不能确指其作品，仅可从北京元代遗址出土的石刻、石狮及故宫西南部的断虹桥栏板雕刻来理解和体会杨琼石雕的艺术风范。

杨琼由土生土长于曲阳的石工到得到世祖赏识、参与上都开平与大都燕京的宫殿及城郭诸营造工程的阅历表明，他已跨越了曲阳地方派雕刻的界限，迈进元大都宫廷雕刻的豪华殿堂。他创造性地集曲阳地方石雕和北方其他石雕之长而融江创新为元代宫廷石雕，完成了艺术上的升华和飞跃，这也是他适应时代需要而创造的新的石雕艺术模式。于是，杨琼成为曲阳石雕的集大成者及杰出代表，这也是曲阳石刻的荣耀。

四、曲阳仿古石雕的勃然兴起

晚清至民国期间，中国古玩市场转向国外，出口了大量古玩，呈现一片繁荣景象。曲阳石刻业也被推向仿造古代佛教造像的大潮之中。这种转向对曲阳石匠来说并不太困难，关键在于"样板"，即仿制的对象。当时均由商人提供（往往是佛像的照片），石匠们端详之后，用其所掌握的技术便可着手雕造，成品交古玩商出手。曲阳的仿古白石像包括北魏、东魏、北齐及隋唐的释迦佛、菩萨、罗汉等单体造像和小型供养造像，有的还刻有发愿文，佳品可以乱真，庸品也有某种相似性，诸如所谓的北魏或齐隋的风格和韵味。这些仿古白石造像在国内仍偶可一见，大多已经卖到国外，有的还进入了博物馆。

曲阳仿古石造像的勃然兴起，不仅可从仿古中重温北朝、隋唐等各代石雕的做工和特点，也大大地开拓曲阳石工的眼界，提高了他们的雕刻技艺，推动了曲阳石雕业在近代条件下的继续发展，同时还为建国后曲阳白石雕刻的发展提供了技术条件。

笔者希望通过上述有关曲阳白石雕刻史上的点滴资料，或许有助于当今活跃在曲阳石刻岗位上的匠师了解曲阳石雕的光荣历史，以便团结奋进，创造更加辉煌的未来！

（原刊于《雕塑·曲阳石雕》）

扎纳巴扎尔的鎏金铜造像艺术

　　扎纳巴扎尔这个名字在人们的记忆中十分生疏，至于他所制作的鎏金铜造像更是鲜为人知。1995 年秋，笔者在美国加州逗留期间，于 9 月中旬访问了亚洲艺术博物馆，由该馆佛教艺术史和印度艺术专家谢瑞华女士接待参观了"蒙古——成吉思汗遗物展"。此展览由蒙古国提供，有不少珍贵文物，其中包括 9 件扎纳巴扎尔手制的佛像。笔者为其艺术魅力所吸引，经谢女士介绍得知扎纳巴扎尔的身世，始知扎纳巴扎尔即哲布尊丹巴呼图克图（图一、图二）。哲布尊丹巴呼图克图（《清实录》记作"泽卜尊丹巴胡土克图"）在清初喀尔喀蒙古与清廷的政治合作上曾起过重要作用，我对此虽有所了解，但对他擅长造像艺术的情况却一无所知，后经查阅有关资料，掌握了扎纳巴扎尔作为喀尔喀藏传佛教造像艺术家的一些情况，对研究其造像艺术大有裨益。为了研究其手制鎏金造像艺术，有必要首先了解一下扎纳巴扎尔一生的创作经历。

图一　扎纳巴扎尔像（唐卡）　　　　　　　图二　扎纳巴扎尔鎏金铜像

一、扎纳巴扎尔创作的一生

扎纳巴扎尔[1]生于明崇祯八年（公元 1635 年），系土谢图汗衮布多尔济之子，阿巴岱汗之曾孙，是第十四世哲布尊丹巴呼图克图扎阿囊昆噶宁波的转世灵童，年 4 岁时（崇祯十一年，公元 1638 年）由驾母巴林喇嘛授戒并取名扎纳巴扎尔。清顺治六年（公元 1649 年）15 岁时入藏进修佛法，五世达赖喇嘛授以哲布尊丹巴呼图克图之尊号。顺治八年（公元 1651 年）携西藏著名喇嘛及各行匠工、画工而返，遂在喀尔喀全境弘扬藏传佛教（黄教），大兴土木，修建寺院，大量铸造佛像，使藏传佛教普及于喀尔喀全土。康熙十年（公元 1671 年）、二十二年（公元 1638 年）扎纳巴扎尔先后从西藏购置《丹珠尔》、《甘珠尔》两部经典。他还创制了一批佛像，其中包括手制佛像一尊、佛塔八座，其佛像疑即白度母鎏金铜坐像。他曾遣使至北京，赠康熙帝佛像二尊，这就是扎纳巴扎尔与康熙帝的最初联系。此期间扎纳巴扎尔从 15 岁到 54 岁，正是他精力充沛、技艺娴熟、创作力旺盛的艺术黄金时代。

康熙二十七年，噶尔丹入侵喀尔喀，土谢图汗联军不堪一击，全军崩溃。在喀尔喀蒙古濒临危亡的关键时刻，扎纳巴扎尔以其"哲布尊丹巴呼图克图"的尊贵地位和崇高威信说服喀尔喀王公扎萨克等人归顺清朝，受到康熙帝赞许及清军保护，安全地渡过了这一危难关头。诸喀尔喀人与四十九旗同列，年贡九白。至康熙三十五年（1696年），康熙帝第三次亲征噶尔丹，获得大胜，凯旋而归。在这九年期间，喀尔喀受到噶尔丹四卫拉特蒙古的蹂躏，元气大伤，寺庙被毁，造像业也处于停滞、萧条状态，这也大大影响了扎纳巴扎尔个人的创作热情和艺术天才的正常发挥。

康熙三十六年（公元 1697 年）至雍正元年（公元 1723 年）扎纳巴扎尔逝世为止的 27 年间，扎纳巴扎尔作为哲布尊丹巴呼图克图和造像大师，受到康熙帝的优渥待遇。他往返于北京、热河、喀尔喀之间，经常陪侍在康熙帝身边，参与清廷藏传佛教造像事业的规划。然这一时期扎纳巴扎尔已是 64～89 岁的老翁，精力渐趋衰退，晚年病魔缠身，在奉命参与处理喀尔喀、厄鲁特以及西藏的宗教、民族等事务之外，还有多少精力可供他自己铸造佛像呢？

二、扎纳巴扎尔造像的艺术特色

现知扎纳巴扎尔造像仅蒙古国尚存 49 件[2]。从实物和图录来看，这些造像的艺术水平并不相等。笔者仅目睹"蒙古展"中的 9 件，是已被确认为扎纳巴扎尔所制的鎏金铜造像。其中最优秀的则是阿弥陀佛坐像和白度母坐像。这两尊造像既有帕拉王朝[3]鎏金铜造像及业已变化了的藏传佛教造像的主要特征，又经扎纳巴扎尔创造性地吸收融合了外来佛教造像的范本和程式，可谓独出心裁，巧夺天工，为喀尔喀蒙古族藏传佛教造像的崭新形式。笔者认为，通过这两尊造像所体现的内涵的以及形式的美，足以了解扎纳巴扎尔造像的艺术特色。

图三　阿弥陀佛鎏金铜坐像

阿弥陀佛鎏金铜坐像（图三）高71.4厘米、莲座直径44.5厘米。佛结跏趺坐于仰莲花圆座，双手置于腹前，朝上相迭作禅定印，取垂直危坐状。头不偏不倚，微微前倾，眼作俯视状，肌体健壮。从整体上看各部分是对称的，给人以庄严稳重的感觉，绝无呆板强直之弱点，这实赖于扎纳巴扎尔处理佛之手印、足结跏趺时注意其动态的协调适度。佛之右手轻轻地搭在左手上，拇指尖相触后呈现出不对称的指孔，右手指向上，左手指略平。足趾之拇趾短，二至五趾稍长，拇趾外张与二趾分开。另外，天衣从右腋下搭过左肩，呈斜曲线状，打破了完全对称的格局，呈现出柔和生动之态。

阿弥陀佛的相貌确有一些外来的面目特征，如眉弓与鼻梁的直接衔接系来自帕拉王朝造像，但又不完全是机械性地模仿，而是减弱了帕拉造像眉弓和鼻梁的弯曲度，使其接近蒙族面相。其作俯视的眼睛也带有帕拉王朝佛像神采，上眼帘曲若弯月（图四）。眯着眼睛俯视信徒本是佛像的共同特征，但是帕拉王朝造像继承了印度手法，将眼拉长，弧度加大，致使两眼间距离缩短。如果我们注意阿弥陀佛双眼，便不难发现其两眼比帕拉佛眼要短得多，然而比蒙古人的眼睛又要长些。口的轮廓也是如此，帕拉王朝造像之口长约为鼻宽之倍，上唇甚薄，其"人中"下端特别突出垂下，而扎纳巴扎尔所造阿弥陀佛像，口与鼻宽大体接近，上下唇都较厚，好像仕女的樱桃小口一般。佛身宽肩、凸胸、细腰是帕拉王朝造像的另一重要特点，当然，扎纳巴扎尔继承了这种手法，但是有所增损，使肌体的结构和肌肉的起伏都有所调整，变得圆润柔和。头与身的比例因拉长了上身，使其身材修长匀称。虽然阿弥陀佛高髻、华冠，并不显得头大身短。阿弥陀佛本是男性，上身赤裸，仅着天衣和颈、胸等饰，但在扎纳巴扎尔刀斧之下，其肌体秀逸而无肌肉起伏的夸张。体表光滑细润，乳房微凸，宛若女性的肌肤与体态。如仔细观察，扎纳巴扎尔所制阿弥陀佛像的面相、肌肤、胸乳、手足等，均呈现几分女性的生理特征。

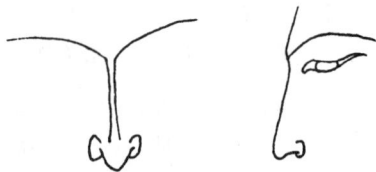

图四　眉弓、鼻梁和眼帘特征示意图

　　扎纳巴扎尔所铸白度母鎏金铜坐像（图五）高 68.9 厘米、莲座直径 44.8 厘米。结跏趺坐，右手作施愿印，左手拇指与无名指相接，折枝莲花过双指间搭在左肩上。额和双手掌各生一眼，共五只眼睛，增加了神秘感。其面相、肌肤均富有女性的俊秀、清丽、丰满、细腻之美感。特别是面相更加女性化，圆额尖颏，似清初仕女画的鸭蛋形脸。眉弓虽保持阿弥陀佛那种调整了的帕拉形式，但眼、鼻、口都有了变化，眼上帘的下弧曲线不见了，眼睛变成东方式的杏核形，眼角向上，似宋画面相。鼻尖、鼻翼圆滑，上唇薄，尖下凸，下唇呈半圆状，口角深陷。当然，其正面、侧面轮廓都不能完全摆脱帕拉造像的影响，却又不是帕拉造像，这就是扎纳巴扎尔造像的微妙之处。长颈一线，颈线痕模糊，说明他所描写的对象应是年轻的女性，颈线还未肯定，这与工布查布

图五　白度母鎏金铜坐像

造像量度经上所指颈线三条有所不同。白度母的身躯肌肤丰腴，光洁细腻，乳房饱满，腰细臀圆，具备了女性身材的一切特征。下身虽有薄裳遮掩，不似上身那样直接暴露在信徒面前，但透过薄纱仍隐约可见如同胸臂一样丰腴的下肢。其足拇趾侧张，与二拇趾分开，保留了印度舞蹈的风姿，似印度湿婆那般舞姿婀娜。这种舞蹈对喀尔喀黄教僧人和牧民来说当然是十分生疏的，但扎纳巴扎尔造像的使命是通过印度帕拉王朝的艺术基因来传播宗教教义，以打动芸芸众生的心灵。如将扎纳巴扎尔造像与清内廷藏传佛教造像比较一下，不难发现扎纳巴扎尔造像是灵性与肉体、教义与形象互为统一的杰作，也是将造像仪轨与蒙古女性融成一体，这都是扎纳巴扎尔造像的艺术特点。

　　阿弥陀像、白度母造像都是上身裸露，下身裹绕薄裳，充分地显现了佛、度母的肉体之美。佛、度母两像身躯除在胸部乳房确有男女之别外，其他一切都是相同的，如颈、肩、腹、腰、臀及四肢几乎相同，有些许区别也是微妙的，这或许就是扎纳巴扎尔心目中男女肌体的差异，观者如果不仔细地比较是难以发现的。我们不能不承认扎纳巴扎尔造像躯体基本上是一致的，即佛身的女性化。这当然不是解剖学上两性身躯的混同，而是艺术手法上的类同性及给予观者视觉的相似性。扎纳巴扎尔既重视造像的现实根据，即人的身材比例、解剖、动态，而又根据他对佛像的特殊理解及他自己的审美观念铸造了阿弥陀佛。因而当我首次看到阿弥陀佛坐像时便感觉非常新鲜而又亲切，那新鲜感是因在故宫博物院、承德外八庙保存的大量藏传佛教造像中都没有见到过这样安详

聪慧的面相。严肃凝重的表情并非帕拉造像和我国显宗造像所每每具备者。而亲切感是帕拉王朝造像的基因，印度式的半裸体，手舞足蹈的姿态，凝注于阿弥陀佛的形象与动态之中。

白度母坐像给我的第一印象与阿弥陀佛相似，而新鲜感更为强烈。其帕拉造像的艺术基因已被融合于白度母像中，实难以剥离，而其俊秀聪敏的面相在藏传佛教度母像中确是难寻难觅。在流传迄今的扎纳巴扎尔数十件造像中，还有绿度母一尊，与此尊白度母像不同。此外还有 21 尊度母像，也与白度母有别，所以它是唯一的一件有此特殊面相的度母像，堪称扎纳巴扎尔造像中最为杰出的代表作。令人深思的是，扎纳巴扎尔造像虽然有藏传佛教度母范本可供借鉴，但他既酌情吸收外来文化，又创造出前所未有的新形象，这里必有鲜为人知的原因。正在尚未理解的瞬间，谢瑞华主任一语道破了天机："这是照他的情人做的"，我方理会了。我认为白度母像是扎纳巴扎尔造像中极其特殊的一尊，是凝聚他创作天才和内心激情的结晶，是一生中只能创作出一件的绝无仅有的代表作品。

据蒙古学者研究，阿弥陀佛鎏金铜造像是扎纳巴扎尔于公元 1683 年创作的，这是唯一一尊能够考定铸造年代的扎纳巴扎尔造像，对研究其造像的艺术造诣及其创作活动分期是有特殊价值的。阿弥陀佛像的做工严谨精致，既反映了扎纳巴扎尔造像功力极为深厚，工艺技巧娴熟，艺术上有独到见解等诸多优势，也说明了这种成熟的、成功的作品应当产生于其创作的旺盛时期或者说是顶峰时期，此像创作于公元 1683 年，其时扎纳巴扎尔 49 岁，正是他精力最充沛、经验最丰富、技艺最成熟的时期。我们不妨把此件阿弥陀佛鎏金铜坐像视为扎纳巴扎尔艺术生涯中一件杰出的作品，以此为尺度去衡量他的其他手制佛像，则不难发现此像在艺术上确实是出类拔萃的。只有白度母像不仅堪与阿弥陀佛像相媲美，还可以说在做工上、艺术上均有过之而无不及，确实胜过阿弥陀佛像一筹。其创作铸造亦不会晚过公元 1683 年。阿弥陀佛、白度母两尊鎏金铜造像不仅是扎纳巴扎尔所创作的佛像中最为杰出的代表作，也是 17 世纪下半叶喀尔喀蒙古藏传佛教造像宝库中的奇珍。

扎纳巴扎尔的其他造像，如金刚萨埵（原编号 99，276 页[4]）、弥勒佛立像（原编号 100，288 页）、白上乐金刚像及其妃像（原编号 101，282 页）、二十一度母中四度母像（原编号 103、104、105、106，296 页）等七尊，与上述阿弥陀佛、白度母像相比，在艺术上略为逊色，可能是他后期（即噶尔丹入侵之时至扎纳巴扎尔逝世之日，公元 1588～1623 年）的作品。另外，如不动佛像（原编号 78，274 页）、文殊菩萨像（图六，原编号 110，299 页）及扎纳巴扎尔坐像（原编号 95，265 页）可能亦属其后期创作或由其门徒所制。

定为扎纳巴扎尔门徒之作的无量寿佛（原编号 108，297 页）、弥勒坐佛（原编号 109，298 页）、八药师佛（图五，原编号 107，295 页）、宗喀巴像（原编号 15，121 页）等造像与扎纳巴扎尔前期造像距离较远，但可与其后期之作相衔接，估计可能成于扎纳巴扎尔逝世之后，由其高徒或其传派所制，相当于清雍正至乾隆时期（公元1723～1795年）。

三、扎纳巴扎尔对清廷藏传佛教造像艺术的影响和贡献

扎纳巴扎尔既为哲布尊丹巴呼图克图而主管喀尔喀黄教，又是喀尔喀藏传佛教艺术家，所以，他与清廷有着密切的政治联系和宗教交流。顺治十二年（公元1655年），他曾遣使至北京向顺治帝献佛像；康熙二十二年（公元1683年）又遣使至北京向康熙帝贡佛像2尊。自康熙十九年（公元1680年），喀尔喀内讧频仍，几无宁岁，必然影响其造像活动。康熙二十三年（公元1684年）康熙帝诏理藩院尚书阿喇尼敕西藏第五世达赖喇嘛，命遣使赴喀尔喀，谕二汗和，并赐优诏

图六　文殊菩萨鎏金铜立像

与哲布尊丹巴呼图克图，命其赴喀尔喀诸王之会盟，与第五世达赖喇嘛之使节合力劝说诸王和解。康熙二十五年（公元1686年）四月，康熙帝敕谕喀尔喀七旗汗济农台吉，"务使交相辑睦，共享升平"。当年七月，遂于库伦之伯勒齐尔会盟，哲布尊丹巴呼图克图与西藏第五世达赖喇嘛遣使噶勒寺锡寻图，合力说服喀尔喀诸王以和解辑睦，恪守盟约，永绝纷争。不久，内争遂靖，共御外侵。

图七　八药师鎏金铜坐像（中为释迦牟尼坐像）

康熙二十七年（公元1688年）春，准噶尔部酋长噶尔丹率兵入侵喀尔喀，大肆掠夺，败土谢图汗联军之后满载而归。在此喀尔喀濒临危亡之关键时刻，哲布尊丹巴呼图克图在乌里雅苏台会盟时号召诸王奉清廷正朔，并奏于康熙帝，获准。康熙三十年四月，康熙帝亲巡边外，与喀尔喀部众大会于多伦诺尔，哲市尊丹巴呼图克图率诸汗晋谒，康熙帝降旨，升哲布尊丹巴呼图克图为大喇嘛，委以喀尔喀宗教

管理之权，并从诸部所请，于其地建寺赐额"汇宗"。从此，哲布尊丹巴呼图克图随康熙帝出入北京、热河等地。康熙五十二年（公元1713年）康熙帝六旬万寿，蒙古诸部

咸来朝贺，修建刹宇为帝祝禧，乃定热河溥仁、溥善二寺。康熙六十一年（公元 1722 年）康熙帝驾崩，哲布尊丹巴呼图克图从库伦带病奔京吊唁，于雍正元年（公元 1723 年）正月十四日圆寂于北京。

扎纳巴扎尔曾向康熙帝献佛，并亲为其雕佛，可能也参与清廷设于漠南、漠北庙宇佛像的创作和咨询，其有关记载一时尚难查觅，在此仅提出溥仁寺的佛像与扎纳巴扎尔的关系问题，溥仁寺是康熙帝六旬万寿时应蒙古部众之请而建造的，由山门、钟楼、鼓楼、天王殿、东西两配殿、正殿、后殿、后门等建筑组成。正殿设三世佛和二胁侍，两侧各置九尊圣徒像；后殿正面布置九尊无量寿佛，两侧各置四尊菩萨。这些佛像的设计、制作是否与扎纳巴扎尔有关系，也就是说扎纳巴扎尔是否参与过溥仁寺的三世佛与无量寿佛的创作设计？这个问题的提出是由于笔者看到"蒙展"中展出的扎纳巴扎尔所造佛像时感到面善，好像曾见过类似的佛像。以后，在查阅扎纳巴扎尔资料时，突然忆起溥仁寺佛像的形象恰与扎纳巴扎尔造像相似。现以溥仁寺后殿无量寿佛（204）与"蒙展"无量寿佛等（108 及 99）相比，不难看出在五瓣华冠、面相、身躯等方面二者何其相似，但在背光和台座上两者却又不同。若仔细看正殿三世佛、侍者、后殿无量寿佛的圆形仰莲座，都是尖部多曲（佛七曲，图七；侍者五曲），有花筋。这种圆形仰莲花瓣见于"蒙展"文殊师利（110）、释迦牟尼佛（107 中）。类似的多曲莲瓣座尚有阿弥陀佛（97）、持金刚佛（97，Fig1）、白上乐金刚（101）及白度母（102）等。这几种莲座都是扎纳巴扎尔所制佛像莲座中常见的。那么，溥仁寺佛、侍者像与扎纳巴扎尔所制佛像莲座接近这一点应有一定的关系，而不会是偶然的巧合吧。至于背光，因鎏金铜像用背光的很少，仅见三例，如金刚菩萨（99）、无量寿佛（99）、释迦牟尼佛（107 中），确与溥仁寺佛光之内牡丹、外大卷叶有所不同，这一点可能表现了清内廷色彩，但与弥勒佛（109）外圈大卷叶纹又很相似（图八、图九），可以说也绝非毫无联系。从上述比较，可以肯定溥仁寺佛像与扎纳巴扎尔所造佛像有着密切的联系，绝非用偶然巧合能圆其说的。这种形象上的联系必有内在原因，这就是扎纳巴扎尔造像手法及其艺术的影响，甚至很有可能扎纳巴扎尔直接参与了溥仁寺佛像的设计或派门下高足参加设计，否则不会出现上述多方面的相似。至于溥仁寺佛像表情、动态均不及扎纳巴扎尔鎏金铜像自然逼真，可能是由于在按原样放大制作泥胚之后，作夹纻胎漆佛时不再用喇嘛雕塑家而用清廷汉族夹贮漆匠来完成，这种夹纻工艺与铸造工艺不同，在泥胎上敷纻麻、上漆，一层纻麻一层漆地反复施加，直至完成为止。此间不可避免地会出现不同程度的变形，要想保持原作的神韵是很困难的，或者说是不可能的。我以为即使扎纳巴扎尔做成了泥塑，由夹纻漆匠来完成的话，其泥塑细部轮廓也很难保持原貌，出现微小的变形也是在所难免的。另外，造像尺寸大小也很有关系，小型造像与大型造像必有易难之别。

概言之，扎纳巴扎尔在一生长达 75 年的创作道路上使藏传帕拉形式与喀尔喀蒙古僧俗的思想感情、审美意识融合在一起，终于铸成喀尔喀佛像形式。从藏传佛教角度来

图八　承德溥仁寺夹纻佛　　　　　　　图九　承德溥仁寺夹纻侍者

衡量喀尔喀佛像形式与藏式、汉式、满式佛像的差别，便会发现它们之间均有殊异，与察哈尔蒙古佛像形式也有不同。过去我曾将清朝藏传佛教造像分为蕃相、藏相、汉相、蒙相及满相等五种形式，当然，限于主、客观条件，过去所定蒙相主要是根据察哈尔（多伦诺尔）地方的藏传佛教造像而提出的，并不包括喀尔喀蒙古，现在应将喀尔喀蒙古扎纳巴扎尔造像包含在内，以便补充和丰富蒙相的内涵和形式。也就是说，藏传佛教造像中的蒙相应包括漠南的察哈尔和漠北的喀尔喀两种类型。扎纳巴扎尔造像的重新面世及公开发表为清代藏传佛教造像的研究开辟了新领域，我们掌握这一领域的资料及研究成果还很少，尚有待今后不断地收集和积累。拙文是根据现已掌握的有限材料试图对扎纳巴扎尔造像艺术的特色及其历史地位做出粗浅的说明，不妥之处，望各位方家不吝赐教。

　　附记：拙文所用目录、图片均由亚洲美术馆印度部主任谢瑞华女士暨汉太太提供；所引造像之定名、年代、作者亦从谢瑞华女士的见解。在此谨致由衷的感谢。

注　释

[１]　关于扎纳巴扎尔的资料来自妙舟法师编《蒙藏佛教史》第五篇《蒙古近代之佛教》·第一章《哲布尊丹巴呼图克图》·第二节《第一世哲布尊丹巴呼图克图》，上海佛学书局，1935 年，4127 页。

［2］ 据 the Eminent Mongolian sculptor-G·Zanabazar（N·Tsultem State Publishing House Ulan-Bator，1982）所刊扎纳巴扎尔造像共 28 尊，其中 21 尊度母只刊 8 尊，另 13 尊未刊，尚有"蒙古展"目录中的八药师佛亦未载，两项合计 21 尊。所以，扎纳巴扎尔现存造像至少还有 49 尊。笔者仅见其"蒙古展"中的 9 尊。

［3］ 帕拉王朝建于印度北部（公元 750～1150 年），亦译为"巴拉王朝"。信奉佛教，铸造了大量的铜像流传于世。以肩宽、胸凸、腰细、臀肥、肌体丰满、姿态婀娜为其特点，对元、明、清佛教造像影响甚大。清人称为梵像者盖指经西藏传入内地的帕拉王朝铜造像。

［4］ 据 Mongolia, the legacy of Chinggis Khan。编号及页码均源于此，下同。

（原刊于《故宫博物院院刊》1996 年 4 期）

三、金 银 器

富丽华贵的中国古代金银器

金银器是指以黄金或白银为原料经加工而成的典章文物或饰件、器皿。我国的黄金矿藏分布较为广泛，共有几百处，主要的产金省份有黑龙江、吉林、辽宁、河北、山东、安徽、湖南、湖北、贵州、云南及新疆等地，但产量很少。黄金依其产状分为山金和天然金，因其形状又有橄榄金、子金、胯子金、狗头金、马蹄金、沙金、麸子金等名目。山金矿纯度不足，须经冶炼成纯金之后方可利用，所以古代尤其远古时期人们仅以块金、麸金等天然生成的黄金为原料制作金器。

黄金呈黄色，永不变色，光芒四射，魅力诱人，十分珍贵。其物理性能特别优越，如不怕侵蚀，不受风化，延展性强，硬度2.5～3，便于加工。

白银产量较大，它的物理性能接近黄金，但易氧化，表面变成深灰色或黑色，影响其美观，令人生厌，所以在材料审美及单位价格上远不及黄金。其加工工艺与黄金的加工工艺相同。

金银器加工工艺与青铜器、铁器、锡器等加工工艺有着很大的差异，是一门独立的或者说特殊的手工艺部门，大体包括锤鍱（将金块锤打成薄片状）、拔丝（将金块拔成粗细不等的丝）、炸珠（将金块制成鱼子大小的金珠）、掐丝（将薄金片切成窄而扁的细丝，掐成图案）、焊活（用焊药涂在胎或丝片上、经火熔焊牢固）、打造（将金片锤打成形或锤出隐起图案花纹）、凿鍱（凿是指凿刻图案细部，鍱是指阴刻细线，亦称"平鍱"）、熔铸（即以金银熔液注入范中，冷却后启范取出金件）、累丝（将金丝制成花纹焊接而成）、编织（以金丝编织图案或器物）、镶嵌（包括在掐丝之间或铸造时预留下的凹槽中嵌入宝玉石或用包镶、爪镶等工艺方法镶嵌宝玉石）等工艺。上述金工艺中焊金珠、掐丝、累丝、镶嵌等工艺用于制作首饰或饰物，极其精巧细致，故称"金细工"，有别于一般的金银工艺。所以，金细工是金银工艺中的精细工艺，而在铜铁工艺中没有这种技术，仅在金银工艺中所独具，是一种特种手工艺，在金属工艺行业中占有特殊地位。因而我们在研究古代金银器工艺时要特别关注黄金成器及装饰工艺的具体工种及其特点，区分是金细工还是一般金工艺，二者有精粗之别、优劣之分，不能笼统而论。

在研究中国古代金银器的工作中有一个不同于研究玉器、青铜器的问题，这就是要将眼界扩展到我国西邻地区金银器的发展历史，而不可仅仅局限于我国20世纪下半叶所出土的金银器这个狭小的范围中，不仅要关注中西金银器及其工艺上的交流影响，还要看到产自外国的金银器输入我国及其流传的史实。这要求我们要客观地、公正地对待西方金银器对我国金银器的影响。当然，如何把握其分寸，做到不偏不倚，也是十分困难的。当前重要的工作就是将外国金银器从出土金银器中剥离出来，公之于世。为此，特将出土的外国金银器择其具有代表性的器物一并刊出，以便对比，做出较为科学的判断。

古代金银器一直为上层社会所垄断，低级官吏和庶民是无权使用的，只能望而兴叹。出土金银器大多为朝廷宝玺、王侯高官的印章及礼制礼仪器物、饰物，有的则成为富有者的资财。同时，金银器又可作为间接的交换媒介，在手头紧迫时可将其抵押于质铺，换成货币；或将其销熔铸成宝锭，充作交换媒介或赋税手段，所以出土金银器当中也包括不少的金银货泉，考虑到货币是一门独立专业，故本文原则上不包括古代金银货币。

一、多民族金银器的共存及其盛衰
（夏、商至南北朝，公元前 1800 ~ 公元 589 年）

这长达 2300 余年的金银手工艺经历了萌生、成长及初步发展的过程。根据 20 世纪上半叶出土金银器可以肯定地说，我国金银器的起点在青铜器时代，大约是在距今 3800 年的甘肃卡约文化时代和殷代。从其地缘及其风格特点来看，大致可以分为北方草原金器和中原黄土带金器这两大金银器文化板块。另外，西南方红土带金银器有着暂短的相对独立的发育过程，最终与中原金银文化融合。这两大金银器文化板块既各自成长，又同时并存、互为渗透、相互影响。从一些迹象来看，我国原始金银工艺应是有着鲜明的土著性和本土性的后起的传统工艺。譬如，我国迄今所见最早的金银器出于甘肃卡约文化和殷代，均以金叶片和金丝为原料，经切割、平钑、锤打、盘丝、焊接等工艺而成型。到了西周，接受青铜工艺的影响出现范铸、錾刻的金器。以掐丝、焊珠、镶嵌为基本技术的金细工大约出现于战国晚期，成熟于东汉。西方输入我国中原的金银器迄今所见最早的也不早于罗马帝国和古波斯帝国，大致在公元前 4 ~ 前 3 世纪。由此可知，中西金银器工艺的交流要按照史料记载和出土金银器实事求是地加以研究方可做出令人信服、合乎史实的判断。

（一）北方草原地带金银器（青铜时代至西突厥，公元前 20 世纪 ~ 公元 505 年）

我国早期北方草原金银器主要是金片、金丝工艺制品，分布于青海（卡约文化）、甘肃（四坝文化）、陕西淳化、山西离石以及北京平谷等地，大致在今西北、华北偏南的地带。金制品有桃形金片饰、金耳饰（图版 1）、包金贝、金耳环、金鼻饮、金耳坠、金弧形饰、金弓形饰、金笄、金臂钏等等，均为随身系佩的耳、鼻、胸、腕等装饰，除了金贝为模仿海贝之外，其他装饰品均为几何形，甚至是用线条做旋转状的蟠屈形器。毫无疑义，这些草原边疆部落均为我国羌戎、狄夷等民族以及鬼方、猃狁等方国。打制的金器确实比较原始，却是地道的金工艺，这说明我国边疆部落对金的延展性之优异、耐蚀性之经久早已有所认识，并创造了锤打、拉丝、盘丝的特殊工艺。他们制造了一些标志身份尊贵、引人注目的头与手上的熠熠生辉的金饰器，创造了欧亚金工艺板块上独立成长的土著金文化。由于时空跨度很大，难以论证它与西方金工艺发生过什么联系，这需要对西方金器的历史有所了解。如果我们极目西方，则不难发现在我国远方存在着古埃及、古希腊、古罗马、古亚述、古波斯等强大王国金银器构成的长达万里的西方金银器文化带，还有与之并存而又稍晚的一条金银器带则是斯基泰地区的金银器文化带。这两条金银器文化带虽其文化传统不同，但其相互渗透与融会是极其明显的，共同组成了繁华交错的西方金银器文化带，早在我国青铜器时代之前，它已迈进以金细工工艺为主流的高度发达的金工艺阶段，制造了不少堪称绝品的金银器，其中一部分已流散，为欧美各大国的著名博物馆收购珍藏。如果年代略早于卡约文化及夏商文化的两河流域和西亚古王国的金银器确实流入我国西北、华北地区，总会留下痕迹，可是迄今仍属渺茫，不见其踪影。中西金银器文化的碰撞地和锲入点仍是今后中外考古学家的历史任务。

　　鬼方是我国夏商时代北方与西北的一支强大的边疆部落，殷武丁时曾与鬼方发生战争达三年之久，确是殷王朝之劲敌。鬼方分布于今山西、河北等地，盛时其势已达陇山和渭水流域，周朝之后不见记载。继之而起的是猃狁，也是活动于中国北方与西北地区的古代部落。我国金片、金丝工艺制品的出土情况正与鬼方、猃狁活动区域及时间基本吻合，想必这并非偶然的巧合。至西周中期，猃狁渐强，经常威胁周王朝，终于迫使周平王于公元前770年东迁至洛阳，从此我国历史便进入春秋（公元前770～前476年）、战国时代（公元前475～前221年）。

　　战国时期中国北方出现了强悍的匈奴与东胡，经常出没于秦、赵、燕三国之北部边境，强盛时控弦之士达到三十余万之众，其所据土地广袤，东至辽河，西至葱岭，北抵贝加尔湖，南达长城，建立了强大统一的游牧军事政权。匈奴金银器出土于今内蒙古、陕西、甘肃、宁夏、新疆以及河北等地，其中内蒙古杭锦旗阿鲁柴登，鄂尔多斯市准噶尔旗西沟畔、东巴尔虎完工和陕西神木纳林高兔等墓葬出土了一批珍贵的匈奴金银器，说明这些墓葬所在地可能是不同等级匈奴贵族驻扎的地方，这些金银器的出土对研究匈奴族的扩张活动有着重大的史料价值。

　　阿鲁柴登出土总重达4000余克的218件金器当为匈奴单于的珍贵遗物，计有金冠（鹰饰金冠顶、金箍）、豹噬野猪纹嵌宝石金带扣、虎咬牛金饰片、卧虎形金饰片、羊形金饰片、刺猬形金缀饰、羚羊形金饰件、鹭形金饰片、三鹭形金圆扣饰、金珠项饰、金锁链、金项圈、镶松石金耳坠和虎头形饰件以及狼鹿纹银牌等金银器。其工艺娴熟，可分为铸造、锤鍱、镶嵌宝石以及金炸珠焊饰等多种金工技艺。最有代表性的金冠现仅有冠顶、冠箍二残件，可知其金冠当年之华贵和庄重。冠顶由镶缀松石的展翅雄鹰和成对的狼、羊图案组成，用金片打鍱、焊接、镶嵌等工艺制造，冠箍则用熔铸工艺一气呵成。冠箍前部由两带上下并连，末端用榫铆衔接，两端各饰卧虎及马、羊等兽纹，体现了单于统率千军万马的至高权威（图版5）。镶松石金耳坠所用金丝、金片及连缀松石本属较为普通的工艺，然而在其连缀松石的金件上焊有金炸珠，以三珠铺底上焊一珠的二层焊接，似为迄今所见我国出土的制造年代最早的金炸珠焊接工艺的实证。阿鲁柴登及准噶尔西沟畔、东胜等地匈奴墓葬出土的金银器，是战国时期鄂尔多斯匈奴金工艺的一个缩影。

通观上述各地出土的匈奴金银器，均散发着中西亚草原骑马民族的艺术芳香，在其表现题材和形式、手法上与中西亚草原骑马民族金银器有着不少的相通之处，甚至斯基泰·塞人的外来文化——格里芬（Griffin）守护神也传入匈奴，已见匈奴格里芬神兽不下三例，如杭锦旗阿鲁柴登出土大角卧狼金饰牌和鄂尔多斯准噶尔旗西沟畔出土怪兽纹金饰牌、站立怪兽纹金饰片均为来自中亚塞种格里芬守护神而又加以变化，如其凶猛气势有所减弱，双翼退化以至消失，强调双角的分叉并加长或其前施加鹰首，还采用大角狼形作守护神，这在斯基泰·塞人金守护神中是前所未见的。

由此可知，战国匈奴金银器可能与西邻的斯基泰·塞人的金银器有着一定联系，这是正常的现象，但是匈奴金银器也确有它的独特个性。准噶尔旗西沟畔还出土了一批战国、西汉时期匈奴金器，其卧羊纹金带扣不仅是迄今所见较早的一件金带扣，而且在形象的艺术处理上也进入了一个新境界，如其羊纹头角突起，身肢隐起，两种形体之焊接处理手法十分巧妙，做到天衣无缝、栩栩如生，在匈奴金器中颇富新意，这与秦汉现实主义艺术手法亦不无关系。金虎豕咬斗纹饰牌一对均作长方形，以金片锤鍱虎豕互咬其臀，正处于胜负未决的生死一搏的瞬间，从其运动状态及虎身作180度的反现实的扭转动作来看，确是匈奴族的艺术创作特点，可见匈奴金工艺部分来自斯基泰·塞人，但其形象及其细部处理上又似出自西汉做工，故疑其为汉族工匠按照匈奴的审美要求以西汉现实主义艺术手法锤鍱而成的，其产地究竟是匈奴领地还是西汉朝廷作坊尚有待酌考。金、玉、玛瑙头饰、项饰已被厘定为匈奴贵妇之装饰，其中的一副镶镂空螭虎纹饰玉片耳坠曾发表于《中国美术全集·工艺编·九·图版一八三》，已指出此玉饰为西汉玉工所琢碾，而其鹿纹掐丝金饰件则是典型的匈奴工艺，这是西汉玉文化与匈奴金文化相融会的产物，反映了西汉与匈奴在残酷的战争之外还有着文化上、工艺上的相互交流。

东汉时匈奴在西北、北方的势力衰退，其时各族纷争、战事频仍、进退无常、迁移不止，所出彼时金银器在数量上、质量上还不及战国、秦、西汉时期。新疆博尔塔拉蒙古族自治州精河县城古墓葬出土的金器，论者谓可能是塞种人或乌孙人之遗物。吐鲁番交河古城址墓葬出土了一批金器，计有金冠、金牌饰、金戒指、金耳饰以及多种金饰件。金冠今仅存金箍，是否有顶饰不明，与战国阿鲁柴登匈奴单于金冠之金箍在造型上确有继承关系，但用金量和工艺上已有很大差别，如前者铸造，纯金量重1202克，后者用金片焊接，用金仅79.7克，其比为15.4:1，说明两物主地位高下、财富丰歉不属同一等级。工艺上前者精致，后者则不够精致。值得一提的还有怪鸟啄虎纹金牌饰，用金片锤錾而成，此鸟甚怪，不见第二例，其头似竖耳兽，但长勾喙，身弯曲似"C"字，有三排鳞纹，二足，上足在腹部，前后仅二爪，抓啄虎颈虎头，下足在尾尖，亦二爪，支撑身躯立稳。后尾至背共出三绺向上勾卷的毛发，似翼非翼，似鳍非鳍，老虎完全被慑服，任其摆布。此饰外无方框，颇似斯基泰金器，但其形象内涵应如何破译？还要翘首等待！镶绿松石金耳饰用粗金丝掐成，内镶绿松石和白石为饰，别具一格。同出的金牛头形牌饰形象与此类同，想必不是偶然的，必有信仰、习俗、族属或审美上的内在联系。遗憾的是当今限于资料不足，还不易做出明确的判断。出于巴音郭楞蒙古自治州的金辟邪纹带扣，显然是汉朝廷作坊所制，颁赐给高级将领或匈奴权贵，精美绝伦、举世无双。青海海北州祁连县出土的金狼噬牛牌饰系熔铸而成，长14.7厘米、宽9.2厘米、重365克，是所见尚存于国内的匈奴金牌饰中最大、最重的一件，其嵌件现已脱失殆尽。该饰外形象一横置的"B"字，在一棵大树下站立的牛被偷袭的饿狼咬住一条后腿正欲挣脱。这种生活题材的金牌饰也是极为少见，此金牌饰的外形、构图及表现手法与斯基泰·西伯利金牌饰十分接近，故其族属及制造年代均与斯基泰或萨尔马泰（Sarmatian）金牌饰相去不远，其下限应不晚于汉代。鲜卑兴起于今内蒙古自治区东部和辽宁西部，其早期金器甚少，后金凤鸟形步摇冠饰则可见鲜卑金器之一斑。此金步摇系用金片制成凤鸟之首、颈、身、翅、尾、圆座和圆片，再焊接成型，可能是步摇冠之顶饰。

东汉亡后（公元220年），经历了三国（公元220~265年）、西晋（公元265~316年），东晋十六国（公元317~420年）、南北朝（公元420~589年），长达369年。边疆民族南下，攻占北方与中原，汉族政权退至黄淮以南，形成了南（汉族）北（鲜卑族等）对峙的分治局面。此时北方马背民族中柔然、蠕蠕、东胡、山戎各据一方互相抗争。从大兴安岭南下的鲜卑族占据东北、北方、西北方的大部分土地和财富，并铸造了大批金银器。

西晋颁赐鲜卑王、乌桓王金银印出土于内蒙古凉城县小坝子滩。"晋鲜卑归义侯"金印（图版10）、"晋乌丸归义侯"金印以及"晋鲜卑率善中郎将"银印等晋代官印的出土说明该地为鲜卑某部的辖区及其与晋王朝的隶属关系。"猗㐌金"铭四兽纹金饰牌有所来历。据考，"猗㐌"即"猗㐌"，系西晋末年鲜卑始祖力微子猗㐌的遗物。四兽作头向外的双层布局，均为马身爪趾怪兽，上层二兽鸟喙正在啄一物。下层二兽吻似驼，张口，口下有一个三角榫形物，通身设镶嵌用坑，其镶嵌物已佚。其重要价值在于它确为猗㐌时所制的拓跋鲜卑金器，可能是拓跋鲜卑的守护神，但其铸造、修凿、镶嵌等工艺水平尚属一般，显示该地猗㐌部的金工艺正处于起步成长阶段。同出的镶宝石跪兽帽金饰、熊头金饰、金戒指可能也都是猗㐌部贵族生前所用之金饰。四鸟纹金饰件上二鸟外突，下二鸟首内向。上二鸟首之中有双手扶鸟背的人物，其下原有嵌物已佚，其两侧有圆形隐起纹。下二鸟首之间垂一菱形物，饰双立角二竖耳，整体造型似商周之饕餮形，疑其仍系拓跋鲜卑之灵物。三鹿纹金牌外框呈长方形，以极度省略变形的抽象手法表现在层山叠嶂之上的三只肥壮大鹿，其身后为呈长拱形的森林，这种构图及其手法在拓跋鲜卑金饰中极为少见。乌盟和林格尔出土一北朝嵌宝石金带饰是一套完整的金带扣，上饰奔驰的野猪，身嵌绿松石和黑玉髓，具有浓厚的草原金器风格，应为鲜卑革带之扣饰，也就是所谓"鲜卑头"遗物。类此金扣饰的还有出土于呼市土默特左旗讨合气村的北朝辟邪纹金带饰，此金带扣饰共六件，较前件更为完善，从其辟邪纹来看是东汉至北朝的鲜卑革带上的金扣饰，应为西晋颁赐或被鲜卑劫掠至此，然后再经加工，故其形为鲜卑式，纹饰为汉样，是汉与鲜卑文化融合的结晶。两枚嵌松石羊形金戒指，当为北魏鲜卑金细工产品，一出土于呼和浩特市郊区，另一出土于包头市土默特右旗美岱村，反映了此类金戒指的地缘关系。

鲜卑金龙项饰之二龙各吐钩与环，钩环扣合为项链，龙身用细金丝编成多股辫纹，左右两侧各饰金盾、金戟、金钺、金栝，其中金钺仅一件，其饰金钺可证此链确为鲜卑贵族或王之项饰。鹿头金冠饰、三角鹿头金冠饰、牛头金冠饰当为鲜卑贵妇之步摇冠饰，工艺亦较精，也是难得的鲜卑金器。内蒙古通辽市科尔沁左翼中旗出土了用范铸的人面形金饰牌，可能是将萨满形象缝缀于袍上，以勾通人神。同出的蹲踞马金饰件、子母马金饰件，这类金饰在内蒙古西部很少见，可能是东部鲜卑的遗物。同出的神兽金饰件与西晋鲜卑"猗㐌金"铭的金兽纹饰牌下层二爪趾马身兽近似，疑其属"猗㐌"部之物流传至东部。

慕容鲜卑先后建立了前、后、南、北四个燕国。辖河北、山东、山西、河南及辽宁之一部，即史称"五胡十六国"之割据一方的短祚地方政权。公元 337 年，慕容建前燕，传四代，亡于前秦。辽宁北票县四花营子乡房身村二号墓出土了一批前燕金器，包括花树状步摇金冠饰，新月形嵌青金石片凤纹金饰、嵌宝石金戒指、金顶针等。

冯素弗为北燕天王冯跋（？～430 年）之长弟，任大司马录尚书事、车骑大将军，封辽西公，在后燕高云（公元 407～408 年）时被封为范阳公。金"范阳公章"印及"车骑大将军章"、"大司马章"、"辽西公章"均同出于冯素弗墓。佛像纹金珰、附蝉纹金珰、步摇金冠顶、金刀柄均为北燕统治阶层占有的具有代表性的金器，见证了慕容鲜卑与汉族文化的交流与融合。

大同是拓跋鲜卑南下后所建首都，也出土了一批金银器，小站村封和突墓出土了外国银镀金盘以及银耳杯和银高足杯等银器。银耳杯杯口呈两端高中间低的马鞍状，底有椭圆形圈足，足部边缘焊联珠一周，这是一种具有草原金银器特点的新型银耳杯。

1997 年 10 月，新疆伊犁哈萨克自治州昭苏西南 90 公里的波马出土了金面具、镶嵌红玛瑙虎柄金杯、嵌红宝石金戒指、嵌红宝石金盖罐等一批珍贵的金银器。其特点是：

（1）出现了罕见的金面具。其镶红宝石金面具，睁眼、高鼻、口微启，眼、鼻、口、眉须均用红宝石（石榴石）镶嵌，是一副美化的英雄面貌。

（2）宝石玛瑙镶嵌盛行。镶红玛瑙虎柄金杯（图版3），口作马鞍形、鼓腹、圈足、通身錾四方连续之菱格纹，内嵌红玛瑙。镶嵌红宝石金剑鞘，也是通身嵌三行红宝石。

（3）金器皿较多。镶红宝石宝相花金盖罐造型丰满华贵。银错金瓶，侈口、橄榄形身、平底、颈下饰错金带、錾花纹一周。还有上述镶红玛瑙虎柄金杯，共三件，均为杯、瓶、罐，亦属罕见，不见汉唐盛行的盘碗。

（4）形饰具有地中海文明特色。

（5）不见斯基泰草原骑马民族两兽咬斗、嵌松石、牌饰等在内容形式上富有民族特色的金银器，故应看做是希腊化地区如大夏国金银工匠按照西突厥可汗或贵族要求所制，也有可能其中某些金银器就是直接来自大夏国等地。

上述金银器的年代从其出土地可知，此地是突厥西部领地。据考，公元545年西魏遣使通突厥；公元551年突厥土门可汗破铁勒，妻西魏公主；公元552年土门可汗大破柔然；公元555年突厥再破柔然，又西败嚈哒，东逐契丹，遂为北方大国。在土门可汗攻灭柔然之时，土门弟室点密率众征战西域，尽据乌孙古地，自称可汗，牙帐设于伊犁特克河流域，史称第一汗国（公元552～630年）西突厥。室点密殁于公元570年（北周建德五年，北齐隆化元年），由达头（步迦）可汗（公元576～603年）继位。目前因西突厥金银器出土情况不明，可供用于比较的资料难觅，今参酌开皇二十年（公元600年）四月遣将分道击西突厥大破之、大业元年（公元605年）西突厥大乱等史料，姑且将波马金银器的下限定于公元605年，其上限断于公元570年，故将波马金银器暂附于北方草原地带金银器之尾，充其为殿军尚属适宜。

（二）中原金银器（商至南北朝，公元前16世纪～公元589年）

中原金银器是指生产于商周至南北朝时期中央政权所辖区域的具有中原国家王室风格的金银器。其已颁赐草原民族首领者已在上述草原部分做了介绍，于此不赘。另外，也不含古蜀国、滇国等地方政权的金银器。

商代金银器施用锤鍱工艺制造，即将天然金块锤打成薄片，再经剪切成一定的形状包贴在铜、木、漆等器物的整体或局部，以改变其质色，并增添其庄重性、严肃性、尊贵性及神秘性。这种金工艺尚不能制造独立的金器，而仅仅制成某种器物的饰件，包贴其表面，只能称其为某种器物的辅助性工艺，还不是独立的金工艺。工匠把自然生成的金砂、金麸、金块打制成金片并剪裁成各种几何形状和虎、人面等肖生形状，这标志着黄金加工工艺已迈出第一步并登上历史舞台，有了自己的名分和地位。可以说商代确是中原金工艺的萌发期。金块被锤打延展至薄如绢帛时被称为金片，如继续加工使其薄如树叶时则称金叶，薄如蝉翼时叫做金箔。出土于安阳大司空村的商代金片经检测，其厚度仅为（0.01±0.001）毫米，也就是说金箔最薄的可达到0.1微米，这也是锤鍱工艺中极其重大的成就。此时，北部边疆地区已盛行金丝工艺，但这种工艺制品尚不见于商王朝。

西周黄金工艺吸收青铜器工艺经验，开始使用熔铸工艺技术以制新型金工艺品。周王室金器迄今尚未寓目，仅可见虢、晋两地方侯国金器，均为革带上的金饰。虢国贵族所用金带饰共12件，计有金环6件，长方抹角环1件（正面均饰有阳线二道）、兽面3件、镂空兽面纹锐三角形饰2件，共重433.25克。晋侯金带饰一副15件，另一副是6件，形制与虢国贵族金带饰大同小异，一副重量459.3克。由此可知周王室对金带饰可能已有规定，对其件数、形式和重量都不得逾矩。当然，各诸侯在具体执行时一方面循章办理，尚不敢违规僭越，另一方面也有一定的灵活性而略有变化。虢、晋两国贵族所用金器品种单一，工艺借用青铜铸造技术，熔铸金器，尚不属独立性的金工艺。

春秋战国金银器使用的地区、品种都有所增加，出现了金圆泡、金带钩、金带扣、金带饰、金环和金剑柄等器型，用于装饰和车马兵器等方面，但其工艺仍沿袭商、西周的熔铸法，偶尔也采用镶嵌工艺，丰富了金工艺的表现手法和感染力量。从工艺角度来衡量，春秋金工艺略有进步，这表现在三点上：一是铸造工艺复杂化，可能借用当时青铜工艺的失蜡法做成镂空型金器；其二是图案较为繁密，更接近青铜器纹饰；其三是应用镶嵌绿松石的工艺，出现了镶嵌绿松石金器。其金工艺进展速度虽然较西周稍快，但仍未脱离青铜工艺的影响，仅仅利用黄金易熔、易延的特性，借用多种青铜工艺以发扬其不锈蚀、永不变色、闪烁光耀的优势，为独立的金工艺的形成打下了技术上的准备工作，可知中原金工艺的出现与形成该有多么艰难。

春秋时期熔铸金器的代表作有金柄铁剑。此器之首与柄、格一次铸成，其蟠夔纹有龙首与凤首二种，身饰圆形鳞纹。剑首镂空，柄有五脊，格与铁剑衔接牢固，不设镂空。两侧与剑首配合，均出两歧，错落有致，变化多端。嵌坑较深，镶入的碧蓝色变形夔纹和圆形材料少有脱落，可谓设计巧妙，铸造精致，金碧辉煌，堪称迄今所见春秋秦国金器之最，尤其铁剑亦完好如新，是不易多得的完器。

金狗出于凤翔秦公一号大墓，从其竖起大耳、趾爪卷成圆形、长尾卷尖的简洁抽象的造型和程式化的动态来看，大有草原金器的艺术风采，疑其或为猃狁金工之孑遗，也是威镇西北的秦国与邻近的边疆少数民族在金工艺上曾有交流的历史见证。

战国金工艺在春秋铸造金工艺的基础上有了一定的提高，并出现了新品种。各诸侯国的金银器出现了一定的地方性特点。就金工艺总体进展情况来看，各诸侯国金工艺的发展是不平衡的。所见秦国金器，从其金虎、金铺首和龙纹金饰来看，与秦春秋时期的金工艺基本一致。此期金银带钩较春秋时期带钩不论在形饰上还是在工艺上都出现了不少的变化，如东周都邑洛阳出土的双龙首金钩、四体相连的银双龙首包金带钩是前所未见的新式金银带钩。中山国凤纹银带钩，鲁国龙首、兽首及猿形带钩，江苏涟水三里墩西汉墓出土两件战国金银带钩确是罕见的金银带钩。尤其是涟水西汉墓所出的重 257 克的怪兽口衔龙勾首琵琶形战国金银带钩，其形象所包含的文化内涵值得今后深入探讨，仅从其做工之精美来衡量，称其为战国金银带钩中的神品亦不为之过。与此相比，战国早期曾侯乙墓所出四件金带钩则显得朴素无华。如此多种风格并存的金银带钩，反映了各诸侯的黄金观及其审美观的差别，也必然影响到金银工艺的发展和提高。齐国金银器近年已初露端倪，所见有金耳坠、银盘、银匜、银耳杯、银勺、银匕及银管等器物多为生活饮食用器，其中最为精工的则是龙纹银盘、银耳杯，二件均刻铭文。据考，银耳杯铭为秦昭王四十年（公元前 267 年）、秦昭王四十一年（公元前 266 年）所造，具有一定的研究价值，也是一件不可多得的秦国银器之佳品。"赵陵夫人"铭银匜，有流，无纹饰，流下外腹部竖刻"赵陵夫人"铭，据考，应为战国晚期秦国卿大夫以上官职的妇人用器。此桃形匜与传世的"客室十"铭楚王匜的器型相似，对研究并确认其产地不无参考价值。与此同出的还有一件带有北方草原风格的金耳坠，此器以金丝、金炸珠、镶嵌绿松石等金细工艺制成，通长 7.3 厘米，共有七八层，小巧玲珑、精致无比，可能是匈奴工匠所制，遂而流传至齐国，可知齐国上层人物所用的金银器也并非均出自齐国工匠，其来源当为多源化，出现异彩纷呈的繁华气象。举一反三，这可能是此期各诸侯国金银器的普遍现象。可以说，战国时期金银器在北南碰撞、东西交流的情况下成长发展。鲁国金银器中亦以带钩为其代表作，均十分精美。最为著名的是银包金猿形带钩，猿之臂、胸、臂、足均包金，右臂前伸，曲指作钩，左手下垂，右腿屈曲，左腿后伸，宛若在树枝间跳跃，生动地表现了猿的机灵和活泼，是实用和美观、运动与静止相结合的产物，蕴含着永恒的艺术魅力。

　　中山国是白狄族所立的处于赵、秦、燕诸强之夹缝中生存并求得发展的足智多谋的小国，其贵族也使用金银器，已见有金错凤纹银带钩、夔龙纹错金银泡饰、金镈以及金軛帽角、金軛首、银軏等车饰。具有代表性的有金错凤纹银带钩和金镈。银钩长 18.7 厘米、宽 4.2 厘米，重达 284.8 克。如此重而大的银带钩怎样使用，今人是无法理解的。钩表面作隐起的夔凤纹，错金后鏨钑细如游丝般的阴线纹，形象生动，线条刚健，确是一件难得的银带钩。金镈是用作戈柄下之金套，起装饰作用，在金镈中部作起突的两夔龙，一下一上纠缠盘绕。眼珠嵌蓝玻璃球，神采奕奕。从此镈与前述带钩以及银夔龙纹错金泡饰可知中山国铸造鏨刻之精工、错金银技术之高超，在战国诸国错金银工艺当中堪称技术精绝，独树一帜。曾侯乙金银器有金带钩、金杯、金盖碗以及金变形龙纹器盖等，其中光素金杯和金盖碗是曾侯乙生前所用之饮食器皿，也可能用于礼仪或祭祀。金素盖杯有凸弧形盖、口大足小、器身均作侈张状向内收敛，呈内弧状，二环耳一高一低，可能出于功能上的需要。此杯重 790 克，铸胎研磨光润，辉煌耀目。其器型独特、设计巧妙、做工精美，是迄今始见的一件双耳盖杯。金盖碗有盖、环纽、口唇有三个外卡，二环耳，三凤首足，附金匕一件，以保温之食器，重 2016 克，是迄今发现的此期最重的金食器，当为曾侯乙之重器，弥足珍贵。另外，变形龙纹饰金器盖二件一大一小，大者重327克，小者重157克，均作圆拱形，顶有一活环纽，通身布满纹饰，可能原系盏或碗之盖，可知曾侯乙至少占有三件饮食用有盖金器皿。三器铸造精良、砑工光洁，说明曾国黄金铸造工艺水平确实很高。

印玺的发明与盛行也始于此时，利用多种材料治印是此时印玺的特色。银鼻纽"冑瘝玺"、银鼻纽"西方疾玺"、银鼻纽"司寇勱玺"、银鼻纽"陈均玺"都是战国银印中的佼佼者，在其不足方寸间概含着深厚的时代气息和文化底蕴。

秦汉多民族统一的封建大帝国的建立结束了西周以来在黄金白银占有使用上的分散无秩的状态，而进入由皇家朝廷集中垄断并进一步加以等级化、规范化、制度化的发展时期。如玺印、冠带、服饰、车马及燕乐等诸多方面的金银器都有明文规定，各级官员不得违禁，广大的庶民百姓是与金银无缘的。秦汉至南北朝时期朝廷与北方草原和西南等地边疆民族有过经常性的政治、经济、文化上的交往，并颁赐金银的玺印及冠带等器物，这些都时有发现。今天我们所能见到的金银器只不过是沧海一粟而已。

秦汉时期（公元前221～公元220年）金银器的主要品种有金印、金带钩、金带扣、银扣、银铺首、金杯、银碗、银盆、银铞、金掐丝饰、金龟、金龙、金狮、金兽、金串珠，车马上的金银饰件银马面具当卢、银马饰、金节约、银节约（一套车马金银饰可多达数百件）、医疗用的金医针、银医针、长流有盖银盒、银漏斗、银刷柄以及马蹄金、麟趾金、金饼等等。金银器工艺在继承战国工艺的基础上有所发展。此期金银器的特点如下：

（1）金器重量增大。如金豹重达9000克，这是迄今发现的用金最多的一件汉代金兽，说明西汉富有黄金的状况。

（2）银器体型放大。银器体积大小取决于功能上的需要和工艺的技术水平的高低。当然，最重要的还是白银总产量的多寡。如银盆出土较多，最大的一件口径47.2厘米、底径26.2厘米、高11.4厘米，容量六斗十升，重十二斤十四两十九钱。银铞容量为一石一斗八升，重二十一斤十两余。这件大型银器的制造，要求有技术性很高的铸造、锤打等工艺和有技术熟练的工匠。

（3）金细工的成熟与普及。中原金细工出现较晚，西汉已见金细工成品，较多的则出现于东汉时期，陕西、河北、江苏、广东等地的东汉王侯或贵族墓葬都曾出土过以金细工制造的金银器。掐线、镶嵌、炸珠、焊接等金细工艺业已成熟，普及到南北各地。

（4）金花工艺的出现和应用。我国金片之错、嵌（亦称"商"）、包、贴等工艺出现得甚早，到了战国，中山国错商技术水平很高，但未见金花工艺。所谓"金花工艺"是指按照银器图案组织将其镀上黄金层呈现金光闪烁的效果，其实也就是将镀金工艺施用于图案上，这种经镀金处理的图案称为"金花"，到了唐代方大量地使用金花工艺，以加强银器的装饰效果。

（5）草原金银器风格在汉代渗透到中原。受到帝王喜爱，并命工制造富有草原特色的金带扣等金银器。传自西方的辟邪等立体金雕和图案经常出现于汉、三国、晋、南北朝的金银器上。

银镂雕龙凤纹铺首，背有钉，可能是棺椁的饰件，中心一起突之兽头，两侧有爪抓其双角的二龙，纽鼻系由二凤二螭组成桃形环，熔铸极精，双龙腾空欲跃之状洋溢着极其生动的气韵和震撼苍穹的力量，充分地反映了秦汉特有的英雄气概。

麟趾金、马蹄金类似麟趾和马蹄，它既不是黄金泉币，亦非器物和装饰。据记载，武帝于太始二年（公元前95年）三月下诏："今更黄金为麟趾、褭蹄，以协瑞焉。"麟趾金即以金制的麟足趾状器；褭蹄，音鸟蹄，褭为骏马之名，可释为马，蹄为"蹄"之本字，同蹄，实为马蹄，褭蹄金即马蹄金，所以它是"协瑞"的吉祥性金器，并不是供商业市场流通用的货币。此二金均出于西汉中山怀王刘修墓（定县四十号墓），应为西汉朝廷赏赐之物。此二金像麟趾和马蹄之形，上方均有金盖，盖上镶嵌白玉，周边焊金炸珠，组成八瓣花朵。此盖亦属金细工，与金贝、郢爰、锭、泉等硬通货是不同的。

银盘，为圆口，折沿直颈，斜腹，圆底，圆卧足，山东淄博西汉齐王墓随葬坑出土。盘外底及边沿下部镌四组铭文共四十七字，从铭文考定此盘为秦始皇三十三年造，应为秦国器。此盘内通身錾钑蟠龙纹、云纹，均镀金，金银辉映，相得益彰（图版19）。另一件银折腹盘。金豹，作匍匐状，似伺机待捕。大头，圆眼，宽鼻，阔口，颌下露出前肢八爪，头顶有半环纽，身背斜下，臀圆，长尾夹于后足，通身打作六角形或五角形凹纹，似豹斑，故名，其准确名称及其功能均有待研究。熔铸后经研光，打作凹纹。今重90克，是西汉铸金器中的一件重器。金"文帝行玺"（图版9）系熔铸，蟠龙纽，方形田字格錾阴文小篆印文，是赵眜生前所用帝玺，死后殉葬。此印是研究南越王国印玺制度的有力物证。西汉时期的皇帝玺迄今尚未发现，仅见一玉质皇后玺，其纽为螭虎，封王玉玺亦用蟠螭为纽。此金玺以龙为纽，可能是仿自汉帝玺之制。"朱庐执刲"银印，方形，蛇纽，出于海南省乐东县，蛇纽印有滇国王印和女倭王印，均为汉廷颁赐之官印。朱印亦用蛇纽，不无因由，值得探究。

银赵许私印，方形，龟纽，阴篆文十二字，私印当中在姓名之上冠以职官之印则甚为少见。

上述三方金银私印在印纽、印文、字体、篆刻等等方面均有着西汉时期的统一性，但各印又有其个性，这就是它们各自存在的条件及其历史的、艺术的价值所在。东汉时期金银印章在西汉印章的基础上因政事和征战的需要，发放各级武职官印甚火，其中不乏严谨秀美者，也有不求工整者。

金广陵王玺，方形，龟纽，阴篆"广陵王玺"四字，二竖行排列，字形与西汉皇后玺相似，惟起落笔处加宽，重122克，印台较厚，龟纽工整。据考，此玺上限为公元57年，应为刘荆受封广陵王后由朝廷颁赐，刘荆将此玺携至封地，死后殉于墓内。此玺为首见之东汉早期朝廷所造亲王玺，弥足珍贵。金"关中侯印"出土于河南沁阳；金"关内侯印"出于湖北云梦，但其造型、篆刻及重量均十分接近，其成印时间可能也相去不远。其字体仿自西汉，仍具有方正严谨之遗韵，但字画瘦削细劲、方中寓圆，颇有俊秀灵巧之风采。据考，此侯爵确为曹操擅权时（公元215年）所置，其字体笔画上出现较大变化是可以理解的。金"关中侯印"亦有二方。据考，汉末建安二十年（公元215年）始封关中侯。河南省南阳县石桥镇出土的金"关内侯印"与上二方金印大体同时，但字体肥硕，起落平齐，转笔抹角方圆适宜，却仍有所不同，疑其出自汉末内廷不同的篆刻匠师之手，呈现瘦削与肥硕二体兼存的状况。另一方金"关中侯印"属瘦削型，其转笔处亦稍作圆润，方圆得体，避免了生硬之虞。

金"偏将军印章"，通高2厘米，重108.7克，较上述金印稍矮略轻，字体亦属瘦削型，"印章"两字转笔处抹角显圆润。可免其结体上的直硬之感。

"五威司命领军"银印，龟纽，字肥，颇有古风，但篆刻欠精是其美中不足之处。据考，王莽即帝位之后置五威司命，故此印可能是新莽时（公元9～23年）所颁。

东汉末年银官印刊出八方，字体多细瘦，篆刻多潦草，类似"急就章"的做工。其中银校尉印笔道粗细尚属适中，而其篆刻陷于硬直，是其欠缺。

东汉亡后，魏、蜀、吴三国（公元220～265年）分别承担了周边少数民族的安抚或剿讨，经常颁赏各部首领或委以重任，维护边疆安宁。如金"魏归义氐侯"印和银"吴率夷中郎将"印即其例证。

魏晋金蛇纽"蛮夷侯印"出于湖南平江，亦属封赏内附的南方少数民族首领的信物，白文，结体方正，笔画肥硕，起落宽尖，在魏晋金银印中尚属可观者。

西晋（公元215～316年）同样地也向边疆各少数民族首领颁发了金银印章，"晋归义胡王"金印、"晋归义氐王"金印、驼纽"晋归义羌王"金印、"晋归义羌侯"金印等，也都是西晋与周边民族关系的有力物证。从西晋羌王、羌侯二印篆刻文字来看，均近急就章体，但王印较侯印稍工。

西晋刘弘墓出土金器是同时代金器中最为优异的。刘弘《晋书》有传："太安中张昌作乱……以弘代为镇南将军，都督荆州诸军事。"惠帝光熙元年（公元306年）秋八月，刘弘卒于襄阳军中。所出金器均为生前朝廷颁赏之物，且其下限明确，有着重要的研究价值。龟纽"镇南将军章"金印白文篆刻，可代表西晋朝廷官印的规格和水平，其印文的结体神韵亦充溢汉代遗风。龟纽"宣成公章"金印是朝廷所封爵位之印信，此金印亦当是朝廷所赐，以彰其"勋德兼茂"。其印文布局疏朗，白文潇洒，篆刻精工，尤其汉篆与悬针相结合的书体，更是妙趣横生，别具一格。

东汉时期（公元25～220年）金工艺制品除上述官私金银玺印之外，还用单一的金丝或金片制成首饰或装饰用品，供官吏或富有的人们佩戴使用。特别值得提出的是，综合应用金片、金丝、金珠、镶嵌等技术于一器的金细工艺较西汉有了较大的发展。目前所见的都是一些小件的金冠花、金冠饰、金挂锁形饰、金龟、金宜子孙饰、金天禄、金辟邪、金龙、金龙首、金胜、金珠、金花泡等饰物。以新疆焉耆出土汉代金辟邪纹带扣形体最大，工艺最精，动态最活，神气最旺。

金掐丝辟邪、金掐丝天禄都是金细工的代表作。先以薄金片打成胎子、焊接成型，用双股金细长片掐成眼、翅、脊等细部，镶嵌松石或红玛瑙，地子上焊小金珠，角与尾用粗金丝、其根部用细金丝缠绕，再将天禄、辟邪分别焊牢在长方形金座上。这种以天禄、辟邪两神兽作冥界守护神的做法确系传自西方，至东汉已相当普遍地流行于中国，形成了虎（狮）身、有角、有翼的怪兽，置于神道上就是石天禄、石辟邪，置于棺内的有金细工天禄、金细工辟邪或金天禄、金辟邪、金狮子。不论用什么材料，不论置于墓葬的何处，它们都是尸主灵魂的守护神。

魏晋南北朝时期金细工工艺并未因战争的变乱而中止，其代表性作品就是西晋镇南将军宣成公刘弘生前所用的嵌绿松石螭虎纹金带，其掐丝、焊珠、镶嵌均出自技艺娴熟的高手，螭虎盘曲之动势颇具阳刚之气，是西晋朝廷金工艺中之佼佼者，堪与新疆焉耆汉代金带扣相媲美。东晋金蝉纹珰与北燕冯素弗金珰近似，也在出尖莲花瓣内饰蝉纹，在金片上掐丝焊金珠，地子全部减除呈镂空状，以减轻其重量，缀于冠帽。

此期金银首饰与器皿亦不乏其例，如金链、金手镯、金项圈、金发钗、银手镯、银条脱等首饰，多用金丝、金片工艺，反映了各地金银工艺发展的不平衡性，有的也可能还是接受中原汉文化影响的少数民族生活用器。金银器皿较少，有魏晋金扣蚌壳羽觞、东晋银镀金鼎二器。银镀金鼎有盖，二直耳，三兽面衔环，三兽足，小巧精美。从外底浅刻"第五"铭文可知此鼎可能是成组银鼎中的一件，用作明器。南北朝金银因受战争影响仍在沿魏晋道路前进。北朝贵族生前使用的金银器是鲜卑与汉族两种不同文化兼容的产物，还出土了一些从外国输入的银器。说明此时中外文化交流在继续进行。

（三）西南地区古蜀、滇金银器

我国西南地区地势险要，气候高温潮湿，物产丰富，民风朴实，但由于山川阻隔、交通不便，与中原的政治、经济、文化上的联系一时也受到影响。远古时期，西南居民处于封闭状态下独立生存，发展迟缓。进入青铜时代，通过长江和汉中与中原文化发生直接的或间接的联系，这种联系随着时代的发展渐趋增多。虽然西南金银矿藏储量较大，但其金银工艺起步并不早，目前也只能从古蜀国的金器遗存略知一二。

古蜀国金器上限相当于殷末，不会早于武丁时期（公元前13世纪）。所见金器有金面铜人像、金杖、金虎形饰、金面罩、四叉形鱼形金饰、璋形金饰等，均为金片工艺，将自然金锤成金片、金叶或金箔，经剪裁成形，有的包在铜器的局部，也有的裹在木杖上，有的还要在图案细部加以錾鈒，也就是以较细的阴线刻画其细部。例如金虎形饰用金片制作张口卷尾的老虎，其五官、斑纹及爪均用细阴线錾成。迄今为止，古蜀金器中最有代表性的就是金杖，其长有142厘米，直径2.3厘米，金片厚度约0.05厘米，其上錾阴线动植物和几何形纹，引人注目的图案是凫鱼和矢，其矢穿凫鱼的图案与鱼凫国的存亡必有内在联系。上述几种古蜀国金器的重要价值在于它向人们揭示：到了商末它仍在独立发展，有着自己的特点，这一特点延续了大约千年，至秦汉直接经略巴蜀后，其特点随之消逝得无影无踪。今后，随着考古工作的深入进展，古蜀国金银器的面貌及其后续发展的状况将会日趋明朗化。

滇族是云南以昆明为中心的古代部族，西汉武帝曾赏赐"滇国王印"给滇族首领，说明西汉与其保持着密切联系。滇国金银器一度曾被其现实主义的青铜器艺术杰作所掩盖而被人们忽略。从其用金量至巨，如一组金镯多至30支，总重量达835.3克，一件光素的金臂甲重达415克，说明滇国十分富有。金器品种丰富多彩，如金镯、金钗、金剑鞘、金臂甲、金怪兽等器，反映滇国金工艺已颇具规模，估计王室已有金工作坊。主要工艺有金片、金丝、熔铸、镶嵌、錾镂等等，在造型、装饰方面有着滇族的民族特点。人头、牛头纹金剑鞘饰，其图案有羽人、猪、牛等，表现了古滇人的神话故事，可惜我们还不能释读。牛头纹金剑鞘为锻制，线条粗犷，图案突出，十分醒目，有着鲜明的古滇风格。二件金臂甲也是滇国护身设备中的重要器物，尚不见于其他地区。怪兽金饰片张口伸舌，尖齿锋利，大圆眼周围有珠纹，细身，背突起，长尾上卷，尾尖贴于背上，足屈于腹下，爪趾相连。各地先民都有本族的守护神、保护神，此怪兽是古滇族的何种神灵值得研究。银错金镶松石翼兽纹带扣应是具有北方草原文化风格的中原制品，与"滇国王印"和玉衣一样，反映了汉朝中央与滇族的政治联系。

（四）我国发现的输自西方之金银器

中国位于欧亚大陆最东端，与西方之间有沙漠、戈壁阻挡，交通困难。北方草原便于骑马民族驰骋，所以西方与我国在金银器的交流最早是通过斯基泰骑马民族进行的。西方罗马帝国金银器输入我国已是西汉时期，随后，东罗马、萨珊波斯银器也输入到我国。这批外国金银器是中西政治、经济、文化交流的重要物证，也是我们研究外国金银器的科学资料，备受国内外学者的关注，并做过对国别、产地、工艺及流传途径等方面的研究，但往往关于一件器物的考证，其见解也并非都是一致的，这说明对外国金银器的考证研究是一项复杂而又困难的工作，出现看法上的分歧是正常的。在此刊登的外国金银器大多是经过学术界讨论并已有定论者；也有少数几件金银器因过去没有公开发表或虽已公开发表但未引起学术界关注故尚无定论。现举出17例由外国输入的金银器以作说明。

（1）银戒指。原定距今3200～2400年，戒面呈上弧的圆形，中心包镶红宝石，周围焊银粟珠，红宝石有无雕刻未作说明，其异国格调甚明。经查《世界美术大全集·东洋编·15·中央アジア》89·"印章指轮"，出土于阿富汗锡巴鲁干蒂亚一座标（Tillya-tepe）二号墓，属大夏、贵霜贵妇之墓，时代为公元前1世纪后半期至公元1世纪前期，即由希腊化大夏向游牧民族过渡期所制造的银器。此戒指与上述二号墓出土的"印章指轮"形制十分接近，其镶嵌工艺亦有相通之处。故此银镶红宝石戒指应属于中亚之产品，传至新疆东部巴州，时间可以其下限为准，即距今 2400 年的战国末年。

（2）金镶蓝色石刻人纹戒指。洛阳出土，北魏。蓝色石戒面磨平，镌刻一阴纹人，作手舞足蹈状，包镶，周焊金粟珠。此戒指兼有印章的功能，称为印章戒指，盛行于欧洲和中西亚地区，不会是中原所产。

（3）金戒指。出土于宁夏固原原州区南郊乡深沟村李贤夫妇合葬墓，建墓年代为北周天和四年（公元 569 年）。青金石戒面亦磨平、包镶。此金戒指形制与（2）接近。固原博物馆专家考定："据鉴定，这类饰物与我国传统饰物不同……此青金石饰物亦来自葱右。"亦是外国产品。

（4）银戒指、银饰件。出于新疆尉犁县盘古营二十二号墓地，年代汉—晋。据观察，此戒指蓝色石似青金石包镶，环甚细，做工粗简。耳坠亦镶青金石，上部圆形银片中心镶青金石，周有八个小银泡，中串六角形青金石珠，上下各有对焊的空心银圆珠，下为矢镞形银片上包镶二圆形青金石，下嵌桃形青金石，均为包镶，做工亦粗简。此三件首饰镶青金石并饰银泡，类似萨珊波斯或粟特银器，与中原银工艺不同。青金石产于阿富汗，为伊朗族系各部及西欧各城邦所喜用，所以此戒指、耳坠当属伊朗族系的萨珊波斯或粟特所控地区工匠所制，或其工匠进入西域绿洲之后在那里所制。

（5）金嵌松石饰件，出于宁夏固原原州区南郊乡九龙山汉墓，定为西汉。此金饰已残，现长 9.4 厘米、宽 1 厘米，可能是器物上的边饰。上下边均掐丝，沿外掐丝焊金粟珠，两掐丝间焊金粟珠作菱形，每一菱形九珠，中间掐长"S"状相对，构成仰俯之石榴形纹，上掐圆形纹，两侧掐涡纹，中心处掐心形纹，沿其边缘亦焊金粟珠，心形纹处镶绿松石或粉色或白色宝石。此饰雍容华贵，反映出金工敬业的匠心及其娴熟技艺，令观者无不赞叹。此残饰确无半点中华风格反而充满着异国情调，但又不同于斯基泰系骑马民族金工艺特点，而趋近于希腊化大夏金工艺特色，其具体产地和族属留待条件成熟时再做判断。

（6）金嵌松石饰件。出土地点、年代及工艺同上，但宽度加倍，嵌物只有圆形松石一种，可能是非方形物的边饰，与（5）出自同一族系工匠之手。

（7）银盒。出土于南越王墓。有盖，盖上有三个兽饰。此圆银盒之盖身锤打隐起的一头尖另一头圆的水滴状纹，亦称"突瓣纹"或"凸瓣纹"，足外撇，高低不等。这种有盖银盒除了南越王这件之外，尚出于山东临淄西汉齐王墓和安徽巢湖市北山头一号西汉墓。经考古界学者专家考证，此类银盒产于波斯或罗马地区，由海上"丝绸之路"输入我国。亦有学者认为是伊朗安息朝的舶来之物。

（8）银突瓣纹盒。巢湖北山头一号西汉墓出土，尺寸略小于南越王银盒，工艺水平也略逊一筹。其突瓣纹隐起不够饱满，錾刻亦不够利落，但镌刻重量提供了研究西汉度量衡的科学资料。发掘者定此盒来自安息。

（9）银忍冬纹壶。出土于青海省大通县上孙家寨乙区三号墓，该墓属于东汉时期匈奴墓。壶大口，鼓腹，平底，肩部有一椭圆形环耳，口、肩部缠枝花纹均错金。是一件不可多得的匈奴族所用的饮器，但诸学者对其产地及文化属性的认识上略有出入，发掘者认为该器具有强烈的古代波斯工艺风格，属公元 3 世纪安息制品；另有一说是因其图案与粟特银器装饰相似，地饰圆点的工艺也是粟特银器最具有特色的工艺手法，故这件银壶应是中亚地区输入的器物。

（10）银神人纹盘。1988 年甘肃靖远县北滩乡出土。图案繁密，日本学者考证，图案出于罗马神话故事，盘中心乘狮人为罗马巴卡斯神（Bacchus）。所谓巴卡斯神亦即酒神，与其盘边满缠枝葡萄纹亦相吻合。定为公元 2 ~ 3 世纪产于罗马的作品。发掘者认为是东罗马产品。

（11）银镀金鸵鸟纹盘。新疆焉耆七个星乡出土，原定晋唐时期。浅腹银盘内镌錾七只鸵鸟，形象逼真，姿态各异，生动活泼，线条流畅。类似铁线描，确是上乘之作。据专家研究，此七只鸵鸟与乌兹别克阿弗拉辖堡（Afrasiab）出土的公元 650 年之后的粟特乘驼人物图壁画上的四只印度鹅（一说为鸵鸟）相似，故定为粟特遗物，其年代不晚于公元 6 世纪。

（12）银豹纹盘。1989 年新疆巴州焉耆七个星乡老城村窖藏出土，原定晋唐时期。在盘心镌錾一豹行走于"圣树"之中，线条流利妩媚，富有装饰趣味，其树石用线及形象均与中亚图案接近，尤其豹身斑纹、树花均用粟特银器上常见的鱼子纹，可证此盘与鎏金鸵鸟纹银盘一样，亦应出自杰出的粟特银匠之手。

（13）银镀金狩猎纹盘（残）。大同西小站村北魏封和突墓出土。据墓志证，封和突殁于宣武帝景明二年（公元 501 年），所出此盘应早于此年。此盘出土于 1983 年，早已为国内学术界所注重，有几位学者在专著或论文中发表了各自见解。夏鼐先生曾撰专文考证了该盘的产地和时间，他认为产地是萨珊王朝，制作时间为公元 4 世纪后半期至 5 世纪末或 5 世纪作品。马雍先生经考证，认为此盘制作年代在公元 273 ~ 276 年间。齐东方先生则认为此银盘制作大约在 5 世纪后半叶。日本田边胜美先生认为此盘系贵霜、萨珊王朝公元 3 ~ 4 世纪阿富汗制作。上述鉴定意见在此盘属萨珊王朝这一点上是一致的，但在分期上有所不同，尤其在制作年代上分歧较大。

（14）银镀金执壶（图版 13）。1963 年宁夏固原北周李贤夫妇墓出土，其下限不晚于北周天和四年（公元 569 年），是迄今我国出土的外国银器中造型硕大、锤錾精美的一件佳品，发掘者披露："夏鼐、宿白等先生认为，这件鎏金银壶是萨珊王朝的制品。"但还有的学者主张，此银壶的制作地点也可能在中亚。

（15）银镀金刻花碗。1970 年在大同城南北魏遗址窖藏出土，是大约公元 5 ~ 6 世纪时传入中国的萨珊王朝制品，另有学者认为，此碗产地应在中亚，并可能是嚈哒人的遗物，其传入中国的时间下限不晚于公元 6 世纪初。

（16）银镀金錾花杯。1988 年大同城南北魏墓出土，见解同（15），故不赘言。

（17）银八曲杯。1970 年大同城南北魏遗址窖藏出土，是大约公元 5 ~ 6 世纪时传入中国的大夏制品。有的学者认为此杯是萨珊式银器，传入中国的时间应不超过公元 6

世纪初。但需要注意的是，在八曲杯中心有隐起"二摩羯相搏图"，可能此图案促使人们对其产地、年代甚至文化属性做出某些修正，甚至是崭新的判断。

上述17件外国金银器尚非迄今我国已出土的所有的外国金银器，但遗漏的也不会太多。可供对外国金银器在我国传播感兴趣的专家、学者、读者参考。

如上已述，我国商周至南北朝这长达2000余年内，我国金银器的发展地区性很强，形成了北南两大金银器及其文化板块。这两大板块内部各自的消长盛衰有规律可循。两大板块的并存、互相碰撞、影响渗透以及有限度的交流融合也是有目共睹的。这种情况是我国金银器工艺本身的生命力及其发展的内在规律决定的，与其他工艺美术门类是不同的。那么，这种金银文化器两大板块的存在与发展是永恒的还是在相当长的历史阶段中的特殊现象。我认为是后者而不是前者。

二、金银器统一风格的形成与发展
（隋、唐、五代、宋、辽、金、西夏、大理，公元581～1279年）

经历了将近四百年的纷争内耗和南北对抗之后，终于在公元581、618年先后建立了隋、唐两个王朝，再次统一了全国。隋唐统一帝国不仅推动了全国政治、经济、文化上的巨大发展，同时也彻底结束了金银器北、南两大板块并立、碰撞的局面，最终形成了雍容华贵、富丽多彩的金银器的艺术风格，也就是东方、北方、西北、西南等边疆地区具有浓厚的地域、民族特点的金银器基本消失，而风格统一的唐朝金银器遍及全国各地并辐射到边疆各少数民族区域，有效地推动其发展。由于唐朝对外采取宽容和开放的政策，使西方商品和文化像潮水般地涌入内地，顿时胡服、胡食、胡乐、胡舞泛滥于两京和全国各大工商城市，为唐皇室和贵族享用，外国金银器也随之流入上层社会。在这种气氛之下，唐代金银匠人如饥似渴地对外来的金银器主要是萨珊波斯和粟特金银器的有益成分加以吸收消化，并融会于本国原有金银器工艺和风格之中，从而创造了崭新的唐代金银器。如果我们有机会通览出土的唐代金银器，不难得出如下看法：其一是吸收西方金银器的形饰上的有用部分，打造了一批面貌崭新的小件金银器，其器往往带有外来趣味，在细密的鱼子纹地上施繁复的缠结状花草图案，并穿插狩猎或宴乐等题材的图像；其二是在固有造型上施加圆形或椭圆形的花鸟装饰。前者可称为中西融合形的金银器；后者应为具有新意的传统形或者说是崭新的传统形的金银器。目前因受资料匮乏的制约，我们尚不能对上述两种类型的唐代金银器的发生、发展及其衰微的过程做出详尽的阐述，但通过观察整理现有资料，也不难形成如下的概括性认识，即前者出现形成得比较早，大致在开元时期（公元713～741年）或其前已臻成熟，均可称其为开元金银器模式，其后续发展力不足，不可避免地在短期内便由衰微渐趋消失。后者的发展轨迹似乎是，在初始阶段仅在中大型素器上稍加点缀，其做工尚非常简单，随后演进成排列有序的圆形、椭圆形轮廓的写生花鸟为主要装饰，留下大片金银地补衬花纹，使其突出醒目、清爽宜人，它的成熟似在天宝年间（公元 742～756 年）。到了唐中晚期，由于国家的经济重心南移，南方官吏利用商品经济和金银资源的优势，为满足朝廷征索而打造了大量金银器。此时，上述两种模式的皇家金银器均传至南方，成为南方金银工匠模仿的样板，所以从工艺艺术的角度来看，南方金银器也不过是继承和发展了皇家金银器艺术风格的新型制品，其发展的一面表现在，南方金银作坊在引入商品生产机制的前提下，将天宝型金银器推向新的高峰，在工艺上、艺术表现手法上均已达到娴熟的境界。今天，我们可以从洪州、宣州、越州等地所贡之银器中见其庐山真面目。事实上，自晚唐以至宋代，不论从原料供应、生产还是商品市场、消费层次来看，其重心始终是在南方，东南、中南、西南等地各大城市和乡镇，呈现出繁星捧月的形势，所谓“月”就是指中晚唐至两宋的文思院打造的皇家金银器，而“繁星”则是遍布全国各地尤其是南方民间作坊生产的士庶所用的金银器。

　　金银器领域受国外影响是客观存在的铁一般的史实，也是学术界、文化界、艺术界所公认的，但对其实际情况尚缺乏深入了解。从现存隋唐到宋的金银器物来看，其影响的时间并非自始至终，明显地表现在初唐和盛唐，至中唐，其影响的力度逐步减弱，到宋几乎完全消逝。其影响面也仅限于把杯、长盘、多曲杯等几种器型上，有的还扩散到玉器和陶瓷器上。在装饰上，如联珠纹、鱼子纹以及对称的曲线结构的图案的出现，都可以说是受到粟特、波斯金银器的影响，其中联珠纹、鱼子纹使用的时间较长，不仅宋代还继续使用，甚至还延续到元、明、清三代。鱼子纹的影响也扩散到陶瓷生产，北方民间陶器有的也用鱼子纹作地，也是受到金银器影响所致。联珠纹对宋元玉器的影响则清晰可见。总之，外来金银器作为本土金银器的补充而被采纳，在使用过程中其形式上的可用部分被金银匠人所借鉴以增强本国金银器的新鲜感，提高其竞争力。所以，我们承认外来影响的作用应当是客观的、公允的，同时又是实事求是的，既不扩大，也不缩小。

　　我们主张我国古代金银器的统一风格形成于隋、唐、五代、宋，并得到巨大发展，但绝不否认地区差异、地方特点的存在。我们主张唐代金银器在统一风格之下还有北南之别、皇家与民间之差，尤其某些边疆民族的金银器在唐代金银器的影响下也出现了不同程度的变化，甚至也创造了具有地区特色和民族风格的金银器。

（一）雍容华贵的隋唐金银器（公元 581～907 年）

　　隋代金银器遗物很少，还可见到几件从萨珊波斯输入的高足金杯，可知皇家贵族在日常生活中已使用金银器，这可能与中亚人喜爱金银器的风尚有着一定的联系。初唐金银器渐多，朝廷用金已制度化，文武官员三品以上服紫佩金玉带；庶人服黄佩铜、铁带，无权用金，金银制器为帝后贵族及高官大吏等上流社会人物所享用。除了上述朝廷用金之外，金银器皿有杯、碗、盘、盒、壶、瓶、炉、香囊、茶具以及宗教造像与供、法器等。

皇室朝廷金银器是初唐与盛唐时期金银器的主要组成部分，代表着唐代金银器的发展水平及其金银工匠的艺术造诣，其形式带有不同程度的萨珊波斯、粟特及罗马等金银器的影响，用金量较多，重量大，敦厚庄重，雍容富贵。有着外来风格的金银器有錾环高足施胡人伎乐纹的八棱金杯、银镀金伎乐纹八棱杯（图版4）、镶嵌宝石的掐丝团花金杯、有着细鱼子纹作地的狩猎纹银高足杯、双重隐起的卷瓣花朵内作细密鱼子纹地鸟兽纹的鸳鸯蔓草花纹金碗、十四出流水隐起细密鱼子地金花海兽纹银碗、隐起十瓣花的金花双狮银碗以及银錾耳水器等器，其造型和隐起的流水、花瓣等饰都是来自粟特的金银器。经过中国工匠的消化吸收，演化成为初唐与盛唐皇家金银器典型的形饰模式和装饰手法。盝顶孔雀纹银宝函也是采用细密鱼子纹地，以两只立于莲花之上口衔胜绶展翅的孔雀面面相对，四周配置山石及折枝花鸟。这种对称的构图由来已久，只不过此函采用孔雀为主纹，花鸟山石为辅纹，组成丰富饱满的画面，称为“满地妆”确是很恰当的，这在我国金银器以至青铜器、玉器、漆器中都不乏先例，仅仅是在唐及其以后历代金银器上作为一种典型的装饰模式继承下来，在唐代尤为盛行，用于圆的、方的、菱形的等各种形状的金银器上。银宝相花盒装饰图案的布局也是“满地妆”，但其题材与对称孔雀纹迥然不同，它是以中心花纹围以两层环状结构，施以双钩变相花卉曲弧线连续形的适合图案，由于这些花卉经过工匠加工创造，与现实生活中常见的花卉相距甚远，是具有理想美、装饰美的图案性花卉，为人称道。这类繁缛华丽的图案名之为“宝相花”，所谓宝相花很可能是以石榴、莲荷、牡丹等几种花卉经综合创造而成理想化的有着多种形式的繁花似锦的图案，这里概含着唐代金银工匠惊人的想象力和艺术创新精神。上述这些有着中亚风味的造型繁缛纤巧的对称图案或适合图案都给人以一种盛唐特有的繁华富贵的艺术享受，是一批唐代金银佳作，令人赞叹不已。

与上述繁缛华丽的金银器相对的就是素地金银器，这类器物往往以较大的动物或植物作主纹，其边另饰较窄的花纹带，主纹突出鲜明，显示了金银的质地感与光泽美，给人以简洁明快的艺术感受。以动物为主纹的金银器皿有银镀金凤纹六曲盘、银镀金飞廉纹盘（图版20）、银镀金熊纹六弧盘、银镀金龟纹桃形盘、银镀金双弧纹桃形盘、舞马衔杯银壶等六器。以花卉为主纹有银镀金刻花鸟纹碗、镀银宝相花金盖碗、银镀金蔓草鸳鸯纹盘、银镀金鸿雁纹匜。这些素地镀金大块主纹或大花鸟纹银器多限于盘、碗、匜等镀金银生活用具，而上述细密鱼子纹地曲线勾绕的宝相花、鸟兽、仕女等图案的杯、碗、盒、铫、香囊、宝函等金银器可能多用于皇室贵族的礼仪性活动，抑或是他们的随身物品，反映上述两种不同装饰手法的金银器使用场合不同，品格上也有高下之分。在用材上前者金银皆有，后者以银为主，少见用金者，这符合两种金银器在功能上有所差异的实际情况。迄今已发现的中晚唐地方大吏所进盘碗之类银器也都采用素地镀金大花装饰手法，这与初、盛唐的素地镀金主纹或大朵花鸟纹银器有所联系，想必不是偶然的。当然，皇家金银器上述两种手法的并存还引出一种新的折中型金银器，如细密鱼子地大朵缠枝花饰银镀金羽觞，同样也是在细密鱼子纹地上錾大朵花卉和鹦鹉纹的镀金提梁银壶就是两件典型的例证。舞马衔杯银壶仿自草原民族的皮囊瓶，其器锤錾一舞马衔小圈足圆杯，其形饰均具有草原民族特点，皇家金银匠何以有此创意？可能模仿草原民族贡品而制成（图版 15）。小巧别致的金银器有银镀金錾花蚌盒、鹦鹉云头银粉盒、镂空银香囊，都是精致可爱的贴身用器，为贵族男女生活中所不可或缺。还有些不加装饰的实用器，如折腹素面银碗、莲瓣纹银提梁罐、素银提梁罐、镂空五足三层银薰炉等，这些金银器的造型设计和工艺加工都是第一流的，或庄严敦厚，或凝重刚健，无不给人以和谐典雅、浑朴隽永的艺术感受。造型美是初、盛唐金银器之所以成功的第一要素，但这一点往往被人们所忽略。

京畿及地方上的一般贵族和州、道官吏所用金银器不论在用金量上还是工艺加工上都显示有轻重、精粗之差别，均远不及皇家金银器的高雅品格，但也有不少独具特色的地方金银器。“昭武九姓”之大姓家族成员史道德殉葬所用的由 11 件金银器组成的金覆面是体现祆教信仰的器具，颇有粟特遗风。史氏葬于公元 678 年，此器应是唐初之物。春秋人物纹银三足罐三瓣之间有隐起下垂，底有三蹄足，其春秋人物纹画面之榜文较为少见。金带饰现存二十四件金铐，出于洛阳市宜阳县，是可供研究唐代金带铐的重要资料。河北宽城出土的菱花形银镀金芝角鹿纹盘是六尖瓣花口大盘，内心饰素地隐起芝角鹿纹，边饰石榴花与拜丹姆，充满了西域情趣，可能是天宝年间朝廷金银作坊所制，虽其原有三足已佚，但这并不影响此盘固有的较高艺术水平，其鹿之形神逼真，令人折服，也是唐代金银器图案上难得一见的写生性纹样。银镀金錾花花口碗也是朝廷金银作所造之银金花碗，流传至大同。金狮为少见的圆雕，从其头身来看可能是狻猊，作捕猎状，多用于唐代葡萄镜上，姿态灵敏，神态生动，堪称上乘之作。

中、晚唐时期，由于经济中心南移，宫廷便下交南方各州刺史、转运史加工制造金银器，再将成器呈进内廷，这促使南方金银器制造业出现了较大的发展。迄今已发现的南方所贡金银器有：广德二年九月至大历二年四月（公元 764～767 年）洪州刺史李勉进圆形银盘、贞元三年八月至十二年六月（公元 787～796 年）宣州刺史刘赞进银镀金鹿纹盘，贞元十五年五月至十八年正月（公元 799～802 年）浙东道越州刺史裴肃进银葵花形盘，长庆四年（公元 824 年），大中三年（公元 829 年），浙西观察史李德裕施舍长干寺舍利金棺椁，宣宗大中三年至五年（公元 849～851 年）诸道盐铁转运使，浙江观察使敬晦进银盘，咸通七年（公元 866 年）桂管臣李杆进银凤衔绶带纹圈足方盒，乾符五年（公元 878 年）诸道盐铁转运等使臣高骈进银摩羯团花碗。上述十器起迄年（公元 764～878 年）共 114 年，其中除李德裕施金棺、银椁为细密鱼子纹地平钑图案之外，其他八器均为素地银金花盘、盒、碗等器，其制造地点为江南西道、洪州、宣州、浙西道、浙东道、越州等地。这八器正与宫廷素地大金花一类银器相似，想必四节进贡银器及宫廷征调银器很可能由朝廷下发画样，各地按画样打造完成后进贡宫廷。

上述几处州道衙门所设或所讬之银作坊事实上已成为宫廷金银作的外厂，专为皇帝朝廷加工银器。

南方民间金银作坊所产金银器则与上述州道官办金银作坊不同，根据市场需要进行加工，精打细算，计算成本，追求利润，所以其用金银极其节省，器胎薄至极限，以打鍱为主，多用细密鱼子纹地打成隐起细花，类似宫廷金银器的细密鱼子纹地隐起平钑花纹金银器，它们是销往各地上层社会的贵重器物，故也不乏精美之作。这些南方金银器确有精品，如银镀金鸳鸯团花双耳盆、银镀金龟负"论语玉烛"筹筒（图版14）、银镀金双凤纹大盒、银镀金双鹦鹉纹圆盒、银镀金莲瓣形盒、银镀金摩羯纹大盘、双摩羯形银提梁壶、银镀金双摩羯纹盆、龟形银茶盒、人物纹四足银盖奁等不论其造型、纹饰，还是加工工艺，都是精美娴熟之作，足以代表南方民间金银器的高度发展水平。

晚唐北方遭受战争摧残，生产凋敝，经济衰退，民不聊生，金银器赖以生存的基础已不巩固，其发展必然受到制约。由于南方没有直接受到战争的破坏，比较安宁，生产上升，经济繁荣，金银矿开采量增长，尤其皇家朝廷频繁索取，道、州官员经常向朝廷进贡，便刺激了金银器的生产，促使其质与量不断提高和发展。南方高级文武官员向内廷进贡的银器已在西安、蓝田、耀州以及河南、山西、内蒙古等地发现，反映了南方官办银器的发展水平和艺术面貌。法门寺塔基地宫出土了121件金银器，从其铭记和特点可知是由文思院、内园、宣徽酒坊等官办金银作坊生产。迄今还发现了东南道州所贡之银器以及兴善寺作坊打造的佛教造像和佛供、法器等。

文思院始见于《宋史》，是为皇家朝廷掌造金银犀玉等工巧之物的官署，今于陕西扶风法门寺唐塔地宫发现了"文思院准……敕令造"、"文思院造"两种款识，均为咸通年款，计有咸通七、九、十、十二、十四等五个年份，它证明唐代懿宗已建此机构掌管朝廷金银犀玉等珍贵器物的制造，这无疑是对史书记载缺佚的补充。"文思院准咸通十四年三月二十三日敕令造迎真身银金花十二环锡杖"和同年准敕令造迎真身金钵盂两件佛法供器都是同年同月同日受皇帝敕令后准造的，铭文中还记有金重量及匠官之姓名。银锡杖是由"打造匠臣安淑郎"制造，金钵盂是由"打造小都知臣刘维钊"制造，"打造"应是唐代金银手工业工艺过程的总概括，是非常准确的，为我们了解和掌握金银工艺的秘密提供了一把金钥匙。"打"字之关键是针对"熔"而言，意指从金银块到成器的主要过程均靠以锤敲打成金银片，再经錾刻而成。此两件敕令准造的金银供法器的重要价值在于所蕴含的佛教文化，可以认识唐代佛教所用的锡杖、钵盂是何形式，有何特征，其金银工艺水平高低。文思院造款的金银器有"咸通七年文思院造银金花茶碾子"、"咸通九年文思院造银涂金盐台"，"咸通十年文思院造八寸银金花香炉一具并盘及朵带环子"，刻"匠臣陈景夫"款。这三件文思院造款器成于公元860、868、869年。还有镌刻"五哥"款的银金花碢轴和镀金卷草纹长柄银勺二件银器，据考，"五哥"是僖宗第五子李儇孩提时的幼名，其成器年代亦应在咸通早期。晋王李儇于咸通十四年（公元873年）当迎奉佛骨舍利大会前将自用的两件银器具奉纳于地宫。今已隶定为金银茶具者还有银镀金飞鸿球路纹笼子、金银丝结条笼子、银镀金仙人驾鹤纹壶门座茶罗子、银镀金龟形盒、银镀金人物画坛子二件和银镀金飞鸿纹则。上述皇家金银茶具的历史价值不仅在于茶道等文化内涵方面，而在其金银工艺上也是有着相当高的技艺水平，在器型上按照煮茶的需要创造了新的造型，如茶罗子，龟形茶盒，盐坛子即其例证。在金银工艺上利用镂、编、锤、錾、镀等多种技法，制成既实用又美观的金银茶具，仍不失其皇家的权威性和富贵气，并有别于南方金银器的艺术风格。银镀金伎乐纹调达子二件，造型与上述盐坛子接近，但其图案装饰不用二十四孝，而易为伎乐，伎乐人肥胖，似天宝时代的陶俑，可推知其上限不致达到天宝时期，仍是懿宗咸通时宫廷金银作所造。两件镂空银金花香囊（图版71）的纹样和镀金确与盛唐不同，由此便可知晓其为咸通时皇家金银制品，将上述文思院造款及无款金银器与初、盛唐所制者相比较，其最大的不同就是一件器物所用的金银材料重量大为减少，看起来感到非常轻薄，初、盛唐那种厚重感、富贵之气、阳刚之气也统统不见踪影了；其次，金花都很单薄，好像贴上去的金箔，根本不像镀金。这两点是由当时的物质条件决定的。至于工艺与艺术上的变化则更大了，工艺上趋向草率粗糙，艺术上却能摆脱盛唐严谨周密的束缚而走向疏朗清新，创造了一种新的风格和模式。

宫廷金银作不完全归属于文思院，各内廷或朝廷衙门如有需要都建有独立的金银作坊为皇家或朝廷打造用途不同的金银器，如宣徽酒坊于"咸通十三年六月二十日敕造七升地字号酒注一枚重一百两"。地字号是以《千字文》为顺序编成器物号，应是第二号七升酒注，此酒注当为宣徽酒坊自制，今仅存注身，其梁与盖均佚。"宣徽酒坊宇字号"款银碗同样也是以"千字文"编号，此碗是同型碗的第五号，可知一次打造银碗数量很大，耗银至巨。此金花银酒碗圆口，身饰三层花瓣，边作阳线外凸，内錾细线筋脉，花瓣间各镂花蕊。从其娴熟技艺而见工匠的真功夫，此碗绝非等闲之辈所为，可称佳制。"内园供奉合"款银器说明内园也有自己的金银作坊制器供奉。咸通七年（公元866年）造尖瓣花形圆盒施鱼子纹地，盖顶饰双凤衔绶纹，尚有盛唐富丽豪华之遗韵，不足之处是稍嫌潦草欠工整，可见晚唐官办金银工艺发展的不平衡性，承传型与崭新型两种装饰做工兼存，各有千秋，其工艺水平参差不齐。

佛教在唐代前期受到朝廷扶植和保护，得以稳定发展，然而好景不长，由于寺财不断积累，逐渐与朝廷发生矛盾且日益加深终至激化。武宗即位（公元841年）遂废佛毁寺，令僧尼还俗。时隔30余年，事态又发生变化，懿宗再兴佛教，于咸通十四年举行迎真佛骨法会，将供奉的121件金银器瘗藏于上都兴善寺塔（即今法门寺唐塔）地宫，其中除了上述文思院及官办银作坊打造器物之外，还有兴善寺金银作坊打造的金银器。法门寺唐塔地宫中出土一件盝顶银函，镂八十三字铭，全文如下："上都大兴善寺传最上乘兴佛大教灌顶阿阇黎三藏□□智慧轮敬造银函一重五十两献上盛佛真身舍利永为供养殊胜功德福资皇帝千秋万岁咸通十二年闰八月十五日造勾当僧教原匠刘再荣邓行集"。这八十三字铭文非常重要，可知此银函为智慧轮敬造，智慧轮为大兴善寺住持密宗灌顶阿阇黎，懿宗、僖宗之国师，也是佛教密宗宗派的领袖，以他的名义敬造的盛佛真身金函较银函略早一月有余，其内容也非常丰富，尤其"原匠刘再荣邓行集"二人应为原金银匠人共同打造此盝顶银函，对我们研究寺庙作坊及工匠僧侣提供了证据，想必大兴善寺亦建有金银作坊，有一些工匠皈依佛门之后依然重操旧业，在寺院金银作内劳作，并为智慧轮等高僧打造金银器。于大兴善寺打造的金银器有菩萨像、金函、阏伽瓶、金塔、银棺、银芙蕖、银香宝子、银波罗子、银羹碗、银食筋、银臂钏等。镀金菩萨像是一小件金银佛像，可能是智慧轮个人供奉的大日如来所显之菩萨形象，其发髻、面相、坐式、背光、身光、束腰、莲座及其工艺均与已见唐代金铜佛造像有许多不同之处，可能是较多地表现出大兴善寺造佛像的特点，錾刻上不拘细节或是寺院造像的风格。捧真身菩萨（图版24）是兴善寺为祝唐懿宗三十九岁生日所造者，取供养菩萨之右腿跪像，双手捧莲叶作底的真身宝匣，于咸通十二年（公元871年）成于兴善寺造像僧侣匠人之手，是公元9世纪后为皇帝所制的佛教供养像的标准形式而弥足珍贵。另有金锡杖，银阏伽瓶均为密宗佛法器，为东密和藏传佛教所继承，也是非常重要的。银镀金四十五尊造像宝函是遗法弟子比丘智英于咸通十二年（公元871年）十月六日为懿宗敬造释迦牟尼佛真身宝函，其顶与四面均按密宗经典打造隐起的一铺五尊式造像等共四十五尊，周边作隐起之金刚杵与阏伽瓶图案，地施鱼子纹。从做工判断，此宝函应出自兴善寺僧侣金银匠之手，足以代表该寺所制佛法器及佛教造像的卓越成就。大兴善寺造八重宝函供奉佛指舍利，是迄今我国所珍藏佛指舍利的唯一一套八重宝函，也是我国佛教金银器中的无价珍宝。

　　唐代的金银器风格由京畿向外辐射，甚至扩散到边疆少数民族地区，在这一强劲影响下，各地也都不同程度地保留了一些地方性、民族性的特点，如渤海国的小型金佛、东突厥的狩猎纹金带饰、内蒙古乌兰察布盟的银龙项饰、吐蕃的掐丝镶宝石人形金饰（图版72）、掐丝方形镶松石金牌饰、银镀金人头饰以及银镀金菱花饰件、傣历二七〇年五月十五日铭（唐哀帝天祐四年，公元907年）、银联珠蝉纹钵等都是具有说服力的例证，其中有的是直接移植唐朝廷金银器，或可看出唐王朝的一些文化影响，也有的民族特点极为鲜明。

　　唐代中外文化交流频繁不止，不可避免的是外国金银器也传入我国，如粟特银杯、波斯银壶、中西亚银提梁茶铫、西域或中亚的金掐丝梳背以及掐丝图案柄金刀。这些不过是唐输入的外国金银器中所占比重极小的一点遗存而已。

（二）五代十国的金银器（公元907～960年）

　　唐末藩镇割据，统一的唐王朝实际已濒临瓦解。公元907年朱全忠代唐即皇帝位，国号曰梁，史称后梁，结束了李唐统治，拉开五代十国纷争的序幕。五代十国不过54年，在中原及其邻近地区先后建立了十五个"王朝"。五代十国各有自己的金银作坊，生产了一批金银器，但今天我们所能寓目的却寥寥可数，也就是吴越、南唐和前蜀的金银器而已。这三国的主要地盘是今天的江苏、浙江和四川等经济、文化相当发达的地区，出土了少量的首饰、器皿及其他多种用途的附件。从这些零星的金银器中可以看到具有唐代金银之遗风者和略有新意的两种过渡型的制品，它们为北宋金银器艺术风格的诞生提供了物质的、工艺的条件。吴越国"水府告文"，大小二种，形似玉圭，大者圆首，小者平首。大者记吴越国癸酉年·钱镠天宝六年（公元913年），小者记宝正三年（公元928年），均阴镌楷书告文六行，行40～50或30～38字不等，对研究吴越国祭祀用金的行文提供了第一手资料。

（三）北宋金银器（公元960～1127年）

五代政权像走马灯似的换了梁、唐、晋、汉、周五个王朝。周归德军节度校检太尉赵匡胤于公元995年发动陈桥兵变，受周禅建立了宋王朝，与北方的辽、西夏对峙，与西南的大理国和平相处。此期城市工商业繁荣，文化兴盛，琴棋书画深得皇帝的重视，书画家的地位有了很大的提高，为金银器的发展及其艺术表现手法上增添了新的血液。此期城市工商富庶人家和饮食客栈使用银器的数量大为增加，这是宋代金银器重要特点之一，我们今天所能见到的金银器大多属于此类。至于皇家朝廷所用的金银器则难得一见，但这并不说明皇家朝廷金银器的用量小。

北宋士庶所用金银器似乎可以仁宗为界，分为前后两个阶段。

（1）北宋前段，有九件年代较为确切的金银器。

①太平兴国二年（公元977年）静志寺金舍利棺；②银镀金錾花舍利塔；③至道元年（公元995年）善心寺银镀金錾花云龙纹舍利塔；④乾德四年（公元966年）银舍利盒；⑤金盒；⑥景祐二十四年（公元1035年）银镀金舍利龛；⑦景祐四年（公元1037年）银镀金神王像；⑧天圣五年（公元1027年）"重佛舍利"金棺与银棺；⑨嘉祐三年（公元1058年）金佛舍利棺。这长达92年（公元966～1058年）的有年代可考的金银器为我们研究北宋前段的金银器提供了有力证据。此时士庶供奉的盛舍利的金银盒、龛、塔和棺椁大多是继承唐代形式而略有变化。大致至仁宗朝，金银棺的装饰上出现棺头附加如意形饰和以花卉图案取代涅槃像的新现象，与此相类似者有六府塔地宫出土的金棺银椁。北宋慧光塔出土玲珑银塔作四面七层楼阁式，是少见的仿南方木构楼阁式塔打造，仅有"弟子沈质……等同造塔"铭，而无纪年，虽不能确知其打造年代，但可以肯定其为北宋所造的是绝无疑义的，是迄今所见银楼阁塔中较早的一件。银镀金摩羯，摩羯一词见于《洛阳伽蓝记》，其文云，如来化作摩羯大鱼，以肉济人。也就是来自印度的摩伽罗（Makara），本为鲸鱼，通过佛教传入我国，最终形成龙首鱼身有翼的形象，因之亦有称其为"鱼龙变化"的。此银镀金摩羯作鱼形，有双翼张立，头似鱼，在双目间有长而分歧的独角，背作席棚，可以取下，尾上翘，其口、目、翼、

腹、鳍及尾的细部刻画十分工细，且技艺万无一失，达到纯熟的至高境界。在商品银器泛滥之际，为了生存激烈竞争之时居然能够造出如此巧夺天工，引人入胜的银器杰作，实在令人惊叹。其实并不难理解，这是佛教信士的巨额投资，第一流的打造匠师以及双方对佛教信仰之虔诚为前提的物质与精神互为交融的结晶。

（2）北宋后段，铭记年代或年代确切的金银器有五件。

①神宗熙宁二年（公元1096年）双塔寺舍利银棺；②元丰七年（公元1084年）金龙；③元丰八年（公元1085年）清信弟子赵永康舍银盒；④同出的银果；⑤宋徽宗政和元年（公元1111年）银镀金带饰。熙宁二年双塔寺银舍利棺在棺首与两侧又增添了一些佛像和花卉等饰片焊缀其上，纤巧华贵，异乎寻常，这也是佛教信士对佛陀表示皈依和虔诚的一种心理意愿使然。政和元年银镀金带饰是革带上的方形、长方形铸及如意云头、扣环等饰件，共十三件，已非完器。从这十三件革带银饰来看，它是继承唐代皇廷银器常用的鱼子纹地双钩葡萄纹做工，也确有盛唐韵味。如果仔细观察，便可发现在细节上较唐物还有所不同，尤其在带扣板上施加折枝牡丹纹，这在唐代金银铸上是不可能出现的，应属北宋革带银铸的新式图案题材。鏨刻人物故事银片（图版21）中有三片保存比较完整，不论其形象刻画还是构图布局都是一幅刻在银片上的宋代人物画，表现出宋银工都娴熟地掌握了绘画功夫确可补纸绢画之不足。妇女簪钗等头饰也有了新的变化，出现多种形状的簪首，如海贝状、灵芝形、钻石形等，这几枝簪均作双首扁梃，其"京溪供铺记"、"京溪供铺工夫"之铭记说明其产地是"京溪"，工匠铭款有"陈宣教"、"余宣钱"、"任七秀才造"等。银镀金叶形龙纹簪是单首银簪。这些钗簪，都是乡镇小康之家妇女发髻上的重要装饰，所戴之簪钗可能根据发髻的形状需要插上一支或数支，所以遗物也较多。物件虽小，仍要刻上制造销售店铺字号，有着向买者保证价廉物美的功能，也是商业信誉的凭证。

（四）南宋金银器（公元1127～1279年）

金军南侵，公元1126年破开封，公元1127年4月金军俘宋帝、太上皇帝及六宫皇族北上，5月，宋康王赵构即帝位于南京，改元建炎，以杭州为行在，偏安一隅与金对峙，史称南宋。南宋金银器在东南及四川继续发展，造型比例和谐，外观简洁清朗，装饰点缀恰到好处，不浪费笔墨。仿古风气有所抬头，形饰颇有古意，这也是社会文化领域里早已出现的不可忽视的复古思潮在金银器装饰上的反映。今天所能见到的南宋金银器中尚无皇家文思院之作，偶可见官办作坊之制品，大多是城镇的工商富户和文人士大夫阶层所用银器，这比唐代金银器更为士庶化、商品化，然终日劳作、衣食堪忧的广大手工业者和农民不得享用金银器。南宋金银器出土于东南与西南之安徽、浙江、福建、四川等地，佛教用器依然存在，但数量上减少。盒亦不多，唯有生活上用的饮食器较多。有铭者增多。

南宋金银器中有纪年款或可确认其下限者为数不少，可供我们研究其形饰演变的趋势。如宁波"僧宝供养舍利宝塔"具"绍兴十四年五月二十一日"铭，是南宋建国后十八年之作；"天封塔地宫殿"铭银殿亦有"太岁甲子绍兴十四"铭；同出的还有银龛金立佛和银香熏。这些供养银器的器胎较薄，多用镂空，亦减少用银量，同时还可增添些空灵透亮之美感。其工艺也较简单，显示了商品银器的特点，但其形饰具有时代标准的价值。吏部侍郎朱晞颜夫妇生前所用葵花式金盏、六角形金碗、六角形金盘，其用金量大，器壁较厚，工艺精致，这与其高官的身份相符。朱氏殁于宁宗庆元六年（公元1200年），葬于嘉泰元年（公元1201年），可以认为这三件金器均为他任吏部侍郎所置，其产地应为行在杭州。三器均无重量和铺匠之铭，可能是特制之馈礼。这是迄今所知南宋地位最高的职官生前所用金器，代表南宋孝光时期（公元1163~1194年）行在杭州金银器工艺的高超艺术水平。

福州黄昇生前（？~1243年）所用银熏、金佩饰加工尚属工细，银熏用累丝做工，不仅有玲珑剔透之美观效果，还可使香味顺畅地溢出，确是美观与实用相结合的银工艺品。累丝较镂空要费料费工，价格自然也提升上去。金佩饰锤鍱双凤纹，金胎厚重，价格至高，这与黄昇出自泉州知州兼提举市舶司使的地方高官之家的背景相符，所以金银器也是衡量贫富的尺度，金银器的厚薄与器主所占有的财富成正比。淳祐九年（公元1249年）墓出土的金狮佩饰；金狮与金链环组成此佩饰，用金片锤打鍱刻成的卧伏状立体金狮，底用金片焊封。这种锤打功夫是难度很大的，可能要借助焊接工艺将其焊接成形。金狮子虽小，但小中见大，威猛如真，这也是中国珍玩金工艺的一种传统要求和祖辈承传的特技。咸淳十年（公元1274年）或其前打造的燕尾式金钗、寿字银香熏、"转官"铭银香熏、银奁、银粉盒、银粉碟等六件金银器中仅银碟底内刻"许四郎记"铭，其他均无铭，它们亦应是城镇店铺公开出售的商品，不过其等次较高一些，工艺上也较为讲究，如"寿"字熏虽亦用镂空，然镂空技术有难易之分，在金银片上镂空是平面镂空，这是最简单的镂空工艺。此熏已非平面镂空而是有起伏叠错分层次的隐起形镂空鍱钑品，非同一般。由此可知，这六件金银器不是普普通通的金银商品，而是高级金银商品，其用金银量较重，工艺较精，至少是既讲求"工夫"又有艺术性的金银工艺品。这六件金银器都是妇女用的首饰或是盛香料和化妆品的器皿，可以看出在偏安一隅的南宋腹地（江西德安）妇女也很会过着涂脂抹粉、香味扑鼻的悠闲生活。之后，唐宋人身不离香的习俗渐渐地被人们漠视甚至遗忘了，这是很可惜的。

咸淳十年（公元1274年）或其前打造的金簪、金娃娃和"罗双双"铭银鞋是浙西衢州所出。金簪以掐丝蔓草纹为饰，舒展灵活，掐技精工。金娃娃是由"摩睺罗"变化而成，实寓早生贵子，多子多福之吉意。此金娃娃作匍匐状，其天真可爱、憨态可掬的形象极为生动，也说明"摩睺罗"的造型是不拘一格的，具有鲜明的民俗性和强烈的感染力。"罗双双"铭银鞋是为死者罗双双而造，银鞋虽为明器，却在工艺上毫无懈怠之处。罗双双是士绅史绳祖的夫人，金簪、金娃娃是她生前所存的金器，死后殉于墓内，惟金鞋应为死后赶制，供殓尸所用。"光宗绍熙改元舜字"铭金菊花碗、"丁卯鱼羊可行"铭银弦纹壶、"己未陈留唐位"铭莲盒、折肩银执壶、素面葵口银温碗、"辛酉五片武卿置"铭牡丹花盏盘以及嘉定二年五十三字铭六曲葵口圜底"散盏"均出于四川彭州、蓬安和南江等市县，有二件打造年明确，一为绍熙元年（公元1190年），另一为嘉定二年（公元1209年），两者相距十九年，另四件纪有干支而无确切年款，可参酌出土状况及有纪年铭二器，以光、宁二宗为中间年代水平线，向上下两端浮动，向上可浮升到绍兴，向下可沉降至理、度二宗朝，若取其中则可定为光、宁二朝打造之物。丁卯款银弦纹壶当为宁宗开禧三年（公元1207年）；乙未款二器应定为宁宗庆元五年（公元1199年）；辛酉款器可定为宁宗嘉泰元年（公元1201年）。上述有纪年或下限明确的金银器确是不可多得的，它们可作为银器年代、做工、产地的鉴定标准器，有着一定的研究价值。从制作角度来看，有五件出自民间作坊，只有一件是由"两司库"银作坊打造的。"清酒都务散盏一百只"：散盏是清酒都务衙门平时供贱吏使用并有定量的酒盏，故无温器也无托，故称"散盏"，成批打造一次一百只，今尚存九只，是较为平常的酒盏，故素无纹饰，徒具其形能够使用即可。其工艺亦属常工，想必民间酒楼饭庄所用之银器皿也都属于此种档次。素面葵口温碗刻有"注子一付重叁拾壹两"，碗重361克，莲盖折肩执壶重187克，两器本为一副，共重1148克，合市秤二斤三两四钱，宋秤一两合37.35克强，斤重略大于今市秤97.7克，近二市两。

福建泉州是宋代市舶司之一，对外贸易发达，带动福建茶、丝、陶瓷制造业的繁荣，其金银器打造业也十分兴盛。所见的银镀金双凤纹葵瓣盒，卷云纹银粉盒，系仿黑红相间的剔犀漆器而作；银镀金托杯是以形取胜的素器佳作；银镀金团花纹执壶以玉壶春形为身，前有细长曲流突出与近圆形的弧曲柄取得和谐平衡，使执壶具有跃动而又稳定的曲线美。团花图案在蜀锦上使用得较多，银器上却少见，现今仍可见以黑漆髹地留下八角形金花的银执壶，这是迄今所见的唯一一例，说明福建金银打造与漆工艺的交流是十分密切的，此执壶已成为银漆复合型新产品，也是一种具有独创性的工艺美术品。银镀金梅花纹碗：碗作斗笠形，内壁錾一折枝梅花，镀金，布局疏朗，錾刻逼真，今观者仿佛感到梅香扑鼻，使人赏心悦目，爱不释手。这虽是时代使然，但与闽匠善于吸收文坛上的新兴画风的创新精神更有关联，他们将从书画中学到的新风尚实践于银器上的装饰，这并不是一种简单模仿，它是既有文化修养又擅长画艺的錾花工匠的创造性劳动的成果。寥寥几件银器足以反映南宋福建金银工艺百花齐放、万紫千红的盛况。

四川是"天府之国"，人杰地灵，川匠为南宋金银业涂上一笔浓浓的重彩，熠熠生辉，至今仍放射出光芒。本册遴选的四川南宋金银器的打造年代大致是在光宁时期或略有升降，有所浮动，但也不排除上溯至北宋的可能。这批银器錾刻或押印了器主、产地、作坊、工匠、干支年款、重量等铭记。

器主："乙未陈留唐位"、"唐位"、"东海郡逝娘置"、"辛酉五片武卿置"、"陇西郡董宅"、"丁卯鱼羊行可"、"广平礼宅"、"董宅"、"史氏妆奁"、"东阳可久"、"西宅"、"董"、"敬甫"、"福"、"臣"、"敬"、"鼎"、"行父"、"充甫"、"国器"、"贵盛"、"公平用"、"才子"、"吉"、"福德"、"吕"、"辅显之"、"李三一"。

产地："德阳孝泉周家打造"、"寺街际家"、"京溪供铺记"、"公平周"、"五片"、"果州王家记铺"。

堂名："德星亭"。

作坊："京溪供铺记"、"寺街际家"、"吉庆号"、"凌李铺"、"卫家记铺"、"辅家记"、"川号"、"王家真花银"。

工匠："行父"、"罗祖一郎"、"袁家十分"、"张家十分"、"张十二郎记"、"汪家造十分"、"何□三郎记"、"□造张家记"、"王家造十分"、"周家十分"、"郑十五郎造"。

器名："散盏"、"注子"。

上述款识经錾刻，打押在器物上，有的反复出现或一器多款，或多次刻款，这都是在封建社会条件下高速发展的手工制造业为了提高工商信誉，保护自己的招牌，防范伪冒而采取的手段。他们在自家产品上錾刻器主、产地、作坊、工匠、器名、数量以至年款、干支等字，这与"物勒工名"或题官职等款识是有本质区别的，不可等同起来。从这一角度出发，也可了解南宋金银原料，商品的产销情况，其时金银器的产销已经形成了区域性网络，已经突破了路州的区域割据。

南宋银器形制多样，纹饰适中，多重实用，仅作必要的点缀。杯、盏的造型多侈口、外弧腹、半高外撇小圈足、素面，呈盛开的莲花形。螭虎饰簋或炉多呈八角形、六瓣花形、菱花形、葵花形、斗笠形等。图案装饰适可而止，有折枝花卉和缠枝结构，有芯出花蕊者，也还有"龟游"等祥瑞性图案。

夹层螭虎饰杯系仿青铜簋形，外饰二螭虎，内加银胆，呈内外双层。夹层的做法给人以青铜那般凝重敦厚的感觉，同时也可节省白银。螭虎在清人心目中是寓"喜"意和祥瑞之意的神兽，想必在南宋就早已有此寓意。螭虎趴在杯口有着"守口"之意，儆戒饮酒人要慎言。这种守口慎言的规劝对象是公众场合下的饮酒者，以免酒后失态，口出狂言。

碗的造型一般为侈口，外弧腹（或称鼓腹）、较浅，矮圈足，出现了斗笠形碗，但极少，这与南宋青白瓷不同。

温碗是温酒用器，与注子配套组成一副完整器物，有花形和簋形两种，簋形者仿自青铜器，有带双耳的，形饰均带有古意。这类温碗有大口深腹和大口浅腹两种。

茶托造型多用在圆瓣或尖瓣的葵花高足盘上置一收口鼓腹浅盂，宋代瓷器、玉器也有这种造型。

盏托为盏杯之托，有六瓣花形盘，心为内凹之圈形；四艾叶菱形盘，中心有椭圆形卧槽。形制别致，生机盎然，不同凡响。

盘多浅腹，无足或圈足，偶有三足者，分为圆形，六曲葵口形、菊花口形（多至三十二瓣）、十瓣花口形、芙蓉花形、三足圈盘。芙蓉花口盘取双层花瓣花蕊作隐起叠压，中心花蕊凸起，平底，与牡丹花有别。此盘如果出于洛阳，尚可充为牡丹花盘；然此盘出于四川彭州西大街窖藏，笔者以为称芙蓉更为贴切。三足盘尚有唐代遗风，此盘足用三如意头，盘心饰缠枝卷草纹图案，这是南宋的特点，至元代更为盛行，亦多用折枝花卉作装饰。

执壶造型婀娜多姿，器体为长颈、鼓腹、圈足式瓶，上覆套口盖，盖上有仰覆莲座纽，细长曲流，卷曲细耳，与福建银执壶相似而又不同，可称为蜀式银执壶。图案均为仿古的回文、蕉叶纹、卷草纹及仰莲纹等。另一象盖银执壶与此壶相似，压铭"罗祖一郎"，盖上用三重仰莲座，壶体饰四层图案带，图案组织相似，但其题材又有变化。莲盖折肩执壶是蜀执壶的另一种形式，器体为长颈折肩直腹矮圈足式壶，也用套口盖，盖纽上下两层，下为四重覆莲，上为五重仰莲，顶置乳头状宝珠纽，细曲柄与流均稍短。另一折肩银执壶柄下有"西宅"铭，也是套盖，其纽是由两盘相合，在上盘圈足上置一长颈天球瓶，这种器物叠罗汉式盖饶有风趣。瓜形银执壶壶身为鼓腹瓜棱形，矮圈足，细长曲流，曲柄，荷叶盖。

瓶有长颈瓶与梅瓶两类，梅瓶又分宽圆肩和流肩两种，原本均有盖，现仅有一件梅瓶尚存钟形盖，有的光素无纹，有的施翔鹤纹，仿剔犀纹等。金银瓶中尚有仿古器形者如瓜棱形、直口形等。确是古风犹存。

薰炉造型庄重典雅，高圈足，双重十瓣花形盘作宽口沿，上置覆钵形盖，仰莲纽，花蕊中心突起一立柱状、莲蓬芯、覆钵形盖均有适度镂空小孔，便于溢出香气。通身施细密的隐起花草纹，在蜀地银器中独具一格、别开生面。

由"孝泉周家打造"款可证，德阳孝泉确是一处银器打造地及商品集散地。同出的银双凤纹多曲盒实为三十二瓣菊花形银圆盒。另一银双凤纹圆盒盖与底均施圆光双凤衔花飞舞纹，外圈为折枝写生牡丹花缠枝纹，充满着人间生活气息。

镀金花银盘錾"凌李铺"铭，胎厚，浅腹锤打三朵凸起聚八仙花，锤打工艺与众不同，花叶凸起，立墙向外扩，呈斜状，花叶均向内斜，并阴钑极细之叶筋。花为八朵五瓣小花，围在鱼子纹般的花蕊之外。这种聚八仙纹首见于北京房山长沟峪金代石椁墓所出北宋聚八仙花佩两件，相隔二十二年后又在西南蜀地蓬安龙滩子村窖藏出土了此件聚八仙纹圆银盘（图版67），真是无独有偶，南北辉映，相得益彰。"郑十五郎造"铭芙蓉花盘与上述芙蓉花盏如出一辙，工艺上、艺术上都达到相同的水平，似乎是蜀银工的拿手绝活。此盘錾"一副共重伍两柒分足"铭，可知其并非整器，应与芙蓉花盏配成一副，故应名芙蓉花银盏托。打造人郑十五郎技艺娴熟，堪比天工。

（五）边疆地区金银器

隋、唐、五代、宋这长达600余年之中，中原帝国与周边各民族经常有所接触，交往甚密，在金银器上也有器物可征。从现存金银器来看：契丹族、女真族、党项族以及西南白族等民族在制造金银器方面都有着辉煌成就，在此期金银艺坛都占有一定的重要地位，这也是此期金银器工艺史不可缺少的组成部分。它们都有着鲜明的个性，即地区性与民族性，确有必要加以研究和探讨。上述地区也出土了不少宴会和日常生活中使用的由中原打造的金银器，即使是一些带有地方色彩的金银器，也很有可能是由自中原被掳掠至边疆的金银工匠所打造，他们按照边疆统治者的意愿打造了具有一定边疆民族风格的金银器。处于东北方的契丹、女真及处于西北方的党项均是擅长骑猎的边疆民族，他们虽与西部各骑马民族和绿洲农牧民部落政权有着密切联系，但尚未见其拥有像汉唐那样来自西方的金银制品，除了来自中原的金银器之外，他们还占有不少的马具、密宗用具、佩件、器皿以及殓葬所用的金银器，然而这批金银器仅仅在造型上可见其边疆民族习俗的特点，但其工艺和装饰仍离不开中原金银器的影响。

1. 契丹辽金银器（公元 916～1125 年）

契丹辽首领早于北魏时已有通贡活动，迭剌部首领耶律阿保机于公元 916 年称帝，国号契丹，九四七年其次子尧骨继位，九四七年易国号大辽，960 年之后与宋对峙，建国共 165 年，于 1125 年亡于女真。辽国礼制受后梁影响始趋完备，大量地使用金玉。

辽代耶律羽之（公元 941 年卒）时期的金银器都多少带有唐代遗风，如银镀金錾花七棱杯其形制与初唐、盛唐多角錾环杯有着继承关系，但此杯七面形，錾下似无环耳，每面饰罗汉像，倒也别具新意。其他杯、盘、壶、盒等金银器也都有晚唐时期的风格，尚不见契丹统治者在金银器形饰上有何作为。

陈国公主墓出土金银器是陈国公主及驸马二人生前所用者及殓尸所用者，完整地表现了辽国贵族用金制度及奢华生活。属于生前所用金银器包括：金带銙、镂花金荷包、八曲连弧形金盒、錾花金针筒、双龙纹金镯、缠枝花纹金镯、银执壶、银盏托、银金花盉盒等。这些生前所用金银器大多由辽朝廷金银作按礼制及其享用人的身份打造，其金带銙是仿自后梁，其升龙图案是帝后与贵族身份的标志。镂花金荷包、八曲连弧形金盒、錾花金针筒的形饰与中原文化有着密切关联，但其功能是为了系佩于带上，这是契丹生活的需要，也表现了契丹游牡生活的习俗。上述金银器均较为精美，说明辽朝廷金银业工艺已达到相当高的水平。殓尸用的金银器也是按照朝廷制度及公主与驸马的等级打造的，如公主与驸马的金面具、银镀金冠、银枕、金银蹀躞带、银靴均是在殁后入殓前停尸期间仓促赶制的，远不如生前所用金银器那般工整精致，金银用量少，都比较单薄。金面具覆于死者面上的习俗，在其他草原游牧民族中还可找到一些例证，但像契丹族这样普遍盛行却是未曾见到的。公主与驸马的面具截然不同，都是个性化地表现于覆面上，尤其在目、鼻、口的刻画上工匠们都倾心尽力，做到惟妙惟肖，这在契丹族面具上是少见的，我们可以从面具上想象他们生前的面容（图版 70）。凌源小喇嘛沟出土镀金银面具也是个性化的契丹面具，堪与陈国公主、驸马金面具相媲美。两副金银蹀躞带虽属明器，但因其完整无缺，确有研究价值。

金银马具也是契丹金银器的另一特色，陈国公主、驸马墓内殉有两套马具，每套九副，有银马络、银马缰、银胸带、包金铁马镫、包银木马鞍、彩绘银鞯（障泥）、银蹀躞带、银锁带等，并有金、玉等饰件，这是迄今发现的契丹贵族中等级最高、保存最完整的一套殉葬用马具明器，尤其对辽代的马具组合及其使用方法上有着无可辩驳的实证价值。银镀金鹿衔草纹马笼头饰件、银镀金双龙戏珠纹马鞍饰、银镀金牡丹纹马鞍具饰件、银镀金马具饰件等金银马具都是墓主生前所使用者，反映了契丹贵族和武士生前所用马具的丰富多彩，所见不过是凤毛麟角而已。如果能将金面具、镀金带饰、捍腰与金银马具相联系，使我们仍可遐想契丹族勇士驰骋南北的英雄风貌。两件镀金莲花纹捍腰（图版17）出于赤峰市和辽西，相距不远。这两件捍腰在镀金、形制及纹饰上十分相似，莫非出自同一作坊？是否按朝廷定制所造？还是部族内约定俗成？这对我们研究具有契丹民族特色的捍腰之设提出了新课题。银镀金双扣双铊尾独角兽纹带饰、金牡丹纹蹀躞带原为革带上的金饰件，尚属基本完整，是墓主生前使用之物，可与陈国公主、驸马两副蹀躞带对照研究。蹀躞带由北方草原骑马民族所创并传至中原，契丹族仍继续沿用，也可说此三副蹀躞带是具有契丹族民族特点的腰带，推而广之，还移用到马具上。与此相比，银镀金人物出行纹带銙则是辽廷官员汉服所系的革带银饰，其工艺、形饰上均与北宋金带銙接近，说明辽朝廷实行南北分治，两种服饰制度并存，在其汉服使用金银制度上与宋制的关系十分密切。

辽代的金冠与金银首饰也反映了契丹族的民族审美的倾向性及其对金银的珍爱。银镀金冠卷作圆筒形，中间高而出尖，两侧低斜作多弧状。这种莲瓣冠与常见于辽代菩萨或供养菩萨之冠饰，其冠之形与此冠形相似。冠中饰云托火焰宝珠，两侧各有一坐龙护守，应为契丹贵族之银冠。契丹女性也喜欢佩戴簪、珥、镯、钗之类金银装饰，从其形饰上既可见与中原文化的联系，亦可看到它的民族特色。

契丹族崇信佛教（密宗），统治者大力支持佛教、营建塔寺，各州官民无不仿效，竭尽财力、物力建寺筑塔，还用金银制造佛像和供法器、金舍利塔、银金花涅槃画板、银双钩《梵本般若波罗密多心经》经卷、金银经塔、镀金银法轮、金法轮、银菩提树，可见辽朝野信奉密宗佛教的虔诚与盛况。然契丹女神金像确是前所未见的神像，是仿照坐佛像形式，其像头戴花冠系于颔下，面圆胖，结跏趺坐于龙背上，背有光焰饰，座下饰覆莲，也与佛教造像之座不同，尤其面相很像契丹人，类似陈国公主面像，很可能是在契丹广大下层群众中流传已久的巫教（亦可称萨满教）仙神像。它的价值不仅在于它是首次发现的不同于密宗佛教造像的一尊女仙神像，还在于它尚不为人所知的神秘深邃内涵。

总之，繁衍成长于草原地区的契丹族建立辽朝之后，组成王家贵族的金银作坊，生产了大量的金银器，从文化这一侧面来看，确以唐、五代、宋金银器文化传统为主流，同时利用中原汉匠的工艺技巧，制作出不少有着契丹色彩的法器、马具、冠带、首饰以及殓尸器具等等功能的金银器，在中国中古金银器文化史上占有不可缺少的一席之地。

2. 女真金代金银器（公元 1115～1234 年）

女真族完颜部本是为契丹保护鹰路畅通的武装集团，在完颜旻领导下统一了女真诸部之后于 1115 年灭辽，建立金王朝，1127 年挥戈南下，俘虏徽宗赵佶和钦宗赵桓，将宋朝的皇室赶到杭州，广大华北地区尽归其所有，其后又与南宋对峙，挞伐不停。1234年为蒙古汗国消灭，享祚 115 年。因女真族深入中原腹地及江淮等汉族文化区，受到汉文化的洗礼，女真族的语言文字、风俗习惯迅速消融，民族特点已几乎泯灭无存，金银器也不例外，这是女真金银器与契丹金银器的不同之处。那么为什么带铭款的金银器也不可多见？这也可参照西夏纪年金银器传世甚少的社会背景便可理解。

银质铭牌、金蹀躞带铐、金帽顶饰、金镶玉耳饰均出自女真族后方、上京及其附近区域，但其文化基因仍属汉文化系统，即使金蹀躞带和金帽顶与金朝冠服定制相关，但从其装饰图案中也很难找到女真族的文化细胞。金大定五年铭银舍利盝顶函其施主丁善、银匠王润均为汉族士庶和工匠，其舍利函的造型与佛像及其龙纹均为汉族式样，同样也都找不到女真族的民族特色。"大定"款"龟游"纹银杯（图版 16）1980 年出土于湖南省临澧县新合乡龙岗村窖藏，此杯侈口、深腹、喇叭口高足，里外双层，外层打錾隐起松鹤纹，以平钑流云纹为地，底镌"大定"款。器里打錾头肢均可活动的神龟浮游于荷叶上。这种图案常用于金、玉器上（《中国玉器全集》第五卷《隋唐—明》），据《宋书·符瑞志》考定为"龟游"，以彰"王者德泽湛清"。其器表上的松鹤纹也就是"松鹤延年"的吉祥图案，故此器表里图案具有符瑞、长寿的双层寓意，也就是歌颂王者德政而恩泽个人长寿、国运昌盛。不言而喻，这也是中原文化中的图案，也看不出任何女真族的艺术特色。

3. 党项西夏金银器（公元 1038～1227 年）

党项族为西夏皇族，本姓拓跋，唐赐姓李，元昊据有银、夏、绥、宥、静诸州。宋仁宗宝元元年（公元 1038 年）称帝，国号夏，史称西夏，始终与两宋、辽、金对峙。于 1227 年为蒙古汗所灭，享国 190 年。蒙古汗受西夏降后，彻底地毁灭其陵寝、佛经等代表西夏朝廷的文化设施，西夏朝廷皇家金银器也不能幸免。今天所能见到的西夏金银器均为劫余之物，如嵌松石菊花银饰、银舍利盒、嵌宝石人物纹金耳坠、双鱼衔荷叶柄饰金指剔、十瓣花口金碗、十瓣花口金盏托可能都是出自西夏朝廷或民间金银作工匠之手。除了两件银舍利圆盒略有西夏特点之外，其余五件金银器均与宋代金银器相比侔，没有党项族的文化特征。

4. 白族大理金银器（公元 794～938 年）

蒙归义于开元二十六年（公元 738 年）被唐玄宗封为云南王，贞元十年（公元 794 年）改国号南诏。云南白族段思平于石晋时（公元 938 年）据有南诏国，更国号为大理，公元 1253 年，亡于蒙古汗忽必烈。大理国段氏政权割据云南 315 年，曾与宋发生政治、经济、文化上的联系。大理金银器均出自塔刹或地宫。大理千寻塔塔刹相橖出土的金翅鸟（图版 7）、阿嵯耶金观音像、大理三塔主塔塔顶出土的金佛像圆片、银佛像圆片、净水观音、漆龛金观音、银坐佛、"为高奉祥造"铭金坐佛、金坐佛二尊、银镀金坐佛、金坐佛、二银明王、银镀金七级密檐塔模三具、五色塔、银镀金金刚杵以及编丝金饰件、双鸟交颈纹六曲圆盒，这些明王、菩萨、佛等佛教造像是我国西南地区佛教造像的重要遗存，面相安详睿智、和蔼可亲，姿态自然适中，是金银佛像中的佳作。其工艺亦不乏精致者，如阿嵯耶金观音像，与唐宋菩萨有很大的不同，其正面立像端正不倚、眼鼻均宽、口大唇厚、高髻等特点均可视为南诏佛像的典型形式，这或许是南诏蒙氏立国之初按照本民族的面相为蓝本创制的佛像。头身火焰光中的六瓣花饰也是别具一格，与唐宋佛像背光不同，所以这是很值得今后研究的一尊观音像，其铸造、修整、錾刻、砑光等工艺也是非常讲究的，它并非专为建塔而造的。净水观音重 1130 克，铸造而成，不见砂眼，接缝痕经修整、砑光，堪称精工细作，从其面相、立姿、莲冠、天衣、下裳、璎珞来看，颇有隋唐遗风，可能是南诏国时所铸造，背光可能是大理国后配。小型金银坐佛多留下铸造痕迹，砂眼颇多，似为供奉而仓促赶造，纳入塔顶。明王像密宗特色极为鲜明，可供研究密宗传入唐代到大理的长时间的密宗明王像的特点。此塔出土了明治四年（公元 1000 年）、辛酉岁（绍兴十一年，1142 年）、大宝六年（绍兴二十四年，1154 年）等三个纪年的铜片和铁片，故上述金佛、明王像应在南宋绍兴二十四年（公元 1154 年）之前，定为北宋时期所铸造比较符合造像的特点。

民间金工艺作品有金编饰件，可能是仿大理藤丝编织工艺以金丝编织而成。除编织工艺之外，还用累丝和锤鍱工艺，也应是综合性金工艺品，当然是以金丝工艺为主体，兼用累丝、锤鍱工艺。可以说此金饰件个头不大工艺却相当复杂，从这细微处可见大理金工艺之精妙。双鸟交颈纹六曲圆盒，其造型和鱼子纹地与唐宋金银器如出一辙，但图案却不像中原的，如双鸟口衔草立于长蕊上，其鸟是何种鸟其花又是什么花都不合乎规律，只好笼统地称之为花鸟。双鸟之交颈仅见于辽代玉器上的天鹅交颈，但此器是不是辽国之作，尚有待研究，或为大理金工仿宋辽之物？这里可能包含着中原、东北与西南之间曾经发生过的金银器工艺上互为交流的内情。

通过上述对隋、唐、五代、宋、辽、金、西夏、大理等王朝和地区的金银器的研究，足以了解中原王朝融中外金银器之精华、丰富自身，终于形成了卓立天下、风靡全国的统一风格，即细密繁缛和简括明朗两种做工相交织的唐代雍容华贵、富丽多彩的艺术风格，它主宰了长达 700 年的中国金银器工艺的发展趋势，即使边疆地区的辽、金、西夏、大理等地域的金银器也在极大程度上受到中原金银器风格的积极影响，大多依靠汉族工匠的技艺，制造了具有本民族意识的金银器，这就是这七百年间全国各地金银器发展的主流和方向，这也是此期金银文化与前期草原、中原两大板块长期并存碰撞的金银文化的不同之处。金银器统一风格的形成、发展、繁盛确是中国金银器发展史上的重要里程碑，其历史功绩不仅在于它在彼时促进了金银器产业的基础建设，更为关键的是它起到承前启后、开拓未来的不可或缺的桥梁作用，所以它的影响也是长远的、永恒的。

三、集大成的金银器之进一步发展和繁荣
（蒙古、元、明、清，公元 1206～1911 年）

宋开禧二年（公元 1206 年），蒙古铁木真被各部落推举为成吉思汗，是为蒙古建国之初。至公元 1271 年，忽必烈汗建都燕京，更名大都，改国号为元。在此 65 年间，蒙古铁骑灭西夏、金，三次西征至东欧，成立钦察、窝阔台、察合台、伊儿等四汗国。1279 年灭宋，君临中华。随着蒙古铁骑打开了通向西方的大门，中西交通更为便捷，他们不仅获得了大量的珍宝玩器，西方宝石的工艺和知识也传入蒙古。蒙元统治者还驱使从欧洲、中西亚洲以及西夏、金等地掳掠的各族金银匠人为他们打造了大量的金银宝石的首饰、佩饰、饮食器和车马具等。这些贵重的金银器除了在战事和日常生活中消耗之外，还殉于墓内，由于蒙古施行秘葬，地表不留任何标记，所以迄今为止，蒙古汗和各级首领墓葬的确切地点仍不为人所知，也无从主动发掘。偶然发现的传世或出土的蒙古文物极少，金银器更是如此，我们今天所见者不过是其中的只鳞片爪而已。这有限的几件蒙古汗金银器，虽然未能充分地体现出中原统一风格的继续发展，但仍是有迹可寻的。当然，这种金银器统一风格的进一步发展和繁荣，在元、明、清三代金银制品上表现得更为明晰。

（一）蒙古汗金银器（公元 1206～1272 年）

如上已述，蒙古汗六十五年间流传下来的金银器甚少，现今仅见有杯和马鞍饰件。杯均为金制，有两种，一是高足杯，另一是錾耳杯，都具有蒙古骑马民族之特色。

高足杯两件器型基本一致，均为深腹、喇叭形高足，因其曲直、轻重均十分适中，故其器显得平衡稳重、淳朴敦实，反映了蒙古族的民族个性及其固有的审美倾向。这种审美观不仅主导着金银器的造型，也影响着当时蒙族陶瓷、木、石器的造型，錾刻莲纹高足金杯口沿饰卷草纹，杯身饰菱形开光折枝莲纹，因其用绳索捆成一把，便俗称把莲。莲花在漠北大草原水泡子岸边经常可以看到，蒙古牧民也是喜闻乐见的，常用于金属、木、石及皮革等器物上作装饰，其表现形式与此杯图案相通，或略有损益。此杯上

的折枝把莲的构图与形象一见便知是宋金之金银、陶瓷器上惯用的图案，并不感到有何蒙古特色。这就是蒙古汗时期的金银器很可能多为被俘的宋金工匠所打造，故此金杯雕镌宋金之菱形开光把莲图案则是顺理成章的事情，久而久之，即变成蒙古族图案，这也就是蒙古汗的"拿来主义"的产物。举凡我国边疆地区民族，无一例外地实行"拿来主义"，如饥似渴地吸吮中原文化成果为己所用，一旦取得中原政权之后，一切归为己有，便尽情享用汉族文化的成果，并将本民族文化与汉文化融为一体，这就是中华文化多元性、统一性的历史的社会的基因。

　　鋬耳杯（图版 12）的造型是扁体、浅腹，一侧有较宽的鋬耳，耳下置一环，可称鋬环耳。鋬环耳杯便于骑马时携带，执用时可维持平衡，较为省力，因此受到蒙古汗的喜欢。鋬耳金杯造型敦厚坚实、饱满平衡，边饰卷草，鋬饰缠枝牡丹纹。花瓣式鋬耳金杯作六弧形，鋬耳也取三弧形，可谓器、鋬协调、相得益彰。至此可知，鋬耳杯造型并非单一，而是多姿多彩、相当完美，至南宋已经不分南北普遍使用。想必此两件鋬耳杯也是从宋金传至漠北而被蒙古汗所接受，并乐于使用。牡丹花纹此时已不是汉族独享的图案，至迟在五代、两宋时期它已成为边境各民族与内地汉族共爱、共用的富贵花。契丹族使用牡丹花纹的频率绝不亚于中原汉族，继承唐、宋及辽、金、西夏的蒙古汗爱用牡丹花纹也是顺理成章的，完全符合其审美心理和生活习俗。

　　对于逐水草而居的游牧民族，马就是他们的生存依靠和生活伙伴，为了游牧骑射之方便，缰鞍之类用具则是不可缺少的设备，也是他们最喜爱的器物。马鞍以木材为骨，并施以其他材料的装饰。辽陈国公主墓殉葬的两套银马具足以说明草原民族对马具的重视。蒙古族对马具的喜爱丝毫不逊于契丹族，当然，蒙古汗金马具是什么样子我们现在还很难揣想，但从内蒙古锡林郭勒盟镶黄旗乌兰沟蒙古贵族少女墓出土的金马鞍饰上便可窥知其一斑，其前后桥的主纹是鹿纹，牡丹花纹为边纹，中心仍是菱形开光，内施欲起伏卧鹿，此种鹿不取唐、宋、辽的珍珠盘角（亦称肉芝角），而采用枝杈横生的大角。抓住马鹿的右前肢已伸出将要站起的一刹那，真是惟妙惟肖，非熟悉马鹿习性的富有艺术天才的匠人莫能为之，这种善于表现捕捉猎物瞬间动态的艺术手法传至漠北终成蒙古汗时的艺术模式。

（二）元代金银器（公元 1271 ~ 1368 年）

　　蒙古汗在 65 年东征西讨、开疆辟土的过程中，随着财富增多，其争权夺利的内讧亦无休止。在争夺皇位的内战中忽必烈汗取得胜利，他率部离开了蒙古族生息繁衍的故土，到达北方重镇燕京，并以其地为都，改国号元。忽必烈坐上元朝第一代皇帝宝座之后的第八年灭南宋而统一中华。世祖忽必烈采取了蒙元传统的民族歧视政策，奉藏传佛教为国教，拜吐蕃高僧八思巴为国师，在全国推行藏传佛教，广建寺院，喇嘛激增，为元代金银工艺打上了藏传佛教的烙印，金刚降魔杵纹首饰盒即其例证。蒙元统治者信赖重用色目人，排斥和压制广大汉族文人，建立了庞大的官办、军办手工业生产体系，束缚了私人手工业的发展。为了发展陆海通商贸易，开辟财源，输出大量的丝、茶、陶瓷等商品，换回香料、胡椒、宝石等生活用品和奢侈品，以满足蒙古统治者豪奢糜烂的生活需求。同时这也刺激了金银与珠宝工艺巨大的同步发展，促使我国传统的金银工艺与外来的宝石工艺结合起来成为一种新型手工艺。统治着中华文化中心区域的蒙古草原骑马民族的固有民族气质渐趋消逝。元代金银器工艺的发展趋势亦与上述情况类同，在其金银制品中很难找到边疆民族的特色，而是逐渐被中华金银器的统一风格所融合，并纳入了集中华文化之大成的金银器发展轨道。

元代生活用金银器有高足杯、鋬耳杯、龙柄银杯和玉壶春银瓶等器。高足杯几与蒙古汗时期一致，器身稍内收者与口稍大、身略矮者相比显示了某些细微差别，有纹者也是菱形开光平钑牡丹花，以錾点纹为地（类似明代沙地），这与蒙古汗金器图案相同。双龙戏珠纹鋬耳杯之鋬呈半月形，平钑二龙戏珠纹，其龙与中原传统龙纹相比较则大有异趣，如大头、蛇身、二足、鱼尾鳍。灵芝头形大鼻、小钩形角、中趾甚长而尖利的三爪等等都是它的特点，疑其与摩羯不无关系，这种龙形在中原龙中还未找到类似者。上述二种金杯形饰均与蒙古汗时期相似，确由其演变而成，惟器胎略嫌轻薄，在用金量上较蒙古汗时期有所核减，可能是受物主的品级和富足程度制约所致。龙柄银杯身扁，四瓣花形，一侧安一龙首衔活环柄。龙作大鼻头，闭口、眼微合、眉长、双角尤长、角尖上卷。其龙神态安详温顺，活像一只在合眼的老绵羊。莫非此龙反映了蒙古游牧民族朴素的审美观？打造此器的工匠是否也是蒙古族或其他游牧民族出身的人？银玉壶春瓶其颈稍细，腹略鼓，口较大，外侈，圈足微外撇，衬托器外轮廓线形成长长的"S"形，格外秀美婀娜，也是传自宋代银玉壶春壶的造型。金银首饰是蒙古族妇女所喜欢的装饰用品，有簪、钗、坠、项圈等器，其中双龙戏珠镀金银项圈富有蒙古族色彩，想必也是出自蒙古族工匠之手。簪、钗、珥等金饰与中原金文化有着千丝万缕的联系，似从南宋流传至元代。镶绿松石金耳坠则有着汉晋北方草原民族常用的金丝镶绿松石耳饰那般的形饰与做工，可知一种金器一旦成为广大群众所接受的"模式"之后，其生命力是很强的，在相当广阔的地区可延续数百年之久。

元代佛教用金银器传世尚少，所见银菩萨坐像从其宽肩细腰判断应为藏传佛教造像，与明清两代藏传佛教造像迥异，可能出自蒙古喇嘛匠人之手。金飞天头饰遥接唐代飞天之衣钵，作昂首状，上肢前伸，上身裸，俯身，双脚心朝上，头戴花冠，佩长至足后的璎珞，着天衣，下裳随风飘扬，翱翔于苍穹中，是十分成功的造像类金工艺佳作。

江南地区富有的官吏豪绅死后往往陪殉大量的金银器和玉器。通过这些出土的金银器我们可以了解其墓主的社会地位、承造店铺或工匠姓名及其彼时金银工艺的发展水平。江苏吴县黄桥乡元宣慰副使吕师孟夫妇墓出土了金碗、金盘、金香熏、金带饰、八棱银果盒、银盂、银扁盒、银圆盒、梅花银盒、小银盒、银水盂、银尊、银匙等26件金银器，另有小金饰12件。吕师孟卒于大德八年（公元1304年），其妻卒于皇庆二年

（公元 1313 年），葬于延祐二年（公元 1315 年），此为所有该墓所出金银器之下限。缠枝花果纹金带饰共九铸，是吕氏生前所系金铸革带上的饰件，框内饰五枝凸起的葡萄状纹，是沿用宋代金铸形式而更加纤巧。人物故事金饰件是描写文王访姜太公的历史故事。姜太公、周文王及侍从二人皆作凸雕处理，河岸与树丛取平远式构图，合乎章法，是用金叶打造的一幅图画，继承宋代金匠的手笔，惟人物比例不够准确，出现头大身肥的缺点，较宋工作品略有不及。这不是一个好兆头，说明元金银匠对人体比例不如宋人那般重视。"闻宣造"款缠枝莲云纹金盘（图版 68）形制奇瑰精致，由四灵芝组合成尖角连弧边方盘，盘心起突四尖瓣花蕊，通身阴钑各种折枝花卉，线条刚劲流畅，可知闻宣确是一方名家，绝非平庸之辈。此盘前无来龙，后无去脉，堪称孤品。另一件"闻宣造"款六瓣银盒光素无纹，以其六弧花形取胜，器身未经研光，故疑其为未作平钑花纹的器胎，或因殓尸之需便仓促殉入墓内。"沈二郎造"款团花银盒有盖，折肩，平底，扁盒，盖上阴钑五朵花卉纹。这种折肩扁盒在金银、铜铁、陶瓷等器中都难寻到与其相比侔者。无锡钱裕夫妇合葬墓出土金器有杯、簪、箍形饰、带饰等 6 件；银器有瓶、盒、渣斗、带流杯、盆、碗、筷、匙、匕、罐、发罩、挖耳等共 40 件。钱裕是没有官职的一介士绅，卒于元祐七年（公元 1320 年）。由此可知元代无功名的士绅也可置朝廷禁制于不顾，公开地使用金银器。钱氏墓所出金银器有"邓万四郎"、"陈万四郎"、"东寿壶郎"工匠款和"筱桥东陈铺造"作坊款，均有研究资料价值。"陈铺造"款獏纹金带扣为葵花形，中饰隐起行走回首的獏纹，前有长方形扣环，麻地衬托獏纹使其更显突出。背上有"陈铺造□十分金"铭，出于钱裕腰部，应为其生前系用的革带金扣饰。"邓万四郎"款金高足杯光素，内心平钑持莲童子，杯外唇模印"邓万四郎十分赤金"铭，系钱裕生前所用之酒器。此杯源自蒙古汗高足杯而腹稍浅，说明民族间的文化交流直至融合往往是双向互为吸收，融为一体的。"陈铺造"款花瓣形银盏托均取花形，类似四川彭州南宋窖藏出土的芙蓉花盏托，仅其出尖花瓣稍有不同。"朱碧山造"款银槎杯（图版 23）两件，其中一件 1972 年吴县藏书楼公社社光大队出土，另一件为故宫博物院收藏的清宫遗存之物，槎尾刻"龙槎"二字，腹下刻五言绝句一首，尾后刻"至正乙酉"年款及作者名款。朱碧山，浙江嘉兴人，以擅制精妙银器而著称。据此两槎之铭文可知是朱碧山制于至正五年（公元 1345 年），可供读者对比欣赏研究。

安徽安庆范文虎夫妇合葬墓出土了一批金银器。夫人陈氏大德九年（公元 1305 年）卒，金发冠即其髻饰，如蚌形，上下相合，均饰平钑双钩卷草纹。合肥小南门原孔庙旧址窖藏及六安范石咀一、二号两墓出土金银器均为士庶缙绅所用之物，其中亦不乏佳作，如银雕花盏托之盏与托为原配，小盏通身锤錾折枝菊花、山茶等花卉，两侧各立一仕女作双手抱盏状，托盘作折沿，浅腹平底，亦饰隐起花卉，这种双仕女耳在传世玉器中有类似者，在银器中则非常罕见。

银折沿盘形制单纯，光素无纹并有伤裂，然其底刻"戊寅"及八思巴文二字款值得重视，凡元代有两个戊寅年：一是前至元十五年（公元 1278 年），另一是后至元四年（公元 1338 年），八思巴文二字款为"造"及某官府"押"，故可确认此盘为元代某官府所造。银月梅图梅花形盘（图版 69）富有诗情画意，湖南也出土过几件。南宋已有月梅图饰银盘，可供对比欣赏研究。银镀金狮纽盖玉壶春瓶以其雄狮纽盖、51.5 厘米的高度及其平凸垂云纹凹刻菱形开光等凹凸起伏的图案而有别于同类银器，其身修长娇娆，其腹下垂丰硕，应为元代玉壶春瓶的典型性造型。

元代湖广路是通向海南的必经之地，经济也比较繁荣，地近常德、澧、辰、沅、静等金银产地，原料充足，保证了金银打造业发展的需要。20 世纪后半叶，湖南省常德市及其附近便出土了大量的金银器。出土金银器的地点有临澧县新合乡龙岗村、澧县澧阳镇招待所、珍珠村、双龙乡花庙村、澧南乡、津市市涔洢农场、青龙嘴、石门县雁池乡邱家湾村、慈利县零溪乡墨凸村、古村凸、沅陵县、益阳县八字哨、株洲县堂市乡黄龙村、醴陵市、涟源市石狗乡石洞村、攸县丫江桥河源村老屋组、桃水镇诸家桥村王家组等地。出土的金银器有盏、托、杯、碗、碟、簪、钗、发插、头饰、镯、盒、罐等，其中头饰较多是其特点。款识铭文不多，计有"十月初八廖卿"书款、"寿"、"□四郎"、八思巴文款、"癸未季春"、"山谷老人"五言诗题、"董寿"、"澧县罗长兴荣加焰足赤兔"、"至正十三年"、"陈云飞造"、"陈国佐作"、"庚辰岁华仲置"等十六器。另有显示异国情调的发饰。金菊瓣纹杯形似开放的双重长弧瓣菊花，墨书"十月初八廖卿"铭，廖卿即其所有者。单耳瓜棱形金杯器身似切开的瓜形，圈足，瓜叶蔓耳，富有庄园气息，杯底刻一"寿"字。同出一银碑形纽的朱文八思巴文印，经考认定汉字"董寿"二字，疑其金瓜棱杯上的"寿"字当为"董寿"之汉名字，应为"董寿"所有之器。"董寿"系何许人已无从考证，以其印柄光滑油亮来看显系曾频繁使用，用八思巴文图章的南人也是异乎寻常的，故董寿其人可能是元朝地方衙门的下层官员，如达鲁花赤帮办之类。此临澧龙岗村窖藏的金银器很可能是在董寿授意指使下将其所有的金银器皿瘗埋于此的，埋下一枚印章更是用心良苦，其目的是不言而喻了。董寿金银器中妇女的金簪钗等首饰占有相当大的比重。为数甚多，花色款式丰富多彩，样样俱全，可谓元代金簪钗之集萃。以其外形论，可分为圆形、如意头形、椭圆形、孔雀翎形、梭形、长方形、倒三角锥形、凤形、钱串形、萱花苞形、带耳勺形等，内中有镶嵌宝石、绿松石或玉的。从工艺上说也是无所不包，如捶丝、扭丝、盘丝、錾刻、镂空、掐丝、焊炸珠、累丝、仿联珠、兼用多种金工艺。从装饰题材来分，有莲、牡丹、菊、盆花等花卉；鹿、兔等动物；云水、龙凤、螭虎、麒麟等祥瑞图案。这是一批不易多得的元代女性头饰，显得十分珍贵。

双耳勺头折枝花果扁长柄金簪，身细长、十花、柄背錾刻八思巴文，可能是供给蒙古官员夫人所用。这种金簪插在妇女发髻之上，其簪头等大部要露出发外，同时要插数枝。单耳勺盆花扁长柄金簪，盆花分为两枝十朵花卉，簪身细长，柄上錾卷云纹，背面錾刻"癸未季春"及八思巴文。元代有两个癸未干支年，分别为前至元年二〇年（公元 1283 年）和至正三年（公元 1343 年）。相同的还有一件金长身勺形钗。双螭捧花纹金簪，钗首作长身勺形，内饰镂空双螭捧牡丹花纹，双长圆对称足，末端錾刻"□四郎"印子款，应为工匠款。如意头形镂空麟凤纹金簪，如意头作七连弧形，中间作尖瓣，内饰镂空飞翔的凤和奔驰的麒麟，衬箍云纹，在方寸内刻画飞凤驰麟是精巧之作，难度甚大。金龙眼纹金簪，簪头饰隐起的两只汁肉饱满的龙眼果，周边衬花叶。与其类似的有双荔枝果纹长方形金簪，二者均以新鲜果实为主纹，这也是宋元图案的新题材。镂空凤纹凤形金簪，作飞翔的凤形，可能用于发髻之侧面，扁足一面刻八思巴文。镂空凤纹金钗，立凤展翅欲飞，外形近圆，飞凤钩喙、蛇颈，长翅似雕，形近唐凤。连环饰金钗，金钗首部饰九个圆片，或直或弯曲。并蒂形金钗，钗头为五朵并蒂花，形似烛台。尚有并蒂花多至十几枝排列者。这种并蒂烛台式金钗见于南宋，元代原封不动地继承下来。

镶嵌玉的有镂空玉凤金钗，镶嵌绿松石的有三枝，松石都带近黑色的铁线，可能是河西甸子。金掐丝累丝焊金炸珠镶宝石簪共五件，其中掐索纹丝焊金珠镶嵌宝石金簪共二件，其图案是五"拜丹姆"纹，中心圆形，"拜丹姆"纹均为三大二小穿插组合，这纯属中亚图案，伊斯兰化之后仍盛行不衰。另三件的外形作上宽下窄的圭形，图案结构繁密，以桃、"拜丹姆"、五瓣花、阔叶、盘丝纹组合而成，掐丝之间焊累丝，掐丝周围也焊金珠，玲珑华丽，异国情调甚浓，想必可能都出自四蒙古汗国工匠之手，或直接地、间接地来自四蒙古汗国。八方圈足银杯，杯口为八方尖口，口下作方格阳纹框八方，以下为圆形，半高喇叭口式足。方圆结合的造型在单纯之中显出变化，以阳线（即弦纹）作过渡，使方与圆巧妙连接，浑然一体、无懈可击、宛若天成。杯底刻"山谷老人《题浯溪图》"五言诗一首。山谷老人即北宋著名诗人、书法家黄庭坚（公元1045～1105年）。黄庭坚，分宁（今江西修水）人，字鲁直，号涪翁，又号山谷道人，偶见自题山谷老人款，其《浯溪图》诗见于《山谷集》卷八，与《题浯溪图》刻诗小有出入，今引录于下：

　　　"戌子写浯溪，下笔便造极，空濛得真趣，肤寸已千尺。只今中宫寺，在
　　昔漫郎宅，更作老夫船，樯竿插苍石。"（华宁女士提供）

《浯溪图》不知何时失传，我们已不能目睹展观，仅可从银杯刻诗和《山谷集》录诗玩味其"下笔便造极，空濛得真趣"的笔墨情致和苍茫意境。那么刻诗与集诗为何在用字上又略有不同呢？想必刻诗是初稿，很快便传出，经多次转抄难免笔误，刻诗只不过是流传过程中的一种传抄本而已。一般说诗集多经加工润色后方付梓问世，《山谷集·浯溪诗》很可能也是经过作者加工润色后才定稿的。可以认为前者是传抄稿，后者是定稿，两诗稿同时展现在读者面前，可供比较研究。从这一角度也可窥知元代文人在银器创作中起到的积极作用，银器艺术风格文人化的趋势也是不可阻挡的。

扁茎金手镯工艺极其简单，但有铭文，其文为"澧县罗长兴荣加炻足赤兔"。记明此金镯成于澧县之罗长兴和荣加炻二匠。此镯出土于澧县澧阳镇，与此铭关系十分密切，很可能即在出土地点生产的。月梅纹是元人较为喜欢的图案，应用于各种工艺品

上，除了前述的一件之外，在澧县珍珠村还出土了月梅纹银盏与银托，若有幸摩挲鉴赏也是饶有兴味的。乳钉纹双耳银簋系仿西周青铜簋而制，说明仿古思潮继续渗透到元代银工艺行业。莲瓣银盏托，盏为一片莲瓣舟内一人抚膝而坐，椭圆形托盘内作翻滚的波涛，意示一仙人乘莲瓣舟逆风冲浪航行的神话故事。此类盏托极为罕见，尤其不失原装，完整配套甚为难得，堪与朱碧山神槎相媲美，两者立意相合，仅在做工上有繁简之别而已，可知银器的文化底蕴并非肤浅。神槎与莲瓣盘盏托在同一时代出现，标志着文人介入银器工艺生产，促其走上鉴赏化的文玩道路，说明文人银器已在以帝王富豪为主流的金银工艺舞台上占有一席地位。银七事件是草原游牧文化与中原农业文化相融合的产物，北方游牧民族长期过着骑马生活，便将日常生活所用之瓶、罐、香熏、剪刀、酒葫芦、觿、火镰等等器具系佩于腰带上，便于随时使用，以常用此七件器具为由，故称"七事件"。这两套七事件虽为明器，因其组合不完全相同，亦可作对比研究之参考。

　　"至正十三年"款菊花纹银托，此圆托以重瓣菊花为饰，托内心刻"寿"字，次刻"长命富贵"、"金玉满堂"等吉语铭，沿圈足内侧刻"至正十三年福生张昆□三记"小楷字，有铭二十一字，在元代金银器中还是不可多得的，对研究元代盏托图案还是有一定的参考价值的。"金玉满堂"、"长命富贵"铭二枚金币是吉语币形器，不是流通的货币，含金量仅七八成，楷体字尚属工整。这种金币与上述"至正十三年"铭菊花纹银托的铭文一样，都表达了元代士庶百姓追求人生幸福的愿望。银"陈云飞造"款摩羯耳杯，此种小银杯有菊花耳、牡丹花耳、瓜耳、灵芝耳等多种形式之耳，小巧别致，玲珑可爱，用作饮酒器，此摩羯耳则兼有济世救苦的含义。银高足杯是蒙古族喜用的马上饮器，后在全国普及。此杯浅腹，是元后期高足杯的特征，其菱形开光牡丹花纹也是蒙古族常用的图案，从器型纹饰来看都是元代后期具有代表性的银器。银并蒂花饰钗流行于湖南各地，四川也出土过相类似的南宋银钗。此银钗共饰二十五组并蒂花，可能是此类银钗中花饰数量最多的一件。群仙祝寿银圆盘盘心刻双钩"福寿"二字，上有玉皇大帝，左、右、下各有二仙，共十仙，可能是"八仙"和"和合"二仙，故名"群仙图"。八仙题材虽成于明代，但不见八仙祝寿之类画幅，故此图可能是八仙祝寿的最早版本。在盘的折沿下刻有"陈国佐作"工匠款。"庚辰岁华仲置"款银匜和银玉壶春壶，华仲是物主姓名是无可争议的。庚辰干支年元有两次，即前至元十七年（公元1280年）和后至元六年（公元1340年）。究竟是哪一庚辰呢？此两器器型以玉壶春壶（图版62）最为持久、最为普遍，以它为标准可以帮助我们判断庚辰款的确切年代。从玉壶春壶颈长而细，腹略下垂而形成器体修长的特征来看应为元代后期之作，与后至元六年（公元1340年）的年代相契合，定于此年是比较妥当的。银菊瓣纹杯是元代士庶偏爱的酒杯，菊花气味清香，令人精神清爽，故屈原、陶渊明等大文豪均以诗赋颂之，尽管菊有单瓣、复瓣之分，装饰也有简繁之别，尤其杯口坡度亦有不同，但均取其刚刚绽放清香四溢的状态，又均作半高喇叭口状足，不仅稳重大方、秀逸庄重，而且还便于持饮放置，不会倾倒。这是两件既实用又美观的菊花银杯。芙蓉花银盏托，重瓣，外层十二瓣，内层八瓣，中心是起凸的由三瓣花片包着的花蕊，双层花瓣互为叠压，以游丝般的细线勾勒其细部，流畅生动。此银托出于湖南涟源石狗乡石洞村，与四川彭州蓬安等地所出之南宋金银托盘几近一致，故其造年亦接近南宋，或本来就是南宋之器。行旅图银钗也是出土于涟源石洞村，此钗头近圆形，直径3厘米，尚不足寸，在这极其狭小的空间刻画出极为繁杂的景象：旅者骑驴回首，侍者肩负行李，驴后有杏枝一株，树后设一茅屋，旁边有一面树起的酒簾（酒幌子），门前置一案，案头置一酒坛，一妇女托腮而望，俨然是一幅旅行图执扇画面，可知此器的作者具有一定诗文修养和绘画功底，否则很难打造出这支富有诗情画意的银发钗。菊苑仙女图金钗的图饰像一幅充满诗意的图画，仙女漫步于丛菊之中，如果没有随风飘起的天衣确实就是一位美丽俊俏的仕女，若以雕塑艺术的法则来衡量，此仙女也完全达到了形神兼备的高标准。

　　关于元代西南少数民族金银器的情况，因受资料短缺之制约，我们所知甚少，如凉山彝族银水壶，壶体扁圆，圆形管口，有盖，椭圆半高喇叭口足。侧面各有二扁环形纽用于穿系背带，出行时背在肩上。清宫将这类壶称为背壶，其造型与此壶相似。壶面图案只有一鸟，经过了抽象变化。从其剪刀形尾可认为它是一只展翅飞翔的燕子。其他图纹都是大小圆圈组成的环形，或饰直线、横线及斜线，其内涵亦无从判断，我们期待着能够听取民族学者的科学见解。

　　上述元代金银器中含有朝廷官员吕师孟、范文虎等生前所用的金银带銙及其夫人用的首饰、梳妆用具，都是合乎朝廷定制，与其官职相称，我们从中可以了解朝廷用金的一些情况和它的工艺特点。但是这些官吏所用金银器也未必均出自官办手工业作坊，这一点确与流传至今的唐代金银器的情况不同。迄今我们尚未见到"诸路金玉人匠总管府"、"杭州路金玉总管府"等官办金银作坊打造的金银器物，所见一批各式酒盏、托、杯以及妇女所用的金银簪、钗与镯，其物主都是士庶及其妻女，其打造的具体地点可能都是各路州府的民间金银作坊。这些金银器成为商品在市场上流通，允许庶民自由购买。譬如江苏无锡市钱裕墓出土了其生前使用的"陈铺造"款獏纹金带扣和春水图饰玉钩环等金玉带饰都是违禁的，钱裕从未做过元代官吏，不过是一介地方豪绅文人，无权佩用金玉，但他与无锡县达鲁花赤过往甚密，便可不顾朝廷禁令系用玉或金的带饰。政府禁止庶民使用金玉的法律遂成了一纸空文，无人遵从，广大庶民在商铺和作坊里购买所需之金酒器、香器或金簪钗等首饰便禁而不止了。由于我们今天尚难找到蒙古统治者使用的金银器，关于这方面的情况只好暂付阙如，仅可从庶民所用金银器的遗存以了解元代金银器的概况。我们也很难看到镶嵌珠宝的元代金银器，这同样是一件憾事，只能等待今后有所发现了。

（三）明代金银器（公元 1368～1644 年）

　　明代仍立法规限制庶民用金，仅在用银上小有松动。金器由皇室成员大量使用，流传至今的遗物也较多。帝后用金银器以万历帝后所用者留存最著。出土于各地朱姓亲王或异姓亲王生前所用的金银器也颇多，内有诸王所用的金冠、器皿及王妃所用的凤冠、首饰等等。明皇家、亲王所用金银器往往镶嵌红蓝宝石，后妃所用金首饰也多用累丝镶宝石工艺，这一点似乎与元代民间首饰不同。其实不然，我们从与元代相关的著录中可以找到记载元代宝石使用情况的条文，其宝石均来自阿拉伯，其名称也多是从阿拉伯语直译的，可知元皇室、贵族也都大量佩戴镶红蓝宝石、猫眼石等的金首饰，而明代皇家金器正是继承了元代皇家宝石金器的工艺而又有所发展。所见明皇家镶宝石金器有永乐年所造者，出土的万历年间金宝石首饰也很多，这可反映明皇室打造的金宝石首饰的艺术趋向。江南地区富有人家则将朝廷禁令置之度外，大量地佩戴金宝石首饰。可以相信，金宝石首饰在全国经济发达、工商业繁荣的大城市已经比较普遍地推广并为妇女们所喜爱。

金累丝镶宝石凤形簪是明宪宗（公元1465～1486年）宠妃万贵妃为其父万贵及其母的陪葬品，此簪作一展翅开屏的凤凰形，累丝工艺精巧细致，是明初皇家累丝工艺的佳作。凤凰之胸前、双翅与背上均镶嵌红蓝宝石，经包镶之后焊牢于累丝之上，其红蓝宝石色淡而不够艳美，虽非优质宝石，但出自明永乐二十二年（公元1424年）皇家"银作局"，有一定的历史价值。"银作局"为宦官二十四衙门即十二监四司八局中的一局，专掌打造金银器饰。此簪的工艺水平应属该局上乘等次，可能是成批产品中的一件，以便分赏给内廷众多的嫔妃。

"宣德九年九月内造"款錾云凤纹金瓶，侈口长颈，小肩斜腹，平底，炉瓶三式中常用此型瓶，阴刻云凤纹。此器铭款为"随驾银作局宣德九年九月内造"，"随驾银作局"是指跟随宣德帝出巡时临时组成的银作局，查《明史·宣宗本纪》，宣宗确于九年九月癸未将巡边，乙酉至居庸关，丙戌狩猎坌道，丁酉洗马林阅城堡兵备，己亥大猎之后于冬十月丙午还宫。此金瓶即在宣宗九月巡边至大猎期间由随行的银作局匠人在路途之中仓促造成，可知其工艺水平不会很高。

万贵（万贵妃之父）墓所出无款金器从其形饰判断应为成化年间所造之器，可能出自京城金铺。万贵卒于成化十一年（公元1475年），所殉金器应为成化或其前之物。金太白醉酒八仙纹盏，盏八角，每面阴镌一仙人，八面合为八仙图，即使不是最早也应是较早的八仙图，形象生动，线条流畅，宛若一幅白描八仙画册。盏内有太白坐像，冠服不古，或有象征阁老万贵之意。錾人物八方金盘，内镌楼阁人物图，作者运刀娴熟，功底深厚。錾花金七事件，计有剪、火镰包、刀筷筒、罐、盒、瓶、觿等七件日常使用的小型器具，系于腰上。七事件来自骑马民族的鞢鞢七事，唐武官五品以上佩鞢鞢七事。唐太平公主具纷砺七事而在内廷首开其例。本是武官标志的饰件可与元代银七事件进行对比，知其所系器什之变化。镶红宝石无量寿金佛，明永、宣两朝为了羁縻安抚乌斯藏，铸造了大批藏传佛教造像和法供器颁赐各寺大喇嘛。此无量寿佛即其中之一尊，面容安详，大慈大悲，是典型的汉相藏传佛教造像，与无"梵相"、"番相"造像不同。

清乾隆十八年重修白塔寺时供奉瘗藏塔内，1978 年大修时在白塔塔顶发现，但也不能完全排除乾隆朝中正殿拨蜡喇嘛遵旨依像翻模铸造的可能。

　　明代历朝皇帝即位后便分封自己的兄弟子侄为亲王，于各地建立王城王府，亲王死后于封地建陵墓。据《明史·诸王表》载，洪武时封二十四王，燕王后尊为帝系，而实得封者二十三王；建文时封三王；永乐时封三王；洪熙时封八王；正统时封七王；成化时封十王；嘉靖时封一王；隆庆时封一王；万历时封四王；崇祯时封二王；共六十一王。王之子孙袭封，如朱元璋嫡二子樉洪武三年封，十一年就藩西安府，二十八年薨，传嫡庶子孙共十一代，直至崇祯末陷于农民起义止，长达 273 年。几与明享祚之年相当，仅短少四年。这些遍布全国各地的明亲王陵墓中的一部分于 20 世纪下半叶已被发掘。明代还封与朱元璋共同打江山的元老功臣"殆逾百数"，"存者不及三、四"。显赫者有魏国公徐达（传十一世）、鄂国公常遇春、韩国公李善长、曹国公李文忠、信国公汤和、西平侯沐英（传十一世）、诚意伯刘基（传十三世）。这些同姓和异姓王侯死后，均按明代制度瘗埋了数量不等的金银器，由考古工作者正式发掘或群众在生产中发现后出土，经征集入藏而重见天日，为我们研究明宫廷金器工艺提供了第一手资料。

　　南京市有很多的明初功臣及其子孙墓，出土了大量金器。安庆侯仇成，洪武二十一年（公元 1388 年）卒，所用银束发冠五梁，是迄今所见明代最早的束发冠。《明史·舆服志》载："一品七梁……二品六梁……三品五梁……四品四梁……五品三梁……"。此五梁冠应为仇氏三品冠戴。银作局洪武三十一年造金发簪当为南京银作局所制，也是明银作局的最早的款识。魏国公徐达子孙墓在南京市太平门外板仓一带，徐膺绪（徐达第三子）墓出土云凤纹金簪应为永乐十四年（公元 1416 年）以前之物。徐达五世孙太子太傅徐俌夫人生前所用金冠饰、簪，其工艺、花色各有特点。嵌宝石叶形金冠饰，在锤鍱镂空地上焊包镶红、蓝、绿等色优质宝石。嵌猫眼石六瓣花形金簪则为掐丝包镶猫眼石而有别于前者。云凤形金冠饰、菊花凤凰纹金簪均以累丝功夫见长，别具一格。徐俌卒于正德十二年（公元 1517 年），这五件金器亦应为其生前之物，足以代表明中期高品级官吏夫人所用金银器的工艺水平。云龙纹金带铐，双獭尾等共二十铐，与明定制相符，是难得的一副完整的金带铐。从云龙纹及铐的尺寸判断，应为万历朝或其前其后的金带铐。嵌宝石镶玉金佩，虽符合佩之钩、提头、瑀、琚、珠、冲牙、滴等定制，但细部形饰变化很大，饰玉十件，最下边的金坠包镶红宝石，其色浓艳如鸽血。此佩以金为骨，以玉为肉，再饰宝石，锦上添花，充分地体现"金玉满堂"的富贵寓意。从玉之形饰、做工和金器工艺来看，应为明早期制造。沐英三子黔国公沐晟所戴云纹束发金冠、金簪，形制特殊，无梁，作半椭圆形，正、背、两侧均镌如意头形云纹，两侧各有二孔，下孔为圆形用以导簪，嵌红宝石花头金簪已插入，上两孔为葵花形，此金冠的名称有待考证。沐晟正统四年（公元 1439 年）三月卒，此金冠可能是永宣时之作。金束发冠、绿玉簪，为沐昌祚墓出土，六梁，绿玉簪导一副。沐昌祚为沐英九世孙，隆庆五年袭侯，天启五年（公元

1625 年）卒。此金冠为明晚期所制。金蝉玉叶，均生动逼真，富有生命力，充溢着文人雅气。江阴长泾九房巷明夏彝夫妇墓出土累丝人物楼阁图金簪、青阳悟空村夏元贞墓出土嵌宝石金凤簪均为江南民间金铺所制。与上述皇家、贵族或王公等作坊所制金首饰有着一定的差别，如累丝拓宽自由、不求工整，包镶红蓝宝石虽其质量尚好、块数也多，但形体较小。这都是商品金首饰的特点，也是它的美中不足之处，所以朝野之分确是客观存在，在品质、做工上均有差别，这是不应忽略的。夏元贞曾任福建瓯宁县主簿，正德十六年（公元 1521 年）卒，上述二支金簪的打造年代均应早于该年。

内宫监造、承奉司造金簪形制相似，制造作坊不同。"内宫监造九成五色金壹对壹两重"铭金簪，漩涡纹帽，钉子形。据《酌中志》载，内宫监为宦官二十四衙门十二监之一，掌国家营造宫室、陵墓并铜锡妆奁器用暨冰窨诸事。"永乐七年十二月十四日承奉司造八成色金簪一支四钱重"铭金簪，承奉司之隶属、职责均不明，可知各地藩王所用金器之制造作坊有银作局、内宫监和承奉司三处，内宫监所造金器较承奉司所造者成色好且重。金云凤纹香囊，有"内宫监造作色金计贰两重钩圈金"十四字铭，凤尾、双翅、双肢前伸，长尾翎垂下上卷，与宫廷凤纹如金凤钗不同，宛如一绶带鸟。可知宫廷金器也不是同一模式，其工艺水平也并非均在同一等高线上。

成化二十三年（公元 1487 年），宪宗封庶六子朱祐槟为益端王，弘治八年（公元 1496 年）就藩建府，嘉端十八年（公元 1539 年）卒，其墓地位于今江西省南城县。金凤簪刻"银作局永乐贰拾贰年拾月内成造玖成色金贰两外焊贰分"铭，省略"簪"、"药"二字。其凤形似孔雀，可知永乐年间银作局的艺术水平参差不齐，以至达到令人费解的地步。皇家金器并非都是工精料实者，也不乏滥竽充数之劣品，此即其一例，对读者管窥银作局之内幕亦不无益处。八卦铭金钱、魁斗星铭金钱，原为端庄王朱厚烨生前之物。朱厚烨系益端王嫡一子，嘉靖二十年（公元 1514 年）袭封，三十五年（公元 1556 年）卒。八卦出自《易经》，有乾（☰）、兑（☱）、离（☲）、震（☳）、巽（☴）、坎（☵）、艮（☶）、坤（☷）等八种卦形，演绎为八八六十四卦。此八卦金钱仅有兑坎、艮艮、震艮、坎巽、兑艮、乾巽、离离等七卦，可知不是全器，但其为尚属首次发现，仍有其研究价值。北斗星铭金钱，在泉币上方铸阳文北斗星名，据《元应录》载，每扣齿而念一星，星有魁、尳、魓、魁、魒、魓、魑。魁为北斗第一星，尳，魁之讹字，尳即杓字之讹。朱墓出土斗星名金钱有魁、尳、魓、魁、魒、魑六枚，而魁、尳本为一字，亦为重出，实有五星名，缺魁、魒二星名。从魁、尳重出疑为有二副北斗星铭钱，一副仅有魁字铭金钱，另一副则仅有五钱。这种金钱肯定不是流通货币，可能与文人科举有关，详情待考。北斗星铭金钱也是首次发现，其研究价值也是不言而喻的。

云凤金簪一对：均用累丝制成，云凤为鸡首、短翼、长尾上卷至头后，整体形状类似椭圆形，无足，卷云纹。簪梃内侧阴镌"银作局嘉靖三十六年四月内造金七钱五分"，每件合今 27 克，用金量较以前大为减少。蝴蝶梅花、蝴蝶菊花镀金银扣祥：花与蝴蝶身上均镶嵌红蓝宝石。这是一种崭新的金器，可能是朱厚烨妃所用，可以想见这种扣祥必为妃嫔添加光彩。

金镶宝石蝴蝶、镶宝石云龙金簪，出自河南浚县王伯禄太监墓，其宝石的镶嵌工艺是用包镶与爪镶并用于一块宝石上，爪镶有三爪或三、四爪不等，这种爪镶对宝石和金器都有一定的干扰，对视觉也不会带来舒适感。舟形火焰光明王金像，出于梁庄王朱瞻垍墓，永乐二十二年（公元1424年）封，宣德四年（公元1429年）就藩安陆州，即今钟祥，正统六年（公元1441年）卒。此像是汉相藏传佛造像，应是永宣时代内廷番经厂作坊所制。明代墓葬从不出藏传佛教造像，此像是首次出土的金明王像，尤为珍贵。同出的金素执壶，大盖，圆口，扁肚，扁圆圈足，流高，柄圆。腹饰隐起桃形纹，颈与流之间装有云纹撑带。此壶敦厚庄重有余，而缺乏宋元那般妩媚秀丽之美感。镶宝石金镯、金条脱系梁庄王妃生前所用之金饰，条脱均为素面无纹饰，而此条脱施有缠枝卷草纹，工艺上也较为精致，可能是永乐时期内廷作坊所制。荆端王次妃金凤冠，形制特殊，类似尖顶草帽形，镶嵌红蓝宝石共六十一颗，均用累丝菊花纹包镶宝石。此凤冠应为嘉靖三十八年（公元1559年）四月十三日奉敕封为荆端王次妃时由朝廷颁赐的，此时荆端王已死36年。金耳勺、金簪、金手镯出于湘西，仅镶嵌宝石，无累丝做工。其中金耳勺之柄錾刻"景泰贰年十贰月拾贰日"，"景泰"二字有误笔，估计是公元1451年由边远的湘西本地金工所制，其他金器也不会从省城购入的。灵芝单耳金盏一对，翔凤金钗，出自广西马山县古零覃氏土司墓，从器型、纹饰及其做工来看很可能还是明廷赏赐的。云纹花形金发冠，出自云南呈贡沐详夫妇墓，沐详是镇守云南的右卫指挥佥事、锦衣卫代俸职都指挥佥事，弘治八年（公元1495年）卒。此金冠并非常见的有梁冠，而是八瓣三层花形冠，顶有镂空卷草纹，左侧有二金簪导，右侧有一金簪导。这种金冠是首见的一例，从如意头云纹来看，很可能还是"银作局"所制，对研究明代金冠制度与形式大有裨益。嵌宝石如意纽金发冠、镶宝石金耳饰均为沐崧之妻徐氏之物。镶宝石金冠，形式与沐详金冠近似，也是三重八瓣花式，所不同处是冠为高顶，未镂空，镶嵌红蓝宝石，两侧各有镶宝石金簪导二支，芝头如意纽亦镶红蓝宝石。云纹亦与沐详金冠云纹相似，故此二金冠的制造时间应相距甚近。镶宝石金耳饰，以二菱形为骨，镶红蓝宝石各三颗，呈五瓣花形，其上镶绿松石一粒。宝石的品质、等级比镶宝石金冠上的宝石高出许多，颗粒也大，可能是沐家近水楼台先得月，凭借距缅甸很近的优势而获得了大量的优质红、蓝宝石。镶宝石金冠，弧顶，四梁，两侧垂直一孔，金簪导镶红、绿宝石，绿宝石不甚精，正面题"西方净土"。此金冠应为亲王所戴，成都蜀王墓出土了一批金银器，查明蜀王系洪武十一年（公元1378年）封庶十一子椿为献王，传至十世，万历四十四年（公元1616年）之后不明。此金冠究系哪一王所有尚待今后研究确认。银镀金带钩亦应属蜀王生前所用之物，宝石等级与金冠红宝石相仿佛，包镶工艺亦不甚精。金束发冠以金累丝工艺焊接而成，用金量较少，仅38克，但颇耗工时。形制特殊不见第二例，冠矮，两侧与后面包立墙，后墙作二山状，银簪导。

此金冠出自四川凉山彝族自治州，可能是明廷赏赐土司的。嵌宝石金发簪、带链鱼金胸饰、金双龙戏宝珠手镯、金镶宝石凤钗、金牡丹双龙钗及银龙等金银首饰均出自贵州遵义。据查，大多为当地土司及其夫人所用者，也是明中央朝廷所颁赏，其形饰、工艺均带有明显的明宫廷金银器的特点。飞凤金发簪，定为明代，1978 年征集，今从图片来看其凤有月形冠，勾喙，吐舌，宛若唐宋之飞凤，在明凤中难得一见。

肃王起自朱楧，楧为朱元璋庶十四子，洪武二十五年（公元 1392 年）改封肃，就藩甘州，后移兰州，传九世。朱识铉万历四十二年（公元 1614 年）封，崇祯十六年（公元 1643 年）为李自成农民起义军推翻而灭亡。九代肃王在王位长达 251 年之久。嵌宝石金凤冠由五凤组成，高达 39 厘米，属金凤冠中之殊例。镶宝石金首饰亦甚精美，可能大多也是来自宫廷赏赐。凤纹镂空金香囊，镌有“银作局正统五年八月内造金一两九钱”，公元 1440 年制造，为赏赐二世肃康王妃之物。镶宝石金耳坠，以金丝包镶工艺打制，非内廷之物，可能是当地民间作坊所造。曾见“福寿”铭银压胜钱，钱形，镌“崇祯伍年捌月初十日”、“伴读姚进施”。此银器是姚进专为明肃藩九世王于明崇祯五年（公元 1632 年）重修多子塔而制，11 年之后，藩王便死于农民起义。

万历帝后生前所用的一部分金银器，由于 1958 年发掘定陵我们才有机会看到，其成器年代大多在公元 1573～1620 年间，个别的也有早于万历朝的。金翼善冠，除二龙之头和宝珠之外全用金丝编织工艺制成，这是迄今所见等级最高、年代确切、工艺精湛、体积最大、用金量最多、保存最完整的一件金编丝工艺品。金酒注，器型奇特怪异，想必有其观念上的、实用上的两重需要才取此非同一般的造型。装饰采用减地隐起纹，地子用斧凿錾成沙地，以衬托主纹使其更加鲜明突出。这种工艺需要厚胎，用金量增多，即使在内廷金器中也很少使用，民间金工就更不敢尝试了。另外，在镶嵌上用玉和宝石两种贵重材料，宝石用包镶和扁齿加固，使其牢固不易脱落。此注造型姑且勿论，仅从其装饰工艺来说即足以代表万历朝宫廷金工艺的最高水平。金带柄罐，从器型看应是生活用器皿，腹部双钩“尚冠上用”四字，“尚冠”待考，“上用”即皇帝亲用之意。底亦双钩“大明万历年御用监八成五色金重二十二两三钱”。御用监为明宦官二十四衙门十二监中的专承造办御前所用及诸玩器的一监。此罐殉于万历帝棺内，可知其与皇帝生活之密切关系。金瓶附箸、铲，此贯耳长颈龙凤戏珠纹金瓶系炉瓶三式之瓶，箸为拣夹燃香用的，铲是翻压香灰使用的，也是万历帝生前熏香所用的三式中的一器。金漱盂，浅腹，平底，身饰二龙戏珠阴线纹，底錾“大明万历辛丑年银作局制八成色矿金沙地云龙漱盂一个重十两”及官匠姓名。万历辛丑年为其二十九年（公元 1601 年），系万历中期，“沙地”即指图案地子经砍凿呈麻地，吸光而不反射，可起衬托作用，明金工艺术语称“沙地”，亦可称“麻地”，竹木牙石雕刻亦有此法。“漱盂”即饭后漱口时盛水之器。银匠是杨宗礼。金花丝盒玉盂，以累丝工艺制成玲珑剔透之二龙戏珠纹，底外壁刻“大明隆庆庚午年银作局造八成色金盒一个碟金重二十八两六钱”，隆庆庚午即其四年（公元 1570 年）。隆庆款器甚少，素称珍稀，带干支的隆庆款更少，此款也是金器上唯一一个隆庆庚午款。万历龙潜时其父隆庆帝将此金盒赏赐给他，死后殉于棺内。金面盆系孝端皇后生前日用之金面盆，口沿背面刻器名，可知此盆确为面盆，由银作局银匠杨梦元于万历二十五年（公元 1597 年）用六成金打造，平钑云龙纹，"平钑"即阴线刻。金粉盒，出于孝端皇后棺内，出土时盒内残留有白色粉末，尚有余香，可知此金盒是孝端皇后生前用作盛香粉的器皿，故名金粉盒。此盒八方，刻饰龙纹，内置圆形金扑子，面上亦饰二龙戏珠纹，无一凤纹，故疑其盒并非女性所用，尤其八方盒内配一圆形粉扑也不和谐，可能不是原配，但其皇家气魄依存，仍不失为一件较精美的皇家金工艺品。镶珠宝金簪为藏传佛教覆钵形塔造型，相轮顶作火焰光，中镶东珠一粒，浑圆光润，犹如一轮明月。下有基座，座有栏杆，座下镶红蓝宝石三粒，塔身与相轮全以累丝工艺制作。此簪反映了藏传佛教在内廷盛传不衰的情况，而以藏佛塔为簪也是前所未见的造型，很有创意。镶珠宝金香熏，由钩、链、柿蒂盖及鸡心形熏组成，这是迄今所见最为完整的金香熏，如何佩系可一目了然。柿蒂饰用累丝做工，上施包镶红蓝宝石，熏以薄金片锤鍱江崖海水、双龙戏珠纹，再用凿打出圆孔以便香气溢出，中心镶东珠一粒。此龙也是万历时期陶瓷器、漆器上常用的细身龙。多种金工艺用于一器乃是此熏金工艺上的特点。上述万历帝后所用金银器不论从形饰还是工艺都足以代表万历朝精湛的皇家金工艺的高超水平和豪华的皇家气魄，同时表现出其时皇家金银器典型的艺术风格。

万历朝品官的金器可从正三品右副都御史王士琦（万历四十六年即 1618 年卒）生前所用金器了解其一二。金带銙，共二十方，也是完整无缺的金双獬尾带銙，除四方小方銙饰芝纹之外，其他十六方均锤鍱隐起的獬豸纹。獬豸是神兽，善别曲直，对"不直者"、"不正者"加以触咋，故成为御史衙门的象征和标志，用于官员的补子和带銙，被当作专用的标志性图案，其尺寸也与万历朝带銙的规格相吻合。金丝发罩，也是应用丝编工艺制作。真是无独有偶，民间有金丝编的发罩，宫廷也有更大的，工艺复杂者有用金丝编的翼善冠（图版 6）。这两顶金丝编的冠罩说不定同是一地金工匠在不同场合按照不同要求编缀了不同的制品。那么这些金工匠到底出自何地呢？想必是出自南方。联系另一顶金丝发冠，器型略大于前者，用金量倍于前者，编丝工艺精于前者，二罩冠均为五梁，系三品官所戴，而此罩出于杭州，这样可否认为这三顶编丝冠罩均出自杭州呢？杭州在南宋是行在，到元代则是"杭州路金玉总管府"的驻地，可以理解杭州正是南方金玉工艺的中心，所以编出金丝网的发罩和翼善冠是顺乎情理之事。

楼阁人物金钗（图版 8），錾刻三学士出行图，其人物鞍马、小桥流水、亭台楼阁、树木云霭意境幽深，构成层次繁复的立体景观并且富有诗情画意。背有七绝《三学士诗》，造于宣德三年（公元 1428 年），出于重庆五云村明墓，据发掘者考证，此墓应是蹇芳之墓。蟠桃形银杯、八骏图银碗、银镀金寿字委角方盘、银镀金莲荷纹桃形盘、云鹤纹三足银香炉出于重庆市长寿县火神庙街窖藏，八骏图银碗外底阴刻楷书"崇祯年制"款，发掘者考订为明代崇祯兵部尚书陈新甲之物，可能由重庆或其邻近城镇银工所造。

明亡后先后有福王、鲁王、唐王、桂王等诸藩登极称帝改元，继续抗清达二十年之久，史称南明。桃形银杯、勾连雷纹银爵、花卉双螭山水人物纹银盘托、花鸟人物纹银盘俱为湖南通道侗族自治县江口乡下水涌村瓜地组窖藏出土的南明银器，均系丙戌、丁亥两年党翁下属或友人为他祝寿时所送的礼物。丙戌即清顺治三年、南明唐王隆武二年（公元 1646 年），丁亥为清顺治四年、南明桂王永历元年（公元 1647 年），这些银器可能是湖广所造。"永历五年"款"庆振后标营副总兵关防"银印，永历即清顺治四年（公元 1647 年）桂王称帝于肇庆时改元之年号，永历五年即清顺治八年（公元 1651 年），此银印由南明朝廷所颁发，1990 年出土于广西平乐县源头村大岩。

明代边疆少数民族金银器不易发现，四川省凉山彝族奴隶社会博物馆收藏有錾耳银酒杯、镶金银鸟佩饰、银佩饰、鸟形银酒壶、鸟形双管银酒壶等银器，应是凉山彝族之遗物。錾耳银酒杯之錾耳造型显然来自宋元，但是弯月形外又附加九连弧形饰，这又与宋元不同，其碗形也与宋元有别。细密的线纹可能是彝族喜用的纹饰。银佩饰由多种银饰件连缀成串饰，每一件银饰可能都有一定寓意。鸟形银酒壶造型抽象化，与佩饰上的鸟饰相似，錾刻弧形阴线等线纹象征羽毛。这些银器反映了彝族民众的生活理想和审美意识，是研究明代彝族金银工艺的重要资料，显得十分珍贵。

（四）清代金银器（公元 1644～1911 年）

清代金银器是我国古代金银器史上的最后篇章，也是十分光辉灿烂的，它为中国古代金银工艺发展史画上了圆满的句号。清朝是我国最后一个封建王朝，女真爱新觉罗家族登上皇帝宝座后掌握着全国最高统治权力。清代金银器虽然继承了明代金银器工艺的做工，但由于其统治民族——满族的文化还处于后进状态，加之深受藏传佛教的影响，致使清代金银器，尤其是皇家金银器既有浓重的西藏色彩，又有传统的汉族形式，再加上满族的民族风格，这些因素互为融合，共同发展。清统治者保留着骑马民族的生活习俗和祭祀制度，在宗教信仰上他们崇奉藏传佛教又不肯放弃萨满信仰，在文化教育上他们接受汉族传统，兼收并蓄，取长补短。清代金银器反映了统治阶级在精神和物质方面的诸种需求，形成了满蒙藏汉相杂糅的综合品格，"拿来主义"的色彩也极为鲜明。清廷还通过新疆回部伯克得到伊斯兰金银器，回部工匠也进入内廷行走，但时间不长便被遣返。通过广州粤海关还进口了欧洲金银器，晚清时日本金银器也贡进朝廷。清廷自制皇家金银器主要是由养心殿办处金玉作承担，大到佛塔、发塔，小到首饰都出自金玉作。藏传佛教造像及供法器是由中正殿喇嘛制造。据《养心殿造办处各作成做活计清档》记载，内廷金银器经过多次销毁重造，留下来的金银器大多是乾隆朝或晚清之物，而顺、康、雍三朝之金银器甚少，在宝玺、图章、册页中尚可寓目，十分难得。各省督抚将军及内廷派出之盐政、织造、海关等监督都争先恐后地向帝后贡献珠宝文玩及土产，其中也有不少的金银器。从这一角度来看，清宫旧藏金银器确实是有清一代内廷及国内外各地金银工艺的浓缩及其集大成。

龙纽"奉天之宝"金玺（图版11），乾隆帝厘定二十五宝玺之后，另选十玺，移贮盛京皇宫凤凰楼，故称"盛京十宝"，"奉天之宝"玺亦在其内，是第五玺，专用于祀天，其双交龙纽雕刻精细，气魄非凡。据考，顺治帝常用此玺，或为其时刻成。金钟铸于康熙朝，共十六口为一套，称为编钟，钟磬本为"中和韶乐"的主要乐器。金钟在皇家重大典礼时设于太和殿东西檐下，兼作仪仗。嵌宝石金佛塔，清皇家笃信藏传佛教，在内廷广设佛堂，制造佛塔供奉。佛塔有覆钵式和楼阁式，用铜、银、金等材料制造，多有镶嵌宝石者。此金塔为覆钵式，亦称藏式。镶嵌宝石佛塔是清宫皇家金佛塔之重要特点，还增添了几分富贵气。累丝錾花嵌松石金坛城，梵语称坛城为曼陀罗，是密宗的重要佛法器，主尊大威德。此坛小巧玲珑，专供佛堂供奉。嵌珠弥勒佛金立像（图版27），弥勒佛为未来佛，故多取菩萨装像。此像发髻、幖帜均属藏传佛像系列，但是面相、手足均有浓重的汉相特色，与中正殿所铸藏佛不同，可能出自造办处金玉作。此金立佛像为男相，左手持莲花幖帜，右手施无畏印，应为报身佛像，从面相可知其为标准的满式藏传佛像，从幖帜来看应为乾隆中晚期养心殿造办处所造。银法罐亦称贲巴瓶，是乾隆帝祭祀岱庙之银质供器，从其造型、做工来看应出自中正殿藏族喇嘛之手，保存至今完好无损是值得庆幸的。金发塔系乾隆四十二年（公元1777年）弘历在其母孝宪皇太后死后特制的，耗金三千两（图版26）。发塔始于何世、出自何典不明，很可能清皇家遵从孝道，取佛塔形式制器以存贮先人之发，是世俗伦理纲常与佛教宝塔相结合的产物。此发塔原放于太后居所寿康宫。同治金发塔，仅作覆钵式塔，相轮高过塔身而基座缩至三层圆形垫，造型比例失调甚不稳定，錾工亦较简，可见晚清宫廷金工艺衰微之实况。云龙纹葫芦式金执壶，葫芦式壶是在陶瓷器中常见的一种为人们喜闻乐见的器型，金银器也有类似的器型，不外乎含寓"多子多孙"之吉意。此金壶打錾云龙纹确是皇家专利，其形制丰满流畅，打錾精致华美，确是乾隆朝金工艺之代表作。錾夔龙宝相花双耳金扁壶，铸胎，扁体，管口，圆腹，长方足，类似银背壶。腹饰隐起拐子夔龙穿宝相花纹，管口、胸侧及足均阴刻回纹，是乾隆帝巡幸时所用之水壶。嵌珠宝"金瓯永固"铭金杯，器型仿明掐丝珐琅三象足杯，身饰番作大卷叶宝相花纹，嵌东珠、宝石。口錾"金瓯永固"阳篆铭，另一面錾"乾隆年制"款。据"养心殿造办处各作成做活计清档"载，为嘉庆二年所制。按，乾隆太上皇尚在世的嘉庆元年至四年，御窑瓷器均要书"乾隆年制"和"嘉庆年制"两种年款各半。此金杯即依其常例，成于嘉庆二年，即太上皇二年，仍刻"乾隆年制"年款，以表儿皇帝孝敬之心意。嵌珍珠金天球仪，天球仪本为测量天体运行的天文仪器，或称浑天仪或天体仪。乾隆帝命工仿浑天仪，以金珠宝石制成这件集实用性与鉴赏性于一体的宫廷陈设，所见仅此一件，尤为珍贵。錾花如意形金香薰，向往吉祥、钟爱如意是人之常情，清代皇族亦不例外，臣僚进贡均以如意领头，内廷室内床座上均置如意一把，库内的如意堆积如山。除此金嵌珠宝如意之外，尚有玉、翠，玛瑙、水晶、文石、竹、木、牙、香等多种材料制成者。此如意之头、腹、尾三处各置一香熏可放香料，一物两用，有着寓吉意、供欣赏和燃香料的三种功能。从其造型、镶嵌及做工判断，应为广州所造。金瓶珍珠梅花为盆景中的一类，比较少见。盆景源自盆花，以金银珠宝玉翠所制者有着永不凋谢的效果。此瓶花以金为瓶，以珠为梅，超凡脱俗，令人喜爱，百看不厌。雕花嵌宝石八角金盒，以金为骨，镶嵌翠、红蓝宝石和碧玺优质各色宝石318颗，流光溢彩，引人入胜。从其宝石、做工及艺术风格来看，应为粤海关所贡之广造珠宝金器。这种金器传世甚少，唯在清宫旧藏中可偶见几件，已成稀世之珍。

宫廷银器与金器相比在加工和使用上均有所不及，但也有少数品格清雅者，"雍正年制"款银卤壶即属此类。清宫旧藏累丝（亦称花丝）活计器皿究竟是内廷银作坊所制还是地方贡器尚需研究。

清代皇家金工艺是在皇帝直接干预下由养心殿造办处金玉作金工匠们推展的，与外廷及民间金银工艺有着很大的不同，它虽与民间金工有着血肉联系，但其艺术韵味、工艺技巧、金银成色等方面确又高于民间金工产品一筹。

清代官吏、命妇及城市工商富足人家所用金银器按其品级及其财富占有状况自制或购买。明末清初高官刘汉儒墓出土"一品百龄"、"蓼生"两方金印，系非公事使用的私章，均为篆书白文，结体匀正，刀工流畅，仍带有几分汉印遗韵。其狮纽虽属凡俗之作，但其鉴定价值则是不可忽视的。总之刘汉儒两金印确为明末清初金质私印的精品。"六字真言"荷花纹金圆牌与内做金做工相差无几，也是一件精美的金器。

后金时期有的蒙古族首领投靠后金与明朝作战，也有的与明廷携手抗击后金，最终还是前者占了上风。清朝统一全国后扶持蒙古牧主，提倡黄教，满蒙和亲，互相通婚，清公主下嫁蒙古王公。清统治者联合蒙古诸部消灭了厄鲁特反清势力，终于统一了蒙古族地区。厄鲁特部之一的土尔扈特部于明末移牧至伏尔加河下游，至乾隆三十六年历经千辛万苦突破了俄罗斯军队的堵截返回清朝怀抱，其首领受到乾隆帝丰厚的封赏。

清代蒙古地区金银器有一部分是来自清廷赏赐，随着诸公主下嫁，一批批金银器便运至蒙古草原。较多的金银器还是蒙古族上层人物根据需要在归化城、多伦诺尔、郑家屯、库伦等草原重镇或喇嘛寺院内打造的，当然，北京、张家口等地做蒙藏生意的商人也将蒙式金银器运往蒙古草原供蒙古农牧民购买。总而言之，蒙古族金银文化的源泉是多元的，其中藏汉的文化基因比较鲜明。对清代蒙古族金银器要作多方位的具体分析。

镶宝石金盒作长方形，可加锁保存蒙古王公的珍宝。盒盖施菱形开光，饰海水流云盘龙纹，嵌七颗宝石，这是承自元代而又随时代变迁的蒙古族龙纹，其四角的卷草纹又属藏传佛教图案。盒身正面有梅花和桃花纹，这是汉族图案。在一金盒上以蒙古龙纹为主，兼收藏、汉等图案以充实和美化金盒的装饰，这也是蒙古族实施"拿来主义"的一种表现。蒙古贵族日常生活所用之马鞍、银碗、银盘、蒙医用的牛角式吸气拔罐、贵妇用的手镯与挂饰等金银器皿、工具和饰件都有着鲜明的民族烙印和草原文化的芳香，也都出自草原上的蒙古族工匠之手，这些工匠有的属于王府，也有的出自喇嘛寺院。

　　瓦剌部牧放于大漠西部，在明末分为准噶尔（绰罗斯）、杜尔伯特、土尔扈特及和硕特四部，因各部争夺草场、掠夺财物而内讧不断，于是土尔扈特向西到了伏尔加河南面牧放生息，历时百余年。为了挣脱俄罗斯的盘剥和压迫，又历尽艰险返回漠西。弘历帝于乾隆三十六年（公元 1771 年）在避暑山庄接见了渥巴锡等土尔扈特首领，封为亲王、郡王，赏赐颇厚，并将其部安置在今新疆巴音郭楞和布克赛尔、乌苏精河一带游牧并休养生息。银虎纽"乌纳恩苏珠克图旧土尔扈特西部盟长之印"及虎纽"管理旧土尔扈特部旗札萨克之印"原印文为满蒙两种文字。盟长印边款刻有"乾隆肆拾年玖月□日"、"乾字伍百肆拾号"、"礼部造"；札萨克印边款编号是"乾字伍百伍拾伍号"。"乌纳恩苏珠克图"有忠诚之意，这是乾隆帝对土尔扈特部回归行为的褒扬。盟长札萨克在持有此印后可履行安定地方保卫北方边疆的神圣职责。银经匣（图版 42）系清军达尔党阿于乾隆二十年（公元 1755 年）十二月二十五日追赶阿穆尔萨那时缴获的，可能是厄鲁特蒙古银工手制。

　　回族是散居国内各地的少数民族，语言文字与汉族相同，但它又不同于自古以来就居住在中国的那些土著民族，有自己的宗教信仰和生活习俗。银薰炉、银杯、银碟、银筷等清代回族银器有着浓重的汉族文化色彩，这反映了回族在长期的形成与发展过程中不断地吸收融合汉族文化以丰富和光大本民族文化的历史。

　　清代中央政府对西南广大地区加速推行直接统治的政策，大批汉人移居该地区，促进了各民族间的经济文化交流。布依、侗、水等少数民族金银器在经济上和工艺技术上得到有力的保障。苗族的蝶鸟花卉银插针有着浓重的汉文化色彩。寿星八仙铃银背带，虽然寿星、八仙确是来自汉族，但背带的形式和功能仍属苗族，当为苗族妇女使用的银器。山果花带链银手镯、龙首纹银头饰、蝙蝠银吊饰及钉螺饰开口银手镯等与苗族寿星八仙铃银背带的情况相似，分别属于布依、水、侗等民族，是其妇女平日生活佩戴或跳芦笙舞时系佩的银饰件。彝族的金银器与上述几个少数民族的金银器有所不同，其民族色彩更加强烈一些。银包金五流酒壶，可供五人共饮一壶同心酒，这是彝族人从祖辈那里承传下来的古老习俗，一直流传至今。壶身上镌刻的人物半身像一看便知是彝族人像，这种写生的肖像或图案在银器上是少见的。人物像与鸟纹相对究竟有何寓意？仅从形象这一点上是难以解释的，这应是民族学者责无旁贷的任务。扁圆形银酒壶：扁银壶的覆碗式足，从口流判断不是原配，很可能原件已失后配焊上的，使得原来秀丽别致的扁银壶造型的美感效果遭到破坏，非常令人遗憾。此壶细长的吸管正是插管吸酒习俗的遗痕，对造型上的平衡不会构成影响。其口、盖、吸管、身、足分别打造之后再焊接而成，其焊工确实不雅，焊痕暴露得太明显，这是焊工的一忌，也是成型上的美中不足之处。其腹部施两层圆圈形图案，中心是重瓣菊花，这是宋元时金银器上常用的图案，可见此图案取自汉族纹样。联珠圆圈纹也是我们非常熟悉的唐、宋、元、明金银器上常见的图案，或许此图案即出自汉族工匠的创意并由其亲手打錾。从上述三件生活用金银器来看，器型的创造是属于彝族的，确实源自彝族生活，但其图案和工艺则吸收了汉族金银器艺术与技术的有益的可用成分。彝族银佩饰、额饰也都洋溢着彝族的民族生活气息，其中两件银佩饰与明代的非常接近，在年代上能够分清先后也是一件颇费心思的事。

在清代金银器史上藏族金银器的地区风格和民族烙印格外鲜明。西藏地区的金银器有的是为宗教服务的，还有的是为达赖、班禅等宗教领袖及藏族贵族的日常生活使用的。藏族金银工艺还影响到清皇家金银器的发展，在清宫中正殿有不少藏族喇嘛在为皇家拨蜡藏传佛教造像并打造金银器。银镀金和好塔、银藏草瓶和银法轮三件银器均为藏传佛教供法器，都是藏族喇嘛工匠在内廷中正殿作坊打造的，其造型、装饰和做工均充满了浓厚的雪域高原气质和藏族艺术情调，其打造年代均不晚于乾隆时期。金花银坛城原名"银满达"，出自西藏喇嘛工匠之手，达赖喇嘛恭祝皇帝万寿时贡进，表达了达赖喇嘛对清皇的忠诚和祝贺。三世达赖银像是由西藏喇嘛工匠制造，后辗转呈进朝廷，其流传经过缺乏记载，已无人知其来历、无人晓其名目，经乾隆四十四年（公元 1779年）七月初七日命国师章嘉胡土克图重新鉴定，确认其为三世达赖喇嘛银像，随后供奉于雨花阁东配楼黑漆描金佛龛内。由此可知该像打造年代不晚于乾隆四十四年，或为清初即贡进内廷。护身金佛龛为累丝镶嵌松石和玛瑙，此松石来自波斯，呈蓝色，亦称"土耳其玉"。此龛出自西藏仿梵式做工，也就是仿尼泊尔金工艺，反映了西藏金工艺的多源性特色。

我国长达三千余年的金银器的发展历程受到环境、资源、文化等等诸多方面的制约，由草原金银文化和农业金银文化的并存、碰撞，进而融合为多民族的统一的金银器文化，最终达到集大成的境界，并得到进一步的发展和繁荣。在其整个发展过程中，经常受到来自西方（包括中、西亚）的异域金银器文化正面的冲击碰撞和影响。就国内条件来说，我国金银器最早见于青铜时代，从丝片工艺开始，渐进接受青铜铸造工艺的影响，铸造金器增多。从战国末年至西汉，采用了掐累金珠镶嵌为基本技术的金细工工艺，改变了已往的传统金工艺。嗣后，又进一步采用了锤打、錾刻、平钑等新的成形和装饰工艺。上述两次金工艺上的技术革新，将我国金银工艺推向了新的高峰——达到集大成的工艺与艺术的至高境界，并为现代崭新的金银工艺的突飞猛进的发展奠定了坚实基础。

注　释

[1]　　齐东方：《唐代金银器研究》，中国社会科学出版社，1991 年。

[2]　　关善明：《中国古代金饰》，沐文堂出版，2003 年。

[3]　　加藤繁：《唐宋时代金银の研究》，東洋文庫，1926 年。

［ 4 ］ 湖北省博物馆：《曾侯乙墓》，文物出版社，1989 年。

［ 5 ］ 广州市文物管理委员会：《西汉南越王墓》，文物出版社，1991 年。

［ 6 ］ 河北省文物管理处：《满城汉墓发掘报告》，文物出版社，1980 年。

［ 7 ］ 中国文物精华编辑委员会：《中国文物精华》，文物出版社，1990、1992、1993、1997 年。

［ 8 ］ 杨伯达：《中国美术全集·金银玻璃珐琅器》，文物出版社，1987 年。

［ 9 ］ 田邊勝美、前田耕作：《世界美術大全集·東洋編·十五·中央ｱジｱ》，小学館，1999 年。

［10］ 田邊勝美、松島英子：《世界美術大全集·東洋編·十六·西ｱジｱ》，小学館，1999 年。

［11］ 杉村栋：《世界美術大全集·東洋編 17·イスぅーム》，小学館，1999 年。

［12］ 陆九皋、韩伟：《唐代金银器》，文物出版社，1985 年。

［13］ 韩伟：《海内外唐代金银器萃编》，三秦出版社，1989 年。

［14］ 齐东方：《唐代金银器研究》，中国社会科学出版社，1991 年。

［15］ 关善明：《中国古代金饰》（文稿，未刊）。

［16］ 加籐繁：《唐宋時代金銀器研究》，東洋文庫，1926 年。

［17］ 湖北省博物馆：《曾侯乙墓》，文物出版社，1989 年。

［18］ 广州市文物管理委员会：《西汉南越王墓》，文物出版社，1991 年。

［19］ 河北省文物管理处：《满城汉墓发掘报告》，文物出版社，1980 年。

［20］ 冯汉骥：《前蜀王建墓发掘报告》，文物出版社，1965 年。

［21］ 内蒙古自治区文物考古研究所：《辽陈国公主墓》，文物出版社，1993 年。

［22］ 中国文物精华编辑委员会：《中国文物精华》，文物出版社，1990、1992、1993、1997 年。

［23］ 杨伯达：《中国美术全集·全银玻璃珐琅器》，文物出版社，1987 年。

［24］ 田邊勝美、前田耕作：《世界美術大全集·東洋編·十五·中央アジア》，小学館，1999 年。

［25］ 田邊勝美、松岛英子：《世界美術大全集·東洋編·十六·西アジア》，小学館，1999 年。

［26］ 杉村栋：《世界美術大全集·東洋編·十七·イスぅーム》，小学館，1999 年。

（原刊于《中国金银玻璃珐琅器全集》第一至三卷，河北美术出版社，2004 年）

四、玻璃器

明洁如月的中国玻璃器

我国玻璃器有着三千年的萌生、发展及其繁荣的历史，形成了鲜明的民族特色和独特的艺术风格，在世界玻璃史上独领风骚并占有重要的地位。

玻璃器古称"流璃"、"陆离"、"琉璃""瑠璃"或"颇黎"，古文献多采用"琉璃"。清《颜山杂记》亦称"琉璃"，但颜神镇炉业工匠称炼成的条状半成品为"料"。不久，此术语流传至京城，成为北京的一特殊的"料器"手工艺行业的用语。20 世纪下半叶此语又为考古界所接受并沿用至今。汉代王充释玻璃为"消炼五石作五色之玉"，所谓"五石"即清孙廷铨《颜山杂记·琉璃》所记马牙石、紫石、凌子石、硝石以及金属矿物等。所谓"五色之玉"并非天然的"真玉"，而是以玻璃仿造的人工合成的玉，这种玉宋人称为"药玉"，元人称为"罐子玉"，明清人仍沿袭古名称"琉璃"，惟清皇家废"琉璃"之名而称"玻璃"。再从出土宝物中考察，已见有类似"消炼五石作五色之玉"的西周玻璃珠管以及春秋末年、战国初年的蜻蜓眼玻璃珠（亦称"镶嵌玻璃珠"）。西周玻璃珠管最初出于陕西周原地区的先周和西周时期平民及贵族墓葬，发掘者称其为"料器"。引起笔者注意的是宝鸡茹家庄出土强伯夫妻生前所用的数以千计的蓝色玻璃珠、管、片。根据出土实物，将中国玻璃起源暂定于殷末的先周时期，即距今 3100 年。

关于中国玻璃起源的研究始于 20 世纪 30 年代，首先是在欧美考古、玻璃、化学等专家之间开展的，他们所检验的资料主要是中国蜻蜓眼玻璃珠，做出的结论是：其中少数是钠钙玻璃，大多是铅钡玻璃，钠钙玻璃珠来自西方，而铅钡玻璃珠则是中国自产的。西方学者对中国古玻璃及其起源的研究具有开创性的意义，并起到积极的推动作用，因而得到我国老一代化学家的支持，也得到当今硅酸盐研究界、考古、文物界的认同。20 世纪 80 年代初提出的中国玻璃起源于西周的观点无疑是对中国玻璃起源于春秋末年学说的一种公开挑战，当然，这种挑战是纯学术性的，其分歧仅限于玻璃属性、起源及其历史等学术观点方面。这是很正常的现象。所以本册仍以西周玻璃（亦称"原始玻璃"）为起点，这样便于研究与探讨。

我国古文献记载，隋珠与和璧并列，被视为珍宝，隋珠即隋国侯"以药作珠，精耀如真"的人工玉珠。这种旨在仿玉的古玻璃贯穿于中国玻璃史之始终，这就是中国玻璃的配方、工艺及其审美上的特色所在，离开了这一文化特征则不能正确地理解中国古玻璃的存在意义和历史价值。在阐述中国古玻璃发展历程时绝不能忽略外国玻璃器的输入所造成的影响，历代权贵和文人都很喜爱外国玻璃器并将其视若宝物。自从西方蜻蜻眼玻璃首先闯入周王室和各国诸侯的生活圈之后，接踵而至的是古罗马玻璃、月氏玻璃、古波斯玻璃、伊斯兰玻璃以及其他欧洲玻璃。近50年来，我国出土了一批外国古玻璃器，这些外国玻璃器大多是权贵们喜爱之物，用于生活，死后便殉入墓内，其年代可考，这为研究古罗马、古波斯以及伊斯兰玻璃的年代和中西交通史提供了一批珍贵的史料。鉴于上述我国出土外国古玻璃的学术的、鉴赏的价值非同寻常，故与我国自制玻璃一并发表，供学术界对比研究。

一、西周玻璃（公元前 11 世纪～前 771 年）

西周玻璃是指发现于周原的先周和西周墓中的玻璃珠、管、片等器，有绿色和蓝色的。保存较好者呈玻璃光泽，气泡极少，表面光滑，质地坚实；保存状况不良者呈浅绿色，气泡多，表面不平，光泽暗淡，质地松软不够坚实，残缺处呈色较表面浅淡，内含颗粒。西周玻璃确与现代玻璃及战国玻璃不同，但从其胎子和工艺两种角度来观察，又与陶瓷有根本区别。经过科学检测，均不肯定其为玻璃。为何出现上述情况？估计是西周玻璃烧造温度不足，石英粉未能熔融，而其中的玻璃体在埋藏于地下长达 3000 余年的条件下业已流失殆尽。根据西周社会的生产状况并参照检测结果，初步认为西周玻璃珠是以冶炼青铜的矿渣混合黏土低温熔炼而成，是含有大量石英和少量铅钡的铜呈色的早期玻璃，不同于西方的钠钙玻璃，也与春秋战国兴起的高温透明多彩玻璃有所不同。其成型工艺是衬芯捻绕法。其分布区域除陕西周原沣西之外，向东至山东曲阜（鲁国墓），向南至河南淅川（楚墓）、江苏苏州（严山吴国王室窖藏），向北至山西曲沃（北赵村晋侯墓地），相当广阔，似均是与周王室有着密切关系的封国。器型以珠、管为主，还未见肖生器。珠有圆形、椭圆形、算盘珠形、梭形、十字形；管只有细圆管状一种，但其长短不一，或将其剖为片状嵌于其他器物上。还有粘珠点的工艺，在各式珠上粘牢半球形珠饰，使其造型发生点滴变化，说明其成型工艺也具有原始性。珠、管多用于串饰，依其使用人社会地位不同有所区别，平民佩用单一的玻璃珠管串饰，权贵者多与白玉、红玛瑙等珠管配合使用，使其玉佩多彩化，具有白、青、红、绿、蓝等五彩缤纷的效果（图版 44）。西周人喜欢用蓝或绿色玻璃珠和红色玛瑙珠与白玉串联成"杂佩"，想必是用蓝或绿色玻璃珠充作水苍玉，以红玛瑙珠代替"瑀"（红玉）。所以西周玻璃在功能方面实际上已是"药玉"的鼻祖了，它促成了古玻璃与玉文化的密切联系，也确立了古玻璃本身的社会功能和历史地位。古玻璃的产地可能不会离西周铸造青铜基地太远，很可能西周铸造青铜器的工匠同时也是西周早期玻璃的制造者。使用西周玻璃珠的人中有地位较低的自由民等下层民众，上层人物往往配合玉、玛瑙等贵重材料一齐使用，等级最高者有虢晋之国君以及鲁国、楚国等贵族。西周玻璃珠盛行于西周至春秋时期，此后渐少。至秦汉可能不再生产，故该期墓葬中仅有零星出土者。

西欧、埃及考古学家于距今五千年前古埃及墓中早已发现了类似我国西周玻璃形状的器物，他们称之为"Faience"，中文译名为"法昂斯"、"费昂斯"、"弗氧斯"。Faience 的原词意未详查，但英国许多博物馆称该地所出之彩绘釉陶为 Faience，不知何故欧洲考古学家发掘了古埃及的类似西周玻璃的器物之时借用了欧洲陶瓷业的专用名词加以命名？约定俗成，全球考古界也接受了这一名称，凡似此类器物均称之为 Faience，中国西周玻璃自然不能例外，也被称为 Faience 或"中国费昂斯"。从 20 世纪 80 年代之后，关于中国古玻璃的起源便形成了"先周·西周说"与"春秋晚期—战国早期说"两说见解。这种分歧是因对古玻璃史源头的科研课题的观点或认识不同而造成的，是一种极其正常的现象，今后通过深入的科学检验、文献的分析和充分的论证，学术界终究会达成共识的。

二、东周玻璃（公元前 770～前 221 年）

东周玻璃制造业为何不再大量生产或根本不再生产西周玻璃？当然，其中的原因可能相当复杂，在此不必详究，想必与下述两种情况有着密切联系：其一是在古文献上，"隋珠"即生产于隋国的由其侯亲自制造或督造而成"精耀如真"的圆珠；其二是近五十年来发掘出土了数百件镶嵌玻璃珠俗称蜻蜓眼玻璃珠（图版29），西方称为"复合眼珠"（Compound eye-bead），日本称"トンボ玉"（即蜻蜓眼玻璃珠）。这两种玻璃新品取代了西周玻璃（原始玻璃）。

隋珠在战国时代已成为各王侯的"宝物"，关于它的记载在我国古文献中多次出现，《史记·李斯列传》记："今陛下（按，指秦始皇帝嬴政）……有隋和之宝，重明月之珠。"

《论衡·率性》记："隋侯……以药作珠，精耀如真。"

《淮南子》东汉高诱注："隋侯之珠，盖明月珠也。"

《说苑》云："（隋侯珠）绝白而有光，因号隋珠。"

上述文献的撰者、注者均为西汉或东汉之人，距隋侯的年限并不甚久远，不过三四百年，其所记者并非原始记载。其时留下的有关隋珠的简牍和口头传说一定很多，汉人可读可闻，经整理后流传至今，虽非原始记载，但还是可信的。汉人对隋侯珠的认识是一致的，将其概括起来，即隋侯以药作珠，精耀如真，绝白而有光，盖明月珠也。隋侯珠也就是宋人所谓的药玉珠，堪称继西周玻璃之后的第二代人造仿羊脂白玉玻璃珠，当时称为"明月珠"，是脍炙人口的成功之作。与文献所记的隋侯珠相对照，可以承认迄今为止尚未发现同其相吻合的绝白光亮的明月珠，但是我们已看到齐国玻璃簪形器、大珠和大量的楚国药玉璧环及剑饰。经科学检测，此南北两地的药玉均为铅钡玻璃，真可谓正是继承西周玻璃的配方而加以调整，大大增加铅钡的比重，再采取高温熔融，便可烧造成齐、楚两国的药玉。当然，这两批药玉质量确比原始性较强的西周玻璃大为提升，一跃而迈进真正的科学意义上的玻璃分野，称其为铅钡玻璃也是当之无愧的。我们看到淄博所出土的齐国浅蓝色大玻璃珠，直径达 4.2 厘米，孔径 1.1 厘米，也是空前的。由此联想隋珠之大小也可能与其相仿佛。遗憾的是此珠的含铜量已在 0.16% 左右，呈浅蓝色，如果含铜量减少到 0.001%，岂不成为明月白珠。齐国为战国七雄之一，地处珣玗琪和瑶琨的两个玉产地之间，取玉并不难，其地出土玉器较多也可说明齐国玉料相当丰富，但天然玉并不能完全取代药玉，由于二者各有所长，所以齐国人还是要用药玉簪形器和药玉珠，可见生产并使用药玉已成为一时风尚。当然，楚国长沙确因乏玉而使人们不得不用药玉璧（图版 30）和剑饰来替代玉器，以缓解玉料不足之难。仅药玉璧长沙就出土 80 件，湖南其他各市县出土 61 件，湖南以外的省市出土 26 件。事实上 80%以上的药玉璧出土湖南，有充分根据可以认为楚国是药玉的生产基地之一，其中心可能就在长沙。楚、隋本为南北近邻，隋为楚之附庸，隋侯岂敢不贡明月珠于楚，想必隋将明月白珠连同其制造工艺一并贡送给楚王。从齐珠、楚璧质地来看，楚国药玉璧与隋侯珠不可能毫无承传关系，楚国药玉璧应是隋侯珠的衍生物，同时又不能排除它与西周玻璃的一定联系。至于齐珠与西周玻璃的关系，仅从呈色这一方面来看也应是比较密切的。总之，齐珠、楚璧均为中国古代第一代合格的、合乎现代科学定义的玻璃器。

近 50 年来出土的蜻蜓眼玻璃珠有 300 余粒，其烧造年代自春秋末年至战国初年，约于公元前 5 世纪前后。这些蜻蜓眼玻璃珠分别出土于河南固始侯固滩 M1、山西太原金村晋赵卿墓、长治分水岭 M270、湖北随州曾侯乙墓、山东郎家庄 M1 等三十多处墓葬。曾侯乙墓出土 173 粒，其姬墓出土 24 粒，共计 197 粒，约占总数近 2/3。史学界、考古界已考定曾侯乙即为隋侯乙，在其墓所出蜻蜓眼玻璃珠中最大者直径为 2.4 厘米、小者 1.45 厘米，其中有宝蓝色地白眼蓝瞳珠和白地蓝圈白睛蓝瞳珠，公元前 5～前 3世纪伊朗基兰玻璃珠与上述二珠惊人地相似，它们必有鲜为人知的联系。已如上述，曾侯乙即为隋侯乙，其墓又出土了如此众多的蜻蜓眼玻璃珠，这便将他与隋珠的联系拉近了，目前尚无有力证据证明曾侯乙就是那位"以药作珠"的隋侯，但他也绝不会与隋珠毫无关系。曾侯乙的 173 粒蜻蜓眼玻璃珠的确不是"绝白而有光"的明月之珠，可是如果仔细观察其中几粒白地蜻蜓眼玻璃珠，若能将其蓝色的圈眼和圆瞳仁去掉，岂不就是一粒精耀如真的隋侯珠吗！这种白地蜻蜓眼玻璃珠即曾侯乙受外来同类制品的启发而仿造的，是中国第一种简单的蜻蜓眼铅钡玻璃珠。其他的浅灰地、浅蓝地、宝蓝地者也都是曾侯乙自制蜻蜓眼铅钡玻璃珠，从其配方便可知应为曾侯乙自造而不是来自伊朗基兰。

三、秦汉玻璃（公元前 221～公元 220 年）

秦嬴政于公元前 221 年灭齐，统一全国建立秦朝，自称始皇帝。他采取了有利于全国统一、发展经济的积极措施，但因操之过急而忽略了休养生息，引起民怨，陈胜、吴广揭竿而起，埋葬了秦王朝。公元前 206 年，刘邦受秦二世禅而登上了皇帝宝座。"汉承秦制"，建立了多民族的统一大帝国。武帝时张骞"凿空"西域，开辟了被后世称为"丝绸之路"的东西交通大动脉，促进了东西文明的大交流、大碰撞，汉代丝绸沿着丝绸之路运到欧洲罗马帝国（大秦），西方的宝石、玻璃器也输入西汉都城长安，大秦玻璃器继西方蜻蜓眼玻璃之后便接踵而至。

汉代玻璃工艺沿着战国、秦的道路发展，继续生产玻璃器物或嵌件。所见有耳杯、杯、盘、璧、耳珰、带钩、珠、片等生活用玻璃制品以及玉衣、璧、蝉、豚等殓尸用玻璃器。外国进口玻璃器有杯、钵、盘、瓶、珠等器物。汉代中国玻璃依其产地和品种可分为中原铅钡玻璃、河西走廊铅钡兼钠钙玻璃以及岭南钾硅玻璃等三个类别，它们各自有不同的配方和不同的属性。

汉代宫廷自制玻璃器以刘胜墓出土的玻璃耳杯（图版35）、玻璃盘为代表。此玻璃杯盘为翠蓝色，范铸，胎厚（1.3厘米），器表平滑、晶莹如玉、经检测为铅钡玻璃，但又含有钠钾。乳钉纹嵌玻璃流金铜壶：其菱形、三角形绿色玻璃片上嵌白色小菱形或三角形玻璃，在其中间又嵌绿色玻璃点，增添了光怪陆离的宝气。此类铜壶曾于洛阳金村也有所出土。南越王玻璃牌饰共十一对，长10厘米，宽5厘米，平面50平方厘米，浅蓝色，表面光洁透亮，气泡少且厚薄一致，是优等平板玻璃，属铅钡玻璃。此玻璃板首次发现，因出土南越王墓，再联系广州市经常出土汉代自制玻璃，故暂可定为广州自制玻璃。出土的西汉末至东汉初的玻璃器中常见白色玻璃蝉与白色或绿色的玻璃猪，从其蚀变状况判断，亦应为自制的铅玻璃。与长沙战国时期玻璃璧相比较，汉代玻璃璧有所变化，一是尺寸增大，如茂陵出土的玻璃璧直径为23.4厘米；二是两面纹饰相同；三是范铸加工较精。河南西汉白玻璃谷纹璧为双面铸成，纹饰一致，厚度均匀，光滑晶莹，是一件非常成功的仿白玉谷纹璧。上述大多玻璃器均为仿玉玻璃，也就是西汉药玉。

出土的外国玻璃主要是罗马玻璃，有杯、盘、高足杯连托以及长颈瓶等器。单色的有浅蓝、深蓝和淡绿等色，还有绞胎玻璃，大多为半透明者。这些进口玻璃器出土于墓葬，年代较为准确，有重要研究价值。新疆维吾尔自治区的汉代遗址、墓葬也出土了一批来自中、西亚或地中海沿岸国家的玻璃器，有玻璃珠和动物等品类。偶尔还可见到保存于收藏家手中的玻璃珠，有的出土地点不明，有的也约略可知其出土地点，但不知是否确切。有白、红、赭、黄、绿、蓝、黑、金等单色者，以宝蓝色为主，赭红色较鲜艳，对比较为强烈，亦有复色多彩者。其造型有圆珠或蜻蜓眼珠，还有梭形、环形、瓜形、圆饼形等，大多用作佩饰。这批传世的汉朝玻璃珠未经化验，尚不知其确切成分，不过从目验判断似应来自中亚或西亚，也不排除地中海沿岸。在内地出土的汉代玻璃珠中看不到上述传世玻璃珠的各式品种，故这些传世玻璃珠可能也是用作贸易的商品，本地绿洲居民从商人那里购买而来或从其周边地区农牧民手中交换所得。

四、三国至南北朝玻璃（公元 220 ~ 581 年）

三国至南北朝的 361 年中只有西晋（公元 265 ~ 316 年）的 51 年处于短暂的统一时期，而战乱的岁月长达 310 年之久，光辉的汉文化遗存遭到严重摧残，玻璃手工业也难以幸免。5 世纪上半叶北魏太武帝时，大月氏商人在京都大同炼成五色琉璃，"光泽乃美于西方来者"，"光色映彻，观者见之，莫不惊骇，以为神明所作。自此，中国瑠璃遂贱，人不复珍之"。可知北魏太武帝之前西方瑠璃和中国自制琉璃深受人们珍爱。自从大月氏玻璃配方、工艺传来及成品烧成之后就扭转了上述形势。北魏朝廷烧造的玻璃器可能即采用大月氏商人传授的配方与工艺。有的研究家主张，大月氏商人传来的玻璃工艺中包括了"简易的吹制技术"，这当然是可能的。当是时，汉代铅钡玻璃因战乱而失传，造成了中国自制玻璃业的暂时空白，而中国的吹制钠钙玻璃正好填充了这一空白。定县华塔地宫出土小口圜底玻璃瓶、圜底玻璃钵都是吹制而成的玻璃器，透明，胎内有密集小气泡，应是北魏孝文帝太和五年（公元 481 年）之前烧造的。

此时，外国玻璃通过陆、海两路大量地输入到各朝都城与大城市，故南北各地都出土了此期的进口玻璃器。北燕冯素弗所用之淡绿色玻璃碗、鸭形玻璃注均为罗马玻璃或属罗马玻璃系统。鸭形玻璃出土注年代准确、工艺复杂、薄如蝉翼，经过 1500 余年地下瘗埋和发掘过程仍然完好如新，确实难得。新疆尉犁县营盘 M9 出土刻纹玻璃杯、北魏淡绿色玻璃碗、北周李贤玻璃碗（北周天和四年，公元 569 年）等三器均为萨珊波斯玻璃制品。东晋、南朝墓葬出土玻璃器也是出自萨珊的进口产品。这些进口玻璃器有的有实用功能，确系在生活中被当作饮食器使用，但也有的没有实用价值，仅可充作被欣赏的玩器。从这一侧面可以了解，东晋、南北朝上层人士确实珍爱玻璃，甚至视若珍宝加以秘藏。

五、隋唐玻璃（公元 581 ~ 907 年）

隋朝也是一短祚王朝，不过 37 年，此时，"中国久绝琉璃之作"。开皇（公元 581 ~ 600 年）初，御府监何稠在"匠中无敢厝意"的情况下他"以绿瓷为之，与真不异"，遂而升迁为员外散骑侍郎。所谓"以绿瓷为之"即参酌绿瓷釉的配方而烧成了绿色玻璃；所谓"与真不异"也就是与大月氏商人传授配方烧成的玻璃器没有不同。实际上隋代绿色玻璃补上了"久绝琉璃之作"的空缺。绿色玻璃是什么模样？可巧 1957 年西安隋李静训墓出土了壶、罐、卵形器等绿色的玻璃器，想必这不是偶然的巧合。李静训是周皇太后之外孙女，亡于大业四年（公元 608 年），年仅九岁，她有条件得到何稠"以绿瓷为之"绿色玻璃。此墓出土绿色透明玻璃瓶二件、绿色玻璃蛋形器二件、玻璃管一件、带盖小罐一件以及半透明蓝色玻璃小杯二件等八件玻璃器，其中六件是绿色透明玻璃制品，可能就是何稠配方的绿色玻璃器。

唐代（公元618～907年）继隋代开河渠、凿驰道、筑长城的方略辟疆扩土，先后设有安东、安南、安西、安北、单于、北庭六都护府十节度使，保护丝绸之路畅通无阻。西方的珍宝、服装、歌舞、饮食进入长安，胡服、胡食、胡舞不分朝野莫不爱之。大批波斯人、昭武九姓避难逃亡、移居唐土，带来西域文化，有的仕于朝廷或在军中任职，玻璃器也随之贡奉朝廷和输入京兆。朝廷亦用"药玉"制佩带之饰。民间盛烧器皿和簪钗等玻璃器。而其玻璃头饰广泛地为妇女们采用，促使自制玻璃继续发展，经检测，大多属铅玻璃，也有钠铅玻璃。"以绿瓷为之"绿色透明吹玻璃还用于作杯和舍利瓶，"药玉"用作带銙和珩、璜、琚、瑀。1987年发掘了扶风法门寺唐塔地宫，该塔唐称大兴善寺塔，咸通十四年（公元873年）迎奉佛骨舍利法会后封瘗，经历1174年之后正式发掘，打开了唐代佛教文化宝库的大门，出土了一些自制的和进口的玻璃器。淡黄绿色透明玻璃茶盏、托（图版32），尚未见其检测资料，属于何种玻璃暂难确证，从其透明淡黄绿色的特征及其中国传统造型，可认定其为何稠"以绿瓷为之"自制玻璃的嫡传产品，有某些不及伊斯兰玻璃之欠缺处也是在所难免的。唐僖宗李儇靖陵（公元888年）出土了涅白玻璃镂空云龙纹带銙、涅白玻璃佩饰、涅白玻璃云龙纹璧等玻璃器，均为宫廷作坊所造之药玉。宁夏盐池县苏步井乡窨子里村唐墓出土吹制绿色大玻璃珠直径4厘米。宁夏固原原州区南郊乡小马庄村总章二年（公元669年）史诃耽夫妇合葬墓出土六瓣透明玻璃盏、绿色透明玻璃花七件以及广西钦州市久隆乡M1出土绿色高足玻璃杯等透明绿色玻璃器均为何稠配方的自制玻璃。湖南出土的三件蓝色玻璃钗、一件深蓝色玻璃簪毫无疑问是自制玻璃，均为庶民阶层妇女使用。涅白玻璃簪质地光洁晶莹。涅白玻璃应为"药玉"。上述自制玻璃由宫廷作坊或民间场肆所制，其制品在各阶层人士间通用。

隋唐与东西各国有着通贡或贸易关系，唐代朝野迷恋胡食、胡舞，通过丝绸之路进口了不少玻璃器供帝后和权贵人物生活中使用。外国玻璃器主要出土于河北、陕西、河南等地，有杯、盘、壶、瓶等器，大多来自波斯，如贴饼高足玻璃碗、玻璃细颈瓶即来自萨珊波斯。贴饼高足玻璃碗出土于库车森木赛姆石窟，定为隋代，在碗体上粘贴凸出的圆形饼，这是具有代表性的萨珊玻璃工艺，并流传至伊斯兰时代。在我国一次出土最多而且完整的外国玻璃器来自法门寺塔地宫，出土玻璃器共20件，大部分为进口玻璃，其中3件为素玻璃碟杯，其他12件均为贴塑刻纹或彩绘的杯、盘和瓶。刻纹及彩绘盘中只有一件是黄色玻璃，其他全系宝蓝色玻璃，透明度、洁净度与光泽度均好，吹制成型，形状均圆整，保存完好，只有个别的有轻微磕伤或残破，堪称优质品（图版36）。刻纹蓝色玻璃盘八件，似用金刚钻刀刻成，因玻璃硬度甚高，不低于摩氏6度，在雕刻时颇费力，线条曲直不易掌握，而这八件刻纹盘的线条细劲流畅，非俗工可为者。有四件刻纹玻璃盘加上泥金，真可谓金碧辉煌、光彩夺目，其永不退色尤为难得。彩绘玻璃在玻璃器装饰上别具一格、十分鲜见。黑色单彩者有黄玻璃黑彩盘；二彩者有浅蓝玻璃下涂烟色上涂黑色盘和蓝玻璃下涂豇豆红上涂宝蓝色盘。这两件二彩玻璃盘的图案有何内涵不得而知，好像出自西方现代抽象派画家之手，给人的直观感觉是绘彩匠人信笔涂抹、宣泄情怀的不经之作而已。这三件玻璃盘彩绘用色不多，图案简单或抽象难释，但其彩绘使用何种材料则是一个非常重要的问题。此时绘画均用矿物颜料，涂在玻璃盘上不能粘牢，这已是常识，那么在玻璃上涂彩使其牢固不轻易脱落又是别的什么颜料呢？只有珐琅一种堪当其任。如果这一判断可取，那么这三件彩绘则成为传入我国最早的玻璃画珐琅器。正确与否尚待今后取样化验证实。盘口细颈贴花淡黄色玻璃瓶吹制热贴黄蓝二色玻璃圆环、瓶花等凸起图案，属罗马玻璃系统，制造地点不详。淡黄绿色刻纹玻璃杯，筒形直口，平底。上述十二件贴花、刻纹、彩绘的玻璃瓶、盘、杯不仅在我国是一批难得的宝物，即使将其拿到全球古伊斯兰玻璃史坛上也是一枝独秀，艳盖群芳，令研究家们无不歆羡！黄蓝色贴花透明玻璃碗，口、足均贴黄玻璃条，腹部贴蓝色连弧纹，给人以清新怡目的快感，也是我国现存西方玻璃碗的孤品。长颈方形玻璃瓶一对，因通体蚀锈，玻璃原质色难以识别，其具体产地亦不明。

六、宋代玻璃 （公元 960～1279 年）

　　宋代与辽、金对峙，时战时和，互为通贡。宋与大食、中西亚及三佛齐、东南亚诸国通贡交流，进口大量的香料和玻璃器。宋朝廷不仅使用药玉，还将药玉的使用定成制度（详见《宋史·舆服志》），如"今君臣之冕用药玉青珠"、"大带、中单佩以珉，贯以药珠"、"佩药珠、衡、璜"等。除药玉珠之外，还有衡、璜等。玻璃生产的基地除了朝廷药玉作之外，还有山东颜神镇、河南洛阳、淮北、苏州、新安以及泉州（即Djan-KOU）等地。当时最大的玻璃器莫过于"苏灯"，"圈片大者径三四尺，皆五色琉璃所成"。新安所进"无骨"灯"皆琉璃所为"。笔者在 20 世纪 70 年代从南京到合肥的路途中曾随便看了几个县的文物，其中有不少从未正式发表的白、蓝色玻璃簪钗，在扬州也看了几支尚属完整的宋代玻璃簪。已正式发表的出土玻璃簪钗都是妇女发髻所用之物，其实也都是仿玉之作。南北方出土玻璃经检验，多属铅玻璃和钾铅玻璃，与唐代自制玻璃配方相似。江苏南京、安徽六安、湖南长沙等地出土的白蓝玻璃簪钗，其中南京市邓府山出土白玻璃簪三支，一支为方形头，另两支上部均施八层或七层的竹节状饰，头或直或弯。这三支玻璃簪均施一定装饰，比普通的玻璃簪要贵重。同地出土的另三支玻璃簪较为粗简，毫无装饰，属简素型玻璃器，其中一件是双尖的玻璃簪，另一件是白蓝二色的玻璃簪。六安东门外护城河出土的白玻璃钗长 1.98 厘米，直径 0.4 厘米，属细长型钗，对玻璃的牢固度要求甚高，匠人为了加固长脚而将其中部黏结，端部分为双尖。南京江宁将军山南麓宋墓出土的六曲花口玻璃碗（图版 37）是典型的宋式花口碗，可能是用作饮酒的盏，是一件工精料实的玻璃小碗。寿县天圣五年（公元 1027年）报恩寺塔孔雀蓝色和淡黄色玻璃舍利瓶形状丰满，器胎甚薄，也是两件工料皆精的北宋佛舍利瓶。新疆若羌县瓦石峡河道旁宋元时玻璃作坊遗址出土了一批成品和碎片。流口深绿色长颈橄榄玻璃瓶，胎厚，色浓，表面有较密的气孔，这是宋元时期新疆回纥所制之玻璃器。

宋代尤其南宋为了解决财政困难，增加了陶瓷器、丝织品的出口，以换回金银和香料、玻璃等奇珍异货。仅以玻璃贸易而言，著名者有大秦国、大食国、白达国、吉慈尼国、芦眉国、渤泥国、麻逸国、天竺国、注辇国等盛产玻璃的诸国，其中白达国产金钱碾花上等琉璃；吉慈尼国产碾花琉璃；芦眉国产上等碾花琉璃（《诸蕃志》卷上）。关于大食诸国玻璃配方及其成品的优越性，《诸蕃志》作者赵汝适亦了如指掌，如"烧炼之法与中国同，其法用铅、硝、石膏烧成，大食则添入南鹏沙，故滋润不裂，最耐寒暑，存水不坏，以此贵重于中国"。外国进口玻璃器出土于河北、安徽、浙江等地，均为波斯造伊斯兰玻璃。蓝色小口卵形玻璃瓶以浅蓝玻璃料吹成小口橄榄式瓶，冷却后局部再涂深蓝色珐琅焙烧而成，据考，为伊朗伊斯兰玻璃器。琢磨花纹圆腹玻璃瓶，大口粗长颈，平肩下收，圆筒形腹，平底，琢磨粗壮的线纹。与此相似的还有无为城关宝塔出土的浅蓝色磨花玻璃瓶。瑞安塔基所出蓝色磨花玻璃瓶，盘口，细长颈，扁圆腹，圈足。其造型与上述两磨花瓶不同，但磨花工艺却相同，图案也比较接近，均属10世纪伊斯兰玻璃。宋人赵汝适在《诸蕃志》中将此种磨花工艺称为《碾花》，碾花玻璃器产于白达国、吉慈尼国、芦眉国等三国。白达国疑其为黑衣大食之报答城，即今巴格达。上述三件很可能出自上述三国，按宋人定名应称为"碾花蓝色玻璃器"，堪当"上等"款色。安徽寿县北宋天圣五年（公元1027年）报恩寺塔同出蓝色细长玻璃瓶，器形奇异，一望而知确实不具中国文化传统，大圆口细长下收，平肩，身直，似一细圆管状，半高喇叭口形足，以同色玻璃条绕器身一至二周，或上下边续作连弧纹。这种贴花玻璃是伊斯兰工匠承继罗马玻璃工艺的产物，通行于全境，其成器时间亦是10世纪或稍晚一些。上述伊斯兰玻璃器均为盛舍利的玻璃瓶，瘗埋年代准确，保存完好，对研究伊斯兰玻璃有着极其重要的科学的、历史的价值。

七、辽金玻璃（公元916～1234年）

辽、金是由契丹族、女真族建立起来的北方政权，与两宋对峙，并与中西亚各国保持着密切的政治、经济和文化上的联系。朝廷、寺院和庶民都使用玻璃器，但是很难找到相关的文献记载，仅见于正式发掘出土的少量玻璃制品。笔者在东北、内蒙古等地参观时看到一些辽金的各色玻璃饰品和玻璃珠，多是平民所用之装饰。在吉林长春还看到金墓出土的药玉小盘两只，这些零星线索足以说明契丹、女真及汉族平民百姓使用玻璃簪、钗、珠作首饰或装饰。其时，寺院用玻璃器作盛舍利的器皿；官员用药玉作带饰；皇家贵族则使用从陆路输入的中西亚玻璃器。这些玻璃器究竟产自何地是一个很难突破的研究课题，譬如辽金所用的药玉是来自宋境还是自产？目前还无法肯定。若从辽金都有着相当规模的陶瓷业来考虑，辽金在境内建几座八卦炉烧造自用琉璃也不成其问题，但这需要今后的发现和论证。

辽宁义县清河门水泉辽墓出土革带上的药玉 11 件（图版 43），从残伤处可见其为白色质地，此为迄今所见的唯一一件辽鞢鞢带上的药玉獭尾及各种药玉饰件，可惜的是已非全物，已无法复原。同墓还出土四件琮形天蓝色玻璃管，方筒形，两端大小不等，通身阴刻横线纹，中心有穿孔，与琮形相似。此器半透明，晶莹绚丽，经千年瘗埋仍基本完好，略呈蚌珠光彩。墨绿色葫芦形舍利瓶出土于内蒙古巴林右旗辽庆州释迦佛舍利塔，吹制成大腹葫芦状，上有小口，质地滋密，表面莹泽，应为辽境自制或从北宋购入。

契丹贵族在日常生活中也使用进口的中、西亚玻璃器，或将其作为珍宝贮藏，死后殉入墓内。镶银扣绿玻璃方盘，形制特殊，面上有五个下凹的尖瓣形，下有四尖乳头状足，因使用不慎破碎，加银铜接牢，四边镶银扣，进入辽境时仅是四足玻璃方盘，现今所见之银活确系后加的。这种器型甚为殊异，不仅在中国是仅此一件，即使在国外也是无双的。此器的功能也令人费解，有待今后研究。波斯玻璃瓶（图版 33），出土于辽宁朝阳市北塔天宫，此塔建于辽重熙年间（公元 1032~1054 年）。此瓶由萨珊波斯"胡瓶"衍变而成，在伊斯兰玻璃器中不乏其例，但此瓶内立有一广口粗长颈水注，制成大瓶套小瓶的玻璃器，则不见于现存伊斯兰玻璃器中，故此瓶的工艺的、历史的价值即在于此。辽陈国公主墓建于开泰七年（公元 1018 年），出土了五件伊斯兰玻璃器，均经专家鉴定并发表了正式报告，为古玻璃研究提供了第一手科学资料和权威性的鉴定意见。陈国公主墓出土的玻璃器在数量、质量两个方面确实不如法门寺塔所出者，这是由于法门寺所出属皇家珍藏，而陈国公主墓所出者仅属公主个人所有，两者有差别是情理之中的事。但我认为后者正是继前者发展而来，两者相隔约一个半世纪，陈国公主玻璃器正好填充了这一段空白。从产地来看，定为伊朗的带把玻璃注、刻花高颈玻璃瓶、中亚高颈玻璃瓶，拜占庭乳钉玻璃盘、埃及或叙利亚乳钉纹高颈玻璃注各一件，揭示出伊斯兰玻璃产地的多元性和复杂性。对此问题我们要有清晰的认识，确定其产地要尽量做到具体、准确，切忌笼统的做法。譬如辽宋境内出土的四件磨花或刻花玻璃器，其风格有明显的差异，其实这就是由于产地不同所造成的。宋地出土三件磨花玻璃器，宋人称其为碾花玻璃，产于白达等沿海或近海的大城市，而陈国公主墓所出土的刻花玻璃器是来自伊朗。相同工艺在不同地点应用，便产生了两种不同的地区风格，我们在研究伊斯兰玻璃时要充分注意到这一点。

八、元明玻璃（公元 1271~1644 年）

蒙古汗（公元 1206~1270 年）东征西讨，缴获了大量的金珠宝石和玻璃等珍宝供其享用。忽必烈汗于公元 1271 年在燕京称帝，定国号元，建立了庞大的官办手工业管理机构，成立了瓘玉局，"瓘"系"罐"之别字，实为罐玉局，也就是烧造药玉的玻璃主管局，局址及炉址未见记载，估计可能在山东青州益都之"西鄙"颜神镇。1982 年此地发现了元末明初的玻璃炉址，说明该镇玻璃制造业始创年代很早，曾闻博山琉璃业始于宋，看来也是不无道理的，但因尚未查到文献证据，故其始年暂不能确定。明代颜神镇琉璃配方为"马牙、紫石为主，用黄丹、白铅、铜绿煎成"。明朝廷规定四品职官不能佩玉，可佩药玉，药玉佩是四品以下职官的佩。未见关于玉带銙用药玉的记载，出土罐子玉玉带见于扬州梅岭明史可法衣冠冢。明代太监衙门中的内宫监于颜神镇设外厂，专造太庙所用之"青帝"，青帝就是悬挂于太庙门窗之外的以蓝色玻璃穿缀成的帘子，是"琉璃之贵者"。因此颜神镇炉业在明代得到重大发展，成为明代北方生产玻璃的中心。据文献记载，丹阳、淮北、云南也有生产玻璃的作坊。元代"罐玉"（即罐子玉或药玉）、明代外厂"青帝"及颜神镇琉璃制品质地脆弱易损不能耐用，所以很难保存下来，物主死后殉于墓内的玻璃制品更是寥若晨星，出土甚少，这给我们研究元明玻璃带来了不少困难，但从几件具有代表性的制品中还是可以找到一些线索的。

元代药玉圭出土于张士诚之父母合葬墓，该墓位于苏州盘门外吴门桥东南，此圭很大，长 42.6 厘米，宽 6.5 厘米，厚 1 厘米，从 1964 年发掘出土于直到 1980 年都被认作玉圭，说明元末以药玉仿玉已达到可以乱真的水平。之后我经过仔细观察才确认其为药玉而并非真玉。这件药玉圭的制造地点有两种可能，或是罐玉局所造，或是张士诚在苏州烧造。同墓还出土了数百粒透明玻璃珠，经检测属钾铅玻璃，与颜神镇生产之钾钙玻璃器有所不同，应是苏州本地烧造。莲花形玻璃盏托（图版 31），出于甘肃漳县徐家坪元代汪世显家族墓，范铸，经修整抛光而成。玻璃莲花盏托仅此一件，玻璃质地尚佳，气泡不多，莹晶滋润，保存状况良好，器身虽有绺璺，但不伤大雅。托与盏的情况一致，确为原配，尤为珍贵。汪氏家族世代仕元，受朝廷赏赐甚丰，所以此盏托亦可能出自罐玉局。明凤穿花卉纹玻璃碗（图版 45），出土的明代玻璃器甚少，此两件白玻璃碗出土于南京，刚刚发表不久，尚鲜为人知。从此二碗可知明代玻璃配方与烧造工艺均比前朝有所改进，已能烧造饮食用的器皿。器外饰阴线凤凰穿花纹，也是精巧之作，足以代表明代玻璃工艺的高超水平。

九、清代玻璃（公元 1644～1911 年）

清代玻璃谱写了我国古代玻璃史上光辉灿烂的最后篇章，概括而言，可以归纳出以下八个特点：

其一，康熙帝是一位玻璃迷，他于康熙三十五年（公元 1696 年）下诏建立玻璃厂，为皇家玻璃生产的繁荣奠定了物质的和技术的基础。

其二，聘请日耳曼传教士纪里安（Kijian Stumpf）神父作总设计师，由其主持造办的玻璃产品完成于康熙三十九年（公元 1700 年）之前。

其三，传教士玻璃匠师将欧洲玻璃配方与工艺传授给清代工匠，生产了大批欧式玻璃器。

其四，康熙帝打下了皇家玻璃的基础并获得工艺技术、花色品种、产品质量等方面的成功，经历了雍正朝（公元 1723～1735 年）至乾隆帝，三朝各有作为。乾隆帝也是一位钟爱玻璃的皇帝，他聘用法国传教士烧玻璃技师纪文（Gabriel-Leonardde Brcssard，S. J，1703～1758 年）和汤执中（Pierre D，Incarville，S. J，1706～1758 年），乾隆二十二年（公元 1759 年）因病离境返国前，把皇家玻璃推向最后一座顶峰。此后，皇家玻璃厂完全依靠博山玻璃工匠以维持正常生产，这种情况持续到清帝逊位（1911 年）方告结束。

其五，清代玻璃制造业的中心地区南有广州，北有博山，博山玻璃业有近千年的历史。康熙三年（公元 1664 年），致仕大学士孙廷铨返乡闲居，撰《颜山杂记》。孙廷铨祖上世业琉璃，他自幼耳濡目染，颇详琉璃业之诸多方面的情况，故在《颜山杂记》中专辟"琉璃"一章，记录了博山琉璃业的原料、配方、生产、工艺、产品及其运销等细节，他还勾勒了中国琉璃工艺发展的始末。此篇中国琉璃的专论受到学术界的关注，于辛亥年（1911 年）为《美术丛书》采辑入册，名为《琉璃志》，致使我国初入玻璃史大门的青年误认是一本专书。

其六，1982 年 10 月，淄博市博物馆在博山区第一百货公司工地发现了元末明初的炉址，出土了大量的玻璃料头和坩埚、炭渣等遗物，经检测其玻璃料头属钾钙玻璃，从而揭开了博山玻璃配方化学成分的谜底。

其七，清代《养心殿造办处各作成做活计清档》记载了从雍正元年至宣统三年（公元 1723～1911 年）该处造办活计的详情，这部档案基本完好无缺，其中记录了大量的"玻璃厂"的活计，这是我们研究皇家玻璃的重要文献资料。

其八，故宫博物院收藏清代皇家玻璃器和民间玻璃器共数千件，这是研究清代玻璃的重要实物资料。

上述八点为研究清代玻璃史奠定了良好基础，在此我们仅扼要地介绍一下清代玻璃的概况，以供读者参考。

清初，民间玻璃的主要产地有广州和益都颜神镇，可能在江苏、云南等省份还分布着几处玻璃作坊。广州烧造的玻璃"质薄而脆"，属钾钙玻璃，人称"土玻璃"；从欧洲进口的玻璃被称之为"洋玻璃"，属钠钙玻璃，其优势在于"质厚而莹净如水晶"。清初颜神镇玻璃业的情况可从孙廷铨所撰《颜山杂记·琉璃》得到有益的线索，如烧炼玻璃的原料均取自本镇及其周围山区，就地取材，运输方便。主要原料是马牙石、紫石、凌子石、硝以及铜、铁、丹铅等。成型加工工艺分为"实之属"即实心玻璃和"空之属"即吹成的空心玻璃两大类。产品以"青帝"为贵，还有仿佩玉、华灯、屏风、罐、盒、果山、棋子、风铃、念珠、壶顶、簪、珥、泡灯、鱼瓶、葫芦、砚滴、佛眼、轩辕镜、火珠、响器、鼓珰等，大多都是件头较小的消费品和装饰品。其产量较大，行销国内外"北至燕南、南至百粤、东至朝鲜、西至河外"的方圆万里的区域。益都颜神镇还为皇家玻璃厂提供玻璃工匠和玻璃配方。

皇家玻璃厂位于蚕池口，从康熙三十五年（公元1696年）起经过几年的建设，于康熙三十九年（公元1700年）之前已经完工并投入生产。在筹备过程中，传教士日耳曼人纪里安神父（Kijian Stumpf，公元1655~1720年）起到了重要作用，康熙帝对玻璃厂所造玻璃器颇为满意。康熙四十四年（公元1705年）已经烧造出白玻璃鱼缸、蓝玻璃盘、蓝玻璃花笔筒、洒金蓝玻璃瓶、黄玻璃小盘等器皿。广东玻璃匠程向贵于康熙四十七年（公元1708年）曾做了一套雨过天晴刻花玻璃杯，家里学手匠人周后做过雨过天晴素套杯十二件，这两套杯子可能是广州玻璃与日耳曼玻璃的结合型产品。不知何种原因，程向贵、周俊二人于康熙五十四年（公元1715年）被遣返广州，我们经识别出来的现存康熙朝御窑玻璃只有两件，其中代表性的是仿水晶玻璃水丞，通体琢磨六方形连锁组成的几何图案，底刻"康熙御制"二直行单栏阴线篆体款。此器形制是西方墨水瓶，工艺属 Cut glass，可能是采用日耳曼波希米亚玻璃配方在玻璃厂烧成，可认作纪里安与程向贵在玻璃厂合作的结晶。康熙时期玻璃厂的重大贡献则是套料的烧成。套料是指以白色玻璃为器胎，其上热贴其他色彩玻璃，黏合后再碾琢图案，呈现多彩的鲜艳效果。还有彩色玻璃地上套彩色玻璃者，套色由一色到四五色。康熙时期御窑套色玻璃器已传至民间且被视为绝品，备受藏家珍爱。晚清同光朝著名书画家赵之谦仅见康熙套红壶二、套蓝者一，时人赞谓"三十六天罡，稀世珍也"，可知其名贵而又难得，惜哉！今日已不可复见矣。康熙时期御窑玻璃"浑朴简古，光照艳烂如异宝"，说明其烧造工艺及其艺术韵味均已达到很高的境界。

纪里安殁于康熙五十九年（公元1720年），由他一手操建的日耳曼式御用玻璃厂的前途令康熙皇帝非常担忧，三年后康熙皇帝驾崩，这意味着御用玻璃厂的命运也到了尽头。雍正帝御极（公元1723年）后不久又在圆明园六所新建玻璃厂，取代康熙时代日耳曼式御用玻璃厂，他不再聘请传教士玻璃匠师而改用颜神镇玻璃匠。据养心殿造办处《活计档》记载，玻璃厂所做玻璃器计有：葡萄色玻璃杯、圆球玻璃钟、红玻璃鸡鼓水注、仿红玛瑙玻璃器皿、红色烧料杯、玻璃轩辕镜、金珀色刻花玻璃杯、涅黄玻璃数珠、涅黄玻璃嵌珊瑚螭虎水丞、红玻璃缸、白玻璃笔洗、涅白玻璃画珐琅竹瓶、涅白玻璃小圆水丞、黄玻璃把碗、白色玻璃如意、套红玻璃缸、涅白玻璃套红三足笔洗、套红玻璃砚盒、高足玻璃杯、涅白玻璃里外套红玻璃三足马蹄腿圆笔洗、两面镶嵌珐琅片翡翠色玻璃小瓶等等。雍正时期造办处继康熙时代的做法，在颜色上仿玛瑙红、翡翠绿、琥珀蜜蜡黄，造型仿嘉靖菊瓣漆盘、宣德雕漆把杯、宣德鳅耳炉等。玻璃厂生产成绩中常，胤禛对它有时表彰有时申斥，厂内生产在个别环节上尚不及康熙时期。如雍正十年发下胤禛所喜爱的涅白玻璃胎泥金地画珐琅花卉水盂，要玻璃厂照烧几件。此后，据催总张自成回奏，照样做过，并未造成。

故宫博物院现存雍正款玻璃器据悉只有二十一件，其中有淡黄、黄、深黄、雄黄、涅白、亮黄、亮浅蓝、亮紫等单色玻璃，器型有八棱瓶、小缸、水盂、渣斗、圆盒等几种，匀系"雍正年制"直二行宽栏楷书阴刻款。这些玻璃器的质量尚好，色彩鲜艳，多少有些气泡糟坑，这在当时是难免的。

由于当时玻璃生产水平的提高，清宫所设的玻璃厂又制造了大量的玻璃器，雍正帝便用玻璃代替宝石并正式列为典章制度。如用于官员所戴的帽顶，三品官以蓝色明玻璃相当蓝宝石作帽顶；四品官以蓝色涅玻璃相当青金石帽顶；五品官以白色明玻璃相当水晶帽顶；六品官以白色涅玻璃相当砗磲帽顶。每年赏给各少数民族王公贵族以及外国使臣大量的传统工艺品中也包括一部分玻璃器。这说明玻璃器已不仅是帝王的玩赏品和实用器，而且还成为一种赏赐品。总之，雍正时期玻璃厂在皇帝的直接指导下业绩不凡，别开生面，不仅提高和改进了传统玻璃工艺水平和民间玻璃的艺术格调，还创造了具有秀雅精细特色的清代皇家玻璃艺术的典范。

弘历于公元 1736 年登上皇帝宝座，年号乾隆，御极六十年，退位后又当了四年太上皇。他继承了康熙创业、雍正整顿所积累下来的大量财富，在康雍二朝繁盛的基础上又建成乾隆盛世。乾隆帝接过圆明园六所玻璃厂之后采取了不同于雍正帝的方针，而是实施了兼容并蓄的治理玻璃业的政策，一度使中国的经验与西方的科学技术结合起来，在雍正时期传统玻璃皇家风格的基础上招聘法国传教士烧玻璃匠师，扩大规模，改进设备，投入巨额银两烧造了一批具有"洛可可"（Rococo）风格的灯具和陈设。乾隆在位六十年间玻璃厂烧造了大量的玻璃器，从档案和现存宝物来看，其产品有炉瓶盒三式、五供、瓶、罐、盆、钵、盘、碗和鼻烟壶等器物，其玻璃色彩与工艺上颇有特色，如：

（一）单色玻璃：有涅白、砗磲白、浅黄、娇黄、雄黄、亮茶、亮茶黄、月白、宝蓝、空蓝、亮浅蓝、亮深蓝、亮深红、亮玫瑰红、亮深宝石红、豆青、豇豆紫、浅紫、亮深紫、桃红、粉绿、水晶、茶晶等二十余种。

（二）复色玻璃：两种或两种以上的色彩玻璃结合在一个器物上，有以下五种。

其一，金星料。在深茶或红褐色玻璃里闪耀着金星的玻璃。

其二，点彩。以一种玻璃作地，捺压色彩玻璃斑点成块状。如黑地洒金，黑地点金星料，松石地点金星料，黑料地捺金星料。黄、红、三彩、多彩地点彩，如褐红透黄绿绞料地捺黄托红斑，蓝、白、绿、黄彩绞料地金星料斑。

其三，夹金。黑或蓝地洒金外套透明玻璃。

其四，夹彩。涅白地捺金星、绿、蓝三色斑，外套浅绿透明料。

其五，绞丝。一色深浅绞料：藕荷色绞料，玫瑰紫绞料，深粉绿绞料；多色绞料：涅白地绞绿，鲜红地绞黄，宝蓝地绞白，金星料、豌豆黄地绞深红、浅绿。

（三）套料。

其一，涅白地套彩。涅白套蓝、套红、套深红、套粉绿、透明玻璃套佛青。

其二，彩玻璃地套彩。黄地套红、宝蓝地套粉绿、灰地套雄黄、桃红地套藕荷、绿地套佛青。

其三，涅白地兼套。涅白地套月白、紫、紫红。

其四，彩色地兼套。象牙黄地套佛青、深红。

其五，斑地兼套。涅白红斑地套深红、透绿、透蓝。

（四）艺术加工：分为雕刻、描彩、描金、画珐琅等。

其一，雕刻。使用铊玉的方法，由玉匠进行碾琢，有阴线刻，隐起和平凸。

其二，描彩。在透明玻璃或金星料上加彩绘。

其三，描金。在透明玻璃上描金。

其四，泥金。阴刻线后泥金。

其五，画珐琅：多在涅白玻璃地上绘珐琅料，经烘烧而成。

从留下来的乾隆时期玻璃器皿来看，它们多近似雍正时期玻璃器，质量较精，而玻璃胎内的气泡、糟坑因器而异，有多有少。现藏故宫博物院的这些玻璃器，只是乾隆时期所生产的玻璃器中的极少一部分，但它们从一个侧面反映了清代玻璃生产极盛时期的光辉成就。

自嘉庆朝以后的107年中，清宫玻璃厂生产及其艺术发展的总趋势是走向下坡路，生产上是以完成年节进贡活计为主要任务。

清宫养心殿造办处至迟于雍正元年便立下了一个规矩，每年端午、中秋、年节和万寿节各作都要向皇帝进贡活计，其中也包括玻璃厂献的玻璃器。雍正至乾隆初期的四次年节贡活似无定例。嘉庆时期每年端阳节贡玻璃盘、碗、盅、碟等81件，玻璃鼻烟壶60个，年节贡活玻璃盘、碗、盅、碟100件，玻璃鼻烟壶60件，一年共进玻璃器301件。此后成了定例，几乎每年要进各种玻璃器301件。玻璃厂每年分两次烧制，六月以前是第一次，十月是第二次。但嘉庆十八年又定于五月至八月、嘉庆二十二年复改于二月至七月，须将春秋二季玻璃器烧造完竣。烧制玻璃的匠师是从山东博山招募的，如嘉庆十七年至二十二年有博山县吹活匠郝珍、郝兰兄弟；嘉庆二十二年以后有郝兰、郝海二人。此后近百年间玻璃厂的生产活动即似上述情况，由两名吹玻璃匠劳动三五个月，烧造301件玻璃之后便返回博山。年复一年，循环往复，这正是清宫玻璃厂处于衰落时期生产状况的写照。有时连这种极有限的生产规模都不能维持，产量还要减半，偶尔甚至停产一年半载。

嘉庆时期所产玻璃器与乾隆时期所产者不易区分，足证嘉庆时期玻璃生产基本上继承了乾隆晚期风格，仍能维持一定水平。可是道光时期的玻璃器与乾、嘉两朝的玻璃器则截然不同。道光朝玻璃生产可以说一落千丈，产品拙劣，其质量、颜色远远不及嘉庆时期的，尤其是艺术加工更加粗糙，形制怪异，不方不圆，线条非曲非直，款识也过于潦草。咸丰时期的玻璃器没有多大进步，奕詝对此也深为不满，于咸丰八年曾亲谕玻璃厂"嗣后玻璃活计要素，俱不拉花，款要真"。同治、光绪时期的玻璃器质量比道光时期的玻璃器略有好转，但仍不见砣花玻璃。

益都颜神镇玻璃业在康熙时期与采煤业、陶瓷业一起得到了巨大发展，故雍正十二年（公元 1735 年）设博山县，县治即颜神镇，其琉璃制品亦随之被称为"博山琉璃"，经化验，属钾玻璃、钾钙玻璃。除了每年向清廷提供二名琉璃匠供役之外，还将博山琉璃的工艺技术带到内廷玻璃厂，同时，也将宫廷玻璃的信息带回博山。此时博山琉璃炉业迁至西冶街。至光绪年间，当地一般家庭约 70% 的男女劳力乃至幼孩均从事玻璃制造业，每年向外地输出玻璃料和成品七千余担。鸦片战争之后，博山仍是我国制造玻璃的一个中心，英国人维廉顺记述博山于同治八年（公元 1869 年）以前的情况是：采用一种磷石块与硝酸钾化合制作玻璃，制有窗片、葫芦、模制刻画杯、灯笼、念珠以及各种装饰品，还制造长约二尺半的玻璃条，束成捆运销国内各省，时值每斤仅百钱。他称赞博山玻璃"玻色澄清，彩色者艳美绝伦，手术颇灵敏，所制各种器皿亦多精巧完美"。19 世纪 70 年代以前，博山玻璃生产似乎未受到英国入侵的影响，照旧正常生产。到了 19 世纪末，博山玻璃业仍然是男女幼孩分工共事，城外窑厂工场密布。这时还以家庭手工业和手工业作坊为主的博山，仍然是清代制造精良玻璃器的著名产地。当地所产的有似白玉的玻璃以及玻璃瓦片等多为北京商人所收买，号曰"京料"。可是，正沦为帝国主义奴仆的清政府绝不放弃从事玻璃生产的工匠和手工业资本家，企图凭借朝廷权势专揽玻璃之利。博山县令禁止商人多购，否则课以重罚或将货物充公，这种垄断给玻璃生产带来危害。

光绪三十年（公元 1904 年），清廷在实行新政的幌子下，由鲁督胡廷干等在博山城东北柳坑设立玻璃公司，聘请德国技师七人制造玻璃，产品尚属不劣。本地玻璃工匠学习掌握了德国技师的生产技能，当宣统末年公司停办后，工人们便在西冶街设厂生产平板玻璃，开始了以本地工人为主独立生产平板玻璃的历史。

北京称来自博山的玻璃料为"料"，以料制成的禽兽及其他成品均称之为"料器"。"料"与"料器"这两个术语均来自博山炉业和北京玻璃器制造业的行语，现已为文物考古界采纳，成为玻璃的代称。北京料器业在天子脚下有许多有利条件，在皇家玻璃影响下形成了北京特殊的玻璃加工业。乾隆时期北京所产的玻璃器中最为著名的即是精美的玻璃鼻烟壶，其"辛家坯"、"勒家坯"、"袁家坯"更是享誉国内外。辛家鼻烟壶最精，色泽类似珍宝，光彩夺目，还有一种鼻烟壶的颜色像冲熟的藕粉，在半透明的料坯中含有珍珠状小泡，这种鼻烟壶大多是套红的，间或也有套五色的。勒家生产的玻璃鼻烟壶也有藕粉地的，色泽好像冰雪一般洁白可爱，设色则异于辛家坯和袁家坯，做到"红紫苍翠天然间叠"。袁家玻璃鼻烟壶的特点是体重而胎薄，其地色有似砗磲者、有似凉粉者，胎上套五色料，按色做花，非常美观。其红、蓝之色似宝石，黄色很像真的旧金珀，如果对着光照可以看出有如金珀的丝纹。还有的雕镂仙山楼阁、珍禽异兽，有的点缀五色，如星在天，叫做"桃花洞"。这时北京制作的玻璃鼻烟壶取便适用、式多别异、径仅逾寸，且有小如指节者，"姣巧可爱"。

清王朝与帝国主义侵略者勾结并镇压了太平天国革命农民运动，结束了全国性的战乱，出现了暂时的稳定和复苏，即史称所谓的"同治中兴"。清王朝反动统治的回光返照给北京玻璃生产带来了暂时的繁荣，当时生产的较为精美的玻璃产品陆续进入内廷，以满足皇帝的贪欲。故宫博物院收藏的这一时期的玻璃器多系小件，质量尚佳。如仿蓝宝石、仿翡翠的扳指，其色彩、透明度都相当逼真。这一时期最重要的成就仍然表现在玻璃鼻烟壶的制造与加工上：

（1）兼套色料多达七种，如涅白地套月白、深橘红绞褐、密蜡、佛青、粉红、玫瑰红等七色。

（2）内画壶问世，并逐渐在全国盛行。光绪时期京师内画壶名家如周乐元、叶仲三的内画鼻烟壶已进入内廷，其技艺还传播到博山。

（3）压花玻璃的出现。在透明或涅白玻璃胎上贴色料，用模子捺印花纹，以代替玉工砣磨的隐起式纹样。这种做法比较省工，价格低廉，当然艺术效果是不及刻花套料。

（4）古月轩玻璃鼻烟壶的仿制。所谓古月轩款玻璃画珐琅和珐琅彩瓷是一大疑案，其轩主究系何时何地之人至今仍不能确知。从故宫博物院所藏的古月轩款玻璃鼻烟壶可以了解晚清期间仿制之风盛行，但仿制的古月轩款鼻烟壶其质量与文献记载相距甚远，不见有质量优秀的。

到了晚清，北京料器业只制造禽兽等小玩艺儿和为内画鼻烟壶提供料坯子，已无其他作为。

晚清扬州巧匠专门烧造套料鼻烟壶，其特点是器型较小，不足盈握，以套二三彩为主，往往配上题字和图章，偶有干支款，彩色清新淡雅，令人爱不释手。这类鼻烟壶生产时间不长，产量也并不多，大多已出口到国外，称为扬州套料鼻烟壶。

我国3000年的玻璃历史旨在烧造"药玉"，以温润美玉为其最高的追求及审美标准，这个标准像一条红线一样贯穿始终。从西周玻璃到博山琉璃乃至北京料器，历代玻璃匠都在竭尽浑身智力追求其产品务必达到"真玉"的水平，至于其质地的强度与韧度、色彩的多与少并无关紧要，只要类似"玉"便达目的。尽管历史上曾经传入过大月氏、大食、日耳曼、法兰西等国的玻璃配方，也生产了一些异国玻璃，但其流行时间均较短，在中国玻璃发展史上只不过是昙花一现，我国古代玻璃的发展方向依然不改初衷。历代玻璃的原料配方可以因地制宜，成型方法可以不断改进，但仿玉的目标不改，万变不离其宗。与此同时，还大量进口了外国玻璃器，供各阶层人士日用或欣赏珍藏。我们的先民既钟爱明洁如月的中国药玉，又赏识多彩坚实的国内外玻璃，这就是我国古代玻璃史的精髓和灵魂。

参 考 文 献

［1］ 于福熹：《中国古玻璃研究》，中国建筑工业出版社，1986年。

［2］ 杨伯达：《中国美术全集·工艺美术编·金银玻璃珐琅器》，文物出版社，1987年。

［3］ 关善明：《中国古代玻璃》，香港中文大学文物馆，2001年。

［4］　　卢连城、胡智生：《宝鸡強国墓地》，文物出版社，1988 年。

［5］　　湖北省博物馆：《曾侯乙墓》，文物出版社，1989 年。

［6］　　淄博市博物馆、齐城博物馆：《临淄商王墓地》，齐鲁书社，1997 年。

［7］　　广州市文物管理委员会：《西汉南越王墓》，文物出版社，1991 年。

［8］　　河北省文物管理处：《满城汉墓发掘报告》，文物出版社，1980 年。

［9］　　冯汉骥：《前蜀王建墓发掘报告》，文物出版社，1965 年。

［10］　内蒙古自治区考古研究所：《辽陈国公主墓》，文物出版社，1993 年。

［11］　《中国文物精华》编辑委员会：《中国文物精华》（1976～1984 年），文物出版社，1987 年。

［12］　赵汝适：《诸蕃志》，光绪十七年本。

［13］　孟元老等：《东京梦华录（外四种）》，古典文学出版社，1957 年。

［14］　杜恩修、冯惟讷纂：《青州府志》（明嘉靖四十四年），上海古籍书店影印，1965 年。

［15］　孙廷铨：《颜山杂记》四卷《物产·琉璃》，《美术丛书》辑，光明出版社，1947 年。

［16］　赵之谦：《勇庐闲诘》，《美术丛书》辑，光明出版社，1947 年。

［17］　阮元修、陈昌齐等纂：《广州通志》，同治三年重刊。

［18］　由水常雄：《がうスの道》，德间书店，1977 年。

［19］　由水常雄、相月桥淳：《東洋のがうス》，三彩社，1977 年。

［20］　東京國立博物館：《东洋古代アジア》，東京國立博物館，1980 年。

［21］　田邊勝美、前田耕作：《世界美術大全集·東洋編·一五·中央アジア》，小學館，1999 年。

［22］　田邊勝美、松島英子：《世界美術大全集·東洋編·一六·西アジア》，小學館，1999 年。

［23］　杉村棟：《世界美術大全集·東洋編·一七·イスぅ一ム》，小學館，1999 年。

（原刊于《中国金银玻璃珐琅器全集》第四卷，河北美术出版社，2004 年）

"鸭形玻璃注"札记

北燕冯素弗墓（公元415年）出土了四件较为完整的玻璃器，早已引起国内外文物、考古及历史学界的关注，不少的研究者们对其产地、工艺发表了有益的见解。

回顾起来，当笔者阅读了《辽宁北票县西官营子北燕冯素弗墓》发掘报告中有关该墓出土几件玻璃器的描述及其线图、照片之后，了解到它们的共同特征是以透明的深浅绿色玻璃为基本特征，以吹管法成型，器胎较薄，口是卷边，而鸭形玻璃注（图版40）器型奇特，粘贴玻璃条以饰细部。上述这一切特征都是古罗马玻璃常用技术，说明这四件玻璃器是古罗马某地生产的，出土于辽西的北燕国，应是中西交通史上的重要发现，并殷切的盼望目验机会的早日到来。

十分幸运的是笔者于20世纪80年代初有机缘在辽宁省博物馆亲眼目睹这件器物。获得最突出的印象是其质地纯正，完好如新，令人叹为观止。尽人皆知：玻璃器易碎不便保存，如果再考虑到从罗马帝国万里迢迢运到辽西、瘗埋入穴长达1500余年，鸭形玻璃注、玻璃碗、玻璃杯三件仅表面侵蚀，保存如此完整，则不能不承认这是一个奇迹。何况，考古工作者又将其完整的发掘出来，更值得庆幸！这五件玻璃器中最为重要的，当然是鸭形玻璃注。笔者也认为有必要对其产地与工艺做些调查研究，以便对其历史价值做出正确估计。此后，凡在国内出差时都注意寻觅有无类似的玻璃注，出国参加学术活动或考察工作之机，总要到博物馆看看欧洲古玻璃，哪怕是走马观花也好，寻找有无类似器物。可是希望落空了。譬如在笔者访问过的西欧、美国博物馆中大英博物馆、美国大都会博物馆、波士顿艺术博物馆等均收藏着大量古埃及、希腊、罗马以及伊斯兰的玻璃器。尤其，联邦德国的科龙城是古罗马帝国在莱茵河流域的一个重要的玻璃生产基地，出土了大量的罗马玻璃器，仅该城罗马、日耳曼博物馆即收藏着二万余件古罗马玻璃器（包括残器在内），最珍贵的一件是镂空贴白花玻璃杯，也是举世罕见的珍品。可是它与鸭形玻璃注截然不同，也未发现类似鸭形注的其他玻璃器。近来，国内外发表了在古罗马玻璃器中有类似者的意见并举出例证。但从照片观察，不论从器形与装饰来看却与鸭形玻璃注大相径庭，迥然异趣。迄今凡经寓目过的数万件存世古代外国玻璃器中，还未发现与冯素弗墓出土鸭形玻璃注相类似的玻璃器，它仍是一个孤例！

吹管玻璃成型法是公元前1世纪古罗马帝国玻璃工匠的伟大创造，是玻璃器制造史上的一次重大技术革命。这种新技术迅速地传播到古罗马帝国各个玻璃烧造工艺地点。古科龙城所产玻璃器大多是以吹管法制成的。吹管玻璃技术向东方传播，尚缺乏文献记载。从现已出土的玻璃器判断，大体在北魏时期，罗马吹管玻璃术已传入我国。所制产品质量较鸭形玻璃注相距甚远，两者之吹管玻璃技术水平大为悬殊，前者精致、而后者稚拙。从目前出土外国玻璃器数量甚少的情况可以想象，那时进口玻璃器，尤其像鸭形玻璃注那样精美产品的进口数量是有限的。故被统治者和富有者们视若珍宝，秘不示人。在这种情况下引进吹管玻璃技术，生产薄胎玻璃器也是理所当然的。此后不久，北魏武帝拓跋焘时大月氏国商人来京都传授玻璃烧造技术，"铸石为五色琉璃……自此，国中琉璃贱，亦不复珍之。"十分可惜，《魏书》并未证明，大月氏商人在京都传授的玻璃烧造法是吹管玻璃还是押型玻璃。总之，从文献、实物可证，此时正是中外玻璃烧造技术交流频繁时期，而冯素弗墓出土的鸭形玻璃注等只是一个突出的例证，值得今后注意。

　　吹管玻璃成形术，在我国古玻璃手工艺坛上的应用已有 1000 余年的历史，凡出土的薄胎玻璃器大多是用吹管玻璃成型。但对其如何成型，历唐、宋、元、明各代均缺乏文献记载，至清初始有著录。康熙年间大学士孙廷铨，告病请归，久住故里颜神镇，总结了琉璃工匠的丰富而系统的经验，将该镇玻璃手工业及其技术记录在《颜山杂记》一书。其中关于吹管玻璃术共五节，文字不繁，今天读起来，恍如身临其境，目睹颜神镇（即博山城）玻璃匠师们的鬼斧神工般的精湛技艺。从字里行间也可以体会到吹管玻璃技术的难度较大。除玻璃溶液和铁管、剪刀的作用之外，主要要靠匠师们的手、口、身、首的功力及其巧妙配合，要恰到好处，过之与不及都会招致失败或出劣品。从《颜山杂记》可以了解清初吹管玻璃成形术大致有以下几个过程。首先以铁杖引出玻璃液，再以铁管蘸，旋而转之，授以风轮，使液不流不凝，这要靠手之功力来完成。再以口吹气，这是关键的一招，行气要出自"丹田"、善于调协，若控制不当，气壮则器裂，气弱则器偏，要做到大而不裂，小而不偏，随器型要求，管宜俯仰，气分满微，身要立稳，头可摇动，这是颈项之力所致。成型过程尚需借剪刀之力，"引之使长，裁之使短，拗之使屈，突之使高，抑之使凹"来完成造型的最终步骤。接着还记载了烧造葫芦，含子葫芦、瓶、花簪、响器、砚滴、灯碗以及鼓珰等空心玻璃器的特殊要求与技术。鉴于我国手工艺继承性很强，变革缓慢，想必北朝至明代的吹管玻璃成形法与清初颜神镇的技术不会有太大的不同。所以，孙廷铨关于空心玻璃器的记载，为我们推断早期吹管玻璃成型法提供了文献依据。不论中外古今，凡空心玻璃的制造完全取决于吹管玻璃匠师的功力，即使同一匠师所制若干件同一品种器物，也都大同小异，不可能完全相同的。从清初颜神镇吹管玻璃成形术分析鸭形玻璃注的成型过程及其工艺，也离不开铁棒、管、剪刀等工具以及工匠本人练就的身、首、项、手、口的功夫，如要吹成橄榄形器身须将铁管向下，先用微气缓慢俯吹成型，再用剪刀引长，并截其口而引拗成喙形，用剪拉长另一端作尾，这几个工序都要在炉前玻璃不流不凝的条件下迅速而果断的完成。现从其鸭形玻璃注背腹两面观察，不难发现口、颈、胴、尾的轮廓线不够规整，有不同程度的偏敧现象，说明与运气不调，落点不准有关。

　　鸭形玻璃注的装饰主要采用粘贴玻璃条组成细部图案，不加琢磨，全靠吹管玻璃匠的灵感和经验在焠火炉前完成这一工艺的过程。当鸭形玻璃注吹成后，玻璃匠用玻璃液引长的细条，迅速粘贴在稍经加温的鸭形玻璃注身上。与器型相配合仍以象征手法贴成喙、翼、足等细部，另在颈部粘贴不规则的环状、锯齿条饰，在背腹部饰"M"、"Y"形粗细不等的直线或曲线等玻璃条纹饰，这也是在极短的时间内以最快的速度粘成，因此，不能精工细做，给人以粗犷挺劲之感。在加贴细部纹饰过程中也会给器体带来新的凸凹，使其在吹管过程中尚未形成的或不显著的缺点，明显地暴露出来。

鸭形玻璃注的器形与装饰的艺术手法与风格是完全一致的，都是以象征的、概括的手法完成的，其吹管、剪引、热贴等技术也是极其熟练的，非出凡手，应是由一位经验丰富，造诣较高的匠师完成的。

关于鸭形注的用途，目前尚难肯定，这也与产地有着密切联系。目前对其产地有着国产和罗马产两种看法，主张国产者认为鸭形器是"欹器"，是将重心原理用到玻璃器的生产中，反映着古代劳动人民科学实验成就的一个方面。另一种意见认为它是罗马玻璃器，具体生产地点不明，亦未指明其用途。笔者观察了实物之后，从瘗埋后形成的白垩蚀层与螺甸光泽判断应是钠钙玻璃，其成型与热贴玻璃条、造型及装饰亦属罗马玻璃系统。在当前出土玻璃资料寥寥可数，化验检验工作刚刚开始的情况下，确认鸭形玻璃注是罗马玻璃较为恰当，它不愧为中外现存罗马玻璃器中的瑰宝，也是一次中外考古科学中的重大发现。

（原刊于《辽海文物学刊》）

清代玻璃配方化学成分的研究

古玻璃的配方有着鲜明的地域性和时代性。不同地域、不同时代的古玻璃往往有着各不相同的原料配方。其基本原料（二氧化硅 SiO_2）、助熔剂（PbO、K_2O、Na_2O）以及着色剂（CuO、Fe_2O_3、MnO、CoO、Au）等取自不同的产地。由于原料配方以及与之相应的设备与工艺不同，使得古玻璃存在着性能、质地，颜色、光泽等方面的差别。研究古玻璃的配方，则必须观察古玻璃实物，考证文献档案，并了解其出土或收藏条件以及采取化验方法进行综合分析。其中以化验分析古玻璃残片的方法最为有效。利用这一方法我们弄清了中国自西周至汉代的古玻璃是铅钡玻璃，与西方的钠玻璃不同，并证明了中国古代玻璃的演化系列是铅钡玻璃、高铅玻璃、钾钙玻璃、钠钙玻璃、钾铅玻璃、铅钠钙玻璃。在这一演变系列中还出现了带有地方特点的古玻璃，如中国西域玻璃、广州古玻璃、泉州古玻璃、福州古玻璃和苏州古玻璃，它们的原料配方均不同。因而，了解古玻璃的配方，对断定古玻璃的产地、时代、性能及其工艺有着重要意义。

关于清代玻璃的配方，笔者曾在《清代玻璃概述》[1]一文中作了简单说明，但当时尚未对清代琉璃实物进行化验，亦不了解它的化学成分。1988 年笔者去临淄协助博山琉璃博物馆工作期间，考察了姚家胡同玻璃炉址，采集了标本，然未付诸化验。

1984 年的北京国际玻璃学术讨论会上，美国波士顿艺术博物馆的皮·英格兰、捷·西崴瓦特、鲁·威·翟尔斯特提出了《中国清朝时期玻璃的分析》一文[2]，介绍了以能量弥散 X 射线萤光光谱法和激光激发发射光谱法两种高速技术检测清代玻璃的性质，确定其所用的乳浊剂和着色剂，并验明清代玻璃成分中含有硼砂和氧化砷以及不透明黄色玻璃的着色剂等，但对其成分比例则仍未得出明确的结论。日本三得利美术馆选其所藏清代玻璃器 21 件，也作了萤光 X 射线分析，并发表了两篇论文[3]。

我国以清代玻璃残片磨粉作化学分析而得知其化学成分与比例的工作也是最近的事情。1988 年 2~5 月，由故宫博物院玻璃器库提供清宫旧藏玻璃器残片共七块交建筑材料科学研究院进行化验[4]。从报告单中可知，计有钾铅钠玻璃、钾玻璃、钾钙玻璃和钠钙玻璃等四种不同成分的玻璃。这种多元配方说明清宫所用的玻璃器皿，除了在养心殿造办处玻璃厂烧造之外，还有来自广州、博山两地的玻璃器。下面，参考化学分析结果，文献档案材料及当代科研成果，拟对清代颜神镇—博山玻璃、广州玻璃和养心殿造办处玻璃厂所造玻璃的原料配方略作研究和分析，以就教于方家。

一、颜神镇—博山玻璃配方

颜神镇，明代和清初隶属青州。雍正十二年设博山县，以颜神镇为县治，今属山东省临淄市博山区，它是古代中国北部的玻璃生产基地。同时，它又是山东省陶瓷生产重镇。出土资料证明：此地陶瓷生产先于玻璃，并推想玻璃是在陶瓷生产的基础上诞生并发展起来的。当地还流传着肇始于宋的说法，但又察无实据，姑为一见留待今后探讨。笔者曾于 1982 年 11 月 3 日亲往博山旧县城大街北头银子市路西第一百货商场工地考察元末明初的炉址，并采集玻璃残器标本。1987 年 8 月于内蒙古哲里木盟博物馆库内目验出土于该盟北部金代城址的浅蓝色玻璃残器。它与颜神镇元明炉址出土的残玻璃器完全一样。近年来又多次得到同行们采自扬州宋元遗址的浅蓝色玻璃残件，也与上述两处出土的玻璃残器基本相似，经检验确是钾钙玻璃[5]，可以判断其产地都是颜神镇。所以，颜神镇玻璃创始甚早，并持续地生产了将近千年。

颜神镇玻璃配方始见于明嘉靖四十四年（1565 年）《青州府志》。该志记载颜神镇玻璃原料以"马牙、紫石为主，法用黄丹、白铅、铜绿焦煎成……"，清初致仕大学士孙廷铨于康熙三年（公元 1664 年）撰《颜山杂记》，提出了较为详尽的颜神镇玻璃的原料配方。这个配方与嘉靖年玻璃配方有明显的继承关系。出生于琉璃世家的孙廷铨，晚年退出官场，回乡赋闲，从而有更多的机会接触炉业，了解炉匠的实际操作，比较详细地记述了当时颜神镇玻璃制造业的原料、配方比例、显色、器名、工艺、产销以及历史变迁等情况，是研究该镇玻璃工艺的重要史料。现代著名的博山美术琉璃工艺师张维用最近对该作加以标点注释[6]，为研究博山古玻璃提供了方便。现对孙廷铨所记颜神镇玻璃的原料注释如下：

马牙石："白如霜，廉削而四方"，即表面似刀削而平正，状似马牙的白色石料。究属何种矿石，笔者曾多次请教北方陶瓷厂的技师和工人，但答复不一，有长石、方解石和石英石三种说法。马牙石的功效是"白者为干"，也就是基本成分。"干则刚"，可使成品坚硬，由此判断似应为石英石（二氧化硅 SiO_2）一类矿物。

紫石："紫如英，扎扎星星"，英与瑛通，《符瑞志》云："玉瑛见今白石、紫石，瑛皆石之有光者"。《玉篇》："美石似玉，水精谓之玉瑛也。""紫如英"即紫色如同紫水精，"扎扎星星"是形容紫石有棱角光泽的颜神镇地方语汇。紫石的功效是"以为软"，"则斥之薄而易张"，即减少玻璃黏度且容易成形。张维用释为萤石（CaF_2）。萤石即氟石产于博山城南。

凌子石："棱而多角，其形似璞"。璞是玉在石中者，可释为外有侵蚀层的砾石状石子。凌子石的功效"以为莹"，"莹则镜物有光"，可增强玻璃的莹澈和光泽。张维用释为白云石（$CaCO_3 \cdot MgCO_3$），亦称灵石。

硝：某些矿物盐的泛称，包括火硝（即硝酸钾）、芒硝（即硫酸钠水合物）、智利硝石（即硝酸钠）等。其功效为"柔火也，以和内"，即助熔剂。《颜山杂记》指明硝即焰硝。焰硝又名火硝（硝酸钾 KNO_3）。颜神镇玻璃料由硝与马牙石、紫石、凌子石等粉末按比例搭配置于坩埚，再将坩埚放在八卦炉内用焦炭炼成以钾为助熔的玻璃。

　　上述基本原料的搭配比例视各色玻璃的需要而定，笔者已在《清代玻璃概述》一文中叙及，在此再作一些具体说明并对其呈色剂略作补充。

　　（1）水晶玻璃（即无色透明玻璃）

　　白五之，即马牙石占 50%；紫一之，即紫石占 10%；凌子倍紫，即凌子石占 20%；硝的数量不明，若参酌博山区第一百货商场工地出土的 BDL_1[2]，深蓝透明玻璃簪柄含氧化钾高达 19.78%，扬州元代遗址出土玻璃的钾为 15.94%，据此可定硝为 20%，不计其他各种微量元素。上述四种原料基数为 100，不含着色剂。

　　（2）正白玻璃（即不透明的白色玻璃，内廷称为涅白玻璃）

　　亦不用着色剂，增加紫石（萤石），是为了增加其乳浊成分，使其变为不透明的正白色。

　　（3）梅萼红玻璃

　　以少量的铜和铁屑呈色。

　　（4）蓝玻璃

　　以多量的铜呈色。往往呈浅蓝色。

　　（5）秋黄色玻璃

　　由铜磺呈色，铜磺即硫铁矿（FeS_2），亦称黄铁矿。

　　（6）映青色玻璃（即深蓝色玻璃）

　　以画碗石（CoO）呈色。画碗石即画碗青料，亦称无名异。景德镇所用以衢、信两郡山中为上料，亦名浙料[7]。清初颜神镇玻璃所用钴料应是国内所产之钴。不应是外来之回青。

　　（7）牙白玻璃

　　以大量的铅呈色，铅即铅丹中的黄丹 Pb_2O_3。

　　（8）正黑玻璃

　　以 FeO 呈色。

　　（9）绿色玻璃

　　以 CuO 呈色。

　　（10）鹅黄玻璃

　　以少量的铜和硫铁矿共同呈色。

　　博山区第一百货商场工地出土的玻璃残器经化学分析，七件是钾钙玻璃，二件是铅玻璃，说明元末明初的颜神镇玻璃以钾钙玻璃为主，清初也继承了这一传统配方，主要也是钾钙玻璃。

　　这次经化学分析的透明孔雀蓝描朱玻璃水丞残片、透明琥珀色玻璃鼻烟壶残器两件都是乾隆时代养心殿造办处烧造的年节贡品。透明孔雀蓝描朱玻璃水丞的主要化学成分为二氧化硅 74.80%、氧化钾 20.89%、氧化铜 0.49%，应是氧化铜呈色，与颜神镇蓝色玻璃配方一样。透明琥珀色玻璃鼻烟壶的主要成分为二氧化硅 67.74%、氧化钾 21.76%、三氧化二铁 0.37%，与以铜磺（硫化铁 FeS_2）呈色的颜神镇秋黄色玻璃相似。

养心殿造办处玻璃厂的钾玻璃配方是从博山玻璃配方传入的。现已查明传教士纪文离开玻璃厂后，乾隆二十二年十二月二十三日博山玻璃匠何崇福启程赴京应役，在养心殿造办处玻璃厂运用博山玻璃配方烧造年节例贡玻璃器。此后，博山玻璃配方一直沿用到清王朝灭亡。

博山县资源丰富，玻璃原料均来自附近。煤炭、马牙石、紫石、凌子石等都取自本地。所用焰硝来自黄河下游沿岸的高苑、博兴诸县。就地取材，价格低廉，这种优越的物质条件为博山玻璃的发展提供了方便。博山玻璃原料配方比较简单，以焰硝助熔，既可降低熔点，节省焦炭，又可抑制铁显色，增加透明度和光泽感。以铜末、铁屑、铅丹、画碗石、铜磺等显色，除画碗石的价格稍高外，其余几种均取用方便，且其显色效果鲜艳，光泽柔和，质地淳厚，给人以"光莹可爱"之感。这种玻璃熔点较低，延展性强，以灯火便可加工成器。因此，颜神镇玻璃器价廉物美，在市场上有较强的竞争力，行销于国内外，"北至燕南，南至百粤，东至朝鲜，西至河外"。

博山玻璃配方延续到 20 世纪初，引进了德国平板玻璃工艺，并输入了英国卜内门公司的纯碱做助熔剂[8]。20 世纪 30 年代又有部分炉户采用智利硝石（硝酸钠）做助熔剂[9]。但是，纯碱、硝石价格高昂，影响成本，不可能彻底取代土硝而为全体炉户采用。所以，估计 20 世纪上半叶，博山玻璃有以纯碱、智利硝石或土硝作助熔剂的两种玻璃并存于世。北京料器的原料均采自博山，其配方应与博山相同。

二、广州玻璃配方

广州玻璃业有着二千余年的悠久历史。因其地处于港口，便于吸收海外玻璃的先进成果，以改进本地玻璃的配方和工艺。广州与长沙虽仅隔一岭，但两地玻璃配方却截然不同。湖南是传统的铅钡玻璃，而广州却是钾玻璃。清代广州玻璃业颇盛行，有"铸石为之"的玻璃和以进口玻璃器皿残件为原料，回炉再生的玻璃。当然，这两种玻璃的原料配方必然各异，前者可能仍是钾玻璃，而后者肯定是钠玻璃。

广州是清代前期全国唯一的进出口港岸，输入了大量的西方平板玻璃和玻璃器皿。广东人称赞进口玻璃"洁若凝霜，清如澄水"，亦称为"洋玻璃"，而看不起广州的自制玻璃，称其为"土玻璃"或"广铸"。广州玻璃比起进口的西方玻璃颇为逊色，"薄而脆"。弘历曾对乾隆二十一年粤海关所进万寿贡品内的玻璃盖碗深为不满，传谕"不准报销"，这也证实了广东人对广州玻璃评价不高有其道理。贡进内廷的广州自制玻璃器，见诸《清档》最早的一件是雍正六年（公元 1728 年）已存于内廷的"广玻璃鼻烟壶"[10]。此后，经常贡进广州自制的玻璃碗盖碗、盘和玻璃手镜等器皿用具。

故宫博物院收藏着一些广州玻璃器和饰件，其中有透明玻璃、仿羊脂白玉玻璃、仿红宝石玻璃、仿蓝宝石玻璃、仿青金石玻璃、仿水晶玻璃、仿祖母绿玻璃以及仿珍珠玻璃等透明的或彩色玻璃[11]。这种仿宝石玻璃是清代广州玻璃的一大特色。

这次送交建筑材料科学研究院的玻璃残片中有两件广州玻璃碎片，即透明玻璃和深蓝玻璃。

透明玻璃系玻璃小碗的残片，较薄，泛浅绿色，上面描绘朱色线条。经化学分析结果是二氧化硅 69.80%、三氧化二铁 0.29%、氧化钙 14.10%、氧化钠 11.98%，属钠钙玻璃。其微量的三氧化二铁显色未被抑制，达不到水晶玻璃的纯洁程度。

深蓝玻璃残片经化学分析结果是二氧化硅 59.17%、氧化钙 6.38%、氧化钠 17.54%、氧化锰 0.38%、氧化铜 1.05%，亦属钠钙玻璃，由氧化锰与氧化铜共同着色。

以上两件钠钙玻璃残片可能是将进口透明玻璃器回炉时，加入微量的氧化锰和氧化铜等着色剂，使其显出深蓝色。

目前，尚未找到清代广州自制玻璃配方的文字资料，而上述两件玻璃残片是旧料回炉的再生玻璃，并不是"铸石为之"的广州自制玻璃。这个课题只好留待今后解决了。

三、养心殿造办处玻璃厂配方

养心殿造办处玻璃厂成立于康熙三十五年（公元 1696 年），在玄烨、胤禛、弘历三代皇帝的提倡和扶持之下得到了巨大的发展。嘉庆（公元 1796～1820 年）之后仍然持续生产，几乎每年都为皇家烧造大量年节进贡的玻璃器，直至宣统三年（公元 1911 年）方告结束。在这 200 多年中，集中了一批全国最优秀的工匠在养心殿造办处服役。皇家还派出织造、盐政、钞关等处的官员搜罗海内外奇珍异宝，各地督抚、将军和王公大臣无不搜刮地方特产和古玩，趁年节之机贡奉皇帝，以示效忠。这些珍宝中即包括海内外的玻璃器皿。一些掌握烧造玻璃技艺的西洋传教士也远渡重洋，经粤海关、广东督抚的推荐，获皇帝恩准后进入养心殿造办处玻璃厂行走。这就给玻璃厂的规模、设备、配方及其工艺带来了直接或间接的影响。从《清档》和实物中也可找到一些相应的记载和印证。

关于康熙三十五年设立玻璃厂的经过，长期以来没有发现任何线索。最近，美国友人尤金·D·帕金斯先生在 1989 年 11 月 2 日函中提供了康熙建立玻璃厂的几点细节，对我们研究玻璃厂的沿革很有帮助。现将原函有关部分抄录如下：

"约翰·彼尔（John Bell）在他同首届俄国驻北京大使馆一起旅行的文章中提到，他们曾参观过皇帝的玻璃作坊，当时基列恩·斯顿夫〔Kilian Stumpf，中文名纪里安，日耳曼人，1694年（康熙三十三年）奉召进京］正受雇来指导这里的工作。通过查阅罗马档案，我找到一封让·德·方塔尼（Fontaney，中文名字洪若翰）的信，信中提到1697年（康熙三十六年）春季，斯顿夫还在为皇帝建玻璃窑。还有一封斯顿夫在1700年（康熙三十九年）写给冈萨雷斯（Gonzalez）的信，上面说他已经为皇帝建好了皇家玻璃厂。"[12]

从帕金斯先生来函可知皇家玻璃厂的建成时间和建造者等细节。以前，笔者曾从光绪《会典事例》卷1173中查到康熙三十五年奉旨设立玻璃厂，隶于养心殿造办处，设兼管司员一人的史实。但何时建成，由何人设计并主持建造，未见记载。帕金斯先生来函答复了这一问题。玻璃窑的施工，于康熙三十六年春季尚在进行，到康熙三十九年已建成。一座玻璃窑的修建应用不了四年时间，如无特殊原因，很可能在康熙三十六年夏冬之间竣工。设计与施工监督是外国传教士基列恩·斯顿夫。他对康熙朝玻璃厂的玻璃配方应不无影响。估计康熙三十六至四十七年（公元1697～1708年）11年间的玻璃配方，可能是由基列恩·斯顿夫带进的欧洲钠钙玻璃配方。

康熙年间玻璃厂的工匠，从《清档》查到的仅有广东工匠程向贵和家里学手匠人周俊二人。程向贵做成雨过天晴刻花套杯12个，于康熙四十八年（1709年）正月初八日由丁皂保呈进。周俊做成雨过天晴素套杯12个，于雍正二年（1724年）十月二十八日丁皂保呈进。广东匠人程向贵、周俊二人于康熙五十四年（1715年）四月被遣送回广东[13]。这里有两点值得注意，一是玻璃厂于康熙三十六年建成后确有广东玻璃匠行走；二是他们曾烧造了雨过天晴刻花套杯和素套杯各12个。在此须对这套杯作简要的分析：其一，雨过天晴是仿柴窑雨过天晴色烧造的；其二，刻花与套料玻璃隐起花纹不同，它是阴刻花纹，明显地受到西方金刚钻刻花玻璃或转砥（grinder）刻花玻璃的影响；其三，12件为一套，其刻花应是十二个月花卉；其四，这种套杯可能用于饮酒吃茶，需有一定的耐热性。这种玻璃应当不是"质脆，沃以热汤应手而碎"的广州玻璃，很可能是掺入了一定数量的硼砂而改变了原广州玻璃质脆的弱点。加入硼砂提高玻璃的耐热性能是阿拉伯采用的玻璃配方，中国南宋人赵汝适已熟知此方[14]。当然，这套杯的配方也可能是采用西方硅、钠、钙的玻璃配方，总之，不会是纯粹的传统配方。由此可知康熙时期玻璃厂的配方与工艺已经接受了来自西方的影响。

康熙四十四年（公元1705年）玄烨第五次南巡驻跸苏州时，曾赐巡抚宋荦白玻璃鱼缸一、洒金蓝玻璃瓶二、蓝玻璃盘一、黄玻璃小盘十、蓝玻璃花笔筒一、白玻璃小鱼缸一、蓝玻璃座蓝玻璃水丞一等十七件御窑玻璃器，均是养心殿玻璃厂的产品。其中十五件单色玻璃，二件洒金蓝玻璃。洒金蓝玻璃是仿阿富汗产的青金石，在蓝色玻璃夹层内洒上金片，灿烂若蓝天之繁星。此配方不见于颜神镇。单色玻璃中还有一件蓝玻璃花笔筒，也就是刻花玻璃。这种阴刻花蓝玻璃，显然是西方的刻花或砥花玻璃中的一种。这十七件玻璃器的原料配方可能来自西方，尤其洒金蓝玻璃和蓝玻璃花笔筒等三件玻璃器应是仿西方玻璃的装饰方法。

故宫博物院现存康熙款玻璃器仅有一件透明玻璃水丞（图版38）。其盖、器表面磨出上弧下尖的几何图案，底施"康熙御制"直行篆体单栏阴刻款。这种透明玻璃亦称仿水晶玻璃，颜神镇已能烧造。但其形制是西方的墨水瓶，其装饰也是采用西方有着两千年历史的磨琢玻璃（cut glass）手法。此器可能出自西方传教士之手，但"康熙御制"款应是由中国玉匠碾成。

雍正时代玻璃厂在康熙时代的基础上继续生产。从《清档》记载的玻璃器估计其配方似乎没有多大进展，可能继续使用传教士和广州玻璃匠留下的钠钙玻璃配方，玻璃工匠来自何地亦不见记载。

乾隆时代由于扩建圆明园西洋建筑群及西北额鲁特蒙古诸首领先后归顺，需要大量玻璃器用于装饰和赏赐，因而扩大了玻璃厂，烧造玻璃的规模、品种、数量空前扩大增多，形成了玻璃厂生产史上的高峰，在玻璃配方上也出现了新情况。

乾隆五年（公元1740年），西方传教士赵圣修（通晓历法）、鲁仲贤（能识律吕）、汤执中、纪文（能制玻璃）四人到达黄浦，弘历准令晋京[15]。乾隆六年十一月初四日传旨新来西洋人纪文、党智忠、通使孙章三人在六所行走，每人照西洋人分例饭各赏给一份[16]。六所位于圆明园，是一组低等次建筑，玻璃厂设于其中。十二月七日下达亮蓝玻璃一块，传旨着西洋人（纪文）照此玻璃做颜色炼造，即用此玻璃做坠角一两个。乾隆七年二月七日司库白世秀将炼得蓝玻璃做成坠角四件交太监高玉呈进讫[17]，这是对纪文的一次考试。《清档》虽未直接记载弘历的评语，但从弘历传旨现今年节将近，着炼玻璃之西洋人（纪文）出外过年。令伊等于明年正月内进内行走等语判断，弘历对纪文等烧炼的蓝玻璃还是比较满意的。

自乾隆六年十二月至十七年十一月，关于纪文烧造玻璃的情况没有任何记载。估计他还是受命烧造小型玻璃器皿，成绩不甚突出。乾隆十七年十一月四日弘历命西洋人纪文在六所烧造大型玻璃器皿，用于圆明园内第一座西洋水法楼谐奇趣内[18]。其中的大玻璃灯和大玻璃花的紫檀木座由郎世宁设计。于乾隆十八年三月十五日在新建大窑烧造了仿西洋玻璃蕃花三座，玻璃灯九座，玻璃缸八件，玻璃花浇两件[19]。弘历览后又命做烧西洋玻璃活计钱粮细数，于三月二十六日呈报所用物料工价并行取材料钱粮细数，缮写折片两件。这两件折片非常重要，我们可从中查出其玻璃配方及其显色。现将两份折片[20]中有关部分摘录如下：

1. 折片一件内开

乾隆十七年十一月二十日起至十八年三月十三日止，烧大窑共113日，每日用菓木柴4500斤，共用买办草木柴508500斤，每万斤银22两，用银1118两7钱。

马牙石面2329斤，每斤银4分，用银93两1钱6分。

盆硝1376斤，每斤银5分，用银68两8钱。

硼砂601斤8两，每斤2钱8分，用银168两4钱2分。

砒霜 230 斤 6 两，每斤银 5 钱，用银 115 两 1 钱 8 分 7 厘。

紫石 102 斤，每斤银 5 分，用银 5 两 1 钱。

顶圆紫 13 斤 11 两，每斤银 3 两 4 钱，用银 46 两 5 钱 3 分 7 厘。

定粉 234 斤，每斤银 1 钱 5 分，用银 35 两 1 钱。

赭石 3 斤 10 两，每斤银 8 分，用银 2 钱 9 分。

灵紫石 12 两，每斤银 3 钱，用银 2 钱 2 分 5 厘。

青紫石 2 斤 4 两，每斤银 3 钱，用银 6 钱 7 分 5 厘。

轿顶锡 6 斤，每斤 2 钱 2 分，用银 1 两 3 钱 2 分。

开平土 1860 斤，每斤银 6 厘，用银 11 两 1 钱 6 分。

红飞金 4866 张，每千张银 7 两 5 钱，用银 36 两 4 钱 9 分 5 厘。

……

以上通共买办物料工价银 3349 两 1 钱 2 分 7 厘。

2. 折片一件内开行取材料开后

配玻璃用头等金叶 3 两。

配玻璃用红铜末 3 斤。

……

以上共约合银 427 两 1 钱 6 分。

下面从玻璃配方的角度对这两件折片进行考释和研究。这里须说明两点：其一，两件折片记载了 22 件大型玻璃器及其座子以及所用工具和辅助材料的总工料银两，不是逐件的明细账目。所以，下面所列的玻璃配方也只能是 22 件大型玻璃器的总配方，而不是每一件玻璃器的具体配方。其二，是须将烧造玻璃用原料与显色用金属区别开来分析研究，其配方比例不可能绝对准确，只能反映其概况。

从上述《清档》记载可知，纪文烧造玻璃的配方中，主要原料是马牙石面，这与博山玻璃相同，紫石也是博山玻璃配方中的一种。但其他原料如盆硝、硼砂、砒霜、定粉和开平土等五种却大相径庭。现对盆硝、硼砂、砒霜、定粉和开平土等五种原料加以考释。

盆硝：早在北宋宫廷建筑业中以黑锡与盆硝炒成治琉璃药所用的黄丹[21]。此硝可能因结晶于盆而得名。其属性不明。不过，从北京硝皮用芒硝（或其粗制品，称为朴硝或皮硝），系硫酸钠水化合物 $Na_2SO_4 \cdot 10H_2O$，产于盐湖中，为化学沉积物，用于制造玻璃及苏打等。如果这一考释可取的话，纪文的玻璃配方则是用醋酸钠代替苏打（碳酸钠 Na_2CO_3）做助熔剂的。

硼砂：矿物名，是含硼盐湖蒸发干涸的产物，化学成分为 $Na_2B_4O_7$。硼砂用于制造玻璃，这在宋代大食玻璃配方中早已知晓。但是，传统玻璃配方中不知何地使用。它有抑制膨胀率、增强耐热性的功能，也有助熔作用。据研究耶稣会士于公元 1612 年（万历四十年）将硼砂引入中国[22]。

砒霜：砒是非金属原质之一，亦名信石。常与银、铅、钴、锑等矿混合，多与硫黄及其他金属化合成雄黄、礜石、鸡冠石之类。砒霜为三氧化二砷 As_2O_3 之俗称。古代用于炼丹术[23]。在玻璃配方中的主要作用是脱色剂，还可作澄清剂和乳浊剂。据化验我国春秋末年蜻蜓眼玻璃珠中也含有砒[24]。

定粉：清代画院以及宫廷建筑的油作和画作所必备的颜料[25]。油作的广花结砖色、定粉油饰、瓜皮绿油饰、定粉土粉光油、靛球定粉砖色、米色油饰、月白油饰等油活中均掺有一定比例的定粉。如瓜皮绿油饰一平方尺用广靛花 0.1 两、定粉 0.03 两、彩黄 0.3 两；米色油饰用定粉 0.26 两、彩黄 0.13 两搭配而成。从上述配色比例判断，定粉应是白粉，也就是铅白，亦称胡粉。铅白为碱式碳酸铅 $2\,PbCO_3 \cdot Pb\,(OH)_2$。相传产于广东佛山。有清一代宫廷建筑的油、画活均用定粉配油彩用，清亡后失传，已不为油、画作工人所知。定粉在宫廷玻璃配方中起到减少玻璃的黏性，使其容易成形，增加其冷却后的光泽和曲折率等作用。

开平土：查无出处，尚不得确切解释。笔者试释，开平土即开平所产的土料。开平位于河北滦县西南 90 里，土名开平营，即今开滦煤矿所在地。故开平土可能是与煤炭共生的坩子土、页岩石类的夹层土料。化学名称为硅铝酸盐，化学成分 $2SiO_2AlO_3$（Fe-Ca）。硅 SiO_2 是玻璃的主要原料，铝 Al_2O_3 可增加玻璃的硬度。开平土的化学成分不明，但从京西琉璃渠坩土含硅 54.13%、铝 32%，邱子岑坩土含硅 67.51%、铝 22.26%[26] 的成分比例判断，开平土的主要成分可能也是硅铝，成为各种彩色玻璃的基本成分。

以上配方的七种原料的总重量为 6732 斤 14 两。以总重量为分母可得出七种无色玻璃的配方比例如下：

马牙石面

　　　2329 斤　　　　　占 31.61%

盆硝

　　　1376 斤　　　　　占 20.44%

硼砂

　　　601 斤 8 两　　　占 8.93%

砒霜

　　　230 斤 6 两　　　占 3.59%

紫石

　　　102 斤　　　　　占 1.51%

定粉

　　　234 斤　　　　　占 3.47%

开平土

1860 斤　　　　占 27.62%
　　　　　　　计 97.17%

本玻璃配方中的马牙石面（即以马牙石碾碎的粉末）和紫石均见于颜神镇玻璃配方，而颜神镇玻璃配方中的凌子石在本配方中不见了，那么，是否以开平土替代？可知本配方与颜神镇玻璃配方仍有一定的联系，接受了颜神镇玻璃配方中马牙石和紫石两种原料。定粉作为内廷画院和宫廷建筑的基本颜料引入宫廷玻璃的烧造已有定论，而开平土的引入也可能与某种宫廷工艺有联系。所以，这两种材料带有宫廷色彩，这也是本配方不同于颜神镇配方的特点之一。而硼砂、砒霜也是颜神镇玻璃配方所没有的，这是本配方的另一特点。硼砂的引入已如前述，而砒霜作为宫廷玻璃配方，值得今后研究。盆硝与焰硝的属性不同，盆硝是硫酸钠，焰硝是硝酸钾，这也与以焰硝做助熔剂的颜神镇玻璃配方有显著区别。这种助熔剂的改变可能与纪文有关，不妨说，乾隆十七年玻璃厂配方是综合了玻璃厂原有配方、颜神镇—博山玻璃配方和纪文带来的西方玻璃配方几方面之长而形成的新配方，称其为"谐奇趣玻璃器配方"或"纪文配方"也未尝不可。以这一新配方加入金属显色剂可烧成各种彩色玻璃。

养心殿造办处玻璃厂乾隆十七年谐奇趣彩色玻璃呈色剂有顶圆紫、赭石、灵紫石、青紫石、轿顶锡、头等金叶和红铜末等七种金属矿物，现试释如下：

顶圆紫：又名顶圆子[27]。大而圆者为上青，系钴 CoO 土矿，用于瓷器青花着色，产于浙江绍兴、金华者最优，产于江西、广东、云南者质次。其在玻璃中显深蓝色，亦称钴蓝色。玻璃厂用顶圆紫显然是受官窑的影响，引进了浙江上青以显深蓝色。

赭石：即赤铁矿，化学成分为 Fe_2O_3，易碎成粉末，因色殷红，故称赭石。出于山西。代县，亦称代赭石。可用作颜料。在玻璃显色中呈黄绿色或青绿色。

灵紫石：与颜神镇玻璃配方中凌子石音近，凌子石已释为白云石，其功能为"镜物有光"，并非显色金属，而从配方比例来看，灵紫石可能是某种显色金属。

青紫石：不明。或许是含锰一类矿石。

轿顶锡：锡是化学元素。锡石为氧化锡（SnO_2），经冶炼还原即成金属锡——白锡。白锡遇冷可变成粉末状的灰锡。温度在 160℃ 时，白锡始转变为脆锡，或与其他金属结合为化合锡。轿顶锡系何种锡不明，可能在玻璃中起乳白作用，锡金属能否单独显色亦不明，但可与其他金属共同呈色。经化验过的古玻璃证明，含氧化锡（SnO）的很少，其含量甚微，在 1% ~ 0.001% 之间，在无色、浅蓝、蓝、深蓝、蓝绿、不透明、琥珀等色玻璃之中出现。清代可能用于别的显色里。

头等金叶：是成色最好的薄金片，在玻璃中显色为宝石红，亦称金红。

红铜末：是用红铜 Cu 切削下来的红铜粉末，在玻璃中显深红色。

另有红飞金 4866 张。飞金是金箔，用于彩画，称为贴金。亦可泥成金粉，称为泥金。绘画、工艺、建筑均可用。红飞金色赤，成色足，黄金占 97% ~ 98% 以上。红飞金用在谐奇趣玻璃器上也不外乎是贴金或泥金，或两者兼而有之。所以，红飞金不是显色剂，而是玻璃器上的装饰色。

下面再与化验过的玻璃成分作一比较。经化学分析的 7 件清宫收藏的玻璃器中，仅有 2 件样品属养心殿造办处玻璃厂新配方标本。

1. 红套涅白玻璃残片

涅白玻璃的主要成分：二氧化硅 64.91%、氧化钾 15.34%、氧化铝 4.57%、氧化钠 3.90%、三氧化二硼 2.59%、三氧化二砷 2.28%，属钾铅钠玻璃，有少量的硼和砷，起乳浊作用的可能是砷。

红玻璃的主要成分：二氧化硅 65.52%、氧化钾 14.41%、氧化铅 4.57%、氧化钠 4.44%、三氧化二硼 2.30%、三氧化二砷 2.45%，亦属钾铅钠玻璃，也有少量的硼和砷。另据光谱分析表明：红色玻璃中有微量的金元素，应是金显色。

2. 蓝色玻璃瓶耳

主要化学成分：二氧化硅 66.53%、氧化钾 15.78%、氧化铅 4.86%、氧化钠 3.87%、氧化钴 0.18%、三氧化二硼 2.05%，亦属钾铅钠玻璃。有硼无砷，铅、钙含量极少，顶圆子（钴）呈色。

以上涅白、红色、蓝色等三种玻璃的化学成分，如硅、钙、钾、铅、钠、硼的比例都非常接近，铅、钙的含量甚低也是一致的，只是含砷的情况有所不同。涅白与红色两种玻璃是套料，同炉熔炼，所以均有硼、砷。笔者认为红套涅白玻璃与养心殿造办处玻璃厂的谐奇趣配方是一致的。它印证了乾隆十七年十一月二十日至十八年三月十三日烧炼仿西洋玻璃器所用原料的化学成分，进而可以肯定这两件折片是准确可信的。这两种玻璃的烧造年代可能是在传教士纪文自乾隆六年（公元 1744 年）至二十二年（公元 1757 年）任职于玻璃厂期间。

有关金显色红玻璃的记载以本文征引的乾隆十七年末至十八年初的《清档》为最早。但红色玻璃器可能还有更早的，只是未经检验，目前尚难肯定。在这之前，与金红玻璃有一定联系的“桃红”珐琅，出现于康熙五十五年（公元 1716 年），这是用金子掺红铜料制成的，用于“康熙御制”款铜胎画珐琅器上。再早还有 1650 年（顺治七年）安德烈斯·卡修斯（Andreas Cassius）以氯化金与氯化亚锡制成胶体金为呈色剂的桃红色珐琅[28]，以及 1679 年（康熙十八年）由波茨坦化学家、玻璃工艺家 J·K·von 洛温斯特恩研制成功了加氯化金生成的宝石红玻璃[29]。颜神镇—博山玻璃何时出现金显色红玻璃迄今仍然不明。如《颜山杂记》中只有由铜和铁屑同时显色的“梅萼红”，而没有金显色的宝石红玻璃。直到乾隆十七年（公元 1752 年），这种玻璃才正式见于清档，时值纪文在玻璃厂主持仿西洋玻璃器生产的时刻。所以，不能忽视纪文在烧造金显色红玻璃方面的贡献。

乾隆十七年末至十八年初的第二张折片内恰好记有“配玻璃用头等金叶三两”，

"配玻璃用红铜末三斤"。这与康熙五十五年（公元 1716 年）九月二十八日广东巡抚杨琳奏折中"潘淳所制法桃红颜色的金子搀红铜料"[30]颇为相像，如果不是相隔 103 年之久，完全可能被误认为是出自同一个笔帖式之手。这绝非偶然的巧合。从乾隆时代非常盛行桃红色珐琅料的史实判断，广东珐琅匠潘淳以金子搀红铜料制造桃红珐琅料的技术可能早已被引用到着色玻璃的烧造，此其一。其二是我们对乾隆十七年末至十八年初折片的头等金叶和红铜末的两项条目，可作分、合两种解释。分开理解则是分别制出金红玻璃和深红玻璃；而合则是头等金叶搀红铜末即 1∶10 之比搭配可烧出桃红色玻璃，这是直接引入潘淳之法烧成的。这两种理解都可以得到实物证明，所以也都是合理的。这次化学分析样品提供了金显色的确凿证据，这有利于分开理解，但并不妨碍我们做出上述两种判断。与此有联系的是轿顶锡的显色功能，如果轿顶锡确是氯化亚锡与金叶配合，也可烧成粉红玻璃，这就是清宫玻璃厂引用卡修斯法烧造的粉红玻璃，这种可能性是不能排除的。通过上述分析，可以初步总结出纪文烧造的谐奇趣仿西洋玻璃中，计有宝石红、深红、桃红、黄、绿、蓝、紫、白、黑以及透明等十几种彩色品种，再饰以贴金与泥金装饰。可以想象，金碧辉煌的仿西洋蕃花和玻璃灯，堪称清代皇家玻璃艺术之冠。

四、结　　语

根据文献记载和对清宫旧藏玻璃残片进行化学成分分析，我们已经较为准确地了解了清代颜神镇—博山玻璃、广州玻璃以及养心殿造办处玻璃厂玻璃的原料配方、化学成分及其显色等工艺，这些知识有助于对清代玻璃研究的深入和提高。

从这三处的玻璃配方和化学成分判断，清代玻璃确实存在着南北方的区别。南方以广州玻璃为代表，北方玻璃以颜神镇—博山玻璃为代表。南北两地玻璃有着相互区别的历史背景和资源条件，分别形成了钠钙玻璃和钾钙玻璃两种不同的品种。南方广州钠钙玻璃显然受到了西方玻璃技术的影响，又发挥本地资源优势发展起来的。而颜神镇—博山玻璃业一直承袭着钾玻璃、钾钙玻璃的传统配方，至 20 世纪初，在光绪新政的影响下，才引进了西方玻璃技术与配方，生产了少量的钠玻璃。上述南北两处玻璃烧造业是当时民间玻璃业的骨干力量，它们与苏州[31]、扬州、漳州以及云南等地玻璃手工艺共同组成了清代的民间玻璃工艺。

与民间玻璃工艺相对的是养心殿造办处玻璃厂。它按照"拿来主义"的方针，征之国外，取之地方。康熙时期玻璃厂录用西方传教士，招募广东工匠。乾隆时代西方传教士纪文在玻璃厂服务 17 年，烧造了大型的仿西洋玻璃器两批共 30 件。清宫玻璃厂综合了我国南北玻璃和西方玻璃的配方，在博山玻璃配方的基础之上，利用宫廷材料，以盆硝为助熔剂，以硼砂提高耐热性，以砒霜澄清铁氧，成功地创造了新配方，使清代玻璃工艺达到了一个新的水平。然而，清朝后期的玻璃工艺却没有继续发展，推陈出新，至光绪新政引进西方玻璃烧造技术之后方略有起色。

由此看来，清代玻璃业的兴衰与玻璃配方密切相关。所以，今后应重视对玻璃配方的研究，这是玻璃工艺赖以发展和提高的物质与技术基础。对于清代玻璃配方的研究今后尚有待于提供更多的玻璃样品进行化验，以推动这一科研工作的进一步深入开展。

附　建筑材料科学研究院化学分析结果报告单

委托单位：故宫博物院　　　　　　　　　　　　　　　　　　　　　提出日期：1988 年 2～5 月

来样编号	试样名称	分　析　结　果															化验时间
		烧失量	SiO_2	Al_2O_3	Fe_2O_3	TiO_2	CaO	MgO	K_2O	Na_2O	MnO	PbO	CoO	B_2O_3	CuO	As_2O_3	
1	套料玻璃（白）		64.91	0.54	0.11		2.03	0.13	15.34	3.90		4.57		2.59		2.28	5 月
1	套料玻璃（红）		65.52	0.32	0.12		2.04	0.07	14.41	4.44		4.57		2.30		2.45	5 月
2	蓝色瓶耳		66.53	1.03	0.25		1.85	0.02	15.78	3.87		4.86	0.18	2.05			2 月
3	玻璃水盛		74.80	1.63	0.15		0.19	0.04	20.89	0.18		0.25			0.49		2 月
4	鼻烟壶		67.74	0.80	0.37		5.61	0.09	21.76	0.42		0.23					2 月
5	平板玻璃		69.80	1.22	0.29		14.10	0.09	0.28	11.98							2 月
6	乳白花瓣玻璃		60.57	5.66	0.48		12.39	2.21	12.76	3.88							2 月
7	玻璃料块		59.17	3.93	0.93		6.38	6.87	2.79	17.54	0.38				1.05		2 月
备注	光谱分析表明：红色玻璃中有微量金元素。																

注　释

［1］　刊于《故宫博物院院刊》1983 年 4 期。

［2］［22］　刊于于福熹：北京国际玻璃学术讨论会论文集《中国古玻璃研究》125～130 页，中国建筑工业出版社，1984 年。

［3］　富泽威、江本文理、富永健、土屋良雄：《サントリ一美术馆所藏の中国清代に制造された ガラス容器の萤光 x 线分析》；土屋良雄：《中国清代のガラス组成にフいて》，《サソトリ一美术馆开馆サ五周年纪念论集二号》，1987 年。

［4］　建筑材料科学研究院《化学分析结果报告单》详见附表。

［5］　扬州元代遗址出土浅蓝色玻璃残器由国家文物局培训中心教务科长汤伟健同志提供，化验工作由故宫博物院科技部主任陆寿麟及苗建民同志委托地质矿产部岩石测试技术研究所技术处戴朝玉、陈小青二同志负责。其主要化学成分如下：铝 1.41%、铁 0.68%、钙 3.96%、镁 0.09%、钾 15.94%、钠 0.37%、钛 0.13%、铜 0.49%，铝 0.15%，硅未计量。

［6］　刊于淄博市博山区志办公室：《博山区志资料汇编》第二辑《颜山广记》，52～77 页，1984 年。

［7］　见宋应星：《天工开物》卷中《陶埏》，139 页，商务印书馆，1954 年。

［8］［9］　张维用、刘元武：《博山炉工捣毁硝磺局事件始末》，《博山文史资料选辑》第三辑。

［10］　《清内务府养心殿造办处各作成做活计清档》（雍正六年），编号3313，中国第一历史档案

馆藏。

[11] 参见杨伯达：《从清宫旧藏十八世纪广东贡品管窥广东工艺的特点与地位》，香港中文大学文物馆，1987 年。

[12] 故宫博物院研究室王和平译，王殿明校。

[13] 《清内务府养心殿造办处各作成做活计清档》（雍正三年），编号 3294，中国第一历史档案馆藏。

[14] 赵汝适：《诸蕃志》卷下《志物·琉璃》，光绪七年本。

[15] 《清内务府养心殿造办处各作成做活计清档》（乾隆七年），编号 3399，中国第一历史档案馆藏。

[16] 《清内务府养心殿造办处各作成做活计清档》（乾隆六年），编号 3395，中国第一历史档案馆藏。

[17] 《清内务府养心殿造办处各作成做活计清档》（乾隆六年），编号 3392，中国第一历史档案馆藏。

[18] 参见杨伯达：《郎世宁在清内廷的创作活动及其艺术成就》；鞠德源等：《清宫廷画家郎世宁》，《故宫博物院院刊》1988 年 2 期。

[19][20] 《清内务府养心殿造办处各作成做活计清档》（乾隆十七年），编号 3438，中国第一历史档案馆藏。

[21] 李诫：《营造法式》卷十五《琉璃瓦作法》，故宫博物院图书馆藏。

[23] 见张子高：《中国古代化学史稿》，《抱朴子·内篇·金丹篇》引文，科学出版社，1964 年。

[24] 张福康等《中国古琉璃的研究》，载《硅酸盐学报》卷十一，第一期 1983 年 3 月。

[25] 《清内务府养心殿造办处各作成做活计清档》（乾隆二十年），编号 3732，中国第一历史档案馆藏。《工程做法》（雍正十二年）卷五十六、五十七《油作》；卷五十八、五十九《画作》，故宫博物院图书馆藏。

[26] 故宫博物院古建部李经武同志提供。

[27] 参见汪庆正：《青花料考》，《文物》1982 年 8 期。

[28] 参见张临生：《试论清宫画珐琅工艺发展史》，台北《故宫季刊》第十七卷第 3 期；杨伯达：《刍议清代画珐琅的起点》，《中国历史博物馆馆刊》，总十三—十四期，1989 年。

[29] 《简明不列颠百科全书》1 卷，550 页，中国大百科全书出版社。

[30] 见吕坚：《康熙款画珐琅琐议》，《故宫博物院院刊》1981 年第 3 期。

[31] 乳白花瓣玻璃属钾钙钠玻璃，其配方与颜神镇—博山玻璃、广州玻璃、养心殿造办处玻璃厂玻璃均不同，疑似苏州玻璃。

（原刊于《故宫博物院院刊》1990 年 2 期）

瑰丽多彩的清代康雍乾三朝玻璃

我国玻璃器历史悠久、特点鲜明，持续发展经历了三千余年的自身演进的历史过程。迄今所见最早的玻璃制品——玻璃管珠出土于今陕西扶风岐山一带先周或西周早期的墓葬，其墓主的社会地位并不显赫，可能是自由民或略高一层的人物，可知西周早期玻璃器确实有着自由民性格。至西周中期便大量殉葬于伯一级的贵族墓中，与红玛瑙、玉组成"杂佩"，还有的用于镶嵌在柄形器下端。稍后，东周时期所谓的"蜻蜓眼"玻璃珠问世，这些蜻蜓眼玻璃珠中含有铅、钡为溶剂的则是我国自制玻璃。此后我国自制玻璃分为两个途径持续不断地发展变化，其一是作为玉的代用材料出现于墓葬之中，这种仿玉玻璃始见于战国时代，以湖南长沙的玻璃璧为其代表器物；其二则走着独立发展的道路，其制品多为饰品和器皿。我国玻璃发展史上的这两条路线始终贯穿于奴隶社会与封建社会各个王朝，辐射面也甚为广阔，由历代王朝的都会到边远的少数民族地区都可见出土的簪、珠、盏、盘等玻璃器。至迟从汉代起，外国玻璃作为商品流入国内，供帝王、贵族、显官、达吏们享用。这种现象本为正常的文化交流和贸易往来，但同时也产生了一定的负面效果，这就是一度曾给国内学术界造成错觉，即"玻璃外来说"盛行，以至以讹传讹，中国不会烧造玻璃、人们使用的玻璃都是外来的等等讹传泛滥成灾。这种误导已根深蒂固，迄今尚有市场，这不能不说是一件憾事。我们需要长期不懈地宣扬正确的我国玻璃史知识，使其普及到人民群众当中。

清代康、雍、乾三朝玻璃是指内廷养心殿造办处玻璃厂专供皇帝使用而烧造的皇家玻璃器及山东、广东、京都、江苏等地方玻璃制造业烧造的供庶民使用的民间玻璃器。由于玻璃器性脆易碎，所以流传迄今的遗物已属凤毛麟角，显得格外珍贵。现根据文献、档案及流传迄今的实物分产地做一简单的介绍。

一、博 山 琉 璃

博山琉璃是指山东省博山县颜神镇炉业所烧之玻璃器，今称博山"美术琉璃"。博山县系清雍正十二年（公元 1734 年）设[1]，县治在颜神镇，位于益都县西南一百八十里，地处泰岱支麓群山环抱之中，是处"最僻远而山川清丽民风朴愿的半山区"[2]。由于山多田少、人口孳生、生计困难，除部分人从事农业生产之外，有不少人经营挖煤、冶铁、制瓷、烧料等手工业，是一个"多艺"之乡。这里蕴藏丰富的自然资源，居住着勤劳智慧的劳动人民，具备玻璃制造业赖以发展的物质基础和技术条件[3]。颜神镇玻璃生产起于何时？早已有"邑玻璃业之创始无可考"的定论[4]，可是从《孙氏家谱》[5]和已发现的炉址[6]、实物[7]来判断，在明代洪武三年（公元1370年）之前已经形成，而且把颜神镇玻璃生产上溯至元代也是不成问题的。这样估计还较保守，究竟起于何时仍待今后研究。明代颜神镇所产玻璃"光莹可爱"[8]，明末因灾荒该镇玻璃工匠死亡十分之九，严重地摧残了玻璃制造业。清初，社会趋于安定，生产迅速恢复，蒸蒸日上。乾隆年间，颜神镇大街渡流而西多业玻璃，布满西冶街。至光绪年间，当地一般家庭约十分之七的男女幼孩都从事玻璃制造业，出品有屏片、匾幅等，向外输出七千余担。后因受到外国资本压迫和官办公司的排挤，颜神镇的民间玻璃手工业惨遭沉重打击。

博山玻璃的原料都是出自颜神镇及其周围山区，就地取材，运输方便。主要原料有马牙石、紫石、凌子石、硝以及铜、铁、丹铅等。成品加工方法有"实之属"（铸拉而成的实心玻璃器）和"空之属"（吹成的空心玻璃器）两种。产品以"青帘"（用于朝廷的青色透明的玻璃帘子）为贵，其次有佩玉、华灯、屏风、罐盒、果山、棋子、风铃、念珠、壶顶、簪珥、泡灯、鱼瓶、葫芦、砚滴、佛眼、轩辕镜、火珠、响器、鼓珰等，都是一些实用价值较小的物品或装饰品，按清代孙廷铨的说法是"无用器也"。博山玻璃产量较大，行销国内外"北至燕国，南至百粤，东至朝鲜，西至河外"方圆万里的范围[9]，还为清廷养心殿造办处玻璃厂提供了工匠，为烧造皇家玻璃作出贡献。

二、广 州 玻 璃

广州历来是我国南方通向中东和西方欧洲各国的门户，也是清代南方的玻璃生产基地。在唐代，广州已是海道交通的重点港口，输入的商品有珍宝、犀角、象牙、香料、蔷薇水、珊瑚、玻璃（琉璃、瑠璃）等等。唐设市舶使，宋开宝四年（公元971年）设置市舶司，元世祖尝立提举司，明代设市舶提举司，成化以后广州对外贸易最盛。清设粤海关由内廷直接掌握。广州是输入阿拉伯、欧洲的玻璃商品和传播西方玻璃制造技术的桥梁。关于广州输入玻璃制品的历史已很久远，明末高濂记录了输入广州玻璃器皿的形制、颜色以及对它们的评价等，反映了当时文人士大夫对出自"岛夷"输入广州的玻璃器是不感兴趣的。对其白缠丝、鸭绿、天青、黄锁口的瓶、酒盅、高罐、盘盂、高脚劝杯等贬为"非鉴赏佳器"[10]。但清人对欧洲输入的"洋玻璃"则有好感，与明人态度颇有不同。

广州何时开始制造玻璃？至迟不晚于西晋。如葛洪首次指出广州铸作水精玻璃[11]，此法不是自创，而是得自外国，宋代亦有类似记载[12]。至清代，关于广州制造玻璃的文献记载多了起来，至迟在康熙时期又有了玻璃制造业，并向内廷派送优秀的玻璃匠。雍正六年（公元1728年）内廷已有"广玻璃鼻烟壶"[13]，乾隆二十一年（公元1756

年）粤海关万寿贡进玻璃盖碗[14]。清人把"质薄而脆"的广州造玻璃叫做"土玻璃"，这种玻璃用什么原料烧成已无从了解。清人梁同书在《古铜瓷器考》一书中记述中国玻璃"质脆，沃以热汤应手而碎"的弱点之后，提到苏州、广州和山东博山等三地铸造玻璃。至于广州生产的玻璃有哪些品种、颜色，则是一概阙如[15]。

由上述一些文献记述可知，至迟在康熙时期广州已能制造玻璃，但所产玻璃质量不佳，质"薄而脆"，称为"土玻璃"，亦称"广铸"。当时人们把从欧洲输入的玻璃叫做"洋玻璃"，并誉其"质厚而莹净如水晶"。对广州玻璃的质量不佳，不仅世人有所了解，就是居于深宫的最高统治者弘历也知其一、二，如弘历曾对粤海关所进万寿贡内的玻璃盖碗深为不满，传谕"不准报销"，足证"广铸"玻璃制品无论在质量上还是在艺术上都有缺陷。清宫旧藏玻璃器中尚不乏佳品。

三、北 京 料 器

北京烧造玻璃鸟兽行业俗称玻璃器为"料器"。据查，"料器"之名最初出自山东玻璃，是山东玻璃料制品的省略语，也是博山大炉匠的行话，被商行所接受并加以应用，传到北京后沿用至今，成为北京传统玻璃的同义语。现已知悉，从清代晚期至"民国"的这几十年间，北京制作玻璃器皿的原料确实来自博山。据英人布歇尔说，清末有似白玉之货品及玻璃瓦片等物，多为北京商人所收买，号曰"京料"，而实则山东博山县人所制。"京料之真者乃取博山所制之玻璃棒及玻璃片，至京熔化，制成货物。故其构制及价格均远过于在博山制成之京料也"[16]。北京距颜神镇不过千里，交通方便，这种用博山玻璃料加工玻璃器的做法可能早于晚清，此后一直延续到新中国成立以前。所以，清代北京玻璃业严格地说只不过是玻璃加工业，其所用玻璃料来自博山，价钱低廉，每斤仅值"百钱"[17]。

北京玻璃加工业始于何时仍是悬案。从北京是元、明、清三代首都、玻璃料运京方便、统治者集中等情况考虑，北京玻璃加工业的兴起可能为时较早，生产规模亦不会太小，否则，怎能适应元明清宫廷和皇戚贵族、达官贵人的需要。以清代鼻烟壶为例，随着贵族和官商界逐渐嗜好鼻烟，兴起了玻璃鼻烟壶的制造并大为发展。乾隆时期，北京三家著名的玻璃鼻烟壶作坊互相竞争，争艳斗胜，轰动一时。若没有较长期的生产准备，是不可能出现这种繁荣局面的。

四、苏 州 玻 璃

关于苏州制造玻璃的历史所知更少，前面说过南宋苏州所制玻璃灯名"苏灯"。元末张士诚母墓所葬涅白玻璃圭，是出土玻璃器中最大者，是否苏州制造有待探讨。清代苏州制造的玻璃简称"苏铸"，据说"苏铸者更不及广铸"[18]。

五、内廷御用玻璃

清内廷御用玻璃除了来自博山、广州等地贡品之外，其主要来源则是内廷养心殿造办处玻璃厂烧造的例贡玻璃器或皇帝指命烧造的玻璃器。民间称该厂烧造的内廷御用玻璃为"御窑玻璃"或"官窑玻璃"，而有别于各地烧造之玻璃器。

清宫养心殿造办处是专门管理那些为皇帝及其宗族服务的皇家手工作坊的内廷机构。皇帝指令内务府大臣总理造办处事务，另委派内廷府郎中、员外郎负责日常管理工作。造办处下设若干房、厂、作。这些管理机构和作坊的首领是主事、笔帖式、领催、（催总）、司库。工匠是从各地招募而来或从旗籍、包衣中挑选，遇有重大加工任务时还可临时雇用工匠。在造办处各作服役的工匠由皇帝赏给饭食银、公费银、衣服银，有的只供饭食不另赏钱。玻璃厂是奉玄烨旨意于康熙三十五年（公元1696年）成立的[19]，后隶属养心殿造办处，至宣统三年（公元1911年）清亡为止，在215年间制造了大量玻璃器。现在故宫博物院收藏的清代玻璃器皿大多是玻璃厂烧造的。

养心殿造办处玻璃厂所用工匠早期来自广州，但主要是从山东博山来的，在一个时期里还有少数西洋传教士在厂内工作。设备有大窑和小窑两种，大窑是专为烧造大型花灯而建造的，使用时间很短，经常使用的是小窑，烧造年节进贡玻璃活计和皇帝临时指令生产的各种活计。所用玻璃原料与山东博山所用原料相似，可能大部分来自山东。当时，各种原料运往玻璃厂烧成玻璃料，再吹造各种器皿，从烧料到成型全都在玻璃厂完成。工匠们制作玻璃器皿是在高温下进行的，所以每年只在春秋或冬初进行生产，夏季停烧。

内廷玻璃厂在200余年当中随着清王朝国力的消长也经历了由盛到衰的过程，大体可分为四个时期：玻璃厂自康熙朝成立至雍正末年的五十年间是兴盛期；乾隆前期二十余年是极盛期；乾隆后期至嘉庆是停滞期；道光以后是衰落期。如今对康熙时期玻璃厂的情况不甚了解，只知这一时期的重要贡献是创造了套料、制出水晶玻璃。雍正年间设圆明园造办处，玻璃厂迁到该园六所烧造玻璃。玻璃厂生产发展的高峰时期是在乾隆朝前期，当时因扩大圆明园修建西洋楼需要制作玻璃灯，从而促成玻璃烧造高潮的到来。西方传教士汪执中、纪文二人曾参与这一时期的玻璃烧造。乾隆晚期玻璃厂无大作为，开始走向下坡路。嘉庆时期随造办处收缩而生产逐渐萧条。嘉庆初年，玻璃厂每年年节活计贡进玻璃盘碗盅碟一百八十一件、玻璃鼻烟壶一百二十件，共三百零一件。嘉庆二十五年改定年节活计玻璃盘碗盅炉瓶等一百件、玻璃鼻烟壶六十件，共一百六十件，所做活计更少了。道光年间虽恢复年节玻璃活计三百零一件，但质量显著下降，远远不及乾嘉时期。这些活计由从山东招募来京的吹造玻璃匠二人于五月至八月间完成，匠人完工后即返回山东。后又改为正月来京，春季烧造。这一时期玻璃厂仅两个工匠只用一季时间就烧完全年的活计，玻璃厂的惨淡景象可见一斑。

在此介绍一下康、雍、乾三朝御用玻璃的工艺及其艺术上的特点。

1. "康熙御制"款水晶玻璃水丞（图版38）

此器为流传至今的唯一一件我们能够辨认的康熙时期御窑玻璃器。此器高 7 厘米、口径 2.8 厘米，有圆盖，肩窄、腹阔、底平。盖上磨成龟背纹，腹饰下垂的尖状花瓣，器底阴刻"康熙御制"篆书款。这是标准的康熙时期御窑玻璃器，也是传世孤品，极其珍贵。此器很像墨水瓶，可是又未留下墨色蚀变痕，可能玄烨用毕清洗干净，存于古董房。其器型蕴含着中、西两种文化因素，确是一目了然的，这正反映了康熙时期西方传教士中一些懂得科技知识的人员对中西文化技术交流的积极影响。据考证，康熙敕命建造玻璃厂是在传教士日耳曼人纪里安［基列恩·斯顿夫（Jilian Stumpf）］指导下进行的，建成后所用玻璃配方、烧造工艺及其器型、纹饰等都难免与西方传教士发生直接的、间接的联系。此期玻璃厂的工匠有来自广东的程向贵，他于康熙四十七年（1708年）曾做了一套雨过天晴色的刻花玻璃套杯。这件透明玻璃水丞从某一侧面反映此期玻璃厂的多元性的技术风格与时代特点。康熙时期御窑玻璃"浑朴简古，光照艳烂如异宝"，说明其烧造工艺及其艺术韵味均已达到很高的境界。

2. 雍正年制御用玻璃器

雍正时期玻璃厂移往圆明园六所内，从《养心殿造办处各作成做活计清档》（简称《清档》）可知此期御窑玻璃有白、涅白、蓝、黄、涅黄、金珀、红、仿红玛瑙、葡萄等色。器型有杯、碗、渣斗、水注、水丞、洗、盒、瓶等。故宫博物院收藏雍正款玻璃器只有十二件，分别为涅白、淡黄、黄、亮黄、深黄、雄黄、亮浅蓝、亮紫等单色玻璃。器型有八棱瓶、小缸、水盂、渣斗、圆盒等。其器质量尚好，色泽鲜艳，有少量气泡糟坑，这在当时是在所难免的。其中黄玻璃菊瓣式渣斗（图版34）高 9.9 厘米、口径 9.7 厘米。器撇口、宽腹、圈足，通体作十六瓣菊花式，底镌"雍正年制"二直行仿宋体款，镌刻尚属工整。此器黄色淡雅明快、均匀适宜，质地细腻润泽，形似盛开的菊花。此器玻璃成型之后后期细加工由玉匠仔细、认真地碾琢，再经抛光、上亮而成，可知御窑玻璃与玉器有着密切联系。此渣斗之玻璃料坯与型制均属上乘，堪称雍正御窑玻璃的代表作。雍正御窑玻璃基本上沿袭康熙时期御窑玻璃烧造工艺及品种纹饰，而未见有重大突破。

3. 乾隆朝御用玻璃器

乾隆时期玻璃厂的规模、工艺、形饰及其产量全面发展、空前繁荣，并已攀登上清代皇家玻璃烧造业的历史高峰。

从《清档》的记载可以了解到，乾隆时期玻璃厂的极盛阶段是自乾隆五年（公元1740 年）至二十四年（公元 1759 年）的二十年间，就在这二十年间曾经出现了其前、其后均不存在的特殊情况：①乾隆五年（公元1740年），擅长烧造玻璃的西方传教士汪执中、纪文二人进京，翌年在玻璃厂效力，试验烧炼温都里那石（即金星玻璃）并且获得了成功；②为了烧造西洋水法楼"谐奇趣"所需用的玻璃灯等六件玻璃器新建大窑一座；③烧成仿西洋玻璃蕃花三件、玻璃灯九座、玻璃缸八件、玻璃花浇二件，耗银三千三百四十九两钱一分七厘；④乾隆二十年（公元1755年）烧造玻璃鼻烟壶五百个、玻璃器皿三千件，赏赐杜尔伯特部；⑤乾隆二十一年（公元1756年）又仿照水法殿廊内所挂西洋玻璃灯样式烧造五色玻璃灯四对，估价银三千六百二十两一钱；⑥谐奇趣殿所用玻璃器的艺术设计由郎世宁担任。万分遗憾的是，1860年英法侵略军劫掠圆明园并放火焚毁，水法楼内御窑玻璃器皿也在劫难逃，便被尽数毁灭了。

乾隆二十五年（1760年）是御窑玻璃器由盛转衰的转折点，此后三十五年间一无进展，转入低潮，但仍能维持盛世的正常水平。

故宫博物院所藏乾隆御窑玻璃器尚有数百件，包括炉瓶盒三式、五供、瓶、缸、盆、钵、盘、碗及鼻烟壶等器物。现分为单色玻璃、复色玻璃、琢磨玻璃、套色玻璃及彩绘玻璃等五种玻璃工艺作一简要介绍。

1. 单色玻璃器

可分为透明和不透明的两大类。玻璃厂称透明玻璃为亮玻璃，不透明玻璃为涅玻璃。常见的单色玻璃有白、黄、蓝、红、紫、绿、黑等几种基本色调，在每一基本色中又呈现深浅不等或观感有别的类似色，如黄色玻璃中从其深浅变化，便有淡黄、娇黄、鹅黄、雄黄、栗黄、涅黄、酒黄、秋黄等多种不同的色差，亦各自产生不同的美感效果，变幻奇妙，难以胜计。乾隆朝见诸《清档》的单色玻璃计有：涅白、砗磲白、浅黄、娇黄、雄黄、亮茶、亮茶黄、月白、宝蓝、空蓝、亮浅蓝、亮深蓝、亮深红、亮玫瑰红、亮深宝石红、豆青、豇豆紫、浅紫、亮深紫、桃红、粉彩、水晶、茶晶等二十余种色名。它继承康、雍二朝单色玻璃器追求玉石珠宝天然美的传统作法，以表现其晶莹、润泽、鲜艳、淳朴的视觉效果。如亮白追求水晶的透彻莹洁，而涅白又要达到羊脂白玉那般的色感和温润腻肥的质感，透明度也掌握得恰到好处，如微透明、半透明或失透等，宛若宝玉石，十分逼真。其他各色玻璃亦均有其特殊的追求目标。养心殿造办处玻璃厂烧造的乾隆款明黄玻璃碗、宝石红玻璃马蹄尊都足以代表乾隆朝单色玻璃的高超水平。明黄玻璃碗质地滋润、光泽柔媚、色彩纯正，给人以宝玉之美感，尤其娇黄之色又远胜黄玉，甚为难得。中华民族历来重黄，黄在五色中居于中央，代表帝王。清廷又受到藏传佛教（黄教）的影响，亦殊重黄色，称为明黄。内廷官窑黄釉器和上用明黄缎纱等均为帝后所独享。山东博山称黄色琉璃为鹅黄琉璃，为少量的铜和硫铁矿共同呈色，后世之鸡油黄玻璃较此稍淡而有着肥腻感，遂成为博山黄色玻璃之绝响。宝石红玻璃马蹄尊，半透明，有着红宝石之艳丽质色，堪与印度红宝石媲美，故乾隆宝石红玻璃往往还充作红宝石，镶嵌于金首饰和金银器上。这种玻璃是养心殿造办处玻璃厂从西方引进卡修斯（Andreas Cassius）法烧成的金显色玻璃。从现存故宫博物院所藏宝石红玻璃器来看，以乾隆朝所产为最精。故宫博物院收藏清代御窑套红玻璃残片，经光谱分析表明，确含有微量金元素，证实了宝石红玻璃为金显色所致。

上述两件单色玻璃器中，明黄玻璃碗是采用博山琉璃成法，由博山炉匠在养心殿造办处玻璃厂自炼而成，而宝石红马蹄尊则取法于欧洲玻璃配方，也是由博山炉匠在养心殿造办处玻璃厂烧造。可知乾隆朝玻璃厂在单色玻璃烧造上兼容中西、推陈出新，丰富了单色玻璃的色彩，增强了它的艺术魅力。

2. 复色玻璃器

系指呈现两种或两种以上颜色的多种色彩的玻璃器。如，为了模仿砗磲等贝壳之闪烁光泽、玛瑙之多彩缠丝以及雄黄、松石、青金石、翡翠等肌理和质色，均以多种单色玻璃采用杂糅、点压、引旋等博山琉璃成型技术制作。其主要品种有金星料、点彩、夹金、夹彩、绞丝等，其工艺程序要比单色玻璃繁复，成器的工艺难度也较大。

五彩缤纷的绞胎捻金星玻璃葫芦式鼻烟壶（图版46）通高不过5.4厘米，口径1厘米，是乾隆复色玻璃中之佼佼者，今已不可复得。此鼻烟壶的烧炼、成型工艺均为高难技术，不易掌握。先由吹玻璃匠用细长的铁管蘸上炼成的褐色玻璃熔液，点上浅蓝、浅黄、浅绿等玻璃液，再经吹、压、揉、引等多种工艺成型，之后适时地将炼熟之金星玻璃滴到绞胎上压平便可，宛若缠丝褐色玛瑙，而又闪烁着金星，其灿然的金彩乃玛瑙所不及。乾隆朝复色玻璃虽追求天然的宝石和玉之美，但青出于蓝而胜于蓝，受到弘历的青睐。此鼻烟壶上呈现的金灿灿的星星，即为乾隆帝梦寐以求的金星玻璃，而这种玻璃是在深浅褐色玻璃内分布着琐细的金麸点，犹如苍穹之繁星，使人恍若置身于幽幻绮丽的仙境。当时，博山、广州、苏州以及内廷的玻璃厂均不能烧造，须从欧洲输入，以碾琢各式陈设件头。正值乾隆帝渴望自烧金星玻璃之际，法国人传教士玻璃匠纪文于乾隆六年（公元1741年）应召进入玻璃厂效力。从宫廷档案记载查明，纪文确于玻璃厂烧成了金星玻璃。所以，此鼻烟壶应为纪文进厂后的产物。不知何故，纪文所烧金星玻璃的配方并未留下来，他于乾隆二十二年（公元1757年）离去，而玻璃厂遂亦不再烧造金星玻璃。因而此绞胎金星玻璃鼻烟壶应成于乾隆六年至二十二年（公元1741~1757年）的十四年间，当系纪文炼料，博山吹玻璃匠成型。此中，记录了18世纪中叶中、法玻璃匠师合作的早已湮没无闻的史实。

3. 琢磨玻璃器

从其工艺与效果来看，可分为两种，第一种是在单色玻璃器上琢碾阴阳纹路者，这是引入琢玉工艺技法碾制的；另一种是在单色玻璃器上碾磨多边角的几何形连缀纹（二方连续或四方连续），这是从西方磨宝石工艺引进或模仿西方琢磨玻璃（cut glass）手法制作的。

典雅庄重的浅蓝色玻璃刻花蜡台，通高 28.5 厘米，属于第一种的琢磨玻璃器。以空蓝涅玻璃料分别制成座、腰、盘、柱、碗等五个部件，再琢碾阴纹卷草和缠枝卷叶纹，泥金，最后用铜鎏金扦子将其串缀起来，组成金线图案装饰的空蓝仿催生石的涅玻璃蜡台。浅蓝涅玻璃本为我国最普通的单色玻璃，但经过碾琢图案、泥金之后，显得格外高雅庄重，有着皇家的富贵气。

仿西方磨花玻璃始见于康熙朝。"康熙御制"篆书款透明玻璃水丞即其早期代表作。此后，历朝均用此法磨制透明玻璃器，乾隆朝也不例外。乾隆仿西方磨花玻璃器不仅玻璃晶莹透彻，堪与宝石、水晶媲美，而且在磨工上精巧细致，尤为独到，如其几何图形开滑光亮、线条犀利、棱角分明，绝不亚于西方的玻璃磨花技术。清代玻璃厂仿西方磨花玻璃的碾磨工作均由玉匠承担，这一点又与西方不同。

4. 套色玻璃器

套色玻璃本称"套料"，据清末著名书画家赵之谦云，套料始于康熙年。"套"即白地受彩玻璃，经碾琢图纹而成。白受彩分为白地套红、套蓝、套绿、套黄……这是套色玻璃之主流产品。另有用有色玻璃胚套上一种单色玻璃，其色胚分别有黄、红、蓝、绿或黑色，有白套蓝、套绿或套黑，绿套蓝、套黄，红套黄，蓝套红等等，不胜枚举。还有"兼套"，即在同一色胚上套二彩以上的玻璃器，亦分为白地兼套和色地兼套两种。迄今，尚未发现康、雍二朝套色玻璃器，现存的套料仍以乾隆朝为最早，真是五彩缤纷、千变万化，令人目不暇接。

乾隆朝套料不仅器物较多，而且精美绝伦，令人叹为观止。说明此时套料确已攀登上传统玻璃艺术的峰巅。乾隆年制款红地套浅蓝玻璃花蝶纹瓶高 24.7 厘米、口径 7.7 × 7.2 厘米，是一件大型玻璃器，足以代表乾隆套色玻璃的高超艺术水平。先以深红涅玻璃吹铸八棱玻璃瓶，再套浅蓝涅玻璃，经勾描花蝶图案，用琢玉机碾磨而成。以其地、纹色彩上的冷热、浓淡的对比，使玻璃器物纹彩鲜艳夺目。这种套色玻璃器也是玻璃与碾玉两种工艺的复合器物。此器质美色艳、精雕细琢，地子平匀光亮，图案和谐生动，碾工细腻精湛，有着"细入毫发扪之有棱"的风格，与该时的玉器类似，堪称乾隆御窑玻璃之巨擘。

5. 彩绘玻璃器

系指使用各种彩、金等色料描绘图案，经烧烤而成者，计有墨彩、单彩、多彩、描金、泥金以及画珐琅等多种品目。

画珐琅玻璃器，珐琅是一种绘烧于金属器、玻璃器和瓷器上的欧洲彩料，大约在康熙年间传入我国。金属胎画珐琅器先在广州烧成，旋于养心殿造办处珐琅作试烧，经广州珐琅匠潘淳指点方告功成。康熙五十八年（公元 1719 年）传教士、法国珐琅匠陈忠信（Jean. Baptste. Graverevu）遵旨在珐琅作传授法国巴黎画珐琅技艺。现今传世玻璃胎画珐琅仍以乾隆款器为最早。清代珐琅料除了进口的洋料之外，还有广州、景德镇以及养心殿造办处等三地自制的珐琅料，因其质量不同，彩绘效果也是有别的，以进口珐琅料为最佳，彩料薄平而鲜艳，所以皇家御窑玻璃胎画珐琅多用进口料。

清新隽永的涅白玻璃画珐琅仕女鼻烟壶，通高仅 7.1 厘米，口径 1.2 厘米，作圆口、矮颈、叙肩扁方瓶式，椭圆形足，底部有蓝珐琅彩"乾隆年制"楷书款，附豆绿色玻璃圆盖、象牙勺。口饰藕荷色、蓝色线二道，颈饰勾黑叶筋的浅黄蕉叶纹，肩饰黄色卷草纹。器身四面作圆拱形开光，正、背两面饰提鱼篮仕女，其容貌清俊秀丽，梳高髻，插玫瑰花，裹蓝色头巾，长面尖颏，眉梢下垂，眸微斜视，鼻细长，朱唇小口，身着浅蓝色站领内衣，外着黑色对襟黄褐，腰束红丝带，右手抚胸，左手摸着腰巾，提一竹篮，内盛红鲤一尾。背景饰黄花芦苇，似一渔家女携鱼而行。面、手的轮廓和衣褶均用赭线勾勒，赋彩参用西法，略有起伏，实属焦秉贞、冷枚一派画风。侧面以胭脂彩绘欧式风景画，颇具油画风格。这件画珐琅鼻烟壶是由养心殿造办处珐琅作广东画珐琅匠所绘，他在方寸之间描绘了渔家女和欧式风景，其细致精微的笔法和准确笃实的功力表明作者不愧为一流宫廷珐琅画手，它永远散发着清新的艺术芳香。

总之，康雍乾三朝御窑玻璃工艺来自实力雄厚的民间炉业，并受到西方玻璃技术的影响，呈现出巨大发展和空前繁荣。在玻璃烧造成型及装饰艺术上也达到了历史最高峰，为我国自制玻璃史谱写了光辉的篇章。其有着华贵富丽、庄重典雅的清皇家气质，不愧为中华民族文化艺术宝库中的璀璨瑰宝。

注　释

［1］　富申修、田士麟纂：《博山县志》，乾隆癸酉年（乾隆十八年）刻本。

［2］　孙廷铨：《颜山杂记》序，赵进美。

［3］　孙廷铨：《颜山杂记》四卷《物产·琉璃》。

［4］　王荫桂修、张新曾纂：《续修博山县志》，1937 年。

［5］　《颜山孙氏族谱》（乾隆十四年），淄博市图书馆。

［6］　1982 年 11 月 27 日，山东省淄博市博物馆毕思良同志于博城区（原博山县城）大街北头银子市路第一百货商场工地地基槽东外壁、南内壁，距地表 160 厘米深处发现玻璃炉址层，并采集了少量硝罐、玻璃残器等标本。笔者与杨静荣、高霭珍、张凤荣等同志于 12 月 3 日下午在市博物馆得以目睹，认为这是现知我国首次发现的古玻璃作坊遗址。同时还观看了在工地东壁距地表 2.5 米深处所发现的元瓷窖藏共出土书写八思巴文的元代钧窑、龙泉窑和枢府窑共十七器。12 月 4 日，笔者一行四人由省考古所罗勋章、市文化局文物科王乃明、市博物馆毕思良、张光明、刘忠进以及市政协蔡瀛海等同志陪同到达博山，立即赴现场考察，又于 5、6 两日晨再次考察了现场，采集了玻璃原料、焦炭、硝罐残中以及玻璃丝头和玻璃簪珠等残器。毕思良、张光明二同志于 12 月 7 日作了清理。据悉：于东外壁共发现七个炉址或灰坑，南内壁有二个大炉遗址，连同南内壁东头大炉址对面还有一较大的炉灰坑，共十座炉址或灰坑。高霭珍同志于外东壁一个炉址内挖到一枚明代"洪武通宝"铜币。从地层关系、同出铜币、

窖藏元瓷初步判断，当地是元末—明的一处玻璃作坊遗址。经分析，玻璃残片的钾、钙含量较高，铅含量很低。

［7］　朱檀（洪武二十二年卒）墓出土了黑白玻璃围棋子。山东省博物馆：《发掘明朱檀墓纪实》，《文物》1972 年第 5 期。

［8］　杜恩修、冯惟讷纂：《青州府志·明嘉靖四十四年》，上海古籍书店影印，1965 年 5 月。

［9］　同［2］。

［10］　高濂：《遵生八戕》卷十四《燕闲清赏·论诸品窑器四十八》。

［11］　葛洪《抱朴子·内外篇》卷第二《内篇·论仙》。商务印书馆《万有文库》收。

［12］　阮元修、陈昌齐等纂：《广东通志》卷九十四《舆地略十二玉石类》。引自《南州异物志·太平御览》道光二年本，同治三年重刊。

［13］　《清内务府养心殿造办处各作成做活计清档》（雍正六年），编号 3313，中国第一历史档案馆藏。

［14］　《清内务府养心殿造办处各作成做活计清档》（乾隆二十一年），编号 3475，中国第一历史档案馆。

［15］　梁同书：《古铜瓷器考》。《美术丛书》五。

［16］　布歇尔著、戴岳译：《中国美术》卷下。

［17］　维廉顺：《中国北部旅行记》，引自［16］。

［18］　同［16］。

［19］　昆冈等：《钦定大清会典事例》卷 1173，光绪二十五年石印本。

（原刊于《中国文物报》）

五、珐琅器

唐元明清珐琅工艺总叙

近二十余年，中国古代珐琅工艺的研究工作取得了不少新成果。在考古发掘方面，首次发现了唐吐蕃时期金胎掐丝珐琅牌饰[1]，为研究我国古代掐丝珐琅提供了第一手资料。在科研方面，发表了不少见解独到的论文，出版了一些图文并茂的图录[2]。

关于我国古代珐琅工艺的基本概况及其重要成就，笔者已在《中国古代金银器玻璃器珐琅器概述》一文中作了初步介绍。经历了十四年的继续探讨研究，拙见已为多数研究人员所认同，但对我国古代珐琅工艺的源头和景泰珐琅鉴定标准这两点上还是存在着不同见解[3]。这是正常的现象。相信在"百家争鸣"、求同存异的大环境中，上述分歧也是不难消除的。本文拟根据近十年珐琅史及其工艺的研究新成果及新发现，对我国唐元明清珐琅工艺的时空构架中的若干重要问题作进一步的说明，为今后中国珐琅史研究提供有利条件并打下牢固基础。

由于本图录分为上下二册，故本文相应分为上下两编：上编为《唐元明—清雍正时期珐琅工艺》；下编为《清代乾隆—宣统时期珐琅工艺》。

上编　唐元明—清雍正时期珐琅工艺

我们中华民族以其历史悠久、文化发达、传统优秀、持续发展而闻名于世，并为后人留下了浩如烟海的典籍和丰富多彩的文物。仅以工艺美术来说，已有不下数万年的历史。然而珐琅工艺比起石、玉、牙、骨、木、竹、陶、漆、铜、金、银、玻璃等工艺来说，显得分外年轻，历史短浅，其成就却又异常辉煌。她是一门异军突起、后来居上的新兴工艺。

珐琅是外来工艺名称的音译。在我国古代文献中所见的"佛菻""佛郎"、"拂郎"、"发蓝"等词均为珐琅的旧称，在注音译字上有所不同，实为同一物质或同一工艺。明清鉴赏著录中的"大食窑"、"佛郎嵌"、"鬼国窑"、"鬼国嵌"等名称，也都是指珐琅工艺的不同制品而言。清内廷称烧造珐琅工艺品的作坊为"珐琅作（厂）"。因其材料、工艺的不同而分为"掐丝珐琅"、"錾胎珐琅"、"画珐琅"、"烧蓝"等不同品种。还有称珐琅为"药"或"釉"的。清代以来又称"大食窑"为"景泰蓝"。

珐琅呈粗细不等的粉末状物态，不能单独成器，必须附着于金、银、铜等金属物质或陶瓷、玻璃器上，是一种特殊的装饰性材料。它是以石英、瓷土、长石、硼砂以及金属矿物为原料经烧炼成固态之后，再经研磨，成为粉末状物质，它与陶瓷器表面的釉、玻璃同为一类物质，均为玻璃态物质，但在具体性能、工艺上与釉、玻璃又有所不同，有它的独立性和特殊性。珐琅工艺在西方有着数千年的历史，移植到我国之后也有了上千年的历史。它虽然要依附于金属、陶瓷或玻璃而存在，但它却是独立的工艺行业。现代如此，古代也未必不是如此。按照我国传统工艺分工，独立的珐琅工艺仅包括金、银、铜为胎的珐琅器，凡在金属上敷涂珐琅的器物一律称为珐琅工艺品。在我国，涂绘于陶瓷器和玻璃器上的珐琅称为"珐琅彩"及"玻璃胎画珐琅"，分别附属于陶瓷或玻璃，故本图录不收"珐琅彩"和"玻璃胎画珐琅"两种珐琅工艺品或艺术品。

一、唐代珐琅工艺（公元 618～907 年）

唐朝与大食的交往虽不密切亦时而有加，但大食窑传入我国的时间迄今仍无线索可循。

1985 年，青海省文物考古研究所于该省柴达木盆地都兰县热水血渭发掘清理唐吐蕃时期一号墓时，发现了金胎掐丝珐琅牌饰、金胎掐丝嵌松石以及金掐丝蝉等 6 件金细工艺品。其中金胎掐丝珐琅牌饰共 4 件，有正方形（图版 22）和梯形两种，以金薄板为地，正面边框焊凸起的金米珠（或称鱼子珠）和金辫股，方框内四角掐三叶纹各一，地子均焊金米珠，三叶纹之间各置一圆金掐丝圈，中心置五圆形金掐丝圈。在其金掐丝圈内填珐琅药，焙烧、冷却成器。珐琅表面呈上弧形凸起，似宝石镶嵌。现珐琅表面呈乳白色，从其脱落处可见其原色为淡蓝色，原本可能是淡蓝色珐琅，说明现表面呈色系经长期埋入墓内已被蚀变，原色已变为乳白，并有针孔般的蚀坑。其背面地子上焊有十枝用金薄片卷成的金细管，其上再焊压三条细长的金片，压住金管使其不致移位或脱落。细金管可通过丝状物或金链之类饰物来贴压。另有一件背面均用铜管和铜压条，其四周生满铜锈，但其用途应是相同的。因出土时位置已移动，与尸体关系不可能复原，其功能已无法作出准确判断。仅从器型分析，不外乎是缝缀于衣服上的饰物，但也不排除它是金佩中的一个部件，或缝于革带上作装饰。关于其文化特征，据发掘者研究，此金掐丝珐琅牌饰具有典型的中西亚金银器的工艺特点，并充满浓郁的粟特艺术风格。其产地不外乎制于粟特或吐蕃某地、或在粟特金匠指导下在吐蕃地区制造的三种可能。这批金胎掐丝珐琅还未进行无损伤检测，没有掌握其化学成分和物理性能，这也影响到对它的定性。

另一件唐代珐琅现藏日本正仓院，是一面银胎金掐丝珐琅镜。此镜以银为胎，掐焊金丝内填珐琅入窑烘烧而成。珐琅呈透明无色及黄、绿、褐等多种色彩，较为鲜艳。掐丝严谨工致，技艺娴熟，富有盛唐风韵。据《新唐书·车服志》载："庶人女嫁有花钗，以金银琉璃涂饰之。"同书《百官志·掌冶署》亦载："掌范镕金、银、铜、铁及涂饰琉璃……"[4]。那么，"花钗以金银琉璃涂饰"与"涂饰琉璃"为何物呢？从两项记载字面解释，关善明先生认为是掐丝珐琅。[5]我认为可以这样认定，涂上琉璃为饰的金银花钗也就是金银涂饰琉璃花钗，相当于我们今天常见的金银烧蓝制品，应为透明珐琅金银花钗。掌冶署所造涂饰琉璃也应是金、银、铜为胎的透明珐琅器。当然也不限首饰一类制品，上述银胎金掐丝珐琅镜即是一有力证据。疑其大食珐琅制品刚刚传入，因其透明度与琉璃（即玻璃或琉璃砖瓦上之釉）相似，便称珐琅为琉璃。

宋、辽、金正史与笔记、杂记等文献资料均无涉及珐琅的相关文字，有的间接材料亦不宜在此展开讨论，恕不赘言。近五十年来考古工作者亦未发现过此期金银琉璃涂饰首饰出土，金银器中亦难见到制品。姑且暂付阙如，等待时机成熟时再讨论此期珐琅工艺。

二、元代珐琅工艺（公元 1271～1368 年）

蒙古铁骑改变了宋与大食国正常交往的状况。公元 1206 年漠北草原蒙古铁木真统一蒙古各部称汗，至灭南宋统一中国的六十余年中，1258 年蒙古旭烈兀占领巴格达，以毛毡裹哈里发牟斯塔辛姆于途中，令骑兵踏死之。至是，阿拉伯大食（黑衣）遂亡。蒙古铁骑屠城时惟工匠得免，经常"取工匠随军"或"取工匠分于各营"，大批工匠沦为"军匠"，或随军转战以补蒙古兵源之缺。这为大食窑工艺传入我国提供了间接的而又可靠的线索。大体可以确认，蒙古旭烈兀西征阿拉伯大食国的军事行动中，被俘的工匠也包括掐丝珐琅工匠，他们随军辗转来到我国云南、大都等地，传播了"大食窑"工艺技术。

錾胎珐琅古称"佛郎嵌"，产于欧洲，大体也在元代传入我国。如公元 1239～1242年蒙古大军西征扫荡欧洲时，将欧洲錾胎珐琅工匠掳至我国生产錾胎珐琅器并向中国人传授了工艺技术。清人洪钧在《元史译文证补》中曾写道："宪宗（公元 1251～1259年）时法国传教士路卜洛克'东来纪事'云：'普剌特城有台吞人，为焙金制器之工匠，蒙哥西征旋师，挈以至此。'"并注："台吞即今德意志人。"[6]普剌特城位于我国新疆维吾尔自治区的西部，久已荒废[7]。此记载与注释也为元代錾胎珐琅传入我国提供了有力的证据。

上述文献记载提供了掐丝珐琅和錾胎珐琅分别由阿拉伯和欧洲随蒙古数次西征掳掠工匠至我国的某些背景，这也为明初曹昭《格古要论》所记"大食窑"与"佛郎嵌"的传入理出了一个头绪。

元代掐丝珐琅实物故宫博物院有所收藏，于 20 世纪 70 年代末初步认定，于 1987年正式发表 3 件[8]。后经十几年的清理，这次提供罐、瓶、炉、鼎、球形薰炉、藏草瓶等十一件供本册发表。

经过研究，现存元代掐丝珐琅很有可能既有官造又有民制，而官造珐琅在珐琅质色、掐丝工艺以及形饰、镀金上均胜民造一筹。这批元代掐丝珐琅的共同特点是：

珐琅 质地坚硬、致密、细腻、肥厚，表面孔眼甚少。色彩纯正均匀、鲜艳明快，共有白、浅蓝、蓝、红、赭、黄、深绿、草绿、黄绿、紫等色，以浅蓝、深绿、红、赭、黄、白等色为主，偶用紫、蓝二色。质感如蚌如玉，白似砗磲，浅蓝如松石，红如辰砂，绿如碧玉。光泽柔和润泽，似脂肪光泽，亦似玉光泽，故其宝光含蕴、溢显不晦，介乎透与不透之间，明快爽朗，毫无失透板结的感觉。

掐丝　铜丝有粗、细两种，大型器用粗丝，小型器用细丝。两种铜丝一般较为匀整，不见一丝有明显的粗细差别。丝边也较光滑，毛茬儿较少，亦不见劈丝，可能是用拔丝法制成的。掐工较为熟练，用短丝的较多，如勾莲花往往一瓣一丝，拼接而成莲花，一大叶往往用五六条短丝掐为局部，再拼接成整叶，偶有用长丝掐出一片三歧叶。惟用单丝一种，不见双勾掐丝，凡双勾掐丝均为康熙或乾隆时期补配所为。

镀金　从保存原貌的 4 件观察，2 件官造珐琅镀金较厚，迄今仍灼灼发光，当然也不排除清内廷重镀。民造珐琅器镀金已磨损生锈，说明元代掐丝珐琅镀金官民有差，厚薄有别。

器型　清人往往用元代残器拼接配合成一非元非清的器型，但详审其格调，其清人特点也是可以捕捉的，这与陶瓷或铜、漆、竹、木器不同。少数完器如球形薰炉、双耳炉、瓶，器型简单朴实。以其器型而论，大多是添枝加叶、不伦不类倒是它的现有珐琅器器型的特点。当然，这绝非其原貌，器型简单朴素才是其本来面貌。

花纹　这一批元代掐丝珐琅器的花纹均为圆形缠枝莲，亦称西番莲或勾莲。叶子较大，大多分为三层，长尖，往往用两三种珐琅，如绿、黄或绿、黄、红（赭）。勾莲花瓣有密有疏，密者有二十三瓣，疏者仅十二瓣。花有单瓣或重瓣两种。花蕊往往是仰覆莲或仰莲托宝珠，亦有托石榴者。另有葡萄、蕉叶、枸子花、菊花、茶花等辅助性花纹。这些主辅图案均具生动活泼的韵致，给人以生气勃勃的美感。为了使珐琅黏结牢固，在茎上附缀较多涡纹掐丝。

上述元代掐丝珐琅的共同特点鲜明、突出，珐琅质色特点显著。明初尚可见，嗣后渐渐消逝。掐丝工艺持续较长，至明中叶尚有遗迹可寻。花纹的源头来自宋代瓷器、纺织、石刻。这种大圆勾莲三层大尖叶图案也是宋定窑、磁州窑、龙泉窑的主体图案。二者的关系孰为源、孰为流是不言而喻的。明代这种花纹还继续使用了一段时间，不过神韵渐失，徒具形骸耳。

由此可以判断，元代传入大食窑之后不久，大食窑工艺便融入中华文化大熔炉，铸造出民族化、中国化的掐丝珐琅。

三、明代掐丝珐琅工艺（公元 1368～1644 年）

1368 年，朱元璋领导的农民起义军推翻了顽固推行残酷的民族歧视压迫政策以维护蒙古贵族利益的元王朝，建立了汉族地主阶级专政的明王朝。为顺应广大汉族民众的心理与愿望，朱元璋登上皇帝宝座后便立即下诏，禁止辫发、椎髻、胡服、胡名、胡姓，并恢复了唐制衣冠，士民皆束发于顶。明王朝还采取了一些有利于恢复和发展生产的进步措施，并释放了大量元朝手工业奴隶为民，管理官营手工业工人方面也有所放松，这有利于明初恢复和发展经济。手工业在元代基础上有了发展和繁荣，在瓷器、丝织生产上都可以看到发展迹象。掐丝珐琅工艺也不例外，从文献记载和遗留下来的掐丝珐琅文物可以找到它的线索。

为了介绍明代掐丝珐琅的成就及其衍变过程，拟分为洪武—宣德、景泰、嘉靖以及万历等阶段。

（一）洪武—宣德时期掐丝珐琅（公元 1368~1435 年）

明代洪武二十一年（公元 1388 年），文物鉴赏家曹昭撰《格古要论》，首次揭示在古老的工艺美术领域内出现了"大食窑"这一工艺新品种："（大食窑）以铜作身，用药烧成五色花者……尝见香炉、花瓶、盒儿、盏子之类……但可妇人闺阁之用，非士大夫文房清玩。"[9]

曹昭并不知元及明初内廷亦造大食窑，而民间制造的才是妇人闺阁所用之实用器。

明永乐、宣德两朝为统一版图，巩固团结，对吐蕃、乌斯藏采取封赏通贡的和平政策，来往不绝。现藏拉萨西藏自治区博物馆的铜镀金掐丝珐琅番莲纹僧帽壶，即其重要例证（图版 55），从此壶造型、色调来看，均有浓郁的西藏文化特色。但它确是永乐帝赏赐给西藏政教领袖而流传下来的。

以现存掐丝珐琅实物排比，不难发现一批与元代珐琅质地、掐丝、纹饰颇为接近而又有了某些新意的珐琅器物，仍以浅蓝地为主，偶有蓝绿、黄绿作地色，采用了宝蓝、姜黄、葡萄紫等色调。其珐琅质色、掐丝工艺均略逊于元代。其花纹中的勾莲主纹接近元代，然其叶缩小，或为三歧叶，或为枣形叶；还出现了葡萄、山茶、菊、四季花、火焰、龙凤等为主纹的图案。掐丝工艺已出现了随意、潦草的苗头，偶可见双勾掐丝。当然，这批珐琅器中少数器物的绝对年代也不排除稍晚于永乐。

定为宣德器中镌有宣德年制（造）款的尚有 7 件，珐琅质地、光泽稍差，但其鲜艳过之。掐丝工艺流畅，有如行云流水而少拘谨，出现佛青色，花纹同早期。唯一一件铜錾胎缠枝莲纹圆盒，底有铜丝嵌红色"宣德年制"款，其錾工稍显生拙，珐琅亦不够鲜明，可能焙烧时间及温度不足所致。迄今已知英国大英博物馆尚存宣德、御用监双款掐丝珐琅龙纹大罐。这是一件难得的精品。

以有"宣德年制"款器作标准，排比出无款或后刻"景泰年制"款的珐琅器共 7件，计有尊、炉二种，其炉居多，共 6 件。珐琅质色类似有款者，其鲜艳有过之而无不及，但其中 1 件因使用多年而稍显陈旧。

从上述有款及无款宣德掐丝珐琅器在珐琅与掐丝上确与洪、永两朝珐琅出现了变化，即珐琅质地不及前者坚硬，光泽减弱，但其色彩更为鲜艳夺目，掐丝工艺娴熟流畅。这种色彩上的新变化可能与宣德帝擅画有关。若与同期五彩瓷器相比，无论在彩色的品种和鲜艳程度上都有所超越，确可给人以细润可爱之感。过去，瓷学界有人主张，多彩的掐丝珐琅给予明代彩瓷以积极影响，确是不无道理的。

（二）景泰及明中期掐丝珐琅（公元 1450~1521 年）

距曹昭《格古要论》行世七十一年之后，鉴赏家王佐增补了该书，于天顺三年（公元 1459 年）出版了《新增格古要论》，增补了有关"大食窑"的内容，说明他确实目睹或耳闻了内廷所制之大食窑，赞誉其"细润可爱"。从现存掐丝珐琅遗物也证实了王佐的上述评价是正确的。同时，他还指出云南大食窑匠进京制掐丝珐琅器的一些情况[10]。从文字判断，王佐所见或耳闻之内廷所制掐丝珐琅可能是无款者。从英宗朱祁镇复辟、代宗朱祁钰被废致死的背景分析，刻有景泰款的掐丝珐琅很快流出宫外是可能的，但其款识却令人望而生畏、讳莫如深，被取下或凿毁。王佐即使见到景泰款内廷珐琅亦唯恐避之不及。到了清代改朝换代之后，清人方写在著录中，赞其为明代四大名作坊也争先恐后地仿制景泰珐琅并推向市场。但从当今我们所能见到的景泰款中可被断为真款者，不过寥寥几件而已。另，台北故宫博物院收藏一件铸胎掐丝仰覆莲圆盒，阴镌"大明景泰年制"楷书横排识也是真款识，但其成器年代可能略早[11]。

铜胎掐丝珐琅勾莲纹三象足炉、铜胎掐丝珐琅勾莲纹觚均为阴文"大明景泰年制"楷书识，刻于铜块或圆片上。经目验确为原配，器、款均可信。但珐琅、掐丝、花纹略有区别。勾莲纹三象足炉与明早期、宣德珐琅接近，定为景泰珐琅是稳妥的；勾莲纹觚的珐琅亦可与明早期、宣德珐琅连接，但出现了一定的变化，其椭圆形勾莲与蝌蚪状小叶确为新出的形式，可以认为它是景泰珐琅标准器物（图版 61）。属于此类珐琅者于本册刊出的另有 9 件。当然，这并不意味着这 9 件均为景泰珐琅，如铜胎掐丝珐琅缠枝莲纹蟠螭饰蒜头瓶，可能晚至成化、弘治甚至正德年间。

天顺、成化、弘治、正德（公元 1457~1521 年）共 64 年，若加上嘉靖前期的 22 年，共约 86 年，这近一个世纪的内廷与民间的珐琅的情况可以说一无所知。目前只能采取以景泰珐琅为上限，以嘉靖款珐琅为下限，将一批无款的明代珐琅放置于此期。这虽是一种权宜之计，但在目前的研究水平的条件下也不失之为一种妥当的解决方法。本册刊出的共有 22 件可比当于此期珐琅。

（三）嘉靖朝掐丝珐琅（公元 1522~1566 年）

嘉靖时期内廷珐琅仅有一件刻款者，这是迄今所知唯一一件刻有"大明嘉靖年制"二直行楷书款者，其款识确真无疑，龙凤图案具有鲜明的嘉靖时期特点。可以认为此器为明嘉靖御用监所造内廷珐琅。遗憾的是因系出土之物，珐琅质色受到侵蚀。但若仔细观察，仍不难辨认其本来面貌，其掐丝工艺虽讲求法度，但已趋向狂放跌宕。珐琅质地尚属坚细，仍具有松石光泽，计有浅蓝、红、黄、白、绿等色。浅蓝似松石蓝（土耳其玉色），红色为枣红色，黄色偏于浅淡，较明初期珐琅色彩有了很大的变化。白色因蚀重变为粉白，估计其本色可能类似砟碌白而光泽稍差，其传承关系可谓比较清晰。以此器为标准厘定11件为嘉靖朝或其后期掐丝珐琅器发表于本册，其中道教题材的云鹤以及婴戏、岁寒三友等图案都是此期绘画、陶瓷、漆器、织绣上常用的寓意题材。掐有这些图案的珐琅定为嘉靖朝器想必不会有太大偏差的。

隆庆（公元1567～1572年）不过6年，有款的官窑瓷器遗世甚微，其掐丝珐琅则更难以考察。

（四）万历朝掐丝珐琅（公元1573～1620年）

万历时期珐琅还是沿着明早、中期珐琅的道路继续发展，同时也出现了一些变化。

本册遴选明内廷烧造的有万历款识的盘、盒、蜡台、薰炉、角端等掐丝珐琅11件，其中只有栀子花烛盘一件为"大明万历年制"款，可以了解万历年掐丝珐琅款识与瓷器上款识不同，多用"造"字而少用"制"字。与万历内廷珐琅相似而无款识的掐丝珐琅还有两件觚。上述宫廷造办的万历掐丝珐琅有着鲜明的特点。据其遗存之多，也可推测万历朝所造掐丝珐琅甚多，远远超过嘉靖朝。

万历掐丝珐琅特点：

（1）浅蓝珐琅的使用较前期减少，地色往往用宝石蓝、豆绿、白等珐琅，偏于用冷色调。

（2）宝蓝色珐琅透明度较好，类似蓝宝石，万历朝珐琅使用较多。

（3）红色珐琅更为鲜艳，呈朱红或珊瑚红，与偏冷的地色对比往往非常突出，给人以热烈而清朗之感。

（4）所掐铜丝有粗细若干种，因器制宜。内廷珐琅多用较粗的铜丝，便于烘托镀金效果。适应图案要求，铜丝可长可短，有的一丝掐成一叶，花朵要按局部分掐再加以组合，偶亦用双勾掐丝，如掐丝珐琅八宝纹长方薰炉以双勾掐丝填宝蓝为波状曲线。

（5）龙凤、缠枝勾连等前期常用的宫廷图案依然延续。此外，花卉图案增多，如折枝五瓣花、四季花、灵芝、卍寿等图案饰于器上，花朵、叶均变小。缠枝结构减少，折枝形式增多，布局转为疏朗、明快。

（6）宫廷珐琅镀金较厚，光亮灿烂，以显示其皇家富贵气，确非民间珐琅镀金所可企及者。

（7）宫廷珐琅铜胎多厚重；民间珐琅略轻薄，以降低成本，加速流通。

（8）铜胎有铸造、打造两种。铸造器型规整、犀利、棱角分明，与瓷器、漆器不同。现存有折沿圆盘、折沿菊瓣盘（盒）、圆盒、双盘相扣圆盒、长方四足双耳薰炉、三足鼎式炉、有脊觚等等。瑞兽有狮与甪端两种。

（9）款识已如上述，"制"字款大为减少，多用"造"字款。这与瓷器、漆器不同，可能与治胎的铸造、打造工艺有关，所以万历款识多为"大明万历年造"六字款，布局多为二直行楷书款。双勾掐丝填朱色六字款较多（6件），阴錾楷书款识较少。

由此可知，万历内廷掐丝珐琅在珐琅上多用暖色（朱、红）、中间色（果绿），其宝蓝、浅蓝等冷色减弱。图案上折枝小花小叶、布局疏落者增多。款识采用以"造"易"制"，擅用双勾掐丝红珐琅的做工，这一特点一目了然，不难识辨。

尚有明晚期宫廷、民间所造无款掐丝珐琅，几种做工并存，丰富了此期掐丝珐琅园地，以红、黄、果绿等色，偶亦用紫，对比强烈，鲜艳醒目。掐丝以细丝为主，掐工随意潦草、不拘细节，多用双勾掐丝。图案变形，具有民间艺术芳香，空白处填密集的掐丝云纹。镀金淡薄，多已完全脱落，只有少数镀金完好者。花茎一律用双勾掐丝。这批珐琅器与万历内廷珐琅在珐琅色彩上相当一致，可以视为万历朝珐琅，但其掐丝与图案又与万历朝珐琅不同，疑其产地既非内廷，亦非京都，可能是某一边远地方的特殊产品。这种特殊风格的珐琅器不仅贡入朝廷，现藏于故宫博物院，还散见于其他博物院，如西南边陲的原西藏自治区博物馆筹备处也有收藏，说明其分布并非集中一地，还散落于若干地方。联系明人著录，笔者疑其为云南产品，明末或清初先后贡进内廷并流入西藏。

四、清代康熙、雍正时期珐琅工艺
（公元 1644 ~ 1735 年）

1644 年，清太宗子，年幼的福临在清军的拥戴下自沈阳如北京，十月于明故宫太和殿即皇帝位，改元顺治，共临政十八年。

清初推行了"跑马圈地"和民族歧视政策，破坏了生产，社会状况更加混乱。随后，由于采取了行之有效的措施，纠正了初期的错误政策，促成社会生产渐趋恢复。1662 年，玄烨冲龄即皇帝位，改元为康熙。他执行了"滋生人口，永不加赋"的政策，促进生产发展，迎接了康雍乾盛世的降临。在东方出现了土地广袤、经济发达、文化繁荣、巩固统一的强盛封建大帝国。在这一社会背景下，康、雍、乾三朝（公元 1662 ~ 1795 年）珐琅工艺得到空前的繁荣和巨大的发展，犹如百花争妍、万紫千红的花坛，散发着浓郁的艺术芬芳。1840 年鸦片战争后，清王朝逐渐沦为半封建半殖民地社会，百业凋敝，民不聊生，珐琅工艺也受到严重摧残，生产堕入低谷，难以为继，犹在外国珐琅的影响下改变了原有艺术面貌，努力开辟国外市场，将产品输往海外。这如同打了一剂强心针，又得到了一定的发展。这种改进发展的局面维持到 20 世纪上半叶。

（一）康熙时期掐丝珐琅工艺（公元 1662～1722 年）

顺治在位十八年，处于改朝换代、百废待兴的大动荡时期，前明留下的掐丝珐琅业也只能苟延残喘，勉强维持。康熙时期人口滋生、生产发展、城乡繁荣、社会安定。是时，珐琅工艺也得到相应的发展。康熙十九年（公元 1680 年）设武英殿造办处，下置珐琅作。康熙五十七年（公元 1718 年）奏准，珐琅作改归养心殿造办处[12]。养心殿造办处何时建立不明，疑其于顺治初年已建。内廷珐琅作的主要业务是烧造掐丝珐琅、单色透明珐琅，并试制烧成画珐琅，都取得了显著成就。京都也有着庞大的掐丝珐琅工艺作坊，烧蓝由首饰楼制作。本册刊印康熙时期珐琅共 68 件，说明康熙时期内廷与民间的掐丝珐琅业的规模与水平相当卓著，已非昔比。

康熙内廷掐丝珐琅由珐琅作（厂）承造，同时民间厂肆所造掐丝珐琅亦随贡进入宫廷。本册刊出的康熙年制款掐丝珐琅八件，其款识有"大清康熙年制"阴楷三直行识、"大清康熙年制"篆书三直行款、"大清康熙年制"阳楷三直行款、"康熙年制"阴楷二直行识等四种款识，可以分为三种不同珐琅：

涅珐琅　细丝双勾掐丝，掐丝工艺拘谨，珐琅失透，红、白、蓝色珐琅尚匀正细腻，但已失去光泽。此类涅珐琅多用作仿景泰珐琅。

蜡光珐琅　光泽具有蓝松石效果，呈蜡光。浅蓝、白、绿、红珐琅光泽较强，黄色珐琅浅淡。铜丝较粗，掐丝甚活跃流利。镀金较厚，呈足赤光彩。以此珐琅、掐丝仿造明初所造者亦是绰绰有余的。

莹光珐琅　光泽有着和田玉效果，掐丝粗细咸备，浅蓝稍深，红、黄、白、绿等色珐琅均匀正。镀金亦较厚，金光闪烁，颇为豪华。这种莹光珐琅成为康熙时期以至乾隆时期珐琅的主流。

康熙晚期内廷与民间珐琅工艺均十分繁荣，大批烧造仿宣德、仿景泰及本朝做工的珐琅器，丰富多彩，琳琅满目，其中不乏精美者。如仿宣德珐琅器，仿景泰珐琅 9 器。有康熙本朝做工的 7 件。有民间厂肆掐丝珐琅器 6 件。足以反映康熙朝多种珐琅的独特面貌及其各有千秋的艺术风采。

（二）雍正时期掐丝珐琅工艺（公元 1723～1735 年）

雍正时期掐丝珐琅长期以来其面貌模糊不清，查《养心殿造办处各作成做活计清档》（简称《清档》），所记雍正时期烧造掐丝珐琅共 28 件，其中仿景泰珐琅 12 件，仿西洋珐琅 2 件，时作 14 件。大陆各博物馆均未发现雍正款掐丝珐琅，成为我国清代珐琅史上的一个空白。90 年代始知台北故宫博物院收藏一件清宫旧藏"雍正年制"款掐丝珐琅绿地凤耳豆[13]。豆形仿战国青铜器，通身掐密集圆圈纹，填透明绿色珐琅，在康乾掐丝珐琅中极为罕见。经与《清档》核对，恰有"雍正七年五月初四日仿得金胎绿色掐丝珐琅豆一件"的记载[14,15]。而此豆为铜胎，可能略晚于金胎绿色掐丝珐琅豆。而此金胎、铜胎两件掐丝珐琅豆均直接或间接地仿自西洋掐丝绿珐琅盒，其名称应为"铜胎掐丝绿地白珠纹豆"。

铜胎掐丝珐琅缠枝莲纹盏口梅瓶缠枝勾莲仿明，肩下一条花纹带及盏口暴露了清仿的破绽，底镌减地"景泰年制"仿宋体阳文二直行戳子款。此款不见于康熙年仿景泰器。从其仿宋体之工整严谨来看亦非乾隆朝仿款，而雍正早期仿宋体极其盛行，故疑此器应为雍正早期仿景泰器。

（三）康熙时期画珐琅（公元 1662 ~ 1722 年）

康熙帝玄烨身受传统的儒学教育，同时又喜爱由传教士引入内廷的西方文化、科学仪器和日常用器。传教士发现康熙帝对西方画珐琅情有独钟，称"康熙皇帝对欧洲的珐琅着了迷，想尽法子将画珐琅的新技术引进到宫中作坊来……"[16]。这虽是传教士马国贤在康熙五十五年（公元 1716 年）七月的日记，也反映了康熙帝确已可能引进了西方画珐琅工艺技术，其始年不会早于康熙十九年（公元 1680 年）设武英殿造办处之时。但 20 世纪 70 年代中期，已从现存康熙款画珐琅中发现了一批不成熟的早期画珐琅遗物，曾遴选其中 5 件作过介绍[17]。这 5 件早期画珐琅似乎运用掐丝珐琅、玻璃、彩瓷器的经验，用本国珐琅原料创制成功了清宫第一代画珐琅。当然，也不排除西方传教士画家及画珐琅匠人传授西方画珐琅工艺经验。本册所刊铜胎画珐琅山水图双耳炉（图版 59）、铜胎画珐琅折枝花卉纹盖碗、铜胎画珐琅仙人图梅瓶，即是康熙画珐琅草创期的作品。康熙朝创制成功了的画珐琅器有盖碗、盖盅、卤壶、碗、直颈瓶、花篮、三足炉、四足炉、葵瓣盒、瓜式盒、菊花盒、撇口瓶等多种形式。珐琅有黄地、白地、深蓝地、湖蓝地、藕荷色地、二色地等，唯以黄为贵。珐琅色彩有粉红、紫红、黄绿、深绿、浅绿、宝蓝、蓝、黄、褐、紫、黑、浅蓝、深烟色等色彩。图案有梅树、牡丹、西番莲、缠枝花卉、花蝶、山水、蝠桃等多种题材。款识多用四字御用款，与其他器物不同，亦与雍、乾二朝画珐琅款识不同，说明了玄烨该有多么热爱和重视画珐琅的烧造成功。"康熙年制"楷书二直行款、宝蓝色"康熙御制"楷书款、红色"康熙御制"楷书二直行印章款、深烟色双圆圈"康熙御制"楷书二行款、蓝色双方栏"康熙御制"楷书二直行款、描金"康熙御制"楷书款等形式繁多，但其字体一致。款识色有蓝、红、深烟色及金色，而以蓝为主。这些成熟了的康熙画珐琅以珐琅细腻、平薄、色正、明快见长。绘工多以工笔花卉为主，无不生动有致，山水为青绿，仿"四王"派手笔，似出自画院名手。

铜胎仿古铜珐琅炉属于透明珐琅，姑且附于画珐琅之后作一扼要介绍。此炉通体施仿古铜色透明珐琅，两耳施赭色透明珐琅，内涂透明绿珐琅，是以三种透明珐琅仿制宣德鼎彝。炉底中心描泥金"康熙御制"楷书款。

（四）雍正时期画珐琅（公元 1723～1735）

雍正帝即位后，整顿了养心殿造办处，建立了一系列管理制度和多种账簿。雍正三年（公元 1725 年）建立圆明园造办处[18]，将内廷匠人置于身边加强管理。

雍正朝内廷画珐琅，在康熙朝业已成熟了的画珐琅工艺基础上又出现了一些变化。据《清档》记载，雍正帝即位之初对内造工艺殊为不满，雍正三年（公元 1725 年）降旨："凡做的活计好的刻字，不好的不必刻字。"[19]雍正五年（公元 1727 年），批评内廷活计有"外造之气"，不要失去"内廷恭造之式"[20]。雍正六年（公元 1728 年），又批评"画造珐琅样粗俗，材料亦不好[21]。"雍正八年，还命郎世宁画金胎珐琅杯，"要画好些的花样"[22]，以企盼能提高画珐琅的艺术水平。同年已见成效，便奖赏画鼻烟壶人谭荣、炼珐琅料人邓八格以及太监、匠役每人酌赏十两银子[23]。雍正十年（公元 1732 年），又赏画百花斗方山水画珐琅人邹文玉银五两[24]。于同年十二月二十八日又赏给十两[25]。雍正十年，表扬水墨珐琅"甚好"[26]。雍正十一年（1733 年），加赏邹文玉每月钱粮银一两[27]。从上述零星的《清档》记载，可以了解雍正时期内廷画珐琅工艺大致在雍正八年逐渐好转。内廷画珐琅人有林朝楷[28]、周岳、吴士琦、张琪、邝丽南、谭荣、邹文玉、戴恒、汤振基等。所用珐琅有来自欧洲烧造、广州烧造和内廷烧造的。据雍正六年《清档》记载，计有西洋珐琅料九色，旧有西洋珐琅料九色，新炼珐琅料九色，新增珐琅料九色，共三十六色，实有白色、软白色、月白色、藕白色、黄色、秋香色、绿色、浅绿色、亮青色、深亮绿色、浅亮绿色、松绿色、亮绿色、浅蓝色、蓝色、松黄色、淡松黄绿色、酱色、深葡萄色、青色、黑色等二十一色[29]。《清档》所记尚存的有：雍正十年颁赐山东曲阜孔庙铜胎画珐琅黄地缠枝牡丹纹五供（图版 48）[30]，足以代表雍正晚期画珐琅风格面貌。

遴选带有雍正年制款画珐琅 14 件，均为"雍正年制"四字款，有蓝、红、黑三色，以蓝色款为主。书体有仿宋、楷书二种。格式分为双方框楷书双行款、方框仿宋体、蓝双方框朱书仿宋二直行款、双螭环抱三色楷书款、彩绘绿叶黄柿红色蝙蝠图柿中心蓝色款。器型有圆筒形盒、八宝、冠架、香插、卤壶、椭圆盘、五颈瓶、筒式炉、烛台、盏托、爹斗、带盖水丞、双桃水丞。珐琅地色有黄、黑、藕荷等单色地外，往往是二色或三色等多彩地色。花样所用颜色相当丰富，变化微妙，难以计数。黑色珐琅使用较多，据《清档》载是仿洋漆所致，反映了雍正帝个人爱好。珐琅光泽稍弱，色调凝重浑厚，明快不足。花纹布局饱满繁缛，绘画少用工笔写生，而多用图案退晕，确与康熙画珐琅有了变化。这种变化是正面还是负面值得探讨，若从珐琅色彩、光泽、构图、笔法来看，似不及康熙，缺少康熙画珐琅那般阳刚之气，可以说其变有得亦有失。

总之，康熙朝不仅奠定了清代珐琅工艺的深厚基础，还达到了极高的水平。不可否认的是业已形成它特有的爽朗明快、富有阳刚之气的时代风格。雍正朝加强了对内廷造办的控制，提出了"内廷恭造之式"，确立了精、细、秀、雅的艺术标准，确与康熙时期珐琅工艺艺术风貌有所不同，出现了明显变化，工谨丰满、精致秀雅是其时代特点。总之，康、雍二朝珐琅工艺确为乾隆时期珐琅工艺的全面发展打下了牢固的基础。

下编　清代乾隆—宣统时期珐琅工艺

乾隆帝在位共六十年（公元 1736～1795 年），他让位后还做了三年的太上皇。这六十三年正是清王朝由全盛走向衰弱的转折期。乾隆帝不仅勤于朝政，在万机余暇时还清赏古玩。同时，在清初形成的明代四大名玩的推动下，将注意力转向清代的工艺行业，如玉、铜、瓷、漆、珐琅、竹、木、牙雕以及丝织都是他所关注的对象，在宫廷档案和他的御制诗中均反映出这位皇帝对工艺美术的喜爱。乾隆好大喜功、喜新厌旧，不断地改造宫殿或新建扩建，以变换他悠闲的居住条件。扩大并新建三山五园、避暑山庄、各路行宫以及紫禁城的各大建筑群体，推动了皇家的、民间的建筑、工艺的巨大发展，国内缺货便不惜重金向西欧英、法等国采购。珐琅工艺在上述背景下得到了空前的大发展。内廷早已设立珐琅厂（作），为皇家需要生产着各种珐琅器。因需求庞大，珐琅作（厂）力不从心时便向粤海关监督、两淮盐政监督下达旨意，令其承包制作。所以，现存清乾隆时期珐琅器中不仅有宫廷珐琅作（厂）烧造的，还有京都、广州和扬州等地生产进贡的和民间的珐琅器。上行下效，皇帝喜欢珐琅，皇亲国戚、高官显吏以及各地的督抚、将军无不进贡珐琅器。这必然促进地方珐琅业的壮大和发展。

现以乾隆、嘉庆、道光、同治、光绪、宣统为序，拟分为宫廷、广州、扬州三处，逐一介绍掐丝珐琅、画珐琅、透明珐琅等的特色及其成就。

一、乾隆时期珐琅 （公元 1736～1795 年）

乾隆时期珐琅分为掐丝珐琅、錾胎珐琅、画珐琅以及透明珐琅四个重要品种，以掐丝珐琅为主。工匠来自北京的外雇匠和八旗家内匠[31]，有治胎、炼料、点画珐琅、烧成、磨光、镀金等工种。画珐琅的数量也很大，重要的匠役为画珐琅人，来自广州的较多，也有的来自景德镇，由画瓷转向画珐琅。因来自南方，亦称为"南匠"，待遇较高。乾隆帝说过："南匠所食钱粮比官员俸禄还多。"[32]透明珐琅有烧蓝和广州透明珐琅，錾胎珐琅甚少。

乾隆朝珐琅在其规模、数量上远过于康熙朝内廷珐琅，从其素质、效果上可以认为是在雍正珐琅基础上发展壮大的。乾隆帝也遵循雍正帝确立下来的"内廷恭造之式"，要求匠役要遵循旨意，做工须符合精细、秀雅的艺术标准。他极力斥贬工艺及艺术上的琐碎、纤细、粗糙、甜俗之时弊，为了克服俗气而提倡仿古。乾隆帝要求役匠："下交活计俱系钦件之物，应恭谨成造。"[33]工匠无不遵命，恭而谨之，以博圣上欢心，遂形成繁缛华丽、丰满敦重的艺术格调。

乾隆登极不久，即着手扩大珐琅作[34]，于圆明园扩建作坊，广招工匠，产品激增，以满足紫禁城、盛京皇宫以及皇家寺庙陈设供奉的需要。又随着宫廷园囿的扩建，急需大量的珐琅器以及佛堂供器。譬如梵华楼、清漪园、圆明园、热河避暑山庄的扩改工程以及西洋水法楼的新建，宁寿宫一路及达赖、班禅行宫等建筑群落的竣工，必需安设一批珐琅陈设。今天尚可见其掐丝珐琅佛塔、围屏、宝座、桌椅。圆明园尤其西洋水法楼等建筑，被英法侵略军劫掠之后付之一炬便化为乌有，不知烧毁了多少硕大的珐琅家具和陈设。珐琅作的任务随上述需要而有紧有松，终于乾隆五十四年（公元1789年）因"现无活计"经裁减而名存实亡[35]。内廷珐琅作（厂）的寿命大约百余年，烧造了大量精美的宫廷用珐琅器供皇家朝廷使用，留至今天的不过是其九牛之一毛耳。现分类逐一介绍：

（一）宫廷錾掐珐琅

乾隆帝对珐琅有着全面的爱好，这一点非常像他的祖父康熙帝，但与其父雍正帝的爱好却有不同。所以乾隆帝御极之后，在三月二十四日收下崇文门送来掐丝珐琅床一张，收拾好之后派人送往圆明园[36]。乾隆三年（公元1738年），仿造西洋掐丝珐琅金胎豆鼎[37]，仿雍正款铜胎珐琅景泰瓶[38]，这反映乾隆喜爱掐丝珐琅的趋向是对旧掐丝珐琅、西洋掐丝珐琅及雍正仿景泰珐琅的加工烧造。

现存大量乾隆朝宫廷掐丝珐琅，其中最为重要的资料则是有"大清乾隆年制"、"乾隆年制"两种款识的掐丝珐琅器，这是"铁证如山"的绝对可靠的乾隆内廷烧造的掐丝珐琅真器。观察比较了乾隆款珐琅器之后，可以认为阳文款识掐丝珐琅器一般说高于阴文款识掐丝珐琅器，有方瓶、圆瓶、卣、方卣、方簠、簠、扁壶、长颈瓶、扁瓶、莲花钵、钵、玛尼、天鹅尊、蛇头瓶、牧头笔架等，大多为仿青铜器器型并稍加变化者，主要特点是大量使用錾铜镀金工艺，赋予它帝王家特有的高贵气。如铜胎掐丝珐琅兽面纹出脊方瓶、铜胎掐丝珐琅簠、铜胎掐丝珐琅螭耳扁壶、铜胎掐丝珐琅缠枝莲纹三足卣、铜胎掐丝珐琅天鹅尊等镀金效果特别显著。珐琅有蜡光和莹光两种，地色以浅蓝为主。珐琅有浅蓝、深蓝、赭、草绿、深绿、姜黄、黄、白、粉红等十几种色彩，其中多不用粉红，以示醇古之厚味。用少量粉红的珐琅器有镜、钵、凫尊、蛇头瓶4件。粉红珐琅是以锱水熔金炼成的[39]。或用回部硇砂配大红或粉红珐琅[40]。康熙时期自欧洲传入的金呈色珐琅[41]仅用于画珐琅。至乾隆时期扩大其使用范围，遂而用做掐丝珐琅器。掐丝多用粗铜丝，少用细丝，花茎卷草均用双勾掐丝，掐工娴熟，工整流丽。镀金浑厚，可能要镀两三遍[42]方能达到金碧辉煌的理想效果。

阴镌乾隆六字、四字年识珐琅器与阳文款珐琅器相比较，一是用金工艺较少，二是镀金较薄或有泥金效果，主要是在金工、镀金上稍逊于后者。也有例外的，如铜胎掐丝珐琅瓶、铜胎掐丝珐琅缠枝花卉纹镀金夔龙提梁连体瓶、铜胎掐丝珐琅锦袱纹连体瓶、铜胎掐丝珐琅勾莲纹瑞兽、铜胎掐丝珐琅缠枝莲纹多穆壶等器，其錾金工艺有的确实不亚于阳文款者，但镀金成色不足，可能仅镀一遍，金水甚薄，作橙黄色，光泽与耐久性均较差。

以上阳文款和阴文识均为宫廷掐丝珐琅之佼佼者，堪称乾隆朝掐丝珐琅的精品。

乾隆十三年（公元 1748 年）进奉永陵掐丝珐琅缠枝莲纹五供永充供器，现选其完整的炉、瓶、蜡台、香筒 4 件公开发表。这是迄今所知的乾隆内廷掐丝珐琅中其制造年代明确的一套供器，对研究乾隆早期掐丝珐琅有重要价值。珐琅呈晶莹光泽，浅蓝地，大红、橘黄珐琅西番莲花，蓝、黄、绿色卷草，不用粉红色珐琅。器型极为特殊，如炉用贲巴瓶口，折肩，扁肚，三蹄足及拐子耳；香筒似尊瓶合体，加镀金夔纹活环；蜡台也是瓶与盘的组合，以其复杂多变取胜。掐丝较细，流畅自如。金工錾花较多，镀金中常，可以反映乾隆早期宫廷掐丝珐琅的艺术风格。以此器为标准器，可从现存乾隆时期掐丝器中筛选出一批乾隆早期珐琅。藏传佛教系统的水注，少量使用粉红色珐琅，而多穆壶、净水瓶均不用粉红珐琅。

铜錾胎掐丝珐琅牺尊，"乾隆仿古"单方栏阳文楷书二直行款，是乾隆朝珐琅少见的一件复合铜工艺珐琅器。此牺尊仿自青铜牺尊。牺即牛形，是用紫铜翻铸成型，经修整后再于图案之空地用粗铜掐涡纹焊牢，点上绿、红二色珐琅，呈绿地红彩，再经镀金成器。此牺尊先铸胎后掐丝，是复合铜工艺，兼有錾胎珐琅与掐丝珐琅两种优势。其錾铜工艺特别突出，以绿色珐琅仿青铜古彝效果，铸成的卷曲图案经镀金灼光耀目，大有错金银效果，在乾隆朝珐琅中是别具一格、独运匠心的精品。

铜胎"万寿无疆"铭碗也是铸胎錾花掐丝番莲纹复合铜工艺的掐丝珐琅制器，碗口拐子夔龙纹，圆圈"万"、"寿"、"无"、"疆"四阳篆字及腹下仰莲纹均为錾刻，腹中部的番莲花茎叶均为掐丝，浅蓝地，赭红花。此碗是养心殿造办处珐琅处承做为乾隆帝万寿节时进贡的。

此外还有大批无款识的内廷掐丝珐琅，依照雍正三年（公元 1725 年）旨意"凡做的活计好的刻字，不好的不必刻字"[43]，乾隆朝亦遵照执行。精工珐琅器刻乾隆年款，一般的珐琅器多不刻款。这批无款珐琅体量大小不等，形制有异，珐琅色彩搭配上也有多种不同做工，其质量均在一定的水平线上，保持着乾隆时期"内廷恭造之式"的基本水平和皇家风采，用于内廷日常生活或佛事活动。其中有仿青铜古彝，如簋、钟、樽、卣、牺尊、清供用炉、觚、藏传佛事用的巴苓、塔、坛城、器具类的瓜式盖罐、烛台、蒜头瓶、盒、书卷式几、书套形方匣、卷轴、仿剔红壁瓶，亦可谓绚丽多姿，令人目不暇接。

（二）广州錾掐珐琅

广州是清代最重要的对外开放的贸易通商口岸，西方的商品和物资源源不断地通过广州转运至全国各地。随着西方的商品物资，基督教、美术工艺等新文化、新知识、新技术也首先来到广州。在两千余年的文化积淀基础上，广州形成独具特色的金属、玻璃、珐琅、钟表、盆景、象牙、玳瑁、珊瑚、彩石、琥珀、织物、家具等工艺行业，所以，广州也是清代最重要的珐琅生产中心。掐丝珐琅、錾胎珐琅、画珐琅、透明珐琅花色齐全，美不胜收[44]。由于广州优越的地理位置，较早地接受欧洲文化，促其金属工艺十分发达，西方珐琅工艺技术也率先传入广州，培育了錾胎珐琅、画珐琅与透明珐琅的茁壮发展，并于清代珐琅艺坛上独领风骚而名噪一时。广州掐丝珐琅似乎引自北京，还以画珐琅再现了北京景泰珐琅的艺术面貌。在此，先介绍錾胎、掐丝两种珐琅：

广州錾胎珐琅的成就首先有赖于它的高度发达的铸铜雕錾工艺技术优势，于是广珐琅的原料和工艺的长处乃有发挥的可能。乾隆帝充分地利用了粤海关收入盈余浩大、财力厚实及珐琅工艺实力雄厚的优势，令其烧造大量錾胎珐琅贡进内廷。乾隆十四年（公元1749年）之前，粤海关贡进珐琅瓶罐均无款识，乾隆下诏："嗣后再做瓶罐送来要刻款。钦此。"[45]这标志广珐琅在乾隆心目中有了地位，堪与内廷所造阳文或阴文款识珐琅相媲美。此时，正值圆明园新建西洋楼落成之时，这些广州珐琅瓶罐也都是西洋楼内的重要陈设。乾隆二十三年（公元1758年）十二月，又送29对广珐琅瓶罐，安放于养心殿呈览，后送往圆明园，在水法殿摆设[46]，可想见其高大瑰丽的身影。此后，广珐琅器进贡过多而失之于滥，也招惹乾隆帝有感不快[47]。今天我们所能见到的广州錾胎珐琅大器，其高度也不过一米左右，小件的仅有几厘米高，比起上述水法殿陈设来，真是小巫见大巫了。铜錾胎珐琅夔龙纹委角手炉、铜錾胎珐琅蟠螭纹撇口碗，可供读者欣赏凭吊广珐琅昔日风采。广州錾胎珐琅在其珐琅色彩搭配上与掐丝珐琅有着严格区别，以月白色或较浅的蓝色作地，也有花地者，所用珐琅均为广州自造的。如果想认识何为广州珐琅，便可从这些錾胎珐琅器中找到实证。

广州掐丝珐琅匠人笃志模仿景泰珐琅或内廷掐丝珐琅的格调，可达到下真迹一等的高水平。铜胎掐丝珐琅勾莲纹委角四足方薰炉，是广州掐丝珐琅的精品和代表作，浅蓝色稍深，勾莲用粉红、白、蓝、黄四色，显得绚丽娇娆。掐丝的功力较深，其艺术效果流畅、活泼、严谨、方正咸备，显露出錾胎镌刻的余韵。最显著的特点在于金工上，如铜镀金的兽头、镂空云蝠团寿纹以及欧风十足的大卷叶纹三层高钮，这是京都、扬州、苏州等地金工所不能企及的。镀金工艺与内廷、扬州均异，其金层虽薄，但光泽炫目，可能是采用一种新的镀金技法。高达170厘米的铜胎錾掐珐琅太平有象（图版63），是乾隆四十一年（公元1776年）两广总督李侍尧进奉而流传至今的，是现存广州珐琅的巨制珍品。立象为錾胎珐琅，宝瓶与须弥座是掐丝珐琅，广州錾胎、掐丝两种珐琅工艺毕集一器甚为罕见，确是现存粤海珐琅之冠。

（三）扬州掐丝珐琅

素称"鱼盐甲天下"的扬州地处运河与长江的交汇处，是我国东部南北交通的枢纽，水陆运输畅通，渔、盐业兴隆。清内廷设盐关于斯，称为"两淮盐政"，税金丰厚，年有余额，成为清廷内帑的重要来源之一。扬州的文化艺术十分繁荣，脍炙人口的"扬州八怪"曾生活并创作于此达数十年之久，与乾隆盛世相始终。两淮盐政为内廷玉器、漆器、百宝嵌、珐琅添加了诱人的光彩。扬州珐琅名工王世雄活跃于京师珐琅界，"好交游，广声气，京师称之为'珐琅王'"[48]。经查，故宫博物院收藏大批扬州掐丝珐琅，但不知何故于《清档》没有记录下派掐丝珐琅活计的旨意，这一点远不及粤海关珐琅。乾隆帝对扬州掐丝珐琅兴趣不甚浓厚，似乎并没有引起他的关注，如对两淮盐政进贡之景泰珐琅收留一些，驳出一些[49]。当然，乾隆中期对各地所进之景泰珐琅多有驳出，不限于扬州两淮盐政一处，说明乾隆帝对扬州掐丝珐琅似乎已兴趣索然，故常有驳出不纳者。

扬州掐丝珐琅在内廷掐丝珐琅的影响下，也出现了一批重錾花镀金装饰的珐琅器，如炉、簋、凫尊（图版64）、龙饰长颈瓶、薰炉、三足炉、洗、龟式烛台、八宝。不附镀金饰件的珐琅器有梅瓶、长颈瓶、天球瓶、琮式瓶、圆盒、八方手炉、甪端香薰，还有嵌玉饰掐丝珐琅器，如莲纹冠架。

扬州掐丝珐琅色调偏冷，以浅蓝色或白色等珐琅作地色，浅蓝近于宫廷珐琅，质地偏软，光泽稍逊，少用粉红色珐琅。主纹往往用西番莲花即勾莲花，花瓣稀疏，多者有十瓣，更稀的有五瓣。花瓣有肥、瘦两种，每一瓣多卷曲，留白珐琅，对比强烈，花瓣两侧出多歧双勾掐丝卷草纹饰。图案中的花卉、虫蝶比较生动，龙、凤、狮、海兽等纹也与内廷不同，一目了然，不必赘言。人物、山水、楼阁题材内廷掐丝珐琅少见，惟扬州掐丝珐琅比较擅长。宗法工笔和金碧青绿画法，颇有所得，可见其用心良苦。掐丝珐琅与嵌玉结合以及仿松石镶嵌，都是扬州珐琅的特色。掐丝工艺铜丝一般较细，粗丝少用。掐丝擅用曲线，随图案设计婉转灵活，飞动自如，与内廷、广州的掐丝工艺静止、稳定的效果不同，而强调图案的运动和旋律。錾胎工艺也非常老到熟练，倾向于传统做工。这一点与内廷錾铜手法接近，与有着浓郁的西方錾雕影响的广州錾铜工艺差异鲜明。镀金不如内廷厚实，多趋向薄而黄，亮度不足，说明其火镀次数不足。

扬州掐丝珐琅片用于紫禁城宁寿宫、乐寿堂的建筑内装修，嵌于木槅扇上，这是其功能扩大化的表现。若细审其现状，似有色不正、气泡多、光泽不足等缺陷，较其掐丝珐琅器物相差太远。所以，扬州掐丝产品工艺水平并非平衡一致，而是有优劣之分，错落不齐。这也是正常现象，不足为奇。

（四）硬木家具用掐錾珐琅片

18 世纪硬木家具业中，广州、扬州异军突起，特点鲜明，并出现了一种镶嵌掐丝珐琅片的插、挂、围屏及床、踏、椅、案等新型制品。有的掐丝珐琅片从硬木器脱落，成了无框架的掐丝珐琅器件，或称为屏心。这种掐丝珐琅片已失去了它的独立价值，作为硬木家具的组成部分与硬木家具融为一体。这种镶嵌掐丝珐琅的硬木家具因其负荷较重，与一般家具在用料规格及其形式上有所不同，显得庄重敦厚而又稍嫌呆板，缺乏灵气。在此不必去讨论家具问题，还是回到本题——掐丝珐琅片的问题。

这批掐丝珐琅片饰多藏于故宫博物院，均为原清宫各殿堂的陈设，有的挂在墙上或置于几案，也有的立于地上，还有座屏、宝座等。掐丝珐琅片往往模仿轴卷册画、画、题俱备者有之，仅题画名者有之，有画无题者亦有之。这些掐丝珐琅山水画、人物画或花卉画具有独特的艺术魅力。这批掐丝珐琅片以满施珐琅的较多，模仿留白的做法，露出铜镀金地者较少，在露出的铜镀金地处阴刻填蓝诗赋，其模仿绘画、追求画意的良苦用心不言而喻。为了大面积的珐琅与紫铜地黏着牢固，特意焊上半圈状或点状铜丝，山石铜丝作皴点，天空和水面均作云纹和水波纹。这是在其他掐丝珐琅器物上少见的现象。珐琅亦多用冷色，以浅蓝、深蓝及白色为主。蓝色地子较深，以绿、黄、紫、红等色点缀。题字人有于敏中、董诰等人，还有乾隆御笔。题字以隶为主，阴文阳文均有。掐丝珐琅韩干《明皇试马图》仿唐代韩干名作，是刻意追求原画意境的掐丝珐琅画，一面为画，一面镌题。乾隆御题的时间是戊子年春，为乾隆三十三年（公元 1768 年），此年是其上限。掐丝珐琅人物身上有铜丝卷涡纹，马身上有密集排列的铜点，以使珐琅黏着不致脱落。

紫檀边座铜錾胎掐丝珐琅四友图围屏，由三屏风作一整幅画面，以苍松横贯全幅镀金铜片而成一幅完整的画面，点缀石、竹、梅、兰，充满画意。左上方题字九行，天地均饰拐子夔龙纹，边撑亦作镂空拐子夔纹，须弥座上下嵌掐丝珐琅条。画面广拓，构图雄伟，珐琅精细，掐丝娴熟，忠实于原画笔法，确是一幅罕见的掐丝珐琅绘画杰作。

这批掐丝珐琅屏心产地，既无铭记又无宫廷档案可据，只能从珐琅掐丝及其风格作出判断。如《山水图》珐琅偏冷，浅蓝过深，从此特点判断，确与扬州掐丝珐琅接近，可暂定为扬州两淮盐政雇工所制，也是扬州珐琅的新品种。然铜胎掐丝珐琅金廷标《秋英图》屏心、紫檀边框铜胎掐丝珐琅《花鸟图》十二屏风 2 件，其产地一时难以定夺。

（五）宫廷画珐琅

乾隆帝弘历不仅喜欢掐丝珐琅，改变了雍正时期掐丝珐琅产品不多的状况，而且他还更热衷于画珐琅，这表现在以下三个方面：

1. 扩建作坊

乾隆元年（公元 1736 年）四月十一日，弘历下达旨意："现今上用活计甚多，房屋窄小，添盖正房三间。"[50]同年五月初八日，为承造供器添造房子三间，扩大珐琅作[51]。

2. 广召画珐琅人

乾隆元年四月十四日，画珐琅人不足用，招募画珐琅人张维琦进内当差[52]。

乾隆四年（公元 1739 年）三月十九日，广东监督郑伍赛进来画珐琅人六名[53]。这是广州画珐琅人进入珐琅作效力人数最多的一次。

乾隆六年（公元 1742 年）七月二十日，粤海关监督郑伍赛遵旨送到画珐琅人党应时、李慧林、胡礼运等三人进内行走[54]。

乾隆六年（公元 1742 年）十月十九日，广东画珐琅人曾琏、唐金堂、李慧林至珐琅处效力[55]。

乾隆六年（公元 1742 年）三月初五日，江西烧造瓷器监督唐英着家人送到会画瓷器、会吹釉水兼会炼料烧造瓷器匠役胡信侯一名[56]。

乾隆七年（公元 1742 年）十月二十七日，珐琅处南匠花名折内所见画珐琅人计有：杨起胜、黄琛、梁绍文、伦思立、胡思明、梁观、罗福旼、胡礼运、李慧林、党应时、张维琦（画画人）等十一人[57]。

乾隆七年（公元 1742 年）十一月初四日，催总邓八格拟得画珐琅人所食钱粮名单，尚见雍正时期留下来的画珐琅人周岳、胡大友、邹文玉三人[58]。

乾隆七年（公元 1742 年），珐琅作原有与新招募画珐琅人共有周岳、胡大友、邹文玉、张维琦、戴恒、黄琛、梁绍文、罗福旼、伦思立、胡思明、梁观、党应时、李慧林、胡礼运、曾琏、唐金堂、胡信侯等十七位，大多来自广州[59]。此时可能是珐琅作（处）中画珐琅人最多的时期。

3. 产品增加

留传至今的乾隆时期画珐琅是清代历朝画珐琅中最多的。

从上述档案记载判断，大致至乾隆七年，在册画珐琅人至少还有十七人之多，也应是产品质量最高、产品数量最多的时期。嗣后慢慢调整收缩，至乾隆十四年十一月十二日，珐琅处画珐琅人所食钱粮单中还有黄琛、杨起胜、胡大友等共八名[60]。此后稳定了一个时期，至乾隆二十二年，从李慧林进内效力十六载方能请假返粤探亲，可知画珐琅人是十分繁忙的。至乾隆二十六年（公元 1761 年）五月初一日，乾隆指责"造办处所进活计少，珐琅处节活亦少[61]"，说明造办处珐琅处效率下降。乾隆二十七年五月初七日传旨："将春宇舒和画画人亦着归珐琅处画院一体行走。"[62]珐琅处画院规模扩大，但要肩负画珐琅之外的绘事，如二十九年（公元1764年）珐琅画画人完成了功臣像后五十幅[63]。此后，增添了广州画珐琅人冯举、梁鸿[64]。乾隆三十七年（公元1772年），又有粤海关好手珐琅匠黄念、黄国茂二名进入珐琅厂[65]，黄国茂因手艺迟慢被遣返[66]。乾隆三十八年十二月十八日，粤海关送来珐琅匠黎明以递补黄国茂之缺[67]。至乾隆五十四年（公元1789年）"珐琅处现无活计，画珐琅人着归如意馆当差[68]"，乾隆朝画珐琅活计至此宣告结束。在这几十年内，珐琅处的任务主要是烧造小件御用或内廷所用小批量珐琅，大批制造均下达粤海关操办。粤海关供奉内廷画珐琅从现存遗留下来的珐琅来判断，其产量是相当可观的。

乾隆内廷画珐琅由养心殿造办处珐琅处（作）承做，以金、铜为胎，以金胎为贵，精者、贵者一律书款识，分为朱色、蓝色，偶有淡绿或茶色。有仿宋体、楷书体，有的结体似仿宋，但其用笔又有楷法。多为四字款，有"乾隆御制"和"乾隆年制"两种，以后者为主，御制款极少见。以二直行为主，有双方栏，双圆圈，也有无栏无圆圈者。计有蓝色双方栏"乾隆御制"二直行楷书款、"乾隆年制"环抱纹朱文二直行仿宋体及楷书款，"乾隆年制"四字款还有蓝色双方栏二直行仿宋体、无栏仿宋体、朱文双方栏二直行仿宋体及楷书体、无栏楷书体、蓝文双方栏二直行楷书体及无栏楷书体、双圆圈二直行楷书体、黑文双方栏二直行楷书体。阴刻款识较少，有单方栏二直行仿宋体、无栏楷书体，如掐丝珐琅地画珐琅开光复合珐琅器中多阴刻款识，有四字双行仿宋体及楷书体、"大清乾隆年制"六字直行楷书体、双方栏直三行楷书体等多种形式。这些款识形式有无轻重之分尚难断定，我们在鉴赏宫廷画珐琅器时可从有无款识上了解轻重，这是不可忽视的。

金胎画珐琅是宫廷中最为贵重之物，乾隆御极元年（公元1736年）八月做得金胎画红蝠杯盘二份，十二月又做得金胎画西洋画杯二份[69]，只有乾隆皇帝亲自使用，"如亲祭用，非亲祭不用"[70]。金胎画珐琅花卉纹盏托双耳上各嵌一珍珠，底署蓝色双方栏"乾隆御制"二直行楷书款。金胎画珐琅花卉纹盏托镀金云朵耳，底署蓝色"乾隆年制"二直行楷书款。这两件金胎画珐琅都是宫廷画珐琅不可多得之精品，器型大同小异，两款仅一字之差，即"御制"与"年制"上小有区别，在器型、珐琅上很难评定孰优孰劣，只有一点明显差别，就是御制款盏耳上嵌珠，年制款盏耳不嵌珠。当然，嵌珠者高贵于未嵌珠者，可知鉴定衡量宫廷画珐琅时不能忽略其款识及其附加装饰。

清代皇家珐琅器型丰富多彩，如有盏、壶、扇面形壶、葵花碗、勺、篮、唾盂、烛台、提梁罐、双连圆形盖罐、鱼篓尊、盖罐、冠架、盖碗、笔筒、方肚尊、渣斗、有盖水盂、委角长方盒、瓶、双耳炉、三足鼓形炉、卤壶、提梁壶、六方瓶、兽耳活环瓶、椭圆盒、方形盖罐、双耳尊、出脊盖罐、花瓣口瓶、花形盒、五供、屉盒、有盖盏托、朝冠耳炉、葫芦执壶、执壶等器型。珐琅鲜艳，多用西洋进口珐琅，其宝色、水头俱各鲜明[71]，地色分为黄色、白色、宝蓝色、藕荷色、湖蓝色、酱红色。清皇家以黄为正色，居诸色之首，故以黄色为主流，白色地多为仿瓷器。色彩斑斓，每器往往用七八种到十几种珐琅。花纹以工笔为主，图案性的较少，有花卉、人物、山水楼阁、欧洲妇婴等等。青山水、红山水仍盛行不衰。乾隆朝画珐琅较雍正朝画珐琅明快爽朗，疏密相宜，不乏成功之作，这比无款画珐琅的艺术水平确实高出一筹。

带款的唾盂、渣斗，还有鱼篓尊也可能是渣斗，这是违反雍正旨意而破例题署年款的。酱地锦鸡牡丹图瓶用珐琅稍厚，笔法类似"粉彩"，疑其是乾隆六年（公元1741年）进内效力的景德镇瓷工高手胡信侯所绘烧。在以广匠为主体烧制具有浓厚的广州风味的皇家画珐琅的珐琅处里，居然也烧成有着景德镇官窑瓷器趣味的画珐琅，可以说是突破樊篱而一花独放了。

乾隆时期珐琅厂（作）还利用固有的掐丝珐琅的优势，制造了一批以掐丝珐琅作地、以画珐琅作开光饰的两种不同珐琅工艺相结合的新型珐琅器。因烧成温度不同，画珐琅片均是在掐丝珐琅器烧成之后嵌上的，确切地讲，应为掐丝珐琅镶嵌画珐琅开光片。如铜胎掐丝珐琅嵌开光画珐琅红山水图壶，腹两边各又嵌以巴洛克式对称多曲弧状开光红山水图，盖上又嵌四个开光画珐琅片。金胎掐丝珐琅嵌画珐琅开光仕女图执壶，底正中阴刻双方框"乾隆年制"直二行楷书款识，下腹、上腹、颈、盖各嵌四画珐琅片。还有金胎錾花绿珐琅地嵌画珐琅片执壶，底阴刻双方栏"乾隆年制"二直行楷书款识，这也是两种珐琅相结合的复合珐琅器。铜胎錾花果绿地嵌画珐琅盖梅花式屉盒也属此类复合珐琅器。这类复合珐琅器的问世也是乾隆朝内廷画珐琅发展与进步的标志之一。

（六）广州画珐琅

乾隆时期广州画珐琅非常发达。广州是可以与内廷相提并论的画珐琅生产中心，也可以说它是内廷珐琅厂（作）的外厂，一切开销由粤海关承担，造办处经常向粤海关派活计[72]。广州画珐琅业对内廷来说还有一个重大贡献，这就是为内廷珐琅厂（作）提供了技术精湛的画珐琅名手，为皇家绘制了大量的画珐琅作品。上面提到的内廷有款、无款的画珐琅，大都是广州画珐琅名家在内廷珐琅厂（作）画成的。这一点至关重要，不可避免地将广州画珐琅的工艺与艺术带进了内廷，它们都是"内廷恭造之式"与广州画珐琅气质相融合的巧妙而和谐的结晶。广州还向内廷供应了大量的洋珐琅料，使内廷珐琅增强了宝色和水头。

广州民间画珐琅厂肆的生产，在未见其实物资料的条件下若对其作出评论还为时过早，现在我们仅仅掌握粤海关承办的广州画珐琅的一些情况。

乾隆帝弘历最了解广州珐琅业对内廷珐琅厂（作）的重要贡献，他派养心殿造办处通晓工艺、了解皇帝爱好的得力中层管事人员去粤海关担任监督，为他承办珐琅、钟表、硬木家具以及采办外洋货物供其享用。从乾隆命广州所进珐琅瓶要刻款[73]一事，可以说明他对广州珐琅还是比较满意的，给予它与内廷珐琅厂（作）产品相当的荣誉。书写"乾隆年制"款也就是摇身一变成为钦命贡品，与景德镇官窑相似。乾隆二十一年（公元1756年），弘历命人向粤海关发出由内廷翰林所书"大清乾隆年制"篆字长方并横款纸样一张，凡照样书写上述六字长方或横款的画珐琅，均为乾隆二十一年及其之后的贡品。乾隆四十年，又提醒粤海关贡珐琅器时要烧乾隆年款。[74]乾隆四十一年（公元1776年），再次提醒粤海关监督："嗣后再烧瓶罐着在底足烧造'大清乾隆年制'款[75]。"足知乾隆帝对广州画珐琅的关心和厚爱。

厘定为广州画珐琅器中有带"乾隆年制"和"大清乾隆年制"两种款识者，四字款有黑色，楷体双方栏二直行款，应出现于乾隆十五年至二十一年（公元1750～1756年）这六年之间。朱、蓝两色"大清乾隆年制"三直行篆书款，当为遵照乾隆二十一年内廷发给粤海关李永标的长方款字样书写的，其年代起自乾隆二十一年至乾隆六十年（公元1795年）的三十九年间。铜胎画珐琅采药图盘底画蓝色双夔龙环抱纹，内书朱文单栏"大清乾隆年制"篆书款，款识甚精，应为万寿等节日贡品，应是乾隆三十年（公元1765年）前后广州画珐琅的代表作，充满了"外造之气"[76]。与此器接近的尚有铜胎画珐琅妇婴图盆、铜胎画珐琅花卉纹炕桌二器。书朱文单方栏"大清乾隆年制"三直行篆体款器可能与上述环抱三直行六字款的时间相仿佛。书蓝色六字篆体款器似有早晚之差别。属于稍早的有铜胎珐琅万寿无疆盘、铜胎画珐琅折枝花纹碗、铜胎画珐琅花蝶图葫芦瓶；略晚的有铜胎画珐琅开光西洋人物图盖罐。铜胎画珐琅开光风景海棠式瓶，属法国"洛可可"（ROCOCO）风格画珐琅器，金工錾刻精致，紧逼原作，珐琅宝色、水头俱佳，是典型的广州仿法国的洋珐琅器。无款的广州画珐琅器型多姿多彩，珐琅鲜艳绚丽，画工流畅挺拔，花纹异彩纷呈，传统与洋风的融合是其特点。像生珐琅器如铜胎柿子盒、铜胎画珐琅绿色竹节壁瓶，生动逼真，十分可爱。铜胎画珐琅山水楼阁图紫木框挂屏是广州画珐琅中中西画法相融合的例证。纸帛易毁，何不求诸珐琅画？它已毫无保留地告诉你18世纪广州画坛的昔日盛况。

广州画珐琅中还有一批尚不为人注意的具有"景泰蓝"风貌的作品，在蓝色地上彩绘各色图案，以金色勾勒轮廓。这是广州画珐琅匠师的创造，也说明"景泰珐琅"影响之深远。铜胎画珐琅开光人物图花盆、铜胎画珐琅方夔纹盘，均有朱文双方栏"乾隆年制"二直行楷体款，可能是乾隆十五至二十一年间所制。另一件仿景泰珐琅广州画珐琅，描金不显，珐琅色调幽深，不同于前二件，可能是乾隆晚期的产品。

绿地描金珐琅始见于雍正五年（公元1727年）《养心殿造办处各作成做活计清档》所记西洋掐丝珐琅盒，于雍正七年（公元1729年）二月初三仿做金胎绿色掐丝珐琅一件，同年五月初四日做得金胎绿色掐丝珐琅豆一件[77]，乾隆三年（公元1738年）续仿一件[78]。广州画珐琅工匠便移花接木，烧成了绿地描金珐琅，配以錾金活计，使其格外富丽堂皇。而铜胎画珐琅兽面蕉叶纹长颈瓶与上述二件相似，但在绿色珐琅地上再吹上佛青色珐琅以仿古铜蓝锈，并嵌红绿玻璃，充满珍宝气和富贵气。

（七）乾隆朝透明珐琅

透明珐琅分无色与有色两种，透明性良好，涂于金属胎上，其錾刻花纹清晰可见。透明珐琅还有软、硬两种：硬透明珐琅出于欧洲[79]，传至广州，成了它的专利产品，独此一家，别无分店；软珐琅[80]即银胎透明珐琅，俗称"烧蓝"，全国各地首饰楼都可制造，从现存遗物来看，有内廷珐琅作、广州和扬州的产品。

内廷透明珐琅　内廷透明珐琅大多不刻款识，有记载可征者亦不可多得。乾隆二十九年（公元 1764 年）颁赐山东岱庙银錾胎透明珐琅五供、八宝以及七宝，口沿凿"大清乾隆年敬造"阳文横排楷体款，通身凿隐起云纹烘托八宝纹、七宝纹，地上填浅蓝透明珐琅，反映了乾隆中期内廷透明珐琅的特点与成就，迄今仍完整无缺，尤为可贵。

广州透明珐琅　广州透明珐琅最为著名的是铜胎透明珐琅。珐琅来自欧洲，透明度、光泽度、宝石色、水头均极佳。利用进口材料之方便和技术上独占的优势，广州便垄断其生产。呈蓝宝石色珐琅最好的是花卉面盆，在铜胎上镀银色，錾花上蓝、绿、紫等色珐琅，贴金花焙烧而成。其工艺复杂，珐琅焙烧要求极高，产品数量有限，十分宝贵。珐琅色料较多的是九子攒盒，计蓝、绿、红、紫等四色，在铜胎上凿出纤细的图案，贴上灵巧的金花，与蓝宝石般的珐琅地色形成鲜明对照，给人以雍容华贵之美感。

扬州仿宝石镶嵌珐琅　扬州也有着繁荣的金属錾花工艺，为了镀金，錾花更为突出，涂以透明蓝、绿二色珐琅，或在花纹上点上红色、蓝色、绿色透明珐琅以充红、蓝宝石和祖母绿。

乾隆时期珐琅工艺丰富多彩，宛若一座众卉毕集、万紫千红的大花坛，令人赏心悦目。上述掐丝珐琅、錾胎珐琅、画珐琅、透明珐琅是乾隆朝珐琅工艺的主流。珐琅与金工的关系是相依为命、互为依存的。上述四大珐琅工艺是以珐琅之美取悦于人的。此期珐琅之中可以看出两个苗头：一是以掐丝珐琅为地、画珐琅为主饰的复合珐琅，出现金工与珐琅互相争夺主流地位的情况。金工在珐琅器上所占比重有日趋增长的倾向，在掐丝珐琅和画珐琅中不乏例证，有的已达平分秋色的境地，也有的颠倒过来以金工为主。如铜錾胎珐琅双耳四足炉，其绿珐琅不过是錾金工艺的地色，衬托金色更加突出而已。以珐琅仿宝石镶嵌铜金器，其珐琅也是作金工之陪衬者，如铜锤胎镀金地珐琅蜡扦，在锤起的花纹填红、蓝、绿等色珐琅，其色光透明，极似红、蓝宝石和祖母绿，可称为铜镀金仿宝石珐琅器。铜锤胎镀金地珐琅花觚也是仿宝石镶嵌珐琅器，其仿蓝、绿两色松石，可见其匠心独运、妙笔生花。由此可见，乾隆朝珐琅工艺确已达到顶峰。但好景不长，不进则退，所以，乾隆时期也是珐琅工艺由高潮顶峰向下滑落，艺术的光芒和晦暗并存的时代。

二、嘉庆道光时期珐琅（公元 1796~1850 年）

乾隆朝六十年是内忧严重、外患萌生的时代，像被蛀空了的一棵古树处于暴风雨袭来之前夜。弘历退位后当了三年太上皇，于第四年的正月就寿终正寝，其子颙琰始独立执政。太上皇生前规定，凡官窑瓷、宫廷珐琅刻款均以乾隆、嘉庆各半。现今所见嘉庆款珐琅可能都是太上皇训政时期（公元 1796~1798 年）的产品，故与乾隆工艺风格相似。

铜胎錾掐珐琅　铜胎錾掐珐琅地寿字碗、盘均錾阴文"大清嘉庆年制"三直行隶体款，与乾隆朝掐丝珐琅十分接近。铜胎掐丝珐琅镂空云龙纹旋转瓶是迄今可以确认的嘉庆朝掐丝珐琅，系仿照官窑转心瓶而制。其珐琅色调变淡，掐丝细而流动，花茎双勾，稍细，是它与乾隆朝不同之处。

道光朝珐琅仅知道光五年（公元 1825 年）内廷所造掐丝珐琅五供。此五供是为补充乾隆十二年（公元 1747 年）失窃而造，刻意追摹乾隆朝珐琅五供原貌，故两者风格极为接近。现在我们看后了解到，在它们两者之间并不存在时代风格及珐琅、掐丝上的重大差别，如果没有刻"大清道光年制"的话，一定会把它归入乾隆朝掐丝珐琅的范围。所以，应当这样认识：一种珐琅模式可能延续很久，道光五年距乾隆让位还不过三十年，但它的掐丝珐琅做工依然长存而不凋敝。这对我们认识工艺遗产的继承和影响来说是至关重要的。所以，对无纪年珐琅器的年代鉴定只能是相对的，不可奢望绝对准确。

铜胎画珐琅　铜胎画珐琅花卉执壶，淡黄地，红花绿叶，足内白地蓝色双方栏"嘉庆年制"楷书款。铜胎画珐琅花卉盏托，紫红、湖蓝、黄色为地，外底亦书蓝色双方栏"嘉庆年制"楷书款。从年款可以判断，也可能在嘉庆最初三年（公元 1796~1798 年）内或相距不远的几年内烧制，基本上还是沿袭乾隆朝画珐琅做工，但又给人以明朗淡雅的美感。

总之，嘉、道两朝珐琅工艺还是在承传乾隆晚期做工而略呈小变，仍应隶属乾隆珐琅工艺的范围之内，与同、光时期珐琅迥然不同。

三、同治光绪宣统时期珐琅（公元 1796~1850）

1840 年、1862 年的两次鸦片战争和国内捻军起义，使清政权陷于内外交困、岌岌可危的困境。太平天国建立并占据了江南广大地区，清军倾全力进剿，两军对垒过程中大半个东南地区变为一片废墟，清王朝遭受毁灭性打击，对外投降，对内镇压，签订了一系列不平等的卖国条约，割让大片领土，开放口岸，出卖海关，允许设立外国租界，清王朝统治下的中国实际上已堕落为半封建半殖民地国家，民不聊生，哀鸿遍野。朝廷税收、皇家内帑大为减少，内廷造办活动也处于停顿状态。经过一段恢复，到了同治时期出现了"中兴"的局面，宫廷造办官窑、锦绣等奢侈工艺有所复苏，但距离乾隆时代的兴盛状况则相差甚远。珐琅工艺不例外，盛产珐琅的广州渐趋萧条，扬州一蹶不振、内廷珐琅处名存实亡。只有北京一地虽受八国联军侵略军洗劫，紫禁城总算保存下来，玉器、漆器、镶嵌、掐丝珐琅、料器等工艺行业慢慢略有起色。外销畅通刺激了手工艺的发展。掐丝珐琅以"景泰蓝"的名义在 1904 年芝加哥博览会上获得一等奖[81]，誉满寰宇并畅销国内外。

同治年制掐丝珐琅（公元 1862~1874 年）　　同治朝仅仅十三年，经济略有复苏，出现了史称"中兴"的局面，内帑增加，烧造了"益寿延年"铭铜胎掐丝珐琅缠枝莲纹盖碗、铜胎掐丝珐琅仿古牺尊和铜胎嵌掐丝珐琅番莲纹饰执壶等珐琅器。这三件珐琅器均镌"大清同治年制"款，说明其宫廷烧造的性质，确为同治年间养心殿造办处珐琅作所制或由内廷向北京民间发样定制的，分为时作与仿古两种。碗和执壶两件是时作宫廷珐琅，仍有乾隆内廷珐琅之遗风。仿古掐丝珐琅牺尊背上鞍鞯（障泥）与尊的整体效果，确有乾隆朝掐丝珐琅的风范，但细审破绽毕露，确不可同日而语，可见宫廷珐琅的传承性是很强的。

民间珐琅的情况如何？在清代统治者眼中有雅俗之分，即"内廷恭造之式"与"外造之气"的对立，它们在同一时代不同背景和要求之下各自独立发展，同时又在一定程度上相互影响。

光绪时期贡品珐琅（公元 1875~1908 年）　　慈禧皇太后叶赫那拉氏的七十寿诞（1904 年）在颐和园举办，某些大臣官僚贡送的掐丝珐琅仍完整地收藏于颐和园。这批珐琅器均为北京民间作坊产品，也不排除官员订货专门烧造的。它们的绝对年代均在光绪三十年或二十九年（公元 1904 年、1903 年）及其之前不长的时间。身高等人（达175 厘米）的铜胎掐丝珐琅麻姑献寿是现存清代最高的一件掐丝珐琅人物像，其面相、动态、衣纹均与当时的仕女画有着密切联系。珐琅透明性较好，与日本"七宝烧"[82]的珐琅相似。高 60 厘米的铜錾胎珐琅麻姑献寿婀娜多姿，妩媚动人，使我们联想起活跃于京津的"泥人张"泥塑[83]，疑其原稿可能源自泥人张作品。凤凰、仙鹤、甪端、龙亭、香炉、方罍、凤耳尊、天球瓶、旋转瓶、大缸等掐丝珐琅均为北京某些民间厂肆烧造的，其珐琅失透、凝重，掐丝琐细、繁密，反映了光绪时期北京民间珐琅工艺的水平和特点，是研究光绪时期北京民间掐丝珐琅的极其宝贵的实物资料。太平有象是以金工为主以珐琅为饰的一种仿宝石镶嵌金工珐琅器，在镂刻、錾焊的铜胎上填珐琅烧成后镀金，珐琅细致、鲜艳，大面积使用粉红色乃是不多见的现象。此器可能是光绪时期北京民间厂肆参酌广州錾胎珐琅之长而又有所增损的产品，从造型、錾刻、珐琅来看均十分精美。还有一批清宫旧藏晚清时期掐丝珐琅贡品，也是北京民间作坊所制。其中鹤桃图插屏、镀金掐丝珐琅花卉圆盒、具有欧风的掐丝珐琅高足盘、铜胎掐丝珐琅锦纹瓶等，都是充满新意的厂肆掐丝珐琅，表现了晚清掐丝珐琅的一代新风而饶有兴味。

厂肆款堂款贡品珐琅（公元 1875～1911 年）　厂肆款珐琅中有的也成为光绪年间或之后的贡品。厂肆款是光绪时期掐丝珐琅上出现的新型款识，反映了北京珐琅行业为了加强商品竞争、取得优势占领国内外市场，必须提高店、厂的名声，故于珐琅制品上镌刻自家店厂的字号以广流传，取信于顾客。这是北京掐丝珐琅行业的特殊现象，说明北京珐琅已萌生了名店（厂）意识并迅速普及。这是商品竞争高度激化的表现。所见厂店款记有"德成"、"老天利"、"德兴成"、"宝华生记"等几家名厂字号。这批厂肆产品虽然都多少可以找到宫廷掐丝珐琅的遗痕，但它们都独具民间特色和时代气息，只是其珐琅红、蓝两色颜色不正，少用粉红色，黄色浓亮过于前期，掐丝拘谨不畅，忽视画理，铜丝较细，镀金较薄，图案形象缺乏画意，这些是其不足之处。"志远堂"款铜胎掐丝珐琅花鸟纹包袱式笔筒取竹节形，口部截有高、低两层，其珐琅虽与上述厂肆款相似，但在调配使用上通晓画理，掐丝顺从画题，构图不违章法，不加地丝，充满画意，有着一定的文人气质，确与一般厂肆适应宫廷和市民需要的制品相比略显雅致，并且有一定的艺术价值和鉴赏价值。上述这些厂肆款、堂款掐丝珐琅因未查到文献记载，其始末不明，有的店铺一直经营至 1949 年，其产品也不限于 1911 年，但也不至于晚过 1924 年溥仪出宫之后。

晚清画珐琅（公元 1862～1911 年）　晚清画珐琅的产地仍只有广州一处，从现存广州画珐琅遗物来看，没有超出原有品种，也不见具有创新特色的作品。说明晚清广州画珐琅与清王朝命运相一致，也处于奄奄一息、日暮途穷的境地。

结　语

纵观我国珐琅工艺，至迟起源于唐代，其宫廷掐丝珐琅日趋成熟，而吐蕃地区掐丝珐琅仅见单一色珐琅。

称为"佛郎嵌"的欧洲錾胎珐琅和"大食窑"的伊斯兰掐丝珐琅，大致随蒙古铁骑远征欧洲和伊斯兰地区而传入我国，便根植于大都和云南等地，于元代已发展成为具有中华民族风采的錾胎珐琅和掐丝珐琅，已完全中华化、宫廷化。其珐琅色彩鲜明，质地细腻，光泽莹润，具有玉一般的美感。

明代文人鉴赏家虽仍沿袭"佛郎嵌"和"大食窑"的外来名称，但是掐丝珐琅的变化迭起也是有目共睹的。明初宫廷掐丝珐琅依然沿元代掐丝珐琅的道路前进并有所增益，生产了大批精美绝伦的皇家佛教供法具、日用生活以及具有藏族色彩的器物。到了景泰时期，掐丝珐琅小型化，"细润可爱"，同时在其器型、图案上酝酿着新的转机，带来不少变化。嘉靖时期掐丝珐琅在绿色等个别珐琅上出现半透明现象，图案掐丝狂放跌宕，有的不拘法度，潦草不羁。万历朝内廷掐丝珐琅的色彩处理，除了沿用浅蓝色珐琅地子之外，多用白、豆绿、浅黄等地色，红色由枣红变为朱红，用于主纹或作散点出现，给人以绚丽、红火、热烈而温馨的感觉。

　　清代是继明代珐琅工艺全面发展的时期，清初文人收藏家敢于面对早已流出宫外的"景泰珐琅"，将其提高到与永乐剔红、宣德铜炉、成化斗彩相媲美的明代四大清玩之一，并掀起了全社会的仿烧"景泰珐琅"的热潮。康熙朝除大仿"景泰珐琅"之外，还同时烧成了多种具有不同审美意向的掐丝珐琅器，同时引进西方画珐琅技术并结合广州画珐琅、景德镇瓷绘技艺，创烧成具有中国特色的画珐琅。经历雍正朝至乾隆朝，中国掐丝珐琅、錾胎珐琅、画珐琅、透明珐琅等四大品种全面发展的大好局面业已形成，给我们留下了大批的精美遗物。到了乾隆晚年，宫廷珐琅戛然中断，滑向低谷，一蹶不振。民间珐琅不甘落伍、风起云涌。北京、广州、扬州等地珐琅业还相当繁荣，形成了自己独特的地方风格。由于西方的野蛮侵略和国内武装抗争迭起，使国力衰竭、元气耗尽，随之而来的是珐琅产业备受摧残，不能正常发展，终于走向没落。同治、光绪时期珐琅工艺"回光返照"，出现了短暂的"中兴"时代，形成了以北京、广州民间珐琅为主体的新时代，同时有限度地吸收外来珐琅材料与工艺，在珐琅艺苑里结出丰硕果实，尤其北京掐丝珐琅——景泰蓝跨出国门，迈进世界，博得赞誉名扬四海，并反过来刺激它呈现出昙花一现的上升趋势，为 20 世纪珐琅工艺的发展奠定了技术和文化的基础。

注　释

[1]　青海省文物考古研究所许新国所长慷慨提供信息及彩片，特此致谢。

[2]　迄今已发表的中国古代珐琅论文（专著）有：明·曹昭：《格古要论》（《影印文渊阁四库全书》八七一册）；明·王佐：《新增格古要论》十二卷本（故宫博物院图书馆藏）；程道腴译：《珐琅工艺学》（台湾·1979 年），程道腴等：《珐琅学》（台湾·1980 年）；朱家溍：《铜胎掐丝珐琅和铜胎画珐琅》（《文物》1960 年 1 期 45 页）；杨伯达：《景泰掐丝珐琅的真相》（《故宫博物院院刊》1981 年第 2 期 13 页）；吕坚：《康熙珐琅琐议》（《故宫博物院院刊》1981 年第 3 期 94 页）；刘万航：《源流——兼谈制作技术》（《中国景泰蓝》月刊·1983年 6 月 1 卷 3 期 81 页）；平安：《认识珐琅釉药》（台湾《工艺家》1983 年第 7 期）；刘万航：《内填珐琅》（《中国景泰蓝》月刊·1984 年 8 月·17 期 68 页）；张临生：《我国明代早期的掐丝珐琅工艺》（《东吴大学中国艺术史集》·1987 年 15 卷 266 页），张临生：《试论清宫画珐琅工艺发展史》（《故宫学术季刊》17 卷 3 期 25～38 页）、杨伯达：《中国美术全集·工艺美术·十》（1987 年 3 月）；夏更起：《对故宫博物院藏部分掐丝珐琅器时代问题的探讨》（《故宫博物院院刊》1992 年 3 期 30 页）；李久芳：《中国铜胎起线珐琅及其起源》（《故宫博物院院刊》1994 年 4 期 13 页）；陈夏生：《明清珐琅器展览图录》（台北故宫博物院·1999年 2 月）。

[3]　主张中国掐丝珐琅起于明代者，见祝重寿《关于中国铜胎掐丝珐琅（景泰蓝）的起源问题》（《故宫博物院院刊》1992 年第 3 期 32～35 页）。关于景泰珐琅标准器的不同意见，详见李久芳《中国铜胎起线珐琅及其起源》（《故宫博物院院刊》1994 年第 4 期 19 页 6～22 行）。

[4]　关善明：《中国古代玻璃》70 页右排 1～5 行（香港中文大学文物馆，2001 年）。

[5]　同 [4]。

[6]　《元史译文证补》卷二十六·上·"普剌"。

［7］　岑仲勉：《中外史地考证》下册·《不剌城》（中华书局·1962年）。

［8］　详见《中国美术全集·工艺美术编·金银玻璃珐琅器》图291～293；《珐琅器工艺》二十三页第三、四段（1987年3月）。

［9］　明·曹昭：《格古要论》卷下·四页"大食窑"（《影印文渊阁四库全书》八七一册一〇八页）。

［10］　明·王佐：《新增格古要论》十二卷本·卷之七·二十三·后增"大食窑"（故宫博物院图书馆藏）。

［11］　趁"海峡两岸古玉学会议"之机，承蒙台北故宫博物院院长关照，得以再次同验摩挲该器。受益匪浅，特致谢意。另详见陈夏生《明清珐琅工艺概论》66页。"一·明景泰掐丝珐琅番莲纹盒"（台北故宫博物院一九九九年）。

［12］　《大清会典事例》卷千一百七十三（光绪版）。

［13］　同［2］，101～102页"二九·清雍正掐丝珐琅凤耳豆"。

［14］　《养心殿造办处各作成做活计清档》（以下简称《清档》；中国第一历史档案馆藏，下略）三三〇六，珐琅作·雍正五年九月二十五日。

［15］　《清档》雍正五年九月二十五日："据圆明园来帖，内称九月二十二日郎中海望持出西洋掐丝珐琅盒一件，奉旨：'着仿做。钦此。'"

［16］　同［2］。

［17］　拙文：《康熙款画珐琅初探》42～48页（《故宫博物院院刊》1980年第4期）。

［18］　《清档》三二九四号·雍正三年九月十五日。

［19］　同［18］，雍正三年二月二十九日。

［20］　《清档》三三一〇号·雍正五年三月初三日。

［21］　《清档》三三一四号·雍正六年二月十七日。

［22］　《清档》三三三二号·雍正八年十月二十六日。

［23］　同［22］，三三三二号·雍正八年三月初六日。

［24］　《清档》三三四九号·雍正十年七月初一日。

［25］　同［24］，三三四九号，雍正十年十二月二十八日。

［26］　同［24］，三三四九号，雍正十年四月十九日。

［27］　《清档》三三六〇号，雍正十一年五月初一日。

［28］　同［21］，三三一八号，雍正六年七月十一日。

［29］　同［20］，三三一〇号，雍正五年十一月二十七日。

［30］　同［24］三三四九号，雍正十年四月二十九日。

［31］　满族八旗内包衣、苏拉等下层民众中，少年被征募至养心殿造办处各作做杂役或学徒，掌握一门手艺而成为工匠，并在内廷各作继续走效力。这些满族下等身份的熟练工匠在养心殿造办处各作效力，获得工食银两的称为家内匠。与外雇匠相对而言，他们的政治地位高于外雇匠人。亦不乏仗势欺人者。

［32］　《养心殿造办处各作成做活计清档》三四一一·乾隆十年三月二十一日（以下简称《清档》，中国第一历史档案馆藏，下略）。

［33］　《清档》三三九五·乾隆六年四月十一日。

［34］　《清档》三三七六·乾隆元年四月十四日："珐琅作：现今上用活计甚多，房屋窄小，添盖正
　　　　房三间。"乾隆元年五月初八日："珐琅处：成造供器需添造房子三间。"

［35］　《清档》三六五七·乾隆五十四年七月十三日。

［36］　《清档》三三七三·乾隆元年三月二十四日。

［37］　《清档》三三八五·乾隆三年四月初三日。

［38］　《清档》三三八五·乾隆三年九月二十六日。

［39］　《清档》三五四二·乾隆四十年十月初八日。

［40］　《清档》三五二四·乾隆二十八年十月二十五日。

［41］　杨伯达：《清代玻璃配方化学成分的研究》，《故宫博物院院刊》，1990 年 2 期。

［42］　《清档》三五七九·乾隆三十八年五月三十日。

［43］　《清档》三二九四·雍正三年二月二十九日。

［44］　杨伯达：《清代广东贡品》三·珐琅器工艺 21～22 页，香港中文大学文物馆，1987 年。

［45］　《清档》三四二四·乾隆十四年十二月二十六日。

［46］　《清档》三四九八·乾隆二十三年十二月十三日。

［47］　《清档》三五〇五·乾隆二十四年四月二十九日。

［48］　李斗：《扬州画舫录》第二卷一四八页，中华书局，1960 年。

［49］　《杂录档》簿二九八·乾隆二十五年八月初三日。
　　　　《杂录档》簿三〇七·乾隆三十四年十二月十八日。

［50］　《清档》三三七六·乾隆元年四月十一日。

［51］　《清档》三三七六·乾隆元年五月初八日。

［52］　《清档》三三七六·乾隆元年四月十四日。

［53］　《清档》三三八九·乾隆四年三月十九日。

［54］　《清档》三三九五·乾隆六年十一月初二日。

［55］　《清档》三三九五·乾隆六年十月十九日。

［56］　《清档》三三九五·乾隆六年三月初五日。

［57］　《清档》三三九九·乾隆七年十月二十七日。

［58］　《清档》三三九九·乾隆七年十一月初四日。

［59］　《清档》三三九五·乾隆六年三月初六日。

［60］　《清档》三四二五·乾隆十四年十一月十二日。

［61］　《清档》三五一七·乾隆二十六年五月初一日。

［62］　《清档》三五二〇·乾隆二十七年五月初七日。

［63］　《清档》三五三一·乾隆二十九年十月十七日。

［64］［65］［66］［67］　杨伯达：《十八世纪清内廷广匠史料纪略》，125～127 页，香港中文大学文
　　　　物馆，1987 年。

［68］　《清档》三六五七·乾隆五十四年十月十三日。

［69］　《清档》三三七四·乾隆元年九月初六日。

［70］　《清档》三四〇二·乾隆八年七月初六日。

［71］　《清档》三六〇一·乾隆四十二年五月初四日。

［72］　《清档》三五四二·乾隆四十年十一月十九日。

［73］　《清档》三四二二·乾隆十四年十二月二十六日。

［74］　《清档》三五四二·乾隆四十年十一月十九日。

［75］　《清档》三五九七·乾隆四十一年十二月二十五日。

［76］　《清档》三三一○·雍正五年闰三月初三日。

［77］　《清档》三三○六·雍正五年十一月十一日。

［78］　《清档》三三八五·乾隆三年四月初三日。

［79］　《清档》三二八八·雍正元年十二月十七日。

［80］　《清档》三二九○·雍正二年正月二十三日。

［81］　《当代中国的工艺美术·北京景泰蓝》，221页，中国社会科学出版社，1984年。

［82］　"七宝烧"为日本明治时代（1867～1911年）引进西方珐琅经改进烧成极其透明而鲜艳日本珐琅，以及烧成的画珐琅日本称为"七宝烧"。日本"七宝烧"除了无线珐琅画珐琅之外，尚有一种有线珐琅即掐丝珐琅。

［83］　天津民间泥塑泛指天津张姓一家（第一代张长林，第二代张玉亭）祖孙相传的泥塑作品。详见《中国美术辞典》，282页，上海辞书出版社，1987年。

（原刊于《中国金银玻璃珐琅器全集》

第五、六卷，河北美术出版社，2004年）

六、竹木牙角雕刻

珍 玩 雕 刻

本文着重阐明珍玩雕刻的词义、属性、雕镂技艺及其历史地位等等若干问题。

珍玩雕刻是"珍玩"与"雕刻"二词结合而成的词组。它的材料一般是金、玉、象、犀，此外，以竹子和贵重异木为材的珍玩雕刻品亦为数不少，故本文介绍的珍玩雕刻计有竹、木、牙、犀、玉等五种。

珍玩雕刻有材料华美昂贵、形象小巧玲珑、工艺精密细致三个重要特点，与造像、石象生等雕塑艺术不同，应归属于工艺美术门之工艺雕刻类。珍玩雕刻中的竹、木、牙、犀雕虽与玉雕所运用之工具、工艺有不同者，但共有隐起、起突、平级、凹刻、阴线、阳线、镂空、圆雕等雕镂手法，它上承汉、宋传统，集历史大成又不断有所发展和创新。上述传统雕法与西方的浮雕、高浮雕、圆雕等技法及其作品形象均有所不同，故本文采用传统的雕镂名称以副其实。

珍玩雕刻又是雕刻艺术的有机成分，而工艺雕刻是雕塑艺术的肥沃土壤。明代珍玩雕刻全面繁荣，影响到造像和石象生，使其出现珍玩化倾向。文人竹刻走在珍玩雕刻之前列，并给予它以积极的影响，故本文以竹刻为首章。由于竹、木、犀、象、玉等珍玩雕刻起源不同，发展并不平衡，文物又不成系统而以明、清时物居多，故难以兼顾，不能面面俱到。

珍玩雕刻系由"珍玩"与"雕刻"这两个单词结合成的词组，故其具有二者的双重属性。"珍玩"一词从字面上讲并不难理解，可释为珍贵的文玩或玩物、玩器，《后汉书》中便出现过此词[1]。以何为其珍贵的标准呢？当然，可以从材料、工艺、功能、时代等等角度去衡量。按照传统的看法，金、玉、牙、犀被历代朝廷公认为珍贵原料，用以制作典章文物、等级标志和祭祀用器等等。制造金器的纍揾工艺被称为"金细工"（今称花丝），以别于一般的金属工艺。"雕刻"即刻、镂、刮、磨之工。与书画笔墨相对而言，雕刻是用刀凿镂錾，而不是用笔墨书写，故亦称刀凿工为"铁笔"[2]。雕刻用材包括竹、木、牙、犀、金、玉、石、砖等许多种原料。人们通常认为，以金、石、牙、犀、玉为材料的雕刻可视为珍玩雕刻。若从社会功能及器物用途方面来考察，以竹、木为材料的文房用具和案头肖生雕刻，特别受到文人士大夫和皇家的青睐而迅速发展，影响到珍玩雕刻的艺术风格亦随之发生转变。因此，竹、木雕刻品中也不乏可列入珍玩雕刻之范围者。鉴于上述情况及传世文物的现状，本文主要介绍竹、木、牙、犀、玉这五类雕刻工艺品及肖生形象。

　　珍玩雕刻的属性是值得探讨的，惟对此有了正确的理解，方能了解从何角度去品评珍玩雕刻之优劣、高下，对其作出符合客观的判断。珍玩雕刻与陵墓上的神道雕刻及墓葬内的俑不同，大多没有入过土，表面干净，完好如新。它直接地为现实生活服务，供人赏玩。我们欣赏珍玩雕刻时的立足点与研究造像等工艺品根本不同，要从材料、形象、工艺这三个基点上去观赏品味，并获得乐趣。我们可从以下三个方面去审度珍玩雕刻之美。

　　（1）珍玩雕刻之美，首先蕴含于材料之中。我们必须先看其材料的珍贵程度，体会其质地、色彩、光泽的天然美和先哲们赋予的理念美。造像和像生艺术不必追求材料美，而当今的收藏家也不计造像和像生艺术品的质地美，仅仅辨明其质地即可，至于具体的关于质地的细节问题则是无关紧要的，材料本身并无足轻重，关键是其艺术价值。而珍玩雕刻则不同，材料在多数情况下亦是至关重要的因素，其本身的真伪和优劣在很大程度上影响着艺术品的价值。所以，收藏家不能忽视其材料；鉴赏家也要从欣赏材料入手，以判定雕刻品的等次。材料是珍玩雕刻的第一属性，这是珍玩雕刻与造像、象生等雕塑艺术作品的根本区别所在。

　　（2）珍玩雕刻的造型美、形象美受到材料原形的制约，须依势取方圆、酌布景。原材规定了它的尺寸与外形。可以说，雕刻品的造型形象对材料原形有着无法解脱的依赖关系。珍玩雕刻形体小巧玲珑，便于藏家在指掌中摩挲、赏玩。而造像与像生类雕塑也要适应材料的性能进行塑造，否则也是难以成型的。但是，它的形象不必受材料束缚，往往是按照形象规格和需要去寻找适当品种、尺寸的材料，当找不到相当的材料时还可以拼接。总之，一定的限制是有的，但不是决定性的。所以，造像和像生的型体高大、位置固定，观赏时要注意调整距离，由整体到局部循序欣赏。两者的区别在于：前者是以小巧玲珑取胜，后者则是以博大壮丽著称，各有千秋，特色鲜明。这是第二个区别。

　　（3）珍玩雕刻的工艺精细，富有装饰美。由于它要受到材料的制约，故要相形施艺，因势赋形，发挥材料质色的优势，精雕细琢、着意琢磨，使作品表面光洁，装饰气味浓厚，禁得起仔细看、反复看，使人越看越有韵味，怡人心目。而造像和神道雕刻大刀阔斧，不拘细节，以气势逼人。赏家要远观气魄、近看面容，或受其慈悲感化，或被其威严慑服。两种不同的工艺产生不同的艺术效果，这是第三个区别。

　　鉴于珍玩雕刻的上述三个特点，其属性应是工艺美术，也是工艺雕刻。所以，工艺美术史论著将其列为研讨对象加以评述。然而，工艺雕刻毕竟也是雕塑艺术的一个侧面，并占有一席地位。在我国雕塑史上，尤其在明、清阶段，工艺雕刻占有相当重要的地位，甚至有不少造像和陵墓神道雕刻的工艺性、装饰性因素也有不同程度的提高。还由于造像供养的室内化、龛窝化，其体形也大为缩小，并利用多种材料和工艺手段进行装饰，使其珍玩化。虽然这给我们的分类工作带来困惑，但从造像、神道雕刻的总体发展趋势来看，它仍属纯艺术范畴。而珍玩雕刻的工艺美术性质亦愈加明显突出。

　　历代雕刻大量地、普遍地使用木、石等天然材料，在建筑上的工艺雕刻用材尤其如此。汉代以前，建筑雕刻与其他雕刻只有零星出土，不成系统，姑且勿论。然至汉代，墓葬建筑工艺雕刻出土资料日渐丰富系统，其雕刻手法已样样俱全，以画像最为繁多。汉画像分为画像石、画像砖两种，而画像石更为典型。仅从山东汉代画像石来看，就已使用了多种雕刻手法[3]，有着很强的表现力和感染力，说明它已完全成熟，为我国古代石刻的发展奠定了坚实基础。其后，画像雕刻的诸种技法被广泛地应用于造像雕刻，佛教造像这种外来形象很快被改造成为中国传统的民族式样而广为流传。不久以后，中国式佛教造像还影响到朝鲜半岛和日本。如果没有从画像石体现出来的汉代雕刻艺术的肥沃土壤，绝不可能结出像莫高窟、麦积山、云岗、龙门那般辉煌的中国造像模式和硕果。工匠的技艺以口诀和示范等方式师徒授受，代代相传。到了宋代，方在宫廷建筑的官方程式——《营造法式》[4]中完整地记录下来。从遗留下来的宋代建筑构件中可以找到与《营造法式》基本吻合的石作实例。《营造法式》是我们研究传统雕刻技法的制度、工序、分类、定名的重要依据。书中所说：

> 雕镌制度有四等，一曰剔地起突，二曰压地隐起华，三曰减地平钑，四曰素平。

这四等雕镌制度均可于汉画像中找到它的例证，由此可知，《营造法式》所记四等雕镌制度已有悠久的历史，至迟可以上溯到汉，而其中减地平钑则在商代石雕遗物的细部即可找到类似技法。这也说明宋代雕镌制度很有可能萌发于殷商。值得注意的是，汉画像石的"凹像刻"，即减压形象低于原石面，形成稍呈弧面的凸像再用阴线或阳线刻划其重要细部的这一古老刻法，在《营造法式》雕镌制度里不见了，再验证于实物，也未发现"凹像刻"，这说明"凹像刻"至宋可能已经失传而消逝了。一种奇怪的现象是，这种早已不复存在的"凹像刻"到了清代又在竹刻中出现了，虽然它们仅是类似而不尽相同，在清竹刻中亦极少见，但说明繁花似锦的清代竹刻使失传者复生，确实是集历史之大成，将珍玩雕刻推向艺术高峰。纵观汉宋石雕，不论是起突、隐起还是减地平钑，在地子与形象表面之间总有一道或直或斜的立墙，在其或平或弧的形象面上再作细部雕刻，其工匠的主要精力花在画面处理上，墙与地子都比较简单。这就是中国传统石刻中处理立面的主要方法。当然，在欧洲浮雕作品中也可以找到几例类似隐起有立墙的式样，但是绝大多数浮雕作品形象没有立墙，而是从地子上缓缓凸起，这是中国隐起与西方浮雕的不同点之一。中国的剔地起突法相当于欧洲的高浮雕，但也不完全一致。在西方雕刻作品中很难找到运用减地平钑法的范例，所以，中国石作制度确有自己的特色。至于立体的圆雕，中西亦各有不同的表现方法。鉴于上述情况，本文特用中国传统的雕刻术语来描述珍玩雕刻的各种技法。

珍玩雕刻和工艺雕刻都是雕刻艺术的有机组成部分，离开它，中国雕塑艺术就会出现遗缺而不完整、不健全。而它的前进、发展和转变均与雕塑艺术紧密相连。如果追溯雕塑艺术的源头，正是工艺雕刻这股潺潺溪流。原始社会的玉、石、骨、牙等雕刻都是工艺雕刻，在其长期发展过程中培育了雕塑艺术，使其壮大成熟。在迄今出土的雕塑艺术遗物中，最完美的典型就是秦始皇陵车马坑出土的军士陶俑。若想塑造多达八千余件的军士俑，虽然必须采取类型化手法和工艺手段的手工业方式才能完成，但是今天的雕塑史家无不称其为雕塑艺术的杰作，是世界的一大奇观。

佛教及其造像法式自印度传入我国后，工匠们也创造了具有中华民族特色的佛教造像艺术，这是我国最大一批珍贵的雕塑艺术遗产。隋、唐美术异常发展，五代、宋绘画艺术成熟，这些都影响着工艺美术的造型和装饰。明代，竹、木、牙、犀、玉等珍玩雕刻全面繁荣起来，名匠辈出。文人参与设计和制作，提高了珍玩雕刻的博雅风采及书卷气息。明、清时期，竹刻始终走在珍玩雕刻、工艺雕刻之前列，称雄于珍玩雕刻艺坛，对木、牙、犀、玉等珍玩雕刻产生了不同程度的积极影响。所以，本文在叙述时拟从竹刻开始，循序渐进。

竹、木、牙、犀、玉五种珍玩雕刻的发展也是不平衡的，其起点和发展历程均不尽相同。从现存实物来看，似以玉雕珍玩之诞生为最早，至迟始于殷商，其后便持续不断地发展演进。晚明，文人竹刻问世并很快盛行起来。而硬木雕刻晚至清代盛世方得到较大发展，不过有如昙花一现，很快便凋敝了。总之，因情况复杂、文献不足、实物不成体系，故本文难以面面俱到，一一点明。

注　释

［１］　南朝·宋·范晔：《后汉书·五行志二》第十一册，第 3297 页，中华书局，1965 年。

［２］　［日］西冈康宏：《中国的螺钿》，出品目录七，广寒宫螺钿盒子"铁笔萧震"铭。东京国立博物馆，1979 年。

［３］　杨伯达：《试论山东画像石的刻法》，《故宫博物院院刊》1987 年 4 期，第 3~23 页。

［４］　李诚：《营造法式》卷三，"石作制度"，1933 年"万有文库"版，1953 年重印，四册本第 57 页，商务印书馆。

（原刊于《珍玩雕刻鼻烟壶》，台湾幼狮文化事业公司，1993 年）

竹 刻 清 玩

　　本文首先介绍竹的分布、品种、用途及竹刻的沿革。现存最早一件竹刻是西汉长沙丞相轪侯利仓妻墓出土的彩漆竹勺；现存最早一件传世竹刻实物是唐代留青尺八。詹成为南宋高宗时的刻竹名工，雕刻"纤悉具备，玲珑活动"。西夏李遵顼墓（葬于公元1226年）出土了一件隐起人物、阴刻花纹的竹雕残片。明代中期，文人竹刻始兴，以朱松邻以及其子小松、其孙三松为嘉定派砥柱；以濮仲谦为金陵派鼻祖；而张希黄独辟蹊径，自立门户。清代竹刻艺术更为炽盛，遍及全国。根据近人金西崖研究成果，我国文人刻竹可分为明、清前期及清后期等三个阶段。

　　一、明代竹刻艺术（公元1520~1644年）约历124年，有三种不同的雕工：

　　（1）深刻作隐起或起突之朱氏刻法。始于朱松邻，成于朱小松，盛于朱三松，而技臻绝妙。"小籴"款竹根雕"刘海戏金蟾"、"小松"款竹根雕"戏猴人"，其款不佳，或系后刻，可供研究仿小松竹刻时作参考。

　　（2）浅刻略施刀凿即使成器的濮仲谦刻法。

　　（3）留青五彩的张希黄刻法。

　　三法并行、嘉定派为中流砥柱是明代竹雕艺术的总格局和总趋势。

　　二、清前期竹刻（顺治—乾隆，公元1644~1795年）共历152年。

　　此期竹刻继前明三种技法，经融会贯通，又有所创新和发展。是时竹坛人材荟萃，名家辈出。嘉定派实力扩大，吴之璠、封锡禄、周颢三大家均籍嘉定。封氏兄弟锡禄、锡璋及其高足施天章、子侄封始岐先后供奉内廷，本文披露了一批鲜为人知的有关封氏子弟供奉内廷的资料，还遴选原清宫旧藏和民间收藏的竹刻作品供读者欣赏。

　　三、清后期竹刻（嘉庆—宣统，公元1796~1911年）共历115年。

　　此期竹刻向全国各地扩展。竹人刻意追求画意，盛行阴线刻，模拟名家之风甚流行，大多作品缺乏新意。专业刻竹家大量涌现，内中亦不乏名手。专工人物者：蔡时敏、庄绶纶；工写真者：张宏裕、方絜；专刻画本者：蔡照、袁馨；精于刻字者：周锷、韩潮；擅长微雕者：于啸谷；善刻金石文字者：朱宝骝、杨懈、周之礼等等。其刻法益趋精进纤细，传世作品甚多。

　　竹为产于温热带的禾本科多年生木质常绿植物，长干，中空有节，有五十余属，细分可达数百种。

　　我国是一个盛产竹的国家。自古以来，竹被先民们作为生产和生活用材，促使其栽培、加工技术日趋提高，逐步完善，形成了历史悠久、技艺精湛的竹编和竹雕工艺。

一、竹 刻 沿 革

由于竹材易损易腐，不便保存，所以竹工具和竹器很难在地下得以保全，在发掘出土时多残破不堪。在战国及秦汉墓葬中，出土了一些筐、笥、席等竹编工艺品，其中长沙马王堆一号西汉墓出土的彩漆竹勺[1]，勺柄雕饰隐起和镂空的龙纹及辫纹，再髹以彩漆。毫无疑问，这是一件实用与美观相结合的竹雕彩漆工艺品。

魏晋、隋、唐墓葬中均无竹雕出土，而传世竹雕中最早一件则是现藏日本正仓院的唐代留青尺八[2]。尺八是三节四品六孔竹管吹奏乐器，此件尺八以留着青法刻饰图案，它是在唐代传往日本之后被保存下来的。"留青"是指以竹管表皮作图案，刮去图案之外的表皮，露出淡黄色竹肌作地。随着时间流逝，表皮由青变为灰白，由灰白再转为淡黄色，而竹肌由淡黄演为深黄，再由深黄而化为红紫，使淡黄色表皮图案更加清晰醒目。正仓院藏唐尺八留青图案有四瓣团花及树石花卉、飞鸟舞蝶、贵妇侍女等纹饰。四瓣团花以气孔作花蕊，以减地和阴线刻饰细部；人物、点景之细部亦用阴线刻饰。这种留青法与汉画像石的减地平凸法类似，所异者竹皮表面有弧状与平面的区别。两者相距五六百年，在技艺上想必是不无关联的。唐尺八上的留青刻法，也并非偶然的即兴之作，而是一种时代流风所致。如宋代郭若虚《图画见闻志》记载：

> 唐德州刺史王倚，家有笔一管，稍粗于常用，笔管两头各出半寸已来，中间刻《从军行》一铺，人马毛发、亭台远水无不精绝，每一事刻《从军行》诗两句，若"庭前琪树已堪攀，塞外征人殊未还"是也。似非人工，其画迹若粉描，向明方可辨之，云用鼠牙雕刻[3]。

可知王倚家藏"从军行"笔管应是诗、书、画相结合的竹刻，而其"画迹若粉描"乃言刻画之精细，当是用雕刻艺术上的阴线刻之毛雕法所为。由此还可以了解到，唐代竹雕已有"迹若粉描"的阴线刻和减地留青，说明唐代竹雕已较为发达，其匠师的艺术造诣也达到了相当高的水平。

詹成是南宋高宗时唯一留下姓名的竹雕高手，所制鸟笼："四面花版，皆于竹片上刻成宫室、人物、山水、花木、禽鸟，纤悉具备，其细若缕，而且玲珑活动"[4]。从"其细若缕而且玲珑活动"的描述中，可体会到詹成竹雕确是继承唐尺八及王倚藏竹笔管的做工而又有所发展。另在今宁夏回族自治区首府银川市西贺兰山麓西夏王陵区第八号墓，即第八代皇帝李遵顼墓（葬于公元1226年）中出土了一件隐起人物、阴刻花纹的竹雕残片[5]。此物雕工精美，其产地是南还是北已无关紧要，重要的是，它反映出竹雕工艺已渗透到割据西北的西羌贵族的日常生活，以及西北少数民族与内地在文化上相互交流的史实。

上述传世的或出土的竹雕以及文献记载均可说明，竹刻工艺始终不断地在发展演变。至明代中期，由于城市经济繁荣，收藏古物、鉴赏工艺的风气弥漫于官吏、商贾和文人雅士之间。文人书画家直接参与工艺制造和竹、木、牙、犀等雕刻的创作实践，使这些工艺品别具书卷气，成为文人士大夫须臾不离的清玩。竹刻工艺也发展成为一门特殊的艺术，盛行于长江下游的宁、嘉地区。明末浙江杭州高濂所著《遵生八笺·燕闲清赏》上卷列举雕琢犀象、香料、紫檀的能手鲍天成、朱小松、王百户、朱浒崖、袁友竹、朱龙川、方古林辈，却未涉及竹刻，这说明高濂撰此书时朱小松尚未以竹刻闻名，嘉定、金陵两派的影响还未达到杭州地区，至少，朱小松大力开展竹刻的新事物并未引起高濂的足够重视。

据清人金元钰《竹人录》记载：明代竹人分为嘉定和金陵两大地方派别，前者以"三朱"（朱松邻、朱小松、朱三松祖孙三代）为核心，后者以濮仲谦为首席。又据近代竹刻名家金西崖研究，明、清两代竹刻可分为三种做工和明代、清代前期、清代后期三个阶段。

香港敏求精舍原主席，已故著名收藏家叶义医师，不仅毕生致力于收集竹刻工艺品，还对我国竹刻的历史、物料、制品、技法以及断代、辨伪等课题进行了深入的研究。在此基础上，叶先生向香港及英、美诸藏家征借一批珍贵的竹刻藏品，于1978年第三届亚洲艺术节举办了第一次中国竹刻艺术展览，以飨观者，并撰《中国竹刻艺术》[6]刊行于世。1980年，金西崖、王世襄合著《竹刻艺术》[7]。1987年，朱家溍、王世襄共同主编《中国美术全集·竹木牙角器》[8]。这几部专著从历史与艺术角度着重介绍了明、清两代竹刻艺术的巨大成就。通过研究北京故宫博物院收藏的竹刻制品，笔者认为，由于文人介入，它的工艺性质有所改变，而成为艺术竹刻。

迄今为止，人们对竹刻的辨伪、断代、评论及鉴赏等方面的研究，由于主、客观条件限制，其成果尚未尽如人意。目前，仍有许多竹刻难题有待解决，如：所落名款相同的几件传世作品，其款识的字体笔法却不同，刻工亦有异，甚至相互间难以找到书体、刻法上的关联，况且同一刻家的传世作品又不多，故难以理出个中头绪，更不易准确地判断其真伪。针对这种情况，竹刻收藏家和鉴定家只能凭借个人的见闻、经验，参照其他各类工艺品的鉴定规律，根据标准器和时代风格，经过比较、研究之后作出相应的判断。所以，各研究家对同一件竹刻作品的见解，有的可能一致，有的可能并不一致，甚至对同一件竹刻文物得出截然相反的结论。这样，难免会出现仁者见仁，智者见智，众说纷纭，莫衷一是的状况。当竹刻爱好者们了解了当前竹刻研究的水平与现状之后，一定会以客观的、探讨的眼光和态度再来研读有关竹刻的论著了。在此，笔者也只能参酌已公开发表的论文，加以传世竹刻和个人见解作出判断，进而尽量合理地、科学地解释拙文提到的竹刻，以供广大读者们参考。

二、明代竹刻艺术（公元 1520～1644 年）

研究竹刻艺术者无不将明代竹刻艺术分为嘉定、金陵两派。以刻法分，有以深刻作隐起或起突之朱氏刻法，即嘉定派刻法；另以浅刻或略施刀凿即使成器之濮氏刻法，即金陵派刻法。此外，还有以留青五采为特征的张氏刻法，有别于嘉定、金陵两派而自立门户。但，今人因濮仲谦并无竞相师法的直承弟子，故对金陵派的存在提出质疑[9]。这种见解颇有道理。若纵观明、清两代竹刻史及现存竹刻作品，经过比较，不难理解，明、清竹刻的发源地是嘉定，以朱氏刻法为正宗，也是主流派别，其影响颇为深远。而濮氏刻法、张氏刻法不过是竹刻长河中的一支涓涓细流。当然，其刀法、风格与朱氏迥然有别，独具特色，这也是不容否认的。本文为了使读者便于欣赏和鉴别，以刻工与风格为划分标准，这样更为客观，而又与派系不悖。

1. 以深刻作隐起或起突之朱氏刻法

朱氏刻法始于朱松邻，成于其子朱小松，而盛于其孙朱三松。所以，朱氏刻法有一个逐渐成熟和自我完善的过程，其全部过程大体经历了半个世纪。正如清代陆扶照《南村随笔》称："胶城竹刻，自正、嘉间高人朱松邻创为之，继者其子小松（缨），至其孙三松（稚征）而技臻绝妙。"[10]

朱鹤字子鸣，号松邻，嘉定人，是嘉定竹刻的开山者。朱氏世籍本新安，自南宋建炎年间移居华亭，又六世而东徙，遂为嘉定人。书法工行草，亦善画，深于篆学印章，并精雕镂。竹刻作品有笔筒、香筒、杯、罂诸器，而尤以擅制簪、钗等髮饰而名重于时。传世具款作品不多，而王世襄先生认为："传世刻有款字者，率皆赝品，现存可视为真迹的是南京所藏笔筒。"[11]此笔筒以起突雕刻的松鹤为图，题句五行，计五十一字。据题句云：正德六年（公元 1511 年），朱鹤为祝寿友人父亲八十寿辰而作此松鹤笔筒。其刀工甚繁，尤其松干鳞皴繁密细琐，已无以复加。二鹤亦较板滞，似非出自同一人之手，这与金坚齐品题松邻"制度浑朴"不侔。总之，此器尚有需斟酌之处，不便定评[12]。

朱缨字清甫，号小松，鹤之子。擅小篆及行草，亦精于绘事。从清人评论可知，他善于夸张形象的局部特征，故作丑陋奇诡之态，以突出其精神面貌。其刀法简古有味。清毛祥麟评小松刻竹"能世父业，深得巧思，务求精诣，故其技益臻妙绝"[13]，盖有出蓝之誉。小松传世作品有"归去来辞图"笔筒和竹刻蟾蜍。1966 年上海宝山县顾村镇朱守城夫妇墓出土一件"刘、阮入天台"香筒[14]。此香筒以镂空和隐起的手法刻画了刘晨、阮肇入天台与遇仙对弈的神话故事。人物栩栩如生，环境幽静奥秘，刀法简古清逸，又有"朱缨"阴款和"小松"阴篆印文。朱氏夫妇于明万历时入葬，其下限绝对准确，仅此一点，就是任何传世竹刻工艺品所无法比拟的。竹刻蟾蜍原为已故叶义医师的藏品，利用竹根上的瘿节雕作蟾蜍的眼睛及背上的瘰疣，这是一种巧作。可见朱缨匠心独运之处。他因材施艺，擅长巧作的功力是十分坚实的。蟾蜍腹底镌"朱缨"阳文款，叶义医师认为该款是可信的，亦与朱缨擅制蟾蜍的记载相符。另遴选北京故宫博物院收藏的小松款竹根雕仙人戏蟾、竹根雕戏猴人等二件文物以飨读者。

竹根雕刘海戏蟾（图一） 刘海左舒坐，面庞近圆，斜眸大笑，上裸垂乳，鼓腹，状似大肚弥勒。袈裟披于左肩，垂于背后，绕覆右腿，跣足，拇指弯曲。此像刻法简古精练，人物表情憨态可掬，类似三松寒山拾得像，颇得造化之妙。刘海，广陵人，亦有陕西人之说，名哲，字元英，号海蟾子，后梁事燕王刘光为相。一日有道人自称真阳子来谒，索鸡子十枚、金钱十枚，置几上累卵于钱如浮屠。海蟾子惊叹曰："危哉！"道人曰："人居荣乐之场，其危有甚于此者。"尽掷之而去。海蟾子由是大悟，易服从道，历游名山（见《湖广通志》）。刘海戏金钱之说，后演变为刘海戏金蟾，金蟾亦即刘蟾子的化身，民间以其祈福。此竹刻像右腿膝部镌"小朵"阴篆款（图二），其款不佳，疑后刻。

图一　竹根雕刘海戏蟾

（明代　高6厘米　"小松"款　北京故宫博物院藏）

图二　"小朵"阴篆款

竹根雕戏猴人（图三）　　耍猴人戴巾，面部长方而丰满，笑容可掬，身着长袍至膝，足着鞋。右肩坐一婴，左手牵一猴，猴扯右襟偻背而行。这件作品形象生动、衣纹简洁、刀法秀劲、做工古朴，定为晚明之作。猴右腿部镌"小松"阴刻行书款（图四），亦疑为后刻。

图三　竹根雕戏猴人

（明代　长6.5、高6.7厘米　"小松"款

北京故宫博物院藏）

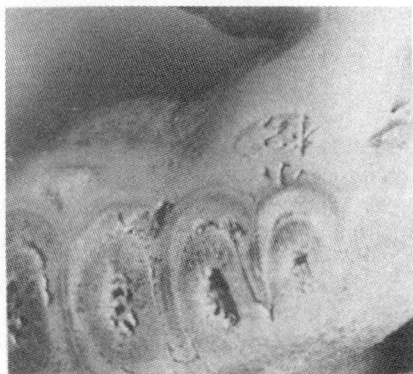

图四　"小松"阴刻行书款

朱稚征号三松,小松次子。"善画远山佳石、丛林枯木,尤喜画驴。雕刻刀不苟下,兴至始为之,一器常历岁日乃成。"[15]三松一生作品不多,传世作品有窥简图笔筒[16]、残荷洗、寒山拾得像等。金西崖、王世襄先生评"窥简图笔筒"云:

　　　　允称佳制,其画稿虽取陈老莲《西厢记》插图斟酌而成,但将绘本改为高浮雕,采用多种刻法以分宾主虚实,备见经营。屏风后陈设数事,为插图所无,是又出新意,为拓画境。故不论雕工构图,皆显示其精巧娴练之手法[17]。

　　　　人物及陈设用高浮雕;眉目、衣褶及屏上画图皆阴刻,或浅或深;衣带、文饰又用极浅浮雕,一器而数法兼备[18]。

竹雕残荷洗,底部镌"三松制"阴文行书款。王世襄先生论其"意匠镌镂,并臻佳妙,三松竹根制品,未见胜此者"[19]。以上二器均为三松佳器,不易多得。

竹雕寒山拾得像(图五) "三松"款(图六),以莲瓣为舟,一僧用笤帚画水,另一僧以扇托虾,呵呵大笑,刻画出寒山、拾得两位高僧癫狂玩世的状貌。寒山,唐时高僧,居天台唐兴县寒岩,时往远国清寺,以桦皮为冠,布裘敝屣,人莫识之。闾丘胤宦丹丘,往寺求之,寒山走归寒岩,入穴而去,其穴自合[20]。拾得,唐时诗僧。丰干禅师行至赤城道侧,闻儿啼拾之,名曰拾得[21]。《唐高僧传》云:"寒山、拾得曰寒山文殊、拾得普贤,状如贫子,又似疯狂。"[22]此寒山、拾得行舟,可能由工匠演绎而成。

图五　竹雕寒山拾得
(明代　高 5.2 厘米　"三松"款
北京故宫博物院藏)

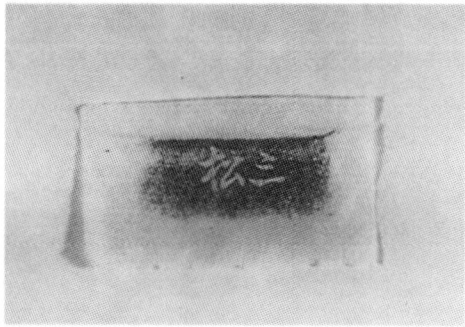

图六　"三松"款

朱三松制作竹雕,技法精妙,名望蜚声海内,于是追学者愈众。清赵昕《竹笔尊赋》序谓:"胶城以竹刻名……镂法原本朱三松氏。朱去今未百年,争相墓拟,资给衣馔,遂与物产并著。"[23]此语正是这一情况的写照。据《竹人录》所载:师法三松而名重于时者有秦一爵、沈汉川、沈禹川及沈兼(汉川之子)等[24]。

2. 以浅刻或略施刀凿即使成器为特点的濮氏刻法

濮氏刻法创始人濮澄，复姓濮阳，单称姓濮，字仲谦。生于万历十年（公元1582年），清初尚健在。关于他的竹刻风格，《太平府志》称："一切犀玉髹竹皿器，经其手即古雅可爱，一簪一盂，视为至宝。"[25]《陶庵梦忆》谓仲谦"貌若无能，而巧夺天工。其竹器一帚一刷，竹寸耳，勾勒数刀，价以两计。然其所以自喜者，又必用竹之盘根错节，以不事刀斧为奇，经其手略刮摩之而遂得重价"[26]。盖言其不事精雕细刻，只略施刀凿以见自然天趣。此即濮仲谦竹刻的个人风格及其艺术特色。

濮氏传世之作尚有山水臂搁、竹雕松树形壶两件。竹雕山水臂搁[27]，近景山石陂陀，茅屋坐落其间，茅屋后古木槎枒，枝干寥寥，意境潇疏，林后众峰凸起。山石皴法极为简古，其构图及刀法均于简率中见朴拙之韵致，颇耐人寻味。右下角岩石之中镌刻"仲谦"阴文楷体款；左上方镌题句："崇祯十二年秋九月　松圆老人嘉燧"，下刻"松圆"二字长圆印。金西崖将此具订为濮氏真迹[28]。

竹雕松树形壶[29]　壶身雕成松干状，蟠枝成柄，断梗为流，兼有灵巧古朴之韵。壶柄下方镌刻楷书"仲谦"款。王世襄先生认为：此壶乃经精雕细琢而成，实为竹雕精品[30]。但所评却与明张岱《陶庵梦忆》所云"濮氏制品不事雕琢为奇，略施刀凿，便得自然之趣"不尽相符。而仲谦刻竹是否另有精细一路，未见著录，有待进一步研究。

3. 留青五彩的张氏刻法

留青五彩的创始者张希黄名宗略，以字行。或谓希黄为江阴人。张氏所为留青法与唐代留青不同。他藉青筠之全留、多留、少留或不留，以求深浅浓淡之变化，形成墨分五色那种效果的新型留青竹刻。正如李葆恂《旧学庵笔记》称其所刻笔格为：

> 环峰突起，岐嶒岁嵲，欲插霄汉而云气断之，穹不见顶，下不见麓，云势或浓或淡，缥缈卷舒，如置身黄山，始信峰上观云海也。下作水村，渔庄蟹舍，映带垂阳丛荽中，或明或暗，亦模糊灭没，若有若无，又俨然赵大年小景也。凡云气、夕阳、炊烟，皆就竹皮之色为之，妙造自然，不类刻画，亦奇玩矣[31]。

我们虽不能目睹此留青笔格，然仅从李葆恂的描述中亦足以领悟张氏留青五彩法之妙趣所在了。张氏的竹刻作品显然充满著文人水墨山水画那般淡泊清静的韵致，正是典型的文人竹刻。

张氏传世代表作有今归美国波士顿美术馆收藏的楼阁山水笔筒[32]及上海博物馆收藏的留青山水楼阁笔筒[33]。景物留青独具匠心，确有全留、多留、少留及不留的处理手法，全留与不留的较少，妙在多留、少留的功夫上。其色调变化丰富无比，真可谓"留青五彩"，确是"希黄精心之作"[34]。

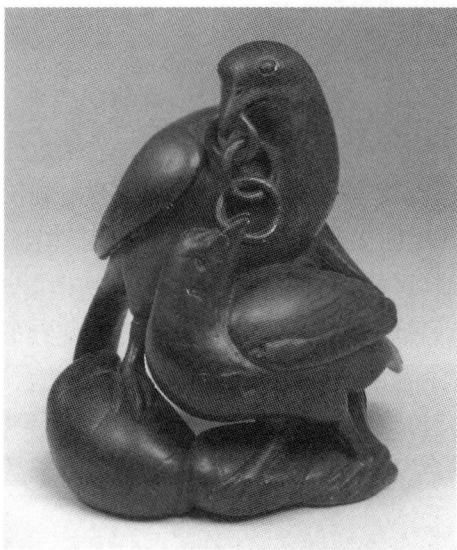

图七　竹雕双鸽

（明代　高 14.8、底径 10.8 厘米
北京故宫博物院藏）

上述三种刻法的存在说明：明代竹刻已有三个主要流派和三种基本技艺，不仅奠定了竹刻艺术的基础，而且各派名家作品确已达到炉火纯青的境地。但是，迄今已确认的名家作品毕竟有限，远远不能满足藏家鉴赏之需，所以，必须目睹大批各具特色而又别有韵味的无款竹刻，从中鉴别良莠，取其精华，弃其伪劣。

4. 明代竹刻清玩遗物

下面两件无款竹雕均系北京故宫博物院征集入藏的民间竹刻清玩。

竹雕双鸽（图七）　双鸽一高一低，喙衔三连环，爪踏莲藕。其眼、喙刻画极工，翼尾刻羽毛细纹，胸、腹未作任何细部刻饰，打磨光亮，做工简洁。喙衔三连圆环，爪踏莲藕，实寓"连中三元"之吉意。

竹根雕麒麟（图八）　麒麟作左前肢支身，右前肢曲举，后足蹲坐之似动非动状。其头偏向一侧，张口欲吼，尾翘立，通身刻鳞，肩、臀部镌饰火焰，神态生动，气势逼人。此麒麟做工与双鸽不同，此繁彼简，各有特色。说明同一时代（可能略有先后）在统一的时代风格支配下，出现了几种不同做工并存的状况，它们互为辉映，绚丽多彩。

上述两件竹刻都是民间所藏，虽非出自名家之手，亦无伪款。仅凭其刀法、风格论其年代，也是一种乐趣。至于归属何派，有无师承似不必深究，依笔者之见，这两件竹

图八　竹根雕麒麟

（明代　高 6.5、长 9.8 厘米，北京故宫博物院藏）

雕既有朱氏刻法，亦类濮氏做工，兼施两家技法，各取所需，颇具折中色彩。这就是说，民间竹刻往往师法造化，自成一格，绝非朱、濮二家所能含概的。

三、清前期竹刻（顺治—乾隆，公元 1644 ~ 1795 年）

清前期竹刻继前明三种基本技法，加以融会贯通，有所创新和发展。此时，人才荟

萃，名家辈出，形成了清代竹雕艺术的高潮。康熙晚期出现了吴之璠、封锡禄、周颢等三大家及其新模式，其艺术影响笼罩雍、乾，光照后世。三大家均籍嘉定，可见嘉定竹人在竹刻艺坛上的重要地位。嘉定封氏兄弟曾供奉内廷，对宫廷竹刻艺术的形成及其发展作出了重大贡献，标志嘉定竹刻艺术已得到皇家的承认，深入皇家艺术之殿堂，并取得一席之地，于此足知嘉定竹刻在清初的举足轻重的显著地位。雍正至乾隆初年，封氏一门后起之秀施天章、封始岐继续在宫廷行走效力，颇受雍、乾二帝之青睐。康熙晚期至乾隆初年大约半个世纪，内廷珍玩雕刻是在嘉定竹刻的影响下成长起来的，这是嘉定竹刻家们始料未及的。乾隆年间，侨居扬州的潘西凤成为著名的民间竹刻家。"扬州八怪"之一的郑板桥称誉西凤为濮仲谦后一人，故论者目之为金陵派传人。盖清初至盛期一百五十年间，以竹刻大家的出身籍贯而言，仍以嘉定竹人为其主流派别。下面分别介绍几位名家的做工和特点。

1. 三松后嘉定第一名手吴之璠

吴之璠，字鲁珍，号东海道人。初居南翔，后徙天津，其作品遍布大江南北。所刻笔筒有贡入内府者，款镌"槎溪吴鲁珍"[35]，今人誉吴氏为"三松后嘉定第一名手"[36]。他的传世作品有采梅图、滚马图、张仙像及赞（作于康熙戊辰，二十七年，公元1688年）、牧牛图、戏蟾图（作于康熙己巳，二十八年，公元1689年）、二乔图、松荫迎鸿图、松溪浴马图、荷杖僧图、丁山射雁图、老子骑牛图（作于康熙壬子，十一年，公元1672年）等笔筒以及人物行草臂搁等十数器，还有黄杨木雕东山报捷图笔筒。

从上述传世竹刻笔筒的做工分析，可归纳为两大类。第一类为师法朱氏刻法的：其图面深浅重叠数层，高凸处近似起突雕刻（即近似圆雕效果），其低陷处剔减或用镂空雕法。此类雕工以黄杨木雕东山报捷图笔筒为代表，这是所见吴之璠手制笔筒中起凸最高，凹减最深，也就是最富有立体感的一件。而其透视关系、人物比例等等艺术处理也是最为成功的。亦是他的创新之处，当然，这种创新并非纯属个人天才所致，亦应视为时代背景使然。当今竹刻研究家往往以此为吴氏承袭朱法的典范，但笔者认为，吴氏继承朱氏竹雕刻法的代表作应是二乔图笔筒。此笔筒刻两闺妇，一坐于榻上低首注视左手执物，并与坐于机上的另一妇窃窃私语，后者面向前视，右手托腮，左手执纨扇，右腿搭于左膝，悠闲自适，若有所思。榻上置一古尊，插牡丹、珊瑚各一枝，旁设笼箧、垆砚、水盂、印盒等文房用具。此作品中二乔形象及陈设器物均系起突型雕刻，其人物比例与画面透视的处理接近"线法"[37]，而不同于传统的远近法。这些有别于朱氏的刻法，反映出明显的时代烙印。吴氏第二类刻竹法就是'薄地阳文'的浅减地、薄隐起雕法。论者以为此法是吴氏之创新。如陆扶照评云：鲁珍"另刻一种，精细得神"[38]；金坚齐称吴氏"所制薄地阳纹，最为工绝"[39]；金西崖指出："其中尤以'薄地阳文'一名，成为鲁珍浅浮雕刻法之术语，为竹刻艺术增添一专门词汇，鲁珍此法，其突起高度虽低于朱氏之高浮雕,但游刃其间绰有余裕。"[40] 诸公所论,至为公允,对鲁珍竹刻艺术的分析确实透彻见底,令人折服。金西崖继而剖析吴之璠之所以能够创造新法的三个原因,一是"善于在纸发之际、丝忽之间见微妙之起伏,照映闪耀,有油光泛水,难于迹象之感";二是"明画法、工构图,善用景物之遮掩压叠分远近、生层次,故能在浅浮雕之有限高度上,甚至在高低相同之表层上有透视之深度";三是"鲁珍识竹性,知肌理,只用坚实而润泽之表层肌肤,不及松糙晦涩之竹里,方可有效地表达薄地阳文之意趣"。他还进一步指出:"是竹刻之浅浮雕(笔者按:即所谓的'薄地阳文')与模墨琢砚,又非绝无关连也。"[41] 金先生所述竹刻与旁类艺术的横向联系及相互影响,确是值得重视的独到见解。关于鲁珍"薄地阳文"刻法,实即减地微薄或极薄,而使图案产生隐浮的效果。对于这种刻法,宋人李诫总结了石作的经验,称之为"剔地隐起"[42],剔地有厚薄、深浅之分,取决于艺术表现上的需要,可由匠人灵活掌握。鲁珍的"薄地"可剔减至纸发之际,也就是去掉最薄的一层,这是吴氏竹雕的一种创新。代表他的这类做工的传世作品有:松荫迎鸿图笔筒、松溪浴马图笔筒及荷杖僧笔筒等,尤以松荫迎鸿图笔筒最为典型。此笔筒刻画一叟在松下舒腿而坐,解衣袒胸,右手持履,左手支地,身略后倾,翘首仰望,须髯飘然,颇具魏晋名士风度。图面减地甚浅薄,陂陀松雁隐约浮起,犹如油光泛水,衣纹折褶薄如纸发,起伏微妙,非鬼斧神工莫能为。

吴之璠传派有朱文友(婿),或作文右,号筠齐。王之羽,字谓韶,号逸民。二者"尽得鲁珍之腕法,故亦名冠一时"[43]。迄今未见筠齐、逸民之作品,而难知其详。

2. 精于竹根人物的封锡禄

封锡禄字义侯,与吴之璠同时活跃于竹坛,上承朱氏之法而刻意经营,以新奇见长。其兄锡爵(字晋侯)、弟锡璋(字汉侯)皆善刻竹。封锡爵传世作品有竹刻晚形笔筒,其叶片重叠皱卷,根须冒出土面,宛如秋圃畦中所见。底有阳文篆书圆印。封氏三兄弟中推封锡禄为最杰出者。康熙四十二年(公元 1703 年),封锡禄、封锡璋二人同时入值养心殿造办处。其族兄封毓秀有诗记其竹刻云:

> 或雕仕女状,或镂神鬼形,奔出胫疑动,拿攫腕疑擎。或作笑露齿,或作
> 怒裂睛,写愁如困约,像喜如丰亨。豪雄暨彬雅,栩栩动欲生,狮豹互蹲跃,
> 骅骝若驰鸣。器皿及鸟兽,布置样相并,摹仿擅独绝,智勇莫能争[44]。

雕镂竹根人物是封锡禄的绝技。金坚齐《竹人录》记:"吾嘹竹根人物盛于封氏而精于义侯。其摹拟梵僧、佛像奇踪异状、诡怪离奇,见者毛发竦立。至若采药仙翁、散花天女,则又轩轩霞举,超然有出尘之想。世人竟说吴装,义侯不加彩绘,其衣纹缥缈,态度悠闲,独以铦刀运腕如风,遂成绝技,斯又神矣。"[45] 惟其传世作品,则极为罕见。金西崖认为:"此或由于后人重三朱之名,封氏制者,款识每遭剜剔,易镌赝款,伪托三松之制。"疑镌"三松制"行书阴款竹刻老僧像即属此类[46],由此可知竹刻鉴定之

难了。又据王世襄先生评"封锡禄造像"款竹刻罗汉像云："所见署名义侯之作，可信必真者仅此一件，弥足珍贵。"[47]款识可另当别论，仅以其罗汉坐于石上打呵欠，其神态毕现、惟妙惟肖这一点，足证出自大家之手而无疑。这也是一件难得的珍玩。

3. 始引南宗笔墨入竹刻的周颢

鼎足嘉定的另一名工周颢字芷岩，又号雪樵、尧峰山人，晚号髯痴。康熙二十四年（公元 1685 年）生，乾隆三十八年（公元 1773 年）卒，年八十有九。他与封锡禄同里同时而年稍幼。周颢传记及有关他书画、竹刻作品的记述见于《周山人传》（钱大昕）、《竹人录》（金坚齐）、《墨香居画识》（冯金伯）、《墨林今话》（蒋宝龄）等书籍。蒋宝龄称"芷岩幼时曾问业于王石谷，得其指授，仿黄鹤山樵最工。少以刻竹名，后专精绘事，遂不苟作"[48]。明中至清初，"画道以南宗为正法，刻竹多崇尚北宗"（金坚齐语）。这说明刻竹家落于画坛之后，仍以北宗山水刀法雕竹。但至周颢则一变前法，而以南宗入竹刻，从其手制松壑云泉图笔筒[49]即可见一斑。王世襄先生评云：在"芷岩所刻山水中，信定精心之作"[50]。此作不仅有黄鹤山人之笔意，且有刀凿之妙趣。金西崖指出："在竹刻史中，芷岩乃一关键人物，刀法有继承、有创新、更有影响。"[51]其继承表现在"陷地深刻"，其创新乃集中于引南宗入竹刻。不论"陷地深刻"也好，或者"引南宗入竹刻"也好，都是旨在竹刻上刻意追求笔墨情趣。他以刀代笔，以竹为楮进行了大胆的尝试并获得成功。若客观地评价，其优点是使竹刻充满了诗情画意，而其弱点则是铁笔的劲利刚健之韵致却有所削弱，这对竹刻艺术的发展产生了不利的影响，诚如金西崖所评："清代后期，竹刻山水多法南宗，不求刀痕凿迹之精工，但矜笔情墨趣之近似。于是精镂细琢之制日少，荒率简略之作日多，其作画刻竹之功力又远不逮芷岩，于是所作亦无足观矣。"[52]

4. 以刻字取胜的文人竹刻家潘西凤

潘西凤字桐冈，号老桐，浙江新昌人，侨寓扬州。老桐刻竹有名于时，潘老桐铭臂搁，用畸形卷竹裁截而成，虫蚀斑痕犹在，似未经人手，而别具天然之趣，堪与濮仲谦之"不事刀斧为奇，而巧夺天工之制"相媲美。仲谦工浅刻，老桐亦工浅刻，疑老桐刻法出自仲谦，又经郑板桥誉为"濮仲谦以后一人"，故论者以金陵派目之。然，将老桐归为金陵一派实非得当，盖老桐乃宿学之士，困顿于繁盛之地（按：扬州），无奈以鬻艺为生，故其手制以刻字胜，兼善浅刻及镂空等多种刻法，其作品饶有书卷气息。

此外，尚有大批刻竹人活跃于大江南北，其中较为优秀的有周乃始（字墨山）、顾珏（字宗玉）、时其吉（字大生）、时其祥（字天行）、邓嘉孚（字用吉）、邓渭（字得璜）等人。或专工某门，或刀法独具一格，其刻竹事迹详见《竹人录》所记，兹不赘述。

5. 封氏竹刻传派施天章与封始岐

这里特别要提一下雍正至乾隆前期仍据竹坛主位的封氏传派在内廷作坊的活动及其

影响。是时，封派传人施天章、封始岐、封始镐，步锡禄、锡璋后尘，先后进入宫廷，行走于养心殿造办处。他们在造办处除了刻竹，还兼工牙犀雕刻。

施天章字焕文，义侯弟子。论者评："施天章长于竹根人物。封氏家法专以奇峭生新为主，焕文一出，而古色古香，浑厚苍深，骎骎乎三代鼎彝矣。"[53]焕文虽门出封氏，而又有自家风貌。他进入养心殿造办处效力的时间不见档案记载，估计在康熙末或雍正初年由苏州织造荐举入值养心殿造办处。于雍正七年《养心殿造办处各作成做活计清档》（简称《清档》）记载：他以南匠身份传达郎中海望糊饰花儿作一间顶隔的口信[54]。这年《清档》中还有关于施天章认看伽楠香珠等次的记载[55]。这两条记载说明他在造办处的地位已不同于一般南匠，其来历已非短浅，绝非三五年即可成就者。施天章在造办处做过砚台、象牙鸳鸯暖手盒、糨糊盒子、紫檀木大小插屏、象牙茜红冠架等活计。雍正九年曾受赏银十两[56]，乾隆二年已任牙作班序（从九品）[57]。他有时还进内廷启祥宫做活计[58]。据乾隆五年五月二十一日《清档·记事录》[59]载：太监高玉传旨：着牙匠施天章仍在造办处与砚匠顾继成一处行走，每月赏给下等钱粮。这说明弘历对他的使用及所赏钱粮都有了变动。他的处境似已不妙，至六月十三日晨便逃之夭夭，造办处遂下令通缉。施天章在造办处的身份、待遇及结局虽与竹刻无关，但对评价他的竹刻成就则不无参考价值。他一生的黄金时代是在内廷效力，所做活计不是竹刻，而是牙雕，其处境由顺转逆而不能善终。这些都是竹刻研究家从不知晓的施天章艺术生涯中的重要内容，在此略述梗概，使有关施天章的史料有所充实。

封始岐是封锡禄的晚辈，在内廷时名岐，身份为刻竹匠和牙匠。他的名字首见于雍正五年《清档》南匠请假名单内，据《清档》记，在他请假离京期间由苏州织造养赡，由其弟封镐代行应差[60]。可知封岐、封镐来京进入造办处的时间很可能也在康熙晚期或雍正初期。封岐有着雕竹匠的身份，可能也在造办处雕刻过竹器，但未见记载。雍正九年，他又有了牙匠的身份，曾受赏银六两，少于施天章四两，说明二者技艺等级有差别，封岐不及施天章[61]。乾隆元年四月二十一日，封岐受赏纱一疋，每月加钱粮银三两[62]。乾隆三年十二月二日被准予四个月假期，受赏银三十两接家眷来京。说明他已享有特殊的优渥待遇[63]。乾隆五年十月二十九日油作做红漆圆盒胎子，由封岐画样雕刻了清廷第一件剔红器[64]，并发往苏州大批雕造。封岐在内廷刻竹的情况不明，但他的刻竹技艺直接运用到剔红雕刻，奠定了清代剔红的基本做工和艺术格调。封岐堪称是清内廷剔红雕刻的鼻祖。

6. 清廷遗留的竹刻清玩实物

北京故宫博物院收藏着一批养心殿造办处南匠雕造或各地督抚贡进之竹刻作品，今遴选六件供读者鉴赏。

竹刻番人进宝（图九）　高24、长19、宽11.4厘米，乾隆时期。作番人骑象进宝造型，象卷鼻而立，背上坐二番人，坐于象颈上的年轻番人双手举宝瓶，瓶中插珊瑚一支和蕉叶两片。另一满腮胡须的番人蹲在象背，双手献如意。二番人的形象被刻画得非常精细，其神态毕恭毕敬。立象眼作勾月状（亦称凤眼），长齿斜翘，长鼻后卷，身躯硕壮，四腿短粗，显得稳重健壮，突出了象的温顺迟钝的性格。颈鼻与后腿上部的肥厚的皮褶也抓住了大象的形象特征。这是一件颇为成功的竹刻作品。

竹根雕荷叶螃蟹（图一〇）　高8.7、长21.5厘米，乾隆时期。以写实手法、镂空技艺镂刻爬在荷叶上的河螃蟹。其身下有一稻穗，螃蟹足踏禾稿，两双大螯夹着饱满的稻粒，似即嚼食。形象、姿态都十分逼真而生动，宛若稻香扑鼻的金秋季节在江南稻田所睹者。

竹刻葫芦（图一一）　长6.7、厚3.6厘米，乾隆时期。也是以写实手法雕刻出一个刚刚摘下的葫芦的形象。因随竹形雕刻，梗与果都向一面弯曲，梗连着盘绕的茎蔓，叶紧贴在葫芦上作翻转侧倚之状。以阴、阳两种纹路作叶筋，与荷叶螃蟹一样，亦采用类似工笔画的手法，样子也是非常逼真的。

图九　竹刻番人进宝

（清·乾隆时期　高24、长17、宽11.4厘米，北京故宫博物院藏）

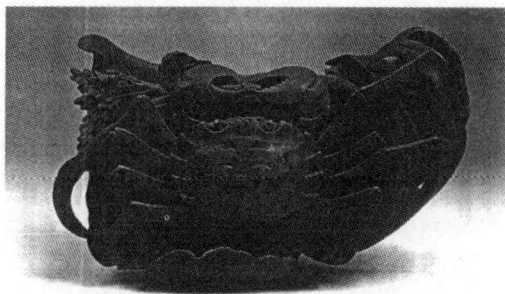

图一〇　竹根雕荷叶螃蟹

（清·乾隆时期　高8.7、长2.5厘米，北京故宫博物院藏）

图一一　竹刻葫芦

（清·乾隆时期　高6.7、厚3.6厘米，北京故宫博物院藏）

图一二　竹刻橘

（清·乾隆时期　长 7.7、厚 3.4 厘米，
北京故宫博物院藏）

竹刻橘（图一二）　长 7.7、厚 3.4 厘米，乾隆时期。同样也是用写实手法刻成，皮较薄，橘瓣明显，鬃眼毕露，若饱含汁液状，令人垂涎欲滴。

竹刻束莲如意（图一三）　长 41、最高 6.3 厘米，乾隆时期。如意作一把束莲状。将竹劈成四开，端部刻一繁瓣并蒂莲；其下一支刻成内卷的荷叶和一朵莲苞；最下一层是刚刚露出水面的幼叶。这件束莲如意象征着出污泥而不染的高尚情操。

下面再介绍三件北京故宫博物院从民间征集的清代竹刻清玩。

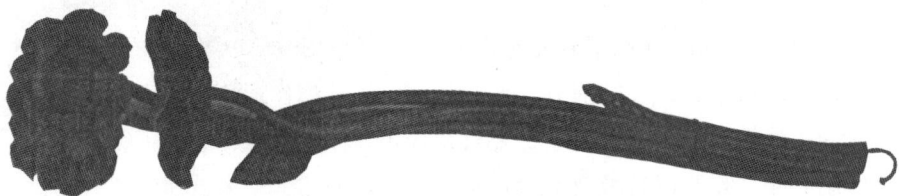

图一三　竹刻束莲如意

（清·乾隆时期　长 41、最高 6.3 厘米　北京故宫博物院藏）

图一四　竹雕醉翁

（清·雍正—乾隆时期　宽 6.2、足径 7、高 6.9 厘米，
北京故宫博物院藏）

竹雕醉翁（图一四）　宽 6.2、足径 7、高 6.9 厘米，原定康熙年制。老翁头戴幞头，满腮长须，身向后倚于石上，目微合，口略启，左手搔耳，右手执杯，身着长袍，右腿支起，足踏平坡，左腿平落地上，似有几分醉意。刀法纵逸而流畅，是一件佳作。原释在石壁上所镌阳文篆体款为"周颢"。周颢款传世竹刻不多，见于著录的有：谿山渔隐笔筒（《竹刻艺术》图一九）、松壑云泉笔筒（《中国美术全集·工艺美术编》第一一册，图二二）、竹石图笔筒（同上，图二三）、杏花笔筒（《中国竹刻艺术》图六七）、竹枝臂搁（同上，图九八）。以上诸器均为竹刻文具，唯此器为圆雕，甚

难比较。笔者重新细审其款，方发现此篆体阳文款实为"绵周"（图一五）而并非"周颢"，原鉴定者因不慎而误识遂铸成此错。据《竹人录》云："始齐字绵周"，可证此器实为封始齐所制。始齐为锡禄子，"艺不在乃翁下，购者授以金不纳，饮以酒如长鲸吸百川，头酣落稿，体物象形，鉴者莫名其妙。"[65] 如此看来，是像当为始齐之自我写照。

竹雕十六罗汉山子（图一六） 高27.6、宽17.2厘米，原定清代，今定乾隆时期。仙山岩壑层叠，古木郁郁葱葱，众罗汉或坐禅修炼，或交谈论经。山石皴点，刀法刚健；罗汉鹤鹿，用刀细腻，不失为竹雕山子佳作。

图一五 "绵周"篆体阳文款

竹根雕蟾蜍（图一七） 高6.1厘米，原定乾隆时期。蟾蜍闭口瞪目，注视前方，作蹲伏状。以节瘿作蟾蜍背上之圆凸瘰疣，极其逼真。几只幼小蟾蜍，或已稳居大蟾蜍之背，或正在用力攀缘，表现了蟾蜍间的生活情态，十分生动有趣。作品以竹根及节瘿枝杈稍加刻饰而成，不事精雕细琢，颇具仲谦之淳朴风韵，其神形兼备，妙趣横生，令人把玩不已。

图一六 竹雕十六罗汉山子

（清・乾隆时期 高27.6、宽17.2厘米，

北京故宫博物院藏）

图一七 竹根雕蟾蜍

（清・乾隆时期 高6.1厘米，北京故宫博物院藏）

四、清后期竹刻（嘉庆—宣统，公元 1796 ~ 1911 年）

自嘉庆迄清帝逊位为清代竹刻艺术发展之后期。此期竹刻由嘉定、金陵（主要是嘉定）向东南各地推广，逐渐扩及全国各地。专业的刻竹家大量涌现，其中也不乏名家。其发展总趋势已于前文有所交代，这个时期竹刻艺术的特点可谓：追求画意，摹拟名家，盛行阴纹，略有新意，以刀代笔，以竹代楮，画意增强，刻味减弱。还由于受到写真肖像画的推动，出现了肖像竹刻。又因为受了乾嘉学派及复古思潮的影响，金石铭刻也逐渐渗入竹雕艺坛，进一步与市庶生活结合。所以，这一时期竹刻艺术的时代特色是非常鲜明的。不过，从珍玩雕刻史角度衡量，此期竹刻确是逐步走向衰落。

此期竹刻艺苑上精于一艺而又有代表性的竹刻家有：专工人物的蔡时敏、庄绥纶；工写真的张宏裕、方絜；专刻画本的蔡照、袁馨；精于刻字的周锷、韩潮；擅长微雕的于啸谷；善仿刻金石文字的朱宝骝、杨懈、周之礼等。其刻法益趋精进纤细，确是清早期殊不多见的。现将此期著名的竹刻家介绍如下：

尚勋是晚清竹人中造诣较高、路子稍宽而尤工留青的一位高手，因其名未载入竹人传记，故其字号、籍贯、生卒年、事迹均未能知之。王世襄先生据其现存作品断为嘉、道间（公元 1769 ~ 1852 年）人。据查，现存作品共有四件，其中一件为竹林七贤、八骏图笔搁，一器两图，阴纹、隐起、起突等法兼备，且以精细取胜。另三件分别是溪船纳凉图笔筒[66]、桐阴煮茗图笔筒、载鹿浮槎笔筒，均施留青法，其做工也是精细入微，但刻画痕迹过重，技优于艺是他刻竹的特点，同时也是他的弱点。

方絜也是晚清竹人中造诣较高的一位，号治庵，字矩平，浙江黄岩人，他是一位小有名气的能诗善画的文人（见《墨林今话》）。凡"山水人物小照，皆自为粉本，于扇骨、臂搁及笔筒上，阴阳坳突，勾勒皴擦，心手相得，运刀如笔也"[67]。现存传世作品有苏武像臂搁、人物臂搁、道光壬午（二年，公元 1822 年）刻渔翁图臂搁、道光丙戌（六年，公元 1826 年）刻仕女臂搁、道光丙申（十六年，公元 1836 年）刻仕女臂搁、道光丙申款墨林先生小像扇骨。以上均属阴线刻，但下刀不深，并在此深浅极有限的幅度内表现其高低起伏。他的作品游刃娴熟，诗画辉映，充满着文人书卷气。

太平天国失败后至 19 世纪末，竹刻艺术每况愈下，毋庸赘言。清室逊位，改元共和之后，以金西崖、支慈盦等人为代表的竹刻艺术已跨入近代时期，乃又出现了更新的发展。

注　释

［1］　　见湖南省博物馆、中国科学院考古研究所编：《长沙马王堆一号汉墓》三，漆器，（三）器型，七，勺，图七六；图版一六五，下，文物出版社，1973 年。

[2] 日本奈良国立博物馆《第三十六回正仓院展目录》，彩版一一，北仓，刻雕尺八，便利堂，1984 年。

[3] 见于安澜编：《画史丛书》一，郭若虚《图画见闻志》卷五，卢氏宅，第 78 页，人民美术出版社，1962 年。

[4] 陶宗仪：《辍耕录》第五卷，《雕刻精绝》，广文堂本。

[5] 陈炳应： 《西夏文化研究》（二）， 《帝陵的出土文物》第 185 页，宁夏人民出版社，1985 年。

[6] 叶义、谭志诚：《中国竹刻艺术》上、下册，香港艺术馆，1978 年。

[7] 金西崖、王世襄：《竹刻艺术》，人民美术出版社，1980 年 。

[8] 朱家溍、王世襄主编：《中国美术全集，工艺美术编，十一、竹木牙角器》，文物出版社，1987 年。

[9] 见《中国美术全集，工艺美术编，竹木牙角器》，王世襄所撰序言《竹刻总论》第五页。北京文物出版社，1987 年。

[10] 陆扶照：《南村随笔》。见 [13] 之注六。

[11] 《中国美术全集，工艺美术编，竹木牙角器》图三，"明·朱鹤松鹤笔筒"。北京，文物出版社，1987 年。

[12] 拙文脱稿月余后，始得拜读王世襄先生大作《有关朱小松史料三则》（《故宫博物院院刊》1991 年 4 期，第 17 页）。王先生文中云："总之，由于查出了小松的生年，不免使我们对松邻松鹤笔筒的真实问题更增添了一分疑虑。"此值抄清之前，补注如上。

[13] 毛祥麟：《墨余录》卷十五，第 245 页，上海古籍出版社，1985 年。

[14] 同 [15]，图四，"明·朱缨刘阮入天台香筒"。

[15] 同 [14]。

[16] 同 [11]。

[17] 见 [11]，第 9 页，"清宫旧藏屏风仕女笔筒"。

[18] 同 [13]。

[19] 同 [15]，"图版说明"第 3 页，"朱稚征竹雕残荷洗"。

[20] 见《辞源》寅集七三页，"寒山"，商务印书馆，1935 年。

[21] 同 [24]《续编》，卯集 53 页，"拾得"。

[22] 同 [24]，寅集 75 页，"寒山拾得"。

[23] 赵昕：《竹笔尊赋》序，转引自 [11]，第 9 页。

[24] 金元钰编：《竹人录》第 181 ~ 184 页，黄宾虹、邓实编《美术丛书》二集，第五辑收，神州国光社，1947 年。

[25] 朱肇基修、陆编纂：《太平府志》，乾隆二十二年。

[26] 张岱：《陶庵梦忆》，卷一，第 9 页"濮仲谦雕刻"，古籍出版社，1982 年。

[27] 见 [11]，第 51 页，"五、明濮仲谦山水臂搁"；图版第 8 页，"五·明濮仲谦山水臂搁"。

[28] 同 [11]。

[29] 同 [15]，图七，"明·濮澄松树形壶"。

[30]　同［15］，"图版说明"第 3 页，"七·濮澄竹雕松树形壶"。

[31]　李葆恂：《旧学庵笔记》，义州李放刊本，1916 年。

[32]　同［11］，图六。

[33]　同［15］，图八。

[34]　同［13］。

[35]　黄世祚：《练水画征录校补》，见［11］，第 11 页引文。

[36]　同［11］，第 11 页，"吴之璠"。

[37]　由欧洲意大利传教士画家郎世宁（公元 1688～1766 年）传入内廷的焦点透视法，内廷称此法为"线法"。

[38]　同［14］。

[39]　同［28］，第 188 页。

[40]［41]　　同［11］，第 12 页。

[42]　李诫：《营造法式》第一册卷三，第 57 页，"石作制度"；第二册，卷一二，第 34 页，"雕竹制度"，商务印书馆，1954 年，四册本。

[43]　同［11］，第 12 页。

[44]　转引自［11］，第 13 页。

[45]　同［28］，第 190 页。

[46]　同［11］，第 14 页；图版一五，第 24 页。

[47]　同［15］，"图版说明"第 7 页，"一七·封锡禄竹雕罗汉像"。

[48]　蒋宝龄（公元 1781～1840 年），字子延，一字有筠，号霞竹，又号琴东逸史，昭文（今江苏常熟）布衣。著有《墨林今话》，约成书于道光二十一年（1840 年）前，未及刊及而卒。咸丰二年（1852 年），其子芽生刻而行世。

[49]　同［15］，图二二。

[50]　同［15］，"图版说明"第 8 页，"二二·周颢松壑云泉图笔筒"。

[51]　同［11］，第 16 页。

[52]　同［11］，第 16 页。

[53]　同［28］，第 193 页。

[54]　《养心殿造办处各作成做活计清档》，雍正七年十一月初五日，裱作，编号三三二六，中国第一历史档案馆藏。

[55]　同［58］，雍正七年十月十八日，自鸣钟，编号三三三二六。

[56]　同［58］，雍正九年五月十九日，记事录，编号三三四〇。

[57]　同［58］，乾隆二年十一月二十三日，牙作，编号三三八〇。

[58]　同［58］，乾隆元年三月初八日，牙作，编号三三七六。

[59]　同［58］，乾隆五年五月二十一日，记事录，编号三三九一；乾隆五年六月二十日，记事录。

[60]　同［58］，雍正五年十一月二十五日，记事录，编号三三一〇。

[61]　同［58］，雍正九年五月十九日，记事录，编号三三四〇。

[62]　同［58］，乾隆元年四月二十一日，记事录，编号三三七六。

[63]　同［58］，乾隆三年十二月二日，记事录，编号三三八三。

[64]　同［58］，乾隆五年十月十九日，油作，编号三三九〇。

[65]　同［28］，第191页。

[66]　同［11］，第57～58页，图二〇。

[67]　同［11］，第20页。

参 考 文 献

金元钰编：《竹人录》，黄宾虹、邓实编：《美术丛书》二集第五辑收，神州国光社，1947年。

蒋宝龄撰：《墨林今话》，文明书局，1925年。

（原刊于《珍玩雕刻鼻烟壶》，台湾幼狮文化事业公司，1993年）

木 雕 雅 玩

　　本文扼要说明木雕沿革、异木雕刻之后，着重介绍紫檀木、黄杨木及天然木等三种雅玩。

　　紫檀木是异木的一种，产于交趾（今越南北部）、广西、湖南、湖北等地区。性坚，属硬木，新材色红，旧材变紫，有蟹爪状纹理。传世的最早紫檀木器是唐代"木画紫檀琵琶"、"紫檀金银绘画几"。上海市宝山县明朱察卿墓出土的青玉狗纽紫檀木镇、明朱守城墓出土紫檀木螭纹扁壶均是可靠的明代紫檀木器。传世明代紫檀木有笔筒、长方盒、屉盒等文具。清代紫檀细木作工艺出现了蓬勃发展的盛况。紫檀木雕产地有苏州、南京、扬州与广州。广州是清代紫檀木的主要集散地，也是内廷广木匠的来源地，又是制造与交易紫檀雕刻雅玩的重镇。其代表作是五屏风、三屏风的中幅起突刻山水图大画面，气势宏伟，令人叹为观止。

　　传世最早的黄杨木器也是唐代的。国内现存最早的黄杨雅玩是清初吴之璠款黄杨木雕东山报捷图笔筒和黄杨木雕仕女等。这些黄杨雅玩刻磨精细，使其质地、色彩、纹理之美暴露无遗。黄杨雅玩柔润细腻，宛若黄玉，令人爱不释手。清末，黄杨木雕在浙江温州府境内非常兴盛，乐清叶承荣、其子茂纪、其孙阜如一家三代世业黄杨木雕，成为乐清黄杨木雕的代表人物。温州朱子常是晚清雕刻黄杨木雅玩的佼佼者，把清末黄杨木雕的艺术水平推上新的高度。

　　清代天然木雕分为瘿木雕和根雕两种。天然木雕妙在匠心独运地赋予奇形怪状的瘿瘤和树根以艺术灵魂，以其神态取悦于人，刀斧虽不能废，而功在传神写照，画龙点睛，切忌谨毛失貌。所列瘿木雕鹅可见其一斑。根雕三鹿一鹤均是肖形写神的迁想妙得之作。

　　在远古时期，树木对人类的物质生活至关重要。人类栖居、狩猎、取暖、烤灼都离不开木材，随之，对其特性与特征有了更多的了解，并有效地加以利用。至新石器时代，已形成了一整套朴素的木工技艺。如距今七千余年的浙江省余姚县的河姆渡文化遗址[1]出土了建筑木料构件，已有榫卯，说明原始居民在彼时已能够建造大型的干栏式长屋。出土的木器有耜、铲、杵、矛、桨、槌、纺轮、木刀等工具，另有一些器物装有木制把柄，还出土了一件我国最早的木胎髹漆碗。这揭示了木材在原始人群的生产、生活中所占的重要地位。

一、木 雕 沿 革

迄今发现的最早的一件木雕是辽宁省沈阳市新乐原始遗址出土的镂空鸟纹雕刻器[2]。人类进入文明社会之后，木工艺有了更大的发展。在殷墟的大墓中出土了木雕兽面印痕，后冈21号殷墓内出土的一块印痕较为完整：面积7.2厘米×40厘米，中央是一大饕餮纹，两旁为长尾鸟纹。有一木雕印痕以鲟鱼鳞板、各式蚌片和牙片作装饰[3]，这是迄今已发现最早的一件镶嵌雕花的木器印痕。春秋战国时代，木雕工艺品已十分精美，与发达的漆工艺结合起来制出了木雕漆器。河南省信阳市长台关[4]、湖北省江陵市三星堆[5]、望山以及湖南省长沙市[6]等地楚墓出土的彩漆镇墓兽、人面形镇墓俑、双凤虎座、彩漆镂空木座屏和彩绘女木俑等漆木雕刻既有独特的造型，又有对比强烈而和谐统一的色彩，它间接地反映了当时的社会审美观、工匠的造型能力和雕绘技艺已达到较高水平。其中堪称珍玩雕刻的望山一号墓出土的彩漆镂空木雕小座屏，通高15厘米，长51.8厘米。镂雕鹿、鹰、蛇等五十一个动物，确是一件难得的艺术珍品。这说明珍玩木雕在我国有着久远的渊源，于战国业已发展为独立的、成熟的艺术门类。

此后，陵墓雕刻、宗教造像的发展无不给予珍玩木雕以新的影响。然而，专供欣赏的，以怡情悦目、陶冶心性为主而制的珍玩木雕，直至明、清方大规模发展开来。

木雕与竹雕不同，二者在质地、色泽及美感效果等方面都有着显著的差别。

二、异 木 雕 刻

常见的杨、槐、松、杉等一般木材用于建筑、制造普通家具、器具等大路活计。珍贵木材有楠、紫檀、花梨、红木、黄杨等等，往往用于打造富于装饰性、艺术性的贵重家具、文房用具和陈设器物。穷奢极欲的明代皇室却用楠木建造宫殿；清代皇室凭借海外贸易之便，大量进口紫檀、红木等硬木，雕造隔扇屏障以妆点室内。这进而推动了室内陈设及珍玩木雕的发展。

明曹昭撰《格古要论》立"异木论"一节，列举鸂鶒木、紫檀木、乌木、花梨木等珍贵木材共十八种。这些木材多产于"西番"、"南番"、"交趾"以及海南、广西、湖广（今湖南、湖北两省）、云南等地。因其木质均较硬，故亦称"硬木"，与普通的松、杉等木材和所谓的"杂木"加以区别。曹昭、王佐二人对木质，即性、色、纹、功能、价格及其鉴别方法，作了扼要的概述，说明这些木材本身已有不同程度的欣赏价值。所以，在做工上有单纯显示其质色、纹理者，亦有施加简繁不等的雕刻，而无伤于其质地美。

在这里结合现存异木雕刻的状况，扼要介绍紫檀木、黄杨木和天然木等三种雅玩雕刻。

三、紫檀木雕雅玩

　　紫檀木是异木的一种，出交趾（今越南北部）、广西、湖南、湖北等地，性坚，属硬木。新材色红，旧材色紫，有蟹爪纹。传世的最早的紫檀木器是唐代"木画紫檀棋局"、"木画紫檀琵琶"[7]、"紫檀金银绘书几"[8]等。这些唐代紫檀木器均藏于日本京都正仓院。出土的紫檀木器有：1966年上海市宝山县朱察卿墓（万历年间葬）出土的青玉猎狗纽紫檀木镇、青玉纽紫檀木镇[9]。木镇光素无纹，制作精工。宝山朱守城墓出土的紫檀木螭纹扁壶[10]，高仅8.8厘米，径3×2.4厘米，是很小的一件仿铜觯形扁壶，可能为"三式"中盛铲、箸的瓶。口嵌银系回纹，足嵌银丝双勾山字纹，身饰剔地隐起的二螭虎，呈奔腾驰骋状。该壶小巧、精致，显然出自高手。由此可见，江南紫檀木雕水平是很高的。那里曾出现过一位紫檀木雕刻家孙雪居[11]，其传世作品极为罕见，仅存一紫檀杯底镌刻孙氏图章款字，做工浑厚圆润，令人爱慕。明代紫檀木器尚有笔筒、长方盒、屉盒等传世于今，其做工朴素浑厚，刀法遒劲流畅。

　　清代紫檀木雕在明代的基础上又有很大进展，其进展主要表现在屏风、插屏及挂展的雕造上，而这些刻品在明代是几乎看不到的。紫檀木雕的产地有苏州、南京、扬州及广州，其中以广州最有成就。广州紫檀木雕之所以取得显著成就，乃有以下三点原因：

　　其一，广州是清代紫檀木的主要集散地，进口紫檀木在广州卸货，批发到苏、扬、宁、京等地。内廷所需紫檀均由养心殿造办处照会粤海关采办运京，每次几千斤或上万斤不等。

　　其二，广州是内廷木匠的主要来源地，广木匠以技艺高超而闻名全国。在明代，广木匠尚不敌苏州木匠，但至清代弛海禁后，广州经济日益繁荣，于是广木作技艺水平也逐步提高，声誉大振，终于进入内廷。从《养心殿造办处各作成做活计清档》查到，于雍正七年（公元1729年）十月三日，广东巡抚祖秉圭送来广木匠霍五（又书贺五）、小梁（梁义）、罗胡子（罗元）、陈齐公及林大（林彩）等五人进造办处应差[12]。此五人中有的姓被记错，有的无名而以排行或相貌特征取名，可见这批广木匠识字不多，见识不广，但在技术上颇有所长。乾隆时期养心殿造办处设广木作，成为独立的工种而有别于一般的木工。广木作始设时，广木匠还是雍正时期的林彩、霍五等人，乾隆十年之后陆续新来者有冯国柱、梁经客、冯国枢、金松茂、唐福如、王常存、朱湛端、岑泰泓、仇忠信、何联达、吴候明、朱文炳、林朝志、吴臣江、萧广茂、冯宗彦、王长意、朱朝英、李庚、关瑞、黎荣、梁运、梁国栋、朱彦柄、黎世能、冯照、何光等人[13]。这批广木匠对宫廷家具和紫檀木雕刻的制作技巧、艺术风格等产生了巨大影响，这一点尚不为清代工艺史及家具研究者所充分认识。

　　其三，广州是紫檀木雕刻的重镇。最能反映其特点的是大型雕刻，往往使用整料，不作拼接，题材以山水为主，构图繁茂饱满，刀法刚健豪放，画面深邃幽远，做工精致润洁，气势宏伟壮阔，令人叹为观止。

苏州与扬州的紫檀木雕刻也各有其特点。苏州紫檀木雕刻受四王、吴、恽诸家影响，刀法细腻，追求画意，意境幽深、风格典雅，古色古香，代表着江南紫檀木雕的地区风韵。扬州紫檀雕刻的题材广泛，山水、花卉、鸟兽、博古应有尽有，刀工流畅劲利，画面明朗清新，具有江北（苏北）艺术特色。

紫檀木色浓重，纹理显著，似不宜做人物、禽兽等立体雕刻，故紫檀珍玩雕刻仍以笔筒、镇纸以及各式盒匣为主。由于紫檀具有沉稳凝重之美感，还多用其雕刻各式文玩的座子。一个配合得体的紫檀木座，可为文玩增添光彩，收到互为辉映、相得益彰的效果。笔者在北京故宫博物院亲眼目睹了大量失群的紫檀木座，或玲珑剔透，或精致秀丽，怡人心目，有的紫檀木座本身已是一件标准的文玩，堪称紫檀雅玩雕刻了。

四、黄杨木雕雅玩

黄杨为黄杨科植物，是一种常绿小灌木，茎高 1～3 米，叶为卵形，质厚而柔软，初春开淡黄小花，生长于山地和多石的地方，分布在山东、陕西、甘肃、江苏、江西、湖北、云南、四川等地。《本草纲目》记：黄杨性难长，俗说岁长一寸，遇闰则退，故称"千年矮"[14]。其材质地坚韧，纹理缜密，光泽温润，色淡黄似象牙。我们祖先使用黄杨的历史已很久远，如用以制木梳及印版之属，其子、木、根亦可入药。日本京都正仓院南仓保存着一件唐代"木画紫檀琵琶"，其"弦门"、"海老尾"即用黄杨木制成，"槽"以紫檀制作，上嵌象牙、鹿角、黄杨木、紫檀、槟榔木的白莲花、宝相花主纹和衔绶带的鸳鸯、戴胜、寿带等飞禽，还有蝴蝶、山峰等图案，极为精美华丽。这是迄今所知以黄杨木作装饰的最早的一件传世遗物。唐代以后至明代的黄杨木雕刻仅知北京故宫博物院旧藏元至正二年（公元 1342 年）款黄杨木雕李铁拐像。现存黄杨木雕刻绝大多数都是清代的。黄杨木雕刻在清宫档案中有所记载，说明黄杨木已进入清内廷，为皇室接受。

1. 清前期黄杨木雕雅玩

清宫遗存一批是期黄杨木珍玩雕刻，现从中遴选三件，供读者鉴赏。

吴之璠黄杨木雕东山报捷图笔筒（图一）已如上述，吴之璠本是清初著名的嘉定竹刻家，世称三松之后的嘉定第一高手，雕刻手法路数宽广，不乏传世佳品。此件黄杨木雕东山报捷图笔筒是他仅存的一件深刻起凸的代表作。吴氏以镂雕刀法使岩石的重叠、苍松的枝干、人物的首面、马匹的四蹄脱离地子而成为圆雕，这是镂空起凸法，在建筑与家具的石木雕刻上常有出现，在广东、闽南两地颇为盛行，但运用此法之自如程度尚无出吴之璠之右者，且吴氏掌握此法的时间若以制该笔筒时计，亦大大早于旁人。

作者在此笔筒的人物和构图处理上仍采用近大远小的传统远近法，然由于安排得当，大小合宜，遂使图面既有深远的境界，又给人以舒畅自然的感觉。人物的神情动态惟妙惟肖，准确地捕捉主客对弈，挟子将落的这种稍纵即逝的瞬间，非老练精到的艺术家莫能为。仕女身材修长是他的竹木雕刻的一个重要特点，这与内廷画家焦秉贞、冷枚所画仕女颇有相似之处。其间有何联系，有待今后探讨。吴之璠采用深刻起凸之法，处理景物较浅刻隐起的可视面确有增加，复能更有效地显现黄杨木的质地美。为了突出黄杨木质地美，他运用细腻精到的刀法，不遗余力地磋磨。上述这些手法与技艺保证了黄杨木雕东山报捷图笔筒达到最佳效果。在岩面镌"槎溪吴之璠"，下刻"鲁珍"方印。乾隆帝对此笔筒推崇备至，题"对弈人问若无事，传神是谓善形容"句，命工镌于款旁，以志其言。论者尝以此笔筒为吴之璠承朱法的典范，其实未必妥当。

图一　黄杨木雕东山报捷图笔筒

（清·康熙时期　高 17.8、直径 13.5 厘米，"吴之璠"款，北京故宫博物院藏）

黄杨木雕仕女（图二），通高 6.1、长 11.1 厘米。仕女右手支颐，倚书侧卧于铺锦褥的黑漆描金床。仕女面长、颔尖（俗称瓜子脸），阖目憩息，嘴角上翘，微露笑容，身着长衫裙，掩裹手足，帔巾穿绕袖裙间，堪称容貌俊秀、风度翩翩。此像的雕工柔婉精致，应属康熙晚期或雍正年间之佳作。此像是清宫旧藏，可能出自养心殿造办处南匠之手。其锦褥和黑漆描金床或许也由造办处杂活作和油漆作工匠所为，用意在于增强真实感。这是一件典型的宫廷黄杨木雅玩雕刻，其作用如同一张美女图，并无吉寿之意，专供皇帝欣赏，是不可多得的形神兼备的艺术珍品。

图二　黄杨木雕仕女

（清·康熙—雍正时期　高6.1、长11.1厘米，北京故宫博物院藏）

黄杨木雕蟠螭盒（图三），高7.3、口径11.2×9.3厘米。椭圆形，四扁足，有盖，盖上雕饰起凸之蟠螭。蟠螭张口怒目，凶猛异常，颇具汉代造型艺术之遗风。蟠螭身胸紧逼盖顶，似在伺机而起。盒的两耳做成弓身而攀的小蟠螭，亦作怒吼状。从正面看，不难发觉作为盒耳的两只小蟠螭运动方向相反，其身量一大一小，不能完全对称。在清代盛行严格遵循对称规律的艺术气氛中，这确实是一个极为罕见的异例。工匠敢于在稳定中求得变化而又不失和谐，突破了老套数，是一次大胆的尝试。此器雕刻精谨，打磨工细，色如琥珀，润若脂玉，充分地显露其质地的高贵与典雅。蟠螭在乾隆皇帝心目中是寓喜之标志[15]。

图三　黄杨木雕蟠螭盒

（清代　高7.3、口径11.2×9.3厘米，北京故宫博物院藏）

　　以上两件黄杨木雅玩雕刻都带有不同程度的宫廷艺术色彩，而民间收藏的黄杨木雅玩雕刻则又别具一格，二者似有气质上的差异，前者文雅，后者豪放。现选两件民间黄杨木雕刻以资比较。

图四　黄杨木雕达摩
（清中期　高 13.7、底座高 8.7 厘米，
北京故宫博物院藏）

　　黄杨木雕达摩（图四），高 13.7、底座 8.7 厘米。达摩前额作肉瘤状突起，面颊瘦长，深目隆准，卷眉纠髯，上身袒露，骨瘦如柴，左腿翘起半结跏趺坐，袈裟缠腰，双手搭于左膝上，右手握经卷，左手捻数珠，坐于蒲团上。雕像通身经烟燻而呈紫红色。此达摩像雕刻手法过于刻陋，缺乏蕴藉含蓄。为了表现达摩苦修而显露骨骼，确是佛教罗汉雕塑的惯用手法，但要注意分寸，善于把握分寸的艺术家方能达到至高境界，过分与不足都会伤害艺术的完美。此像用刀繁琐，不仅有损于作品的和谐统一，也有负于黄杨木之柔润细腻的质感。当然，一切事物都难以达到尽善尽美的境地，所以对此像也是不能苛求的。从整体上看，此像还是清代中期民间黄杨木雕的上乘之作。

　　黄杨木雕牧童骑牛（图五），高 12.3、长 15.5 厘米。牧童戴笠，身穿短褐长裤，跣足，骑于卧牛背上，侧首仰望。牛侧卧，前蹄伸出，昂头张目，以白地黑心玻璃珠作眼，全身阴刻细短密集的毛。此黄杨木雕牧童的面孔五官似成年，缺少稚气，牛身遍刻细毛，牛眼安上玻璃珠，说明刻手过分追求细节的真实而忽略了艺术的概括，其艺术修养欠佳，或者说，作者没有真正理解技术与艺术的辩证关系。以技术取代艺术是不会取得成功的。这种不重艺术概括，一味地玩弄技巧便适得其反而画蛇添足。这是乾、嘉及以后俗工庸匠的通病。技艺之别，判若泾渭，这是鉴赏文玩时必须严加区别的。当然，此像在艺术上虽不够成功，但工匠之勤勉与苦心也是不可抹杀。

图五　黄杨木雕牧童骑牛
（清代　高 12.3、长 15.5 厘米，
北京故宫博物院藏）

　　由于明清两代黄杨木雕不见著述，又缺乏有系统的研究，找不到鉴定标准器，所以，目前仍然要依据现存黄杨木雕的做工与风格以判断其时代先后，权衡其品格高下。藏家们用这种方法来研究鉴赏黄杨木雕苦则苦矣，但若能有所突破，亦是其乐无穷。

2. 清后期黄杨木雕

目前，我们对嘉、道、咸（公元 1796～1861 年）期间的黄杨木雕几乎一无所知，暂付阙如，留待日后掌握到足够材料，经过研究得出科学结论之时再作补充。关于同、光、宣（公元 1862～1911 年）这半个世纪的黄杨木雕情况则稍有了解。彼时的黄杨木雕多出自浙江温州府境内。在新政影响下，工艺美术和其他艺术趋向商品化道路，黄杨木雕受到市场机制的推动，颇见起色，终于将黄杨木雕刻家朱子常推上艺术舞台，使其才华得到了发挥。这种趋势与天津泥人张的发展情形极其相似，可谓南北交辉、无独有偶了。

清末浙江乐清叶氏黄杨木雕　清末的案头陈设黄杨木雕的萌芽孕育于浙江乐清县。该地民风淳厚，每当元宵佳节之际，村村落落都要大办龙灯狂欢助兴，故乐清工匠首先对龙灯的制造与装饰下了一番工夫，务使其华丽庄重，在龙灯骨架上安装各式木雕像以吸引父老。这些木雕像就是黄杨木雕的胚胎。据今尚健在的全国工艺美术大师叶润周先生见告，他的曾祖父，著名木雕艺人叶承荣（嘉庆三年至光绪十六年，公元 1798～1890 年）享年九十有二，曾于道光二十年（公元 1840 年）四十二岁时雕刻了黄杨木太上老君道祖像，这是清末乐清黄杨木雕之嚆矢。尔后，他又雕刻了黄杨木人像。虽然我们今天已无法目睹叶承荣的遗作，更不便判断其所雕人物的属性和功能，但仅就人像这一点来说，已经是乐清木雕业的一次跳跃了。承荣之子茂纪（道光八年至光绪二十四年，公元 1828～1898 年）继承父业，专门做黄杨木雕刻，其孙阜如（同治九年，公元 1870 年生）亦业黄杨木雕。于是，叶氏三代世其家业，终于成为乐清黄杨木雕的代表人物。

清末浙江温州黄杨木雕艺术家朱子常　朱子常（光绪二年，公元 1876 年生）是清末杰出的黄杨木雕刻艺术家。因其家境贫寒，九岁便从师学徒，始学塑佛，继修雕刻和漆画，三十岁左右又雕刻木偶头像，还时常尝试以黄杨木雕刻人物，其作品受到社会人士的赞许。朱子常三十五岁时（宣统二年，公元 1910 年），经温州商会推荐，其黄杨木雕人物参加南洋第一次劝业会（即博览会），曾博得好评并获优等奖，遂名扬中外。从他的传世黄杨木雕作品来看，其形象逼真、神态自然、刀法细劲、线条流畅、转折合理、错磨光洁、无斧凿痕迹，充分地显示了黄杨木的质地与色泽之美。温州市博物馆收藏着一批朱子常款黄杨木雕人物，其中以达摩渡海像最为传神。同时的温州木雕匠人为了糊口，经常仿制朱子常黄杨木雕并镌刻伪款以骗取高价，这说明朱子常黄杨木雕在温州和东南沿海的一些城市里还是颇有影响的。

笔者曾有幸观赏了温州市博物馆收藏的朱子常款黄杨木雕，从中遴选二件介绍给读者。

黄杨木雕济颠和尚（图六），高 11.5 厘米。济颠头戴尖角僧帽，头向右倾，面方，颧骨凸起，张口嬉笑，身着僧袍，腰系带，右手握扇（已佚），左手摇数珠，右足跣，左足拖鞋，似在蹒跚而行。背面镌"子常"印款，樟木青色湖石座。

图六　黄杨木雕济颠和尚

（清末　高 11.5 厘米，"朱子常"款，温州市博物馆藏）

济颠僧是脍炙人口的扬善惩恶的一位传奇人物，俗称济公。《济公传》载录他的神话传说和经历。济公原姓李，名心远，天台人，生于宋高宗绍兴十八年，卒于宁宗嘉定六年（公元 1148～1209 年），享年五十二岁。初于浙江杭州灵隐寺剃度皈依，后移往净慈寺。他不守戒律，嗜好酒肉，举止痴狂，世称济颠。佛教徒把他神化为罗汉，誉为"降龙"。尔后其肖像出现于五百罗汉群像之中。此黄杨木雕济颠和尚像与一般世俗作品中的形象有所不同，其衣冠整洁，面无须髯，作笑吟状。如果不是右鞋丢失而跣露一足，则难以认出他就是饱食酒肉的济颠。这反映了朱子常对济颠的同情与美化。作者在形象创造上大大削弱了济公痴狂的若干细节，以美化他的面容与衣着，烘托其善良纯正的内心世界。他那一手摇扇、一手摇珠、边走边吟、蹒跚移步之态引人喜爱。其衣纹处理简洁概括，便于打磨，最大程度的显示出黄杨木的天然美，其刀工之严谨娴熟，非大家莫能为。

黄杨木雕东坡观砚（图七），像高 17.5、座高 8 厘米。黄杨木雕东坡、佛印、书童三像立于青色透雕太湖石樟木座上，苏轼居中，头戴东坡巾，面方硕，身着长袍，足穿方尖双鼻鞋，右手持砚举至胸前，左手下垂，头微低作凝神赏砚状。佛印立于左，侧首视砚，身着长袍，右手抬起，左手握数珠，足穿尖头鞋。书童立于右，躬身负书相随。东坡、佛印体态丰满，身材比例并不符实，但以或直或斜、细长垂下的褶纹烘托其形象，则显得魁岸高大。东坡直立赏砚，若有所识，面带喜色，表现了文人爱砚的癖好；而佛印稍侧身，斜睨石砚，面露笑容，似与东坡不谋而合，在感情上有所交流。作品对二人的共同爱好和相互默契表现得淋漓尽致，其艺术处理做到天衣无缝，胜过济颠像，可谓乃所见传世子常款黄杨木雕像中最为优秀之作。但书童那欢喜雀跃之态似为过分，而子常以书童之动态调剂东坡、佛印之静态，亦可谓用心良苦。总之，此像作为群雕来说，其整体组合上确有美中不足之处，这也是不应否认的。

图七　黄杨木雕东坡观砚

（清末　像高 17.5、座高 8 厘米，"朱子常"款，温州市博物馆藏）

　　从上述二件子常款黄杨木雕像上可以了解朱子常的创作特点，他善于以自己的美学观念创造理想的艺术典型，强调概括，省略细节，用刀严谨工整、流畅娴熟。他的作品精于磨工，注意显示黄杨木的天然丽质，使造型美与天然美融为一体。朱子常恪守如此创作要旨，这在清末繁琐成灾的艺术氛围中尤为难得。

五、天然木雕雅玩

　　天然木雕是指巧妙地利用树木的瘿、瘤、节、刺、洞等病态畸形部位，经略作加工雕饰而成的艺术品，其妙在于匠心独运地赋予奇形怪状的瘿瘤和树根以艺术灵魂，以其神态取悦于人，刀斧虽不能废，然切忌谨毛而失貌。功在传神写照，画龙点睛。从整体效果上看，天然木雕往往介于似与不似之间，而有着泼墨写意画般的韵致，神似乃是其艺术精髓之所在，神似形遂现。这类木雕可分为瘿木雕和根雕两种。

1. 瘿木雕刻

　　关于瘿木的记载见于明代《新增格古要论》卷八。异木论："瘿，音影，颈瘤。盖树木之生瘤者也。"[16]血聚为瘤，瘿、瘤都是动物的一种因病变而形成的起凸状物，树木也有瘿瘤之病态，称其瘿为瘿木，内有花纹。如桦树瘿花细可爱，少有大者；柏树瘿花大而粗；楠木根瘿赘疣甚大，析之，中有山川花木之形。凡利用树木之赘疣瘿瘤而制成立体艺术作品的均可列入瘿木雕刻之属。

瘿木雕刻的历史我们远不甚了解，从传世作品来看，未见明或明以前之作。北京故宫博物院收藏的老子骑牛像[17]就是清人利用东北桦瘿瘤稍加整治雕刻而成。在此处向读者推荐一件瘿木雕鹅，以供欣赏。

瘿木雕鹅（图八），高11、宽11厘米。内廷工匠巧用瘿木略施刀凿而成。鹅之颈首卧于背翼，单肢而立，呈入睡状。此瘿瘤短小，一端圆硕，另一端尖利，上部邻生一枝，下出一权，其形虽平淡无奇，然实难经营，而独具匠心的工师巧施其技，制一入睡之鹅，胸圆尾尖，允称肥鹅，伫立如芝，寓意吉祥。

图八　瘿木雕鹅
（清代　高11、宽11厘米，北京故宫博物院藏）

从上述瘿木雕鹅来看，这种作品不宜刻意求工，依其怪状奇形略加经营，不留斧凿痕迹而巧夺造化之工，取得神似之美，便大功告成。瘿木雕刻之艺难以掌握，尤难于巧思妙运，使作品宛若天成。

2. 根雕

根雕是利用乔灌木的根经整治、稍加雕刻而成，它是天然木雕的大宗。生长于陂陀山崖上的树根往往呈现变化莫测的奇怪形状，经匠师之手可制成千姿百态的人物、仙佛、鸟兽等奇玩。巨树之根多用于制造桌椅等树根家具，供人清赏享用。

根雕历史想必亦很悠久，但现今可见者亦均属清代所制，目前在中央、省市各级博物馆广有收藏，其数量相当可观。

今从北京故宫博物院根雕藏品中遴选几件清宫遗物略作介绍，以供参考。

根雕雄鹿（图九），高 14.1 厘米，乾隆时期制作，枣木根。此雕品利用主根一端作鹿首，歧出之四杈作肢，鹿角已残，头圆喙尖，身短肢长，似一鹿听到呼叫后停步未稳即回首寻视的一刹那间的形态。作者把握住由动态转入静态的稍纵即逝的瞬间形象，而又恰到好处，这对艺术家来说也是一个难题。如此妙趣横溢的根雕作品不易多得。

根雕躬身雄鹿（图一〇），高 16、长 11.5 五厘米，乾隆时期。是以枣木根雕做的成年雄鹿，生多歧角（已残），弓背蹶尾，曲颈，似疾驰忽停回首而眸状。

图九　根雕雄鹿

（清·乾隆时期　高 14.1 厘米，北京故宫博物院藏）

这种奇妙的动态也是很难捕捉的。匠师以夸张的手法将鹿的四肢削得又细又长，蹄子亦雕得非常尖小，再加上瘦健的身型，把雄鹿敏捷善驰的特性表现得淋漓尽致。如同前面提到的那只根雕雄鹿一样，这件作品亦妙在准确恰当地把握动与静的交替状态，达到传神的境界，确是成功之作。

上述两件雄鹿，一作停步未稳，回首顾盼；另一作疾驰骤停，弯背回眸，两者的动静交替疾缓有别，如能领悟其微妙所在，必将从中获得乐趣和启迪。

根雕卧鹿（图一一），高 11、长 17.4 厘米，乾隆年间所制，保存较好，完整无缺。以枣木根略加整饰做一蹲伏稍憩之雄鹿，鹿回首舔着伸出的右前肢。刻匠只有对鹿的生活有了深入观察之后，方能艺术地再现这些惟妙的细小动作，并达到惟肖的境地。

上述三件根雕雄鹿，达到如此形神兼备的艺术境界确是难能可贵。从其木根、形象及其处理手法基本一致，制作时代亦大略相同来看，说明它们是同出一位工匠之手，他有着丰富的想象和娴熟的技巧，确是一位深谙此艺的高手。

根雕仙鹤（图一二），高 22、长

图一〇　根雕躬身雄鹿

（清·乾隆时期　高 16、长 11.5 厘米，北京故宫博物院藏）

图一一　根雕卧鹿

（清·乾隆时期　高11、长17.4厘米，

北京故宫博物院藏）

10.5厘米，枣木根，乾隆时期制造。仙鹤弯颈，喙平，右腿略前伸，呈似走非走，似停非停，刚刚停步又欲向前之状，表现了仙鹤的悠闲恬静的生活情景。此鹤比上述三鹿更为接近现实，形象准确，十分逼真，而又不露斧凿痕迹，也是一件在根雕中达到形神兼备的艺术境界的珍品，真乃匠心独运，巧夺天工。

　　根雕异兽（图一三），高17、长14、宽8厘米，桦木根，乾隆时期制作。原定名为蟾，但其臀部生长一个三岐尾，而蟾三足无尾，固非蟾明矣，应是一种异兽。此异兽头上仰，独角，前肢上伸，背弓，后足甚短，长尾，尾尖分三歧，竖起如鹅蹼。此异兽的加工过程与鹤、鹿等现实存在的禽兽不同，不用考虑起码的形似问题，仅以其根的自然形态随意整治，因材施艺，无拘无束地雕制而成。

图一二　根雕仙鹤

（清·乾隆时期　高22、长10.5厘米，

北京故宫博物院藏）

图一三　根雕异兽

（清·乾隆时期　高17、长14、宽8厘米，

北京故宫博物院藏）

　　以上五件清宫旧藏根雕禽兽，其制作年代均不下于乾隆时期，可以代表清盛期根雕的艺术特色，其艺术处理与雕造技巧也都具有较高的水平。此后，根雕艺术便走向下坡路。晚清时期木根雕刻盛行于东南地区，有人物、禽兽等作品传世。特别是福、禄、寿三星与狮子等具有吉意题材的根雕颇受欢迎。根雕狮子的眼睛往往嵌上玻璃珠，与根雕浑朴天然之趣不相协调，徒具一定的装饰效果，而缺乏欣赏性，其艺术韵味也大为降低，实由珍玩雕刻退化为陈设性器物。

注　释

[1]　浙江省文管会、浙江省博物馆：《河姆渡遗址第一期发掘报告》，《考古学报》1978 年 1 期。

[2]　沈阳市文物管理办公室：《沈阳市新乐遗址试掘报告》，《考古学报》1978 年 4 期。

[3]　河南省博物馆：《河南文物考古工作三十年》第 277 页，《文物考古工作三十年》，文物出版社，1979 年。

[4]　王世民：《长台关楚墓》，《中国大百科全书·考古学》第 63、64 页，中国大百科全书出版社，1986 年。

[5]　郭德维、谭维四：《江陵楚墓》，《中国大百科全书·考古学》第 228～230 页，中国大百科全书出版社，1986 年。

[6]　王世民：《长沙楚墓》，《中国大百科全书·考古学》第 60～61 页，中国大百科全书出版社，1986 年。

[7]　见《一九八二年正仓院展》图五一、六〇，日本奈良国立博物馆，便利堂，1982 年。

[8]　见《一九八四年正仓院展》图一〇，日本奈良国立博物馆，便利堂，1984 年。

[9]　现均藏上海博物馆。

[10]　现藏于上海博物馆。

[11]　邓之诚：《骨董琐记全编》，第 299 页，三联书店，1955 年。

[12]　杨伯达：《十八世纪内廷广匠史料纪略》，《香港中文大学中国文化研究所学报》十八卷第 121 页，1987 年。

[13]　同 [12]，"（五）、广木匠"，第 127～130 页。

[14]　明·李时珍：《本草纲目》，清光绪十一年合肥张氏味古斋重刻本。

[15]　乾隆《御制诗》五集，卷十九，丙午一，第一七页："世谓螭寓喜也。"光绪五年内府铅印本。

[16]　明·曹昭撰，五佐补：《新增格古要论》下卷之八，"异本论·瘿木"。

[17]　参见《中国美术全集·雕塑编·六·元明清雕塑》图一七七，人民美术出版社，1988 年。

（原刊于《珍玩雕刻鼻烟壶》，台湾幼狮文化事业公司，1993 年）

牙雕珍玩

  我国象牙雕刻有着悠久的历史。最早的牙雕品出土于河姆渡原始文化遗址，殷墟妇好墓出土了精美的象牙把杯。此后，象牙主要依靠进口，数量不多，价格昂贵，其发展受到限制。象牙制品为朝廷和富贵人家所用。供欣赏用的牙雕大致起于宋，如鬼功球即其一例。传世牙雕像中年代最早者系明代人所为，迄今尚未见宋人所制者。

  明代，皇家设厂雕造御用牙雕，传世者很少；民间牙雕流传至今者稍多。明代牙雕大体可分为前、后两期。宫廷牙雕做工精致严谨；民间牙雕用刀苍古简练，不尚华饰。

  明晚期，福州和漳州两地的牙雕很有特色。福州牙刻人物工致纤巧，但"不入清赏"。明末，漳州与西班牙有贸易往来，互通有无，接触到西方天主教文化。漳州人以舶来象牙雕造人物，生动逼真，还模仿镌刻了天主教的圣母与修士等牙雕，出口西班牙，这是我国最早的外贸牙雕。

  因有关清代宫廷内务府的档案至今保存完好，大量清代牙雕传世，这有助于我们认识清代牙雕的历史面貌。清代，象牙主要来自广州，牙雕产地有北京、苏州、江宁（今南京）、杭州和广州等城市。本文根据内廷档案的记载和传世牙雕的状况，将所述清代牙雕的内容分为"康、雍朝的宫廷牙雕"、"乾隆朝的宫廷牙雕"、"乾隆朝的民间牙雕"、"嘉、道时期宫廷牙雕"与"晚清牙雕"等五部分，逐一加以介绍。从清代宫廷与民间牙雕来看，广州牙雕业有清一代都比较发达，为宫廷牙雕的发展作出了贡献。宁、苏、扬三地的牙雕业均盛于乾隆时期，至咸丰年间，毁于清廷灭太平天国一役。北京、上海等地的牙雕乘机发展起来，与广州牙雕业同行一起雕造了向西方出口的牙雕。

  本文也披露了一些鲜为人知的宫廷牙雕资料，从这些记载可推断有关地方牙雕的情况。

  远古先民为维持其生存，要采摘野生植物果实、猎获动物作为食物充饥。吃了野兽肉，剩下牙骨，久而久之，视其表面有光泽，牙尖锋利之后，便认识到可作刻画工具，又可作身首的装饰。距今约两万年的北京周口店山顶洞人以穿孔兽牙、穿孔小砾石、穿孔海蚶壳、骨管、小石珠和钻孔鲩鱼眼上骨作串饰[1]，即最早的首饰。这说明此时或更早的时候，原始先民已经懂得以石、牙、骨做首饰，打扮自己，这是人类朴素的美感意识的表露。以兽骨原料雕刻非实用的形象资料，迄今所发现的最早的实例是陕西省西乡县何家湾新石器时代仰韶文化半坡类型早期文化遗址出土的骨雕人头像[2]。此像以象征性的写意手法刻画了一个阖目的面孔，眉弓以下，鼻口比较逼真，又以粗而长的阴瓦纹作眉毛，显得很随意，无拘无束。

一、牙 雕 沿 革

最早的象牙雕刻遗物是于浙江省余姚县河姆渡新石器时代遗址出土的象牙阴刻双鸟朝阳饰件、象牙雕圆形器和象牙雕鸟首饰器等[3]。这标志此时南北各地先民已掌握了一定的造型技术，并能够表达自己的美感意识。

牙骨雕刻随着时间的推移，出现了各自不同的发展前景。考古资料证明，牙雕远远优越于骨雕，二者向两极分化，分道扬镳。殷墟出土的牙雕制品以妇好墓出土的三件象牙把杯最为精美。一对夔鋬杯，通体雕刻花纹四段并镶以绿松石片。此外，还有牙梳、牙筒等器[4]，说明商代牙雕已初具规模，我国古代牙雕史上的第一个高潮便形成于彼时。至今为止，尚未出土过精美的西周牙雕。洛阳市中州路2415号东周墓出土的一把佩剑牙鞘用整块象牙雕成，饰有极细的蟠螭纹，是东周时期的牙雕精品[5]。

由于自然环境和气候条件的变化，黄河、长江流域的野象南迁，象牙来源主要依靠西南地区或从海外进口，于是象牙成为价格高昂的珍贵材料，犀、象、金、玉并称，由帝王垄断独享。春秋时代，"孔子佩象环五寸而綦组绶"[6]；战国时代，"孟尝君出行国，至楚，献象床……象床之千金"[7]；汉制，"天子……冬……则……以象牙为火笼，笼上皆散华文"[8]；后赵石季龙做象牙扇[9]；南朝时以象牙做笔管，并镂人物、花鸟、诗词[10]；唐代牙雕有笏、簪导[11]，日本正仓院收藏的唐代牙雕有：棋子、琴拨、牙笏、刀柄、尺、律管等，有的尚加雕镂茜色，如北仓庋藏的"红牙拨镂尺"、"绿牙拨镂尺"[12]十分精美。宋代牙雕工艺有了较大进展，雕成二重象牙球，皆可转动，称为"鬼功球"，可能是宋内府文思院所制[13]。而欣赏性的、偶像性的牙雕则于明代方迟迟出现，早于明代者尚未得见。

二、明 代 牙 雕

明代牙雕依然是官、民有别，御用牙雕由御用监设厂雕造[14]。现存明宫廷牙雕极少，如牙雕五山蟠龙笔架[15]即其一例，此件原为清宫旧藏，现存北京故宫博物院，由二龙蟠绕于露出波涛的五座山崖。这种波涛五山至清演变为江崖海水，袍服以此为图案，成为定制。该象牙笔架表面微黄，有排列较为规则的横向断裂纹，蟠龙是明代早期的标准样式。从象牙皮色、裂纹特征及龙的样式判断，应属明早期御用监所制，当系永乐或宣德帝御用之物。既然明代帝后所用牙雕由御用监监制，明历朝理应持续生产，不致间断，但其制品大多泯灭，未能流传下来，所以，我们无法说明明代宫廷牙雕的发展和演变。

因缺乏考古发掘出土的明代民间牙雕标准器及有准确纪年的牙雕制品，故也难以确切地说明其历史沿革。目前，只能参酌明代雕刻艺术及工艺美术的时代风格，联系牙雕本身的题材、刻工、表色与断裂等现况做一概括的说明。

根据文献记载和传世宝物的情况，可将明代象牙雕刻工艺暂且划分为两期。以洪武至弘治（公元 1368～1505 年）为前期，自正德至崇祯（公元 1506～1644 年）为后期。明代前期牙雕传世品已寥寥无几，如香港关善明先生收藏的起突云龙嵌件、法轮纽印及隐起茜色经面等都是极为难得的明代前期牙雕制品[16]。但是迄今尚未见到明前期偶像牙雕的实例。所幸明后期牙雕中尚存一批偶像牙雕，当然，这批偶像牙雕可能都是民间宗教信仰或祭祀所用，并非真正的鉴赏牙雕。不过流传至今，它们都已成为文玩，不再是偶像或崇拜对象，亦可归属于珍玩之列。

明代民间牙雕产地有北京、南京、苏州、杭州、福州及漳州等地。所刻偶像牙雕有八仙、观音、送子观音、弥勒等等，刀法仓古简练，不尚华饰，对细部刻画适可而止，与陵墓神道石雕像生艺术风格相通。现在，从北京故宫博物院新收明代牙雕中遴选六件，以供欣赏。

图一　牙雕文官

（明代　高 19.6、宽 9 厘米，北京故宫博物院藏）

牙雕文官（图一），高 19.6，宽 9 厘米。倚坐文官头戴乌纱帽，两翅已失，面庞丰满，眼角斜上，宽鼻小口，五绺须已残，身穿盘领长袍，腰束玉革带，右手垂置膝上，左手露出袖外握着革带，带上可见桃形带板。长袍尺寸合于明前期制度，但其站领又与明代服饰不合，袍纹刻画精练，褶皱自如，刀法刚劲，风格简古。这是迄今所见传世民间偶像牙雕中年代较早的一件，但其站领这一疑点，还有待今后深入探究。

牙雕大肚弥勒佛（图二），高 4、底径 4.5～3.8 厘米。弥勒是梵文 Maitreya 的译音，意译慈氏，佛教菩萨名。佛教传说，从佛受礼预言，将继承释迦佛位为未来佛（"当佛"）的菩萨，图像作菩萨装，经 4000 岁（据称相当于人间 56.7 亿岁）当下生人间，于华林园龙华树下成佛，广传佛法。五代后梁（公元 907～922 年）人契此（？～916 年），又号长汀子，明州奉化人。相传常以杖背一布袋入市，见物即乞，出语无定，随处寝卧，形如疯癫。死前端

坐于岳林寺盘石，说谒："弥勒真弥勒，
分身千百亿，时时示时人，时人自不
识。"时人以为弥勒佛显化，到处图其形
象，后来衍变为张口大笑、硕腹便便的罗
汉像，供奉于寺庙内，亦称大肚弥勒佛，
相传就是契此的造像[17]。这是民间佛弟
子借题发挥创造出来的不见于印度佛经的
新型弥勒佛像。这个形象深深地扎根于民
间信徒之中。此牙雕弥勒肥头大耳，呵呵
大笑，袒胸鼓腹，双乳下垂，左舒坐，右
肘置于布袋上，左手抚摸翘起的左膝，通
身的隆起处均已熏黄。此像面容传神、姿
态自若、刀工简练，可能是明前期之末或
明后期之初所雕。

图二　牙雕大肚弥勒佛

（明·前期末—后期初　高4、底径3.8～4.5厘米，

北京故宫博物院藏）

牙雕送子观音（图三），高11、底5、
径7.4厘米。观音髻上披巾垂至两侧，面椭圆而丰满，
上裸，戴项链，着裙，身披袈裟，右腿盘曲，左腿支
起，怀抱一裸体婴儿。婴儿左腕戴镯，双手执一锤。观
音抚摸着婴儿双足，宛若慈母怀抱幼子一般亲暱。送子
观音的服饰装束类似宋代水月观音像，或者是佛门弟子
将水月观音手中的柳枝、净瓶改换成婴儿，遂沿成送子
观音。牙雕匠人为了满足市庶求子心切或多子多孙的愿
望而雕造了各式送子观音像，这种牙雕与庙宇中的泥塑
或木雕的送子观音一样，都是民俗信仰与佛教菩萨相结
合的产物，也是供养对象，其通身呈深褐色即是受供奉
时为众信女香火熏烤所致。牙雕送子观音像也是始见于
明代，此件当系中期的作品。

图三　牙雕送子观音

（明代　高11、底径5～7.4厘米，

北京故宫博物院藏）

牙雕送子观音（图四），高13.5厘米。此像与图三
之牙雕送子观音在形象上有很大的差别。其身材修长，
亭亭玉立，低首，瓜子脸，眉清目秀，长鼻小口，身着
衣裳，腰系宽带，披巾垂至地面。右手抱婴，左手下
垂，鞋尖露出，很像一窈窕淑女，在众多送子观音像
中，这样的形象是少见的。通身熏黄，是明后期之作。

牙雕钟离权（图五），高7.8、底径6.6厘米。钟离
权是民间传说的道教八仙之一。八仙之说始于唐，至明

吴元泰《八仙出处东游记传》将八仙确定为：汉钟离、张果老、韩湘子、铁拐李、曹国舅、吕洞宾、蓝采和、何仙姑等八位男女神仙[18]，遂被公认而成为定论，沿袭迄今。钟离名权，汉代咸阳人，生而奇异，美髯俊目，身长八尺，遗弃世事，于正阳洞修炼成仙。此牙雕钟离权坐像，其面方硕，俊目隆准，阔口垂耳，美髯随风紧贴于胸前，身着长袍，鼓腹，舒右腿而坐，右手垂后，左手执扇搭在腿上。衣纹精练，集中于两袖，刀法简括，神态生动。通身熏成黄色，应是明后期之初的牙雕精品。

图四　牙雕送子观音
（明后期　高13.5厘米，北京故宫博物院藏）

图五　牙雕钟离权
（明后期　高7.8、底径6.6厘米，北京故宫博物院藏）

　　牙雕魁星（图六），高16.3、底座径5厘米。魁星本为奎星，即北斗第一星。民间奉祀奎星（二十八宿之一），误为魁星，于是就"魁"字取像为鬼举足而踢斗之状，亦有两手分执笔墨者。科举中首选者亦称为魁，故举子赴考场之前均奉祀魁星，祈神灵保佑名列前茅。此牙雕魁星像作双手握笔墨状，踏于遨游波涛之中的鳌（海中大龟），头似在跳跃，抑或即是魁星踢斗之状。独足站于鳌头寓状元独占鳌头之意，这是雕魁星像的一种普遍形式，手舞足蹈或足踏鳌头的样子在魁星中都是常见的[19]。此魁星昂头瞪眼，仰望上空，独站鳌头，生动有神，刀法犀利，堪称精工之作，属明后期所雕。

图六 牙雕魁星

(明后期 高 16.3、底径 5 厘米，北京故宫博物院藏)

三、明后期福建牙雕

福建牙雕与上述北方和江南的牙雕出于不同的历史背景，故其题材及风格也是别具一格的，分为福州、漳州两地。

1. 福州牙雕

福州牙雕见于高濂《遵生八笺·燕闲清赏》记载，但很简单，如"闽中牙刻人物工致纤巧"[20]云云。虽然我们今天还不能确认福州牙雕遗存，仅从其"工致纤巧"来体会，福州牙雕是以精雕细刻为其特点的，想必与上述牙雕文官像、牙雕送子观音像等作品的雕工是迥然有别的。当时，福州牙雕出了福建到达浙江便不受文人士大夫的欢迎，如杭州布衣高濂即是一位代表性人物，他在品评福州牙雕人物工致纤巧之后，表示"奈无置放处，不入清赏"[21]。由此可知，福州牙雕人物确不为江浙及北京的士大夫所赏识，故当时流传至北方的本已很少，又不能登大雅之堂，也不为人所藏，便毁之殆尽。

2. 漳州牙雕

闽南漳州在明后期与西班牙发生贸易关系，它的牙雕与这种特殊背景必有联系。1565 年（嘉靖四十四年）西班牙占领菲律宾群岛建立殖民地，尔后，西班牙与漳州便有了交往。据崇祯元年（公元 1628 年）《漳州府志》所载：漳州人以舶来象牙雕制仙人像以供赏玩，其耳目肢体均生动逼真，海澄所造尤为精工。此外尚有筷、怀、带版及扇等象牙制品[22]。如今我们不可能从为数不多的明代牙雕中，寻找出漳州牙雕，更无法认识它的特点，但是，可推测带有天主教题材的雕像，如圣母与修士等等，即是漳州牙雕。据西方艺术史界人士研究，于 16 世纪末西方提供天主教雕刻样品，由漳州人以象牙仿制，经马尼拉输往葡萄牙及欧洲其他天主教国家[23]。漳州牙雕艺术家在刻制西方天主教人物像时，极尽模仿之能事，务使其与原作毕肖。所以，漳州仿制的牙雕圣母、修士等像是我国模仿西方雕刻的最早一批实物，也是外贸牙雕的首批出口物。在中外文化交流和贸易往来方面都有着重要意义。

以上有关东南沿海地区牙雕的零星资料对牙雕研究鉴赏家有一定参考价值，姑记于此。

四、清 代 牙 雕

清代，由于牙雕原料源源而来，加以皇帝提倡、社会需要，所以这一时期我国的象牙雕刻艺术有了巨大的发展。此时，外国象牙可以通过广州登岸，向内地批发并由粤海关和两广督抚贡进内廷。云贵总督也向宫廷贡进象牙。故此，象牙原料比明代增多，雕刻象牙地点有北京、苏州、江宁、杭州和广州等城市，而广州则成为清代最大的牙雕生产中心。

1. 康雍朝的宫廷牙雕

宫廷牙雕由养心殿造办处牙作或如意馆承做。康熙朝可能由嘉定封锡禄、封锡璋兄弟[24]，南匠吴珣[25]，顾继臣[26]，杭州牙匠朱栻[27] 等江南名匠承制。雍正朝除封锡禄之高足施天章[28]、封氏嫡传封始岐、封始镐[29] 等嘉定派继承人之外，尚有苏、宁、杭等地南匠叶鼎新、陆曙明、孙盛宇[30] 等三人。雍正七年十月，广东牙匠陈祖章[31] 进入养心殿造办处效力。同年，年希尧送来南牙匠屠魁胜、关仲如、杨迁[32]等三人进内廷行走。可知雍正朝养心殿造办处的牙匠多来自江浙。广东牙匠不仅在数量上尚处于劣势，而且他们的技艺水平也未为皇帝认识和了解，所以还未形成一股势力。另外还有几个满洲栢唐阿学手或家内牙匠在造办处内从事牙雕。

宫廷牙雕虽由江浙或广东牙匠承造，但是他们绝对不能以地方套路和师承本工以雕造御用牙活。关于这一点，胤禛于雍正五年（公元 1727 年）批评造办处所做的活计大有外造之气，告诫工匠们，做工不要失去内廷恭造之式[33]。雍正帝对南匠的要求就是如此严格而明确。

宫廷牙雕的恭造样式形成并定型的时间，估计并非始于雍正年。目前，我们还没有发现更早的文献证据加以证实，但从现存的宫廷牙雕来看，康熙风格的牙雕云龙纹火镰套[34]已是标准的宫廷牙雕了。它以隐起的云龙为饰，雕刻精湛，装饰繁华，极尽工巧之能事而又无琐碎之虞，堪称康熙时期牙雕的恭造形式了。那么，胤禛为什么还要提出外造之气与恭造样式的问题呢？这主要是针对雍正初年造办处制品工艺水平下降的形势以及他本人不满足于康熙朝造办处工艺的形式与风格，对康熙时期那一套精而欠雅的做工并不欣赏，于是才下达确保恭造样式，排除外造之气的谕旨。经养心殿造办处及其外厂的工匠、官员们的认真贯彻，经过几年的努力，方取得实效。当胤禛在十分棘手的情况下坚定地提出了上面这个谕旨之后，立即又遇到一个很大的障碍，这就是招募的南匠和家内匠在康熙朝形成的一套章法和个人做工的窠臼，这种积习是很难用一道谕旨立即改变的，这需要有一个实践过程，工匠们所做活计不会马上就"称旨"的。经过四年的努力实践，才逐步取得成效。于雍正九年，造办处的洋漆匠、洋金匠、彩漆匠、漆匠、牙匠、玉匠、砚匠、广木匠等诸行匠人，分别得到不同等次的赏银和官用缎疋。其中受赏的牙匠有施天章、屠魁胜、叶鼎新、顾继臣（以上每人受赏银十两）、封岐、陆曙明（以上每人受赏银五两）等六人[35]，他们都是来自苏、宁、杭的南匠。毋庸置疑，此时雍正朝宫廷工艺的恭造样式业已成熟，这在陶瓷、织绣等大宗产品上反映得尤其清楚，艺术史家、收藏家大都了解这个情况。

2. 乾隆朝宫廷牙雕

乾隆朝，内廷从广东招募牙匠进养心殿造办处如意馆效力，而江浙牙匠的人数锐减，实际上改变了雍正朝造办处以江浙牙匠为主，以广东牙匠为辅的局面，二者正好互易其位，广东牙匠上升到主力地位，造办处的象牙雕造工艺气象一新。如乾隆二年十二月二十八日，粤海关监督郑伍赛差人送到广牙匠李裔唐、萧汉振、黄振效、杨维占四人，进入造办处。乾隆八年，广牙匠陈观泉接替其父陈祖章正式进如意馆效力。同年五月二十一日，广牙匠司徒胜进入造办处。至此，广东牙匠已有六名，实力雄厚，足以左右牙作，成为主流派。而江浙牙匠新进造办处的仅见一次记载，即乾隆三年江宁织造送牙匠顾彭年一人进造办处，迄乾隆二十七年，他可能是造办处里最后一名江浙牙匠。造办处各地牙匠实力与地位的改变，从乾隆六年《月曼清游》牙雕册页十二开[36]的问世便可知晓。从此牙雕册页款识可知：以广牙匠陈祖章领衔，有广牙匠萧汉振、陈观泉，江宁牙匠顾彭年及家内匠常存等四人参与制作[37]，其各派牙匠的实力对比是显而易见的。这种趋势奠定了乾隆朝以至其后宫廷牙雕的技术基础和发展前景。此后，广牙匠进出造办处的情况是：乾隆十四年十二月二十四日广东牙匠黄兆[38]进入造办处行走；乾隆二十三年九月二十八日广牙匠李爵禄[39]进入造办处，迄三十八年乞请终养，在造办处效力十六年；乾隆三十八年十二月十八日广牙匠杨有庆[40]补缺进入造办处，五十六年病故，在内廷效力近二十年；其子杨秀[41]补缺进入造办处，效力至道光年间。从乾隆二十三年起造办处牙作是以黄兆为主力，先后有李爵禄、杨有庆、杨秀等广牙匠，始终保持二人的规模，较乾隆初年有六名广牙匠做活计的盛况相比显得有较大幅度的削弱。至乾隆二十七年江宁牙匠顾彭年乞请终养之后，造办处内形成只有广牙匠而无江浙牙匠的清一色局面。

雍、乾时期内廷造办处进贡活计必有牙活，这是造办处设牙作的根本原因。此外，还要雕造皇帝指派的"钦定活计"，牙雕《月曼清游》就是一件钦定活计。今以北京故宫博物院收存清宫原藏的四件乾隆牙雕珍玩供读者鉴赏。

牙雕题扇仕女（图七），高20.8、宽4.8厘米。此像仕女身着长衫，立而稍躬，左手执扇，右手握笔，其集思冥想、斟文酌句的神态被表现得惟妙惟肖、淋漓尽致。此仕女像所着长衫乃清代妇女之装束，描眉点睛，发、笔尖、扇骨均染墨，头花茜色，似出自广匠之手。仕女的面庞、发髻、衫裙类似"康熙南巡图"上的市庶妇女，但其身材比例减矮，面庞稍丰，可能晚于康熙，不迟于乾隆初年所制，这与广牙雕善茜色的风格亦甚相符。清装仕女像多见于牙雕插屏，立体清装仕女较为少见，是十分珍贵的。其雕工极为精致，衣纹的叠压转折富有立体效果与随风飘动的感觉，磨工也是一丝不苟，不仅光洁细润，还突出了象牙的柔泽妩媚的质感，令人赏心悦目，堪称乾隆初年宫廷牙雕恭造样式的典范。

牙雕戏蟾罗汉（图八），高2.9厘米。罗

图七　牙雕题扇仕女
（清·康熙末—乾隆末年　高20.8、宽4.8厘米，
北京故宫博物院藏）

汉体态肥胖，右腿翘起，身偏左，双手抚摸金蟾，寄乐其中。罗汉神态憨厚，笑容可掬，左足拇指微微上曲，乃其戏蟾乐趣所牵动。从这种细微之处，足见牙匠之灵气和他的绝活。此像刀法凝重，做工简逸，颇得写神之妙，应是内廷江浙牙匠所制，雕造时间不晚于乾隆初年。与题扇仕女比较，不难看出江浙牙雕与广东牙雕的区别所在。当然，两者都是宫廷牙作所制，不可能充分地表现固有的地方风格，这种情况也必须估计在内。

图八　牙雕戏蟾罗汉
（清·乾隆初年　高 2.9 厘米　北京故宫博物院藏）

乾隆朝内廷珍玩雕刻非常发达，善用各种材料和工艺仿制各样禽兽蔬果。牙雕中亦有这类作品。茜色牙雕喜鹊盒和茜色牙雕鹌鹑盒即鸟类珍玩牙雕的代表作。

牙雕茜色鹌鹑盒（图九；图版 51），高 5.5、长 10.9 厘米。此牙雕鹌鹑羽毛丰满蓬松，表现它食后蹲憩的情景，分为上、下两部分，身为盒盖，腹为盒底，但并非实用之器，原来盒内所置亭台楼阁等精微牙雕已佚，应是专供皇帝欣赏之用。"鹌"喻"安"，寓吉意[42]。其头部耳目、通身羽毛刻画工细并仿鹌鹑羽毛进行彩绘，十分逼真，又能传神，较茜色牙雕喜鹊盒高出一筹。茜色之"茜"本指茜草，属茜草科植物，产于四川、江苏、浙江等地，又名地血、风车草、过山龙，其根呈绛色，可作染料。清宫称茜牙也就是染成绛红色之牙雕，多用于作各类珍玩的底座，然而清宫牙雕染色不仅仅限于绛色，有绿、蓝、黑等多种颜色，亦均称茜牙，广而用之，也有染多彩之牙雕。"茜"虽是宫廷工艺用语，想必与民间并无矛盾，亦可视为清代工艺用语。广牙匠善茜色并善于精微牙雕，故推论此鹌鹑盒可能是广牙匠所制。

牙雕茜色喜鹊盒（图一〇），高 6.3、长 16.7 厘米。喜鹊作缩颈、扬尾、蹲卧状。嵌琥珀为目，点漆作睛，头、胸、翼、尾均刻羽，茜深墨蓝色，翼尖与腹下留牙白。身为盖、腹为盒，启盖后可见内雕亭、台、楼、阁等精微牙雕，恍若海市蜃楼，令人神往。同样，从茜色与盒内精微牙雕来看，非广匠所为莫属，确是一件供御赏的珍玩牙雕。此喜鹊盒除了寓言"喜"之外，尚有神鹊之意，神鹊是满族人民崇拜的偶像，据满族民间传说，它为满族的发祥与壮大作出了非凡的贡献。相传一位天女将神鹊衔来的红色果实含于口中落入喉内，受孕生布库里雍顺，从而诞生了满民族[43]。还有一个传说是：满族发祥之始，国人叛乱，戕及宗族，惟首领之幼子遁于荒野，会有神鹊止其首，追者遥见疑为枯木，遂获免[44]。满族德鹊，诚后世勿加害。乾隆帝曾命工琢刻和阗玉喜鹊枝头，以彰其事。

图九　牙雕茜色鹌鹑盒

（清·乾隆时期　高5.5、长10.9厘米，北京故宫博物院藏）

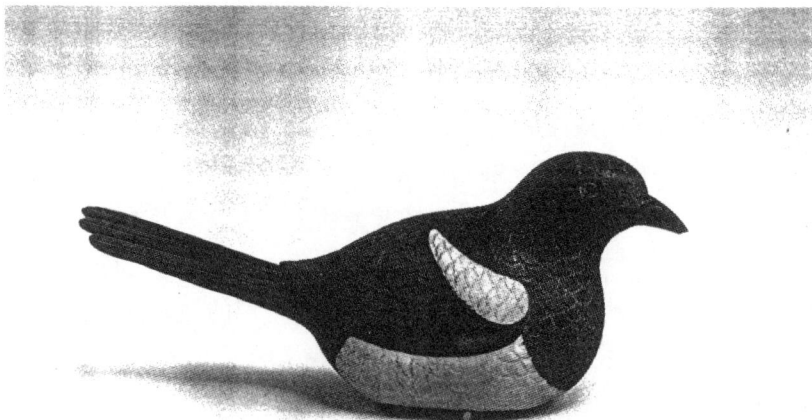

图一〇　牙雕茜色喜鹊盒

（清·乾隆时期　高6.3、长16.7厘米，北京故宫博物院藏）

3. 乾隆朝民间牙雕

另选北京故宫博物院征集入藏的民间牙雕老人像，略作介绍，以供读者与同期宫廷作品相比较。

牙雕老人（图一一），高5.6、宽5厘米。老人垂袖直立，昂首挺胸，作对空长吟状。面庞须髯刻画精细，长袍褶纹流畅疏逸，颇具康、雍风度，是民间牙雕佳作。通身呈浅黄色，与宫廷牙雕洁白如新的情况不同，这是由摆设条件、时间长短等不同因素所致，不可一概而论。

4. 嘉道时期宫廷牙雕

嘉道时期内廷牙作继承乾隆后期做法，只有广牙匠二人，钦派活计不减当年。此时广牙匠有杨秀和莫成纪[45]二人。杨秀曾做万年甲子象牙仙工插屏、象牙茜色仙工石榴、象牙百子插屏、瓜瓞绵绵百子盒、醉仙祝寿万年喜扇、透地四喜锦地花、透地五福活万字锦花、安喜盒、象牙香囊、象牙四喜盒、香薰、象牙游船等。莫成纪所制牙雕活计有：榴开百子盒内做百子图、透地活万字四喜锦地花、透地五福活万字锦花、五老象牙插屏、象牙葫芦内做百子图盒子等。道咸时期有广牙匠杨志、黄庆[46]二人在造办处承制钦定牙活。杨志做过佛手盒子、象牙福禄寿插屏、象牙六方宝塔、葫芦幪子（受赏宫绸褂料一件）、象牙龙船（受赏黄地纱袍料一疋、石青实地纱褂料一疋、银三十两）。黄庆所做牙活有：佛手盒子、象牙福禄寿插屏、象牙福寿百子盒、来仪舟（受赏帽缨一匣、酱色宫绸袍料一件）。遗憾的是上述《清档》记载的牙雕器物、摆设已无法从现存牙雕中检出。同、光、宣（公元1862～1911年）时期不见有宫廷牙雕之记载，情况不明。以上宫廷牙雕的发展与消亡不是一件孤立现象，它与全国各主要牙雕产地牙雕业的盛衰有着密切联系。

图一一　牙雕老人

（清·康熙—雍正时期　高5.6、宽5厘米，北京故宫博物院藏）

5. 清晚期牙雕

宁、苏、扬、杭、广等地民间牙雕业在康、雍、乾时期还是相当繁荣的，嘉、道时期不可避免地走向下坡路，牙雕业发展受阻。咸丰时期太平天国政权建立，两军激战，摧毁了工艺美术，牙雕亦不能幸免。同治、光绪年间，在废墟上重新建立起来的牙雕业规模缩小，做工粗简。在这一背景下，北京、上海、广州三地的牙雕出现了新趋势，主要表现在外销牙雕的抬头和发展。国内市场略有复苏，但终究不能恢复昔日的兴盛面貌。

清宫旧藏各地督抚贡进之牙雕的做工均不及如意馆牙雕。今选其中道、咸及其之后的三件作品，供读者鉴赏研究晚清牙雕时参考。

图一二　牙雕钟馗
（清·道光—咸丰时期　高7.4厘米，
北京故宫博物院藏）

牙雕钟馗（图一二），高7.4厘米，道光至咸丰时期制作。钟馗倚坐石上，右手抱榴，左手扶耳助听，左足踏一石榴小鬼，背后一婴执榴树。其比例失当，做工粗糙，反映了晚清牙雕的普遍性弱点。钟馗的传说始于唐代，首由吴道子绘钟馗右食指抉目图。随后，五代西蜀黄筌又画钟馗以拇指掐鬼目图，遂为"钟馗样"。北宋画坛形成"钟馗氏"画种，属道释门。经历代画家发挥创造，出现了舞钟馗、醉钟馗、出游钟馗、斩妖钟馗及嫁妹钟馗等多种钟馗图。此钟馗手执榴倚坐像不见先例，其寓意有待研究。

牙雕和合二仙（图一三），高10.1厘米，道光至咸丰时期。一女仙持莲花站于湖石之上，举右足踏着抱盒的男仙，下有祥云缭绕。以"荷、盒"谐"和合"之音。和合本为神名[47]，其像蓬头笑面，身着绿衣，左手擎鼓，右手执棒，大约在清代演变为和合二仙。人们在举行婚礼时俗祀和合，盖取和谐合好之意。此像面带笑容，神情欢快，似寓喜庆，但做工不精，品格欠雅。

牙雕松树人物（图一四），高7.5、宽3.1厘米，道光至咸丰时期。此牙雕表现在松树之下一对青年男女幽期的情景，也是雕刻技术不够高，塑造形象不甚美。

以上三件作品都是用象牙尖部镂雕而成。从形象与做工来看可能是广州制品。当

然，它们是广牙中品次较低之作，不能代表广东牙雕的水平，远不及为慈禧祝寿而进贡
的牙雕龙船那般的技艺程度。

图一三　牙雕和合二仙
（清·道光—咸丰时期　高 10.1 厘米
北京故宫博物院藏）

图一四　牙雕松树人物
（清·道光—咸丰时期　高 7.5、宽 3.1 厘米，
北京故宫博物院藏）

注　释

［1］　贾兰坡：《中国大陆上的远古居民》，天津人民出版社，1978 年。

［2］　魏京武、杨亚长：《我国最早的骨雕人头像》，《考古与文物》1982 年 5 期；图像见《中国美
术全集·工艺美术编·十一·竹木牙角器》之彩图七五，文物出版社，1987 年。

［3］　浙江省文管会、浙江省博物馆：《河姆渡遗址第一期发掘报告》，《考古学报》1987 年 1 期。

［4］　中国社会科学院考古研究所：《殷墟妇好墓》，文物出版社，1980 年。

［5］　殷玮璋：《商周骨牙器》，《中国大百科全书·考古学》第 449～450 页，中国大百科全书出版
社，1986 年。

［6］　《礼记·玉藻第十三》，见《十三经注疏·礼记正义》第 254 页，总 1482 页。中华书局，
1979 年影印本。

［7］　刘向集录：《战国策》卷十，齐（策）三："孟尝君出行国至楚"，古籍出版社，1978 年。

[8] 　葛洪集：《西京杂记》卷一，第1页，汲古阁本（无刊印年代），与李廌《洛阳名园记》
　　　　合订。

[9] 　陆翙：《邺中记》，《四库全书》，史部载记类。

[10] 　参见刘万航：《象牙工艺》，《故宫月刊》二十，第119页。

[11] 　《旧唐书》卷四十五，志第二十五《舆服》1975年，第1931页；《新唐书》卷二十四，志第
　　　　十四，《车服》，中华书局，1975年二月版，第520页。

[12] 　日本奈良国立博物馆：《一九八四年第三十六回正仓院展》，图九。

[13] 　曹昭撰、王佐补：《新增格古要论》，《珍宝论》卷之六，第10页"鬼功球"，中国书店，
　　　　1987年。

[14] 　刘若愚：《酌中志》，卷三十六，"内府衙门执掌·御用监"，《丛书集成初编》收，商务印书
　　　　馆，1925年。

[15] 　参见《中国美术全集·工艺美术编·十一·竹木牙角器》图八七。定为嘉靖至隆庆（1521～
　　　　1572年）年间作品，似嫌晚。

[16] 　杨伯达：《明清牙雕工艺概述》，第204页图八七，第206页图八九。《关氏所藏中国牙雕》，
　　　　中文大学文物馆，1990年。

[17] 　参见任继愈主编：《宗教词典》，第253～254页，"布袋和尚"，辞书出版社，1981年。

[18] 　吴无泰《八仙出处东游记传》。

[19] 　参见[16]，第160页，图五七"魁星像"。

[20][21] 　　高濂：《遵生八笺·燕闲清赏》上卷"论剔红倭漆雕刻镶嵌器"，第488页，巴蜀书社，
　　　　1988年。

[22][23] 　　同[16]，第117页，注11，图六九、七〇。

[24] 　金元钰：《竹人录》卷上，"封锡禄、封锡璋"，黄宾虹、邓实编：《美术丛书》二集第五辑收，
　　　　第189～190页。

[25] 　《养心殿造办处成做活计清档》，雍正元年二月十九日，记事录，编号：三二八九，中国第一
　　　　历史档案馆藏。

[26] 　同[25]，雍正二年二月初十日，砚作，编号：三二九〇。

[27][29] 　　同[25]，雍正五年十一月二十七日，记事录，编号：三三一〇。

[28] 　同[25]，雍正七年十一月初五日，裱作，编号：三三二六。

[30] 　同[25]，雍正九年三月十九日，记事录，编号：三三四〇。

[31][32] 　　同[25]，雍正七年十月初三日·记事录，编号：三三二六。

[33] 　同[25]，雍正五年闰三月初三日·记事录，编号：三三一〇。

[34] 　目前对这件牙雕云龙纹火镰套的断代尚有不同见解，笔者看早，以为可到康熙晚期，至迟不过
　　　　雍正朝；有的看晚，定为雍正、乾隆时期。参见[15]一〇八之图文。

[35] 　同[25]，雍正九年五月十九日·记事录，编号：三三四〇。

[36] 　画稿系院画家陈枚所作《百美图册》，现存北京故宫博物院。详见杨伯达《十八世纪清内廷广
　　　　匠款文物》（上）："陈祖章等款《月曼清游》牙雕册"。《大公报》"艺林"新一一六期，1988
　　　　年3月14日第五张。

[37] 　款识为："小臣 陈祖章 顾彭年 常存 萧汉振 陈观泉恭制"。

［38］ 同［25］，乾隆十四年十二月十五日·记事录，编号：三四二四。

［39］ 同［25］，乾隆二十三年九月二十八日·记事录，编号：三四九七；乾隆三十八年十二月十八日·记事录，编号：三五八二。

［40］ 同［25］，乾隆三十八年十二月十八日·记事录，编号：三五八二；乾隆五十五年九月十八日，记事录，编号：三六六三。

［41］ 同［25］，乾隆五十五年九月十八日，记事录，编号：三六六三。

［42］ 《清高宗御制诗》，四集，卷十七第 5 页，古今体九十三首《再说和阗玉镂九鹌鹑小屏》："……九方久也未宜忽，鹌喻安焉要在谋……"光绪五年内府铅印本。

［43］ 详见戴逸主编《简明清史》，第一章第三节，"一、建州三卫的设置和海西四部的形成及其发展"之注释［1］，人民出版社，1980 年，第 31 页。

［44］ 同［42］，卷五十五，古今体六十六首，己亥一，"《詠和阗玉喜鹊枝头》有序"。

［45］ 同［25］，嘉庆十五年六月初六日·如意馆·牙作，编号：二八九四。

［46］ 同［25］，道光十一年七月十九日，如意馆·牙作，编号：二九七八。

［47］ 见《辞源》正续合订本，口部五画"和合"，丑集三三页。商务印书馆，1947 年。

（原刊于《珍玩雕刻鼻烟壶》，台湾幼狮文化事业公司，1993 年）

犀角雕刻珍玩

甲骨文中便有"犀"字，古文献中常见有关犀角的记载，虽多云其来自楚越，然实为从外国输入。它的药用功能早已为人们所关注，故犀角与珠玑并重，属于珍贵材料。

我国古人所用之犀角不外乎来自印度、尼泊尔、缅甸、泰国、马来西亚、印度尼西亚以及非洲等地。犀角生于犀之鼻端，呈圆锥形，色乌黑，角前有天沟、地岗。广角亦称兕角或天马角，即非洲白犀或黑犀所生之角，成熟者其色乌黑光亮，无天沟、地岗。犀角雕刻的造型与装饰受到犀角形状的制约，所以要首先了解犀角的形状、质地、纹理、色彩等特点，进而再赏其形貌。

传世犀角雕刻珍玩绝大多数是明、清两代的，当然也不排除有个别的早于明代之物。留名于世的专治犀角的工匠只有鲍天成一人，另有竹、木、牙雕工匠兼工犀角雕刻，如濮澄、尤通等人即是。

犀角雕刻似晚于牙骨雕刻，始终未形成独立的专业，多由竹、牙、木、石雕刻匠人兼做。犀角的药用功能既推动了犀角杯的制作，又将其推进毁灭的深渊，难以计数的犀角器被粉身碎骨做了药材。明、清是我国犀角雕刻史上的盛期，其间雕造作品的主流是各式各样的酒杯，雕刻出许多精美绝伦的佳品。亦有随形略加雕镂者，其质温润。其形浑朴。犀角鹿形杯、陈贤佐饕餮纹杯以及弥勒佛都是传世犀角雕刻珍玩中的精华。

犀角雕刻是以犀牛角镂刻而成的器物和像生。犀牛也是一种古老的动物，河北省原阳县小长梁和东谷坨两处距今 100 万年左右的旧石器时代早期最早阶段遗址出土了披毛犀化石[1]；山西省襄汾县丁村旧石器时代中期遗址出土了梅氏犀化石[2]；内蒙古为乌审旗萨拉乌苏河沿岸距今 5 万~3 万年的旧石器时代晚期遗址也出土了披毛犀遗骸[3]。由于气候变化，犀牛逐步南移，中原与江南地区新石器时代遗址不再出土犀牛遗骸。

一、犀角概述

甲骨文中有兕与犀以及获兕、擒兕的记载[4]。《韩诗外传》记载："太公使南宫，适至义渠，得骇鸡犀以献纣"[5]。《战国策·楚策》记："王曰：'黄金、珠玑、犀象出于楚'"[6]，当然，珠玑、犀象实非楚地所产亦毋庸赘言；《淮南子·人间训》亦云：秦始皇"又利越之犀角、象齿、翡翠、珠玑"[7]；《汉书》亦载："尉佗（按：南越王赵佗）献文帝犀角十"[8]，"元始二年春（公元 2 年），黄支国献犀牛"[9]。以上古籍所记说明，犀角自古便是罕见难得之物，被视为珍宝。

迄今尚未从墓葬或遗址中出土过犀角制品。笔者曾于广东省博物馆陈列室中见到汉代墓葬出土的陶制仿犀角形明器。据《广州汉墓》披露：西汉前期 1153 号墓出土 4 件、1134 号墓出土 15 件共 19 件陶制犀角模型；西汉中期 3009 号墓出土 2 件陶制犀角模型[10]。另在湖南省博物馆，笔者还看到过长沙市马王堆西汉早期一号墓出土的一件木制犀角模型[11]。由此亦可知犀角之珍贵。汉代以后的陶、木仿犀角形明器未见出土。

1. 犀角品种及其质地美

犀角的药用功能促使人们对其产地、品种、结构、纹理、色彩进行仔细的观察研究，逐步加深了对犀角的认识。古人研究犀角的成果记载我国一些古医药书籍及杂著、方志里，如《广东通志》记：犀有兕犀、胡犀、牯犀、毛犀、坠罗犀、骇鸡犀、辟尘犀、辟水犀及光明犀等诸多品种[12]，同时还记述了各种犀角的特殊功能。而对这些犀牛的产地则避而不谈，只笼统指出："角以南海者为上"。现今犀牛产地有亚洲的印度、尼泊尔、缅甸、泰国、马来西亚、印度尼西亚等国，非洲的一些国家亦产犀牛。犀角可分为两大类，其一为犀角，亦名乌犀角、香犀角。产这类犀角的犀牛有三种：①印度犀，独角，角黑色，圆锥状，粗而不长，普通长 30～40 厘米，分布于尼泊尔及印度北部。清朝云贵与四川总督所进之犀角可能大多属此种。②爪哇犀，产于爪哇岛，仅雄犀有角，生于鼻端，角较小，长一般仅 25 厘米。③苏门犀，雌、雄鼻上皆生双角，前角长，后角短，分布于缅甸、泰国、马来西亚及印度尼西亚的苏门答腊、婆罗洲等地。清代两广总督、广东巡抚、粤海关所进犀角可能包括爪哇犀和苏门犀的角。其二为广角，亦称兕角、柱角或天马角。广角并非产于广东，而是出于非洲。非洲的黑犀与白犀均生两角，前角长大，可达 60 厘米左右，自底部向上渐细，中部较圆，上部稍弯，尖端细而略扁。上部灰黑色，下部灰黄色。犀牛顶的小角称为蘑菇头，长 3～13 厘米，色乌黑光亮，下半部色较浅，多有纵裂纹。上述两类犀角其质地不同、价格不一，对犀角雕刻的造型、色彩及其美感都产生不同的影响，所以，玩赏犀角雕刻的收藏家不能不知犀角的产地、品种及其特点。下面再简单地介绍犀角的形状及其具体名称。

2. 犀角形状及名称

犀角呈圆锥形，自底部向上渐渐收细，稍作弯曲状，长短不等，大者长 30 余厘米，一般的在 15～20 厘米之间。表面为乌黑色，内色渐浅，呈灰褐色，亦有浅灰黄色（淡香色）。底部周边有马牙状锯齿，称"马牙边"，高约 3 厘米。马牙边向上之中部有纵纹及去净的坚硬直刺，习称"刚毛"，有时并有裂纹。中部向上渐光滑，角尖端钝圆发亮，并可见鬃眼状圆点。角前面有纵向凹沟，沟长 9～15 厘米，深约 3 厘米，习称"天沟"。其下相对的底盘上有一突出高岗，岗长 6～7 厘米，高 2～4 厘米，习称"地岗"。

底盘较大，近似椭圆形，前窄后宽，状若龟背，长 13 ~ 20 厘米，宽 11 ~ 14 厘米，灰黑色或灰黄色，底面凹入 3 ~ 6 厘米，并布满鬃眼状圆点，习称"沙底"。角质坚硬，沿纵面劈开可见顺丝，无绞丝。镑片呈灰白色，有芝麻点或短线纹，气微清香而不腥，味微咸。以乌黑光亮、完整无裂纹、沙底色灰黑、鬃眼大、气清香者为佳。广角与犀角相似，其底盘呈圆形，窝字较浅，无天沟、地岗及马牙边，有腥气。小犀角即蘑菇头，顶呈圆形，直径 3 ~ 9 厘米，窝字浅，沙底较细，纵断面丝较粗，显顺丝，无绞丝，多灰黑色，味稍浊[13]。犀角的形状往往决定雕刻的造型，原有的马牙边、窝子、沙底多铲掉做了药材，而其天沟、地岗、纹理及色彩则全部或部分地保留在雕刻作品上，或隐或现地显露出来。若藏家能够辨识原角的诸种痕迹，不仅可供鉴别犀角品种及其真伪，还可从中了解匠心独运的匠师们巧妙利用犀角各部位形状雕镂成一件器皿或陈设的良苦用心。成功的作品可给观赏者带来巨大的艺术感染力，这种与古人心灵上的沟通是至为宝贵的。

3. 衡量犀角的标准

在言及犀角诸种特色的众多古文献中，首推《新增格古要论》之论述最为客观。作者曹昭对南番、西番及云南所出犀角做了深入观察，写了 400 余字有关犀角鉴定的文字，他提出了衡量犀角雕刻的标准：

> 凡器皿要滋润，粟纹锭花儿者好。其色黑如漆、黄如粟，上下相透，云头两脚分明者为佳。有通天花纹犀，备百物之形者最贵[14]。

文中提到的好、佳、贵的三个标准值得借鉴，在鉴定犀角雕刻时须多加注意。曹氏在犀角色彩过渡上提出"上下相透，云头两脚分明"的具体标准是意味深长的，内中微妙处是只可意会而无法言传的，须经反复观察和不断总结才能加深体会和理解。他对犀角的角调纹理还提出"重透纹"、"正透纹"、"倒透纹"以及"花如椒豆斑者色深者"、"有斑散而色淡者"、"黑犀无花而纯黑者"等等几种具体说法，也是有参考价值的。

二、犀角雕刻沿革

1. 犀角雕刻起点迟于牙骨雕刻

迄今尚未找到类似牙、骨雕刻那样的远古遗留下来的犀角雕刻工艺品。

现知传世犀角雕刻中年代最早者仍在日本京都正仓院保存。如"犀角把白银葛形鞘珠玉庄大刀"[15]、"斑犀把白牙鞘御刀子"[16]、"斑犀如意"[17]等都是用犀角做装饰或纯犀角的工艺品。斑犀如意全长 77 厘米、掌宽 10.4 厘米，饰金镶青、缥、缘等玻璃、绿石、水晶等六瓣花，柄镌"东大寺"楷体阴文款，填朱，极为精工典雅。它是现存唯一一件唐朝犀角工艺品。从其整支长达 70 余厘米、正透花、云头两脚尚属分明等特征衡量，此器确是用成株肥大的犀角雕制而成，十分难得。唐、五代帝王、官吏服用犀簪导，乃是等极尊卑之标志，禁止一般庶民使用[18]。此后，宋、元的犀角仍由政府控制，其时盛行的"杂宝"图案中可见犀角形象，于是便将犀角一宝与庶民百姓追求幸福的善良愿望联系起来，其寓意更加深入人心。但是，犀角器物的雕造仍受很大限制，其发展并不顺利，这也直接影响到犀角雕刻专业的前景。

2. 犀角雕刻多由牙竹刻工兼做

已如上述，由于犀角来源不畅，为政府所垄断，故流传范围不广。加之在材料性能、雕刻工具及用刀方法，多与竹、木、牙、石工艺相通，所以犀角雕刻始终未能形成独立的专业。文献记载的专攻犀角雕刻者更为罕见，只有明人鲍天成为专雕犀角的名工[19]。在一般情况下，犀角雕刻向与牙、竹雕刻联在一起，著名工匠更是如此。据明、清文人笔记载，明人濮澄即是一位兼工犀、玉、髹、竹的雕刻名匠[20]。明末清初人尤通"善雕刻犀角玉石玩器，精巧为三吴冠"[21]。清代犀角雕刻也与明代相似，亦无专攻犀角雕刻的匠人。如内廷养心殿造办处雕刻南匠不论牙、犀、木、竹、石等活计而无所不雕。皇帝指派何人做雕刻活计的谕旨下达后，南匠便从命而为，而且做到使皇帝满意。甚至《清档》所记南匠的职名也因时而异，此时称刻竹匠，彼时又称牙匠，一位南匠兼有二、三个职名者也是屡见不鲜的。内廷尚且如此，整个清代社会分工也不会比内廷更为精密琐细。总而言之，竹、木、牙、犀、象等雕刻，由于材料性能、工具、方法上的一致性，故可互为通融，似乎不宜也不必强树藩篱，各据一方，专攻一门。匠工们既可分称为牙匠、犀角匠，亦可统称为雕刻匠。无论是动用刀凿雕刻竹、木、犀、象者，还是雕镂"彩石"、"文石"、"冻石"者都是雕刻匠人，这是工艺雕刻的一种特殊情况。因此，我们在欣赏工艺雕刻、珍玩雕刻时既要看它们的联系和共性，又要注意它们之间的差别和个性，这样便可触类旁通，由此及彼。

3. 犀角作伪伎俩

犀角贵重价高，优质材料不易多得，往往有采取措施进行特殊加工，变劣为优，以伪充真而欺骗买主者。所以，收藏家、鉴赏家都须警惕，以防假冒。明代曹昭《格古要论》揭露了"上贴好犀作面，而夹成一片者"的伪犀或"用药染黑者"、"用汤煮软、攒打端正"的熟犀等染色、矫形的犀角雕刻。故此，对于犀角制品"宜一一验之"，切勿马虎潦草、视而不见或认赝为真。关于染色问题希望读者在欣赏犀角雕刻时要格外注意。笔者在查看清宫旧藏的内廷犀角雕刻时了解到，几乎件件都是深浅不等的褐黄色，即是去掉犀角表皮后的本色；而传世的民间犀角雕刻表面则多为深褐红色，只有从某些器物的残损处才能看到其内部的褐黄本色。所以，令人不能不怀疑，一些民间传世犀角雕刻表面的褐红色不是原犀角年久变色所致，而是人工染色。

4. 犀角珍玩之大劫

犀角以其药疗功能推动了犀杯雕刻的发展，但反过来它又造成毁灭犀角雕刻珍玩的大劫难。

据研究，大约在南北朝时期，犀角已被广泛地用作药物。它有着清热、凉血、定惊、解毒的疗效。我国古代医药书籍对犀角的功用、主治有着不同的记载，现今经化验，犀角的主要成分为角蛋白，此外还含有其他蛋白质、肽类及游离氨基酸、胍衍生物、甾醇类等多种物质，与羊角、牛角的成分相似[22]。所以，现代中药处方多以水牛角代替犀角。但是古人并不知此方便办法，当在药铺里买不到犀角时便毁犀角杯作药材用，药铺也寻找犀角雕刻品镑成屑片配药，由此而毁坏了难以计数的犀角雕刻工艺品。这是犀角雕刻珍玩在劫难逃的毁灭性灾难，在旷日持久的灾难中，不仅犀角雕刻本身遭到了致命的打击，而且也湮没了诸代工匠们呕心沥血所创造的艺术历史，这实在令人痛心。

三、明清犀角雕刻珍玩

明、清是我国犀角雕刻史上的盛期，虽经历了五六百年的劫难，仍有一批明、清犀角雕刻珍玩得以保存至今，这就是我们当今认识它的历史与艺术特征的资料和例证。

1. 犀角杯的艺术特色

由于犀角具有"治百毒、除瘴气"等功效，且具有圆锥状的特定外形，以其制作酒杯便是顺理成章之事了，人们既可享受饮酒之乐，又可兼得解毒之功，一举而两得。古人喜用兕角饮酒，这种兕角杯称为觥或觯。明、清文人也用犀角仿觥，雕刻酒杯，以抒发怀古之幽情。所以，犀角雕刻的主流是犀角杯，从古到今，历来如是。犀角杯的式样繁多，有花形、荷叶形、莲瓣形，圈足、方足、三足、四足、尖足、平底、吸管式，爵形、匜形、八方形、双体八方形（合卺杯）、束莲形及槎形等，可谓千姿百态，异彩纷呈。很多犀角杯适应犀角地岗的特殊形状，制作成各种形式和装饰的把手，所以犀角杯中又以单把者居多。此外尚有无把的各式角杯，也是令人目不暇给的。随形杯为数甚少，这与"良玉不琢"、"返璞归真"的传统观念有着密切联系。尖足杯、束莲杯是在觥与随形杯的基础上经过简繁不等的艺术加工而成的，它从根本上改变了随形的朴素外貌，成为一种不能站立、装饰繁华的异形觥。角杯的装饰题材包括山水、人物、树岩、花卉、蔬果、蟠螭、夔龙、凤、饕餮及云龙等等，光素无纹者极少。刀法多样，刚健、遒劲、流畅、苍古等等风格并存。雕刻犀角的工匠们常运用阴线、阳线、减地、隐起、起突、镂空等表现手法，其作品有应时的，亦有仿古的。仿古者造型、图案名为来自青铜器，实则仿效宋元以来的仿古做工。刻名款的工匠有：鲍天成、尤侃、胡允中、方弘斋、陈贤佐等。

　　传世犀角雕刻的断代与竹、木、牙雕相似，具工匠名款的器物较少，故难以论证款识本身的真伪而依款断代，加之没有出土犀角雕刻充当断代的标准器，所以目前也只能参酌具款器物的特征，联系当时雕刻手法与艺术风格，研究作品本身的形、纹及刀法，对照排比，进而进行断代。

2. 犀角杯珍玩

　　现从北京故宫博物院收藏香港已故叶义医师捐赠的犀角雕刻中选出五件，供读者参考。

　　犀角雕卧鹿形杯（图一；图版 52）高 7.1、口径 8.9～9.8 厘米，深褐红色。以小型犀角雕刻卧鹿，掏膛成为犀角酒杯。为了适应角型和酒杯的功能，将鹿头与颈缩至背上，头顶削平，双角也顺势向后弯曲，额前鼻梁处隆起，扩大了头顶部平面，斟酒时翻过来头朝下立得很稳。鹿的头、角、目、鼻、口刻画细腻逼真；顺应角底之势而雕作身、尾、胸、蹄，其肌腱饱满强壮。颈胸阴刻两排纵列的细毛，身钻圆圈似梅花鹿的斑点。此鹿做工不同于那种富有工艺性、装饰性的明清两代风格，而具随形就势、形神兼备的特色，确实洋溢着宋元遗风。此杯既是实用性的酒杯，饮酒后将其翻置于几上既成一卧

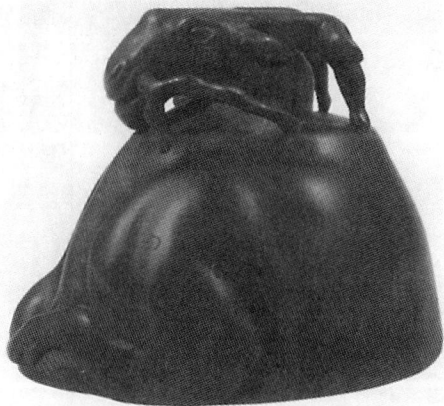

图一　犀角雕卧鹿形杯

（宋元　高 7.1、口径 8.9～9.8 厘米，

北京故宫博物院藏）

鹿，又成为一件案头雕刻。此杯构思巧妙，雕刻遒劲，甚为难得。

　　犀角雕槎形杯（图二），高 8、长 16.8、宽 8.2 厘米，叶义先生生前将其时代定为明末，色深褐红。槎作前枝后叶的扁舟形，舟首枝杈穿孔为流，槎底镂水浪纹，槎后一枝杈丫垂下，仙人背倚其旁回首顾后，神态自若。此槎只用原犀角的一部分，铲下部分另做小件犀器。匠师相形酌势而巧施刀凿，做工简古，其杯形制朴素，这是断代的主要根据。槎形杯比较少见，甚为珍贵。

　　犀角雕饕餮纹杯（图三），高 7.4、口径 10.1、足径 2.8 厘米。深红褐色，有稀疏而薄的深灰色斑。口似葫芦形，前作流口，口内外饰阴方盛纹；腹敛，饰饕餮纹带；长方圆角高圈足，底呈喇叭口形，饰阴回纹；口后部雕螭虎头，下有扁体錾式柄。雕磨之工十分考究，一丝不苟。杯身减地极浅，不过一丝，图案上下以阳线作边，与地区隔。饕餮纹外减地刻阴回纹，与饕餮纹作强烈对比，烘托且突出了主纹。饕餮纹轮廓均作细细的阳线，好像铁线双勾，清晰明快。通身打磨光洁，温润柔媚，显得格外温文尔雅。

图二　犀角雕槎形杯

（明末　高8、长16.8、宽8.2厘米，北京故宫博物院藏）

图三　犀角雕饕餮纹杯

（明代　高7.4、口径10.1、足径2.8厘米，"陈佐贤"款，北京故宫博物院藏）

此杯造型具有明清仿古特点，而其纹饰均为仿青铜鼎彝图案，有古色古香的韵味，堪为明末仿古犀角杯中之绝品。落款者陈贤佐的生卒经历不明，待查，但从此杯做工判断，陈贤佐非大家莫属。

3. 犀角雕刻佛像

犀角人物造型甚为难得，今从香港已故收藏家叶义先生捐赠的犀角雕刻中选出二件供读者欣赏。

犀角雕桃花座菩萨（图四），高 12.2、底径 11.5×9 厘米，创作时间为清代。原角本系小犀角，即蘑菇头，尖端乌黑，下半截深褐色，呈圆锥形，观音头部显得稍小，跌坐，衣纹厚重而繁密，座周雕镂桃花，似为残例。观音右腕饰镯，手执数珠，左手捧如意，肘靠矮几，双股肥大与头身不甚匹配，上述这些特点均非观音菩萨传统形象，诚属异常。此犀角雕桃花座菩萨像有两点值得推敲，其一是过分受犀角原形所拘，自然主义地将角尖作头面，底盘未作削减，显得头小座大，比例失调；其二是在用色上不顾俏色的传统工艺，雕成黑头面、黑胸膛的菩萨形象而有失大雅。这两个缺点是稍有经验的工匠即可避免的，我想出此误差的唯一原因就是该像的作者必须秉承主人意旨雕菩萨像而别无选择。这种推测虽有为刻工开脱之嫌，

图四　犀角雕桃花座菩萨
（清代　高 12.2、底径 11.5×9 厘米，
北京故宫博物院藏）

然匠人受制，不能按己意操刀也是常有之事，并非笔者为其卸责。之所以选出这件有明显缺陷的犀角雕刻作品，其用意乃是供读者参酌比较，一切文物通过比较，方能识别其成败优劣之所在，以便从中汲取经验，增长见识，提高鉴赏能力。举一反三，这种比较的方法可普遍适用于各类艺术品的鉴赏与鉴定。

犀角雕弥勒佛（图五）高 7.9、底径 10×15.3 厘米，叶义先生定为清代所制。此佛也是蘑菇头小犀角雕作的，上部呈深灰黑色，黑中有黄花，应为正透纹；下部为深褐色。弥勒佛体胖，支腿，身后仰，左手扶地，右手捧桃，袒腹跣足，身着僧衣。一幼婴以手捅其耳孔，搔其肌肤，而大肚弥勒却昂首呵呵大笑，泰然自若。这件大肚弥勒像与上述犀角雕菩萨像的创作手法相似，也是随角赋形，然后者神形和谐，较前者完美。望各位读者也能从两佛像的比较中心有所得。

图五　犀角雕弥勒佛

（清代　高7.9，底径10×15.3厘米，北京故宫博物院藏）

　　最后，拟就如何欣赏、保护犀角雕刻的问题，特引曹昭《新增格古要论》的一段
文字，以供读者参考。

　　　　凡器皿（按：犀角所制器皿）须要雕琢工夫及样范好，宜频频看之。不

可见日，恐燥而不润故也[23]。

曹昭作为一位富有真知灼见的收藏家、鉴赏家，叮咛同好"宜频频看之"的切身经验
及"不可见日"的告诫都是极为中肯的。

注　释

[1]　贾兰坡：《华北地区人类化石和旧石器文化》，《中国大百科全书·考古学》第206页，中国
　　　　大百科全书出版社，1986年。

[2]　裴文中等：《山西襄汾县丁村旧石器时代遗址发掘报告》，科学出版社，1958年。

[3]　黄慰文：《萨拉乌苏遗址》，《中国大百科全书·考古学》第416页，中国大百科全书出版社，
　　　　1986年。

[4]　中国科学院考古研究所编：《甲骨文编》卷九·一二，第一一四九字"兕"，中华书局，1965
　　　　年影印本；徐中舒主编：《甲骨文字典》，卷九，"兕"，辞书出版社，1988年影印本，第
　　　　1061页。

[5]　转引自《中国美术全集·工艺美术编·十一·竹木牙角器》，朱家溍所撰前言《牙角器概述》
　　　　第16页。文物出版社，1987年。

[6]　刘向集录：《战国策》卷一六，楚（策）三，《张仪之楚贫》中册，第539～540页，古籍出

版社，1978 年。

[7]　刘安：《淮南子》，卷一八，《人间训》，光绪二年浙江书局据武进庄氏本校刊本，第 21 页。

[8]　班固、班昭：《汉书》卷九五，《西南夷两粤朝鲜传》，中华书局，1960 年，第 3852 页。

[9]　同［8］，卷十二，《平帝纪》，中华书局，1960 年，第 352 页。

[10]　广州市文物管理委员会、广州市博物馆：《广州汉墓》第 128 页“（四十六）犀角”；第 281 页“（五○）犀角”，文物出版社，1981 年。

[11]　湖南省博物馆、中国社会科学院考古研究所：《长沙马王堆一号汉墓》上集，第 120 页，文物出版社，1973 年。

[12]　郝玉麟：《广东通志》卷九七～九九，《舆地略》一五至一七“器用类”。雍正九年刻本。

[13]　见《中药大辞典》下册，第 2423～2425 页，“犀角”，人民出版社，1977 年。

[14]　[23]　曹昭撰、王佐补：《新增格古要论》下卷之六，《犀角》，中国书店，1987 年。

[15]　日本奈良国立博物馆：《第三十六回正仓院展》三，第 20 页，便利堂，1984 年。

[16]　日本奈良国立博物馆：《第三十八回正仓院展》三，第一九页，便利堂，1986 年。

[17]　同［15］，十七——一，第 42～43 页。

[18]　欧阳修、宋祁：《新唐书》卷二四，《车服志》，中华书局，1975 年，第 511、515、517、518、520、528、531 页。

[19]　阮葵生：《茶余客话》卷二十，《技艺名家》，中华书局，1959 年，下册，第 587 页。

[20]　邓之诚：《古董琐记全编》，《古董锁记》卷五“南京濮仲谦……”第 155 页，三联书店，1955 年。

[21]　见《中国美术家人名词典》第 29 页，“龙犀杯”，人民美术出版社，1980 年。

[22]　见《中药大辞典》下册，第 2423～2425 页，“犀角”。人民出版社，1977 年。

（原刊于《珍玩雕刻鼻烟壶》，台湾幼狮文化事业公司，1993 年）

已故香港叶义博士捐赠犀角雕刻面面观

已故叶义先生捐赠八十件（对）犀角杯曾于1985年5月6日以《香港叶义先生捐赠犀角杯特别展览》的名义在故宫博物院公开展示以资纪念并以飨观者。叶义先生胞弟叶礼先生伉俪、叶智先生、渣打银行黎伟雄先生伉俪和敏求精舍麦雅理先生等六位贵宾应我院盛情邀请，亲莅开幕式以示祝贺。因当时正值筹备建院六十周年庆典的工作，任务繁重，日期紧迫，力量不足，不能面面俱到，便将计划中的某些项目削减或暂缓，而原定的《已故叶义先生捐赠犀角器图录》的编辑出版工作也不得不推迟，并向叶礼与叶智两位先生作了说明，取得谅解，但事后因故推迟至今。今逢我院筹备建院八十周年庆典工作之时，将已搁置了二十年之久的许诺重新提到日程上来以了夙愿。回忆叶义先生生前参观故宫博物院时，他向我表示在适当的时机向我院捐赠一批文物。当他逝世后我因公赴港时友人示知，叶义先生遗嘱中捐赠故宫博物院犀角杯之事已经见报，由渣打银行黎伟雄先生执行叶义先生遗嘱。返京后即受命并由许忠陵先生协助接收叶义先生捐赠犀角杯八十件（实为八十一件），当我看到这批犀角杯时，怀念感激之情不禁油然而生。在渣打银行配合下，接收工作很快结束，在新华社的关照下，委托中国国际航空公司启运回京，点交故宫博物院收藏。

建院六十周年时遗留下来的《已故叶义先生捐赠犀角杯图录》一书的编辑工作现今由我承担，对我来说，这是责无旁贷的义务，并可借此告慰叶义先生在天之灵。旧事重提，立即得到郑欣淼院长、李文儒副院长的鼎力支持，古器物部主任及竹木牙雕库的同志也密切配合。当时隔二十年后重看这些温润柔美、古色古香的犀角杯时，顿时忆起叶义先生的音容笑貌，他那儒雅的风采萦绕心头，宛如隔日，令我缅怀不已。

叶义博士是香港著名的外科医生，不仅医术精湛，而且医德高尚，受到人们的尊敬。同时，他又是一位博学精鉴的古玩收藏家，十分喜爱瓷玉而又独钟竹犀，出版《中国玉雕》（香港市政局·1983年）、《竹刻艺术》等巨著。为了配合《国际亚洲古物展销会》，提供所藏四十三件犀角器，仅供学术展出，不参与销售，并撰宏文《对一组私人收藏中国犀角雕刻的小记》《Notes on a Collection of Chinese Rhinoceros Horn Carvings》公开发表于场刊杂志（《Inter National Asian Antiques Fair》，Hong Kong May 12-15th，1982），图文并茂，长达23页，对器物的年代及其价值提出了精辟的见解，对推进犀角杯的科学研究作出应有的贡献。经查核，该文介绍的四十三件犀角器大部分已捐赠给我院，从这一侧面来看，本院接受的叶义先生捐赠的犀角器都是他生前从伦敦、香港国际拍卖会上用巨资争拍得手的珍贵清玩，有着重大学术、艺术及历史的研究价值。

据香港渣打银行负责移交这批犀角器的人士估价，其价值高达 500 万元港币，毫无疑问，在 1982 年时这是一笔价值连城的厚礼，可见叶义先生的爱国热忱及慷慨大度，他的义举令世人无不敬佩。

我国使用犀角器的历史甚为久远，新石器时代和夏商时期我国华北气候温和，水丰草茂，便于犀牛生息繁殖，这从甲骨文、金文和出土犀牛骸骨可得到证实。所以可以这样理解，我国使用犀牛角作饮器的历史起点不会晚于殷代。《诗经·周南》已有"我姑酌彼兕觥"的诗句，兕觥即以犀牛角做的酒杯，这反映了起自殷商的习俗至周代仍在延续。当然，犀牛是珍稀动物，不可多得，故不能排除以铜、木等材仿制兕觥的可能。果然如此的话，就更加说明犀牛角杯流传之久远。秦汉以至隋唐，皇家也掌握和使用犀牛角作等级标志物或华贵的器物，这个史实不仅见于正史记载，也见于日本正仓院保存下来的犀角杯、犀角如意及镶宝玉犀角如意，这都可认作唐代犀角工艺的实证。到了明代，犀角工艺极为盛行，乾隆御制诗也有这种文句。至清，犀角雕刻工艺精巧感人，但由于犀角早已被采用为清热解毒的珍贵药材，当外来犀角输入不足时，便殃及精雕细刻的犀角器，人们不惜毁器作药材治病医人，所以传世犀角工艺品更为稀少。清皇室遗留下来的犀角工艺器也不过百余件，因而长期以来人们忽视或抹杀了历史悠久、工艺精湛的犀角工艺的独立性及特殊性，往往将其归属于竹木牙雕工艺之内，在文物分类上因上述历史原因又被列入"杂项"，未能引起学术界的关注，涉足研究犀角工艺者甚少，鉴赏性图录、研究性论文亦寥若晨星，学术性专著更犹如凤毛麟角。这种状况也影响到叶义生前的鉴定和研究工作，在百般困难之下，他写出了《对一组私人收藏中国犀角雕刻的小记》一文，从文物研究角度审视这一成果，确实来之不易，叶义先生也由此打开了新中国成立以来犀角雕刻研究的大门，功不可没。这次编纂此图录时，我们也愿意尊重他的断代意见和研究成果，但因时隔二十五年，文物研究不断取得进步，如有可能，我们也会作出必要的调整，提出新的不同意见，这也是可以令人谅解的。

1. 群体性犀角雕刻的科学意义和学术价值

叶义先生捐赠的八十件（对）犀角雕刻是他多年来在不同地方竞拍获得的，因而具有系列性和群体性的特色，不仅增长了藏品的经济价值，也还带来了重大的科研价值。

收藏家是社会政治、经济、文化发展到一定阶段的特殊的社会群体，由个体→集体→群体，但它不是一个社会阶层，更不是一个社会阶级，因为社会上各个阶层只要有钱、有闲、有好、有眼，经过若干年的积累，即可成为收藏家，我国改革开放以后二十余年的社会状况已经证实了这一点，无须讨论。但像叶义先生这样人弃我取、主动收购竹犀雕刻，非经数年乃至十数年是很难收集到如此众多的藏品的，其搜集过程可谓崎岖曲折、含辛茹苦，每每获得一件称心如意的藏品便私下沾沾自喜或欣喜若狂，当然也难免会有扫兴和失落之时。我与收藏家接触甚至交上朋友之后，方能体会到他们的喜怒哀乐。虽然叶义先生生前没有向我提到他如何竞拍犀角雕刻的细节，但是当我看到如此大批的犀角雕刻集于一人之手，便能想象到他收集这些珍贵藏品的艰辛过程，确实来之不易。

当然，叶义先生的这批犀角工艺品不是发掘出土的器物，当然不能以考古学观点来评量其科学价值，但从器物学角度来衡量则有所不同，群体文物必然有着不论在工艺、艺术还是学术、历史等方面较高的科研价值，它的系统性、群体性、广泛性及可比性为提高研究工作水平带来新的契机和意料不及的新成果，这不是它那巨大的经济价值所能掠美的。这一点极为重要，这就是这八十件犀角杯的价值观上的首要因素。

2. 犀角材质的鉴定标准

犀古称"兕"。《说文》："兕状如野牛而青。"《尔雅·释兽》："兕似牛。"注："一角，青色，重千斤。"疏："其皮坚厚可制甲。"《交州记》："角长三尺余，形如马鞭柄。"《诗经》中的兕觥即以兕角所制的酒杯，因其不便直立，后世用作罚酒之杯。犀，《说文》："南徼外牛，一角在鼻，一角在顶，似豕……"《说文》解兕为中原之犀，至汉，中原犀早已灭绝，犀角均来自南徼，遂而汰兕字而用犀字。如果说汉人对兕、犀的认识还模糊不清的话，到了明代，《格古要论》专列一目，详尽地诠释犀角的产地、形色、纹理及其功能。犀分山犀、通天花纹犀、通犀、黑犀以及非犀的毛犀。犀角优劣鉴定标准为："成株肥大（原书误为'人'）"、"花儿者好"和"正透者"价高。反之，"成株瘦小"、"分两（量）轻"、"花儿者不好"、"但可入药用"者堪称劣角。上述鉴定优劣的三个标准是大小轻重、肌理花纹以及透明度，对当今鉴定犀角材料优劣仍具有参考价值。上述诠释均为近代生物学尚未传入我国时的通行于古董界和医药界的见解。《中国大百科全书·生物Ⅲ》载："犀科，属奇蹄目的一种，共有四属五种。体肥，笨拙，体长 2.2 ~ 4.5 米，肩高 1.2 ~ 2 米；体重 2800 ~ 3000 千克；皮厚粗糙，并于肩、腰等处成褶皱排列；毛被稀少而硬，甚或大部无毛；耳呈卵圆形；头大而长，颈短粗，长唇延长伸出；头部有实心的独角或双角（有的雌性无角），起源于真皮，角脱落仍能复生；无犬齿，尾细短，身体呈黄褐、褐、黑或灰色。"关于角质的看法还有："角质纤维角，由角质纤维凝固而成的天柱角，终生不脱落"（《国语大辞典》1006 页）及"含指甲质、碳酸钙、磷酸钙和酪氨酸等成分"（《中国犀角雕刻珍赏》12 页）等说法，可供参考。

犀牛有印度犀、爪哇犀、苏门答腊犀、黑犀及白犀等五种。

印度犀：分布于印度、尼泊尔和孟加拉，是亚洲最大的独角犀。

爪哇犀：产于马来半岛、苏门答腊、爪哇、缅甸南部，身体略小，仅雄性有独角。

苏门答腊犀：分布于苏门答腊、印度、缅甸、泰国，形体最小，雌雄两性均具双角。

黑犀：常见于非洲东部和中部，生双角，前角长达 70 ~ 90 厘米，后角少于 40

厘米。

白犀：产于非洲东南部，是最大的一种犀牛，体长达 4 米多，两性均具双角，雌性角长于雄性。

上述五种犀牛所生八种犀角，究竟何种犀牛之角与叶义先生所赠犀角雕刻相对应？这需要组织犀牛动物专家和中药材专家参与鉴定，方可得出正确结论，将其结论在说明文字中注明，以供观者参考。

3. 犀角雕刻年代的相对性与模糊性

按照叶义先生原定年代，这批犀角雕刻的年代有宋、明洪武、明、清等，这反映了叶义先生本人的犀角工艺的年代观，亦可视为一家之言。相隔二十年后的今天，不论收藏界还是文物界都会出现各不相同的新见解，这是非常正常的现象。在犀角杯鉴定的年代观上最大的难点就是缺少鉴定标准器，也就缺少科学证据，拿不出过硬的铁证，但这不能说没有鉴定标准。过去，在犀角雕刻鉴定上都只能按照个人鉴定标准进行鉴定，这种情况至今尚未改变，仍与叶义先生健在那个年代是一致的。当然，近二十年来，铜、瓷、玉的鉴定都建立在正式发掘出土的标准器的基础上，其鉴定的科学性、准确性大为提高，这一点又与二十年前的情况确实有所不同、有所前进，但这对犀角雕刻鉴定究竟有多大借鉴价值和参考作用迄今尚难以估量。再从与犀角雕刻有着密切关系的竹木牙雕的出土与科研情况来看，也是进展甚微或处于停顿状态，这对犀角雕刻的鉴定也毫无借鉴参考价值。鉴于上述情况，这次出版本图录时凡能查到叶义先生已定年代者都要注明，如有不同意见时将详加阐明或作适当调整。

这批叶氏收藏的犀角雕刻中刻款识的共有十件，其中包括鲍天成、尤侃、尚卿、方弘斋、胡允中、陈贤佐以及升甫等七家，尤侃款器共有四件，殊为难得，这不仅增加了有款识作品的数量，还为比较研究和鉴定辨伪提供了第一手资料，可见叶义先生生前收购犀角器时特别注意款识，这也表现叶义先生独具学者慧眼，与一般收藏家不同，他已迈进研究领域。

4. 犀角雕刻的工艺性与艺术性

犀角雕刻是以犀角为材料通过雕刻工艺手段制成的器物。凡为雕刻者就必对加工对象施以斧凿镂锲工夫，手工业行内称为"减法"，正与塑造相反，而塑造者是以泥或其他可塑性材料逐渐堆垒而成，故称"加法"。雕塑与绘画本为我国古今重要的造型艺术，对我国工艺美术施加颇为强烈而鲜明的影响，故工艺性雕塑也甚为盛行，有着很高的工艺水平和感人至深的艺术魅力。在工艺美术行内，因其用材不同而分为竹刻、木雕、牙雕、角雕、骨雕等。因其所用材料、工具、工艺的近似，形成一匠兼做多种材料雕刻作品的传统，往往竹刻家也兼做牙雕或木雕甚至犀角雕刻，文物界、工艺界往往合称其为竹木牙雕。因其材料为有机质，不耐侵蚀，不易保存，故早期遗物极少，而明、清两代作品尚多，遂不成体系，便列为杂项中的一类，不能成为独立的专业。古玩家和文博工作者们认为竹木牙犀等雕刻共性较强，因而忽略了对其各不相同的个性与特性的研究工作。

举凡工艺品的设计、制作上都要考虑发挥材料美这一固有特点，在造型设计上不能排除材料原形体的制约，必须遵照"因材施艺"、"以料赋形"的原则设计其造型，所以犀角器中不论立的还是卧的，都采取角尖作底、角根作口的常规做法，口侈张，向下收窄，切割尖头之后成一小圆平足，看起来奇诡夷险似不稳定，亦乏稳健感。所有的图案装饰，均要适应上述奇险之造型做出适当配置，其造型和图案浑然一体，使犀角雕刻作品既有质色美，又有装饰美，达到实用与美观相结合的审美要求与实用功能。此外，犀角雕刻的多种刀法也会给人们以刀味的感受，其美在于圆润温柔、委婉和顺与质色相辅相成而辉映成趣，散发着隽永的艺术芳香。

叶义先生所赠八十件犀角雕刻大小、重量不等，其重量最重者为678.7克，最轻的仅39.2克。以杯为主，共七十一件，另有匜二、壶一、槎一、花盆一、铡刀一、观音像一、弥勒像一、佛法具（洗）一等八种九件。杯的款式丰富多彩，约略可分为时作和仿古两大类。其造型都是随形而成，足小口侈，前后曲弧度呈倒"八"字形，而其长短略有出入。其口足的处理对造型意匠影响极为微妙，其款式有原角形和截角作底的两大类：前者有兕觥杯、束莲杯和束莲吸杯；后者有截尖平底角杯，如鹿首杯、平底花口杯、平底随形口杯、平底荷叶杯、平底有把杯、镂空圈底杯、镂空三足杯、半高底八角形杯、半高委角足花口杯、圆角方形圆口螭虎柄杯、花底半高足有流杯、椭圆半高底螭虎柄有流杯、三足爵形杯、方觚形螭虎饰杯、錾耳喇叭形杯、八方形双身英雄杯、六瓣花形柄以及槎形柄等。其装饰也是多姿多彩，除了几件光素的角形杯之外，几乎均施繁简不同、题材各异的装饰，令人赏心悦目、大饱眼福。其装饰也可分为绘画性的和工艺性的两种。绘画性装饰有松、竹、梅、葵、荔枝、荷花、鸡以及山水人物图，不用地纹。这种绘画性装饰就是雕刻而成的图画，在这七十一件角杯中占据数量比较多，反映了明、清两代绘画艺术的盛行并渗入工艺制作的社会风尚。工艺性装饰是指在杯上雕有饕餮、龙、螭、凤等图案。角杯的装饰多随角形用其前下凹形成的深沟及其两侧突兀而做松干、龙、螭，均高高突起。有的加以镂镂，使其与地分离起凸而形成柄状装饰；有的穿过口沿转入杯内，利用其角根内突起的长椭圆形状鼓泡部分制成"过枝"装饰；也有的在流内下部设有独立的装饰。这些装饰是犀角杯特有的"因材施艺"的艺术手法，若离开这一角度也难以理解犀角杯甚至整个犀角雕刻艺术的个性和特点。其装饰题材有绘画性的山水、人物、鸟兽、花卉、神瑞以及图案性的鼎彝上常用的饕餮、回纹等。雕刻做工有阴线、阳线、隐起、镂空、起突等，往往阴阳结合，互为衬托，阴中有阳，阳中有阴，相互浸透，相得益彰。还有观音和大肚弥勒等独立的雕刻作品。由此可知，叶义先生捐赠的八十件犀角雕刻足以反映明、清两代犀角雕刻工艺及其艺术格调，而明、清两代犀角雕刻确实通过匠人将原角加工成角杯时方可使观者较深入地体会其多种美感。如果有的收藏家仅以欣赏兕觥形杯获得材质审美上的满足的话，那么他便未能尽识犀角雕刻作品之美。大多数收藏家能够通过欣赏犀角雕刻进一步玩味到它的材料美、工艺美及其艺术美。在犀角杯表面上的隐起突之装饰通过适当的光源照射，可以更清楚地观察其材料美、其温润肥腻与细致柔和的质地、其类似蜜蜡、琥珀的斑斓色彩，通过这样的观察、品味，确实能给藏家以美好的快感和视觉上的享乐，这是竹木牙雕所不具备原材料的质地美。也可以这样说：这是犀角材质独自特有的天然美，通过匠人的多种雕刻做工和艺术创造，给予我们更深层次的美感享受。

5. 名家款识犀角雕刻的价值观

已故叶义先生捐献的八十件犀角雕刻中共有十件作品刻下了七位名家的款识，他们分别是鲍天成、尤侃、胡允中、方弘斋、尚卿、陈贤佐（叶义先生识为"陈贤作"，"作"系"佐"之误）及升甫。其落款位置大多在足心，有的在口外，也有的藏于画面的岩石上，还有的在长条字幅上。二字款有"尤侃"、"直生"、"尚卿"、"升甫"，但"升甫"二字款题于"罗浮上下西湖上，独占江南第一香"之下，是名匠款还是物主款尚需进一步研究，不便骤定。三字款有"胡允中"。四字款有"胡允中印"、"鲍天成制"、"方弘斋制"等。其字体有篆、行、草等书体，刻法有阴、阳两种，有姓名款和字号款。款形有方形款，还有上圆下方的乾坤图章款。如尤侃字直生，其字款"直生"为圆框内阳篆，在上；其姓名款"尤侃"为圆角方框内阴刻，在下。胡允中亦为乾坤印章款、上圆印为古篆阳文"𤲬"，下方框为"胡允中印"四字款。"壬午七夕胡允中为仲青昷翁作"十三字款仅此一例。"鲍天成制"款，方框，直二行，阳篆体，其"制"字在款识上往往使用"製"，而以"制"代"製"仅见此一例。《增韵》将"制"字训为"造也"，可从。方弘斋款为长方框直行阴篆，略有九叠篆味。

名家款识向来真假混杂、是非难辨，譬如带有明代治玉名家陆子刚、紫砂名师时大彬、寿山石雕名匠杨玉璇、建窑名瓷塑家何朝宗、铜佛铸造家石叟等名家巧匠款的传世或出土的作品比比皆是，其真伪问题长久以来困惑着一代又一代的文物家和收藏家。之所以出现上述情况，主要原因是明代名家制品在明当时和之后的清代、民国时期乃至当今都有人仿制其款印以冒真品欺骗藏家，这是造伪者的恶作剧，实在令人厌恶。另一个原因就是研究器物的专家还没有条件集中全国的名家雕刻做一次综合排比和分析研究的尝试，只能就事论事地阐述自己的意见。

倘以尤侃款四件犀角杯而言，从其雕工和款识来判断，可以断言绝非出自一人之手。如以乾坤图章论，渔夫捕鱼图杯与芙蓉鸳鸯杯较为近似，但其"直生"之"直"字篆法略有出入，两方圆印"直"字变"十"为"匕"即"直"与"宜"，这"直"字篆法的不同也不能不令人产生疑虑。"尤侃"方印款松荫高士杯的人物与山树比例失衡，人物动态生硬，面部表情呆板，想必尤侃功力不致如此低下。葡萄禽鸟纹杯的

"直生"方款的尺寸仅约 2 毫米见方，小得出奇且镌于足底。上述这些情况说明，四件角杯的尤侃款缺乏一致性和统一性，足以证明可能出自二三人之手。我的主张是，在没有条件集中所有带名家款的犀角雕刻加以研究之前，暂且以在名后加一"款"字的办法以示知观者此为带有名家款的作品，其真赝留待今后解决。这虽是权宜之计，但也是对作品和对读者的一种坦诚做法，相信读者是可以谅解的。

上述五点具体看法仅仅是重新观察整理叶义先生捐赠八十件犀角雕刻时见到和想到的几个侧面，所述及的意见和想法仅供读者参考，不妥之处望予匡正。

附注：本文所引三篇有关犀角雕刻的论文和专著都是香港中文大学文物馆林业强馆长复印提供的，在此谨致深切的谢意！

引文

叶义：《对一组私人收藏中国犀角雕刻的小记》（NOTES ON A COLLECTION OF CHINESE RHINOCEROS HORN CARVINGS by Dr Ip Yee）

霍海棠：《中国犀角雕刻珍赏》·香港大业 1999 年（Connoisseurship of Rhinoceros Horn Carving in China）；

姜·查浦曼：《中国的犀牛角雕刻艺术》1999 年（The Art of Rhinoceros Horn Carving in China Jan Chapman CHRISTEIS BOOKS）。

（原刊于《叶义捐赠犀角雕刻图录·前言》，紫禁城出版社，2007 年）

七、鼻烟壶

鼻烟壶问世及其流传

绪　言

　　鼻烟壶是清代皇家与民间的各行匠师们共同创造的。它是工艺美术园地的一支奇葩，散发着浓郁而清新的艺术芳香，不仅受到中国人民的喜爱，也得到许多外国人士的赞赏。

　　鼻烟壶在我国富有悠久历史和优秀传统的工艺艺坛里是一门后来居上的新兴品种。她随着鼻烟的传入、烟草种植的扩展，及社会物质生活需要的增长，由无到有、由少到多，曾经达到过空前繁荣的颠峰。到了 20 世纪，尽管鼻烟渐次被卷烟所取代，鼻烟壶也大多进入博物馆或收藏家的箧柜，然而她却未曾从人们的记忆中消失，并且不断地开辟着新的生存空间。近年来，内画鼻烟壶在我国得到很大发展，20 世纪七八十年代的内画鼻烟壶在中国工艺界异军突起，在继承前人技艺的基础上得以发扬光大，因其独特的艺术价值而受到世人瞩目。

　　鼻烟壶这短短三百余年的发展史充分说明她投合了人们嗅烟的生活嗜好，遂应运而生，继而得到蓬勃荣发，深深地扎根于我国古老而又肥沃的民族艺术土壤之中，得到了充足的营养，迅速成长，开花结果，形成一个独立的、极富个性、璀璨陆离、婀娜多姿的精微工艺美术世界。

　　中外收藏家和艺术史家早已开始了鼻烟壶的搜集、整理和研究工作，并著书立说，总结成果。清光绪六年（公元 1880 年）赵之谦《勇卢闲诘》正式成书并付梓印行，这是最早的论述鼻烟壶的专著；较近的著述则有 20 世纪 30 年代的《鼻烟壶史话》（朱培初、夏更起撰），与其同时，还有一些颇有价值的论文和精美图录先后问世，与广大爱好者见面，对鉴赏与研究大有裨益。在国外收藏家和学者中，亦不乏热心于研究鼻烟壶的人士，他们也取得了很大成绩。在此基础上，笔者认为，有必要根据宫廷档案和现存实物进行更深入的科学研究，从而更透彻地揭示鼻烟壶发展过程中的历史细节和工艺成就。在系统地介绍鼻烟壶的历史与艺术特色之前，笔者拟对烟草的传入与推广、鼻烟壶的创造与革新、由鼻烟盒到鼻烟壶的过渡与演变以及鼻烟壶的器型、名称的原委等问题进行探索，并进而说明两种不同的盛烟器皿所涵容的东、西方的不同文化传统。

1. 烟草的传入与鼻烟的兴起

　　烟草的传入与鼻烟的兴起本身就是一项重要的科研课题，西方学者捷足先登，已取得一些有价值的成果。因鼻烟壶的问世与上述课题有着密切联系，所以，有必要首先扼要地介绍一下当今海内外有关烟草传播的研究结果，以便读者了解鼻烟壶的渊源及其问世的背景。

烟草是一年生草本植物，茄科、烟草属。人们将其叶烤制后吸用，主要成分为烟碱，有行气、止痛、解毒等药用价值。原产美洲，自从一四九二年哥伦布发现新大陆之后，包括烟草在内的各种农、副业产品，随着向东方航行的葡萄牙商船运至欧、亚大陆。烟草移植获得成功，逐步扩大栽种面积、增加产量，以满足民众的需要。烟草传入我国的时间大致在明代晚期，分为南、北两路辗转流传。南路由菲律宾吕宋岛传至我国台湾，又由福建漳州人从台湾取回栽种，万历时（公元 1573～1620 年）扩至广东，乃至江南的广大地区。北路传播线路也是几经周折才传入我国东北地区的：先由葡萄牙商船运烟草至日本，于万历四十四年前后，再由日本传至朝鲜，天启年间（公元 1621～1627 年）又经朝鲜商人输往沈阳（天命十年，即 1625 年，后金迁都于此地，称盛京）。当朝鲜烟草传入我国东北时，正值后金（公元 1616～1643 年）割据，故满族统治者已有机会品尝到烟草。

鼻烟传入我国的时间众说纷纭，莫衷一是，但在众多说法中较为稳妥的一种观点是17 世纪末期。故此，清朝第一代皇帝顺治（公元 1644～1661 年）尚不可能获得鼻烟。而康熙皇帝得到西洋鼻烟的最早记录是康熙二十三年（公元 1684 年）。据《南怀仁熙朝定案》记载：康熙二十三年，玄烨第一次南巡行至南京时，接见西洋传教士华嘉和汪儒望，皇帝仅接受了贡礼中的鼻烟。当时，鼻烟称"西蜡"（snuff）。说明康熙已知鼻烟的功效，或许他于此之前已经品尝过甚至已养成嗜好，才独留鼻烟的。所以，不无可能，在康熙二十三年之前，已有人通过某种渠道将鼻烟运入我国，随之贡进内廷。根据上述资料，可将鼻烟传入我国的时间暂定为康熙二十三年或稍前若干年，这也是鼻烟壶问世的上限时间。

2. 由鼻烟盒到鼻烟壶

17 世纪的西方鼻烟是高等消费品，装在大小不同的各种玻璃瓶里，口盖密封后，配套置于匣内，再用木箱包装，由海船运入我国。北京故宫博物院还收藏着清宫留下的19 世纪进口的整装匣烟（见《清代广东贡品》三二，十九世纪，洋鼻烟五瓶〈七五贡下〉）。随着西方鼻烟的传入，盛鼻烟的器具也传入我国。据传世的西方盛鼻烟器具及文献记载可知：欧洲盛鼻烟的器具是以各色小长方盒为主，故名鼻烟盒。在其传入广州之后，当地工匠即开始仿制。

笔者曾于中国第一历史档案馆查到康熙六十一年（公元 1722 年）十一月二十六日所子进单[1]一分，计纳贡品八十一项，其中包括鼻烟四瓶、水晶烟盒一个、玳瑁烟盒一个、起花铁烟盒一个、蜜蜡烟盒一个等五项。这四瓶鼻烟和四个各色鼻烟盒，因未注明"洋"字，应非舶来者，而是广州仿制或自制之产品。雍正时代贡单则说明广州同时生产鼻烟盒和鼻烟壶这两种盛烟器具[2]。乾隆时代广州生产烟具的情况也大体与雍正时代相似[3]。尽管至乾隆中期广州仍制造并贡进各色鼻烟盒，但该器受其本身功能所限，一直未能在宫廷和市庶中间推广。

关于使用鼻烟盒的情形，妇孺皆知的中国古典小说《红楼梦》第五十二回有所描写，曹雪芹在书中指出了鼻烟盒打开后容易走气的缺陷。（即使不打盖，想必也不易严实。）烟盒的另一个不足之处是不宜随身携带，这对嗜烟者来说，是一件非同小可的憾事。大概正是由于这两个缺点，使它未能在宫廷内外普及开来，也正是这个原因推动了内廷对鼻烟盒的改造和创新，根据他们的生活方式、传统习俗和实际需要创造了鼻烟壶，从而取代了来自欧洲的或广州仿造的鼻烟盒。

我们从上述资料可知：西方人使用小盒盛鼻烟；而清皇家和民间则使用各式的瓶或壶，它们不论取何种形式，都是专门制造的，并且也是非常精美的。中国人和西方人在吸食鼻烟的同一行为中却使用不同的器皿，这也反映了各自不同的文化传统，这种传统表现在人们日常生活的各种层面，即使在吸食鼻烟这样的生活细节上，也显示出差异。

3. 鼻烟壶器名的原委[4]

如前已述，当欧洲鼻烟传入清代的广州时，相伴随的还有欧洲鼻烟盒，大约在康熙二十三年（公元1684年），清政府弛海禁，鼻烟及鼻烟盒遂流入广州，先为粤海关、粤督抚衙门的官员及商贾士绅们接受，于是，当地便开始配制鼻烟壶并制造鼻烟盒。到了康熙末年，已能生产多种多样的鼻烟盒，或流通于市，或贡进内廷。然内廷因其多有不便，难以适用，即设法予以改制。

最早的鼻烟壶可能是仿制古药瓶式，称作鼻烟瓶（赵之谦《勇卢闲诘》），还可能用特制各色玻璃小瓶贮鼻烟。可是，在现存清宫旧藏烟壶中，其制作年代早于康熙六十一年者，只有铜胎画珐琅和瓷制两种，尚未见玻璃鼻烟瓶。在这里不能不提到散布于海内外的顺治年程荣章造款铜鼻烟壶。笔者有幸于1991年7月在北京琉璃厂《悦雅堂》目睹了顺治元年程荣章造款黄铜胎阴刻云龙纹鼻烟壶，经仔细验看，发现其造型、花纹并不具备顺治朝的时代特征；其款识亦实难令人信服；况且，它与上述鼻烟传入我国的时间又相牴牾，故不能认定其为顺治朝所制。因此，不取程荣章造款鼻烟壶为证，仍以北京故宫博物院现存清宫旧藏鼻烟壶为基本资料进行探讨研究，以期得出客观的结论。

现存康熙朝画珐琅鼻烟壶的共同特征是：小口、短颈、扁体、圆腹、无足或矮椭圆足，并配圆盖牙匙。这种形制在雍正、乾隆朝千姿百态的鼻烟壶中仍为数甚多，还有由此种形制鼻烟壶歧变出来的若干新花色式样。可以这样认为：上述康熙朝鼻烟壶确是清代鼻烟壶的基本祖型之一，形成了独立的发展序列。现存属于康熙朝的扁体弧腹无足型的鼻烟壶有康熙御制款画珐琅双蝶鼻烟壶（图一）和雍正画珐琅黑地牡丹纹鼻烟壶（图二）。这两件鼻烟壶的造型显然是仿效明初瓷器，作为其例证，可以找到永乐朝扁平大壶（图三）、永乐朝青花扁壶和宣德朝青花扁壶（图四）。鼻烟壶与瓷壶器身几乎雷同，惟于口、足略有所殊，这个现象不是偶然的，可证两者显然有着承接关系，也就是说康熙朝扁体弧腹无足型鼻烟壶是参酌明初永、宣扁壶设计制造的，这种形式上的联系不容忽视。另外，两者均以"壶"为名，则尤

图一　"康熙御制"款画珐琅双蝶鼻烟壶
（北京故宫博物院藏）

图二　清雍正铜胎画珐琅黑地牡丹纹鼻烟壶
（高 4.3、宽 3.3、口径 1、厚 1.6 厘米，
台北故宫博物院藏）

图三　永乐朝扁平大壶
（北京故宫博物院藏）

图四　宣德朝青花扁壶
（北京故宫博物院藏）

其值得诸位同好注意：这乃是一种由彼及此的、自然而然的延续。这个推想与满族人的经历和习俗相吻合。众所周知，满族人在入关前长期过着游牧、征战的马上生活，必然也需要用永、宣那种小口扁体圆腹壶盛水，以便随身携带、随时饮用，久而久之，满人便对扁壶产生了世代相传的深刻印象。而在他们入关以后，明宫廷瓷器尽归清帝所有，养心殿造办处的匠师们在设计鼻烟壶样式时参照永、宣扁壶也是合乎情理的。如果这种分析、推论不足为凭的话，那么，最有力的证据莫过于宫廷档案了。笔者从《养心殿造办处各作成做活计清档》（以下简称《清档》）中检出两则，足资佐证。

一则是雍正七年（1729 年）《清档》（编号 3322）[5]记：七月三十日，雍正帝向珐琅作追回从前交出做样的康熙年制款黄色珐琅寿文背壶式鼻烟壶和康熙年制款红色一树梅珐琅背壶式鼻烟壶。这说明康熙年间确已有仿造背壶的鼻烟壶，雍正时又曾照康熙样式再仿造。经查核，雍正年制款红色一树梅珐琅背壶式鼻烟壶（图五）仍然存世，现藏北京故宫博物院。壶身绘红地；梅花布满枝杈，或勃然盛开，或含苞待放，孤傲飘逸，仿佛芳香弥漫于画外，令人爱不释手。透过这件雍正时的仿品，我们可以看到康熙年制款红色一树梅背壶式鼻烟壶的原貌，这对探索背壶与清早期鼻烟壶的联系大有裨益。

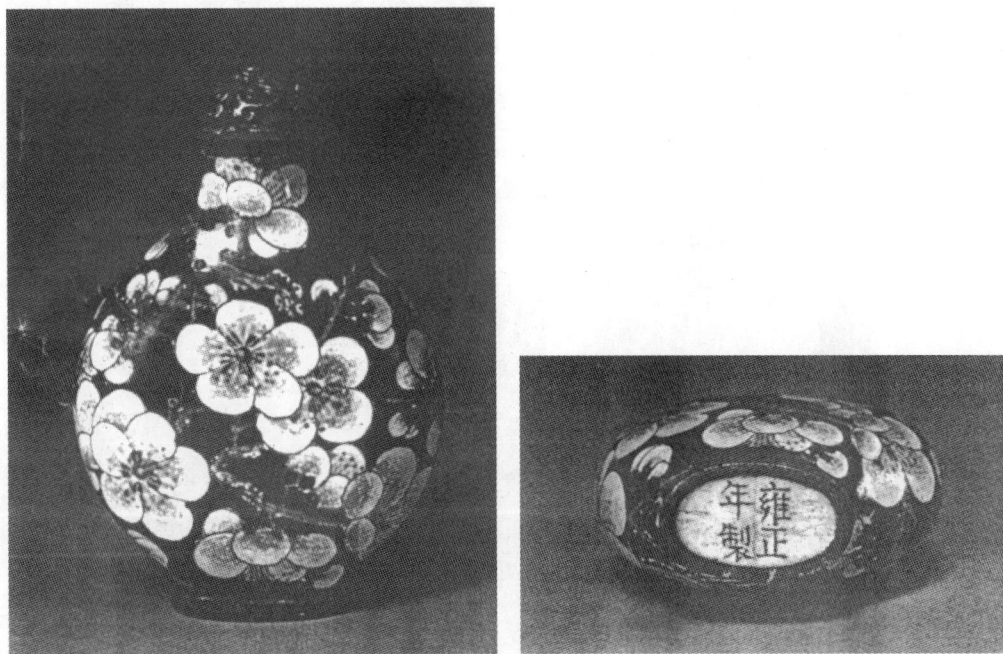

图五　“雍正年制”款画珐琅红地一树梅鼻烟壶　清雍正
（高 5.8、口径 1.2、足径 1.2×2、宽 4、厚 1.8 厘米，北京故宫博物院藏）

另一则《清档》记载（编号 3542）：乾隆四十年（公元 1775 年）闰十月二十日，交出文竹背壶式鼻烟壶一件，命江西钞关基厚照样成做十件。于四十一年二月十五日，江西送到文竹鼻烟壶二十件。

这条记载说明：在乾隆四十年以前，宫中又有了文竹背壶式鼻烟壶，并再继续仿制，可见它有着旺盛的生命力，从康熙雍正直至乾隆，均有这种形式的鼻烟壶。如果再看看现存实物，便可认出大量类似形制的鼻烟壶。由此，亦可认定，它也是清宫鼻烟壶的基本形制之一。在此，为了确认鼻烟壶与背壶的关系，则须进一步寻找背壶，查明它究竟是何种形式，以便进一步研究背壶对创造鼻烟壶的重大影响。

北京故宫博物院收藏的清宫留存下来的银背壶为我们提供了铁证。笔者已查到若干件从顺治到同治十年铭的银背壶。计分为链环银背壶（图六），穿带银背壶（图七）和吸管银背壶（图八）三种类型，均由黄签、贴签或铭文可证其确为银背壶。链环银背壶造型的主要特点是：有活环圆盖、圆口细颈、圆腹、扁体、椭圆形半高足，身两侧中部出凸脊一道，两侧偏上部各有活环，此二环与盖顶活环间有银链相连接，盖与链相连，开启时不会落地，又便于提携而行。穿带银背壶与链环银背壶造型基本一致，仅将两侧之活环改为四个方纽、高足有穿、盖顶有活环纽，这些纽穿供穿带之用。吸管银背壶两侧无凸脊，各有一活环，圆盖正中露出兰花头式吸管口。将上述三类银背壶与上述雍正年仿造的红地一树梅珐琅背壶式鼻烟壶相比较，两者在口、颈、身、足四部分均较接近，而红地一树梅珐琅背壶式鼻烟壶除两侧无凸脊、无环纽之外，在盖、口、颈、身、足均略作损益，更适于装鼻烟，怀揣、手握都很方便。无可否认，一树梅珐琅背壶式鼻烟壶确实来自背壶。其造型之本原已经寻觅到了，由此，可以推断：鼻烟壶之"壶"字，也是从背壶引申沿用下来的。通过分析、比较上述材料，可以肯定：清内廷最初的鼻烟壶应是仿造扁壶和背壶的造型设计出来的，连同"壶"字也一起承袭下来了。这就是清宫鼻烟壶器名的本原。

图六　链环银背壶　　　　　图七　穿带银背壶　　　　　图八　吸管银背壶
（北京故宫博物院藏）　　　（北京故宫博物院藏）　　　（北京故宫博物院藏）

既然鼻烟壶的器型与名称均来自扁壶和背壶，那么，鼻烟壶的名称成于何时？又是怎样推广到全国的？目前，从文献和档案已检出最早的有关鼻烟壶的记载，可举二例。一是高士奇《蓬山密记》记述：他于康熙四十二年（公元1703年）在畅春园得到康熙赏赐的自佩御用鼻烟壶二件并鼻烟一瓶。二是康熙四十九年（公元1710年）六月二十六日苏州织造李煦奏折[6]，记载着李煦向康熙皇帝同时进了湖州毛笔及苏州的佛手、鼻烟壶、鸟食罐等四项贡品。从上述两则文字可以了解：清宫于康熙四十二年已有"鼻烟壶"这种名称的盛烟器具了，苏州织造李煦也详悉此事。显然说明鼻烟壶在宫廷内已出现多年并已流传到内廷各派出机构。这大概至少需要几年的时间。笔者以为，可上溯到康熙三十五年（公元1696年）建立玻璃厂之时，以此时作为鼻烟壶的起点较合适。

宫内鼻烟壶向外界传播，对各地鼻烟壶的生产及其艺术水平的提高起了指导作用。在名称上也逐步以鼻烟壶取代鼻烟瓶，并基本上以此为统一的名称。当然，因各地情况不同，鼻烟壶名称统一的时间亦各有早晚。从宫中进单反映出来各地所进的盛烟器具，只有广东比较特殊，至乾隆三十六年（公元1771年）七月十七日，两广总督李侍尧仍进洋珐琅鼻烟盒九件[7]，这也说明，鼻烟盒在广州通用的时间可能很久。这是广州特殊的客观背景和长期的生活习俗促成的，然而，在全国来说，这只是一种个别现象，没有普遍意义。

明确了上述三个前提之后，现在，开始介绍清代鼻烟壶工艺及其艺术的发展与演变，并欣赏鼻烟壶的部分代表性作品。

一、鼻烟壶的问世
（康熙中期至晚期，公元1684？～1722年）

从《清档》和其他有关文献的记载推论，内廷最早的鼻烟壶应是由内廷玻璃厂用各色玻璃烧造的，康熙帝非常喜爱，佩系腰间频频使用，有时解下赏赐勋臣。康熙时，内廷玻璃厂已烧造了"套料"鼻烟壶，虽无实物传世，但雍正初年的《清档》记载证明了这一点。

御用画珐琅鼻烟壶是由养心殿造办处珐琅作绘烧制成的。从"康熙御制"款画珐琅开光梅花鼻烟壶可知，其形制源自清宫银背壶。从其器形、珐琅、图案及用笔等方面，可窥知康熙时期画珐琅鼻烟壶的艺术风格。

康熙时期的瓷鼻烟壶产于景德镇民窑，流行于民间。其造型应是仿当地盛产的瓷瓶缩小而成。其彩绘图案与民窑其他瓷器毫无二致，有着天真朴实的品格和淋漓酣畅的情趣。这是它独立发展，尚未受到官窑的影响时的艺术特点。与上述宫廷画珐琅鼻烟壶相比，确是泾渭分明，互不相干。

其他品种的鼻烟壶包括玛瑙、螺钿、镶嵌等等，材质优良，工艺亦精，说明康熙时期玻璃鼻烟壶一旦问世，便迅速地促进了其他各种工艺的鼻烟壶的产生。

任何器具的发明和创造都是与人类的物质生活、精神文明相联系的文化现象。鼻烟壶的问世也不能例外。它发源于鼻烟在我国广为传播之际，同时又是在众多的嗜烟者抛弃了来自欧洲的鼻烟盒之后，清代宫廷匠役参酌扁壶、背壶的器型，设计并制做了扁壶式、背壶式的鼻烟壶。其后继工匠踵事增华、锦上添花，创造了与上述形制完全不同的各色崭新形式的鼻烟壶，大大丰富了它的花色品种。由于鼻烟壶的问世距我们生活的年代较近，档案文献尚存，实物传世较多，这为我们的研究工作提供了便利条件。

如上已述，鼻烟壶，更具体地说是规范化的清宫鼻烟壶，是清帝培植的产物。在鼻烟和鼻烟盒传入清宫之后，康熙皇帝对其颇感兴趣并逐渐养成嗅烟嗜好，在经常的使用中他感觉到鼻烟盒的种种不便之处，遂发出旨意，命养心殿造办处主管官员组织人力设计新型盛烟器皿，这样，鼻烟壶方得以降生。所以，清宫鼻烟壶的问世及后来的发展都与皇帝的个人爱好有着直接关系。

康熙皇帝名玄烨，生于顺治十一年（公元 1654 年），系福临第三子，于公元 1661年以六岁冲龄继帝位，十四岁亲政。他是一个很有作为的皇帝，亲政后，清除了鳌拜集团；制定并实施了有利于进一步巩固和加强封建经济的政策；恢复和发展了农业与手工业生产；促进了商业兴旺和城市经济、文化的繁荣；平定了"三藩之乱"；遏止了俄罗斯东进南侵；镇压了准部噶尔丹的武装叛乱；巩固了清朝的统治。康熙皇帝对欧洲的文化艺术和先进的科学技术采取虚心学习的态度和积极汲取的政策，引进、利用、消化、发展，为传统的中华民族文化增添了新鲜血液，提高和扩大了宫廷绘画及工艺技术能力。这些都是实现康熙朝创造新式盛烟器具的物质技术基础。在这里可以首先探求一下康熙帝抛弃鼻烟盒而要求匠役创造鼻烟壶的原因。康熙皇帝为了巩固清朝大一统的社稷江山，坚持春搜秋狝，并且身体力行地演练弓马、抚绥边疆，经常"御驾亲征"，过着半军事性的流动生活。譬如，为了平定噶尔丹叛乱，他曾率军至口外，还曾督师宁夏。为了了解全国各地的真情实况，他屡次东巡或南巡。在京期间，他交替居住于紫禁城和畅春园，经常往来其间。这种频繁流动的生活方式，必然需要轻便易携的日常生活用具，小小的鼻烟壶便在这种情况下应运而生了。

鼻烟壶确实便于携带，汪灏《随銮纪恩》提到"（鼻烟）用瓶悬之带间"。高士奇《蓬山密记》记康熙癸未（康熙四十二年，公元 1703 年），游畅春园时，康熙"'见尔（高士奇）感涕，朕亦难忍。'复解上用鼻烟壶二枚并鼻烟赐下"。由此可知康熙随身带着鼻烟壶。从高士奇所用的一个"解"字，我们可推测，康熙是将鼻烟壶系佩于腰间的，这与汪灏的说法亦相合。北京故宫博物院藏有白色玻璃鼻烟壶（附烟碟）一件（图九），它装在一个铜胎画珐琅套匣内，我们还可通过这件藏品，得到鼻烟壶中有一种是可供佩带的印证。

养心殿造办处是康熙创制鼻烟壶的技术力量所在，它成立于清初。据雍正元年《清档》（编号 3288、3289）所列，养心殿造办处设立的厂、作，有：珐琅作（附大器作、镀金作）、累丝作（附撒花作）、镶嵌作（附牙作、砚作）、裱作（附画作）、匣作、刻字作、木作、雕銮作（附旋作）、漆作、玉作、杂活作、皮作、铜作、鋄作、炮枪作（附弓作），共十五作，另附八作，总计大、小二十三作。可是仔细想想，似乎还有遗漏，例如玻璃厂和自鸣钟处在雍正元年《清档》中未记，应当把它们补上。所以，康熙时代养心殿造办处实有二十五厂、作、处。如果排除按功能分工制作器具的大器作、砚作、炮枪作以及弓作之外，还有二十个专业。这种规模及分工实际上反映了康熙晚期宫廷造办的雄厚技术力量。雍正即位后整顿了养心殿造办处的分工与机构设置，并加强了管理，在组织上、人事上确实与康熙晚期有所不同，但其专业分工只能依旧，无法立即增减。康熙时代，养心殿造办处技艺精湛的名工

图九　白色玻璃鼻烟壶（附烟碟）
（北京故宫博物院藏）

巧匠大部分来自苏州、江宁、杭州、景德镇以及广州等工艺中心，内廷称为南匠或画画人。还有个别的西洋传教士，现知在钟表、玻璃、珐琅以及油画几个专业里均有西洋传教士参与和指导工作。上述宫廷造办的专业设置，同时也反映了全国工艺的发达状况，并代表了其最高水准。当然，皇宫需要的大宗高级工艺美术品，如织绣和陶瓷等行业不便集中于皇帝身边，便派出得力的内务府官员分赴苏州、江宁、杭州以及景德镇，为皇室造办御用或官用的丝织品和瓷器。另外，各地织造、钞关和盐政也都设有规模不等的作坊，为皇帝赶制贡品。

　　具备了如此优越的物质条件之后，一种崭新的、适于满族生活习惯和欣赏趣味的鼻烟壶，一经皇帝发出旨意，便毫不费力的制造出来了。

　　自康熙中期以来都生产过哪些鼻烟壶，现已无法了解。笔者从雍正时期《清档》中寻找到几件康熙时期鼻烟壶，如：黑玻璃与泥银合烧鼻烟壶、绿玻璃鸡鼓鼻烟壶、白玻璃鼻烟壶、顶圆紫青玻璃鼻烟壶、雨过天晴双夔龙鼻烟壶、葡萄色八角式玻璃鼻烟壶、白玻璃烧珐琅鼻烟壶、黄色珐琅中间画寿字背壶式鼻烟壶、红色一树梅珐琅背壶式鼻烟壶、黑地珐琅鼻烟壶及蓝地珐琅画芍药花卉鼻烟壶等。现存实物还有康熙御制款铜胎画珐琅双蝶鼻烟壶、康熙御制款画珐琅开光梅花鼻烟壶、康熙御制款画珐琅嵌莳绘梅花圆片鼻烟壶以及瓷胎鼻烟壶等。现在具体地介绍如下：

1. 玻璃鼻烟壶

据王士祯《香祖笔记》载：康熙四十二、四十三两年内府制造的玻璃鼻烟瓶有红、

紫、黄、白、黑、绿诸色，"白如水晶，红如火齐，极可爱玩"。这说明当时的玻璃鼻烟壶制造工艺已达到很高的水准，与《清档》所列康熙朝各色玻璃鼻烟壶互为印证，表明文献与档案都是可信的。

内廷玻璃厂设于康熙三十五年（公元 1696 年），隶属于养心殿造办处，由德国传教士基列恩·斯顿夫（Killan Stunff）为技术指导[8]，匠役来自山东颜神镇和广州两处。至四十二、四十三年，所烧鼻烟壶已很精美，同时，还可烧造洒金蓝玻璃。广东玻璃匠程向贵、周俊二人于康熙四十七年（公元 1708 年）分别烧成"雨过天晴"刻花套杯十二个、"雨过天晴"素套杯十二个（编号 3294）。估计康熙四十年"套料"虽未发明，但也相距不甚远了。此后，玻璃厂必有显著发展，正如赵之谦《勇卢闲诘》所云："于是列素点绚，以文成章，更创新制，谓之曰：套……更有兼套……或重叠套，雕镂皆精绝。康熙中所制浑朴简古，光照艳烂如异宝。"康熙套料鼻烟壶至咸丰、同治时代（公元 1851～1874 年）已极罕见，为世人所珍爱，俗称"三十六天罡稀世珍"，至今日当然就更难寻觅了。若与《清档》所记各色玻璃鼻烟壶互证，可以认为赵之谦对康熙御窑玻璃的评价是公允的，也是可信的。非常遗憾，康熙御窑玻璃鼻烟壶现仍未被发现，只能从文献档案上去领会，理解其形态、风貌和品质了。

北京民间玻璃手工艺[9]各作坊当时还不能熔铸玻璃，所用玻璃料条均从山东青州益都颜神镇购买，以低温熔软后加工成器，故称"料器"，它的生产连同名称一直延续至今，这就是如今驰誉海内外的"北京料器"。现在，有人不了解料器是玻璃制品的简称或俗称，不论古今，亦不论出产地点，均笼统地称之为"料器"，这是不妥的。北京民间料器作坊仿造内廷玻璃而"终不及"，然而也出现了"辛家皮"、"勒家皮"和"袁家皮"等三家著名的民间料器作坊，它们代表了北京民间玻璃手工艺的艺术特点和最高水准。

此外，颜神镇[10]、苏州[11]与广州[12]都是重要的玻璃生产基地，理所当然地也会仿造内廷玻璃鼻烟壶，但查无实据，目前既未见文献、档案记载，也未发现实物。这一课题只好留待今后探讨。

2. 珐琅鼻烟壶

康熙帝很喜欢珐琅制品，特别设立了珐琅作，为他烧造掐丝珐琅和画珐琅器具。珐琅作成立的具体时间尚未查明，据《大清会典事例》卷一千一百七十三所记，珐琅作成立之后隶于武英殿造办处。而武英殿造办处成立于康熙十九年（公元 1680 年），估计珐琅作成立时间不会距此太远。康熙四十七年（公元 1708 年），奉皇帝旨意，武英殿匠役人等俱移于养心殿造办处，康熙五十七年奏准珐琅作改归养心殿造办处。

珐琅作在康熙的指令下制造了不少景泰款掐丝珐琅器[13]；时做掐丝珐琅器亦产量颇丰。流传于世的康熙掐丝珐琅器较多，其掐丝技法、造型方式，与珐琅色彩确较前世丰富了许多，说明康熙时期掀起了清代掐丝珐琅工艺革新的第一个高潮，形成了自己的时代面貌和艺术风格。由此可推测，康熙时期首创的珐琅鼻烟壶应是掐丝珐琅的。

画珐琅是珐琅工艺的后起之秀。欧洲画珐琅器传入清宫，立即受到康熙的青睐，珐琅作遂开始试制，先由景德镇彩瓷工匠宋三吉等试烧，制品类似早期粉彩，有折枝梅花、牡丹、茶花、荷花、桃蝠以及山水等写实性图案纹样，其器物品种主要有微型的三足炉、圆盒、盖碗、盖盏、菱式盘、胆瓶和水盂等。康熙五十五年（公元1716年），广州画珐琅匠潘淳、杨士章进入珐琅作[14]，参与指导试制工作并烧成了规范化的康熙御用画珐琅器。康熙五十八年，法国画珐琅匠，传教士陈忠信（Jean Baptste Graverevu）进入养心殿造办处珐琅作[15]，传授法国画珐琅工艺技术。现存康熙画珐琅鼻烟壶应是康熙五十五年以后的产品。

"康熙御制"款画珐琅开光梅花鼻烟壶（图一〇；图版49）是此期画珐琅鼻烟壶的代表作。高6.2厘米，口径1厘米，椭圆形足长2厘米，宽1.1厘米；錾铜镀金圆盖；通身施白色珐琅；颈饰宝蓝色双重复莲瓣；器身画黄色线圆形开光，内绘一枝写生梅花，枝干盘虬似龙爪，枝杈上点缀着红、白两色的花朵和花苞，清香横溢，确是一幅优秀的圆光梅花图；颈下绘紫色四瓣花；左右肩部饰大卷叶红花；其下绘一整二破的蓝、黄二色菊瓣；椭圆足饰蓝色卷草，内施白色珐琅地，书蓝色珐琅"康熙御制"楷体款。此壶珐琅共用宝蓝、浅蓝、紫、绿、浅绿、玫瑰红、黄、黑等八色，并用晕色处理。珐琅色调醇厚、鲜艳、清新、明快；用笔遒劲工整、一丝不苟，与景德镇粉彩的画法相似，很有可能出自宋三吉之手。此器造型与明代永、宣两朝青花扁壶相似，只是鼻烟壶的壶口略显粗短，足亦稍高，若与雍正年制款画珐琅红地一树梅仿背壶式鼻烟壶相比，也是非常接近的，可认定它亦为仿背壶式鼻烟壶。

与此壶类似的"康熙御制"款画珐琅嵌苘绘梅花鼻烟壶（图一一）更接近清宫银背壶。还有一种无足的画珐琅鼻烟壶，这就是康熙御制款铜胎画珐琅双蝶纹鼻烟壶，这种无足鼻烟壶传世甚少，可能因其无足，置于

图一〇 "康熙御制"款画珐琅开光梅花鼻烟壶
（高6.2、口径1、足径2×1.1、腹宽4.5、厚2厘米，
北京故宫博物院藏）

图一一　"康熙御制"款画珐琅嵌莳绘
梅花鼻烟壶
（北京故宫博物院藏）

几上只能平卧而不能直立，使用起来不够方便，所以未能推广就被淘汰。

北京的民间掐丝珐琅与广州的錾胎珐琅、画珐琅也是闻名遐迩，想必随着鼻烟的流行可能也做过鼻烟壶，但缺乏文献记载和传世实物，不便推断，有待今后注意查找。

3. 瓷鼻烟壶

目前，在传世瓷鼻烟壶中已鉴别出一批青花或釉里红的康熙朝制品。现选北京故宫博物院保存的清宫旧藏青花勾莲鼻烟壶（图一二）、青花寒江独钓鼻烟壶（图一三）以及新入藏的釉里红卧石望月鼻烟壶（图一四）等三件制品，以供读者赏鉴。这三件瓷鼻烟壶均产自民窑，有着无拘无束、天真朴素的韵致。从器型上看，都是仿自瓷瓶，一种是仿细长的圆筒瓶，与顺治"百花斋"款筒瓶类似；另一种是仿梅瓶，亦似万历筒瓶，其特征为流肩、细身、弧腹。瓷鼻烟壶的造型还是来自瓷器本身，只是为了盛烟的需要而稍加改动。民窑鼻烟壶的器型与宫廷鼻烟壶大相径庭，前者为细长圆筒形，而后者则为圆形扁体状。二者在小不盈握这一点上还是相同的。这三件瓷鼻烟壶的装饰手法与青花、釉里红的装饰手法完全相同，无论是色彩还是格调都是毫无二致。如青花寒江独钓鼻烟壶，在方不逾寸的画面上，仍以青花渲淡，层次极为丰富，致使画面有着深邃而幽远的意境。釉里红伏石望月鼻烟壶完全用写意的手法渲染人物和景物，充满了徐天池、朱耷的笔墨淋漓酣畅的情趣。

4. 其他品种的鼻烟壶

从雍正《清档》可以查到一些康熙时期的其他品种的鼻烟壶。如红玛瑙桃式鼻烟壶（编号3291）、螺甸鼻烟壶（编号3295）、镶嵌日晷油篓式鼻烟壶（编号3299）等等均记录在案。实际使用的其他品种的鼻烟壶必然还有许多，只是由于耗损流失，我们今天已看不到了。

从上述文献档案和传世鼻烟壶来看，康熙后期的二十余年里，清廷充分运用其在政治、经济、文化以及工艺上的实力，不仅创造了新式的盛鼻烟器——鼻烟壶，而且还制造出大量技艺精湛、品种繁多的产品，形成了微型工艺精良简朴的特殊风格，这为鼻烟壶下一步在更为广泛领域内的发展打下了坚实的基础。

 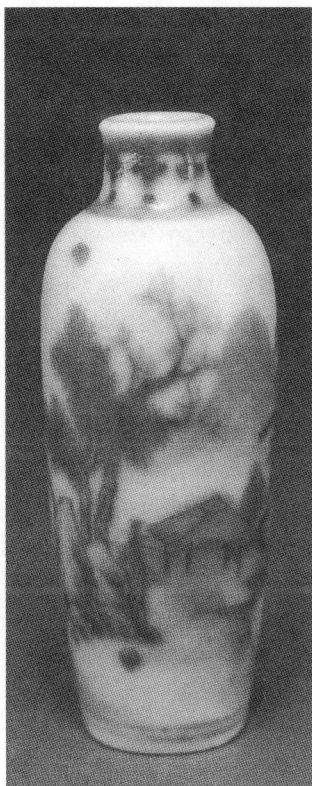 

图一二　清雍正青花勾莲鼻烟壶

（高 8、口外径 1.4、口内径 1、足径
2.3、腹宽 3 厘米，北京故宫博物院藏）

图一三　康熙朝青花寒江独
钓鼻烟壶

（高 7.7、宽 3、口外径 1.3、口内
径 0.9、足径 2、厚 3 厘米，北京
故宫博物院藏）

图一四　康熙朝仿成化款
釉里红卧石望月鼻烟壶

（高 8.3、宽 2.2、口外径 1.1、口
内径 0.7、足径 2.2×2.2 厘米，
北京故宫博物院藏）

二、鼻烟壶的发展（雍正时期，公元 1723～1735 年）

　　《清档》记载说明，雍正初年胤禛对宫廷造办机构下达了务要创造"内适恭造之式"，排斥"外造之气"的谕旨，进而净化了宫廷工艺，使其向新的高度提升。鼻烟壶也不例外。在画珐琅鼻烟壶中，我们选刊了养心殿造办处珐琅作和广州粤海关珐琅作两处不同地方制造的鼻烟壶，供读者对比、鉴赏，若稍思忖，便不难区别"恭造之式"和"外造之气"的差异了。

　　这一节还刊印了北京故宫博物院收藏的以玻璃画珐琅，玉石、镶嵌、匏、陶瓷等材料，工艺制成的鼻烟壶。这些各色鼻烟壶大多都是清宫旧藏的珍贵遗物，从它们身上可看到胤禛所要求的精巧雅秀的宫廷艺术面貌。在玻璃画珐琅鼻烟壶上，宫廷气质的尤为出众。

同样都是出于宫廷造办处的御用鼻烟壶，因其材料、工艺的不同，必然产生出不同的视觉效果。各种不同品种的鼻烟壶，其审美倾向也是各有侧重的。

现存的雍正时期鼻烟壶已是凤毛麟角，十分珍稀。但是《清档》、《进单》等宫中档案却纪录了大量有关鼻烟壶的史实，这里多已刊出，以扩大我们的视野，超越遗存之制约，引发出合乎逻辑的联想，以恢复历史的原貌。

玄烨于康熙六十一年（公元1722年）十一月驾崩，继位的胤禛是玄烨的第四子，生于康熙十七年（公元1678年），登基时已经四十五岁。他为人谨慎，亦不乏魄力。改元后，他不得不把注意力集中于巩固帝位、整饬内政方面，以使康熙盛世继续得到发展。至于他"矫诏篡立"之说，迄今仍是一谜，留待历史学家去研究澄清。雍正整饬内政的若干措施中，一直未被史家重视的就是他整顿养心殿造办处。造办处的职能仅仅是管理那些制造御用器物的作坊，雍正连这个小机构也未放过，在人事上做了调整，建制上做了裁并，制度更趋完善，尤其是整顿了档案工作，建立了《清档》，从此以后，直至宣统三年，计188年间执行不废，并将历年档案妥善保存。这些案卷现藏于"中国第一代历史档案馆"，它为我们研究清代画院及其院画、了解各类工艺美术品的历史状况，提供了大量的宝贵资料和确凿证据。今天，我们在研究鼻烟壶时也是离不开《清档》的。康熙时代鼻烟壶的历史艺术形态，在几个重要环节上，都是通过雍正初年的《清档》中的有关记载，加以追溯、研讨，才最终得出了比较可靠的结论。下面我们在研究雍正时代鼻烟壶的过程中，也要以《清档》记载为基本线索，参酌传世实物，来认识这一时期鼻烟壶工艺与艺术的发展变化。

从雍正《清档》可以了解，这十三年间的鼻烟壶工艺确有发展。这表现在工艺品种的增加、运用原料范围的扩大、工艺技术的改进以及宫廷风格的形成。

从清代工艺美术的全局角度来看，雍正这短短的十三年中产生了一个最重要的艺术现象，就是工艺品的宫廷样式的定型。这是影响整个工艺美术领域的重大成就，当然与鼻烟壶有着密切的关系。宫廷工艺的宫廷样式的形成不是一朝一夕之事，而是经历了一个较长时间的发展和积累的过程。在这一过程之中，康熙时代已为其奠定了坚实的基础，而雍正朝充分利用了这个基础。胤禛总结他即位后的最初几年的工艺美术状况，向养心殿造办处的匠役们提出了一个严格的要求，就是要注重创造"内造恭造之式"（编号3310），以提高宫廷工艺的艺术水平。胤禛对宫廷美术、雕刻与工艺提出的总要求是：不要背离内廷恭造样式，要排除"外造"之气，除得越彻底越干净越好。概括起来，胤禛提出的宫廷艺术标准不过四个字，即："精"、"巧"、"雅"、"秀"。胤禛在位十三年，始终不遗余力地来贯彻这个四字标准，而且确实也获得了成功。然而，这四个字并不仅仅是美学概念，并且是胤禛针对某些宫廷制品在艺术、技巧等方面的缺陷，向匠役们指明的在修改时应把握的方向。今天看来，这四个字也就是清代宫廷艺术品的特殊风格以及所达到的艺术境界。胤禛为了贯彻他的艺术标准，便配备了一批精通绘画或工艺的郎中、员外郎、主事和催长等中、下层管理人员。还建立了用料、钱粮等支领、核准、报销以及匠役考勤等制度。雍正皇帝和怡亲王经常督促检查，使这些制度得以严格执行。匠役们对下达的任务要审慎执行，在设计、画样、完成等几个重要的环节，均须将纸样或半成品、成品"呈览"，雍正亲自把关，造办工作完全置于他的直接控制之下。事无巨细，工匠均须遵旨照办，不得马虎搪塞，一旦发现违背"上意"者，必定严加惩处。皇帝对造办处匠役的经常性指导，促使宫廷艺术出现了新的面貌，进而形成了雍正时代的宫廷艺术风格，完全体现了胤禛提出的"精"、"巧"、"雅"、"秀"的四字要求。以雍正朝宫廷作品与康熙、乾隆两朝养心殿造办处各色制品或官窑瓷器稍加比较，便不难理解这四字要求的含义了。这时，康熙时代的浑朴简古的风格已完全消逝，演变而成典雅秀逸的清代宫廷风格。这种重大变化同样地也反映在鼻烟壶的工艺技巧与艺术特征上。

现在分玻璃、画珐琅以及其他品种等三个类别，来介绍雍正时期鼻烟壶工艺的发展概况。

1. 玻璃鼻烟壶

雍正时代，玻璃厂的吹玻璃匠可能来自山东博山县。广东玻璃匠程向贵、周俊二人于康熙五十四年（公元1715年）四月被遣送回粤，此后，似不再从广东招募玻璃匠。山东博山吹玻璃匠未在史料中留下姓名。雍正年间，玻璃厂除了生产例贡之外，还烧造了不少玻璃鼻烟壶。如雍正三、四两年，共烧造玻璃鼻烟壶一百个（编号3293、3294）其中有葡萄色玻璃鼻烟壶、红玻璃鼻烟壶、大红玻璃鼻烟壶、雨过天晴玻璃鼻烟壶、黄玻璃鼻烟壶、雨过天晴双夔圆鼻烟壶、月白玻璃夔龙鸡心角鼻烟壶、套红、套绿、套蓝螭虎鼻烟壶以及白玻璃嵌西洋珐琅片鼻烟壶等。

现存雍正玻璃鼻烟壶甚少，如铜胎画珐琅套匣所盛的涅白玻璃鼻烟壶（图一五）即为极其难得一例[16]。这件鼻烟壶的涅白玻璃是仿玉玻璃，亦称"药玉"或"罐子玉"、"罐玉"。此壶椭圆，扁体，短颈，配铜金錾花圆盖、软木塞、牙勺，外配铜胎画珐琅黑地黄色双夔纹椭圆套匣，无款识。从铜胎画珐琅套匣具有雍正画珐琅风格这一点来推断，涅白玻璃鼻烟壶亦为同期产物。如果此涅白玻璃鼻烟壶与画珐琅套匣失群而单独出现在人们面前，则很难鉴定其为雍正时代之物了。由于素玻璃鼻烟壶不易鉴定，可能还有一些雍正时代单色玻璃鼻烟壶还未被辨识，而仍被混在乾隆朝玻璃鼻烟壶里，这是鉴定玻璃器的一个难题。

关于套料鼻烟壶，雍正二年《清档》记有三种，分别为白地套红、套绿、套蓝等花色，说明具体图案的只有套蓝螭虎一种。上述三种套料鼻烟壶见于雍正二年《清档》杂活作七月十二日和八月十八日的记录（编号3292）。这两笔记录非常重要，证实了套料出于康熙晚期的推测，也证实了赵之谦《勇卢闲诘》的记载。当然，康、雍两代套色玻璃的品种远比这两条记载要丰富多彩。然而，令人遗憾的是我们迄今仍未找到雍正时代的套色玻璃鼻烟壶。

图一五　雍正朝涅白玻璃鼻烟壶
（北京故宫博物院藏）

　　广州玻璃鼻烟壶在雍正年间照旧生产，雍正六年《清档》（编号 3313）记载已有广州玻璃鼻烟壶。

　　其他地方的玻璃作坊此时想必也会烧造更多的鼻烟壶，但未见记载与实物，故详情不明。

2. 画珐琅鼻烟壶

　　清宫画珐琅鼻烟壶均由珐琅作承制。珐琅作在康熙时代以做掐丝珐琅器为主，至康熙晚期，画珐琅试制成功，并有了迅速发展，在珐琅作中始占一席之地。对于珐琅器具，胤禛的喜好与其父有所不同，他对掐丝珐琅十分冷漠，没有多大兴趣，在《清档》中，仅检出雍正十三个年头里制作的二十八件掐丝珐琅器，这也反映了胤禛的兴味不在于此。但对新兴的画珐琅，他却视如掌上明珠、爱若珍宝，不遗余力地积极提倡，大力扶植，因而画珐琅在雍正时期得到了突飞猛进的发展。为了提高画珐琅的艺术水准，胤禛特指定员外郎沈嵛、唐英主管珐琅作的活计与钱粮；从广东、淮关招募画珐琅匠和画画人充实珐琅作。现已查明，其时在珐琅作画制珐琅的人员有康熙时期留下来的江西景德镇画瓷器人宋三吉、广东画珐琅人林朝楷（郎世宁之徒），新招募的有广东画珐琅匠张琪（又书张琦）、邝丽南，此外还有南匠贺金昆、周岳、吴士琦、谭荣、载恒、汤振基、邹文玉等人，其中谭荣、邹文玉二人的技艺最为高超，曾多次受到雍正帝的夸奖和赏赐。炼珐琅人有柏唐阿宋七格，景德镇吹釉炼珐琅人胡大有以及邓八格等人，管理人员有首领太监吴书，太监张景贵、乔玉，催总张自成、柏唐阿李六十、胡保住、徐尚英、张进忠、王二格、陈得，镀金人王老格。这当然还不是珐琅作的全部人员名单，却足以说明珐琅作亦是一个庞大的作坊。随着人员增加，其作坊的工作场所也相应的扩大了。

至雍正六年（编号3318）初，已备有西洋、新炼、新增等三类珐琅料。西洋珐琅料计：月白色、白色、黄色、绿色、深亮绿色、浅蓝色、松黄色、浅亮绿色、黑色共九色。旧有西洋珐琅料与上述九色基本一致。只减深亮绿色而增深亮蓝色。这说明雍正时期引进西洋珐琅料不过九色，实际上只有白、黄、蓝、黑等四种基本色料。所谓"亮绿"与"亮蓝"即透明的绿色或蓝色。新炼珐琅料计有：月白色、白色、黄色、浅绿色、亮青色、蓝色、松绿色、黑色。新的珐琅有：浅绿、亮青、蓝、松绿、亮绿等五色。所谓新炼珐琅料是指雍正元年至五年新配炼成的，在康熙时代还没有新的珐琅料。新增珐琅料计有：软白色、秋香色、淡松黄绿色、藕荷色、浅绿色、酱色、深葡萄色、青铜色、松黄色等九色。所谓新增珐琅料应是来自广州自炼的珐琅料。新的色料有软白、秋香、淡松黄绿、藕荷、酱、深葡萄、青铜等七种。四种珐琅料实有二十二色，这三十六种珐琅料促使雍正画珐琅变得殉丽多彩，增强了表现力。

还值得一提的是，怡亲王从西洋人那里听到：烧珐琅调色用多尔们油（编号3318）。因这种油产于欧洲，来之不易，仅在上用小珐琅片上调色时才能使用。多尔们油存放在武英殿露房，原属武英殿造办处珐琅作，康熙五十七年珐琅作改归养心殿造办处之后迁出原址，而多尔们油仍放在武英殿露房，后来调珐琅不再使用多尔们油，便被遗忘了。到了雍正六年（公元1728年）忽又听到西洋人说起此事，才命人前去武英殿查实，共查到多尔们油三十斤二两二钱，禀告怡亲王之后，准拿出一小瓶进行试验。由此可知，康熙时内廷用多尔们油调珐琅的做法，可能在陈忠信因病于雍正元年（公元1723年）返法之后不久便失传了，从雍正六年起仅在上用珐琅片上使用。

怡亲王私雇画珐琅匠在府内烧造画珐琅，搜罗和自炼各色珐琅料，向养心殿造办处玻璃厂、珐琅作提供样品，提倡改良技术，制定革新措施，如上述用多尔们油调珐琅之事即为一例。怡亲王对改进提高内廷珐琅工艺技术起指导作用，其功绩不可埋没。

雍正时代，内廷画珐琅的生产水准并非十分稳定，其质量时好时差。如雍正六年二月十七日，胤祥指责郎中海望说："尔等近来烧造珐琅器皿花样粗俗，材料亦不好，再烧造时务要精心细致，其花样着贺金昆画。"（编号3314）至雍正八年（公元1731年）三月初六日，去夸奖谭荣画的飞鸣宿食芦雁珐琅鼻烟壶一对"画得甚好，烧造得亦甚好"。还赏给谭荣银二十两，炼珐琅料的邓八格银二十两，其他协助办理烧造的太监和匠役赏给每人银十两或五两不等（编号3332）。又如雍正十年四月二十九日表扬"水墨珐琅甚好"（编号3349）。又于同年七月初一日表扬画珐琅人邹文玉画的百花斗方山水大碗"画得甚好"，赏银五两（编号3349）。于同年十二月二十八日《清档》记："邹文玉所画珐琅数次，皇上夸好"，又赏银十两（编号3349）。嗣后，又表扬过"画得甚好"或"做得甚好"。于雍正十一年五月初一日，再一次夸奖邹文玉"技艺甚好，当差亦勤慎"，每月所食钱粮外加赏银一两（编号3360）。由上述《清档》记载可知，内廷画珐琅从雍正元年至五年成绩平平。自雍正六年受到胤禛批评之后，怡亲王指示：宋七格试烧珐琅料、并交出珐琅料共三十六色；试用多尔们油；命年希尧送来画珐琅人、吹釉炼珐琅人三名（编号3323）；将二名画画人调往珐琅作专做画珐琅活计（编号3349）。这些措施颇为奏效，再加上雍正帝的表扬和奖励，促使画珐琅工艺有所改进，作品艺术水平也大为提高。

以上就是雍正内廷画珐琅鼻烟壶发展的技术与材料方面的基础。

画珐琅鼻烟壶分玻璃胎和铜胎两种，分述如下。

（1）玻璃胎画珐琅鼻烟壶

图一六　"雍正年制"款玻璃胎画珐琅竹节形鼻烟壶
（台北故宫博物院藏）

玻璃胎画珐琅鼻烟壶见于《清档》记载的甚多：雍正四年十二月十二日，做得玻璃烧珐琅鼻烟壶六件（编号3302）；又于雍正五年五月初四日，做得玻璃烧珐琅鼻烟壶十六个（编号3306）。而传世的却甚为罕见，现存的"雍正年制"款玻璃胎画珐琅竹节形鼻烟壶（图一六）可以反映出此期玻璃胎画珐琅鼻烟壶的基本面貌。此烟壶作竹节状，满施黄色，饰赭色点子，画细枝绿叶，上节叶尖部画黑色蜘蛛，不露地子，底绘灵芝一朵，内书仿宋体"雍正年制"四字款，配铜胎画珐琅圆盖。此壶竹节上画蜘蛛的题材又名"节节见喜"，带有吉意，且底款书于灵芝之内，可能是养心殿造办处在万寿节时进贡的，是一件标准的御用鼻烟壶，有着浓厚的皇家工艺色彩。

（2）铜胎画珐琅鼻烟壶

此期的铜胎画珐琅鼻烟壶传世稍多，其造型大多是仿康熙扁壶式和背壶式，在口与身的比例关系似及身腹的弧度方面均注意协调丰满，由康熙的简古、浑朴演化为典雅隽秀、装饰繁华。鼻烟壶图案千变万化、丰富多彩，以花卉为主，多采取圆形开光，内画折枝写生花卉和禽兽。图案名称有"四海清平"、"玉兔秋香"、"节节双喜"、"莲艾中心"、"秋英十锦"、"时时报喜"、

"岁岁双安"、"福寿长春"、"福寿双全"、"四海升平"等等，带有吉言寿意，因其多用写实手法，布局得当、形象生动，冲淡了吉祥图案拼凑、堆砌的呆板效果。雍正画珐琅在用色上出现了一个突出的变化，就是喜欢用黑色地子，有一种沉着稳重、庄严肃穆的韵味。笔者曾经探求过胤禛喜欢用黑色作地子的原因。发现有可能是从康熙黑地五彩瓷器那里学来的；但是，更为重要的原因是，胤禛非常喜好洋漆，他把光泽可鉴的洋漆效果引入画珐琅，这是一个非常大胆的试验，并获得了成功。

铜胎画珐琅黑地牡丹鼻烟壶是标准的雍正珐琅（图一七），颈部饰

图一七　雍正朝铜胎画珐琅黑地
牡丹纹鼻烟壶
（高 4.3、宽 3.3、口径 1、厚 1.6 厘米，
台北故宫博物院藏）

退晕蓝色卷云，以黑地衬托盛开的牡丹花，在叶间画黄、蓝色的野菊等小朵野花。此壶无足，与康熙年制款画珐琅双蝶鼻烟壶的造型一致。这种无足鼻烟壶在清代极少。

铜胎画珐琅红地一枝梅鼻烟壶（图一八）身作背壶式，配铜镀金圆盖，圈足，足底书仿宋体"雍正年制"款。据《清档》记载（编号 3323），该壶是雍正七年仿"康熙年制"款红地一树梅珐琅背壶烧式鼻烟壶造的。在玫瑰红地上画了一株满开的梅花，充满生机，它也是一幅很艳丽的珐琅画。此壶是仿康熙原件烧造，以红色做地，另外，还有雍正朝本色的画珐琅黑地一树梅鼻烟壶，于九年三月初四日照样器做成（编号 3332）。与这种红地、黑地一树梅鼻烟壶相类似的，还有红地、黑地白梅花鼻烟壶，于雍正十一年还曾受到胤禛的表彰"胎子款式甚好"（编号 3356），胤禛还要求"嗣后俱照此做"。这说明，雍正皇帝是比较喜欢梅花图案的。

图一八　"雍正年制"款画珐琅红地
一枝梅鼻烟壶
（高 5.8、口径 1.2、足径 2×1.2、肩宽 4、
厚 1.8 厘米，北京故宫博物院藏）

月兔纹铜胎黑彩锦地开光式画珐琅鼻烟壶（图一九），原名黑地珐琅五彩流云玉兔秋香鼻烟壶（编

号 3288）。此种烟壶雍正元年二月初四日已制成，同年七月，胤禛又命郎世宁画桂花玉兔月光画，可知这位皇帝喜爱此一题材。嗣后，又于雍正八年十一月二十四日将这种烟壶持出仿造，胤禛提出："玉兔不好，其余照样烧造。"于九年二月十二日，照样烧得（编号 3332）。此件究竟是雍正元年还是雍正九年造成，已无法断明。此壶仿黑漆珐琅地，绘五彩祥云缭绕于圆光周旁，月光以黄线作轮廓，草茵里有白、褐二兔在桂树下嬉戏，表现月宫里玉兔采药的情景。亦名"蟾宫玉兔"，给人以和谐、宁静的感觉，这是一幅恬淡幽雅的风景画，并无神话色彩。这种题材的鼻烟壶最初可能是养心殿造办处向胤禛所进的仲秋寿意贡品，胤禛喜爱，便命珐琅作再仿造一件。在同一天，还命仿黑地

图一九　雍正朝画珐琅黑地秋香玉兔鼻烟壶
（台北故宫博物院藏）

珐琅一树梅鼻烟壶、蓝地珐琅画芍药花卉鼻烟壶、桃红地珐琅画牡丹花卉鼻烟壶各一件，分别于雍正九年二月十二日和三月初四日照样做得（编号 3332）。上述画珐琅鼻烟壶均系标准的雍正朝画珐琅，从画珐琅玉兔秋香鼻烟壶来看，较康熙之简古风格确有显著变化，倾向于繁华丰满而又恰到好处，并无琐碎拼凑之弊。珐琅色彩也极其丰富，流云的渲染、晕散得体，勾勒亦很流畅潇洒，反映出雍正年间珐琅工艺发展到更高层次。不论从造型、装饰，还是从珐琅质地、绘制笔法衡量，均可称为雍正鼻烟壶的典范。

雍正时期画珐琅鼻烟壶的变化还表现在器型的多样性上，也就是说，除了从康熙那里继承下来的扁壶式与背壶式鼻烟壶之外，尚有杏式、桃式、竹节式、孔雀尾式和荷包式等异型鼻烟壶。

荷包式鼻烟壶（图二〇），铜胎，黄顶蓝珐琅盖，白地，饰红色菱形六瓣花朵，上面伸出两朵黄色三瓣花，两侧饰蓝色花，黄茎绿叶。施珐琅方法与康熙鼻烟壶有所不同，即渲染以后再用稍浓的色点晕饰，色彩变化较为丰富柔润。这种点饰法至乾隆时代更为盛行。上述异型鼻烟壶小巧、新奇，令人爱不释手。

今天我们能够看到的雍正内廷画珐琅鼻烟壶已不过是千分之几，并乃可窥见其瑰丽多彩的概貌。雍正朝画珐琅鼻烟壶得以长足进展，当然取决于珐琅作诸工众匠役们的娴熟技艺和通力协作，但也与胤禛的具体指导密不可分。前面已提及了胤禛对珐琅作工匠及其作品的褒奖，下面再从他对鼻烟壶的指责中，来看这位内行的皇上是如何纠正官员和匠役们的缺点的。

如雍正十年《清档》（编号 3348）记：十一月二十七日烧得珐琅黑地白梅花鼻烟

壶二对，珐琅红地白梅花鼻烟瓶二件，胤禛览后说："此鼻烟壶上梅花画得太碎，不显地杖，嗣后，画大些花朵章法。"迄今，还未找到这样的鼻烟壶，仅从字面上分析，他的意见是说：梅花花朵画得太小，又布满画面，压住了他所喜欢的黑色地子，所以显得太琐碎，而掩盖了白梅花玉肌冰骨之孤傲美。嗣后，要把梅花的花朵画大些，以使黑地衬托白梅，使白梅更加醒目。如果我们再看看"康熙御制"款开光梅花鼻烟壶（图一〇）和"雍正年制"款铜胎画珐琅红地一枝梅鼻烟壶（图一八）的梅花，便可推知，胤禛是在注意遏止当时在艺术上已经露头的繁琐细碎，主题不

图二〇　雍正朝画珐琅荷包式鼻烟壶

（高 3.5、肩宽 3.1、厚 1.5、口径 0.7 厘米，
北京故宫博物院藏）

突出的弊端，而坚持康熙时代的简古朴实、大方爽朗的风格和主次分明、重点突出的章法。但是，他那颇有见地的艺术眼光只是在短期内有一些作用，却不能保证养心殿造办处的全部产品以及内廷派出机构的贡品一律合乎"内廷恭造样式"的标准，相反，"外造之气"已不断的侵蚀到宫廷艺术，再加上某些南匠和柏唐阿文化修养不高，缺乏艺术鉴赏力，盲目追求技术上精雕细琢，制造了一些俗不可耐的宫廷用器。到了乾隆时代，这种庸俗的风气愈演愈烈，像病菌一样腐蚀着宫廷艺术的健康肌体。这种不以人的意志为转移的不良趋势，不仅从雍正画珐琅鼻烟壶的艺术处理上可以看到，而且在其他各类宫廷工艺品上都有所暴露，只是还不为收藏家，鉴赏家们所注意罢了。

广州画珐琅在《清档》偶有记载，但语焉不详，只能说宫廷里已收存有广州画珐琅。可巧，我们在清宫旧藏画珐琅鼻烟壶中检出一件雍正年制款画珐琅黄地缠枝莲胆式鼻烟壶（图二一）。这是迄今所知唯一一件广州画珐琅鼻烟壶，而弥足珍贵。此壶配錾铜镀金圆盖，与口经相比过大，疑非原偶；在黄珐琅地上绘红色大朵蕃莲，从萼分出二茎向下，另二茎向上，作弯曲的缠枝布置；其青绿色大卷叶是广州特有的，系从欧洲莨苕科叶演化而成的；勾勒极尽回曲笔法之能事，富有流动感；所有花纹一律用黑色勾线，叶筋也用黑色描画；线条刚劲有力，洒脱流利；底施白珐琅，书黑珐琅"雍正年制"楷体款；珐琅鲜朗，光泽较强，与内廷珐琅确有不同，所用珐琅是广州自产的；器型与内廷的扁壶式和背壶式不同，而独取胆囊式，也是别出心裁的。其实这种胆囊式造型在清代康熙瓷胆瓶中也可找到相似者。当然，因其用途不同，故二者一圆一扁，这也是合乎情理的。从此鼻烟壶的造型、珐琅、图案、用笔及款识书体等五点来看，确与内廷制品殊异，而显示出广州画珐琅的一般特点。胤禛所说的"外造之气"，想必即指

图二一　"雍正年制" 款画珐琅黄地缠枝莲胆式
鼻烟壶

（高 6.5、口径 1、足径 1.6×0.9、肩宽 3、
厚 2 厘米，北京故宫博物院藏）

此壶一类产品所表现的地方艺术风格与特点而言。

3. 其他品种鼻烟壶

从《清档》记载，可知雍正最喜爱画珐琅鼻烟壶，同时，还命养心殿造办处用其他一些不同材料制造了鼻烟壶，现举例如下：

（1）玉石鼻烟壶

据《清档》记载：于雍正元年六月二十五日，养心殿造办处玉作做玛瑙鼻烟壶一件（编号 3289）。又于雍正三年十月初六日记"奉怡亲王谕，说与海望将玉、玛瑙腰式鼻烟壶做些"。嗣后，又奉怡亲王谕"暂不必做，俟得上好玉、玛瑙时再做"（编号 3292）。这两条记载反映了雍正时代西北玉路受阻，玉石来源不畅的国内局势。当时，胤禛还曾向年希尧、海保要过好玉（编号 3399）。由此看来，不能排除雍正时代养心殿造办处玉作也琢治过少量的玉、玛瑙等材料鼻烟壶的可能性。

雍正十年九月六日，广东提督张溥进贡永安蜡石[17]鼻烟壶十个。十一年二月二十八日广东总督鄂弥达又进永安石鼻烟壶一盒。十三年八月二十八日，两广总督鄂弥达再进永安依嗒石鼻烟壶十四个。由此也可推想，其他地方官员也有可能以本地彩石雕造鼻烟壶。

（2）镶嵌鼻烟壶

镶嵌鼻烟壶是指用象牙、珊瑚、玻璃、金等材料做器胎，镶嵌其他珍贵材料的鼻烟壶。

象牙墙镶嵌鼻烟壶：如雍正四年《清档》（编号 3296）八月初一日列出象牙墙玻璃面内镶五毒艾叶式镶嵌鼻烟壶、象牙墙玻璃面内镶九蝠镶嵌鼻烟壶、象牙墙镶嵌寿意烫巴尔散木香鼻烟壶等。

珊瑚墙镶嵌珐琅片鼻烟壶：雍正六年《清档》（编号3314）记"七月初十日，怡亲王交府内烧造得金胎五彩节节双喜、岁岁双安珐琅片二片，径一寸一分五厘米，传旨：'做鼻烟壶……'，怡亲王随定得鼻烟壶墙子用珊瑚做。于十二月二十八日，（镶嵌作）做得剐珊瑚镶嵌珐琅片鼻烟壶一件。"这两片金胎画珐琅带有寿意，可能是专门为内廷烧造的。"剐"是养心殿造办处处理整枝珊瑚的专用技术术语。据《康熙字典》释：剐音彬，分也。那么"剐珊瑚"就是将一段珊瑚分割成小块或片状。经磨薄、抛光的珊瑚片黏于金胎或铜胎上，若干片珊瑚拼合在一起，方能黏满胎面，最后再于珊瑚上镶各种嵌件，一件作品便告完成。从直观上说，以上列举的实际上是一件珊瑚地镶嵌珐琅片鼻烟壶。

玻璃胎嵌茜牙竹蝉鼻烟壶（图二二）系清宫旧藏，此壶涅白玻璃胎，开光、肩、足等三处套蓝料，肩部蓝料磨成兽首衔环图案。涅白玻璃温润似羊脂白玉，十分可爱，中间圆光内镶嵌玻璃面茜色牙雕竹蝉纹泥金圆片，配铜胎镀金圆盖，金玉辉映，典雅高洁，令人叹服。

（3）匏制鼻烟壶

匏即葫芦，在葫芦生长过程中套上范，使其在生长时就范成型。匏器俗称葫芦器，创始于何时目前尚不清楚。据明·谢肇淛《五杂组》载："葫芦（器）多有方者，又有突起成字为一首诗者，盖生时板夹使然，不足异也。"可知至16世纪，各种形式、花纹、文字的匏器已经问世，品种业已相

图二二　雍正朝套蓝白玻璃胎嵌茜牙竹蝉鼻烟壶
（高5.7、宽3.7、厚2、口径1.3、
足径1.8×1.2厘米，台北故宫博物院藏）

当丰富。清康熙时，内廷已有御用的各种匏器，流传至今的亦屡有所见。而匏制鼻烟壶却寥若晨星。清宫旧藏的匏制双叠瓜式鼻烟壶（图二三）即为一件稀世珍品，呈八弧葫芦形，朴实无华，不事纹饰、淳古天真、别具野趣，在绚丽多彩的内廷鼻烟壶中独具一格。

（4）陶瓷鼻烟壶

清代著名的宜兴陶器——主要是茗器，早已得到康熙皇帝的喜爱，并进入内廷，但《清档》没有记载过宜兴鼻烟壶的情况，也未见过雍正时代的宜兴鼻烟壶。史实究竟如何，留待今后注意探索。

雍正官窑鼻烟壶，也是不见文献记载和实物遗存。清宫旧藏瓷器中仅有雍正年制款青花绘司马光智救顽童图的方形鼻烟壶（图二四）。盖中间插象牙小铲，似可用其

图二三　雍正朝匏制双叠瓜式鼻烟壶

（高6.5、肩宽6、口径1.3厘米，北京故宫博物院藏）

作盛鼻烟的烟罐，当然也可用其作盛丹、散的药罐，姑且记之，供读者鉴正。

根据上述资料，概括而言：雍正朝充分利用和发挥了康熙朝积累起来的强大国力和精湛工艺，制造了大量精美绝伦的鼻烟壶。内廷以金胎画珐琅鼻烟壶为最珍贵，皇帝和王公贵族们经常使用的都是铜胎画珐琅鼻烟壶，而大批赏用的则是玻璃鼻烟壶。胤禛锐意进取，提倡改良画珐琅工艺，卓有成效。他一方面继承和发扬了康熙朝鼻烟壶工艺的优秀成果，继续仿造或在仿造中略加损益；另一方面，他又积极地倡导创新，终于形成别开生面的皇家鼻烟壶艺术风格。前者以大朵梅花题材的鼻烟壶为代表，如现有的爽朗醒目的铜胎画珐琅一枝梅鼻烟壶即其孤例；后者则是以开光秋香玉兔为代表的一批匠心独运、具有新风格的鼻烟壶。此类鼻烟壶完成于雍正元年（公元1723年）（编号3288），胤禛御极当年即命养心殿造办处珐琅作画样览后精心烧造的。其实，它也是承袭了兴起于康熙朝的色地开光型背壶式鼻烟壶的形式，大胆地以黑色珐琅为地，开光内以工笔画手法绘五彩缤纷的花卉鸟兽题材画面，形成了精细、雅致、倩巧、秀丽的新风格，为乾隆时代鼻烟壶工艺的繁荣提供了工艺的、艺术的条件。

图二四　"雍正年制"款青花司马光智救顽童图方形鼻烟壶

（高4、口内径2.3、口外径2.6、足径2.7、腹径4厘米，北京故宫博物院藏）

三、鼻烟壶的繁荣（乾隆至嘉庆时期，1736～1820）

乾隆、嘉庆两朝鼻烟壶，其共性是主要的，差别是次要的，故这部分将乾隆、嘉庆两朝八十四年贯通起来加以概述。

在此以较多的宫廷鼻烟壶和档案资料联系比较，说明乾、嘉两朝鼻烟壶的繁荣景象。它主要表现在：造型变化多端、工艺精湛细腻、格调繁缛清秀、品种丰富多彩、产量庞大无比。鼻烟壶本身已构成了一个独立的精微的工艺世界。这里首先介绍各类鼻烟壶工艺的广阔背景，进而着重说明其工艺上、技巧上的特点，以俾读者通过这一精微的工艺世界窥知巨大的、宏观的清代艺术之堂奥。

列举的乾、嘉两朝十八种鼻烟壶代表了此期鼻烟壶的主要品种及其所达到的艺术水平。然而，各个品类的鼻烟壶的发展也是极不平衡的，成熟的时间各有先后，达到的艺术境界亦各具格调。

玻璃鼻烟壶中的一桩悬案——"古月轩"鼻烟壶是不能回避的，在这里引录赵之谦原文，正本清源，亦可为读者提供"古月轩"最初的正确含义，以便今后广泛地搜罗"古月轩"款玻璃鼻烟壶进行比较研究、汰伪存真，寻求出无可置疑的真品，进而澄清此案。

乾隆皇帝是雍正皇帝的皇四子，名弘历。御极以来，继承康熙、雍正二帝的发展生产、肃整内政、严控文字、遏止外来侵略、增强与少数民族上层分子联系，垄断外贸等传统的内外政策。在此基础上，他不失时机地解决了准、回两部上层分裂势力发动的叛乱，稳定了西北边疆地区。工农业生产进一步兴旺，商业发达，城市繁荣，这就是史家所称颂的"康乾盛世"的后半期。这时，养心殿造办处在弘历的大力提倡和直接指示、干预下，集中了全国的名工巧匠为皇家制造了大量的精美工艺品，形成了清朝宫廷艺术的繁缛华贵、绚丽倩巧的典型样式。宫廷工艺也达到了历史顶峰。在这一历史与艺术的背景下，鼻烟壶工艺发展到空前繁荣的新阶段。

乾隆皇帝与他父亲一样，非常喜欢鼻烟壶，他继承与发展了雍正时代的玻璃、画珐琅鼻烟壶的生产方式，此外，还授意养心殿造办处，广泛利用其他各种材料制作各式鼻烟壶。此期的鼻烟壶工艺博采其他诸工艺之长，提高了艺术表现力和感染力。在这一阶段，鼻烟壶被普及到内地的社会底层和边疆少数民族上层，嗅闻鼻烟已成为时人相当普遍的嗜好。鼻烟壶的生产也要依据社会各阶层的购买能力及欣赏趣味，在品质、花色、产量等方面进行调整。我们看到，此期的鼻烟壶有的精雕细刻，有的朴实无华，有的用金玉犀牙，也有的用骨角瓷石，各色各样的鼻烟壶形成了一个璀璨瑰丽、镂奇错彩微型工艺的大千世界。如果我们深刻地分析研究鼻烟壶这样的一个微小群体，便可小中见大，容易了解有清一代宏观的工艺天地。也可以说，这时的鼻烟壶工艺是乾隆时代工艺美术的浓缩和提纯，或者说出现了我国鼻烟壶史上的黄金时代。

乾隆内廷鼻烟壶除了御用、赏赐之外，还用于玩赏，如用洋漆箱、红漆盒等收贮珍藏。有一些精美的玻璃胎画珐琅鼻烟壶或金、铜胎鼻烟壶用紫檀木匣存贮，置于乾清宫暖阁的时玩之中。鼻烟壶本身的艺术水准大为提高，促使其功能发生变化，成为单纯的玩赏品，开了鉴赏鼻烟壶的先河。怡亲王、和珅等权臣也都收藏有大量的鼻烟壶。

嘉庆御极时，清代社会矛盾进一步激化，土地兼并更为加剧，人民生活极端苦难，农民起义遍及城乡，统治阶级日益腐朽。内帑虽已短绌，但仍勉强维系乾隆在世时内廷的那种行事规格。

嘉庆朝鼻烟壶的质与量已远不及乾隆鼎盛时期的产品了。在国力衰微的状况下，内廷仍在制造各式鼻烟壶；各织造、钞关、盐政衙门，每年端阳、万寿、年节贡品仍有各色鼻烟壶进内。这些衙门的官员不仅向皇帝进贡鼻烟壶，而且他们自己也是鼻烟壶的占有者。如，当了十三年两淮盐政监督的阿克章阿搜刮了大量的民脂民膏，豪富无比，人称"阿财神"。仅存鼻烟壶一种，不下两三百枚，"无百金以内物"（《清朝野史大观》卷六《阿财神》）。

鉴于鼻烟壶的上述情况，如果对乾隆时代各种工艺美术的技巧和水平毫无认识，则难以深刻理解乾隆时代鼻烟壶已达到的艺术境界及其独到特色，也无法了解它在各类工艺美术上的地位。为了便于从宏观的清代工艺美术的基点上来观察微小的鼻烟壶，以利找出它的个性所在，再通过小小鼻烟壶的方寸空间来管窥庞大的、系统的、完美的清代工艺的堂奥；下面，拟对玻璃、珐琅、陶瓷、竹木、犀牙以及珠宝等类别的鼻烟壶，作扼要的介绍。

1. 玻璃鼻烟壶

乾隆本人非常喜爱玻璃器，在进口外国玻璃的同时，还将设于圆明园六所的玻璃厂扩大，于乾隆六年（公元1741年）聘任法国传教士纪文（Cabriel de Brossald，又译作布鲁蓬尔德）于玻璃厂行走（编号3399）。这位法国人向清廷的工匠传授了西方烧炼玻璃技术，如炼造金呈玻璃、圆明园阶奇趣内的仿西洋玻璃蕃花、玻璃灯、玻璃缸和玻璃花浇，同时，他对改善传统玻璃配方也做出一定贡献[18]。玻璃厂烧造了大量的各色玻璃鼻烟壶，供弘历使用或赏赐王公大臣、少数民族僧俗领袖以及外国国王和使臣。如乾隆二十年（公元1755年），为隆重接待、册封准噶尔绰罗斯台吉噶尔藏多尔济、浑特台吉巴雅尔，和硕特台吉沙克都尔曼济及和硕特台吉布赛布腾等准部官员，于四月初七日命造办处做玻璃鼻烟壶500个，玻璃器皿3000件（编号3465注销底档）。每年的端阳、年节活计都有大量玻璃器，仅养心殿造办处的玻璃鼻烟壶就有一百二十个，它是例贡中数量最多的一项，这反映了弘历对玻璃鼻烟壶的偏爱，也说明它是一种最受欢迎的价廉物美的赏赐品。乾隆时玻璃厂所制鼻烟壶以单色玻璃为主。单色玻璃分为透明的亮玻璃和不透明的涅玻璃、呆色玻璃。透明玻璃鼻烟壶有亮红（图二五）、亮绿、亮蓝、亮白等主色，不仅可有深浅，还可配成间色。不透明的色调有涅白（实际上就是仿羊脂白玉的颜色），还有呆绿、呆蓝以及粉红、赭红、宝蓝、天蓝（图二六）、孔雀蓝、深绿、豆绿、黄（图二七）、明黄、鹅黄、紫、茄皮紫等等难以计数的色调。还有多彩的搅花玻璃鼻烟壶、捻彩玻璃鼻烟壶（图二八）和追求宝石等天然美的仿宝石、仿翠、仿珊瑚、仿玛瑙、仿琥珀、仿蜜蜡、仿松石、仿田黄、仿砗磲和仿雄黄（图二九）等等色彩，不胜枚举。

图二五　亮红玻璃八棱鼻烟壶

（高6、口径2、宽4.5、厚2.5、足径

2.6×1.7厘米，北京故宫博物院藏）

图二六　天蓝玻璃鼻烟壶

（高6.8、口径1.7、肩宽4.7、厚2、

足径2.4×1.4厘米，北京故宫博物院藏）

康熙时代玻璃厂的重要创造——套料，至雍正继续生产，屡见于《清档》，但是从未发现实物。而乾隆朝的套料作品却留下许多，并早已传到了欧洲，颇受欧人青睐，被誉为"乾隆玻璃"而名扬四海。

套红玻璃"三多"纹鼻烟壶（图三〇），其形仿扁壶，其盖为仿翠色，地为藕粉珍珠色，壶的中下部为半透明套宝石红色，由碾玉高手琢磨隐起的石榴、佛手、桃子，象征多福、多寿、多男子的理想生活，烟壶下部饰细长的仰菊花朵，下设圈足，似一宝石红菊瓣盘托着象征吉祥的"三多"果实。此器的设计者匠心独运，碾工圆润洒脱，令人叹服。"乾隆以来，巧匠刻画，远过詹成，矩凿所至，细入毫发，扪之有棱"（赵之谦语）的评价是不

图二七　黄玻璃鼻烟壶（附黄玻璃小碟）

（高7、口径1.1、宽3、厚1.5、

足径1.4×1厘米，北京故宫博物院藏）

过分的。从其藕粉珍珠地及套红色宝石玻璃三多纹便隐约可知"勒家皮"的特点，这是值得注意的。

图二八　捻彩玻璃瓶式鼻烟壶

（高 5.7、口径 1.5、肩宽 3.3、

足径 2 厘米，北京故宫博物院藏）

图二九　仿雄黄玻璃鼻烟壶

（高 6.5、口径 1.4、肩宽 4.5、厚 2.8、足径

2×1.2 厘米，北京故宫博物院藏）

图三〇　套红玻璃三多纹鼻烟壶

（高 7、口径 1.5、肩宽 5.5、厚 2.4、足径

2.6×1.6 厘米，北京故宫博物院藏）

五色兼套玻璃博古纹鼻烟壶（图三一）在仿砖碌白地上以浅蓝、仿玳瑁、仿饴、仿琥珀、仿青金等五色玻璃按设计要求，点贴盖住地色，冷却后，由玉匠碾琢以文房用具为题材的隐起博古图案。在图案连接部分，明显地看出两种不同色彩玻璃的黏接和叠压关系，在浅蓝色玻璃磬座上，有一绺仿玳瑁玻璃，确是"重叠套"，但此系误黏，并非是有意做的，因已无法磨去，只好保留下来。所以，此壶套料，应属"兼套"，而不是"重叠套"（即彩上套彩）。掌握这种区别，对鉴赏乾隆套料玻璃来说是十分重要的，不可把"兼套"与"重叠套"混为一事。幸运的是，在"重叠套"玻璃鼻烟壶传世甚少的今天，我们从这件五色兼套玻璃鼻烟壶的一角上，还可以看到由工匠偶然失误造成的仿玳瑁玻璃与浅蓝玻璃的二色"重叠套"手法。

这件次品，居然躲过了催总、员外郎、郎中等养心殿造办处官员的重重检查，再由太监呈览，弘历也收下了，这只能解释为端阳节和年节二次进上的活计六十件，托在盘里亮闪闪一片，皇帝未必件件过目，只是例行公事似的幌一下就过去了。由此看来，养心殿造办处的制品并非每一件都是优等的，工匠们为了钱粮关系绝不放过欺骗的机会。这大概也是养心殿造办处匠役们对付皇帝的一种手段，所以，流传至今的宫廷工艺品确有优劣之分，不能等同视之。

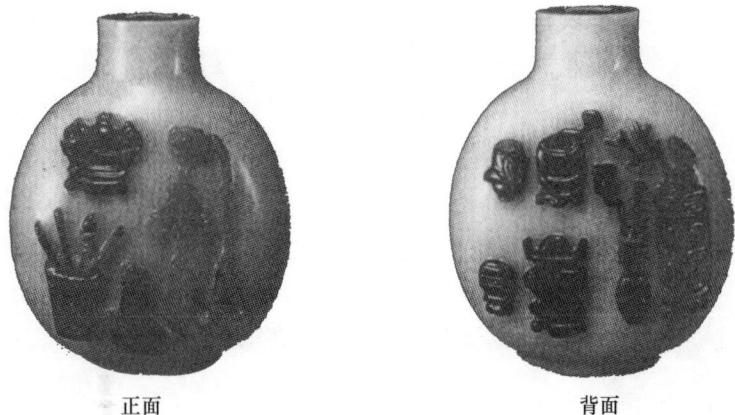

正面　　　　　　　　　　　　　　背面

图三一　五色兼套玻璃博古纹鼻烟壶

（高6.7、口径1.6、腹径4.7厘米，北京故宫博物院藏）

弘历非常喜欢金星玻璃（即咖实伦），当法国擅长烧造玻璃的传教士纪文在玻璃厂效力期间，曾经炼出了金星玻璃，可是纪文离开玻璃厂之后，玻璃厂受命烧炼金星玻璃时，因不出金星而告失败。此后，完全依靠进口，由粤海关进贡。从《清档》中，我们还可看到四种金星玻璃鼻烟壶（编号3393）。

（1）金星黑玻璃鼻烟壶：在黑色玻璃中闪烁着光灿的金色亮点的一种玻璃。清宫旧藏金星黑玻璃葫芦式鼻烟壶（图三二，图版46）即以此种金星玻璃制成，金星作雨点状分布，每颗金星犹如由粉末状金粉集拢而成，金光闪闪，极为灿烂，果真有深夜繁星当空之宁静和安谧的艺术效果。

（2）金星绿玻璃鼻烟壶：即绿地金星玻璃，尚未见过此类金星玻璃。

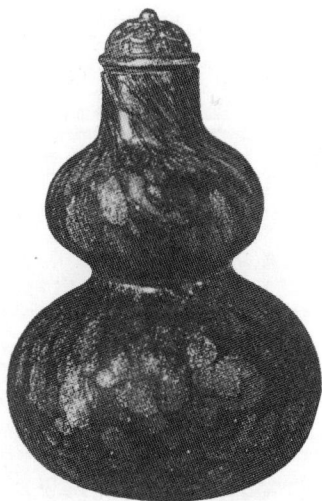

图三二　金星黑玻璃葫芦式鼻烟壶

（高5、口径1、腹径3.4厘米，
北京故宫博物院藏）

（3）蓝金星玻璃鼻烟壶：应是具有类似在夜幕初降时，晴空中呈现的那种景色的玻璃鼻烟壶。

（4）五彩金星玻璃鼻烟壶：即在多彩搅胎玻璃中间闪烁着金星的玻璃，光怪陆离，引人入胜。北京故宫博物院收藏的五彩金星玻璃鼻烟壶即其一例。在紫、绛红、湖蓝、月白等斑斓幻叠的五彩玻璃内闪出璀璨的金星，壶身就像一个变幻无穷的琉璃世界。

《清档》还记有黏金星玻璃鼻烟壶（编号 3392），可能是为了节省金星玻璃，将其割为片状，黏在金属的鼻烟壶胎之上。

图三三　金星玻璃十二棱鼻烟壶

（高 4、口径 1.7、肩宽 2.7、足径 1.9 厘米，北京故宫博物院藏）

清宫旧藏金星玻璃十二棱鼻烟罐（图三三）是以一种常见的褐色地金星玻璃琢磨而成。从器形、金工来看，应是广州贡品，并非舶来货，但其金星玻璃原料可能是来自欧洲，这对我们了解从欧洲进口的咖实鼻烟罐的形制是有所启发的。

玻璃胎画珐琅鼻烟壶是弘历最喜欢的高档品种，它与套料鼻烟壶同为鼻烟壶工艺锦上添花，在鼻烟壶史上谱写了光辉的篇章。若按照养心殿造办处分工，画珐琅这道关键性工序要在珐琅作画院里完成，玻璃胎与金胎或铜胎的画珐琅有不少共同点，放在画珐琅的章节里介绍比较合适，但是谈到玻璃胎画珐琅时不能不重提一下清代玻璃工艺和珐琅工艺的一个历史悬案，这就是"古月轩"的问题。

古月轩鼻烟壶是晚清著名书画家赵之谦在其著作《勇卢闲诘》中提出来的，赵之谦不会想到于光绪十年（1884 年）他逝世之后，"古月轩"竟变成为一桩众说纷纭、悬而难决的公案，迄今仍无定论。赵之谦在《勇卢闲诘》中概括了"辛家皮"、"勒家皮"、"袁家皮"等三家著名的民间料器作坊的产品特点之后，接着说：

> 别有古月轩，地则车渠（即砗磲），亦具五色，上为画采，间书小诗，壶足题"古月轩"，其题乾隆年制者尤美。

今天，我们读了这一段有关古月轩的原始记载之后，可以看出如下的特点：

（1）器胎颜色以砗磲白为主，也有其他颜色的。

（2）器身饰画彩色图案并题短诗，书画兼备、珠联璧合、相得益彰。

（3）壶足底部题"古月轩"三字款，其中题"乾隆年制"者尤美，高于"古月轩"款者一筹，更为珍贵。

其实，在雍正年《清档》（编号 3323）中就可以找到合乎上述三个条件的呆白玻璃画珐琅并有字、款、图章的瓶子。此瓶虽非鼻烟壶，但为探寻最早的"古月轩"器，提供了重要的线索。

在这里，不妨再看看与古月轩鼻烟壶非常接近的"乾隆年制"款白玻璃画珐琅花卉鼻烟壶（图三四），该壶嵌珍珠纽碧玺圆盖；器身作粗颈溜肩的观音尊式；颈绘粉地红卷草纹；用一道粗金线区分颈、肩，肩饰四朵多彩的石榴形花；器身饰折枝茶花和梨花；足上饰仰如意云纹，矮平足；底书"乾隆年制"仿宋体款。涅白如砗磲，茶花栩栩如生，款识规整，是玻璃画珐琅鼻烟壶之佳作。与赵之谦所记古月轩相比，仅未题小诗，确是美中不足。想必古月轩款鼻烟壶可能接近此壶的水准或者略有逊色。

经过以上分析和比较之后，古月轩款鼻烟壶的特征已明，它并非是捉摸不定的幻影，而是一种客观存在的实体。

2. 珐琅鼻烟壶

珐琅鼻烟壶是泛指金属、玻璃等胎的施各种不同珐琅技术的鼻烟壶。乾隆本人与其父不同，对掐丝珐琅和画珐琅都抱有浓厚的兴趣。在乾隆时代，多以掐丝珐琅制作大件陈设，而用画珐琅做小件的，包括鼻烟壶在内的服御性器具，可谓各施其用。

乾隆内廷珐琅鼻烟壶仍由养心殿造办处珐琅作承制，主要的品种有铜胎画珐琅。乾隆初期，珐琅作的生产组织和产品设计者是首领吴书、助手邓八格。画珐琅匠也是从雍正末年留下来的一批景德镇、苏、宁等地的画珐琅老手。其产品风格不会有太大的变化。乾隆四年，弘历为了提高画珐琅艺术的水准，便更新了画珐琅人的队伍，特地从广州招募珐琅匠六名进入珐琅作。他们进入养心殿造办处的试手活计便是铜胎画珐琅鼻烟

图三四 "乾隆年制"款白玻璃
胎画珐琅花卉鼻烟壶
（高7.7、口径1.6、足径1.5、
腹径2.3厘米，北京故宫博物院藏）

壶，以定去留和权衡等级。这种试手活计有先前的珐琅片改为珐琅鼻烟壶，反映了广东珐琅人在画珐琅鼻烟壶方面的优势，也可以看出珐琅鼻烟壶在皇帝心目中所占的地位。这六名广东画珐琅人进入珐琅作以后，对乾隆朝画珐琅新风格的形成确实起了重要作用。乾隆时期金胎和铜胎画珐琅的数量、品种随之又有所增加，除传统的扁壶、背壶等形式之外，在前朝基础上又烧造了玉兰式、龟式、葫芦式以及圆瓶式等等不胜枚举的异形鼻烟壶。图案有人物、花卉、鸟兽、山水等多种题材。开光形式不取单纯的圆形，常取多弧圆形、葵花形或多弧椭圆形等等。珐琅绚丽多彩、鲜艳夺目。还有的用朱或蓝等单彩退晕取胜，点染法更为盛行。此期画珐琅鼻烟壶装饰主题的最大变化是引进了西方美人、妇婴、牧羊人以及欧洲风景画。在画风上也移植了西方油画技巧（如明暗和透视等方法），画面的立体感较强。在院体画和西方油画的写实技巧影响下，乾隆时代画珐琅鼻烟壶上的画面更趋向逼真而传神。用笔极为细腻，在微型装饰绘画上是举世闻名的。以下，先介绍一件玻璃胎画珐琅鼻烟壶。

"乾隆年制"款玻璃胎画珐琅花鸟鼻烟壶（图三五，图版50），器体系仿扁壶式，配铜镀金圆盖，颈较长，圆腹、矮足，器身只有口与足露出涅白玻璃胎色。颈饰粉红、颈下与足上均饰蓝色俯仰如意纹带，身侧饰浅湖蓝色泥金菊花和卷草。白色椭圆八弧开

光内饰泥金地，而八弧开光内一面画白头鸟向着牡丹啼啭，一蝶翩翩飞来；另一面绘菊石 玫瑰，鸟立枝头婉鸣，一蝶缓缓舞至，应是春、秋二景花鸟。珐琅色彩肥腻莹润、画面渲染工细秀丽、花鸟形象生动逼真，以泥金烘托不仅使主体鲜明突出，而且增加了富贵豪华的气质，这不能不说是乾隆时期玻璃胎画珐琅的一大变化。

金胎画珐琅鼻烟壶最为皇帝所器重，必然是画珐琅鼻烟壶中最为精彩珍贵的一批。十分可惜，不知为何原因，连一件也未流传下来。

铜胎画珐琅鼻烟壶流传尚多，以下胪列几例。

铜胎画珐琅红地开光花鸟鼻烟壶（图三六），配仿碧玺玻璃盖，口下垂云纹，两侧为蕃花卷草及双草夔龙纹圆光，均系錾花阳纹镀金，与众不同。口、足涂白珐琅、施钴蓝卷草，两侧施玫瑰红半透明珐琅，以托镀金番花卷草，显得华美富丽。开光内一面画野菊、月季及立于石上的白鹇，其间饰一红蝠；另一面画红、白梅花和茶花，二鸟立于枝头左右顾盼，似在昵昵私语。在白珐琅地子上饰以浅蓝和浅绿色斑点。足底书"乾隆年制"款。从此壶的錾胎、阳文、镀金等特征和画面的装饰手法看来，似由广州珐琅匠所制。

图三五　"乾隆年制"款玻璃胎画珐琅
花鸟鼻烟壶
（高4.9、口径1.5、宽肩3.5、厚2、足径
2×1.5厘米，北京故宫博物院藏）

图三六　"乾隆年制"款铜胎画珐琅红地
开光花鸟鼻烟壶
（高5.5、口径1.2、肩宽3.5、厚1.7、足径
1.8厘米，北京故宫博物院藏）

乾隆年制款铜胎画珐琅西洋妇婴鼻烟壶（图三七），铜錾花镀金圆盖，仿背壶式，颈较粗，圆腹，高圈足。颈部饰灰色珐琅，绘四瓣花、黄色卷草；肩饰欧风卷草；腹部施白珐琅地，两面各画倚坐的妇婴，远景是欧式古堡。足施黄珐琅，底书款识。这毋庸置疑，是乾隆六年招募的广州画珐琅匠手制，有着明显的欧洲风格，这也是乾隆画珐琅的又一变化。

　　乾隆年制款铜胎画珐琅玉兰花形鼻烟壶（图三八），环纽黄地画珐琅梅花纹盖；直颈施黄珐琅地，饰四深蓝如意云朵；肩饰镀金隐起伏莲，下有六瓣细长尖形花朵，其间饰六小叶，相对的三瓣画折枝杂花，相对的另三瓣点缀粉红色欧风山水；身饰黄珐琅地，绘绿色卷草；足上施蓝地白花，足内白底书蓝色仿宋体"乾隆年制"款。这件作品也是出自广东画珐琅匠人之手。

图三七　"乾隆年制"款铜胎画珐琅
西洋妇婴鼻烟壶
（高6、口径2×1.5、肩宽4、厚2.8、
足径2×1.4厘米，北京故宫博物院藏）

图三八　"乾隆年制"款铜胎画珐琅
玉兰花形鼻烟壶
（高4.5、口径1、肩宽2.5、足径1.2厘米，
北京故宫博物院藏）

　　乾隆年制款铜胎画珐琅孔雀屏鼻烟壶（图三九），仅取孔雀开屏时的尾部，作荷包形器，亦称"开屏荷包鼻烟壶"。共分十一支单眼翎，羽茎以白、红、青、黄等色绘连续三角状羽纹，以平涂和深浅不等的小色点子晕饰，清晰可辨；颈与器侧面施黄地，绘花朵卷草图案；配铜镀金盖。这种孔雀开屏鼻烟壶始于雍正，它的出现可能与孔雀开屏之美感和清廷重孔雀翎的制度有关。清有定制，以孔雀翎做侍卫等级和功勋的标志。这是一个富有宫廷特色的鼻烟壶。

　　广州画珐琅工艺的兴起要早于养心殿造办处珐琅作。至乾隆年代，其发展更加蓬勃兴盛，经常为宫廷提供珐琅料、工匠以及大量的成品，其

图三九　"乾隆年制"款铜胎画珐琅
孔雀屏鼻烟壶
（高4.9、口径1.2、肩宽3.5、厚1.8厘米，
北京故宫博物院藏）

中肯定也包括一批画珐琅鼻烟壶在内,惟《清档》所记不多,如牙盖广珐琅瓜式鼻烟壶(编号3458),广州珐琅金胎鼻烟壶及广珐琅仿磁胎鼻烟壶(编号3606)是仅有的三例。

现存实物有"敬制"款铜胎画珐琅葫芦形鼻烟壶(图四〇),錾胎珐琅蝠纹盖,通身施白色珐琅地;颈绘深红勾连回纹,下饰蓝点带,再下饰深红如意云头;上节以彩点绘海屋添筹纹;下节画树下仕女、婴戏;底书蓝珐琅篆体"敬制"款。錾胎双蝠盖、地色浅灰,是标准的广州錾胎珐琅,图案及用色均与内廷不同,确有"外造之气",尤其"敬制"篆体款更非宫廷用款,似地方官员口吻,应是乾隆后期之广东贡品。由此,我们可以了解广东画珐琅鼻烟壶的某些特点。

图四〇　"敬制"款铜胎画珐琅葫芦形鼻烟壶
(高6.8、口径1.3、足径1.9、腹径3厘米,北京故宫博物院藏)

掐丝珐琅鼻烟壶极为少见,《清档》也难得查到,偶见一例记道:乾隆二十年十月二十五日,交出三十五件金胎珐琅器皿配楠木匣盛装,其中有一件金胎掐丝珐琅鼻烟壶,也配得楠木匣盛装(编号3459)。弘历有收藏时做文玩的嗜好。他认为最好的,便配紫檀木座文锦匣锦袱存入乾清宫。而这种金胎掐丝珐琅鼻烟壶只配楠木匣,不够进乾清宫珍藏的水准,可能收藏于其他某一殿里,不再作为日常用具,已成为鉴赏品存贮起来,兴头来了,再拿出鉴赏一番。这条记载只能告诉我们乾隆时代确有掐丝珐琅鼻烟壶,但流传下来的已是凤毛麟角了,有的已辗转流往海外。

九江关监督凭借景德镇瓷艺的优势,在乾隆年间亦设作烧造掐丝珐琅器皿。乾隆四十五年(公元1780年)三月二十六日,九江关监督额尔登布进掐丝珐琅鼻烟壶二十件(《杂录档》簿三二九),现已不知下落。

近年看到了两件用掐丝珐琅和画珐琅两种珐琅工艺制作的鼻烟壶。其一是铜胎掐丝画珐琅西洋妇女鼻烟壶，作侈口卵形身；肩部安有两个隐起的兽面衔活环；矮足；因其体圆，不宜怀揣使用。配铜胎錾花镀金盖；颈、肩饰掐丝珐琅如意云和缠枝宝相花。以掐丝四垂云为界，以下为画珐琅欧洲大卷叶和半叶形开光贵妇图，贵妇袒胸，右手执裙，左手抬起，拟取侍童手捧托盘之物，背后画树木房屋。显而易见，画珐琅人不谙欧人像貌，依样画葫芦而已。另一件是掐丝珐琅锦地开光画珐琅妇婴鼻烟壶。背壶式；配铜胎錾花镀金圆盖；颈掐如意云纹；身掐五瓣花大卷草锦地；腹掐五弧圆光，内绘画珐琅西洋妇婴图，以此时盛行的点彩绘成。这两件掐丝珐琅和画珐琅的复合工艺珐琅鼻烟壶是由养心殿造办处珐琅作里的北京掐丝珐琅匠人和广东画珐琅人合作完成的，这表现了此期宫廷工艺的综合、折中的性格。由此，也会带来成功或失败两种截然相反的结果，须由慧眼自辨。

3. 和阗玉鼻烟壶

乾隆初期与康熙、雍正时期一样，由于准噶尔部的分裂主义分子与清廷武装对抗，玉路不畅，和阗玉不能进入京师与苏、宁，故玉器工艺难以获得发展，玉制鼻烟壶也很少。乾隆二十五年（公元 1760 年），回部始向内廷贡玉，至嘉庆十七年（公元 1812年）共五十二年间，每年春秋例贡四千余斤。嘉庆十八年始贡玉减半，每年贡玉二千余斤，至嘉庆二十五年（公元 1820 年）共八年。（嗣后，玉路又再度阻塞。）玉路通畅时，如遇特殊需要，清廷还经常随时向回部索取例贡之外的玉材。在这六十年间，内廷通过例贡、索取及其他途径，共收到和阗玉、叶尔羌玉不下二十五万斤。内廷收贮和阗玉的数量剧增，促进了治玉业的发展。于是，为宫廷治玉的部门由养心殿造办处如意馆玉作扩展到苏州织造，再由苏州织造扩展到两淮盐政，最多时曾有八处官办作坊为内廷日夜赶制玉器。在此期间，内廷玉作和苏、扬、宁、杭以及京师等地的民间玉肆碾琢了大量玉器，其中也包括一些和阗玉鼻烟壶。

玉鼻烟壶与玻璃、珐琅鼻烟壶有一个不同之点是，以子玉琢鼻烟壶时往往要受到子玉原形的制约，要随形就势，以其自然形状作基本形坯进行适度碾琢。根据构思，有时还要保留一部分表皮的侵蚀层。以大块的山玉做鼻烟壶时，设计画样便有了较大的自由，可以做方正、椭圆或仿古的其他造型。乾隆六年宫内收藏的碧玉合卺英雄鼻烟壶一件（编号 3395），应是仿古彝的鼻烟壶，迄今尚未查明这件玉鼻烟壶的下落，还不能准确地说明它的具体情况，但参酌现存明、清两代的玉英雄合卺，可以推想其造型与装饰，当是以鹰（英）、熊（雄）为座的高筒形双联杯为器体的鼻烟壶。若果真有双筒，可同时盛两种鼻烟，以一当二，比一般的鼻烟壶的效用也就倍增了。

各织造、盐政、钞关等监督和地方督抚在乾隆中、晚期也向内廷贡进玉鼻烟壶。两淮盐政曾进子玉鼻烟壶、玉鼻烟壶、白玉鼻烟壶、子玉双喜鼻烟壶、万寿呈祥玉鼻烟壶和茄式鼻烟壶（图四一）等；长芦盐政贡子玉鼻烟盒、子玉果式鼻烟壶等；淮关监督

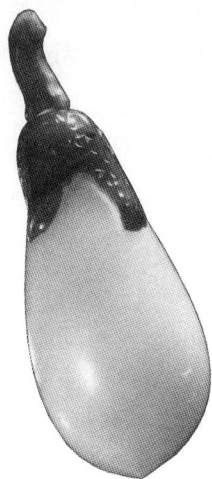

图四一　白玉茄式鼻烟壶
（高 8.8、口径 0.5、腹径 2.5，
北京故宫博物院藏）

进子玉鼻烟壶；广东巡抚进葫芦玉鼻烟壶、玉鼻烟壶、白玉鼻烟壶；两广总督进白玉鼻烟壶；广东总督进大吉福禄白玉鼻烟壶；陕甘总督进玉鼻烟壶；山东河道监督进脂玉鼻烟壶；两江总督进平安白玉鼻烟壶、八埏宁静白玉鼻烟壶；福建巡抚进玉鼻烟壶；江西巡抚进玉巧色鼻烟壶。上述鼻烟壶都是以和阗玉琢成。估计两淮、长芦和广东等地官员所进各式和阗玉鼻烟壶分别在扬州、天津和广州的官办或民营玉作所碾，其他各地督抚所进玉鼻烟壶应是就近采购后贡进内廷的。

北京故宫博物院现存乾隆朝和阗玉鼻烟壶的数目，种类相当可观，子玉、山玉、花、素、圆、方样样俱全，多属上乘。

如白玉鼻烟壶，扁圆纽、笠形盖、扁体、圆腹、卧足、底镌"乾隆年制"篆体阴文款，极精，应是如意馆制作。

又如白玉"上林"铭鼻烟壶，扁体、圆腹、正、背两面均琢减地平凸"上林"篆体二字铭，应是乾隆晚期之作。

还有青玉百寿字鼻烟壶，每面镌平凸团寿百字，配铜镶珊瑚盖，应是万寿节之贡品。

此外，还有装饰华丽的或肖生的荔枝、苦瓜、石榴、瓜、柿、桃、蝉、鱼以及祥禽瑞兽等等鼻烟壶。

如：玉扁壶式鼻烟壶、正面饰平凸凤纹，留褐色皮；肩饰起突之螭虎；背面镌隐起"龙翔凤翥"篆文铭；"赏心"圆朱、"乐事"方白两印。

青玉双鱼鼻烟壶，二鱼并列，鱼口各含红、蓝色宝石盖，同时可盛两种鼻烟。

以下再举四件玉鼻烟壶供读者欣赏。

白玉夔凤纹扁圆鼻烟壶（图四二）：配红宝石茜绿牙托圆盖；器身稍长，呈椭圆形，琢隐起夔凤纹，以曲线美的流动感，使这一组仿古图案充满繁华倩丽、古色古香的时代气息，代表了十八世纪晚期精工细作的一路碾玉工艺特色。

白玉神龟鼻烟壶（图四三）作卧状；龟首仿龙形，吻平；钻孔、掏膛，以盛鼻烟；配珊瑚盖，似口衔宝珠；鼻尖突起，出长须伸至前爪；双眼圆凸，炯炯有神；四足伏地，爪尖利。这种神龟造型明代已有，此壶仿其形而又有增益。碾工精致，远胜明代神龟，可谓青出于蓝而胜于蓝，后来者居上。

青白玉筐箩纹扁圆鼻烟壶（图四四）仿农家柳条编工艺的编织纹路，使人领略一种朴实的田园逸趣。其红色牙盖与筐箩纹不甚协调，可能是后配。

图四二　白玉夔凤纹扁圆鼻烟壶
（高 8.1、口径 2.1、肩宽 5.3、厚 3.2、
足径 1.8、3.2 厘米，北京故宫博物院）

图四三　白玉神龟鼻烟壶
（高 6.1、口径 0.7、肩宽 4.2 厘米，
北京故宫博物院）

白玉茄式鼻烟壶（图四一）：以碧玉做四瓣萼片；以深褐玛瑙做柄，兼充壶口之塞；用两种颜色的玉和褐玛瑙做茄形壶体，增添了真实感，在玉仿蔬菜类鼻烟壶中，此器确属上乘之作。《贡档》记：两淮盐政阿克当阿分别于嘉庆十七年三月十三日（《贡档》簿一六九）、嘉庆二十年十二月十八日（《贡档》簿一七二）贡进玉茄式鼻烟壶成堂十个，两次共二十个。北京故宫博物院现藏玉茄式鼻烟壶一匣，内装十个。茄形不拘一格，随子玉原形稍加琢磨，有的还保留着铁锈浸斑。其中九件安玛瑙柄，一件安碧玉柄，应是两淮盐政阿克当阿所进。

综合上述玉鼻烟壶给我们留下的印象，则不难发现，它们之中不论是光素的，还是有花纹装饰的，都显示了一个共同特征，即：具有浓厚的工艺美和装饰美。这也正是此期玉器艺术的时代风格。然而，鼻烟壶不同于其他玉器之点是：更加精美、小巧，也更富于表现力。

图四四　青白玉筐箩纹扁圆鼻烟壶
（高 5.9、口径 2、肩宽 4.3、厚 2.6、
足径 1.9×1.3 厘米，北京故宫博物院藏）

4. 翡翠鼻烟壶

翡翠产于今缅甸东北部，系辉石类玉，硬度高于和阗玉，故有硬玉之称。至于它传入内地的时间，目前在学术界尚无定论，有人认为不晚于东汉，亦有人主张定于北宋更为稳妥。

图四五　翡翠鼻烟壶
（高6.9、口径2.4、肩宽5.2、厚2.6、足径 2.2×1.6，北京故宫博物院藏）

笔者曾于南京市博物馆看到明代亲王墓中出土的一件翡翠饰件。清初，云南翡翠运至京都尚不多，至乾隆后期渐增，价格亦上涨[19]。《清档》记：乾隆三十九年（公元1774年）云贵总督周思德进翡翠高克樽一件；嘉庆年间，两淮、长芦进贡过炉、瓶、盒、盖碗、笔洗、扳指等翡翠器；两淮、江督还贡进过少量的翡翠鼻烟壶（《贡档》簿一六九、簿一七三、簿一七一）。清宫旧藏翡翠鼻烟壶流传迄今者更为稀少，而北京故宫博物院现存翡翠鼻烟壶（图四五）即其一例。此壶翠料不甚优越，但以稀为贵，亦不无可取之处。在半透明的玻璃状地上，翠绿作丝斑状分布，犹如晴空浮云随风飘荡，有着水墨渲染之韵味。器形为扁体，圆腹，颈较粗，卧足，配铜镀金嵌碧玺圆盖，为翠壶增辉。

5. 水晶鼻烟壶

水晶是石英结晶体，透明莹澈。分为黄、绿、紫、黑等色；最常见的则为无色者。有的水晶内含丝状物。

水晶亦名水精，在远古时代已被人类发现并加以应用。距今20万至50万年前的旧石器时代早、中期的北京人已在距住地两公里处捡拾水晶打制工具。这说明北京人已能识别并利用水晶了。这是石与玉分化的最古老源头，所以，后世称水晶为"水玉"则不是偶然的了。已出土的考古资料证明，最古老的玉（石之美者）大多属石英类，而水晶是其中的一种。佛教传入我国之后，水晶成为佛家七宝之一。

清宫旧藏水晶陈设不多，但其中大部分做工精细。地方督抚亦有进水晶鼻烟壶者，如嘉庆年间广东巡抚贡各色水晶鼻烟壶（《贡档》簿一七八）、茶晶鼻烟壶（《贡档》簿一七三），两广总督进过绿水晶鼻烟壶（《贡档》簿一七八），云贵总督进过四喜水晶鼻烟壶（《贡档》簿一八五）。广东琼州（今属海南省）五指山出水晶，"光莹照人，望如雪霁"。上述广东巡抚、两广总督所进之水晶鼻烟壶，其料可能取自五指山，但也不排除用舶来的水晶料制作鼻烟壶向内廷进贡的可能。

紫晶瓜蝶鼻烟壶（图四六），清宫旧藏。紫晶色调醇厚，类似茄皮紫。瓜形、蔓茎缠绕，长叶反转如生，伏贴于瓜上，顶钻一小孔，以砣下的下脚料做柄形盖，其下部有一飞蝶，非常生动。这种瓜蝶题材也常常出现在子玉上，瓜瓞绵绵取人口兴旺之吉意。

发晶鼻烟壶（图四七），亦系清宫旧藏。晶体半透明，壶中牙勺隐约可见，其体内含长短不等、横竖交错的黑线，酷似黑发，故名发晶。壶形扁体，较薄，短颈，侈口，平底足，配铜胎镀金嵌珍珠纽盖，颇具皇家气派。

图四六　紫晶瓜蝶鼻烟壶

（高5.5、口径0.6、肩宽3.3、厚2.4厘米，
北京故宫博物院藏）

图四七　发晶鼻烟壶

（高6.2、口径1.8×1.5、肩宽4.4、厚1.3、足径
1.3×0.6厘米，北京故宫博物院藏）

6. 玛瑙鼻烟壶

玛瑙亦属石英类矿物，古称为"琼"，在我国原始文化遗址中出土了不少玛瑙制的工具和装饰品。"玛瑙"二字始见于佛经，也是佛家七宝之一。因色理似马脑，故名，亦书为"码磠"，归入石类，似在玉与石之间，可视为宝，亦可视为石。宋代海外贸易发达，进口了大量玛瑙，制为用具。清宫亦有收藏。清初多碾玛瑙，至乾隆中期，由于和阗玉大量涌入内廷，玛瑙器遂相应减少。各地督抚亦有进玛瑙鼻烟壶者，如江南河道总督（《贡档》簿一六八）、广东巡抚、两广总督（《贡档》簿一六九）均曾进玛瑙鼻烟壶。

玛瑙产地遍及各方。采挖简便，价廉物美。民间习用玛瑙制造鼻烟壶。玛瑙有白、红、灰、蓝等各种色调。据其纹理、色彩，可分为锦犀玛瑙、锦红玛瑙、合子玛瑙、截子玛瑙、缠丝玛瑙、浆水玛瑙、酱斑玛瑙、柏枝玛瑙、竹叶玛瑙、夹胎玛瑙和曲蟮玛瑙等名目[20]。用色彩瑰丽、华纹叠错的各种玛瑙制成的鼻烟壶都非常美观，令人赏心悦目。利用绚丽多彩的玛瑙制成俏色玛瑙鼻烟壶确是别具韵味、脍炙人口。

缠丝玛瑙鼻烟壶（图四八），系清宫旧藏，亦称缟玛瑙。配仿翠玻璃盖、直颈、扁体、圆腹、矮足、浅灰地、白丝。内心色调多变、文采交错、幻化奇妙，天成的造化之美确是人工难以企及的。

黑白玛瑙巧做鼻烟壶（图四九），亦系清宫旧藏。配茜绿牙托珊瑚圆盖、器直颈、椭圆扁体、矮足。以表皮黑、褐二色，巧做成树下一鸟回视身后坐兽的图案，有着笔墨酣畅的泼墨画般的韵致，确是罕见的巧作鼻烟壶。

图四八　缠丝玛瑙鼻烟壶
（高 5.2 、口径 1.8、肩宽 4.5、厚 1.9、
足径 2.1×1.2 厘米，北京故宫博物院藏）

图四九　黑白玛瑙巧做鼻烟壶
（高 7.5、口径 2.2、肩宽 5.9、厚 2.4、
足径 2.5×0.9 厘米，北京故宫博物院藏）

图五〇　玛瑙猴马图（马上封侯）鼻烟壶
（高 8、口径 2.3、肩宽 5.6、厚 2.8、
足径 3.9×1.9 厘米，北京故宫博物院藏）

马上封侯玛瑙鼻烟壶（图五〇），出自民间玉匠之手，颇有天真恬淡之情趣。猴子伏于马背及蜜蜂在马后蹄之下的处理手法完全出自民间因材施艺的工艺诀窍，而获得非同凡响的效果。如果以宫廷艺术标准衡量，这种手法不仅犯忌，而且亦不合法度，但它那质朴生拙的味道也是宫廷艺术中所缺乏的。

7. 松石鼻烟壶

松石在元代时称甸子、荆州石，盛产于阿拉伯地区，我国仅产于襄阳。明代称碧靛子，清代称松石，今称绿松石。松石分为天蓝色和绿色两种，以天蓝色为上。藏传佛教视松石为神物，藏族人继承吐蕃官制传统，最重松石，喜以松石为饰。满族统治者在后金时接受了藏传佛教，同时也接受了藏族的松石观，用以祛邪、祈福、镇库[21]，满族人还将松石镶嵌于佛供器或以其制朝珠[22]和数珠。因此，松石鼻烟壶便应运而生。

地方官员经常向清帝进贡松石鼻烟壶，如湖广总督、湖北巡抚曾贡松石鼻烟壶（《贡档》簿一八五）、松石大吉鼻烟壶（《贡档》簿一七四）。湖广总督、湖北巡抚辖治松石产地襄阳，故制各种松石器物作为土贡而进奉内廷。

松石雕花填金鼻烟壶（图五一），清宫旧藏。器配宝珠纽碧玺盖，盖小于壶口，疑非原偶。侈口、矮颈、有肩、扁体、圆腹、平底，该器的绿色较浅，似近月白色，布满浅绿色点子，一角有大片铁纹（因其表面黑皮延伸至内部所致，其线色黑如铁，故名）。画面以二枝凤仙花为主体，黑线密集部分刻成岩石，填泥金。从器形来看似乾隆晚期之物，画面简单、镌刻尚精，可能是民间刻手所制，或许即由湖北地方官员所进。

图五一　松石雕花填金鼻烟壶

（高6、口径1.7、肩宽4.6、厚1.8、足径10.7×1.9厘米，北京故宫博物院藏）

8. 琥珀鼻烟壶

琥珀系远古的松科植物油脂，约从地质年代的第三纪始，经久埋藏地下而成的碳氢化合物。呈不规则的颗粒状、块状或钟乳状；多为黄色或棕黄色，有的为红黄色；透明或半透明，呈松脂光泽。产于云南、广西、福建和东北等地。色偏红者称为血珀；偏黄者称为金珀；色淡者称为蜜蜡。硬度为2.5，适于雕刻。

广州琥珀工艺较为发达，清代屈大均《广东新语》云："广人雕琢为器特工。"故广东官员发挥其本地优势，向内廷进琥珀制品，而有关贡进琥珀鼻烟壶的记载，清宫档案仅录一次（《贡档》簿一七八）。现存于北京故宫博物院的清宫旧藏琥珀嵌宝五福纹鼻烟壶、金珀佛手形鼻烟壶和金珀瓜形鼻烟壶都是不易多得的琥珀工艺精品，值得珍重。

9. 珊瑚鼻烟壶

珊瑚为矾花科动物桃色珊瑚等珊瑚虫分泌的石灰质骨骼，呈树枝状，主要成分为碳酸钙，生长于温热带海洋底层的礁石上。我国福建、台湾、广东等省海域均产珊瑚。它呈朱红色，莹润，中轴为白色，质地坚硬、细腻，硬度为3.75，难以施刀，以硼子琢磨。珊瑚又名"烽火树"或"烽火柏"。"以树身高大，枝柯丛多，纹细纵而色殷红，如银朱而有光泽者为贵。"[23]在距今很久远的年代，南方沿海居民便从海底捞取珊瑚做

图五二　珊瑚寿山福海纹鼻烟壶
（高6、口径1.6、肩宽4.9、厚1.7、
足径2.1×1.3厘米，北京故宫博物院藏）

装饰用材。在佛家心目中，视珊瑚为"七宝"之一。蒙、藏地区常以珊瑚做装饰与数珠。后金继承并发扬藏传佛教传统，除了以珊瑚做佛具以外，还用其做祭祀器具和等级标志。如皇帝于祭日佩珊瑚朝珠[24]；二品官以珊瑚为帽顶[25]。故珊瑚鼻烟壶尤为难得。

珊瑚寿山福海纹鼻烟壶（图五二），清宫旧藏。配珊瑚托绿云石圆盖，矮颈、椭圆、扁体、矮足、殷红色、有几处白色斑点。肩饰隐起兽面衔环；一面随文理镂隐起的古松、旭日、海涛，挺拔强劲；另一面镂海蝠。实寓寿山福海之寿意，应为万寿贡品。

清宫旧藏珊瑚竹节形鼻烟壶，以整枝珊瑚截短，做成三节竹枝之形状，镂隐起细枝嫩叶和起突之梅树，甚为可观。

10. 碧玺鼻烟壶

碧玺是一种硼铝硅酸盐，又名电气石，今划归宝石，硬度7.5，内含丝絮状纹和平行惊纹；有多种色调；以桃红、粉红最贵；透明或半透明，呈玻璃状光泽。清代碧玺器物始于乾隆，未见更早者。碧玺原料可能来自海外，国内尚无发现。碧玺鼻烟壶甚少。

碧玺双蝠衔万寿纹鼻烟壶（图五三），现藏于北京故宫博物院。失盖、扁体、侈口、宽肩、下收为椭圆足。肩饰隐起兽面衔"卐"字纹。此碧玺色调虽不甚鲜亮，但也是十分难得了。

11. 彩石鼻烟壶

所谓彩石泛称硬度较低，便于施刀，而质地、色彩较美的石料。如福建之寿山石、田黄石，浙江青田石、昌化石，广东永安石和端石等等均可归为彩石一类。

乾、嘉时期两广总督、广东巡抚贡端石鼻烟壶（《贡档》簿一六八、一六九）。端石产于广东高要县之羚羊峡[26]，适于做砚，与龙尾齐名。端石佳者似出自砾岩或角砾岩，有黑、青、紫、白、绿者。

图五三　碧玺双蝠衔万寿纹鼻烟壶
（高5.6、口径1.6、肩宽4.7、
足径1.6×1.2厘米，北京故宫博物院藏）

端石呈现火捺、青花、蕉白、鱼脑冻、碎冻、冰纹、马尾纹、翡翠纹以及鹧鸪眼等名目繁多的文采。广东端石鼻烟壶未流传下来，实情不明。

12. 象牙鼻烟壶

象牙是进口的珍贵原料，主要用于雕刻工艺和宫廷典章器物。清内廷所用象牙来自广东或云贵等地高级官员进贡和东南亚各地例贡。其数量有限，在使用上控制较严，使用要恰当。制作象牙鼻烟壶有三种办法：一是器身全用象牙制作，配盖勺，在宫内称象牙鼻烟壶，如乾隆二十五年（1760 年）为红雕漆圆盒配制象牙鼻烟壶一件（《清档》3507）；其二是先以其他材料做器型，再将象牙薄片镶在鼻烟壶上，如乾隆二十七年（1762 年）的玳瑁边嵌象牙鼻烟壶一件（《清档》3518）；其三是以象牙做胎，再镶嵌其他珍贵材料制成鼻烟壶，如乾隆二十七年的象牙镶嵌鼻烟壶（《清档》3518）。

13. 文竹鼻烟壶

文竹器是我国传统竹工艺品的精华。用竹皮之下的竹黄薄片粘贴于木胎上，其上再粘贴竹黄图案或施刀雕刻，故亦称竹黄工艺。可以这样说：文竹器物是用竹黄工艺来完成的。

据《贡档》记载：江宁织造、西江总督、两淮盐政、江西巡抚、湖北巡抚均进过文竹器。清代两江总督辖今安徽、江苏、江西三省，而江宁织造设在南京，两淮盐政设在扬州，也不超出江苏。由此可知，江苏、安徽、江西、湖北等地是清代文竹器物的产区。

见诸档案的清廷收藏的鼻烟壶有文竹六方鼻烟壶、文竹背壶式鼻烟壶两种。乾隆四十一年（1776 年）二月十五日各照仿十件，共二十件贡进内廷（编号3542）。

文竹夔龙六角瓶式鼻烟壶（图五四），清宫旧藏。深褐黄色，圆纽六方盖，小口、宽肩。口的周边贴细长菊瓣，每方七瓣，共四十二瓣；腹部各方均黏卷夔纹，细部阴刻；腹下每方各黏仰菊四瓣，共二十四瓣。矮足。此壶应是乾隆时代之物。

文竹背壶式二蝠捧寿鼻烟壶，清宫旧藏。方盖、方颈、圆腹，两侧弧面较平，方形高足。腹中部黏二蝠捧团寿图案，腹边黏十六如意云头，细部均加刻饰。此壶与上述文竹夔龙六角瓶式鼻烟壶一样，也是乾隆时期所制。

文竹福寿鼻烟壶（图五五），青金石圆纽方盖、颈短、肩甚宽、腹近椭圆、平底。腹周黏十六朵如意云纹；腹中黏团寿字；周围黏五蝠，均施细阴线饰纹。此器形制与嘉庆年制款粉彩瓷鼻烟壶近似，故该文竹福寿鼻烟壶可能是嘉庆时代所制。

文竹寿字鼻烟壶（图五六），清宫旧藏。松石圆纽方盖，形制与上述文竹福寿鼻烟壶相似。腹部两面均黏满长方篆体寿字。也是嘉庆时物。这些文竹鼻烟壶已有一二百年的经历，尚保存完好，这是难能可贵的。

图五四　文竹夔龙六角瓶式鼻烟壶

（高5.5、口径1、肩宽1.6、足径1.1厘米，
北京故宫博物院藏）

图五五　文竹福寿鼻烟壶

（高6.9、口径1.4、肩宽5.7、厚1、
足径1.8×0.6厘米，北京故宫博物院藏）

图五六　文竹寿字鼻烟壶

（高6.9、口径1.3、肩宽5.8、厚1.1、
足径1.8×0.6厘米，北京故宫博物院藏）

14. 珍珠鼻烟壶

珍珠早已为大家所熟悉，用以装饰和医药，分为海水和淡水两种。东北地区也出产珍珠，称为东珠。据《满洲源流考》载："东珠出混同江及乌拉宁古塔诸河中，匀圆莹白，大可半寸，小者亦如菽颗。王公等冠顶饰之，以多少分等秩，昭宝贵焉。"清宫旧藏珍珠鼻烟壶有两种类型：一是用整珠琢治而成，如珍珠茄形鼻烟壶，柄用玛瑙、萼用碧玉琢成，壶身为椭圆形珍珠，与玉茄式鼻烟壶相似，疑即扬州盐政所制。二是以粟米粒珍珠镶嵌而成，传世的有银胎镶嵌珍珠鼻烟壶，器作长颈广肩矮足瓶式。圆盖周边镶四珠；中心嵌宝石；颈饰四团寿；颈下饰伏花瓣；肩嵌米珠；身嵌圆形和长形米珠组成的网络纹。这种散发着珠光宝气的镶嵌珍珠鼻烟壶，不便随身携带，只适于在室内使用。

15. 蚌壳鼻烟壶

蚌系介类，蚌壳之表面有着各种颜色莹光，磨薄呈白色，闪烁五彩光泽。远古人发现了它的特点之后便加以利用，后来，发展提高为螺甸器物。当然，以蚌壳制造鼻烟壶也只能始于清代。现存清宫旧藏蛤壳鼻烟壶，腹部开光镌鲤鱼跃龙门图案，充满民间艺术的格调，应是地方官员所进之物。

16. 漆鼻烟壶

清代漆器工艺非常发达，素漆、彩漆、金漆、雕漆、螺甸、百宝镶嵌及仿日本时绘漆等均出现了新面貌。养心殿造办处漆作制造了大量御用漆器，尤其在仿洋漆方面有非常突出的成绩。在《清档》中尚未查到漆器鼻烟壶，所见清宫旧藏漆器鼻烟壶有剔红和描金两种；民间尚有各式软螺甸鼻烟壶。

剔红山水人物鼻烟壶（图五七），清代剔红与明代剔红并无直接承继关系，它是在弘历的提倡和授意之下，由养心殿造办处刻竹工艺家封岐做样，发往苏州织造试制成功，进而大批生产。此后，凡清宫所需剔红器物均由苏州织造承担[27]。封岐原名始岐，字时同，江苏嘉定人。雍正初年（雍正五年以前），苏州织造高斌推荐进养心殿造办处效力，身份是雕竹匠。他以雕竹的刀法试做剔红，发至苏州织造照样雕刻。故乾隆剔红与竹雕风格极其接近，犹如孪生兄弟。此剔红山水人物鼻烟壶也是苏州织造所制。据《贡档》记："嘉庆三年七月二十七日，两江总督李奉翰进雕漆鼻烟壶十全"（《贡档》簿一七八）。

图五七　剔红山水人物鼻烟壶
（高7.1、口径1.9、肩宽5.7、厚2.1、足径1.8×1.3厘米，北京故宫博物院藏）

此剔红山水人物鼻烟壶或许即李奉翰所进贡品中流传下来的。此鼻烟壶铜胎镀金，圆纽斗笠形盖，侈口，细颈饰勾连回纹，扁体、圆腹、椭圆足。雕石崖松柳、湖水远山，一老人依石而坐，观赏荷花，身后立一侍童。刀法深邃，意境幽远，充满着画意，似出自雕刻高手。

描金漆云蝠葫芦式鼻烟壶（图五八），夹纻胎、深茶褐色地、金漆斗笠形盖、双层葫芦形、平底。绘泥金云蝠，蝠作升降穿插飞舞状，画面祥和。

描金漆鲤鱼跃水纹鼻烟壶（图五九），也是夹纻胎、配金漆斗笠盖、深茶褐色漆地。其器侈口、粗颈、平肩、委角、向下内收，底部二角也作委角，椭圆形足。形制特殊，从正面看类似宫扇形，上宽下窄、四委角近方形。光内画鲤鱼跳出水面，生动而有气势。泥金有赤、黄二种，以库金泥画海涛、云、日及鲤鱼头尾；以赤金泥画鳞，使画面金彩呈现变化。

图五八　描金漆云蝠纹葫芦式鼻烟壶
（高7、口径1.8、肩宽4.2、厚3厘米，
北京故宫博物院藏）

图五九　描金漆鲤鱼跃水纹鼻烟壶
（高6、口径1.9、肩宽4.7、厚1.3～1.9、
足径2×1.4厘米，北京故宫博物院藏）

17. 匏鼻烟壶

康熙年间，内廷已有匏制器具，雍正时始见匏制双蝶式鼻烟壶。乾隆时，宫廷专设葫芦园种植葫芦，在其长成匏胎时套范，秋季却模，挑选其中造型规正、纹样清晰的，呈览后送养心殿造办处漆里、安牙口，再呈览，经获准后，才算完结了全部制造过程。

图六〇　匏制夔龙团寿纹鼻烟壶
（高2、口径1.5、肩宽4.8、厚1.5、
足径2.3×1.5厘米，北京故宫博物院藏）

匏制夔龙团纹鼻烟壶（图六〇）：铜胎錾花镀金盖，安象牙口，配牙匙，细长颈，扁体，弧腹饰阳纹螭虎衔灵芝，团寿居中，两侧饰阳纹卷草。此鼻烟壶在葫芦园的成长合乎要求，其器形不歪不斜、端正稳重、阳纹图案饱满充实，是一件上等产品。尤其难得的是，该器模痕亦清晰可辨，对研究套范的配合提供了见证。

18. 陶瓷鼻烟壶

乾隆时代陶瓷鼻烟壶主要产自景德镇和宜兴两地。瓷鼻烟壶首见于康熙民窑。雍正时仍较少，也未见有官窑者。乾隆时期便出现蓬勃发展的形势，最为重要的一点则是，在高度繁荣的瓷艺基础上，官窑鼻烟壶脱颖而出。员外郎、管理九江关税务督陶官唐英主持窑务时，采用洋彩绘制了许多人物、风景图案，利用这些富有立体感和真实美的图案烧造瓷鼻烟壶，使其顿生光彩。乾隆何时命景德镇御窑厂烧造鼻烟壶？目前，从宫内档案中仅查出三起：一是乾隆八年（公元1743年）十一月二十一日，唐英接到内大臣海望寄字，上谕：著唐英照此挂瓶花纹、釉水、颜色烧造此各款式、各色鼻烟壶。唐英督匠攒造得各款式鼻烟壶四十件呈进（《唐英奏折》一四号）；二是乾隆九年（公元1744年）三月十六日，唐英将烧造的洋彩锦上添花各式鼻烟壶四十件呈进（编号3404）；三是同年五月初四日，唐英又进各色洋彩鼻烟壶四十件（编号3404）。

嘉庆时期，景德镇珐琅彩有了蓬勃发展并应用于官窑鼻烟壶的烧造。此期官窑鼻烟壶有着华丽繁缛、精细秀雅的宫廷艺术韵致，而有别于其前的康、雍及其后的道、咸，可谓独具一格。

瓷鼻烟壶形体也极小，方不盈握，施彩描绘有它的特殊要求。瓷鼻烟壶大多仿玻璃、珐琅鼻烟壶的造型，采取扁体椭圆形，正背两面削得比较平缓、弧度不大，便于精描细绘。除了圆光之外，地子均饰彩绘图案。其底一般书四字篆体年款。壶盖有瓷和铜镀金两种，匙质则普遍为铜镀金或象牙。盖、匙一般由御窑厂一手制成，偶尔也只造壶身进贡内廷。

此期制品彩釉鲜亮，光泽较强，精者质似宝石，闪烁发光，色调丰富倩丽，艳而不俗。在方寸空间里描绘出大千世界中形形色色的事物，不愧为精微瓷绘的瑰宝。

弘历本人是否使用瓷鼻烟壶已难以考证。从现存鼻烟壶和《清档》记载判断，似以赏赐用为主。烟壶成品有时由御窑厂包装，九江关直送至承德避暑山庄收贮，备赏边疆少数民族王公和官员。官窑鼻烟壶包装分为十件一匣或二十件一匣两种，木制硬囊匣均用仿楠木色黄暗花绸里。乾隆四十一年（公元1776年）三月五日，九江关监督金德进带喜鼻烟壶二十件、套蓝表式鼻烟壶二十件、玉堂富贵鼻烟壶二十件、锦地洋花鼻烟壶二十件，共计八十件各色瓷鼻烟壶，著广储司备赏用（《杂录档》簿三二五）。嘉庆十六年（公元1811年）闰三月初三日，江西巡抚先福差贡洋彩瓷鼻烟壶四十个（《贡档》簿一六八）。从这两个进单可以了解到：乾隆时期景德镇官窑所进瓷鼻烟壶形式繁多，件数不少；而嘉庆时代品种单一，数量也有所减少。

内廷和广储司收贮的官窑鼻烟壶经道、咸、同、光、宣五朝赏用，可能将乾、嘉老底消耗殆尽，所以，现存北京故宫博物院的官窑瓷鼻烟壶主要来自热河行宫。清宫旧藏官窑鼻烟壶有粉彩婴戏烟壶、粉彩缠枝莲烟壶、粉彩葫芦烟壶、粉彩瓜棱烟壶、粉彩油篓式烟壶、洋彩虞美人烟壶、粉彩卵形洋人山水鼻烟壶、粉彩花卉鹌鹑鼻烟壶等都是乾隆原预备赏用的，大多制作精美，彩绘细巧，令人目不暇接。乾隆朝官窑鼻烟壶均有"乾隆年制"款，以横排朱篆为主；亦有二行有栏图章式款；另有黑字方栏二行楷体图章式款者。款字工整严谨，与民窑款之潦草粗疏迥然不同。

清宫旧藏嘉庆时期瓷鼻烟壶有八老鼻烟壶，背面书乾隆御题诗，底书"嘉庆年制"朱色篆体款；虞美人鼻烟壶，背面书乾隆御题诗，底书"嘉庆年制"朱色篆体款。这两种鼻烟壶应是弘历做太上皇时期，也就是嘉庆四年以前之物。另有海棠形麻姑献寿鼻烟壶、岁岁平安鼻烟壶、海棠形虞美人鼻烟壶均书"嘉庆年制"朱色篆体款，这些都是嘉庆时期官窑产品。嘉庆官窑瓷鼻烟壶的瓷胎、造型、釉色、彩绘方面都有明显变化，以彩绘来说，色调变浅、彩料颗粒稍粗、堆积较厚，类似堆料。由于目前尚未见这种彩料的化验资料，所以对其化学成分及其属性还不明了，若从粉彩、珐琅彩的整个发展演变的情况判断，嘉庆官窑鼻烟壶上所用的彩料可能是景德镇自制的珐琅彩料。如果按《贡档》记载定为洋彩，则较乾隆官窑洋彩珠有逊色。这种状况与乾嘉官窑的演变趋势也是相符合的。下面具体地介绍几件此期的瓷鼻烟壶。

"乾隆年制"款粉彩婴戏兽耳鼻烟壶（图六一），仿背壶式，配铜镀金圆盖，细颈，饰檀香色地勾金回文，壶侧饰浅蓝珐琅地压道金彩番花；壶体两侧隐起金彩兽面衔环耳；开光为白地，饰粉彩婴戏图；椭圆足为檀香色地，饰金钉；底书"乾隆年制"朱色篆体款。此鼻烟壶色料醇厚纯正，画工精致严谨，珐琅彩、粉彩并用，是官窑鼻烟壶之佼佼者。从开光婴戏画面的明暗处理，可以看出洋彩的影响。

乾隆款粉彩婴戏鼻烟壶（图六二），仿背壶式，配錾铜镀金胎盖，疑非原配。细颈、圆腹、椭圆足。通身饰绿珐琅地隐起金彩菊花卷草纹。圆光内绘四婴嬉戏图。此器兼施珐琅与粉彩，其绿地隐起金彩菊花卷草纹的图案设计，显然是仿錾铜胎画珐琅鼻烟壶（参看图三六）。

乾隆款粉彩菊花鹌鹑鼻烟壶（图六三），作扁胆瓶式；錾花铜胎镀金圆盖；

图六一　乾隆款粉彩婴戏兽耳鼻烟壶

（高5.8、口内径7、口外径3、宽4.2、厚2、足径1.4×2.4厘米，北京故宫博物院藏）

器身绘粉彩菊石纹。胎釉莹白如雪霁；彩绘
鲜艳典雅，表现出乾隆官窑的本色。

　　乾隆款粉彩黄地暗八仙纹鼻烟壶（图六
四），作荸荠式，扁体。配錾花铜镀金盖。通
身施彩，不露胎釉。暗八仙共分为四组，组
合成规整的图案单位，每组以绶带系二器
（标志）。每组图案各呈异彩而又和谐统一。
这是乾隆时代宫廷画样人的精彩创造，反映
了这一时代中国陶瓷艺术的鲜明特色。

　　"乾隆年制"款粉彩葫芦鼻烟壶（图六
五），配錾花铜镀金盖，这与器身形式不协调；
口旁两边各施环，更是画蛇添足。此两处疏漏
都有损于葫芦造型的完美。该器通身施干葫芦
皮色釉及描金卷草纹，壶上部配合绿色茎叶和
凸起的小葫芦。虽然这些装饰都破坏了葫芦的
真实感及造型的完美性，但又充溢着富丽华贵
的宫廷气息，这是官窑鼻烟壶的另一特点。器底书黑色单栏"乾隆年制"篆体款。

图六二　乾隆款粉彩婴戏鼻烟壶
（高6.3、口内径0.8、口外径1.5、宽4、厚2.2、
足径2.1×1.5厘米，北京故宫博物院藏）

图六三　乾隆款粉彩菊花鹌鹑鼻烟壶
高6.2、口内径0.7、口外径1.1、宽3.9、
厚2.4、足径1.7×1.2厘米，北京故宫
博物院藏）

图六四　乾隆款粉彩黄地暗八仙纹鼻烟壶
（高4.7、口内径0.7、口外径1.2、肩宽3.7、
厚2.3、足径2×1.5厘米，北京故宫博物院藏）

图六五　　"乾隆年制"款粉彩葫芦鼻烟壶
（高6、口内径0.7、口外径1.2、肩宽3.4、厚
2.1、足径1.7×1.1厘米，北京故宫博物院藏）

乾隆款墨彩山水诗句鼻烟壶（图六六），嵌珠凉帽式盖，细颈，扁身，腹部弧度不大，平底。颈与身侧均饰檀香色地描金蕃花卷草纹。腹白釉，一面绘墨笔山水，另一面书篆体七言诗一首。下钤朱色"乾"（白篆）"隆"（朱篆）二方印。书画联璧手法，也是官窑鼻烟壶特有的一种形式，可与内廷微型书画册页相媲美。

松石釉鼻烟壶（图六七），盖与器身均施松石釉。配仿铜镀金嵌珠纽瓷盖，侈口，粗颈，椭圆扁体，肩饰隐起兽面衔环，椭圆足。松石釉偏灰蓝，描黑色铁线。釉色虽不甚逼真，但也反映此期瓷器出现的模仿各种物质的质感与色调的新趋势。

"乾隆"款粉彩起凸博古鼻烟壶（图六八），瓜纽菊瓣圆盖，侈口，短颈，长身，小足，瓶式。通身阴刻回纹地，上施白彩，塑起凸的瓶花、金炉、水盂、灯笼等文房清玩，俗称"博古"。此壶博古图案各有寓意，而又能获得疏密有致、主次分明、色彩谐调、匀称饱满的视觉效果，便是成功之作了。底书朱色双八方栏"乾隆"篆体款，字体潦草难辨，系出自民间工匠之手，是民窑产品，与官窑鼻烟壶相比，别有风趣，以其强烈泼辣的运色取胜。

图六六　乾隆期　墨彩山水诗句鼻烟壶
（高6.2、口内径0.7、口外径1.7、宽4、厚1.8、足径2×0.7厘米，
北京故宫博物院藏）

　　"椿荫堂制"款五彩松鹰鼻烟壶，仿康熙圆筒形、白釉开片、圈足，底黑楷体"椿荫堂制"款。该壶与椿荫堂制款红彩龙纹鼻烟壶可反映堂款鼻烟壶的工艺水准。

　　陶鼻烟壶只有宜兴陶一种，目前所见大多晚于乾、嘉时代，宫中档案内也未记载。宜兴陶鼻烟壶可能于此期刚问世不久，产品不多，故罕有传世者，姑且附记，以便引起收藏家注意。

图六七　松石釉鼻烟壶

（高 5.6、口内径 0.9、口外径 1.7、肩宽 3.5、

厚 2.6、足径 1.6×1.3 厘米，

北京故宫博物院藏）

图六八　"乾隆"款粉彩起凸博古鼻烟壶

（高 8、口内径 0.7、口外径 1.7、宽 3.7、厚 2.2、

足径 1.5×1.2 厘米，北京故宫博物院藏）

四、鼻烟壶的衰落（道光至咸丰时期，公元 1812 ~ 1861 年）

　　道光、咸丰两朝鼻烟壶之衰落，确是时代使然，并非人力所能挽回，吸鼻烟成瘾的道光帝也无力使鼻烟壶艺术免遭零落之厄运。他依旧接受春秋例贡一百二十件玻璃鼻烟壶，以赏群臣，对其他品种的鼻烟壶则极少顾及。

　　本章提出几个档案记录和实物藏品，俾读者了解处于衰落过程中各色鼻烟壶所呈现的新状况。如道光帝旻宁要求鼻烟壶"膛要大"，便影响到整个形体也要相应增大。而民间亦受到内廷的带动，通行的各式鼻烟壶的器体确实比乾、嘉时期加大了。此期鼻烟壶的通病是质地不佳，色调不正，工艺退化，加工粗糙，品种单调。宫廷与民间的鼻烟壶艺术水准大为降低，流于粗俗，劣者不值藏家一顾。

　　这一时期，社会上吸鼻烟的风气愈发盛行，彩石、陶瓷、玻璃等廉价材料鼻烟壶的产量大为增长，倾销各地。当然，内中亦不乏佳美者。

　　堂名款鼻烟壶的出现使衰落的气氛中略显生机，这类鼻烟壶多具淡雅潇洒的艺术韵味，确是衰落时期鼻烟壶艺苑中的一枝奇葩。

　　清王朝从乾隆中期以后，由于政治腐败、经济衰退、民变蜂起，由盛世逐渐向下坡滑落。弘历对此完全无能为力，他在白莲教起义的浩大声势的压力下离开了太上皇宝座。至嘉庆十八年（公元 1813 年）九月，天理教教徒起事，总教首林清指挥徒众在太监配合下攻入大内，吓得嘉庆落魂丧魄、惶惶不可终日。旻宁登极，鸦片输入剧增、白银大量外流，民穷国弱、不堪一击，鸦片战争失利。道光二十二年（公元 1842 年）七月，清政府与英国侵略者签订了第一个丧权辱国的不平等条约——南京条约，中国割地赔款，清政权已处于瓦解崩溃的边缘。道光三十年（公元 1851 年），拜上帝会起义于广西桂平金田村，咸丰元年（公元 1851 年）闰八月，建号太平天国，咸丰二年（公元 1852 年），二月，入江宁，旋改称天京。太平军控制了大江南北的大片土地。景德镇官窑、苏州、江宁两织造、扬州盐政均被毁，同治三年（公元 1864 年），太平天国亡。

　　旻宁在国力衰微、内帑枯竭的条件下，打出"节俭"的幌子，他不能像弘历那样穷奢极欲，不得不大为收敛，过着没落的日子。然而他对鼻烟壶的要求却很高。道光六年（公元 1862 年），命粤海关监督进"上等鼻烟"（编号 2959）、"原装鼻烟"（编号 2960）。至于鼻烟壶，雍正、乾隆、嘉庆三朝留下来的已足够用了，新制的不多，仅见道光十一年（公元 1831 年）九月初三日命粤海关照样"膛要大"承做玉子鼻烟壶一件（编号 2978）；于道光十二年（公元 1832 年）九月初六日，粤海关进蜜蜡烟壶一件（编号 2978）。为了赏用，从道光三年（公元 1823 年），又命养心殿造办处玻璃厂恢复年节贡一百二十件鼻烟壶（编号 2947）。

　　随着鼻烟逐步在民间推广，鼻烟壶的制造必然有了更大发展，以价廉物美的玻璃、陶瓷和玛瑙鼻烟壶为生产和流行的大宗，最受城乡平民百姓中的嗜烟者欢迎。似乎不再烧造画珐琅鼻烟壶。

　　内廷玻璃厂招募博山吹玻璃匠烧造玻璃器，其中鼻烟壶为主要产品之一，每年一百二十件。其质量、颜色远远不及嘉庆时期，尤其是烧造技术和艺术加工均极粗糙，其形制方圆不能随意；线条曲直难得刚柔；款识过于潦草，产品恶劣不堪，陡然一落千丈。咸丰时期的玻璃器没有显著进步，奕詝对此也深为不满，于咸丰八年（1858 年）曾亲谕玻璃厂："嗣后玻璃活计要素，俱不拉花，款要真"（编号 3078），可谓击中弊端，但"上谕"收效甚微。故此期内廷玻璃鼻烟壶确无可取者。

　　山东博山、北京、广州和苏州等地的民间玻璃厂工艺继乾、嘉时期，各有扩展。鼻烟壶的烧造远远超出内廷。

　　瓷鼻烟壶，景德镇瓷业日益萧条，瓷器生产难以维持原有规模，官窑烧造鼻烟壶的技艺水准也随之下降。此期有五彩、粉彩、绿彩、红绿彩、胭脂红、赭彩、描金以及刻瓷等品种。图案题材还算丰富，计有山水人物、渔舟、踏雪寻梅、人物禽兽、人物花卉、清装人物、婴戏、花鸟草虫、白菜蝈蝈、花卉蝈蝈、蝈蝈蝉、蛙蝈蝈、花蝶、花鸟、松雉、芦鸭、梅鹊、仙鹤、双鸡、鸡蝉、松鹿猴、松鼠葡萄、鱼藻、八骏、云龙、异兽以及博古等等。由此可知，图案题材已发生变化。现存清宫旧藏"道光年制"朱色篆体款鼻烟壶有：红绿彩云龙、红绿彩描金云龙、粉彩人物、粉彩喜上眉梢、骑猎等背壶式鼻烟壶。咸丰二年（公元 1852 年），御窑厂毁于战火，同治初恢复，此间无官窑瓷，也更无官窑鼻烟壶。

　　民窑鼻烟壶更为泛滥，不拘一格，任意发挥。胭脂红云龙鼻烟壶（图六九）、五彩刘海戏金蟾鼻烟壶（图七〇）及粉彩鼠啮葡萄鼻烟壶（图七一）都可反映民窑鼻烟壶的朴实、稚拙、泼辣、奔放的艺术特色。

　　堂款鼻烟壶淡雅潇洒。"健庵雅制"款粉彩鸡蝉鼻烟壶、"崧亭制"款粉彩喜上眉梢鼻烟壶彩色浅淡、描绘精细，仍不失雅趣。

图六九　胭脂红云龙鼻烟壶
（高 6.9、口内径 0.5、口外径 1.1、肩宽 3.8、厚 2.8、足径 1.9 × 1.3 厘米，北京故宫博物院藏）

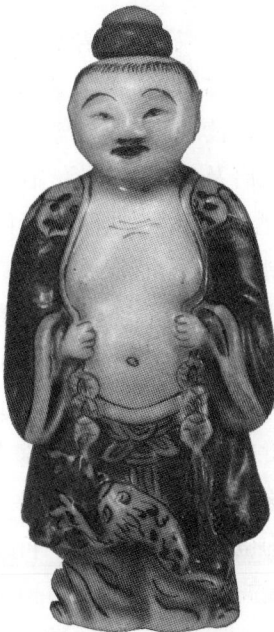

图七〇　五彩刘海戏金蟾鼻烟壶
（高 8、口内径 0.8、口外径 1.5、肩宽 4、厚 2.7、足径 2.6 × 1.6 厘米，北京故宫博物院藏）

　　宜兴陶鼻烟壶似已大量烧造，细紫泥胎，有八角形、胆形、椭圆形及背壶式。有施珐琅彩、堆塑和阴刻。图案有狮球、松鹿、梅、菊、梅雀、山水和文句等。贴塑和阴刻颇为雅致，具有士大夫气息；而珐琅彩绘则往往粗糙通俗，可供市庶所用。

　　北京掐丝珐琅鼻烟壶继续烧造，传世不多，偶可一睹。山水、荷花等掐丝珐琅鼻烟壶以冷色调为主，色彩浓深，别有风趣。

　　玛瑙鼻烟壶的生产旺盛。器体偏大，琢磨不够工细。北京琢制的玛瑙鼻烟壶销往东北和北部地区。玉器鼻烟壶相对来说大为减少。

　　此时鼻烟壶工艺衰落，但其数量大为增加，泛滥于城镇。时尚器体宽大，浸至盈握，壶口较窄，使气不旁泄。因受商品化、平民化的影响，对其装饰性、艺术性不太考究，故不易见到精品，亦不为收藏家所重视。

五、鼻烟壶的余晖

（同治至宣统时期，
公元 1862～1911 年）

在"同治中兴"这一社会背景下，民间厂肆生产了大量的各色鼻烟壶。

故宫博物院收藏着两件清宫旧存的确是同、光时期的古月轩款鼻烟壶。从其胎型、图案、彩绘及款识可知，此期"古月轩"款玻璃鼻烟壶并非同一面孔、同一类型，而是革故鼎新，并达到一定水平。

此时，玻璃鼻烟壶的产地除了北京、博山之外，又新辟扬州一处。目前，我们仅见其套料鼻烟壶，流散于国内外的文物店以及收藏家手中。因北京故宫博物院未藏此种鼻烟壶，所以不能向读者提供

图七一　粉彩鼠啮葡萄鼻烟壶
（高 6.5、口内径 0.7、口外径 1.4、
肩宽 3.5、厚 2.9、足径 3.5×2.0 厘米，
北京故宫博物院藏）

版图。

同、光时期鼻烟壶之余晖的最重要标志乃是内画壶的出现与成熟，这早已引起学术界、收藏家的关注，把当今的内画壶推向纯艺术的道路。现刊出的三件有款内画鼻烟壶是北京故宫博物院近几十年来新收之物，并非清宫旧藏，以供读者研究参考。

清政府在列强的支持下镇压了洪秀全领导的太平天国政府及其军队之后，医治了战争创伤，恢复和复苏了工农业生产，暂时稳定了社会生活，出现了史称的"同治中兴"。这时，清王朝的实权掌握在慈禧太后手中，载淳（同治）、载湉（光绪）只不过是两个政治傀儡。慈禧好大喜功，穷奢极欲，在内帑枯竭，养心殿造办处瘫痪的情况下，她利用已掌握的权力，向织造、钞关、盐政发号施令，摊派勒索各种衣料、翡翠首饰、文具、瓷器和外国玩艺奇货等等，供她享受和挥霍。她唯独对鼻烟壶无兴趣，但是，养心殿造办处还要按照内廷制度向皇帝进年节两次例贡，其中也有玻璃鼻烟壶一百二十件，以供赏用。这种做法一直延续到宣统逊位为止。这时，内廷新造鼻烟壶只有玻璃一种，不再做其他种类鼻烟壶。各地督抚和内廷派出机构也不再进鼻烟壶。可以这样说，在这四十九年间皇帝对内廷和地方的鼻烟壶的制造和提高是毫无影响的。但民间鼻烟壶工艺却出现了短期的复苏，不过这已是落日前的余晖了。

北京虽遭到英法联军和八国联军的两次入侵，圆明园被劫后惨遭焚毁，清漪园受到两次洗劫、紫禁城、中南海也难幸免，受到一定损失。但社会秩序和市庶生活还可勉强维持。玻璃、玉、玛瑙、掐丝珐琅等鼻烟壶的生产必有所增加。而南京、苏州、扬州等工商业繁华的城市在清军消灭太平天国的战事中彻底地被摧毁，虽经长期的重建，最终

也未能恢复到乾、嘉时代的繁荣景象。在鼻烟壶的制造上，除了出现扬州套料制品之外，没有也不可能取得更大的成就。广州在这四十九年间也不可避免地走向下坡路，其垄断海外贸易的局面已被打破。上海辟为商港之后，成为外国侵华的据点，经济、贸易有所上升，但在多大程度上促进了鼻烟壶工艺的发展，还是一个有待研究的课题，在此也不便评说。

于此其间，在景德镇重建了御窑厂，仍采取官搭民烧的办法，为皇家烧造御用瓷器，因而，瓷器质量仍无法与乾、嘉时期较量，民窑也是一样，都是处于瓷器工艺的低谷之中而不能自拔。相对而言，确也有精粗优劣之分，这要看用何种标准来要求了。从流传下来的瓷鼻烟壶看，确无何成就可言。那么，何以见得此期鼻烟壶工艺出现复苏呢？笔者以为最有力的史实依据是内画鼻烟壶的出现与勃兴。另外，"古月轩"款鼻烟壶与扬州套料鼻烟壶的存在和发展也是不容忽视的。在这里，先扼要地谈谈"古月轩"款鼻烟壶和扬州套料鼻烟壶的情况。

古月轩玻璃胎画珐琅的产生及其特点已在上面谈过，在这里仅仅介绍两件"古月轩"款玻璃胎鼻烟壶的概况和特点，供对此感兴趣的读者参考。

一是"古月轩"款花鸟鼻烟壶（图七二），仿珊瑚玻璃盖，涅白玻璃胎，侈口，矮颈，圆肩，弧腹，平底。形如满月，质地坚实光亮似砗磲，应属辛家坯一系。颈、肩饰画珐琅枝花卷草，腹部一面绘绶带月季，另一面绘麻雀萱花。珐琅鲜淡、画法工致，颇带几分乾、嘉画珐琅之遗风，精妙清秀、格调不俗，令人爱不释手。底书泥金楷体"古月轩"款，应属上乘之作。

二是浅涅蓝玻璃地"古月轩"款菊石鼻烟壶（图七三），其形制与前者相似，也是满月形。正面以墨色勾勒渲染兰菊石图，书卷气十足，淡雅宜人，别具风采。背面光素，本应题诗，书家未及提笔便仓促入炉，如此半成品，竟然入宫，实在令人费解。底书朱色楷体"古月轩"款。可知古月轩鼻烟壶除涅白玻璃多彩珐琅者外确有色地墨彩者。正如赵之谦《勇卢闲诘》所云："古月轩地则砗磲，亦具五色"，此言诚然不谬。进而还须肯定：古月轩的界定也应以赵说为准，并参照款识酌定之。

上述两件"古月轩"款鼻烟壶因其下限可断，彩绘亦雅致可睹，有着鉴赏和研究的两重价值，诚属可贵。今后若以此二器为标准，以权衡传世"古月轩"款鼻烟壶，有望可觅得更多的古月轩器。这两器的美中不足之处是画面未题小诗，确与赵之谦所言诗、画、款三者兼备的古月轩略有出入。对此，不妨这样理解：古月轩鼻烟壶随着时间推移，嘉庆之后便出现了几种不同的面貌，有的书、画、款具备；有的只有画、款而未题诗，并非规范完全划一，尤其同、光时期的民间坊肆，更是不拘一格、信手发挥，这就是同、光时代的古月轩的概貌。

关于扬州套料鼻烟壶，南方现仍健在的老一辈古董家都很熟悉，由于已搁置了几十年，许多中、青年都不谙此事，现在是旧话重提，其目的在于将扬州套料鼻烟壶置于清代鼻烟壶工艺史的合适地位，正确地进行研究评论，以恢复其本来面貌。

图七二　"古月轩"款玻璃胎画珐琅花鸟鼻烟壶
（高 6、口径 1.7、肩宽 5.5、厚 1.1、足厚 0.8 厘米，
北京故宫博物院藏）

图七三　"古月轩"款玻璃胎画珐琅菊石鼻烟壶
（高 5.6、口径 1.5、宽 5、厚 1.2、足厚 1 厘米，
北京故宫博物院藏）

　　过去，南方的古玩店经营的扬州套料鼻烟壶，随着古玩洋庄生意也出口了不少，现在还保存在欧美一些收藏家手中。我国苏州市文物商店也有收藏，但仍无人研究扬州套料鼻烟壶沿革及其特色。最近，经扬州关心该地套料鼻烟壶的人士调查，初步证实可能在光绪时期，扬州鼻烟壶的制作受到北京套料工艺的影响，而又有着清新、秀丽的风格，惹人喜爱。今后，还需深入调查，掌握更多的第一手资料，进行科学研究，以便做出正确的科学结论。

　　这一阶段出现了前所未见的内画鼻烟壶，毫无疑问，这是一种创新，为鼻烟壶艺坛增添了耀眼的光彩。内画与画在纸、绢上的绘画不同，艺人用特殊的工具在鼻烟壶内壁作画，画出工笔或写意的里面，使人们透过透明的玻璃看到里面的作品。这是一种前所未有的鼻烟壶装饰手法，也是它的一种崭新的花色品类。内画与广州玻璃画有相似之处，即：都是画在背面，画家须采用殊于常规的新画法，才能使其产生与一般绘画相同的视觉效果。然而，它与玻璃画不同之处是：玻璃画用油画颜色在平平的玻璃背面上画成，供人们从正面观赏，其画笔不受空间限制；而内画要用勾形细笔蘸上墨色，画家将画笔从直径 0.5 厘米左右的小壶口伸入器内，在烟壶内壁上进行艰难、细致的艺术创作，好像女红绣花似的一笔一笔精描细绘，这要比玻璃画更难一层。所以，内画艺术乃是一门绝技，内画艺人必须经过长期的特殊训练方能达到一定水准。

　　在内地、香港及欧洲，都有学者研究内画鼻烟壶的起源问题，曾有人提出过如下见解："在嘉庆末年已有了内画鼻烟壶，创始人是甘桓，真名甘桓文。他还有一如居士、半山、云峰、古开樵等笔名。于嘉庆二十二年（公元 1818 年），甘桓始作内画，至咸丰十年（公元 1860 年）辍笔。后期有蒋之霖、增田之二人也做内画鼻烟壶，与甘桓风格相似。"[28]可是，这种新创造却不为对鼻烟壶有着浓厚兴趣和广博知识的著名书画家赵之谦所关注，他在《勇卢闲诘》中只字未提，这也是一件令人费解的事。不过，从现有传世内画鼻烟壶状况，可以确认：光绪初年至民国初期正是内画鼻烟壶的繁荣时代，而署名的内画家计有：周乐元、叶仲三、马少宣、丁二仲、自怡子、毕荣九、孙星五、桂香谷、阎玉田、永寿田、孟子寿、陈仲三、张葆田、李寿昌、汤子川、俞叔云、马绍先、周少元、王庚、朱战元、刘宝钧、陈少圃等二十余家。其中以周乐元、叶仲三及马少宣最为著名，为内画三大家。

内画巨匠周乐元，其生卒年、籍贯及经历均不见记载。可能是一位职业内画家。从光绪八年（公元 1882 年），开始作内画，擅长山水，亦精于蟋蟀、蜻蜓、蜜蜂及秋蝉等草虫；他还画过人物、花鸟、金鱼、野禽、家禽、石竹、盆栽与插花等等人们所熟悉的题材。由于他的声望很高，便有阎玉田、孙星五、马少宣、叶仲三、张葆田、汤子川等内画家都仿他的作品。故周乐元内画壶的仿品较多，所以传世周乐元款内画壶水准高低不等，悬殊较大。不能片面相信款识而忽略笔墨。从寿石牧牛内画玻璃鼻烟壶（图七四），可以看出他的内画特色及其艺术造诣。此壶一面画浅赭色湖石，以墨皴点，其后衬瓦炉插梅和斗盆绿茵，用笔简劲、画风清雅，题"润西仁兄大人请正，周乐元画"款，方朱印。另一面绘湖岸边绿草成茵，一株连理柳树的柔枝嫩芽随风招展，树后一牛在低头吃草，背上坐一牧童正在放风筝，远处峰峦起伏，充满浓郁的春意，笔墨秀润、意境幽远。确是一幅乡土风情佳画，也是他的代表作。

图七四 周乐元内画寿石牧牛
玻璃鼻烟壶

（高 7.1、口径 1.4、宽 3.5、厚 1.5、
足径 1.6×1.3 厘米，北京故宫博物院藏）

叶仲三生于同治八年（公元 1869 年），卒于 1945 年。他受到周乐元内画艺术的影响，于光绪二十五年（公元 1892 年）开始内画，擅长草虫、鸟禽、戏曲人物和肖像。授长子奉祯、次子奉禧及三子奉祺内画技术，尤工重彩人物，画过"三顾茅庐"、"竹林七贤"、"踏雪寻梅"及"百子图"等大众喜闻乐见题材的内画鼻烟壶。学童闹书塾玻璃鼻烟壶（图七五）即其一例。此壶内画正背两侧不加区界，通体连续画成一幅众多学童趁伏案而眠的塾师熟睡之机，在老师足下放置青蛙、捅耳孔或捉迷藏、翻筋斗等闹学塾的场面，不仅热闹非凡，也表现了学童天真顽皮的本性，令人忍俊不禁。此壶作于己巳年（1929 年），应是他晚年得意之作。

图七五　叶仲三内画学童闹书塾玻璃鼻烟壶
（高6、口径1.7厘米，北京故宫博物院藏）

马少宣是内画三大家中的后起之秀，有他的独到之处。他于光绪二十年（公元1894年）开始作内画，乙丑年（1925年）辍笔，从事内画大约三十年。他工于山水、人物、花卉、鸟兽并兼擅楷书，尤精于肖像。笔者曾目睹过马少宣所绘逸庵居士和云卿两件内画水墨肖像玻璃鼻烟壶，两位主人公不仅须眉生动、神采奕奕，而且阴阳向背、肌肉转折完全符合西方素描方法和人体解剖学原理，确是不可多得的传神精作。背面书铭，楷书严谨凝重，居于内画书法之首。他还喜欢谭鑫培戏装像。他为心畬一兄所作谭鑫培饰黄忠像内画鼻烟壶（图七六）即其中的一件。此壶一面画已披挂上阵的黄忠正在亮相，左手掂着大刀、右手拢着银须，再现了忠心耿耿、英勇善战的蜀汉老将黄忠的英姿，令人敬服。另一面题正楷上款、赞文时间与作者。此壶作于光绪二十五年（公元1899年），应是他的早年之作。

在京师内画鼻烟壶艺术的影响和启迪之下，生产内画用玻璃鼻烟壶器胎的博山县城西冶街画家毕荣九于光绪十九年（公元1893年）也开始了他的内画生涯，终于成为山东内画的创始人。笔者所见毕荣九作品并不多，还不能获得一个全面的印象，但已有一个初步了解，这就是工整有余而气韵不足，远逊于上述京派三大家之造诣。毕荣九之子宝三和恒远随他作内画，他又收赵雨亭和张文堂为徒，所作内画均署毕荣九的名字。鉴于这种情形，凡见毕荣九款内画鼻烟壶时，是真是假，须审慎酌定，不能不加区别地以款识确定器之真赝。

清代鼻烟壶随着清帝逊位结束了其二百余年的历史。然而，对它的客观存在造成最为严重威胁的是卷烟的传入和推广，最终彻底地被卷烟所取代。基于此因，坊肆便逐渐停止了鼻烟壶的生产。鼻烟壶先后进入了博物馆和收藏家之手。唯有内画鼻烟壶是一个例外，因为它的特殊技艺受到人们的喜爱而得到恢复和发展，形成了京、冀、鲁三大内画家集团，把内画艺术推向新的高峰。收藏家不再用它盛鼻烟，仅仅

图七六　马少宣内画谭鑫培饰黄忠像玻璃鼻烟壶

（高7、口径1.8、肩宽4、厚1.7、足径3.2×1.6厘米，北京故宫博物院藏）

将其作为艺术品、鉴赏品，加以珍藏。它已在世界艺术殿堂里找到了自身价值和极其合宜的位置。

注　释

[1]　所子进单全文刊于杨伯达《从清宫旧藏十八世纪广东贡品管窥 广东工艺的特点与地位》，《清代广东贡品》，故宫博物院、香港中文大学文物馆，1987年。

[2]　参见［1］所刊，雍正十一年二月二十六日广东总督鄂弥达进单、八月二十九日广东巡抚杨永斌进单。

[3]　参见［1］，15页，乾隆三年十月二十四日广东海关副监督郑伍赛进单。

[4]　详见杨伯达：《鼻烟壶名称探原》，《香港敏求精舍成立三十周年纪念》。

[5]　《清档》编号由中国第一历史档案馆编制。以下省略《清档》，仅注编号。凡出自其他内廷档案者，均注明档案类属及编号。

[6]　故宫博物院明清档案部：《李煦奏折》一〇七，"进新出佛手及湖笔鼻烟壶折"，中华书局，1976年。

[7]　《故宫进单》〇〇二六，中国第一历史档案馆藏，全文见［1］，15页。

[8]　杨伯达：《清代玻璃配方化学成分的研究》，引美国尤金·帕金斯先生1989年12月2日函，20页，《故宫博物院院刊》1990年2期。

[9]　杨伯达：《清代玻璃概述》，《故宫博物院院刊》1983年4期。

[10]　关于颜神镇玻璃的概况，见［9］。

[11]　关于苏州玻璃的概况，见［9］。

[12]　参见［1］，《二、从现存广东贡品来探索十八世纪外国工艺对广州工艺美术的某些影响》，

2·玻璃器工艺，清代。

[13] 杨伯达：《景泰款掐丝珐琅的真相》，《故宫博物院院刊》1981 年 2 期。

[14] 吕坚：《康熙款画珐琅琐议》，"康熙五十五年（1716 年）九月二十八日广东巡抚杨琳奏折"，《故宫博物院院刊》1981 年 3 期。

[15] 同［14］，"康熙五十八年（1719 年）六月二十四日两广总督杨琳奏折"。

[16] 此涅白玻璃鼻烟壶外套铜胎画珐琅套匣，内还盛一组碟，计三件一套，便于携带。据查：清宫除了鼻烟壶套匣之外，尚有口袋形套。如："雍正四年九月初二日郎中奉旨：'挂钩绣鼻烟壶套做几个，比先做过的略放大些。钦此。'于十二月二十九日，做得绣缎鼻烟壶口袋二件，郎中海望呈进讫"（编号三二九九）。又如："于雍正十年九月二十一日传旨：'鼻烟壶口袋甚华丽了，将朴素文雅些的做几件'"（编号三三五二）。以上两条记载可证，雍正时期确用各种口袋装鼻烟壶，可减少直接磨损、保持美观、延长寿命，起到保护作用。装在口袋里的鼻烟壶既可揣在怀里，也可系佩腰间，十分方便。成套的鼻烟壶应包括烟碟、套匣和口袋。从上述档案行文推断，胤禛即位不久，便开始使用鼻烟壶口袋，他可能终生保持了这个习惯。

[17] 永安蜡石产于广东紫金县，色大黄，嫩者如琥珀。以其润泽如蜡，故称蜡石。参见李调元：《南越笔记》一，卷三；屈大均：《广东新语·蜡石》。

[18] 同［8］，"三、养心殿造办处玻璃厂配方"。

[19] 纪昀：《阅微草堂笔记》卷一五《姑妄听之》。

[20] 贾兰坡：《北京人》，"北京人的文化"，《中国大百科全书·考古学》。

[21] 屈大均：《广东新语》卷一五《货语·水晶》。

[22] 章士钊：《石雅》上编，《琼瑰·玛瑙》。

[23] "乾隆三十八年四月二十六日……内交出大松石一块连匣，奉旨：'著交广储司镇库。钦此'"（《杂录档》簿三二二）。

[24] "皇帝朝珠……夕月用绿松石……"，《钦定大清会典图》卷五十七《冠服一·礼服一》。

[25] 屈大均：《广东新语》卷一五《货语·珊瑚》。

[26] 同［24］，"皇帝朝珠……朝日用珊瑚……"。

[27] 见《钦定大清会典图》卷六十四《冠服八·礼服八》。

[28] 《广东通志》卷九十四《舆地略十二·玉石类》，嘉庆二十三年纂，同治甲子（三年）重刊。

[29] 详见杨伯达：《清代苏州雕漆始末》，《中国历史博物馆馆刊》，1982 年总第 8 期。

[30] 梁知行《中国内画鼻烟壶简史·早期内画的创始者甘桓》，《中国内画鼻烟壶新貌》，10 页，香港养心轩艺术丛书公司，1988 年。

<h1 style="text-align:center">参 考 书 目</h1>

高士其：《蓬山密记》，《满清野史·四编》，新兴书局有限公司，1983 年。

汪灏：《随銮纪恩》，《小方壶齐舆地丛钞》，第一帙。

王士祯：《香祖笔记》，上海古籍出版社，1982 年。

赵之谦：《勇卢闲诘》，《美术丛书初辑》，第三辑。

《鼻烟源流考》，《故宫周刊》，一八七～一九〇。

许之衡：《饮流齐说瓷》，上海朝记书庄。

赵汝珍：《古玩指南续编》，北京中国书店，1984 年。

朱培初、夏更起：《鼻烟壶史话》，紫禁城出版社，1988 年。

故宫文物资料室：《鼻烟与鼻烟壶》，《故宫文物月刊》，一。

张临生：《院藏绚素交映的鼻烟壶》，《故宫文物月刊》，七四。

张临生：《细说鼻烟壶》《故宫文物月刊》，七〇。

梁知行：《中国内画鼻烟壶新貌》，香港养心轩艺术丛书公司，1988 年。

（原刊于《珍玩雕刻鼻烟壶》，台湾幼狮文化事业公司，1993 年）

八、明　　器

朴茂多姿的汉代陶屋明器

中国建筑有着悠久的历史和优秀的传统。中国古人离开了洞穴和巢居之后便在地上和水边构筑了中国最早的建筑：前者是距今 6000 余年的半地下式的长方或圆形建筑；后者是距今 7000 年左右的浙江余姚河姆渡文化的干阑式建筑。此后又经过两三千年，在新石器时代晚期建筑得到进一步发展，随即进入文明时代的夏、商、西周（青铜时代，公元前 2000~前 770 年）。

夏代已有了在夯土台基础上修建的居中主殿，四周用回廊或夯土围墙围成庭院，南面开门。到了西周已出现了两进的四合院，并已有明确的南北向的中轴线。房屋主体用包有木柱的夯土或垛泥墙为承重墙，内柱沿面阔方向排列，进深方向排列不规则，标志是以檩架为其主梁架。此期建筑已用板瓦、筒瓦，其屋顶也局部用瓦。瓦的出现是中国古代建筑的一个重要进步，说明此期建筑已初步具备了中国古代建筑的两个特点：其一是在建筑中使用木构架；其二是有南北中轴线的封闭性的院落式布局。

东周春秋战国时代（公元前 770~前 227 年）是地方诸侯国成长和互相兼并的时期，推动城市和宫殿等建筑继续发展。

秦统一全国（公元前 221~前 207 年），集中全国人力和财富，以咸阳为都城建造了大批包括关东六国宫殿在内的宫廷建筑，十分可惜的是这些宫殿均被项羽放火烧毁，留给我们的只有残砖断垣的遗址及其瓦当、花砖、石雕和青铜构件。西汉建都于西安，修建了未央宫、长乐宫和北宫，武帝时期又扩建了宫苑。东汉将首都移至洛阳，继承西汉宫殿的布局特点，从遗址来看西汉盛行的高台建筑已大为减少。三国之后战乱频仍，生灵涂炭。佛教泛滥促使佛教的石窟、寺院等建筑迅猛发展。唐宋时期由来已久的木构彩绘建筑业已完全成熟，庑殿、歇山、悬山、囤顶、攒尖、盝顶等屋顶形式更趋完美，增加了建筑的艺术含量，并在世界建筑上独树一帜。

元、明、清三代均建都于今北京。元代于今故宫博物院（即紫禁城）的位置上修建了富丽堂皇的宫殿，但其中轴线稍微偏西，元亡后为朱元璋派员拆毁。1406 年，明成祖朱棣于元故宫遗址偏东修建了一座崭新的皇宫。清人关后，顺治帝依然继用之，保存至今。如果说外国友人想要了解中国的古代建筑，到了北京从天安门、端门、午门进入明清宫禁，立即映入眼帘的便是白大理石三台上的黄琉璃瓦顶、红色墙壁以及彩绘髹漆木构架的宏伟建筑，即太和殿、中和殿、保和殿。再步入内廷的乾清宫、交泰殿、坤宁宫、御花园，便可了解中国建筑的南北中轴线、两厢对称、木架结构、凸脊斜坡黄琉璃瓦顶、雕梁画栋等建筑布局及其营造技术上的特点，并进而体会到中国古代建筑绚丽多姿、和谐统一的艺术风格及高雅华贵、庄重雄伟的皇家气派，这也是中国古代建筑历史的缩影和独一无二的建筑艺术瑰宝。

人总是有着怀古之幽情，不满足于现代化生活，有着一种特殊的追踪溯源的探幽精神。中国自古以来便有着厚葬的风尚，当人死后，他的子孙都按照他生前生活的状况将其生前使用的珍贵器物殉入墓内，其中反映日常生活的建筑、人物、畜禽、鱼介以及器皿等等小型复制品，古人统称"明器"。这些"明器"是我们认识古人生活的重要资料，其中的建筑模型有铜、石、陶、瓷、琉璃、木等材质，而以陶为主。陶质建筑明器我们可以简称"陶屋"。这类陶屋始于西汉、盛于东汉，至三国到南朝在个别地区墓葬中仍有出现，宋以后尤其明、清两代，多出多彩琉璃的多进式四合院建筑明器。如果我们想要了解两汉庶民的建筑，便可从陶屋管窥其一斑。

汉代陶屋出土遍及全国各地，以河北、河南、陕西、四川、山东、江苏、安徽、广东等省区出土较多，有灰陶、红陶或施绿釉、褐釉、黄褐色釉者，在南方还有灰、黄等色细泥硬陶陶屋。

在此介绍河南和广东、四川出土的陶屋，从中可以了解中国南北各地建筑的异同。

一、河南陶屋明器

河南省灵宝县张湾村出土的一批陶屋是高层楼阁建筑，十分壮观。灵宝县在东汉设弘农郡，此郡豪族杨姓墓位于张湾村，1972 年春共发掘了四座（M2 ~ M5）。东汉杨氏墓葬均为小砖多室墓，出土文物非常丰富，有陶质的明器井棚、龟、臼、家畜、家禽、楼阁、仓库以及六博俑，还有十分珍贵的铜器、银器、漆器等，其中最为突出的则是一批陶屋明器。这里一并介绍淅川、焦作等地出土的陶屋。

1. 绿釉陶望楼

红陶质施绿釉，高 130 厘米，重 41.3 千克，出土于张湾村三号墓，在出土陶质楼阁中属高大类型中的一件。此器由方形水池及三层楼阁组成。最底层为方形水池，内有鱼和鳖等，在岸边上有吹笛俑、迎客俑以及执弩的武士俑。在池的前沿是三层望楼，第一层是大门，只敞开半扇门，另半扇门掩闭，在敞开的那门前有一吹笛的坐俑；第二层即中层，设方形凭栏，也是有迎客俑、吹笛俑及执弩俑，各司其职；第三层也就是上层，在凭栏上只有吹笛俑和执弩俑各二，在门内尚有一俑。从这些不同的俑可以看出东汉晚期土地高度集中、民变蜂起、社会动荡的社会状况。豪强地主一方面过着奢侈的生活，迎客燕饮，寻欢作乐；另外一方面设立私人武装保卫庄园，戒备森严。此望楼模型形象地再现了尖锐的社会矛盾，是我们了解东汉晚期社会状况的可贵资料。这一池中三层楼阁是汉代豪强地主居住、燕饮、戒备相结合的建筑，这种楼阁居高临下，便于观察周围民众动态，故有"望楼"之称，实际上也是集娱乐、赏景及戒备三位一体的高层木构建筑。其建筑工艺主要是采用在转角处（角柱）上以斜柱支载挑檐枋，其上置一斗二升斗拱，使第二层凭栏向外挑出更长，第二、三两层屋檐的挑出同样也用斜柱支载省去斗拱的技法，使檐也向外挑出得更长一些，便于遮阳避雨。檐作斜坡，敷板瓦、筒瓦，头施瓦当，四檐角饰柿蒂形花。第三层屋顶作四阿式，脊中饰二个斜出的四蒂花饰，其中立一朱雀。这座置于池中的三层望楼由于采用收分，即向上收小、依层递减，建筑造型稳定和谐，再加以四阿顶，檐的斜坡长而适度，敷以筒瓦、瓦当和四蒂花饰，显得格外华丽而轻盈，充分地体现了木架建筑的先进技术及其艺术风格，砖石结构的高层建筑是很难获得上述既实用而又美观的艺术效果的。

2. 绿釉陶池内望楼

泥质红陶施绿釉，高64厘米，池直径38厘米，重12.6千克，1958年灵宝县三经湾村采集。这座釉陶望楼与上述张湾村三号墓出土的望楼一样也是池内三层楼阁，但其位置造型和功能两个方面又有所不同，如它在圆形浅碗状水池之中，池内有鱼、虾、龟、鳖、蛙和鸭。第一层为方形，上有方形、长方形、"L"形、半圆形等镂孔几何图案，其檐坡度平缓，施板瓦与筒瓦，无瓦当，在一檐角匍匐一猴向下瞭望。束腰上置，平坐斜出栏杆作田字格饰，四角均有勾弦欲射的武士俑，其正面中间有一立俑，表情严肃似在眺望。中立四根三角状柱上收托举平坐，斜出栏杆亦作田字格饰，平坐上立四柱，柱上架枋，枋上有四阿顶，施板瓦、筒瓦，四角略上翘。在右前方栏杆后有一坐俑举杯饮酒，二、三两层柱间均不设门窗，确是专供瞭望四周侦察敌情的警戒所用之高层建筑，功能单一，无需华饰，较上张湾村三号墓出土望楼要简单，省去墙壁和门窗。研究家认为此望楼可能是"射台"。射台出自《吴越春秋》，该书记载吴王阖闾修建宫室立射台于安华池，此射台即建于土坛上的建筑物。此意可供参考，附记于此。

这种陶望楼其他地方也有所出土，大同小异，但其造型变化多端，尤其是斗拱的型式各不相同，如一斗三升斗拱出于河南陕县汉墓；一斗四升三层斗拱者出于河北望都汉墓。迄今为止所发现的层次最高的望楼比此楼尚高出一层，即四层望楼，出于山东高唐城东固河汉墓，高达1302厘米。

3. 绿釉陶水榭

出于灵宝张湾东汉后期二号墓，高53、长43厘米，重18.01千克。

榭本为台上木质建筑，之后衍为水上建筑，是为游玩休憩之用的观赏性建筑。此陶榭为二层，建于池中。池为长方形，四角各建一座四角柱阿顶，四面壁上正方形大窗无窗棂，便于通风和赏景，下为栏，可供倚柱坐憩。第一层也是四方柱，外坐乐俑，上置平坐，设栏，四角各立一乐俑，中建方亭，四阿顶，四门宽大，均无门扉。此水榭应为豪强地主纳凉休息、演奏作乐的建筑，均设于庭院或坞堡之内，无需设武备警戒之武士。

4. 绿釉陶楼

出土于灵宝县张湾村东汉后期二号墓，高91.5、宽40.5厘米，重34.58千克（含木座）。由门楼、围墙、三层楼阁组成。前庭外有两侧呈"Γ"形围墙，围墙前端上部架设悬山顶门楼，后墙开一扁方形窗。庭后为三层楼阁，底层一侧开大门，另一侧有屋二间，大门之上为菱形格窗，窗旁为二间房，上方开田字横棂窗。楼顶施筒、板瓦，有圆瓦当，正脊较矮，两端饰翘头之饰件。屋顶两端出檐不同，一端为悬山顶，另一端为庑殿顶，靠近庑殿顶一端建平座，田字形宽栏，栏中四角柱托方形房屋，为第三层楼房，华丽非凡，可能是主人所居。四壁均置斜菱细格扁方窗，窗周亦饰精细的斜菱纹。四角出半环形拱，每饰突出的二龙头，正中架栌斗二升，托出屋檐。屋顶施筒板瓦，前有圆形瓦当，四檐角反翘，饰四蒂形花，脊中立一展翅欲飞的朱雀（或凤凰），朱雀头上又立一鸟。此陶楼造型极为特殊，不遵均齐对称的规律，采用一头重的失衡结构给人以奇险之感，说明设计人十分大胆、勇于创新。在同一房屋山墙檐采取两种不同的手法也是罕见的例证。总之，这件明器再现了东汉晚期杨氏豪强生前所住的奇诡雄险的华丽建筑，同时也反映了东汉晚期建筑艺术的高超水平。

5. 绿釉池亭

1964年河南省淅川东汉墓出土，高45厘米。细泥红陶，施绿釉。由圆形水池和二层高亭组成。池作圆形宽沿平底浅盆状。二层亭的造型极为别致：第一层圆形平座，周围栏杆有立柱饰，二弧形粗柱托平缓的四阿顶，顶中为平座，四柱支托四阿顶，顶上有一立凤（或朱雀）。二层顶均施十三行瓦，有四坡脊，脊端有圆形饰。底层正中一俑跪坐，可能是主人正在观看前方景色。这一景观确实丰富多彩，可令主人大饱眼福。主人前面设桥通行，桥后有二执帚人为墓主守门侍者。背后之桥一侧有一引弓欲射的立俑，在其右有一立和一坐的两俑面面相对，谈笑风生，其后有一骑马俑，再后有三只麋鹿在走动。池边有鸡卧于支架上，其左有鹅三只、羊两头，其侧有一人俑，都面向亭子。池面上还停泊一艘尖艏平舻帆船。桥下有龟、鳖、鱼、鹅与鸳鸯游于水中。如此淡泊恬然的水面风景是一广阔池塘园囿的真实写照。

6. 彩绘灰陶仓楼

河南省焦作市东汉墓出土，面宽52.5、进深22、高134厘米。

细泥灰陶，施红、蓝、黄等色彩绘。由围墙、庭院和四层高楼组成。前院有高大的围墙，正中开一大门，门上有横长的斜檐，二转角处建二阙，方柱上挑出斜面支条，四阿顶施布筒瓦。四层楼仓，一、二层平面扁方形，开方窗；三、四层均出屋檐。一、二层似两层台基，三、四层颇似楼阁。一层高55、面宽52.5、进深22厘米。正面墙壁以细线刻出四根侧柱，五间，柱描云气纹，柱上开小方形窗四，出平檐；其上二层略有收分，高 26 厘米，在中部开二方形窗，绘云气纹和斜方格纹，窗上有栏杆。通身以蓝、黄二色绘有莲子、菱形格子纹、直线纹。第三层高 32 厘米，面宽二间，进深一间。斜檐，正面三斗拱，两侧各有一斗拱，在转角处斜出之梁上置作直交的横木以支托斗拱的手法是首见之例。第四层高 21 厘米，平缓四阿顶屋，正面墙壁开一小正方形窗。正面墙壁以红和蓝两色彩绘直线、三角形及正方形等几何形图案。楼上有一头戴平顶帻的坐俑，可能是墓主。院内卧一凶恶犬俑，门外一负袋的农民，表现了佃农正走向仓门纳谷于仓楼之中的情景。

7. 灰陶"灭火东井"铭水井

河南省偃师县东汉墓出土，长 24.5、宽 17 厘米。

井口仿木构二横二竖方木，两端各以榫卯扣合出头的井字框架，印有斜线交叉的阳浅纹，下有长方形井壁，均为画像砖式阳纹画面，前面正中有一隐起左手持瓶右手执旗的步行者，其后一鸡随行。上下饰水波纹，左右有"灭火东井"铭四字，左侧有隐起饮水之羊，背面有隐起饮牛，还印有鱼纹。井框短的两侧各有长方孔，可立方柱，上置四阿顶，施筒板瓦，有正脊和斜脊。顶下系辘轳和两个水桶，表现了东汉水井的全部设施。此井图案说明此井水可供牛羊饮水之用。"灭火东井"是吉语，"东井"为星名，即井宿（列星也，如二十八宿），借井宿以消火灾之意。

河南省出土的陶屋的介绍至此便告结束，下面再介绍广州出土的三件陶屋。

二、广州出土陶屋明器

广州地处珠江三角洲，古称番禺，自秦始皇三十三年（公元前 214 年）置南海郡府开发此地，经历两汉，番禺终于发展成为一都会。随着广州经济发展，其墓地由小到大，其所殉之器物也逐渐增多，东汉墓中陶屋也增多，建筑形式也趋向多样化，如干阑式、曲尺式、楼阁式、三合式等陶屋、望楼及城堡等等。每一种屋、楼、堡等建筑在布局上、形式上均有不同变化，是极其丰富多彩的。

1. 楼阁式陶屋（4007:2）

高 30.2、宽 33.2、长 26.1 厘米。东汉前期。灰白胎硬陶，釉已脱落。正面为楼阁，侧面两坡顶屋，另一侧为矮厦，厦后为两坡顶高墙，后连两坡顶矮墙，围成一矩形庭院（即天井）。其布局实为曲尺式楼阁。正面上、下两层楼阁，中部出腰檐。下层两边各开一门，门间为四孔直棂窗；上层亦有两门，门间开一斜棂菱孔窗。悬山顶，中脊两端微显上翘。正面侧门蹲一犬，两坡顶，高墙开一门，门前一卧犬，门侧一坐俑。此组楼阁屋顶不仅有悬山、硬山、斜顶等几种形式，且其高低递减、错落有致、富有韵律感。

2. 中心楼阁式陶屋（4016:23）

高 31.8、宽 33.6、长 28.9 厘米。东汉前期。灰胎硬陶。据发掘者介绍，在陶楼中属规模最大、结构亦最为严整的一组陶建筑。从尺寸来看，较上述楼阁式陶屋（4007:2）尺寸稍大不过 1~2 厘米，但给人的感觉确比它雄伟壮丽。

其平面布局近正方形。中心楼阁正方形，位于中心略偏左，左右各出厢房，右厢房略宽，前后又各出一屋。前围墙正面开门，两边有直棂窗。门内有横长的庭院，中心楼阁后为后庭院，后围墙开八孔直棂窗。中心楼阁为重檐庑殿顶，施板瓦、筒瓦，无瓦当。檐角上翘，正脊短，两端亦翘起。上檐下开一方形窗，上置雨搭。两侧厢房及其前屋屋顶均为悬山式，上施板、筒瓦，脊前端上翘。左右两侧山墙各开二孔或三孔直棂窗。前门顶亦为悬山式，门两边亦开直棂窗，上作雨搭，斜坡顶亦施瓦。后院墙顶为硬山式，墙开八孔直棂窗。两侧后屋山墙开有方形窗户和窦洞。据发掘者介绍，左厢房中置陶臼，有舂米、簸米陶俑，后院置一槽和二猪，二猪卧伏，似为猪圈。后院左屋是禽舍，在后壁处开窗穴四眼，上面的两个窗穴中各有一鸡，下面两个窗穴中各有一鸭，头都伸出窗外。后院右上房是厕所，一俑蹲于坑上正在便溺中。下层有一犬正从窦穴逃逸。这组陶屋内每间房子均有门可互通，可知此中心楼阁可能是富庶的主人所居，其房屋为佣人所居或用作谷仓或厕所，后庭院则是猪圈，生动地表现了珠江三角洲一带富庶人家的住宅形式和格局。

此陶屋成功之处在于布局上为中心楼阁，采用对称手法，屋顶依次递减衬托楼阁突兀高大，屋檐高低错落、井然有序，既庄重稳定而又变化生动，令人叹为观止。可知此地民居住宅的设计手法及其立面艺术处理上都具有很高的水平。

3. 陶城堡（5041:1）

高 29.6、宽 41.2、长 40 厘米。广州麻鹰岗东汉建初元年（公元 76 年）墓出土，陶质，无釉。平面近方形，其立面为四周墙垣高而上收，十分稳定。前后两垣均开一大门，正面墙壁划出六柱，上有平坐，建门楼。正面开一窗，四阿顶，正脊两端、侧脊四端均翘起，门楼两边有两坡檐，下开多孔直棂窗。左右两墙垣均施斜坡顶，脊上、顶下开九孔直棂窗。墙垣四角各建角楼一座，直棂窗，攒尖顶，四侧脊端亦翘起。它的立面高墙耸立，上建城楼、角楼，颇为森严，非同凡响。屋顶变化高低有序、错落有致，形象威严高大，固若金汤，很像一座衙署建筑。据发掘者介绍，左墙前有一高一低的悬山顶房屋，高屋大门敞开，开外有一守门俑，屋内有一凭几坐俑，矮屋门前亦有一立俑，山墙外拴一马俑。其旁又有曲尺形陶屋，横向陶屋正面前后开二大门，两边共有三俑。直向屋前墙内侧开一门，门外一俑，屋内一俑。共有十三俑，其中坐俑三为主人，其他十俑有的守在门旁，有的匍匐于主人面前，有弓腰拱手者，有持槌击鼓者，为奴婢、侍卫和吏役等陶俑。此城堡式建筑可能为有权势人处理公私事务或居住的场所。发掘者认为这种城堡模型无疑正是当时岭南地区豪强地主借以压榨农民和巩固他们财富和地位的一种军事建筑。

三、四川省出土陶屋明器

四川省地处西南，气候多雨湿热。川西平原物产丰富、人杰地灵。两汉厚葬之风极为盛行，砖石墓往往嵌有反映车马出行或社会生活画面的画像砖和画像石，同时也出土了一些建筑明器。

1. 彩绘陶大门

黄色陶质。正中为一片以墨色绘出门，坎、额用朱色彩绘，两边立墙、下墙基墨色涂地，上点朱彩。出沿墙面下部以墨绘鸟纹，上部绘朱线白点。墙头两端各置一大栌斗，绘朱色斜格纹，靠门一边栌斗饰以白点。四斗上托额枋，两头以墨涂匀成扁方状，中部绘白、黑、朱三色的线纹，上托悬山式屋檐，共七行筒瓦，前有圆形瓦当。正脊呈下弧形，两端上翘，与正面门墙呈现曲直对比，富有变化，避免了呆板的不良效果。

2. 彩绘陶门

黄色陶质。门的立面与上述彩绘陶大门立面处理有别，将门推向里面，颇有进深感。两侧各有二柱，下部有矮墙，保护柱基免受雨水侵蚀，内柱矮于外柱，柱上均置瓜形斗，内柱又置大栌斗。内外柱高度相等，上卧一白鸟，其上置大拱，拱两端各置一大栌斗，共四栌斗上托厚重宽大的额枋，正中下悬一璧，顶部不明。立墙在中偏右部开一单扉门，门上系挂刀剑等武器。彩色多已脱落，仅瓜斗与鸟涂白色，保存尚好。此时尚可见几处朱砂，较为鲜艳，有无其他颜色已无法判明。

以上两座大门栌斗与额枋均特大，可能反映了四川木材资源丰富，民间亦多用大木材营造大门。

3. 陶歌楼

黄色陶质，表面附着在地下形成的红土色。上下两层，下层正面三柱隔为二间，一房一门。中间方柱较矮，上置大方斗，上置曲拱托三方斗，两侧柱头各置一斗，共以五方斗承托高大的额枋。上架屋檐斜度较小，八行筒瓦，前有圆形瓦当。侧脊前后翘起，置瓦当。屋檐上置平坐栏板，上楼柱稍内移，中间二方柱上有二曲拱各托三方斗，斗上置额枋，枋上四阿式顶，上铺十二行筒瓦，前饰圆形瓦当。正脊稍短，中部下弧，两头翘起。四侧脊较长，前端有圆形瓦当，中部饰三角形突起。上楼平坐，中间有一俑鼓瑟，其左侧有一坐俑右手举起似在歌唱，反映了墓主生前宴乐生活。

4. 陶屋

灰陶，通身黏有土垢。下有屋，屋顶一端作一小楼。陶屋下层为房基，墙面开一门一窗，门下角部有一窦洞，门窗之上有一方孔架一方斗，置曲拱托举。房顶为悬山式，正脊较矮，一端上翘，九行瓦垅，无瓦当。侧脊头稍昂起，外侧各四排筒瓦。上楼墙开长方形窗，四阿式顶，正脊两端及四侧脊均翘起，九行瓦垅。此陶屋可能是民间普通人家住宅，在工艺上也较为简单，如有门无扉，有窗无棂，能省略即省略之。

以上河南、广东、四川三地出土的陶屋平立面及其建筑形式都有着自己的特点，譬如河南的高层楼阁、水榭代表了两汉北方建筑的特色；而广东的干阑式、曲尺式以及坞堡等建筑又反映了两汉南方建筑的特征；四川陶屋斗拱额稍厚重高大则是反映了西南地区民居的多用大木的特点。这些陶屋可使我们了解两汉时期各地民间建筑千姿百态、丰富多彩的造型和工艺。毫无疑问，这些陶屋都是中国建筑史上的奇葩。

这些绚丽多姿的建筑明器都是用制陶工艺完成的，它们都各自代表了本地区烧陶工艺的成就和水平。河南陶屋明器均用泥土作胎，以氧化焰气氛烧成红陶，也有的以还原焰气氛烧成灰陶，分别做成部件再黏合为整体建筑，再将人、畜、禽、鱼、鳖等黏在屋内外或池塘之中。可以推测当时的设计已经较为周到，根据设计方案陶工们分工合作，最后攒成完整的造型，这一成型过程也是相当复杂的，干燥后入窑烧造，以氧化焰烧成之后再在明器上涂氧化铅釉入窑低温短时烧成，呈色剂为氧化铁，依其在釉中的含量多少和气氛不同，便可烧成深浅不等的绿色或褐黄色，也是相当美观的，所包含的多种生活情节也是耐人寻味的。今天我们所见的汉代陶屋明器大多是东汉的，也就是公元1~2世纪时埋入墓内，在地下存在了1800~2000年，受到墓内地下水浸泡、各种有机或无机的化学元素侵蚀以及墓室坍塌受压碰撞而损坏，有的原来的绿色或黄褐色釉子脱落或变为银色，古玩家多称为银釉。这种银釉陶明器于20世纪上半叶输往日本、欧美，受到青睐，这是国外文物学者和收藏家都熟悉的，不必赘言。

总之，汉代陶建筑明器是我们今天重新认识汉代建筑结构、艺术水平及其地方特色的重要物证，从中我们还可以领略到已经消逝了的两汉时期社会各阶层人士的生活情况，同时又是我们了解两汉时代制陶工艺中制造明器的工艺过程及其技术水平、艺术特点的第一手资料。

（原刊《亚洲艺术》）

九、元代美术

蒙古贵族统治下的元代美术

元代是蒙古贵族以武力征服奴役契丹、女真以及广大汉族人民所建立的横跨欧亚大陆的强大帝国。虽然，这一时期中华民族美术发展的道路是曲折的，但就其总体趋势来看，它仍然沿着固有轨道继续前进。为了探讨这一时代美术的特点，有必要了解蒙古贵族统治下的蒙古、元代社会的一般状况。

蒙古族的名称，在文献中首见于唐朝，称元为蒙兀、朦瓦、盟古、盲骨子、怔豁勒，明初始称蒙古。蒙古族长期游牧于斡难河流域的广大地区。唐时开始与高度发达的汉族文化接触，12世纪时，内地铁器和铁匠传入蒙古部落后，才开始使用铁制兵器。民族英雄铁木真战胜周围各个部落，一统大汉南北。公元1206年即大汗位，号成吉思汗，采取了有利于蒙古族发展的措施，变革了蒙古奴隶制而逐步推至封建制时代。

自公元1206～1279年灭宋的73年中，蒙古统治者依靠武力向外扩张，掠夺财富，笼络汉族、契丹、女真的士大夫和色目人，逐渐完善其统治机器和各项政策，为入主中原，做好了政治的、军事的准备。成吉思汗的军事扩张是从公元1218年指挥他的铁骑西征开始，接着于公元1230年、1236年、1253年发动了三次西征或经略西南亚的大规模的军事行动。公元1259年宪宗战亡，忽必烈继位，公元1271年改国号为元，同年南下攻宋，公元1276年陷临安，公元1279年灭宋，相继又征服缅甸、降服越南、侵入爪哇。至此除西比亚、南亚南部及日本之外，亚洲及欧洲东北部均被蒙古贵族占据。为统治难以里数计算的广大领土，便以原蒙古、金、夏、宋为中心，包括中亚、东南亚等地区，由元政府直接管辖，于公元1258年建钦察（长子术赤子拔都）、察哈台（次子察哈台）、窝阔台（三子窝阔台）、伊尔（拖雷之子旭烈兀）四汗国。为了争夺皇位，四汗国与元中央长期交战，至公元1303年方止。此后，相互间保持着一种松懈的关系。蒙古时期"武功迭兴，文治多缺"，在美术上本无多大作为，遗迹很少，线索不清，所以本篇所涉及的内容和刊登的文物仅限于元本土美术及其遗物。

蒙古贵族执行军事扩强的目的在于掠夺财富，把占领地区的一切当做战利品，人民不过是奴隶和牲口。为了适于游牧，所到之处"杀戮殆尽"，"骸骨遍野"。蒙古统治者认为汉人"无补于国"应"悉空其人以为牧地"，只是由于耶律楚材向太祖献计，保存中原"岁可得银五十万两，帛八万匹，粟四十余万石"，对"军需宜有所资"，较之"悉空其人"更为有利，蒙古统治者才改变其野蛮的屠杀政策。

蒙古在政治上执行了极端的民族歧视政策，把全国人民区分为"蒙古人"、"色目人"、"汉人"、"南人"四等。并贱称汉人为"汉子"，"南人"为"蛮子"。将原金、宋境内士庶民人列为三、四等，在政治上确立了汉人和南人的奴隶地位。同时，又制定了一系列法律，规定了各民族的不平等地位。各级官吏"其长则由蒙古人为之"，汉人只能充当属员。科举制度上还区分为右榜（蒙古、色目）、左榜（汉、南），放官蒙古人最高，色目人次之，汉人、南人均低人一等。还制定法律以保障蒙古人和色目人的特权地位，在社会底层设田疃组织，以汉驭汉，经常派遣蒙古军队或探马赤军驻扎，以随机进行军事镇压。

蒙古统治者为统治中国本部，除了在政治上法律上规定蒙古、色目人的特权之外，对农村也实行着残酷的封建剥削，加以连年不断发生的水灾、旱灾、虫灾、蝗灾、地震等天灾，长期持久的大饥荒，经常有成千上万的农民饿死，全国农村陷入恐慌破产状态之中，随其残酷统治之延伸，这种恐慌、灾难广泛蔓延，日趋严重，成了不治之症。与农村刁弊破产的情况不同，都市工商业虽然也受到一定的摧残，但是，蒙古统治者为其奢侈享受，扩大财富，在宋代手工业、商业繁荣的基础之上，组织了规模庞大，分工较细的官办手工业机构和作坊，驱使大量奴隶以扩大手工业生产和商业经营。以大都为中心在全国各地设"站赤"，交通方便利于各地手工技术和科学知识的直接交流，尤其，欧洲和中亚各地的科学家、技术家、技术工人征调至内地参与生产，也刺激了手工技术的进步。同时由于水陆交通发达，欧亚各地商人纷纷来华，也促进了城市商业，手工业生产的畸形发展，它的总水平仍高于同时期的欧洲。

蒙古族游牧于草原，居住毡庐，无需城市与木石砖瓦建筑，铁木真称汗之后，长期仍以"金帐"为宫殿，移动于斡难河、和林两地，公元 1235 年太宗窝阔台始建都于和林，世祖初都于开平，中统五年（公元 1260 年）迁都燕京，后称大都，并按照汉族传统进行了首都城池、殿阁、寺庙、坊市的规划设计和规模巨大的建设。

元大都即今北京，位于华北平原北部，海拔 50 米，处于两条约略平行的河流中间，西北有群山环抱，东南地势平坦，是通向漠北塞外和松辽平原的政治、军事、经济的重镇，辽南京、金中都亦设于此，但规模都很小。参加大都规划设计、修建的科学家有中国郭守敬和阿拉伯也黑迭尔丁等。元大都的修建，自世祖中统二年（公元 1264 年）开始，其设计思想是以汉族"左祖右社，前朝后市"的传统观点为指导，以琼华岛一带作为核心，平面接近正方形，东西六公里余，南北七公里余，全城以钟鼓楼为中心，城郭三重，由宫城、皇城、都城组成。全城五十个大街坊，十一个城门，干道纵横交错，勾通各个城市。元大都是当时世界上最壮丽的大城市之一。意大利人马可波罗十分仰慕它的繁华和壮观，在他的游记中动用了各种美丽的词句加以形容并占据其重要篇幅。宫殿建筑更是繁华，十分可惜的是被朱元璋一纸命令而拆毁。今天，我们只能从当时参与活动的萧询所撰的《故宫遗录》知其概貌。它是以汉族建筑为主，综合蒙族等建筑艺术而创造的多民族建筑艺术的智慧结晶。其平面基本采用"工"字形，即在宫殿之间加一道柱廊。主殿大明殿，特殊形式的宫殿有"盝顶殿"、"棕毛殿"、"金帐殿"、"金殿"，室内装饰使用毡锦、毛皮。近年从故宫出土建筑材料中经常可以发现浅蓝、浅黄、绿、白等色琉璃瓦残件，系红泥胎、白陶衣，与明清琉璃截然不同，当系元故宫遗物。还发现过青石螭首雕刻，与明清螭首风格迥异，应是"阑下每楯压以鳌头，虚出阑外，四绕于殿"的石雕鳌头了。

元政府为了麻痹人民的斗志，对宗教采取兼容并包的政策，对道、释一律加以扶持。如中央设宣政院，掌释教僧徒；在北方扶持以道士长春真人邱处机为首的全真教，封真人为国师，命其总领道教；在南方又支持正一教道士张留孙，命其总领江南诸路道教，并参与枢机。蒙古统治者利用道教为其服务，以统治人民的精神生活，同时又把它分裂为互相对立的四个流派，便于驾驭和利用。世祖还主动地将西藏喇嘛教引入内地，封八思巴及其继承人为"帝师"，蒙古贵族亦写信其教义，大建寺院慷慨施舍以修功德，对伊斯兰教和基督教也积极地加以保护和提倡。优待基督教徒，并助其于燕京、泉州、杭州各地建立教堂。对萨满教的巫师，喇嘛教的番僧，佛教的和尚，道教的道士，基督教的也里可温，犹太教的迭屑，伊斯兰教的达失蛮、阿訇、毛拉等均予以免除赋役等特权并强令人民尊敬他们。

我国各族人民包括农民、手工业工人、店员以及士大夫文人、在蒙古贵族、色目大吏的残酷的政治压迫和经济剥削以及极端的民族歧视政策之下生活于水深火热之中。因此，终元一代，抗暴武装斗争此伏彼起，终于酿成全国性的人民武装大起义，朱元璋领导的起义经过十七年的英勇奋斗，战胜群雄，于公元1367年出师北伐，派徐达为征虏大将军，率二十万大军北进。公元1368年9月元顺帝率其妻妾子女，撤离大都逃回上都，徐达率军随即攻克大都，至此彻底推翻以蒙古贵族为首的暴虐落后的元朝统治。我国历史进了汉族地主阶级政权——明王朝。

元代美术赖以存在和发展的社会背景已简述如上。不言而喻，这样不平等的民族歧视、政治压迫和残酷的经济剥削等恶劣的社会条件，对其美术，工艺美术的生存发展是十分不利的。但是，只要蒙古贵族改变了"悉空其地"的屠杀政策，不得不允许契丹、女真以及广大的汉族生存、繁殖，这就为当代美术的存在与发展提供了必要的基础。可以这样说：元代美术并未因蒙古贵族的残暴统治而传统中绝或改弦易辙。恰恰相反，它依然沿着原来的轨道缓慢的继续前进，只是采取了隐晦的间接的方式在一定程度上反映了这一残酷的现实，有着特殊的色彩和成就。现分为绘画、书法、雕塑以及工艺美术等几个方面作一扼要的说明。

一、元代文人画与书法

元代绘画的总特点是文人画得到空前的发展。见诸文献的四百余画家中绝大部分是文人画家。其中墨戏画家最多，道释人物画家较宋有所减少，而山水画家不仅人数众多，还取得了划时代的艺术成就，具有高古简淡的风格。"尚意"是元代文人画家所追求的最高艺术造诣。

元代画坛上还出现了一个重要情况就是皇室不再设立两宋那样的画院机构，致使院体绘画得不到皇室的保护，其发展受到挫折，不能循其本来途径继续前进。但是院体画也绝不因元代不设画院而突然消逝。相反的是：仍有一批承袭院体的画家还在创作实践上摸索着以后的道路。明代院体浙派的出现，恰恰说明宋院体绘画在元代曾像一股艺术潜流那样沉入社会底层，至明代又重新潮涌出来，形成一支左右明初绘画发展的重要流派。元内廷官办作坊之中如梵像提举司，集中大批宗教美术匠师创作了各种类型的美术品。此外，染织提举司、画局、画油局以及金银、绣绘、玛瑙玉、温犀玳瑁、珠翠等局，也各有从事工艺设计和制作的画匠。在皇帝身边还有刘贯道，叶可观等专绘"御容"的肖像画家，流传至今的武宗皇帝后等肖像，可能是宫廷画家用心之作。由于受到种种条件的制约，元代宫廷绘画不可能出现惊人的业绩。

"元代文人画是我国古代绘画史上的一座丰碑，在理论上、创作上都留下了珍贵遗产"。文人画也像工匠画、院画那样有着自己的发生、发展的过程。从它诞生于北宋起，便在绘画的社会功能、创作思想、艺术境界、方法技巧等各个方面均与院画、工匠画针锋相对的提出了独立见解，在创作实践上取得了丰硕成果，以一个新生的绘画派别显露头角。蒙古贵族执行的极端的民族歧视和高压政策，污辱了广大的汉族、女真、契丹等各民族知识阶层的民族自尊，阻塞了出仕机会。在广大汉族、女真等各民族人民看来蒙古贵族所建的元朝是"异族"统治，他们心怀亡国之耻，采取不合作态度，即使少数人侥幸进入官场，也不过屈从于"左位"，并无实权，还要遭受蒙、色官吏的打击排挤，大批在野的知识集团处于社会底层，心灵上、感情上受到创伤，这就是元代文人画迅速发展的社会条件。另外还有一个重要条件是一部分士大夫画家对出现于南宋画苑的"用笔纤细，傅色浓艳"的弊端极其不满，要求革新，这种愿望和尝试也是推动文人画发展的不可缺少的动力。文人画在蒙古贵族统治和压迫的逆境之内迅速的成长和发展起来，成为画坛上的一支有生力量。元代文人画在理论上比宋代更加明确，概括起来就是"隶体"，有别于画工之作，文人画要"贵有古意"，"不求形似，聊以写胸中逸气"，以书法用笔作画，进一步把"书画本来同"的理论付诸实现，画家作画不说是"画"，而称作"写"，以写代画，如写梅、写竹、写兰即是。在绘画表现的艺术技巧方面也有了创新和发展，为后世文人画的发展提供了借鉴。以文人山水画为例，宋以前山水多用湿笔，称作"水晕墨章"；而元人始以干笔皴擦，元末四家中的黄公望、倪瓒、王蒙三家是擅用干笔的绘画大师；又如浅绛烘染之法，虽始于北宋，而盛于元代，黄公望得其法而加以发展变化，对明清两代山水画影响深远。元文人画题款之风极其盛行，元末四家中的倪云林"书法遒逸，或诗尾用跋，或跋后系诗，随意成致"，已具备诗书画印"四绝"之妙。至此，元代文人画在我国文人画史上已达到高峰。成为明清文人画的楷模。

虽然，元代文人画家在不同程度上遭受到蒙古贵族的歧视和压迫，有所不满或抱怨在心，但其作品，从根本上说并没有危及蒙古贵族的政治统治，只是它的社会功能没有宫廷、宗教画家的作品那般直接起到巩固封建统治的作用。所以，在其发展的历程中，总是得到皇室和政府的默许或支持，在朝文人画家如赵孟頫、高克恭、李衎、柯九思、王振鹏等人都是身居高官或充任词臣，得到皇帝的赏识和信任。在野的文人画家，可以按照自己艺术观寄情书画，不干朝政，也为元朝政府所容忍。这是文人画发展的不可忽视的政治条件。总之，元代文人画的发展不是偶然的现象，而是我国封建的政治、经济、文化思潮等历史背景及其反映的绘画艺术发展的一种必然。只是蒙元统治下文人画家的境遇及其派生的人生观、艺术观也给元代文人画涂上一层不同于宋和明清的特殊色彩，表现在钱选、赵孟頫以及四家的创作上是极为明显的。

钱选，吴兴人，字舜举，号玉潭。宋景定间乡贡进士。工诗善书画，人物师李公麟，山水师赵令穰，青绿山水师赵伯驹，花鸟师赵昌，是一位全才画家。中年惨遭亡国之痛，而不仕元朝，与赵孟頫龃龉不合，流连诗画，以终其身，传世名作有《柴桑翁像卷》、《三花图卷》、《浮玉山居图》等。人物画雅秀古拙，花卉以淡彩渲染，似没骨而雅丽，青绿山水色彩秀丽、风格高古，富有装饰趣味。赵孟頫尝问画道于钱选："何以称士气？"钱答："隶体耳。画史能辨之，即可无翼而飞。不尔，更落邪道，愈工愈远。"指明了文人画的本质与特点。

赵孟頫，字子昂，号松雪道人。宋太祖子秦王德芳的后裔，从五世祖安僖王子偁以后迁居湖州，故为湖州人。生于宋理宗宝祐二年（公元1254年）。14岁以父荫补官。公元1276年元破临安时，赵孟頫已23岁。此后即在吴兴家中闲居"益自力于学"，在地方上颇有名气，是元初"吴兴八俊"之首。至元二十三年世祖忽必烈为了巩固一统天下，笼络汉族和其他各民族的上层士大夫，派程钜夫等人至江南各地访求贤才和隐逸之士。赵孟頫竟得"居首选"，于至元二十四年擢兵部郎中，到至元二十八年这五年之中，出入禁中，颇受忽必烈宠信。至元二十九年以后任济南路总管、太原路汾州知州及浙江儒学提举等外官。中间经常返回吴兴。又几次被召进京。三十年来行踪不定，直到仁宗延祐六年66岁，才因夫人有病，致仕南归，英宗至治二年（公元1312年）69岁殁于吴兴家中。赵孟頫在元代生活了43年，由布衣至官一品，虽受世祖、仁宗宠信器重，但因他是"宋宗室子"备受非难和排挤，他在政治上自比"笼中鸟"，羡慕"闲吟渊明诗，静学右军字"的隐逸生活。但是，由于赵孟頫的政治地位和社会影响，其书画受到当代人们的极大尊敬。成了画苑的领袖，开元一代新风，他画人物、山水功力极深，而又有所创新。他的绘画理论影响深远，最重要一条就是针对当时绘画艺术纤细浓艳的时弊而提出的"作画贵有古意"的著名论点。所谓"古意"即指唐代的王维、大小李将军、郑广文以及五代荆浩、关同、董源、范宽的画迹及其风格，实质上是在"贵有古意"的口号之下，提倡继承唐人的现实主义的创作思想和追求笔墨之简率风格，以促进绘画艺术的革新，并不是简单的倒退仿古，更读不上什么"复古主义"，他所反对的并不是宋代绘画的整体，而仅仅是工匠画、院体画的缺陷，尤其是与他同时代的用笔纤细、敷色浓艳的南宋院体画风，就此而言"作画贵有古意"的口号是有着一定的进步意义和反潮流精神。在绘画发展史上的重大作用堪与韩愈在文学领域倡导"古文"的意义相提并论。尤其难得的则是赵孟頫除了提倡"作画贵有古意"之外，还提出了另一条至理名言，即"久知图画非儿戏，到处云山是我师"，强调了画像师造化的重要意义。既学古人又师造化，则是赵孟頫绘画理论的真谛，与我国古代绘画的现实主义的优秀传统是相当吻合的，并非离经叛道。现存赵氏真迹数十件，不同程度上表现了这种进步倾向。

赵孟頫的人物、鞍马主要是承继唐人的作风，而又有所变化。元贞二年（公元1296年）所作《人骑图》是模仿唐人笔法，以铁线勾勒，线条细劲潇洒，造型力极强，形象富有立体感，敷色古雅不凡，而晚年的代表作就是《秋郊饮马图》，作于皇庆元年（公元1312年），用青绿渲染山水，以重彩敷施人物鞍马，而无浓艳之感。表现了赵孟頫学古而不泥古的思想，在唐宋绘画传统基础上发展了人物鞍马，形成了笔法生动、法度严谨的个人风格。

赵孟頫的山水画成就突出，影响更为深远。《鹊华秋色图》是他的中年时期（元贞元年，公元1295年）的代表作。鹊、华两山位于济南城北二十余里。两山峻峭，东西对峙。鹊山逶迤，华山尖突，其四周沙碛平坡，汀诸环布。一望而知确系鹊、华二山附近之沧茫景色，是元代少见的描写实景的山水画，其布局新奇，结构严谨，用笔灵活，施色淡雅，显然是学自董、巨，而又更加简率。比较完美地体现了赵孟頫师造化与师古相结合的创作观。《水村图》作于大德六年（公元1302年），描写江南地区淞江之南、分湖之东一带山村水乡小景。也是上继董、巨，而又有所创新。以淡墨写意法和所熟悉的真山真水为素材，创造了他自己在官场失意，寄怀田园的理想境界，表达了在当时的社会条件下文人所憧憬的清高野逸的生活情绪。美术创作实践及其作品是检验画家艺术观和创作思想正确与否的试金石，所以这两幅山水画可以检验他的"作画贵有古意"的论点并不是主张泥古而不化的复古主义口号，而是有着面向现实，充满着现实主义的精神内涵，不能仅从概念和字面去理解它的意思。

赵孟頫在绘画艺术上的创新是多方面的，但集中的表现在以书法用笔和水墨写意法来表现竹石疏林等题材，也就是所谓的"墨戏"中的一种。他的著名题跋反映了他的基本观点。如"石如飞白木如籀，写竹还于八法通。若也有人能会此，方知书画本来同"。以飞白籀书和书法八法写枯木竹石是继承了唐代张彦远书画用笔同源说，借鉴苏东坡、赵孟頫以书法用笔写竹石的成就，大胆的加以实践，并将其推向更加娴熟的境地。代表这方面成就的则有《秀石疏林图卷》、《疏林秀石图轴》、《竹石图》等。前人对赵孟頫在这方面的创造及其评价，另有述论。如张绅题《竹石图》指出："魏公书真行篆籀，皆造古人地位，复能以飞白作石，金错刀作墨竹，则又古人之鲜能者"。当然，我们在肯定赵孟頫在这方面的重大成就时，丝毫没有贬低书画同源说创始人的功绩以及以飞白写石的先驱者的贡献。

通过上述粗浅的剖析可以了解，以赵孟頫为领袖及其所代表的元代文人画与宋代苏东坡、宋蒂为代表的文人画确有不同。如果说宋代文人画是文人以书法笔墨写竹，涂抹云山的话，而赵孟頫受过严格的作画训练，功力深厚，法度严谨，其绘画题材及其表现领域极其宽阔，除了苏、文墨竹、水墨写意画之外，在人物、鞍马、山水等画科均具有高度的艺术造诣和独到之处。所以，赵孟頫所作带有"隶体"情趣的文人画较宋代隶家文人画，在艺术表现的深度广度方面远远胜过之。

以钱舜举、赵孟頫为代表的元代初期文人画家，虽有不少的创新之处，但不免犹存前期之遗绪，元代画风尚未该备，带有明显过渡色彩。而真正具备元代风格的画家，是史称元四家，即黄公望、王蒙、吴镇、倪瓒。这四人都是在赵孟頫的影响下成长起来的文人画家。他们的画风各有千秋，代表了元山水画四种不同面貌，名垂画史，成为后世文人山水画的师表。

黄公望（公元 1269～1354 年），字子久，号大痴，一峰，平江人，50 岁左右改名一峰，做了道士。初隐居杭州，又隐于浙江富春山。他发展了浅降着色的画法和袭自董、巨，称之为"披麻皴"的干笔皴法，笔意简远，"气清而质实，骨苍而神腴，淡而弥者，为元季之冠"。他的代表作有《九峰雪霁图轴》、《天池石壁图轴》、《溪山雨意图》、《富春山居图卷》。著《山水诀》传世。

王蒙（公元 1308？～1385 年），字叔明，号黄鹤山樵，浙江吴兴人，赵孟頫之外孙。得外祖法，广涉唐宋诸家。元末明初两次出仕地方官吏，后因明初胡惟庸案牵连，死于狱中。他作画笔法繁密，善用"解索皴"，以淡墨勾染，焦墨皴擦，画风深秀，笔精墨妙。《青卞隐居图轴》、《葛洪移居图轴》、《夏山高隐图轴》反映了他的独特面貌。

吴镇（公元 1280～1354 年），字仲圭，号梅花道人，浙江嘉兴人，享年 74 岁，终身未仕，曾于杭州卖卜为生，师臣然能轶出畦迳，而自成一家，擅长墨竹渔父。与黄公望、王蒙、倪瓒三家不同之处，是绝少用毛笔枯锋作画，喜以浓墨渲染而笔法醇厚简练，代表性作品有《溪山高隐图轴》、《渔父图轴》、《墨竹谱册》等传世。

倪瓒（公元 1301～1374 年），号云林，无锡人，家富田产，"以纳案补道录官"，公元 1352 年刘福通、朱元璋先后起义，倪瓒变卖家产，开始入山避乱，过着飘游江湖的流浪生活。早年师董源，晚年一变古法，喜用枯笔侧锋，画面天真幽淡，《水竹居图轴》、《梧竹秀石图轴》、《幽涧寒松图轴》代表了他的风格和成就。他在绘画理论上主张"逸笔草草，不求形似，聊以自娱"。画墨竹，不论其似与非，目的在于"聊以写胸中逸气"。所画意境萧索而毫无烟火气，在四家之中是最富个性者。

与赵孟頫、黄公望、王蒙、吴镇、倪瓒等人同时代颇有成就的画家尚有高克恭、李衍、方从义、曹知白、商琦、康棣、朱德润、徐贲、盛懋、赵原、赵雍、王渊、陈琳、任仁发、颜辉、王绎、王冕等，他们在不同的画科方面都做出了应有贡献，为元代画坛添加了光彩。需要特别提出的作品有反映了元代黑暗的官场生活的《二马图卷》，由任仁发所绘，画面很是单纯，仅画一匹瘦马和一匹肥马。画法承继韩幹、李公麟而有变化，技艺精湛，形神兼备。作者在题句中表达了封建社会官吏的廉滥观。在当时蒙古贵族黑暗统治下公开表示自己的爱憎是难能可贵的。《杨竹西小像卷》由王绎绘像、倪瓒补景，与前述皇后像不同，以浓淡笔墨勾勒，笔法灵活多变，描写杨竹西策杖而立，从松弛的皱纹，稀疏的鬓髯，可以了解杨竹西是饱经风霜而心地善良的长者。王绎曾著《写像秘诀》概括他毕生的体会和经验，提出追求人的"真性情"的要求，而杨竹西像正是他按照自己的观点，努力刻画人物性格和内心世界的生动例证。李衎善画竹，撰《竹谱》一书，公元1314年曾被仁宗诏至嘉熙殿，在壁上画竹。王冕是元代重要的画梅名家，为良佐所作《墨梅图卷》，"不要人夸好颜色，只留清气满乾坤"。表现了作者本人的高尚情操和优秀品格。颜辉善画道教神仙像，所绘铁拐李双目圆睁，凝视出神，笔墨浓重，蕴藏着巨大的精神力量。

从上述画家及其作品的简单剖析，可以了解元代绘画虽然处于蒙古贵族的高压之下，仍然得到不同程度的发展，尤其是文人画在山水、人物、鞍马、梅兰竹石几个画科普遍有着长足的进步，取代画院成为画坛上的一支重要力量。间接的、隐晦的反映了沉重的民族灾难以及个人忍辱受屈的阴暗心情。

与元代文人画并存的尚有宫廷绘画，元内廷画吏均隶属工部、将作院、诸色人匠总管府、只应司等局司。从《元代画塑记》中刊载的内廷档案可知宫廷绘画由将作院总理，诸色人匠总管府、梵像提举司承担，或由工部负责派工描绘。流传至今的武宗皇后、仁宗皇后、英宗皇后、平王诺木干、文宗太子雅克特古思等肖像，均以淡彩渲染，刻画入微，反映了蒙古族的生理和性格的特征，应是出自宫廷画家之手。但不知是否为李肖严所作。

与文人画蓬勃发展的同时，书法艺术也得到发达昌盛。其指导思想和发展趋势与绘画艺术基本一致，它的旗手也是赵孟頫。赵氏绘画贵有古意的理论引导着当代绘画上承董源，巨然等画风，培育了文人画的壮大和成熟，在同一理论指导下批判了宋代书法，承继与发扬了东晋王羲之的书法艺术。

如前所述，赵孟頫是元初文人首领，他在文学、艺术各方面的造诣均很高深。他在绘画上主张贵有古意，在书法上也"专以古人为法"。篆书师法石鼓、诅楚，隶书则学梁鹄、钟繇，行草则专逸少，献之。据说赵孟頫曾临千字文贴"无虑数百本"，至大三年（公元1310年）奉仁宗诏，从吴兴返大都途中，从送行的孤独长老处得到定武兰亭之后，欣喜万分、爱不释手，北上携带身边，于北运河舟内反复玩赏、临摹，并撰写著名的十三跋。以后更加勤奋的学习王羲之的书法，终于掌握了逸少笔法之精髓。形成了笔法妍媚、结体谆古的个人风格。从《洛神赋卷》、《福神观记卷》，可以看出得自逸少真传的风采神韵。

赵孟頫书体一生三变，而影响最为广泛、最为深远的还是以四十岁到六十岁间形成的逸少书体最为明显，彻底取代宋人书体而开创了元人书体的崭新局面。赵氏书体路数极宽，篆、籀、分、隶、真、行、草等各种书法"无不冠绝古今"。

对赵孟頫的书法艺术成就，历史上有着不同的评价。元代文人对赵孟頫的书法推崇备至，无以复加，如说赵孟頫字"冠绝古今，遂以书名天下"，"当代第一"或"以书法称雄一世"等不一而足，但明人已有讥赵字者，指出"精工之内，时有俗笔"，"可出宋人上，比之唐人尚隔一舍"。这种分歧，至今犹存。这说明对赵孟𫖯书法艺术的评价尚待全面总结。

鲜于枢，字伯机，号困学民，渔阳人，27 岁起宦居杭州十八年，过着"官闲禄饱日无事，吮墨含毫时自娱"的"吏隐"生活。书法兼摄钟繇、二王、虞世南、褚遂良、孙过庭、怀素各家之长，融会贯通，形成自己的书法艺术风格，与赵孟𫖯齐名。《道德经卷》是鲜于枢 40 岁左右最成熟的小楷长卷，字体结构严谨，笔势端丽遒劲，格调娴雅，颇得唐人风骨。《苏轼海棠诗卷》笔墨淋漓酣畅，书体凝重坚实，"如春花带露，又同狐松悬崖"，是鲜于枢书法作品中难得的精品。赵孟𫖯对鲜于枢书法艺术造诣也是非常钦佩，如说"余与伯机同学草书，伯机过余甚远……"。此言虽是赵孟𫖯"谦已之辞"，但也并非"过誉"。正如明人陆深所说："书法敝于宋季。元兴，作者有功，而以赵吴兴、鲜于渔阳为巨擘，终元之世出入此两家。"这或许是比较公正的评论。

元初书家中与赵孟𫖯、鲜于枢，各雄长一方的还有邓文原。邓氏四川绵州人，人称邓巴西，擅长书法，初学二王，晚学李邕。《急就章卷》书体章草，是邓氏 41 岁时之作，可以反映邓文原"中岁以往爵位日高，而书学益废"时的书法艺术面貌。

康里巎巎，康里人，官翰林学士承者，擅长真、行、草书，是元代后期著名书法家。楷书学虞世南，行草追钟繇、王羲之，每日书写三万字，"未当以力倦而掇手"，精力充沛，书写进度神速，用笔如龙飞凤舞，神采逸迈。《书法会要》评云："笔画遒媚，转折圆劲。"《谪龙说卷》、《临十七帖》代表了他的书法艺术造诣。此外，比较有名的书法家尚有虞集、张雨、杨维桢等，他们的书法各有自己的风格和成就。

据《书法会要》载："元代书法家，除了汉族士大夫之外，尚有维吾尔人、北庭人、契丹人、女真人、河西人、康里人、蒙古人、西夏人、回纥人，高昌人，里可温人，凯烈人等少数民族。"尤其元统治权牢固在握之后，皇室子弟均接受中原文化教育，渐被华风所浸染，得以怡情书法，写得一手好字。如英宗书法雄健纵逸而刚毅，"英武之气发于笔端"。文宗更是迷恋于中原文化，开奎章阁以贮书画，虞集、柯九思常侍从左右讨论法书名画，他的书法有晋人法度，"端重方严"。泰不华（蒙族）《陋石室铭》、揭傒斯二《千字文》，都是重要的作品，是中华民族文化融合发展的生动例证。

二、元代宗教壁画与雕刻

元代释道教在政府的保护下得到较大的发展。元政府工部诸色人匠总管府设梵像提举司。

绘画佛像及土木刻削之工，在全国山林名胜和重要城镇大造寺庙、雕塑偶像、绘制壁画，一时宗教美术欣欣向荣，繁荣昌盛。最后战争频繁，保存至今者却寥寥可数，比较闻名的有兴化寺、永乐宫、青龙寺、广胜寺、毗卢寺等壁画以及杭州飞来峰喇嘛教造像等。

兴化寺位于山西稷山县境内。现存故宫博物院的《七佛说法图》壁画（图一）就是取自兴化寺南墙。1959 年拼按修复陈列于保和殿西庑南头历代艺术馆元代陈列室，仍可隐约辨认出 1925 年奸商切割所留下的伤痕。据记载，未剥离壁画上尚有"时大元国岁次戊戌和蕢生叶□工毕"的题记，戊戌应是元成宗大德二年（公元 1298 年），《七佛说法图》应同时所作。此图可能是根据"佛说七佛经"所绘，描写释迦牟尼正在为芯刍众宣说过去七佛教化之相。过去七佛是毗婆尸佛、尸弃佛、毗含浮佛、俱留孙佛、俱那含牟尼佛、迦叶波佛、释迦牟尼佛、正中结跏趺坐、施说法印的正是释迦牟尼佛。左侍迦叶罗汉，右侍阿难罗汉，七佛表情慈祥亲切。七佛并排趺坐，构图宏伟壮观、庄严肃穆，其间穿插罗汉、菩萨，或立或跪，迦陵频伽、飞天掠过祥云翱翔于佛之两侧供养，在均齐之中，添加了生气。用线洗练典雅，疏密有致，与永乐宫、毗卢寺壁画线条大相径庭。敷色比较浓重鲜丽而调和，红绿对比形成补色效果而显得热烈沉着，整体壁画构图、线色均以和谐的装饰美取胜，仍保留着金、宋壁画艺术的遗风，是十分宝贵的。

图一　兴化寺

永乐宫位于山西省永济县城东 120 里的永乐镇，相传该镇是仙人吕洞宾的故居。唐时改其宅为吕公祠，宋、金时代又改祠为观，后毁于火，元中统三年（公元 1262 年）在其旧址建成"大纯阳万寿宫"，因踞永乐镇俗称永乐宫。现存三清殿，纯阳殿、重阳殿三座主要建筑。殿内墙壁绘有极为壮观的道教壁画。三清殿是永乐宫主殿，本名无极殿，因其供奉道教最高神祇"三清"而得名。殿内现有壁画高 4.26 米，全长 94.68 米，面积达 403.34 平方米。据碑记载"壁绘天神象三百有六十"，画幅浩瀚，雄壮富丽。在祥云缭绕的仙境之中以高达近三米的主神为中心，尊卑分明，秩序井然，再现了当时社会的等级关系，神祇鬼怪、异禽瑞兽的神情动态，栩栩如生，耀然壁上。从其构图人物来看是与武宗元《朝元仙杖图》，宋人《八十七神仙卷》有着明显的继承关系，保留了宗教画的传统形式和技法。据题记此画是由河南府洛京勾山马君祥长男马七及其十位门人承绘，于泰定二年（公元 1325 年）六月工毕。纯阳殿本名混成殿，因其专祀吕纯阳亦称纯阳殿，殿内四周壁画，高 3.5 米，全长 55.19 米，面积共 193 平方米。东西两壁描绘吕纯阳诞生至"得道成仙"和"普度众生游戏人间"的一生传记，以山水林石和祥云瑞气加以间隔，分为五十二个场面，每面各有题榜，有其相对的独立性，是带有神话色彩的连环性风俗画,但纵视墙壁,却又是一幅完整巨大的高远构图的界画。不可否认它是元代社会生活的集锦和写照,富有现实感,观后备感亲切。由晋南著名壁画家朱好古门人张遵礼及其弟子田德新、曹德敏主绘东部,朱好古门人李弘宜、门人王士彦、王椿及其门人张秀实,卫德等五人主绘西部。特别应该提出的是该殿龛后的《钟吕谈道图》,画面近十六平方米,是难得的巨帧独幅壁画。其构图极为单纯,两个人物十分突出,以高山瀑布,苍松古柏为背景,钟吕相对而坐。钟离权双目炯炯有神,性格爽朗,倾身面对吕纯阳说道,显得诚恳而严肃;而吕纯阳则袖手危坐,伏首聆教,表情冷静谦恭、人物衣纹线条洗练豪放,钝错有力,笔墨酣畅,动人心弦,不论是画幅的艺术处理,还是人物的性格刻画,都是非常成功的。不愧为吕纯阳传记连环画中的特写镜头,也是描写吕纯阳由人转化为神的关键性画面,为全殿壁画中的最高潮。重阳殿又名七真殿,壁画描写金代王重阳的一生,共五十二回,也是一幅形象传记和神话故事连环画。

《七佛说法图》

　　毗卢寺在河北省石家庄市西北郊 13 公里的上京村口,始建于唐天宝年,殿内幸存200 多平方米的壁画,后殿壁画共 130 多平方米,经考证可能是元至正二年(公元 1342年)大修时绘就。其中四壁的壁画最为精彩,共绘有五百余尊大小不同的神像,又分成 120 余个小画面,每幅画面均有名号榜题,证实它是一套完整的水陆画。内容包括佛道的天地神祇、儒家的古圣贤者以及有一定现实内容的社会风俗,对研究水陆画的发展演变提供了新资料。画面形象生动,用笔灵活,继承汉、唐、宋壁画上的游线描、兰叶描、钉头鼠尾、战笔描等多种笔法,加以综合运用,如以游丝描表现须发,以铁线描、钉头鼠尾描法表现衣纹,以战笔描绘云水,既有变化而又非常和谐。使用传统的重彩勾填,色彩璀璨绚丽,再饰以大量的沥粉贴金,显得更加富丽堂皇,光彩夺目。用笔、敷彩、形象、构图也都获得了较大成功。

　　以上三处观寺可以反映元代释道壁画的造诣与水平,当时民间画师遍布山西、河北,为元代壁画的继续发展做出了应有贡献。

　　蒙古贵族以武力降服西藏,"设官分职,而领之子帝师"。但在信仰上却皈依喇嘛教,于中统元年(公元 1260 年)封西藏高僧八思巴为国师,于是喇嘛教得到元皇室的大力保护和积极支持，从内廷到地方迅速传播并普及全国。随之喇嘛教艺术也蓬勃发展起来。成为元代美术发展的新领域，也是它的特色之一，对后世绘画雕塑、图案起着明显的影响并与中原文化相融合。喇嘛教艺术的范围较宽广，涉及建筑、绘画、雕塑工艺及文学、音乐等，是藏族人民的精神财富和宝贵遗产。这里侧重分析喇嘛造像的源流和成就，以阐述喇嘛教美术的某些特点。

喇嘛教是佛教的一宗，本由传自印度佛教密宗与西藏原始宗教本教混合而成的西藏佛教。蒙古骑兵于公元 1253 年进驻西藏之后，中统元年（公元 1260 年）帝师八思巴受命于西藏建黄金塔。从尼泊尔国选匠百人至西藏制成，由阿尼哥监其役，工程结束之后，帝师收阿尼哥为弟子。年轻的尼泊尔工匠阿尼哥与帝师一起来到大都，受到世祖接见。至元十年（公元 1273 年）始受人匠总管。刘元为蓟州宝坻人，始师事青州杞道林学艺，后又从阿尼哥学西天梵相。阿尼哥、刘元的作品现已无迹可录，只能从文献来了解他们二人的艺术造诣和成就。喇嘛教造像艺术发源于尼泊尔所继承的印度帕拉王朝的造像艺术，元代通过阿尼哥直接传到两都，广泛流传。汉族喇嘛教艺术家刘元，本出身道教，“传其艺非一”，是一位全才的美术家，当阿尼哥来大都之后他又改换门庭，从阿尼哥学习梵相，“亦称绝艺”。他兼通传统佛像与梵式喇嘛教造像，造诣极高，被元政府封为学士。“至元中，凡两都名刹，塑土、范金、搏换为佛像，出元手者，神思妙合，天下称之”。“仁宗当敕元非有旨不许为人造神像”。其所为西番佛像多秘，“人罕得见”。说明他精通喇嘛教造像艺术，深得皇室的赞赏和表彰。刘元有着传统功力而又学习了“梵式佛像”，所塑喇嘛教佛像，尽管“多秘”，但与从西藏传入内地的阴阳交媾或兽头人身等神秘恐怖的造像以及出自阿尼哥之手的梵式“秘”像相比可能有所区别。其不同之处在于，阿尼哥是纯粹的印度—尼泊尔佛像样式，而刘元所作喇嘛造像应是融合汉梵两种艺术的“染色体”而诞生的新型喇嘛造像，也就是清人所谓的“汉相”。毫无疑问，刘元是喇嘛教汉相造像的奠基人和创造者。

现存元代铜像也很稀少，故宫博物院收藏两件纪年铜像，其件头虽小，也是极难得的。至元二年（公元 1265 年）铜释迦坐像，是蒙古晚期铜造像，实属罕见，从铜色来看可能是按照传自西藏的特殊配方练成的“紫金铜”。大德九年（公元 1305 年）铜鎏金菩萨坐像，头戴花冠，手执莲花，也是难得的纪年造像。这两尊造像，均系高髻、宽肩、细腰，正符合喇嘛教造像的特点。从其面相、手足的细部表现判断与西天梵相和传统的内地佛像均有所不同，应属清人所谓的“西番佛像”系统的造像；也就是西藏喇嘛造像。可能是由西藏传至内地，或由西藏铸像喇嘛及其子弟在内地铸成。

居庸关过街塔座券门与券洞内的浮雕天王像是元代喇嘛教造像的珍贵例证。根据券洞内题字可知是在元代至正五年（公元 1345 年）以前建造。券门两边雕刻对称的金刚杵、象、怪师、卷草花和草尾龙。正中雕刻金翅鸟，券洞内两壁雕刻四大天王，即东方持国天王，南方增长天王，西方广目天王，北方多闻天王。均取隐起雕法，做工精细，起伏自然，形象雄伟，神态各异，是现存元代雕刻中极为优秀的一组。与元大都出土石雕丹陛有着异曲同工之妙，从其精致细腻的镌刻作风判断，应是活跃两都属工部诸色人匠总管府的曲阳黄山匠师之作。与其他地方上的石雕相比确有精粗之分，优劣之别。云台券洞内四大天王浮雕代表了精工细腻的一路，表现了黄山石匠的精湛技术和艺术才华。在四天王之间雕刻梵文，藏文、八思巴文、维吾尔文、汉文、西夏文等六种文体的《如来心经陀罗尼》、《佛顶尊胜陀罗尼经》经文和咒语，是我国六体石刻经文的一个孤例，值得珍视。

飞来峰位于杭州灵隐寺前，有元至元十九年（公元 1282 年）到至治二年（公元1322 年）的纪年铭造像和无纪年元代造像。从题记来看施主有元帝亲信杨琏真伽，高级官员行宣政院使杨谨，宗教首领、杭州路僧录徐□□，潭州僧录李□□，平江路僧录范□真，平江路僧判□□麻斯以及行宣政院使脱、夫人□氏，昭□大将军前淮安万户府官军万户杨思谅同朱氏，朝廷差来官骠骑卫上将军左卫亲军都指挥使伯家奴等有权势的人物。这些石窟既不是皇家经营，也不是一般庶人所凿，是元朝官僚以及主管宗教的官吏所营缮的造像，可以反映喇嘛教传至江南之后的造像艺术的水平与特点。这批造像体现了喇嘛造像的规仪和风格，其中比较优秀的一座就是杨琏真伽无量寿佛坐像。具有一定的梵相特色，可能是由本地石二按照杨琏真伽提供的梵相造像范本雕刻而成，所以带有比较浓厚的汉相作风。脱脱夫人造金刚手菩萨像、无铭意理瓦巴像、三面八臂像、伯家奴造麻葛葛刺像均属纯粹的喇嘛教造像明代士大夫目之为"丑怪刺目"或"奇丑可厌"是可以理解的。但是以喇嘛教观点来看，可能认为明人的认识是荒唐可笑并得出另一番相反的结论。也是合乎逻辑的。总之，喇嘛教美术还是一个值得深入探讨的课题，有待今后研究。

元代雕刻除了上述宗教雕刻之外，还有建筑石雕、陶俑、瓷塑、铸铁等等，但是由于蒙古统治者死后不树不封，所以，没有留下陵墓神道石雕，这一点不同于唐宋或明清各朝。元代建筑石雕是极其发达的，从北京大都遗址出土的凤凰丹陛可以了解其水平和技艺。陶俑在山东、陕西有零星出土、均系黑色陶质，有蒙古人、色目人和汉族以及马、牛、羊等畜类，男女侍俑均着长袍、长靴，体魄强壮，面庞圆胖，似乎以蒙古人的身材面相作模特儿进行塑造，富有现实主义精神，同时也是研究元朝服饰的极好资料。现存铁狮子是置于寺庙门前以辟邪或用以镇庙，形象多取材唐代狻猊，头身比例类似虎豹，动作矫健，神态逼人，与北方的金代铁狮相似，是我国狮子雕刻中的佼佼者。

三、元代工艺美术

元代手工业继宋代之后也是比较发达的。尤其，官办手工艺，分工较细，设置重叠，有着庞大的管理机构和作坊，收罗其被掳掠的汉族与其他来自中、西亚、欧洲的各族工匠，为皇室贵族生产各种奢侈品，日常用品和器具。中央由工部掌天下营百工之政令。诸色人匠总管府，掌百工之技艺，其属有九，如梵像提举司，出蜡局提举司，铸泻等铜局、铁局、镔铁局、玛瑙玉局、木局、油漆局。诸司局人匠总管府、掌氈毡等等。提举右八作司，掌出纳内府漆器、红瓦、捎只等。提举左八作司，掌出纳内府氈货，柳器等物。大都人匠总管府，掌绣织诸王百官缎正以及织罗缎正，此外还有直属工部的织染局司。将作院掌成造金玉珠翠、犀象宝贝、冠佩器皿，织造刺绣缎正纱罗，异样百色造作所属诸路金玉人匠总管府，掌造宝贝金玉冠帽，繁腰束带，金银器皿，总诸司局事。大都四窑场营造素白琉璃砖瓦，隶少府监。其他院、寺监和各地总管府也都掌握着各种手工业作坊。工匠在官办作坊处于半奴隶式的隶属关系，实际上已沦为奴隶，遭受严重盘剥，创造天才遭受摧残。由于官办手工艺所产实物遗存极为少见，对其技艺水平实难做出准确判断，但地方手工艺遗物尚多。分为瓷器，金属、漆器、玉器、玻璃、织绣等工艺作一客观的评述。

元代陶瓷生产中心开始移往景德镇。"景德镇窑昔日三百余座，诞埴之器，洁白不疵，故鬻于他所，皆有饶玉之称。"龙泉亦颇为繁荣。河南均窑系，河北磁州窑系，依旧维持生产，供城镇庶民使用元代瓷器发展的最大成就表现在釉里红与青花的两种釉下彩瓷的大量生产及其工艺上的成熟。

釉里红以氧化铜为彩料，经过原焰烧成。呈色佳的是豇豆红或桃红色，实属少见，比较珍贵。呈色不佳者是深灰或在浅灰下隐约透出红色调子。

青花是以钴料绘成图案后上釉，也以过原焰烧成，色深邃如青金者为佳品。一般均在蓝中泛出浅灰色调，也有变成灰蓝者。近半个多世纪以来，由于至正十一年款青花云龙象耳瓶的发现，元青花逐渐引起学术界的重视并开展研究，取得了成果。近来，青花的起源问题成为青花研究的一个重要课题，目前，"自创说"和"传入说"的两种意见，尚未统一，有待今后进一步探讨。这里必须指出的是：元代青花不仅产量庞大，工艺成熟，而且在青花瓷系中已登上最高的巅峰。青花的成熟是有着多种标志，但其中最重要的是显色，达到最佳状态——具有青金石般的宝蓝色。有些青花确已达这般水平。当然不是所有的产品均能达到这种高标准。现知元青花有深浅两种颜色，文物界认为深色的是用从波斯进口的钴料绘烧而成，浅色是用国产钴料烧成。不论哪种钴料，其显色并非都是理想的，其原因很多，如钴料不纯，精度不足或烧成不妥等缺点之外，尚有一个重要原因就是釉的透明度不佳。据观察元代青花瓷釉层极厚，一般器物釉厚 0.05 ~ 0.2 厘米；白度不高内含氧化铁稍多，气泡重叠密集。这给元瓷带来了浑厚隽永的感觉，同时对釉下彩的显示上也带来了障碍，就是因其釉厚泛青，气泡密集，遮掩了釉下彩的反射，使钴的蓝色浓度亮度不能充分发挥，甚至变得偏灰而暗淡。瓷工为了获得深邃的宝蓝色，以增加美感，提高其装饰艺术，创造采用人工加饰的方法，以弥补这个缺欠。其实它的方法极其简单，就是用笔蘸钴蓝料点在图案的重要部位或轮廓线上，点成联珠状的钴蓝点。如果尚嫌不足，再加以饱含锰铁的钴料作大如豆粒般的点子，烧成后往往深陷呈深褐者（酱色）有的周围还有一圈钴蓝色，有如绘画上的秃笔焦墨大点一样，极其醒目而突出。据目验故宫收藏青花，采用此法，以增强钴蓝呈色效果，尤其是大型重型青花瓷器更是如此。所不同者，有的仅用联珠状点，有的兼用联珠状点与大点，点染自然，有如晕散，反映了元代青花瓷工擅于扬长避短，有克服弱点以加强艺术效果的才能。对这种大小点子的形成，解释为描绘时笔中夹带钴蓝颗粒在焙烧过程中自然结晶晕散而成。诚然，有的元青花确有这种现象，但并非一切元青花都是如此。只要认真观察分析比较，还是不难发现元代瓷工所作人工点染钴料之法。

釉里红与青花的造型、图案代表了元代瓷器的最高水平，也反映出元代文化艺术上的衍变。与宋金不同，器形变得丰硕圆浑、厚重典雅，主要造型有罐、瓶、执壶、盘、碗、匜和高足杯。梅瓶、玉壶春较多的继承宋金而略有变异。但罐、盘、碗的形制与前代比较，似乎变化较大。适应蒙、藏人民生活需要出现了僧帽壶、匜以及四系小口扁壶。图案装饰题材有人物故事（周亚夫细柳营、萧何月下追韩信、三顾茅庐等）、松竹梅、牡丹、莲荷、菊花、牵牛花、芭蕉、龙凤、麒麟、马、鹿、狮子、鹊、鸳鸯、鹭鸶、龟、螳螂、蟋蟀、卷草、水藻、云肩、回纹、缠枝花卉、锦地等。图案布局因器施艺，按照器体转折分为若干部分，主次分明，配合得当。繁缛饱满，富丽堂皇，描绘图案讲求笔法，根据物象的特点或苍劲挺拔或流利隽秀，形象无不生动逼真。当作一幅绘画来看也是相当成功的。

元朝廷设"浮梁磁局"以烧造内廷所用瓷器，当时的青花、釉里红等新型瓷器也是宫廷用瓷的一部分。民间亦有使用蓝釉，蓝釉描金和红釉也是元代瓷器中的精美者，因其传世极少，显得更为珍贵。传世瓷器中有款识的尚有"枢府"、"太禧"字铭的卵白釉瓷，当属"枢密院"、"太禧院"（太禧宗祀院）之用器，常见者有盘碗、高足碗等小件器皿，饰以印花，釉呈失透状，色白泛青，精者洁白润泽。

此外均窑、磁州窑、霍窑、龙泉窑以及浙江、江西、福建、广东等省的民窑为满足国内和国际市场的需要，生产依然盛行。从北京等地遗址发掘和窖藏出土情况来看，城镇人民多以均窑、磁州窑、霍窑等产品作为日用器皿。南方地区各窑所产青瓷和青白瓷除了供应本区和外地人民生活需要之外，主要的是用于国外贸易大量出口。据文献记载，输往地点多达44处，遍布今日的日本、菲律宾、印度、越南、马来西亚、印度尼西亚、泰国、孟加拉、伊朗等国家。从出土和流散在国外的瓷器来看，以青白瓷为主，还有磁州窑、龙泉窑、吉州窑以及景德镇出产的釉里红、青花、卵白釉等。

元代金银器工艺在上层社会如酒楼饭庄普遍应用，或做首饰，或做酒食器。1955年10月于合肥市小南门原孔庙大成殿西庑西，挖出窖藏金银碟、杯、果盒、壶、匜、碗、筷、勺等102件。金碟6件，杯4件，底阴刻"章仲英造"楷款。其余92件银器胎厚，锤制工整，造型秀丽，最精致的一件是十棱果盒，重76市两，盖顶刻饰繁密的花鸟图案，以展翅扬尾的鸾凤为主纹间以牡丹花、凌霄花、茶花、菊花，每瓣花口刻团花一对，格层刻折枝牡丹，盖、底、圈足饰卷草纹。凿刻极工细，似工笔写生，地子光素，以衬托图案更加醒目。1960年无锡市南17公里处发现元初延祐七年（公元1320年）钱裕墓，出土金器6件、银器40件。匜、瓶器形与安徽窖藏相似，但鳟形瓶（即

Ⅱ式瓶）唇边刻一周粟粒纹，肩部饰一道隐起饕餮纹带，足刻一圈卷草纹。金银器铭款有"邓万四郎十□赤金"，"篠桥东陈铺造□"说明由两个金银店所制。

元代著名银工有嘉兴魏塘朱碧山，平江谢君余、谢君和，松江唐俊卿。谢、唐两家遗物不见传世。只有朱碧山银槎国内尚存三件，一件存故宫博物院，存江苏省吴县文教局。另一件台湾故宫博物院。两件银槎大同小异，但其轻重，形象，款识，雕工是有差别的。故宫收藏这件龙槎，表现道人乘坐木槎漂游大海，正在读书吟诗，最长处20，最高处18厘米，重0.616千克，用白银制成，槎及身都是铸成后加以雕刻，头、手、云履等分铸药焊，但接焊处浑然无迹，几不能辨认，显示了朱碧山的精湛技艺和聪明智慧。

铜器有祭器、器皿、印章、镜鉴等。祭器以仿古为主，铸造多不够精。器皿中有甚精者如花口铜盘，作隐起禽兽图案，极其精美，在元铜中少见。铜镜有双龙穿荷花、龙凤、双凤、雁凤、祥云、牡丹、菊花、方格花叶镜以及仿汉、唐镜等样式，以圆形为主，亦有菱边，或带柄者，以所见为例均较粗糙。据明人高濂《燕闲清赏笺》载，元时杭城姜娘子、平江王吉二家铸法各擅当时。两家各有千秋，但王家"制度不佳，远不如姜"。

元代漆器继宋代之后有所提高。分为光素、戗金和雕漆等几类。新中国成立后元墓出土了黑漆盘、碗、奁，有木胎、夹纻胎，代表了元代光素漆器皿的一般水平。戗金漆器本作"鎗金"或"创金"，施刀戗划，泥金而成，又名"镂金"，其特点是"细钩纤皴，运刀要流畅而忌结节"。尚不见出土。日本保存五件元代戗金漆经箱，其中戗金双孔雀祥云漆经箱和戗金双鹦鹉祥云漆经箱等两件有延祐二年（公元1315年）制于杭州的款识，从图案装饰与戗法来看较宋代构图丰满、戗法细劲，在技术和艺术上确有相当大的进步。据曹昭《格古要论》记载：元朝初年嘉兴府西塘彭君宝"甚得名，戗山水、人物、亭观、花木、鸟兽种种臻妙"。剔犀又名犀毗，髹以不同颜色漆层，再剔刻图案花纹，从刀口显露出不同漆色，花纹多采用各式漩涡纹结构的云纹，故有人称之为"云雕"。嘉兴西塘杨汇是剔犀著名产地，国内现存最著名的一件剔犀漆器即是安徽省博物馆收藏"张成造"款剔犀圆盒。漆色黝黑，雕刻深峻，磨工光亮，刀口处露朱漆三层，每层相隔约2毫米。漆呈紫黑色。靠近足的边缘，针划"张成造"三字款，其"剔得深峻"正合杨汇剔犀的特点。

元代螺钿漆较宋代有了长足的进步。据明人曹昭《格古要论》所记：螺钿器皿出江西吉安府庐陵县。元朝富家不惜工本，不限年月做造，"漆坚而人物细可爱"，"吉安各县旧家藏有螺钿床、椅、屏风，人物细妙可爱，照人可爱"。元螺钿流传海外较多，器形多样。如长方盘、花口盘、长方盒、十方盒、三屉盒、四屉花瓣盒、五屉委角盒、八方屉盒、圆盒、砚盒、盝顶印箱等。图案多变，有瓶花、缠枝莲、鸟兽、蟠龙戏珠、楼阁人物、琴棋书画、二十四孝等。地纹多用龟背、钱纹、回纹、绦环、绦带；次要纹饰以缠枝四季花为主，有的取大花大叶，也有的大花小卷叶。擅用几何形式的开光，构图繁缛饱满，丰富多彩。均在黑漆地上以不同形状的螺钿嵌成各种图案，再以"铁笔"刻饰细部，光彩炫目的蚌壳与乌黑光亮的素漆形成强烈的对比，呈现出五彩缤纷、奇妙变幻的装饰效果。还留下了螺钿匠尹俊华、铁笔肖震、刘良弼等名字，充实了我国工艺美术的史册。

1969 年发掘元大都后英房居住遗址时，与大量的陶瓷碎片一起出土了一块螺钿残片，从图案判断可能是广寒宫。这是目前出土的唯一一件元朝螺钿漆器遗物，为鉴定传世螺钿漆器提供了重要标准器，是弥足珍贵的。

剔红始见于元，旧说起源于宋，因缺乏检验，不能证实。制法是在木、金、银、铅等胎上髹漆数十层或百余层，打磨光亮，雕饰图案，方告功成。从出土与现存实物可以看出元代剔红的发展线索。最早的一件则是上海任仁发墓出土的采菊东篱下雕漆圆盒。雕法近似平凸，锋棱显著，地作水陆纹饰，产地不明，代表元代中期剔红的特点。元代剔红的生产中心是嘉兴西塘杨汇，名手有张成、杨茂二人。故宫博物院现存"张成造"款剔红山水人物圆盒、剔红花卉圆盒，"杨茂造"款剔红花卉渣斗、剔红山水人物八方盘。张成、杨茂两人剔红作风比较接近，共同特点是藏锋而圆滑，款识以针创划，字体近楷，稍微潦草。但张成造器用漆较厚，运刀简洁；杨茂造器髹漆较薄，刀法工细。总之，以张成、杨茂为代表的西塘派剔红，已完全成熟，足以代表元代雕漆的水平和造诣，成为明代雕漆的标准形式。

元代玉器手工艺在蒙元统治下得到继续和发展，蒙古贵族在入主中原之前，曾四次西征掠夺大量宝物，对欧洲、中西亚人民佩用的各种宝石，极其贪婪，掠为己有，向东灭西夏、金，又承继了汉、党项、女真相融合的文化，并直接承袭女真族"春水"、"秋山"玉的图案模式加以变化并大量碾治。蒙古统治者又继承汉族的传统文化，在典章、祭祀和日常生活中广泛的使用玉器，诸如天子冕服、玉辂、玺册均用玉饰或以玉制。但对百官庶民用玉限禁极严，如正、从一品偏带用玉，二品以下不准用玉，违者要受到严厉处罚。政府、皇家为了垄断碾玉业，早于中统二年（公元 1261 年）以和林人匠置局造作，至元三年（公元 1266 年）立玉匠局，至元十五年（公元 1278 年）改提举司像至大间（公元 1308～1311 年）行诸路金玉人匠总管府，始置于杭州路，均由将作院诸路人匠总管府辖；至元十二年（公元 1275 年）工部诸色人匠总管府梵像提举司设玛瑙玉局；至元十四年（公元 1277 年）随路诸色人匠都总管府置玛瑙玉局；天历二年（公元 1239 年）缮工司置金玉珠翠提举司。此外将作院属下尚有玛瑙提举司（领大都、弘州两处造作）、阳山玛瑙提举司，磨玉夏水沙采于大同。元官办玉器手工业由和林至大都，再设杭州。蒙古统治者对玉器的尊重，从世祖至元二年琢成"渎山大玉海"并敕置广寒宫一事可以理解。"渎山大玉海"高 70、口径宽 135、长 182 厘米。重约 7000 斤。周身碾琢深浅隐起的十种瑞兽。出没于惊涛骇浪之中，神态生动，气势雄伟，可能是由和林人匠于北京置局碾成。虽经乾隆时代四次改动细部，但仍不愧为是元玉的瑰宝。蒙古族喜戴大沿图帽，统治者尤喜玉帽顶，据明末沈德符记："元朝除朝会后，王公贵人俱戴大帽，视其顶之花样为等威。当见有九龙而一龙正面者，则元主所自御也。当时俱西域国手所作。至贵者值数千金"。明清两代均用作炉盖之纽，传世玉中不乏其例。故宫博物院收藏最大一件玉纽是龙凤穿牡丹镂空青玉纽，极尽镂技之能事，玲珑剔透，是元代镂空玉器的代表作。图案属于汉族传统题材，当是汉族高手碾制，肯定不会是"西域国手所作"。

安庆范文虎、上海任氏、无锡钱裕等墓出土的玉器为传世春水玉，炉玉纽等鉴定提供了确切的样板，并显示了带有粗犷泼辣作风的元玉逐步增多，同时尚存碾工精致而注重磨工的玉器，如范墓所出白玉有盖贯耳瓶，光洁细腻、温润莹晶，则属后一种。

元代玻璃的状况在过去可以说是一片空白，茫无所知，新中国成立后由于苏州张士诚母曹氏墓出土了大量玻璃珠和一件玻璃圭，一定程度上填补了这一空白。曹氏墓出土玻璃圭色涅白，长 42.5、下宽 6.8、上宽 6.5、下部厚 1.3、上部厚 1.2 厘米。表面一层白垩，有稀疏的孔，大者直径 0.5 厘米。圆珠数百粒，大小不一，直径在 0.8～0.4 厘米之间，均无色透明，原系配饰之用。经成分元素分析，其主要成分是硅，占 77.09%；钾次之，占 8.86%；铅占 8.07%，钙、铝含量很低，不含钡，其原料配方有了变化。此外，大同也有出土，分布南北，估计元代玻璃生产还是相当盛行的。《元史》载"将作院""诸路金玉人匠总管府"设"瓘玉局"，至元十五年（公元 1278 年）立。瓘玉是指何物？《说文》载"瓘，玉名也。《注》瓘，珪也"。珪同古文圭字，瓘玉释圭玉，不知其指何意。又查《格古要论》载"罐子玉，雪白罐子玉系北方用药于罐子内烧成者，若无气眼者与真玉相似，但比真玉则微有蝇脚，久远不润且脆甚"。罐子玉即用药烧成的仿玉玻璃，明人亦称"药玉"用于带板。瓘、罐音同，疑瓘系罐之假借，瓘玉局应是罐玉局。如果此释不误，便可证明在元代官办手工业作坊中确有玻璃作坊之设。而曹氏墓出土玻璃圭正是以罐子玉（药玉）即玻璃仿照玉圭形式而制，几乎可以乱真。故出土时，发掘者误认为是真玉，现陈列于苏州市博物馆，张士诚曾投降元朝，其母之罐玉圭当是元廷所颁，亦应是瓘玉局所制而无疑。瓘玉局设于何处，不见记载，但联系前引《格古要论》所记应在北方，元代北方玻璃生产的中心是在山东青州颜神镇，查《颜山孙氏族谱·孙氏家乘集略卷之七》载：孙氏闫洪武三年迁颜神镇，善业琉璃（即玻璃），从而可以推断颜神镇玻璃业至迟起自元代。但元代颜神镇玻璃的生产规模、技术情况以及瓘玉局是否设于颜神镇的问题，目前尚不能肯定，有待今后探讨。

元代纺织工艺也是继宋、金之后有所发展和提高。尤其，织金锦即"纳失"，为蒙古贵族上层人物所喜爱，对当代缂线，刺绣与后世丝织都产生了积极影响。

蒙古贵族衣着所用织物，一向仰给于中原，特别对华北、江南丝织品羡慕已久、梦寐以求。因此在其进攻金、南宋掠夺财富的同时，又将大批纺织工匠掳迁北方，组织起庞大的官营作坊，管理汉、女真、西域以及"毛子"等外族纺织工匠。据《元史》记载，织染作坊分属工部，将作院，大都、上都、诸路总管府以及亲王宗室，是元代官办手工业中司局最多、分布最广的一种行业，与蒙古贵族生活关系十分密切。分工较细，有毛织、丝织、棉织、绣、染等专业，产品品种有氍，毯，剪毛花毯，毛段，纹锦，绫锦，"纳失"，"纱、罗、丝绸"，"撒答剌欺"，异样纹绣，腊布等。机构林立，遍布全国，蒙古帝后、王室、贵族、官府所用织染物的数量是十分惊人的。

元代绫、罗、绸、缎、纱、锦等丝织物多用小花，偶尔也有较大的图案，如李裕庵墓出土梅雀暗花绸，提花准确清晰，反映出高超的技术水平。缎织物较宋代有显著的提高，达到成熟的水平，为明清缎织物的发展奠定了基础。元代织金锦称作"纳失"，在色地上用金线织图案，地色与片金对照，辉煌富丽，雍容华贵。专为帝后和蒙古上层人物所用。从"纳失"织造局设西北之别失八里、荨麻林和弘州三处以及《镇海传》的记载，可知由阿拉伯织工织造。故宫博物院收藏"纳失"云肩可以反映元代"纳失"的工艺水平，1970年新疆盐湖古墓出土了元代片金和捻金两种织金锦。片金织金锦单径直径为0.15毫米，单纬直径0.5毫米，经密52根/厘米，纬密48根/厘米，黏金织金锦，经密65根/厘米，纬密40根/厘米，说明元代，用金银丝织造"纳失"的工艺已相当发达。

元代缂丝、刺绣仍然沿着南宋的路子缓慢前进。缂丝《东方朔偷桃图》轴、酱紫地粉花缂丝（新疆乌鲁木齐南盐湖出土）刺绣龙纹残片（苏州曹氏墓）、刺绣《杨柳观音图》都是具有代表性的遗物。

元代棉织业开始发展于长江流域。由农妇黄道婆从海南岛黎族人民那里学会棉纺技术后带回松江，逐渐推广至大江南北，遍及全国。她与妇女们一起革新了轧花、弹棉、纺纱、织布等一整套纺织工具，推动了长江下游纺织手工业的发展。虽然这不是美术品，但因其在纺织业中有着重要地位，姑附记之。

元代各族人民在蒙古人、色目人的残暴统治下，仍然发挥了自己的创造精神和智慧才能，留下了大量宝贵的艺术遗产，充实了祖国的文化艺术宝库。蒙古统治者在文化艺术的发展中所起到的作用，是不能全盘抹杀的。忽必烈为了巩固其统治地位，命其子孙学习汉族文化，在汉人辞臣的熏陶之下，收藏古画法帖，观赏鉴考，流连终日，对赵孟頫等文人极其赏识并高度评价他的书画成就，在客观上成为文人画发展的支持者和保护者。在蒙古皇室庇护下，赵孟頫"作画贵有古意"的理论在各族文人之中传播并造就了一大批文人画家，成为画坛上的实力集团。其中最为杰出、个性鲜明的有黄公望、王蒙、吴镇、倪瓒，史称元四家。他们在推动文人画的发展和成熟上做出了重大贡献，并成了后世画苑的楷模和师表。由于元朝统治者迷信喇嘛教，大兴寺庙，造金、铜、石、泥等像，绘壁画"唐卡"，制祭法器等宗教艺术品，也刺激了工艺美术的日益兴盛，在密宗雕塑绘画上形成了梵、藏、汉三个流派，为传统的佛教美术倾注了新的血液。元代工艺美术是在满足蒙色统治者的贪婪和享受、国内各族人民生活需要以及国际贸易的要求之下得到发展，呈现出繁花似锦、五彩缤纷的繁荣景象，培育了艺术造诣较高的青花、釉里红瓷、剔红、纳失、剪毛花毯等工艺，丰富了祖国的工艺园地，对后世工艺美术的发展有相当深远的影响。同时产品大量输出国外，对中外文化交流作出了贡献。

总之，元代美术在我们中华民族美术史上占有极其重要的历史地位，形成各个民族文化艺术融合的重要时代，奠定了明、清两代美术茁壮成长的崭新基础，对其发展起到了不可忽视的促进作用。

十、清代艺术

清代艺术略述

　　清代（公元 1644～1911 年）是我国最后一个封建王朝，也是有着广袤土地的多民族统一国家。发祥于"白山黑水"的满族当政者对内面临着如何有效地统治各族人民，如何对待先进的中原生产方式和中华民族优秀的传统文化等问题。彪炳史册的康乾盛世的出现，说明清帝所采取的政治、经济、文化以及民族政策是基本正确的。清王朝对外面临着西方资本势力及其商品贸易的冲击和天主教的渗透，大量西方艺术和工艺美术风格的商品涌入各大、中城市。同时，还传入了新的绘画手法和工艺品种，由此及彼、由浅入深地波及诸多传统的美术和工艺领域，引起新的变革，这是应当肯定的。但是清朝后期的统治者对西方的鸦片输入和武装侵略没有采取有力措施，始终处于被动挨打的地位，终于沦为西方帝国的附庸。当清朝统治江河日下之时，又受到太平天国起义的沉重打击，朝廷派军镇压天朝政权，两军对垒，生灵涂炭，严重地破坏了东南地区的经济，根植其地的工艺美术也相继消亡。清王朝消灭了太平军、捻军之后，经济略有复苏，史称"同治中兴"。此时，最高统治者是慈禧皇太后叶赫那拉氏。在她统治的四十八年间，清末的文化艺术风格发生了歧变，重新出现的各色工艺品都有着与康乾盛世不同的面貌。观者可以从展出的文物上看到上述几次变化的痕迹。

　　下面拟按展览顺序，分为瓷器、书画、玉器及其他工艺等三个部分，进行扼要的介绍。

一、瓷　　器

　　清代瓷器的发展与内外政治、经济、文化背景紧密相连，更受益于清帝的直接指导，呈现出与明代瓷器迥异的艺术面貌，有着鲜明的时代特点，达到我国封建社会陶瓷工艺的顶峰。

　　清代瓷业继承明代陶瓷工艺，仍以景德镇为其生产中心。供御内廷的官窑瓷器是景德镇瓷艺的典范，康、雍、乾三朝官窑瓷器在景德镇瓷业中居于领先地位。康熙时期官窑以"臧窑"（康熙二十年至二十七年，公元 1681～1688 年）、"郎窑"（康熙四十四年至五十一年，公元 1705～1712 年）为代表；雍正年间官窑则是"年窑"（雍正四年至十三年，1726～1735 年）颇有建树；乾隆官窑以"唐窑"（乾隆二年至二十一年，公元 1737～公元 1756 年）最为著名。此后又有三人继任督陶官，均以忠诚、干练、精通瓷业的七品催总老格为协理，仍可维持唐窑的面貌。从乾隆三十三年（公元 1768 年）起，官窑便逐步向下滑落。此时，民间仿官窑器争夺市场。咸丰初年，官窑已被太平军摧毁，同治帝复设官窑烧造御用瓷，产品质量、种类已远不及嘉、道官窑。是时，民窑元气未复，所产瓷器亦少精致者。然而，某些能工巧匠所制尊、罍、鼎、彝等陈设、珍玩尚具一定水准，他们仿做宋、元旧制瓷器中的"佳者"，"几可乱真"。

单色釉　著名者有康熙郎窑红、豇豆红、胭脂水、水绿、淡黄等釉色。雍正、乾隆官窑仿宋代官、汝、哥、钧四大名窑很有成就，尤其仿宋官窑器，仅下真器一等。唐英亲自用心策划，指派吴尧圃亲至禹州收集古钧配方，试烧仿钧器获得成功。这是雍正仿古瓷的新成就。雍正时期烧成青釉与东青釉，颜色稳定，有的近似梅子青、粉青。还有黄、紫金、乌金、珊瑚红、孔雀绿、瓜皮绿、秋葵绿、天蓝、霁蓝、紫、茶叶末、铁锈花等等多种单色釉，其中胭脂水是在康熙年间从西方引进的金呈色粉红低温釉，仅用于官窑小件瓷器。

釉下彩　康熙青花纯蓝，色泽鲜艳，采用渲淡法涂饰，青花现出浓淡，有"独步本朝"之誉。雍、乾两朝青花擅仿宣德而别具一格。康熙朝釉里红呈色稳定，雍正朝釉里红显色鲜红。青花釉里红器的两种显色均颇为鲜艳而相得益彰。

釉上彩　较明代有了重大发展和创新。康熙五彩采用新发明的釉上蓝彩和黑地五彩，书法亦精妙，已臻"极轨"。民窑五彩与中规中矩、精致秀雅的官窑五彩不同，有着奇诡恣肆、泼辣生动的格调而别开生面。康熙朝从欧洲引进珐琅并用于瓷器装饰。珐琅彩系指康、雍、乾三朝内廷所烧之瓷胎画珐琅，这是康熙朝的重大创新，开辟了釉上彩的一个崭新时代。洋彩是景德镇官窑所烧之新仿西洋珐琅画法，精细入神的一种珐琅彩，首见于雍正年间内廷档案。另有用工笔画珐琅作装饰的釉上彩，人称为"粉彩"，沿用至今。雍正粉彩是粉彩之佼佼者。

机巧瓷　乾隆朝御窑厂所制的转颈瓶、转旋瓶和玲珑瓷可能出自唐英的设计与构思。乾隆朝官窑还烧造仿漆器、木器、青铜器、竹器、珠宝等器物的瓷器，逼肖至极。其仿烧胡桃、莲子、茨菰、长生果、藕、枣、栗、石榴等干鲜果品以及蟹、螺等水族象生瓷更是栩栩如生，惟妙惟肖。

德化窑　以生产日用器物为主，以八棱四足酒杯为代表。白釉中泛青，亦称"猪油白"。

宜兴窑　包括紫砂器与钧釉陶两种。紫砂器在民间广为流行，还贡进内廷，受到皇帝青睐。内廷还存有紫砂胎珐琅彩器。宜均是宜兴仿均釉陶器。乾隆、嘉庆年间宜兴葛明祥和葛源祥两兄弟于丁山所烧者最为著名。

二、书　画

由于康熙帝喜爱董其昌书法并时常临摹，颇得其中三昧，玄烨还以董书"画锦堂记""制以为屏，列诸座右晨夕浏览"。评董华亭书法"天姿迥异，其高秀圆润之致流行于楮墨间，非诸家所能及也"。在这一影响之下，文人士大夫无不以董书为干禄正体、求仕捷径，学董书帖之气风靡海内。此时，书法名家有傅山、宋珏、徐枋、陈奕禧、沈筌、笪重光、石涛、朱耷、程正揆、冒襄、汪士铉、姜晨英、尤侗、胡天游、王澍、朱彝尊、何倬等人。

临书汉隶颇有成就者亦不乏其人，他们当中如王时敏，号烟客，太仓人，崇祯初以荫仕至太常。入清不仕，潜心书画，行楷得自《枯树赋》，尤长八分。郑簠，号谷口，江苏上元（今南京）人。始学汉碑，善隶书，间参草法，为一时名手，说明碑学业已萌发。

乾隆帝亦爱书法，但与其祖父康熙帝不同，他不满足于董书之圆劲苍秀，转而喜爱圆活遒媚的赵孟頫书法，使时风略有转变，先后出现了张照、翁方纲、刘墉、永瑆（成亲王）、铁保、梁同书、王梦楼等名家，素有翁、刘、成、铁并称"京都四家"之谓。

此时，独出心裁的书家有善"六分半书"的郑燮、擅漆书的金农、擅左手书的高凤翰及"老而目瞽，尤能以意运腕作狂草"的汪士慎。

雍正、乾隆时期，文人学士致力于金石考据之学；进而学汉碑，邓石如、伊秉绶为集大成者。至嘉庆、道光时期，碑学终于入继大统，包世臣著《艺舟双楫》品评书法、提倡碑学，推邓石如为国朝第一书家。刀、笔兼善的丁敬、陈鸿寿所作隶书颇有金石之风，亦为浙派篆刻名家。至咸、同、光、宣时期碑学益盛，北碑突起，涌现出何绍基、吴熙载、杨沂孙、张裕钊、赵之谦、俞曲园、翁同龢、杨守敬、沈曾植、郑文焯、康有为、吴昌硕等名家。康有为著《广艺舟双楫》提倡"尊魏卑唐"，影响深广。他是继包世臣之后又一大书论家。

清代书家往往也是画家。如王时敏、傅山、石涛、朱耷、金农、汪士慎、郑燮等书家同时又善画或是著名画家。

清初画坛上的显著特点是：绘画被笼罩在董其昌画禅之下，四王、吴、恽继承其衣钵成为画坛宗主，其影响之深广也是画史上罕见的。

王时敏、王鉴都生于明万历中，殁于康熙初，俗称"老二王"，实为清初山水画之开山者。王翚，字石谷，亲承二王指授，以南宋笔墨写北宗丘壑，工整艳丽，号称虞山派，弟子有杨晋、宋骏业、李世倬。王原祁，号麓台，时敏孙，山水继祖法，苍浑淋漓，谓笔端如金刚杵，世称娄东派，传派有华鲲、金永熙、唐岱、王敬铭、王学浩、黄鼎及其弟子张宗苍等。吴历，字渔山，出于王时敏之门，宗法元人，画风雄厚深沉，晚年入耶稣会，居澳门甚久。恽寿平，初名格，字寿平，后以字行，山水高旷秀逸，尤善花卉，清秀妍雅，尤富书卷气韵，从学者甚众，号为常州派。四王、吴、恽是清初画坛的主力派和正统派。

清初安徽徽州、宣城，江西、浙江以及江苏金陵等地均有一批著名画家，分别称为新安派、黄山派、江西派、浙派和金陵八家等画家集团。如查士标，字二瞻，属新安派，笔墨疏简，意境荒寒。又如蓝瑛，字田叔，则是浙派殿军，中年用笔苍老坚劲，气象峻嶒，遂自立门庭，颇负时誉。邹喆，字方鲁；吴宏，字远度，二人属金陵八家。邹喆擅作山水册页，有简淡清逸之趣；吴宏另辟蹊径，妙笔通神。

扬州为东南大都市，乾隆年间众多画家寓居此地作画谋生。金农，号冬心先生，长期客居扬州，五十岁以后始作画，笔墨拙厚淳朴，布局别出心裁，居当时画坛首席。华嵒，号新罗山人，流寓杭州、扬州两地，以卖画为生，擅画人物山水，尤精花鸟走兽，领异标新、穷神尽变而自成一体。边寿民，原名维祺，字寿民，以字行。善泼墨芦雁飞鸣宿食，曲尽其志。袁江，字文涛，江苏江都人。善青绿重彩山水楼台，所绘景物曲折有致，为清代界画高手；其子耀，字昭道，能传家学，世称"二袁"。萧晨，字灵曦，江苏扬州人，精山水人物，师法唐、宋，善画雪景。

杭州为浙江省会，许多篆刻家、书画家寓居于此。黄易，号小松，浙江仁和（今杭州）人，篆刻醇厚渊雅，为西泠八家之一。擅山水，笔墨清隽，亦写墨梅。奚冈，字铁生，原籍安徽新安（今歙县），寓居杭州西湖。擅篆刻，为浙派印人之杰出者，亦为西泠八家之一，兼工山水、花卉、兰竹，亦为浙中画家巨擘。

广州是南方沿海重镇，明、清以来涌现出画家不下千人。黎简，号二樵，广东顺德人。擅长山水，兼具吴、倪逸致。苏六朋，字枕琴；苏长春，字仁人，均乾隆时顺德人，善人物、佛像。

上海辟为商埠后，渐趋繁荣，各地画家流寓作画，涌现出一批名家，世称上海派或海派。著名画家有：赵之谦，字㧑叔，书画家兼篆刻家，花卉笔墨酣畅，设色浓艳，直抒胸臆。任熊，号渭长；凡人物、山水、花鸟、鱼虫、走兽无不擅长，尤工神仙佛道，笔法圆润，形象奇古，得陈洪绶神髓而别开生面；常寄居苏州，往来上海卖画。与任薰、任颐、任予（熊子，字立凡，画风似其父）合称"四任"。任颐后改字伯年，浙江山阴人，为任熊弟子，又从任薰作画，中年起在上海卖画；擅画人物、花卉、翎毛、山水，尤工肖像；用笔流畅、赋色鲜明、形象生动、格调清新，在江南一带影响甚广，为"海派"之代表性画家。吴昌硕，名俊，后改俊卿，字昌硕，七十岁以后以字行，寓居上海；三十岁左右始作画，色酣墨饱，雄健古拙，有金石气。

清代画家中亦有未隶流派而独开生面者，如翁雒，号小海，吴江人。人物写真入妙，中年后专工花卉、禽虫、水族等，落墨生动，纤悉逼肖，画龟尤得生趣。陈撰，字楞仙。山水灵秀，无师承，画梅尤得隽逸之趣。吴熙载，字让之，著名篆刻家。

以手指所作之画，称为指画。高奇佩，号且园，辽阳人，隶汉军镶白旗；十八岁起专工指画，凡花木、鸟兽、人物、山水，靡不精妙。

三、玉器及其他工艺

玉器　清代玉器因乾隆二十五年方有四部玉贡至京，又严禁私采私鬻，可能要到乾隆三四十年代，民间才获得足够玉材。其发展较陶瓷、织绣、漆器、珐琅要迟一步。不必说顺、康、雍三朝玉器很少，即使乾隆三十年之前，碾琢的玉器也不会太多。到了道光元年停止玉贡，四年，张格尔乱起，玉路受阻，和阗玉私运中断。京都并苏、扬等玉肆除了依靠储存的玉材之外，也寻找地方玉代用。这种情况一直沿至清亡而未有改变。

清人首重和田羊脂白玉，其他玉材依质色、斤两定等次。清代玉器概而分为时作玉与仿古玉两类。时作玉的造型千姿百态，图案丰富多彩，做工有繁、简两种：繁者即崇尚精雕细刻，着重表现碾琢技艺及其华丽繁缛的装饰。这一类时作玉是乾隆时代玉器的本工，与剔红、竹木牙雕以及如意馆的画风是一致的。简者不施过多的装饰，琢磨均精工，以显玉质之优美。仿古玉有仿三代古彝和仿汉玉的两种。另外，痕都斯坦（即莫卧儿）玉器的影响也应给予适当的重视。

牙雕　清代牙雕分为苏、粤两大派系。苏州牙雕善于隐起，粤东牙雕重起突，内廷养心殿造办处牙作招募苏、粤牙匠，互为融合，兼撮两地之长而富有皇家的华贵富丽的特色。第二次鸦片战争之后，苏、扬、宁等江南大城市遭兵燹，只有广州牙雕继续生产，牙球及整牙镂雕是它的特产。为了适应外销的需要也雕造了一些带有西方味道的新式牙雕。北京牙雕应运而生，但规模较小，作品多为仿古人物、神仙、佛道雕像、器具以及臂搁、墨床等文具。象牙文字微雕业已问世。

木器　包括以紫檀、花梨、鹨鹕、红木等进口的硬木与樟木、楠木等贵重木材所制之器物。这些木器由小木作或小器作制作，它们在木工行业中也是属于高、精技艺，与一般木作不同。全国大、中城市都有小木作、小器作，而材技皆优之所在乃是南京、扬州、苏州、杭州、广州和养心殿造办处油木作、广木作等几处。苏州木器有文房用具、盒、匣、座、龛品种甚众，难以计数。在做工上以工整严谨取施胜，阴文泥金或嵌牙商系。扬州木器品种与苏州类似，以华丽璀璨著称，善于发扬明代周翥做工，其百宝镶嵌为海内第一。广州木器重雕工，刀法刚劲、图案精巧，显示出岭南雕刻的独特面貌。

竹器　清代竹雕仍由文人主刀，颇有士大夫气。清初，吴之璠、封锡禄、周颢、潘西凤等四大名家都是兼工书画尤擅刻竹的文人雕刻家。嘉定封氏锡爵、锡禄，锡璋兄弟三人皆工竹刻。康熙四十二年（公元 1703 年），锡禄，锡璋二人同时入京，以艺值养心殿造办处。锡禄子侄及弟子始岐、始镐和施天章皆于雍正初年入值，乾隆年间供奉如意馆。施天章在内廷效力期间初得雍正帝赏识，授官序班。至乾隆五年六月十三日晨私自出走不归，其中必有跷蹊。潘西凤，字桐冈，号老桐，浙江新昌人，侨寓扬州，善浅刻，亦精深刻，曾经郑板桥誉为濮阳仲谦之后一人，故论者视其为金陵派传人。嘉庆之后，清代竹刻艺术进入晚期，此期竹人更多，名家遍布各地，如工人物者蔡时敏、庄绶纶；工小像者张宏裕、方絜；善刻画本者蔡照、袁馨；精于刻字者周锷、韩潮；擅刻金石文者朱宝骝、杨憪、周之礼等诸家。竹簧工艺盛行于清代中期，产自东南及中南。竹簧润泽，色调恬淡，品格典雅，加工不易。由于不耐保存，故传世者甚少。

石器　清代石器以各地出产的质地莹润、色彩华美、软硬适度、便于雕刻的石材加

　　石器　清代石器以各地出产的质地莹润、色彩华美、软硬适度、便于雕刻的石材加工而成，多为文具、鼻烟壶、瓶、盒、玩具等器，可供文玩。著名石料有：广东永安石，督抚等官员曾以其制鼻烟壶贡进内廷；琼山石白润如玉；琼州五指山水晶"光莹照人，望如雪霁"；浙江青田灯光石和昌化鸡血石都是闻名全国的图章石料；福建寿山石，一名冻石，质温栗，与灯光石相埒，田黄是寿山石之鳌首，价与珠玉等；湖南浏阳菊花石较寿山石晚出，除了制为砚屏之外，亦可雕造几席装点之文玩；甘肃武都雄黄，一名黄金石，上品曰雄黄，色如鸡冠，贵州贵阳雄黄，其晶莹而剔透者俗称雄精；湖北襄阳松石（世重色青碧者）以及东北玛瑙等，名石可制成佛像，尊、卮、文具及玩好之器；从海外进口之青金石、芙蓉石、牛油石等均用于制作器皿、佩饰或文玩。

　　料器　清代北京匠人从山东博山买到玻璃料条，带回用煤油灯加热制作禽兽等物件，称为料器，这是北京玻璃器的俗称，博山称之为琉璃器，广东称之为玻璃器，清宫亦称之为玻璃器。清代玻璃产地实际上只有山东博山，广东广州和内廷玻璃厂。北京不炼玻璃，只进行玻璃加工。北京料器受到内廷玻璃厂的影响，除了加工单色玻璃和仿宝石玻璃之外还烧造"套料"，分为白地套单色、二色、三色甚至六色之多，还有彩地套彩玻璃，即某种彩色玻璃胎上套一至多种彩色玻璃。这种套料西方称为"乾隆玻璃"或"北京玻璃"。玻璃鼻烟壶价廉物美，颇受士庶喜爱，有辛家、勒家和袁家三家名作坊，其产品各具特色，竞争激烈。玻璃胎画珐琅尤为珍贵。"古月轩"款玻璃画珐琅器传世甚少，而且均系咸、同、光、宣时物，未见早期者。广州自制玻璃亦称"土玻璃"，不及进口"洋玻璃"美观耐用。

　　珐琅　是以石英、瓷土、长石、硼砂及微量金属矿物为原料，经粉碎、熔炼、成熟、冷却后研磨制成的粉状彩料。在金、银、铜等金属器胎上涂施或点嵌，再入炉焙烤、熔融、冷却即成，有的还需经镀金、修补、打磨等工序。可以分为五种：①掐丝珐琅：康、乾两朝是它的盛期。主要产地有内廷珐琅作、北京、广州、扬州、九江等处。第二次鸦片战争后只有北京一地还生产掐丝珐琅，俗称景泰蓝。②錾胎珐琅：康熙时较少，乾隆朝激增。主要产地是广州，而内廷、北京、扬州所制甚少。③锤胎珐琅：仅见乾隆时期产品。多用以制作佛供器。④透明珐琅：在经艺术处理过的金属胎上涂饰透明的各色珐琅，经焙烧、冷却后露出胎上的花纹。透明珐琅分软、硬两种：软珐琅即首饰上的烧蓝，全国各地均有生产；而硬珐琅只产于广州一地。⑤画珐琅：以珐琅粉在金属胎上直接作画，法国称为珐琅画。中国画珐琅始于康熙晚年，主要产地有广州和养心殿造办处珐琅作。至晚清，内廷不再生产画珐琅，广州画珐琅亦日趋衰落，此时，北京厂、肆乘机而起，这就是北京画珐琅。

　　缂丝　清初至乾隆朝是缂丝史上最为辉煌的时代。皇家是缂丝的最大用户。主要产地有苏州、吴县、北京三处。产品有画轴、手卷、册页、插、挂屏等仿缂画，画的观赏性缂丝；还有朝服和大量的佩饰、扇子、铺垫、围幔等实用性缂丝。在缂法上，广泛地使用平缂、单双子母经、搭梭（亦称"横门闩"）、披梭、环缂、中心戗、木梳戗、长短戗、结等技法，增强其表现力。还创造了双面透缂工艺及加绣的作法 。在配色上，善于采用由深到浅的退晕手法，以增加其花纹层次，色彩亦更为丰富，立体感也有所增强。总之，清代缂丝堪称集历代缂丝之大成而又有所发展，往往综合应用多种缂法，或再辅之以色笔点染，既减少缂丝工艺的繁复工序，又增加了画意，类似顾绣的效果。但不幸的是，这种缂、绘结合的作法成为后世偷工减料的一种伎俩，而有损于缂丝的本来面貌。

砚台　清人仍重端、歙二石，尤重唐、宋旧坑。清代辟坑新采的情况征之史志，但多语焉不详。若从现存清代端、歙成砚判断，似有开采，惟质、色均不及旧坑所出者。顾二娘是清初苏州雕砚名手，有遗作传世。因采出之端、歙砚材毕竟有限，不能满足士夫、文人之需，故以地方名石及秦砖、汉瓦、玉、铁、漆砂、瓷、澄泥等材制砚的趋势日益上升。清皇家发祥于"白山黑水"之域，特采用产自混同江流域的松花石制砚。该石以深、浅两种绿色为主，亦名"绿端"；纹理以刷丝和螺旋状居多；石质坚腻、有的不易发墨；传世者多为康、雍、乾三朝所制。地方名砚尚有苏州澄泥砚、甘肃洮河石砚、湖南菊花石砚以及扬州漆砂砚。扬州漆师卢葵生所制漆砂砚著称于世。

墨锭　清代制墨业仍以安徽歙县、休宁、婺源等地为中心。内廷亦重制墨业，现存"兰台精英"墨、刘源监制墨、曹寅监制墨，"耕织图"、"棉花图"等业墨可以代表御用墨的特点。安徽制墨名家有歙县的程公瑜、吴守默、程正路、曹素功、汪近圣、程一卿、程怡甫、方密庵、江节庵、方振鲁、汪希古；休宁的叶玄卿、叶元英、汪时茂、汪次侯、吴去尘、吴天章、胡星聚、汪守章、胡开文；婺源的詹云鹏、詹致和、詹衡襄、詹彩臣、詹方环、詹成圭、程靖友、查亨吉、查森山等。尤以曹素功、汪近圣、汪节庵、胡开文为四大家，所制"紫玉光"、"天端"、"千秋光"、"玉兔朝元"、"西湖十景"、"八宝七珍"等都是清墨佳品。集锦墨盛行于康熙，波及有清一代。其材料优良，工艺精细，形制装饰古雅秀丽，墨模雕镂精致工整，构图严谨生动，图案清晰如画，包装亦锦上添花，既实用又美观，还有较高的鉴赏价值，也是理想的文玩。

金银器　清代绝大多数市镇都设有金银作坊，因其以打制首饰为业，故称首饰楼。银首饰以中下层妇女为对象，往往点上透明珐琅，称为点蓝首饰，普及到偏远乡镇。金工艺以金细工为贵，这是一种有着悠久传统的特种工艺。金细工有金丝编织（亦称累丝或花丝）、掐丝、镶嵌、炸珠及焊接等特殊技艺。内廷金器由养心殿造办处承制。金银首饰在累丝活计上点翠和镶嵌珠宝，真可谓华贵璀璨，富丽堂皇。按典章制度，几乎所有的皇室成员都有数量不等的卤簿和金银器皿。各大城市也大量打造盒、杯、盏、托、盘、酒壶等金银器皿。

家具　是清人起居必备之用具，依地区、气候、经济、文化等条件差异，家具也各有特色。闻名遐迩的则是苏、广两式硬木家具。苏式家具是从明式家具演变而来，做工精致、形制秀雅、装饰简洁、朴素实用，还显示了硬木质色之美，在清初通行全国。至乾隆时代，广式硬木家具异军突起，风靡宇内。广式家具产于广州，工匠有的来自顺德。造家具多用大面整材，少用零材胶接，刀法深峻，图案丰满，装饰华缛，往往使用鎏金或珐琅、象牙等嵌件装点细部。广式家具之影响波及南北，连苏州家具亦不能例外，也出现了一些变化，距明式颇远。扬式家具在清初追随苏式，乾隆时期又模仿广式，有的则是苏广两式的折中风格，柜、案、屏、联也采用"周翥"之法，加以装饰。宫廷木器是集苏、广、扬式之精华，乾隆时期以广式为主。这种情况在过去曾被忽略，以至广式家具在家具史上未能占有一席之地。北京家具以仿宫廷家具为本，惟其做工不及内廷南匠做工精细。一场湘军镇压太平军的战火彻底摧毁了苏、扬、宁、杭等大中城市，其各式家具也在劫难逃，统统化为灰烬。这些城市重建后其家具都具有晚清风格或欧洲情调。

（原刊于《香港敏求精舍成立二十周年纪念文集》）

清代装饰工艺美术

清代工艺制品中的玉、漆、金属、玻璃、珐琅等，有的固然可以作为生活用具，但在当时的生产条件下，材料珍贵，工艺复杂，价格高昂，加以在使用上有不少弱点，不宜、也不能大量生产，很难在民间普及，因此，它们的实用功能，部分或全部地消失，而更多或整个地变为各具独特美感价值的装饰功能，在人们的精神生活中，起美的作用，所以，这几种工艺制品，是一种装饰工艺美术。

清代装饰工艺美术的发展，随着清朝政治、经济的变化而盛衰。清初经过数十年的休养生息，终于形成康、雍、乾盛世。尽管装饰工艺美术各个品种的发展并不平衡，达到顶峰的时间参差不一，但从总的发展趋势来看，清代装饰工艺美术在康、雍、乾时达到高峰，18 世纪末或 19 世纪初开始走下坡路，咸丰时一落千丈，同光时又略有复苏，伴随着昙花一现的经济稳定，在工艺品制作上也出现了暂短的回升。这就是清代装饰工艺美术的发展梗概。

一、清初的装饰工艺美术

满族统治者入关前早已受到汉、蒙、藏族文化艺术的影响，大大丰富和提高了满族自己固有的初级而又质朴的文化艺术。1644 年顺治皇帝虽然进驻紫禁城并于尔后统治了大半个中国，但是如火如荼的抗清扶明起义尚需剿灭，被破坏了的经济亦需恢复，所以，在文化艺术上不可能有所建树。玄烨幼冲登基，面临国家统一和抗御沙俄侵略等重任，当他平息三藩之乱、收复台湾、组织指挥雅克萨自卫反击战以粉碎沙俄南侵计划之后，就致力内政，革除积习，开放海禁，使城市手工业、商业日趋繁荣，在这个基础上装饰工艺美术也得到相应的恢复与发展，形成了康熙时代的艺术风格。

康熙皇帝死后，其四子胤禛继位，建元雍正。雍正皇帝在他继承康熙政治路线的同时，又针对康熙晚年内政不清、吏治松弛的缺点，大力进行整顿并取得较为显著的效果。雍正在位仅十三年，在历史上不过是一瞬间，可是在装饰工艺美术上却出现了变化，对康熙时代工艺之"精"来说有的已经超过、有的不足；在艺术色彩上说，稍欠沉着而鲜艳过之；在图案组织上说，康熙时代那种豪迈风格有所削弱，显得倩雅清秀。胤禛本人要求内廷"恭造样式"的最高标准是"雅"与"秀"，当然"精"、"细"亦不能忽略。因此，经过康熙时期形成的刚劲挺拔的装饰工艺风格，逐渐演变，至雍正时代出现了艳媚倩雅的艺术韵味。这既反映了时代风格，也反映了胤禛本人的审美观。

（一）玉器

康熙时期的玉器工艺，因受厄鲁特部叛乱之阻，交通不畅，材料匮乏，玉器碾制只能在更狭窄的范围内进行。从现存可以辨认的康熙时期玉器做工来看，比较接近前明，有的向精致化方向转变；仿古玉继续生产，与明仿古玉相差无几。雍正时期玉器留下实物较少，多数又是小件，如小盒、小盅、小双耳杯、小玉杯，碗等。目前所见最大的一只墨玉碗口径16厘米，高7.9厘米，玉质尚佳，碾琢上注重光工，器胎较薄，与当时瓷器异曲同工。清宫养心殿造办处玉作碾琢的玉器很少，主要是收拾见新玉、玛瑙、蜜蜡、水晶、珊瑚、碧玺、寿山石、青金石、绿松石、孔雀石等各种美石和宝石。玉匠大多来自苏州，有杨玉、许国正、陈廷秀、都志通、姚宗仁等近二十人。可知清宫玉作具备了一定规模[1]。

（二）漆器

清代初期漆器在明末漆工艺基础上继续发展，康熙时期漆器有光素、描金、彩漆、戗金、剔犀、嵌螺钿等。从现存康熙款漆器来看，在图案花纹方面与明末极其相似，而更富生气。螺钿漆以"细碎"螺钿片镶嵌图案，具五光十色的多彩效果，称嵌螺钿漆器，在康熙时期比较盛行。玄烨本人喜欢日本莳绘漆器，臣下投其所好，广为搜罗，随折"恭进"[2]，以博青睐。至今虽不能判明清内廷是否仿制，但仿莳绘的动力，则源于康熙。雍正时期，退光漆、填漆、彩漆、描金继续制作，地方漆器有贵州、福建皮胎漆、江西菠罗漆。能查到姓名的漆工有：南方彩漆匠秦景贤、孙盛宇、郑子玉，漆匠戴有德，洋漆匠李贤，洋金匠吴云章，皮胎漆匠杨天成，家内漆匠达子、段六等[3]。雍正漆器的变化表现在洋漆、洋金的盛行，这与胤禛本人的爱好有关。从李煦奏折所附漆器单以及清宫藏日本莳绘漆器所拴黄签，可知莳绘漆是来自日本。它以黑漆作地，平滑如镜，反射力强，照人毫发。在其上描金、彩画，效果比传统漆器更显得鲜艳倩雅。胤禛本人对清宫造办处所做洋漆颇为得意。曾一次赠送"西洋国教王"洋漆小书格、香几、扇面式盘、梅花式盘、春盛、琴式盒、有门匣、长方匣、壶等21件[4]。

（三）金属器

清初金、银、铜、铁、锡等金属器生产比较普遍。金银器的制造，皇家居首，按典章制度，筵宴、祭祀、服舆都要大量使用金器，而官吏、豪商、地主为表示富有也竞相做金银首饰和器具，所以每一城市都有金银首饰楼。但金银器同时亦可抵作通货，具有货币职能，有时大量被熔作金银锭，变成流通手段；或因需要再锤制金银器。故传世清初金银器极其稀少。雍正晚期银器，以器型高雅、镌刻秀美取胜。铜器，用做祭法器和日用器皿，仅苏州"郡中西城，业铜作者不下数千家，精粗巨细，日用之物，无不具"[5]。不仅苏州一地如此，其他各城市也有类似者。驰名国内的仿宣德铜器，继明末遗风依然盛行，并从地方进入宫廷。故宫博物院现存康熙、雍正款仿宣炉都是内廷造办处铸炉作所产，铜胎厚重，均施烧古。外地督抚也贡进所谓"宣炉"，系南北各地的仿制，精者极少。此期各式薰炉、铸造精工，烧色古朴，在铜器铸造上独树一帜，造型敦厚庄重。铁制工艺品以祭法器为多，如庙宇的五供、大香炉、钟和狮子等。清初安徽芜湖汤鹏[6]善以锻铁作山水人物，以虫、鱼、鸟、兽作屏对堂幅，名之"铁画"。锡器，因我国锡矿蕴藏丰富，价格低廉，又具银器之美，故在民间作为银器代用品，广泛流传于城乡。广州锡器比较有名，但锡工以"潮州为第一"[7]，文献上又说苏州木椟朱象鼻所制为佳[8]。在士大夫文人之间喜用锡壶，相传锡壶之作由明嘉靖吴人赵璧受名家时大彬所制宜兴砂壶的影响，"变彬之所为"，而易以锡[9]。民间艺术传入内廷，胤禛曾以琉球所进"白刚锡"制作"自斟壶"[10]，影响所及，至乾、嘉时期有较大发展[11]。

（四）玻璃

清初北方玻璃生产中心仍是山东青州颜神镇（今博山），就地取材，主要原料有马牙石、紫石、凌子石、硝以及铜、铁、铅丹等，成型方法分为"实之属"和"空之属"两种。产品以"青簾"（青色透明玻璃珠帘）为贵，佩玉、华灯、屏风、罐盒、果山、棋子、风铃、念珠、壶顶、簪珥、泡灯、鱼瓶、葫芦、砚滴、佛眼、轩辕镜、火珠、响器、鼓珰等[12]，多系实用价值较小或毫无实用价值的装饰品。因其价廉物美，行销国内外，"北至燕南，南至百粤、东至朝鲜、西至河外，方圆万里，无不有青州玻璃"。

南方玻璃生产基地有广州，外国玻璃通过广州进口，称"洋玻璃"，本地所产玻璃，称"土玻璃"，亦称"广铸"。程向贵、周俊二人是广州的玻璃名匠。曾被召至养心殿造办处玻璃厂效力。程向贵于康熙四十七年做过"雨过天晴刻花套杯"十二个，周俊于康熙五十四年以前做过"雨过天晴素杯"十二个，受到皇帝的赏识[13]。

由于颜神镇、北京、广州等地玻璃生产持续发展，外国传教士进入清宫，带来西欧科学技术，促使玄烨于康熙三十五年设玻璃厂，从事玻璃器皿的烧造。康熙四十四年，玄烨巡幸江南，至苏州曾赐巡抚宋荦御窑玻璃器十七件（面）[14]。所谓"御窑"就是指清宫玻璃厂按照皇帝旨意生产的各种御用或赏用的玻璃器。这十七件（面）玻璃器包括白、蓝、黄三种单色玻璃和一种洒金蓝玻璃。洒金蓝玻璃就是仿制阿富汗出产的青金石，在玻璃中烧出金星（即洒金），并非易事，需要很高的技术，康熙建玻璃厂后不过九年就烧成难度较大的仿青金石玻璃，殊不寻常。故宫博物院现藏透明玻璃水丞，从其器形、做工来看，可能是传教士于玻璃厂所造。

康熙时代玻璃生产的另一种创新是套料，用白玻璃做地，上粘各种片条状单色玻璃的作法一般叫做"套",或套料。清人赵之谦概括为"套者白受彩也"[15],是中肯的。套料地色大多用白色,但也有用蓝、绿、黑或红色的。除白受彩外还有彩受白,或彩受彩,总之都叫套料。另一种多彩相套,如套二彩、三彩、四彩、五彩或重叠多层的,统统叫做"兼套"。在套料或兼套料上加雕镂者叫刻花套料,未加雕饰者叫素套。套料至迟于康熙晚年已经出现。康熙时期玻璃烧造水平还表现在单色玻璃方面,如可制"五色玻璃"。清人王渔洋称赞康熙时期玻璃"白如水晶,红如火齐",堪与宝石媲美。赵之谦赞美康熙时期玻璃"浑朴简古、光照艳烂如异宝"[16],或许是并不过誉。

雍正时期玻璃生产也相当活跃。胤禛身居圆明园,命玻璃厂移往该园六所。据《养心殿造办处清档》(简称《清档》)所记玻璃厂烧造玻璃活计有:仿红玛瑙器皿、红色烧料杯、玻璃轩辕洗、呆白玻璃画珐琅竹瓶、呆白玻璃小圆水丞、黄玻璃把碗、白色玻璃如意、套红玻璃缸、呆白玻璃套红三足笔洗、套红玻璃砚盒、高足玻璃杯、红黄、呆白玻璃器、呆白玻璃里外套红玻璃三足马蹄腿圆笔洗、两面镶嵌珐琅片翡翠色玻璃小瓶等等,洋洋大观。

故宫博物院现存雍正款玻璃器只有十二件,有淡黄、黄、深黄、雄黄、涅白、亮黄、亮浅蓝、亮紫等单色玻璃,器型有八棱瓶、小缸、水盂、渣斗、圆盒等几种,均系雍正年制直二行宽榻楷书阴刻款。玻璃的质量一般尚好,色彩鲜艳,但也有气泡糟坑之病[17]。

(五) 珐琅

清初掐丝珐琅在明代基础上继续前进并有了相当大的发展,至康熙中晚期形成高潮。清宫珐琅作成立于康熙年间,传世作品有球形薰、薰炉、炉、砚盒、方盘、凤尾尊、桌、椅等,釉色有浅蓝、蓝、白、紫、黄、赭、绿等。从掐丝、釉料分,大约有三种类型:一是细丝涅釉,掐丝极细,有如绘画上的游丝描,釉料乳浊,似乎焙烧时串烟,蒙上一层灰暗调子。二是粗丝淡釉、掐丝较第一种粗硬,掐出的图案稍嫌呆板,不够活泼,釉色浅淡明快。三是匀丝浓釉,掐丝粗细合度匀称,釉色浓郁淳厚。康熙时期仿明景泰掐丝珐琅极为流行。除了仿铸景泰款之外,还以拼接或烧配明代掐丝珐琅等办法制造出一批新的景泰掐丝珐琅,当时在仿制景泰掐丝珐琅上费尽了心血[18],今天则给研究景泰掐丝珐琅带来不少困难。雍正时期一反康熙朝作法,对掐丝珐琅的烧造加以压缩,从《清档》统计:新造骰盒、花瓶、马掛瓶、圆盒、五供、水盂、海灯等掐丝珐琅仅二十八件。与康熙时期相比少得可怜。《清档》中那二十八件雍正掐丝珐琅的下落没有查到,故长期以来不了解它的真面目。可是,故宫博物院收藏雍正时期院画"临雍图"卷平轴头是掐丝珐琅的,形体微小,图案简单,仅有浅蓝、黄、绿、紫、白、赭六色,掐丝、釉色与康熙掐丝珐琅极其近似,但尚不足以填补康熙掐丝珐琅与乾隆掐丝珐琅之间的空白,这个问题尚有待今后继续探讨。

清初錾胎珐琅极少，仅看到一件，即缠枝莲圆盒，釉色属浅淡类型，失透，有浅蓝、绿、黄、蓝、藕荷等色，缠枝莲瓣较细瘦，雕錾不够流畅，器胎极为厚重。

顺治时期画珐琅，未见实物遗存和文献记载，至今情况不明。康熙时期就不同了，既有档案可循，又有实物可考，故宫博物院现藏康熙款画珐琅四十件，从其造型、图案、珐琅观察，康熙画珐琅大体经过了早、中、晚三个阶段。早期画珐琅是借鉴掐丝珐琅、料器或粉彩的技术和材料烧制而成。图案花纹不宜精细描绘，铜胎厚重，器内镀金，款识无统一格式，康熙中期画珐琅匀净光亮，多达九色，器内施烧古釉。康熙晚期画珐琅分工笔写生和图案两种画意，在白色地杖上彩绘珐琅，再涂色地，用色增至十二种，器里施浅蓝珐琅，一律用"康熙御制"二直四字楷书单双栏款，多用蓝色，亦有用红色者。珐琅细腻匀净，色彩柔媚，光泽晶莹，标志康熙画珐琅工艺业臻成熟，成为后世画珐琅的楷模[19]。康熙时期内廷画珐琅制造如此兴盛与西方传教士将欧洲画珐琅献给玄烨并引起他的极大兴趣不无关系。雍正时期画珐琅基本上沿着康熙晚期画珐琅的道路继续前进，从现存实物来看似乎不如康熙晚期画珐琅精，器型大多是小件，如珐琅片、翎骨管、毛巾结子、烟袋、掛瓶、水丞、蜡台、小盅、托碟、香盒、痰盂、椭圆杯、冠架、奔巴壶、七珍、八宝等，稍大的有马鞍和五供。纹样分为写实性和图案性两种，所用珐琅料来自欧洲、广州和造办处等三地。雍正时期画珐琅共有二十余种色彩，但喜用黑色做地杖，这与胤禛本人喜爱洋漆有关。

通过对康、雍两朝玉、漆、金属、玻璃、珐琅的考察，不难看出，康熙晚期工艺已经成熟。由中期的刚劲挺拔一变而为华丽倩雅，这在珐琅彩瓷器、金、铜胎画珐琅方面表现得极为明显。而雍正时期工艺则是康熙晚期工艺美术的继续与发展。这就是华丽倩雅这一工艺风格的普及，由珐琅彩、画珐琅遍及玉、漆、金属、玻璃等工艺。故雍正时期装饰工艺美术主要是以艳丽柔媚取胜，而刚劲挺拔则有所不足，生气、活力、量感、体积感均不如康熙时期。这就是清初装饰工艺美术发展及其风格上的演变，并为清中期即乾隆时代装饰工艺美术风格的定型打下了牢固的基础，创造了极其良好的条件。

二、清中期的装饰工艺美术

清王朝经过康熙、雍正两代的治理，生产逐步上升，城市繁荣、经济发达，缔造了安定昌盛的形势。弘历在这种政治、经济背景下登上了宝座，统治清王朝长达六十四年之久。后来由于土地高度集中，大批自耕农破产，阶级矛盾、民族矛盾激化，以宗教秘密结社为特点的农民起义此伏彼起，终于造成全国性的白莲教起义，动摇了清王朝统治，结束了康、乾盛世，国运由盛转衰，每况愈下。道光时期，一场轰轰烈烈的禁烟运动在清廷投降派和英国殖民主义者的巨大压力下终于失败，从此清王朝神圣不可侵犯的天朝外衣被剥掉，成为列强任意宰割的俎上肉。这一时期的工艺美术也经历了由盛到衰的过程，乾隆前中期北京、天津、扬州、南京、苏州、杭州、广州等地工商业极其繁荣。北京的玉器、掐丝珐琅、玻璃；天津的玉器；扬州的玉器、珐琅、漆器、盆景、灯笼、家具；南京的丝织云锦、玉器、笺纸；苏州的玉器、丝织、织锦、盆景、雕漆、泥塑、笔、墨、笺纸、澄泥砚；杭州的丝织、玉器、纸张、笔、墨、灯；广州的珐琅、玻璃、金属、钟表、盆景等，均系全国名贵的手工艺品。各地督抚每年还要进贡数次，把大量地方手工艺特产贡奉皇帝，表示臣子的忠心。所以，故宫博物院藏的清代工艺品，大多也出自上述这些城市。

（一）玉器

纵观有清一代玉器工艺的消长，在很大程度上被左右于玉材来源的畅阻。至乾隆二十四年，清廷制服西北额鲁特蒙古那个背叛祖国、投靠沙俄的首领阿睦尔撒纳，平定大小和卓木的叛乱，直接派员治理新疆地区之后，这个问题才得到解决。和阗、叶尔羌等地通过进贡或私运两种途径，每年向内地运进数千斤至几万斤玉材，为清代制玉业的发展提供了前所未有的物质条件。又加上皇帝的爱好，无止境的索取，乾隆、嘉庆两朝玉器制造业充分发扬碾玉工匠的聪明智慧，琢碾大量玉器，而逐渐形成了清代玉器的独特风格。

清代玉器最重要的产地是苏州。玉工集中于专诸巷，弘历指出："苏州专诸巷、皆玉工所聚"[20]，著名玉匠有：姚宗仁、鲍德文、刘进秀、李世金、邹景德、陈宜嘉、蔡天暗、张君选、贾文远、张德绍、蒋均德、朱玉章、沈瑞龙、李均章、吴载岳、王振伦、庄秀林、姚肇基、顾位西、王尔玺、陈秀章、朱鸣岐、李国瑞、王嘉令、朱时云、朱永瑞、朱光佐、朱仁方等。苏州玉工技艺精湛，分工严密，有锯料、打钻、做坯、做细、光玉、刻字、烧古等专业，最重要的是擅长选料、画样、承担设计的匠师，如姚宗仁、邹景德等。苏州专诸巷数十年来，还为内廷和凤阳、九江两关玉作提供了大量玉工，碾制了无计其数的玉器，对清代玉器工艺的发展作出了重要贡献。苏州玉器分为时作与仿古两种，其工艺的特点在于精琢细碾，虽有的也失之纤巧，但总的说来，不论是时作玉，还是仿古玉，在全国都是首屈一指的。

乾隆时期内廷玉作隶属宫内的造办处，但最优秀玉匠都集中在乾隆元年设立的如意馆内，专为弘历碾玉。玉作工匠大多来自苏州，北京工匠较少，还有披甲旗人和苏拉等出身微贱的满族玉工。由于玉材之路畅通，乾隆二十五年以后玉器加工量逐年增加，内廷造办处难以胜任，须向各织造、盐政、税关摊派任务，每年三五件或七八件不等。接受钦定玉器活计的地方有苏州、江宁、杭州三织造、长芦、两淮、凤阳、九江等盐政、税关衙内。乾隆中晚期至嘉庆这半个多世纪里，宫廷玉作得到扩充，产量逐年增大。

扬州碾玉业也十分发达。两淮盐政玉作更是一处不可忽视的制玉手工艺作坊，那里擅长碾制大件玉器，故宫博物院现藏"寿山"、"福海"与"大禹治水山子"等重器都是由两淮盐政玉作碾成。

此外，天津、南京、杭州的玉业也具有相当规模。长芦盐政与江宁、杭州两织造都专设玉作，承担造办处下派活计。当然，在制玉技艺和作坊规模上不及苏、扬，但是也为发展清代玉器工艺做出一定贡献。

北京、苏州、扬州、南京、杭州、天津等城市民间玉作的供应对象为王公、贵族、高官、大吏以及富商豪绅，每逢年节，各地督抚和盐商向皇帝进奉地方特产和古玩寿意贡品，从现存清宫《贡单》，可知每次都有不少的玉器。毋庸讳言，这些玉器均出自上述各城的民间玉肆。关于这种情况，弘历本人也了如指掌，这虽与他的玉石禁运政策有矛盾，但是，如果认真执行，杜绝私贩，引起玉肆关闭，玉匠失业，制品枯竭，进贡玉器之举也成为泡影。故乾隆采取睁一眼闭一眼的办法，任其玉石私鬻，而不加追究[21]。

乾隆时期玉器的蓬勃发展，与上层社会的豪华享乐生活密切有关。皇家用玉，有明文规定，舆服、祭祀、筵宴都不可缺少。地方官吏、民间富豪也蔚然成风，翻开《红楼梦》，从贾宝玉出生时口含一块宝玉开始，到贾府老少吃用穿戴，人人处处都离不开玉器，生动地反映了大小统治者与玉器的密切关系。毫无疑问，乾隆时代由于生活富足，经济发达，玉业兴旺，促使上层社会更加无限度地搜求玉器。为适应这种形势，各种新的玉器造型和花纹、品种空前增多。从现存实物了解，清玉分为陈设、器皿、佩饰、文玩、用具、册宝、祭法、神像，镶嵌等九类。其中陈设玉的碾制最为突出，从高达九尺五寸的"大禹治水山子"至径不逾寸的鸟兽，形式繁多，应有尽有。其主要器型有以鼎、尊、壶、簋、觥、瓠等商、周彝器为范本的仿古玉，有以陈设器如炉、瓶、盒、山子、挂屏、花插、如意、动物、人物、瑞兽等等为主的时作玉，为适应满族统治的需要又出现了朝珠、朝带、翎管、扁方、冠架、刀靶、七珍、八宝等新类型。

这一时期由于玉器用途宽、需要广、产量大、器型多，碾琢艺术出现了繁花似锦的局面。乾、嘉时期的玉工有机会、有条件全面继承历史悠久和素称发达的古代玉器的多种碾琢技艺，广泛地采用阴线、阳线、平凸、隐起、起突、镂空、烧古等传统做工，进行综合应用并加以发展。对山水花卉、人物故事等题材的山子、插掛屏等玉器，在碾琢上要求玉工采用适合描写对象和设计意图的碾法，以追求神韵与笔墨情趣。养心殿造办处画院处、如意馆和苏州的画家，大多直接或间接地出自焦秉贞、冷枚、王原祁、恽南田等派系，擅长人物、山水、花卉，有的受到传教士画家的影响，亦工写实和"线法"，这对玉器的设计与碾琢，产生相当大的影响。凡属这类玉器，必碾琢细腻，使用各种不同的碾法再现人物的姿态神情，碾琢山水时以多变的砣法表现皴擦，追求各家不同的用笔。山子、屏障或器物上的山水人物图案多作隐起、起突处理，层次丰富，碾琢深邃，锋棱毕露，与同时代的竹木牙雕技法几乎一致。在构图上多用传统的平远、高远、深远等三远法，间有用焦点透视法者，而造办处的画家张邦彦、余省、方琮、姚文瀚、金廷标等人曾奉命直接参与某些重要玉器的具体设计，所以绘画艺术对玉器碾琢的影响极其明显。

立体玉雕如牛、马、羊、犬、鹿、辟邪、角端等兽类，鸡、鸭、鹤、鹊、鹌鹑、凤鳯等禽类以及佛道人物的碾法，要求在突出体量感的前提下，有的追求工笔画的功力，对其细部刻画入微，认真碾琢，如鹌鹑盒，以蹲伏的鹌鹑作器，对其羽毛细部作了精细的碾刻，刻意追求宋代工笔画意，如果说它再现了北宋院体画，亦不过分；另外有的仅对头部五官、足、爪、尾翎进行具体而细致的碾琢，而有意省略其身部毛发，取得简洁明快和突出玉质莹晶润泽的效果。这个时期做工的简与繁、粗与细，大体上都经过精心设计，而各得其妙。

仿古玉本是我国古玉中的传统产品，流行于宋而盛于明。至清乾隆时期，仿古的对象更加广阔，而不拘泥于某个朝代，上自商周下迄秦汉，无所不仿，无所不摹。但是，善于平凸阴线处理，带有西周中期青铜器格调，则是它的碾琢特点，而且特别注重光工，减地平凸往往作瓦状下弧处理，均经过认真打磨，手感光滑温润。像明代那种在器表上留下锯铊痕或凹凸不平的现象，不复存在。

对碾琢技术要求严格，不论使用何种做工，也不论是单一的，还是综合的，均要求规矩圆方，一丝不苟。凡是直线，必须笔直；圆形当如满月；线条细若游丝，或粗如铁骨，委角必成浑圆，尖角一概锋锐。这些要求非铊工所能为，似另用其他器械加工，使器物具有几何形的韵律美和整齐美。

乾隆时代镌刻文字玉器，也达到很高造诣。它继承古铭刻玉器的传统并有新的变化。突出的成就，是出现满文铭刻，最多一次镌刻满文字八千，工作艰巨浩大。

此外，在玉器上施用欧洲图案或仿制痕都斯坦玉器时，仍用自己传统碾法——隐起或起突，以代替西方的高、浅浮雕法。在仿痕都斯坦玉的造型花纹时，往往揉进传统的题材、形象和手法，创造出似痕玉而又非痕玉，即融合清玉与痕玉于一器的新型玉器。

清代乾隆时期玉器制造业，除中原地区之外，新疆也有着当地的玉工艺。从现存"回部"玉器可以了解。虽然器型单纯，装饰简陋，碾琢不规整，可是它适宜当地少数民族的社会生活、审美要求和宗教信仰等特点，是比较明显的，固然也有阿拉伯风格，但更多的是浓厚的维吾尔乡土气味。所以，它也是清代玉器园圃中的一朵鲜花。

乾隆时期玉器经过十五年左右的发展，至乾隆五十几年时达到清代玉器高峰。在这一期间内，碾制了"秋山行旅"、"会昌九老"、"玉瓮"、"寿山"、"福海"以及"大禹治水"等十件大型玉器。"大禹治水"玉山现设于紫禁城内乐寿堂后间，全名"密勒塔山玉，大禹治水图"，高九尺五寸（224厘米），重九千清斤，约合10 700多斤，镶金丝铜座，堪称玉器之王。估计从选料设计到刻字完成的全部工程，大约用了十个春秋。

嘉庆时期，中小型玉器的铊碾照旧进行，仍由造办处和各织造、盐政、税关衙门玉作承担。就目前所见实物，大型玉器显著减少，最重者，嘉庆二年由两淮盐政玉作承制的山料玉海马，尚不足千斤。此后再也不见千斤大件，且做工大不如前，标志清代玉器工艺高潮已经过去，逐步走向低潮。道光皇帝旻宁崇尚"节俭"，新制玉器极少，在位三十年，见诸《清档》的制玉，不足二十件，大多还是小件，如按斤、两计则更轻得可怜，还不及嘉庆十八年造办处一年所制玉器，说明玉工艺的发展变化与政治经济的消长趋势是一致的[22]。

（二）漆器

乾隆时代漆器分为光素漆、彩漆、金漆、描金、脱胎、戗金、仿莳绘漆、填漆、雕漆和百宝嵌等。仍然沿着康、雍时期的道路向前迈进，在艺术风格上更加工整而繁缛，装饰趣味较浓，尤其描金、彩漆富丽堂皇，光彩夺目，但戗金似缺康熙时期那种强烈的力量和运动感，螺钿漆有所减少。乾隆时期最突出的漆器，是仿日本莳绘漆和剔红。

莳绘是日本漆器中最富特色的品种，于宋代传入我国。康熙皇帝非常喜爱，苏州织造李煦曾贡金银片圆盒、桃式香盒等莳绘，雍正、乾隆、嘉庆一脉相承，广为搜罗。仿莳绘漆始于明宣德间，但详情不明，至乾隆时期仿制盛行，传世较多，有较高的技术水平和艺术造诣。乾隆时代仿品有两种，一是造型、花纹、做工全部摹仿者，有的水平相当高，精者亦足以乱真。二是以日本莳绘做工制作我国传统的造型和花纹者，可以认为它是受日本莳绘漆器影响而在我国兴起的一种新型金漆。尽管弘历喜欢它，工匠亦精心制作，但因漆质、金银片以及加工方法都渊源于不同的传统，故其艺术效果迥异。给人的感觉是前者深厚，后者轻薄。但仿莳绘漆自不必全像，吸收其形式、技法为我所用，这是清漆工对仿莳绘的正确态度，故能由模仿进而创造一种新型金漆。

乾隆时期养心殿造办处根据弘历的要求，利用新技术恢复剔红、剔彩，在漆器史上应当给予相应的位置。清初顺、康、雍三朝对于雕漆，既不见文献记载，更不见实物遗存。可是乾隆时期的雕漆却堆积如山。从《清档》、《贡档》可以知道，内府雕漆来源，一是由造办处指派苏州织造衙门加工完成，二是来自地方督抚的进贡，其中有苏州、扬州的产品。关于苏州织造漆作雕漆工艺的创始、沿革及其艺术特点，已有考证，在此只作简要叙述[23]。

苏州雕漆是由仿制养心殿造办处竹牙雕匠封岐于乾隆三年所作的雕漆盒开始，其后逐渐兴旺发达。所制雕漆，从小巧的仅直径半寸的圆盒到气势雄伟的宝座、屏风，从器皿（碗、盘、盒、画匣、帽架）、陈设（瓶、罐、如意、插掛屏）、文具（炉瓶三事、水盂、笔山、笔杆、箱盒）、供器（五供、七珍、八宝、塔），到家具（柜、案、桌、几、屏、椅、凳）等物，品种齐全，应有尽有。图案有山水人物、佛道故事、花卉翎毛、吉祥博古等题材，专供皇家使用的雕漆大量应用龙凤、瑞兽、鹤蝠、祥云、江崖、海水、灵芝等纹样，有的题材经过变化，成为装饰图案，寓意吉祥，具有富丽典雅的风格。但较多的是追求工笔画效果，惟妙惟肖，颇具写实工夫。在雕刻用刀上大多锋利纤巧，华丽倩雅，有明显的刀刻痕迹。仿永乐剔红和嘉靖、万历剔彩，技艺精湛，有过之而无不及。漆层有厚有薄，日用器大约髹漆四五十道，但为鉴赏而作者，漆层尚厚，特厚者可能达二百余道，雕刻图案也呈高高的起突状。总之，乾隆时代的苏州雕漆是我国工艺美术中的佼佼者，它凝结着清代无名漆工的创造智慧和工艺才能，闪烁着灿烂的艺术光辉。

嘉庆时期，苏州雕漆仍在继续生产，故宫博物院收藏"嘉庆年制"款山水人物笔筒，色鲜红，质软，刀法遒劲，亦刻亦擦，似皴似染，极力追求绘画的意境和用笔的韵味。但因用刀繁密，漆质过软，磨工几乎无法着手，说明乾隆时代借助牙竹雕刻的本工培育成长起来的雕漆艺术，至此已完全抛弃明人重磨工的传统，而另辟蹊径，乾隆末嘉庆初达到顶峰。然而，这一时期的雕漆极少，反映了清代雕漆的渐趋衰落。道光时代雕漆在文献、档案里均无记载，也不见有款识的实物，故至今我们对这一段雕漆的认识尚不明确，须待今后研究。

扬州雕漆见于李斗著《扬州画舫录》。住于扬州小秦淮巷头的夏漆工，"善古漆器，有剔红、填漆两种，……以此致富。故河房中器皿丰剔红并饰之楯槛，为小秦淮第一朱栏"，可知夏漆工是扬州仿古填漆、剔红漆名家。但对扬州时做雕漆的情况，目前尚不清楚。

（三）金属工艺

康、雍、乾三朝政治稳定，经济繁荣，为乾隆时期的金属工艺发展提供了雄厚的物质基础，出现了空前发展的局面，并登上清代金属工艺的高峰。

乾隆时期民间有不少金银首饰器皿以及作货币用的金银宝锭，经常需要回炉打做，因此大小城镇都设有金银手工艺作坊。宫廷内也制作首饰、带饰、佛龛、宝册、祭祀、饮食之器等。仅大金塔即有重华宫西佛堂金塔（两座）、中正殿金塔、寿康宫东佛堂金塔，新造佛塔，皇太后发塔等共六座；至于各式中小型金塔，则无计其数。中正殿佛塔最高大，通高一丈六尺，用金一万一千一百一十九两九钱。现存的最大金塔，虽重量不足其二分之一，但盘丝焊接，锤胎錾花，镶嵌珍珠宝石等技术，却是第一流的。所以，乾隆时金工艺制作的水平和造诣，可以代表整个清代金属工艺的最高水平。

银价大大低于金价，因而在银器的制造使用方面，也大大超过金器。蒙、藏族上层人物多用银制奶茶壶、碗，造型图案的锤錾都体现了本民族的特点。

铜器的铸造在宫内极为频繁，自乾隆十年始至六十年这半个世纪内，铸成不少炉、罐瓶以及狮、龟、鹤等陈设性铜器，以取代前朝所用的铁、石制器。乾隆十年铸钦安殿天一门前铜烧古大鼎炉，乾隆十四年铸养心殿明殿太极宝贝炉二件，乾隆三十八年铸奉三无私太极炉一件，养性殿宝贝炉一件，景祺阁宝贝炉一件；镀金或烧古的铜狮有宫内的太和门、乾清门、养性门、宁寿门和圆明园、避暑山庄、万寿山东门等处七对。此外还有铜缸、鼎炉、甪端、象、龟、鹤、鹿、龙、马等大小镀金、烧古铜陈设以及用于建筑屋顶上的镀金行龙和鱼鳞瓦等等，最大一起铸铜工艺是颐和园的宝云阁铜殿以及仿照宝云阁而制的热河珠源寺铜殿。这些巨大铜件都由清宫养心殿造办处铸炉处承担。匠役分工很细，有拨腊匠、铸匠、锉刮匠、收楼匠、合对匠、胎钑匠、攒焊匠、錾花匠、磨匠、嵌补匠、镀金匠、烧古匠、刻字板匠等等，留下姓名的工匠很少，从《清档》查到的有烧古匠邵炳文、龙呈瑞、龙正义、甘耀成；錾花匠田文生，刻字板匠方亦瓒等，不过八人而已。青铜翻铸、雕凿工艺水平较精，艺术上颇有可取之处。那些蹲踞门前的双狮，怒目张口，勇猛慓悍，似能扼拒一切魑魅魍魉等不祥之物于门外，以保家国安康；而鹤、鹿则仰首伫立庭院，温顺可亲，似乎宇宙就这般永恒地宁静。两者具体的艺术处理，依其性格特征和位置功用而有所不同，对蹲狮，则夸张处理其肌肉起伏和爪尾的细部表现；对鹤、鹿，其肌体线条的镌刻又极为单纯洗练，并以极细的阴线装饰毛羽，两者的艺术效果各有千秋，内蕴寓意，非常成功。弘历仿宣炉的兴致不减其父、祖，清宫铸炉处的仿品烧古呈棠梨黄色，底镌"大清乾隆年制"阳文楷体款。厂肆仿宣也极盛行，往往按照《宣德鼎彝考》的器型花纹色泽，进行复制或闭门杜撰。所以，仿宣器造型繁复、色彩多变，烧古色有紫（猪肝）、红（朱砂）、赭（栗）、深灰（漆古）、绿（铜锈）、鎏金、洒金、片金等，胎骨厚重，底镌"大明宣德年制"戳字款，以赝充真，猎取高利，偶也有可观者。还有私人仿宣镌以堂号款识，供自己清玩，亦不乏格调高雅之器。

锡器早已通行民间，至此更加盛行，比较著名的制锡家如朱坚、陈鸿寿等，以所制锡茶壶闻名于世。锡壶内往往镶以宜兴釉壶或紫砂，口、把、盖纽以玉制者为高雅。据《清档》记，道光皇帝曾命造办处做锡壶一把，特别提出壶把要壮，身要厚。向来难登大雅之堂的锡壶，居然也为历朝皇帝所赏识了。

铁工艺以镀金银为代表。镀金银是在铁器的阴刻纹样里镶嵌金银丝片的复合工艺。起源很早，在边疆蒙、藏地区比较时兴。如扎雅扎布碗铁镀金套，行龙穿花，玲珑剔透，极为精美。

乾隆时代中央政权与西北、西南边疆少数民族的政治、宗教联系和文化艺术交往都比较密切，内地文化艺术、工艺美术品大量流向边疆，而回、蒙、藏族工匠进入宫廷献技，彼此取长补短，互相学习、交流技艺。维族优秀工匠约尔达史、额鲁特蒙古工匠呢吗等进入造办处与满族名匠通武，共同研究、交流镀金工艺；通行于西藏的紫金利玛铜配方及镀金技术，此时也传到清宫。

（四）玻璃工艺

乾隆时代玻璃生产的基地仍在山东博山县城（即青州颜神镇），博山县设于雍正十二年（公元1734年）[24]。玻璃制造业，分为玻璃原料制造业（大炉行）和玻璃器加工业（小炉行）两种，均有较大的发展，由孝妇河东岸（东围）逐渐向西岸（西围）迁移扩大，形成新的玻璃工艺生产集中地。嘉、道时期继续生产。

广州玻璃,亦称"广铸",质量不佳,厚而脆。弘历也深知这一点,故后来不再从广州招募玻璃工匠进内廷玻璃厂行走。此外,苏州、北京也有自己的玻璃工艺,苏州玻璃称"苏铸",质量尚不及"广铸"。

北京玻璃业一向是从博山买进玻璃料——简称"料",再烧造各种玻璃成品。乾隆时期最突出的就是玻璃鼻烟壶,精妙无比,著名的有"辛家皮"、"勒家皮"和"袁家皮",而以辛家所制最精,其色类似珍宝,光彩夺目,大多套红,间有套五色者。勒家所产玻璃鼻烟壶设色异于辛家皮和袁家皮,做到"红紫苍翠,天然间迭"。袁家玻璃的特点是体重而胎薄,其地色有似砟碟者,有似凉粉者,胎上套五色料,按色做花非常美观,红、蓝色似宝石,黄色很像纯金箔,对光可以看出有如金箔的丝纹,还有雕镂仙山楼阁,珍禽异兽,点缀五色,如星在天,叫做"桃花洞"的。这时玻璃鼻烟壶式多别异,那种逾寸或小如指节者尤"姣巧可爱"[25]。

清宫养心殿造办处玻璃厂的工匠来自山东博山,每年冬春两季由博山赴京,事毕回籍。乾隆初年吸收擅烧玻璃的传教士进玻璃厂行走,参与工作,生产了带有西欧趣味的大型吊灯。非常可惜,这些玻璃大吊灯,于1860年与圆明园同归于尽,毁于"英法联军"强盗之手。

乾隆时期玻璃器存世较多,仅故宫博物院的收藏就不下数百件。大体有炉瓶盒三式、五供、瓶、罐、盆、钵、盘、碗和鼻烟壶等器物。现分为单色、复色、套料以及艺术加工等四个方面,略作介绍:

1. 单色玻璃

有呆白、砟碟白、浅黄、娇黄、雄黄、亮茶、亮茶黄、月白、宝蓝、空蓝、亮浅蓝、亮深蓝、亮深红、亮玫瑰红、亮深宝石红、豆青、豇豆紫、浅紫、亮深紫、桃红、粉绿、水晶、茶晶等二十余种。

2. 复色玻璃

即两种或两种以上色彩玻璃结合在一个器物上,有以下五种:

(1)金星料:在深茶红褐色或其他玻璃里闪耀金星者。有进口和自制两种。

(2)点彩:以一种玻璃作地,捺压色彩玻璃成斑点或块状,如黑地洒金、黑地点金星料、松石地点金星料、黑料地捺金星料与黄红三彩、多彩地点彩(如褐红透黄绿绞料地捺黄托红斑、蓝白绿黄彩绞料地捺金星料斑)。

(3)爽金:黑地洒金外套透明玻璃。

(4)爽彩:呆白地捺金星、绿、蓝三色斑,外套浅绿透明料。

(5)绞丝:一色深浅绞料有藕荷色绞料、玫瑰紫绞料、深粉绿绞料。多色绞料有呆白地绞绿、鲜红地绞黄、宝蓝地绞白、金星料、豌豆黄地绞深红、浅绿。

3. 套料

（1）呆白地套彩：有呆白套蓝、套红、套深红、套粉绿以及透明玻璃套佛青。

（2）彩玻璃地套彩：有宝蓝地套粉绿、灰地套雄黄、桃红地套藕荷、绿地套佛青。

（3）呆白地兼套：如呆白地套月白、紫、紫红。

（4）彩地兼套：如象牙黄地套佛青、深红。

（5）斑地兼套：呆白红斑地套深红、套绿、套蓝。

4. 艺术加工

分为雕刻、描彩、描金、泥金、珐琅彩等。

（1）雕刻：使用砣玉的方法，由玉匠进行碾琢，有阴线刻、隐起和平凸。

（2）描彩：在透明玻璃或金星料上加彩绘。

（3）描金：在透明玻璃上描金。

（4）泥金：阴刻线后泥金。

（5）珐琅彩：多在呆白玻璃地上绘珐琅彩，经烘烧而成。

从存世的乾隆时期玻璃器来看，近似雍正时期的烧制，质量较精，但胎内有气泡、糟坑，在一定程度上反映了当时的技术水平，可以帮助我们了解清代玻璃极盛时期的一个侧面。

乾隆时期的玻璃艺术风格与康熙时期的玻璃不同，细入毫发，扪之有棱，以精细为其特色，不仅器形华丽，而且花纹特别丰富，如龙、凤、螭、夔、鸟、鱼、花草、山水、人物等应有尽有。这一时期玻璃艺术的另一成就，就是"古月轩"鼻烟壶的烧成。对古月轩玻璃器，今天仍是个谜。据说为砗磲色地，闪现五色，面上画彩、间书小诗，足底题古月轩款；诗尾题乾隆御制者尤为精美。传世古月轩鼻烟壶寥若晨星，真假难辨，而晚近记载又层出不穷，给研究古月轩玻璃增加了不少困难，有待今后澄清。

嘉庆时期玻璃厂每年由博山玻璃匠完成四次例贡，共三百零一件玻璃器。见诸《清档》的工匠有郝兰、郝珍、郝海三人[26]，此时玻璃艺术与乾隆时期相似，仍能维持一定水平。可是道光时期玻璃器与乾、嘉两朝玻璃器有很大差异，质地颜色远不及前，其艺术加工更加粗糙，形制失度，不方不圆，线条非曲非直，款识也过于潦草，在烧造工艺上明显退步。

（五）珐琅工艺

珐琅是以硅、铅丹、硼砂等为原料烧制，再涂绘在金、银、铜、陶、瓷等器胎上焙烧而成。其发展脉络大体与玉器工艺相仿佛，也是至乾隆时代有了重大发展。珐琅工艺分为掐丝珐琅、錾胎珐琅、画珐琅和透明珐琅四大类。

1. 掐丝珐琅

掐丝珐琅是在金或铜胎上，粘以掐成各式花纹的细薄铜丝，再填各色珐琅料焙烧、打磨、镀金而成。乾隆时代宫内造办处的掐丝珐琅，是在雍正时期的低潮之后，经过一段调整才出现了繁花似锦的局面。也间接地反映了全国掐丝珐琅业的兴旺。弘历本人对掐丝珐琅有特殊爱好，登极不久，便把三大殿、后三宫等重要建筑的香炉、香桶、仙鹤、角端、炉、瓶、盒三式等陈设和各陵寝庙宇的供器，陆续以掐丝珐琅更换。此外，还制造了大量的陈设用器，（瓶、炉、盒、插挂）、日用器皿（盘、碗、杯、盏、高足杯）、仿古铜（鼎、彝、簋、觯、觚、爵、尊、罍、壶）、家具（桌椅、几、案、墩、踏、屏、床）、宗教仪法器（七珍、八宝、钵、杵、海灯、坛城、龛塔）以及少数民族用具（净瓶、多穆壶、尼玛）等。与雍正时期造办处总共烧造二十八件相比，增加千万倍。

乾隆时期掐丝珐琅，铜丝粗细宽窄均匀，掐丝力求工整，为了增强镀金效果与填料方便，掐丝一般多为双勾线，尤其花茎，更多用双勾，使掐丝密度增加，而无须再掐地纹。后因需量太大，釉料供应不上，以致影响了质量，有的器皿烧成后气泡较多，或光泽不足，显色不美。这时釉料色调有新的变化，据《清档》记载：雍正时代釉料除造办处自烧之外，尚有广州烧造和欧洲进口的。自制釉料有月白色，白色、软白色、雪白、广白、黄、水黄、松黄、绿、大绿、浅绿、秋香色、松绿、淡松黄绿色、蓝色、亮青色、酱色、深葡萄色、青铜色、藕荷色、矾红、墨色等等。从欧洲进口的釉料有大红、月白、白、黄、绿、深亮绿、浅蓝、松黄、浅亮绿、黑色等十色。乾隆时期所用釉料有增无减，并在色调上有所变化，这与丝织染色的情况相似，即以红、酱、香、月白等色来说，大多变得非鲜艳即浅淡，不够稳重沉着，但是，此期掐丝珐琅色调却出现了粉红色。粉红虽不见于康熙、雍正时期的掐丝珐琅，但在粉彩瓷画则早已出现并普遍应用了。据记载，粉红珐琅是用锱水（疑即盐酸、硝酸的混合液——王水）溶解黄金配成。由于粉红所具有的特殊鲜艳显色，给乾隆掐丝珐琅增添了红火热烈的气氛。欧洲那比较鲜明的"宝色水头"珐琅料是很受弘历的喜爱的。但是填料用量大，故使用欧洲珐琅料远少于瓷器上的洋彩和画珐琅。此期掐丝珐琅的金工与康熙时期一致，仍强调安装环耳、兽足等附加鎏金工艺装饰。鎏金面（耳足、掐丝）占全器比例较大，呈现出金碧辉煌的效果。这是皇家掐丝珐琅区别于民间制作的重要特征之一。

除了内廷掐丝珐琅之外，北京、扬州、广州以及九江（或景德镇）等地也生产掐丝珐琅。北京掐丝珐琅的生产规模不会太小，见诸档案的掐丝匠有吕云鹤、张二、叶九、王凯瑞、郑永福、钱方宇等六名。[27] 其艺术特点可能与内廷珐琅互有影响，在艺术上、技术上两者相距不会太远。扬州掐丝珐琅，近几年由笔者发现并作过鉴定，确认故宫内养性殿、怡和轩室内的掐丝珐琅云幅和嵌片以及库存大量的瓶、盒、盆等是扬州所产掐丝珐琅，其造型、花纹、掐丝、釉料均与内廷掐丝珐琅有很大区别，铜胎较宫廷的轻薄，以锤胎为主，底无附加圈足，从正面看似平底；造型方面外轮廓线也较单纯，层次不多；花纹多用写生花鸟、瑞兽，而图案性装饰则少见，喜用大花整幅构图，线条连绵流畅，富有旋律感；掐丝适应图案变化，有如屈铁刚劲有力；釉料淡雅，但润泽不足，稍嫌干涩，气孔较密。广州掐丝珐琅遗物较少，尚未引起人们的注意，造型、纹样均仿錾胎珐琅，如果不认真观察，很有可能被误认为錾胎珐琅。其图案、掐丝，均富有装饰趣味，釉色介于内廷与扬州两地掐丝珐琅之间。九江掐丝珐琅见于档案，时间较晚。可是，九江关监督兼管景德镇官窑，于雍正时期曾送江西南匠胡大有进内廷珐琅作烧炼珐琅料。说明景德镇瓷业与清宫珐琅业早已发生了联系。瓷器彩料与珐琅釉料尽管成分、焙烧不完全相同，但是，本质相通，均属硅酸盐类。在烧炼上也可以互为借鉴。九江关监督在乾、嘉时期曾进贡过掐丝珐琅转心瓶，经察实物，其掐丝釉料与内廷、扬州、广州掐丝珐琅确有不同，应是九江所贡。另据清宫《贡档》记载，各省督抚也有进贡掐丝珐琅器者。

2. 錾胎珐琅

錾胎珐琅分为铸胎、锤胎两种。铸胎者与金属范铸成型的作法一致。铸成后，在胎上锤錾图案，减地保留轮廓线，填珐琅焙烧而成。錾胎珐琅厚重，线条往往留下斧凿痕，不像掐丝那样均匀，流畅。填料、焙烧、镀金、打磨与掐丝珐琅类似。清宫珐琅厂所制錾胎珐琅极少，以"绿珐琅牺尊"为代表。扬州錾胎珐琅也不多。此时，只有广州一地确是唯一重要的錾胎珐琅产地，广州錾胎珐琅所以发达是与当地金属工艺的昌盛分不开的。因范铸耗铜较多，所以，广州錾胎珐琅往往采用以厚铜片锤制成型，再加錾图案，减地极浅，填一层薄薄的珐琅料，焙烧而成。其器胎较内廷錾胎珐琅单薄，代表性的器物有炉、壶、"太平有象"等，形体丰硕，釉彩温润。以乾隆四十二年两广总督李士尧贡"太平有象炉"为其代表。

3. 画珐琅

在瓷、陶、铜等胎上以珐琅彩料描绘花纹，焙烧成器者为"画珐琅"。瓷陶胎画珐琅属于陶瓷工艺范围，名曰"珐琅彩。"本节论述的是以金、铜做胎的画珐琅。为与陶瓷胎画珐琅的"珐琅彩"相区别，一般称作金胎画珐琅或铜胎画珐琅。两者作法相同，但金胎画珐琅极少。

乾隆时代画珐琅在康熙、雍正两朝画珐琅的基础上得到更大的发展。内廷画珐琅由珐琅处（作）制造。乾隆皇帝本人也极其喜欢画珐琅，他登极之后不久便扩大珐琅处作坊，增加匠人。据《清档》所记，乾隆七年仅画珐琅人见诸姓名的有十人，即杨起胜、黄琼、梁绍文、伦斯立、罗福旼、李慧林、胡思明、党应时、梁观、胡礼运。他们都来自广州，这是雍正年间以来画珐琅匠人最多的年份。此后，则保持三、五人的规模。画珐琅人的待遇较高，有的每月工食银十两，与一等画画人相比仅少一两。内廷画珐琅有盘、碗、盅、壶、罐、缸、炉、瓶、盒、盆、帽架、翎管、带板、钟表壳、插掛屏、桌、椅、墩、镜把、鼻烟壶等，用途广泛，器型丰富，彩绘端庄，确有所谓"恭造样式"的特点。以色彩来说，多用明黄色做地，正与清代典章相符，所用珐琅彩不下三十种，纹样多以花卉、禽鸟、山水、人物为主，大型器物多在黄地上描绘以蓝色为主调的欧式卷草，开光内绘山水人物或花鸟草虫。小型器如鼻烟壶的纹样构图题材与大型相似，只是在描绘上更加精致、细腻，几近宋院体工笔画，不用写意手法。款识有"大清乾隆年制"六字或"乾隆年制"四字两种，字体有篆有楷，多用朱色或蓝色珐琅书写。嘉庆、道光两朝内廷珐琅作大为缩小，或名存实亡，北京的王公大臣也有自设作坊烧制画珐琅的，供自需或馈赠。估计民间画珐琅作坊在此时先后出现，以满足上层社会的需要。

乾隆时代最大的画珐琅生产基地是广州，前面提到的几个有名的内廷画珐琅画工匠也来自广州，可见广州与内廷的画珐琅工艺的密切关系，如广州造和欧洲造的各色珐琅料的供应，在艺术创作上图案题材、表现手法的影响等等。但两者风格神韵却相距甚远，如果把广州画珐琅和内廷画珐琅摆在一起，则泾渭分明，各有千秋。广州画珐琅有着自己的风格和特点，这就是外造形式和地方风格了。故宫博物院收藏广州画珐琅数量相当可观，凡是大件画珐琅大多来自广州，运至宫内作各殿的陈设。广州画珐琅的特点是面貌多端，技术精湛，色彩娇艳，图案别致，不论在数量还是质量上，均已达到顶点。广州的单色或多色彩画珐琅，多采用欧洲珐琅釉料，光亮度极强，反射出较为强烈的玻璃光，釉料细腻，薄而光滑，但缺少内廷画珐琅那种釉彩肥厚之感。画珐琅的图案布局繁密，组织紧凑，变化丰富，既有规律可循而又生动活泼，如以勾莲来说，广造的屈曲多变，利落流畅，造办处的则简练匀齐。在图案取材方面，广州画珐琅吸取欧洲巴洛克艺术的规律和题材，喜用贝壳、大卷叶以及对称而又诡奇的开光、其釉料的鲜明、色彩的华丽，远远胜于内廷；但它的缺点是娇艳过之而文雅不足，这一点则不及内廷画珐琅。这些差异都反映了"外造之气"与"内廷恭造样式"的不同，在气韵格调上有明显的区别。现已初步查明：广州画珐琅品种繁多，不拘一格，除单色或彩绘画珐琅外，尚有仿景泰蓝画珐琅、仿古彝描金珐琅、半透明蓝绿描金珐琅等多种画珐琅。广州仿景泰蓝画珐琅是以浅蓝釉铺地，以彩料画图案，在轮廓线上勾金，模仿掐丝珐琅所特有的金碧辉煌效果，而骤看也确实像掐丝珐琅。这种画珐琅有的书写乾隆款识，可知盛行于乾隆之时。仿古彝描金珐琅是指用半透明珐琅仿效古彝的青铜质地锈斑的这种珐琅器皿。一般做成古青铜色地和青、绿、红斑，有的运用泥金勾描饕餮或蕉叶纹，古色古香，幽雅别致。

4. 透明珐琅

透明珐琅器是利用透明性珐琅罩在有浮雕或线刻的金、银胎上制成，使珐琅下隐显图案。过去习惯称作"烧蓝"或"银蓝"、"金蓝"。透明珐琅分单色和多色两种；在器胎处理上有阴刻或隐起等不同表现。单色透明珐琅是以蓝珐琅为主，也有用绿珐琅者。这种单色珐琅的器胎往往雕以几何状阴纹，色调有深有浅。更多的是在雕成的图案上镶贴金片、银片或金、银片，再罩一层深蓝透明珐琅，透过珐琅可以看到闪闪发光的金银片及其组成的几何图案。这种单色金银片透明珐琅多用于盒、面盆、盘、镜把等器物。复彩透明珐琅是在同一器皿上使用两种色调或多种色调，器胎多做隐起的人物、花卉、鸟禽、猫狗和瑞禽、神兽等图案，珐琅有白、红、黄、紫（藕荷）、浅蓝、深蓝、绿色等，当然在一件透明珐琅器上绝不会同时涂施这么多的珐琅彩，一般仅用两色，多者不过三五色。

透明珐琅的产地遍及全国，惟内廷和广州比较著名。现存的内廷实物有烧蓝或多彩透明珐琅等。广州单色透明珐琅镶金银片器比较突出。至于银蓝，全国一般城镇的首饰楼均能制造，是妇孺皆知的手工艺品。

综观乾隆时代的装饰工艺美术，可以了解：这一时代的装饰工艺美术品在数量上远远超越康熙、雍正两朝，技术上、艺术上有不同程度的衍进或提高。重要的是清代华丽倩雅的时代风格，自康熙晚期出现，经雍正时代的成长，至乾隆时代已完全成熟。在玉器、漆器、玻璃、金属以及珐琅等工艺上均有反映。与此同时，也正在一步一步地走向自己的反面，并影响着清代晚期工艺的行程。

三、清代晚期的装饰工艺美术

1840 年以后，清政府逐步沦为列强的走狗，对外投降，对内镇压，终于导致太平天国起义的爆发。咸丰在内忧外患的胁迫之下死于避暑山庄，国家大政被慈禧掌握，同治、光绪不过是两个小傀儡而已。

同光时代或者说慈禧时代，旧的繁荣的封建经济被破坏，新的半殖民地、半封建制度正在深化，在这块土壤上成长发育起来的装饰工艺美术与乾隆时期当然有所变化。虽然在艺术风格造诣上追求乾隆时代的水平，但其工艺技术极为低下，产品质量粗劣，艺术格调低级，庸俗不堪，政治上的所谓"同治中兴"与装饰艺术的回升，只不过是回光返照，不可能挽救衰亡的命运。

（一）玉器

苏、扬等地玉器工艺受到战争的摧残，生产陷于瘫痪。宫内造办处玉作合并于金玉作，经常只有一人做些零活，先后有周文元、周昆岗二人[28]。苏州专诸巷玉艺经过恢复勉强维持残局。皇帝登极照例镌刻玉玺，仍由苏州织造成镌。北京玉业在王公贵族仍然维持奢侈生活的需求下，处境稍好，这时以仿古玉，小件装饰为主，出现于乾隆时期的翡翠至此成为时髦的装饰，为那拉氏和王公贵族所珍爱。慈禧依仗无上权力，向广东、苏州等关衙摊派勒索。如粤海关曾贡进白玉万字九寿扁簪、白玉戒指、白玉扁簪各一对，翠玉、白玉巧式表别二件等。光绪二十年（公元 1894 年），慈禧六旬寿辰时福锟等贡单上，载有脂玉如意、绿玉、红玛瑙寿星仙桃等各种玉器共二十七件和大小玉石仙台六座。现存玉石仙台一件，陈列于故宫博物院珍宝馆。仙台上的西王母、寿星、白猿、八仙等以白玉碾琢，其他坡石山树以金星玻璃和松石、各色玛瑙、芙蓉石、砵石等多种彩石雕做，表现庞大而壮观的群仙祝寿场面，远看五颜六色、热闹非凡，构成一座大型白玉彩石景观。以此为贡品，不过是以西王母隐喻慈禧，颂赞她"长生不老、万寿无疆"以博取主子的欢心而已。可是近察则不难发现，玉石雕刻还是比较粗糙，不算精致。这座仙台于光绪甲午（光绪二十年）由商人顾永保监造，故是民间厂肆之作；足以反映这一时期北京玉器工艺的有限水平和成就。

太平天国的两颗玉玺，系建都南京后琢成。印文、边饰尚精，龙凤图案具有一定的民间艺术韵味，作为太平天国玉雕的例证，弥足珍贵。

（二）漆器

同、光时代民间日用漆器，仍然行销。作为江南漆艺中心的苏州，毁于咸丰十年之后，当时盛产的退光、明光、剔红、剔黑、剔彩、彩漆、脱胎等漆器，没有得到恢复。连清廷所用螺甸也须向日本订货[29]，可想此时苏州漆业已凋敝到难以复苏的境地。但地方民用漆器继续生产，行销各地，脱胎漆器的生产中心似乎移至福州，以瓶为主。四川木胎刻花漆器开始抬头。长期流行于闽、粤的金漆木雕仍然保持着一定的生命力。在这种形势下，首都王公贵族保存的明代或乾隆时期雕漆，年久难免有所损伤，需要修补。北京油漆局由修补逐步走上制造，并终于出现几家雕漆店铺。其产品仍然沿袭乾隆雕漆的道路，不重磨工，强调刀法，着眼于镂刻，追求画意，其笔情墨趣，尚能独步一时。有的专仿明永、宣剔红或嘉、万剔彩，据说精者可以乱真，但由于专为上层王公贵族服务，除了墨守成规，刻意模仿之外，新的创造极不明显。

（三）金属器

清王朝在英帝国主义扶植下，扑灭太平天国起义，经过短期复苏，经济略有好转之后，金银首饰、器皿、祭器的制造，铜、铁、锡的铸造，都有所恢复。那拉氏为了准备庆祝她五十寿辰，曾于光绪九年降旨，制定了铸造行龙、凤凰、孔雀、鼎炉、龙母、象各一对，以及黄铜烧古鼎炉十二对等的庞大计划[30]。最后落实，仅造行龙一对，凤凰二对，鼎炉三十八座、八卦炉一分，现在分陈于储秀宫，长春宫前。龙凤的细部刻画确实较细，在当时也应算"细"、"好"，但缺乏生气和神韵。尤其，与同立于它旁边的乾隆时铸的铜鹿、铜鹤对比，更是相形见绌，但，作为一个时代铸铜工艺的见证，还应给予它一定的历史地位，不能全盘抹杀。

金银器的打造在统治者和富商大贾间依然盛行。宫廷因内帑枯竭，早以银、铜代替黄金，以银镀金、铜镀金充当金器，所以，银器遗存较多。如御用茶、酒器，饮食器或祭器，以银制者，数量甚多。实用、光素，装饰极简或几乎不加任何装饰，显得朴素可爱，毫无"恭造"气味，几乎与民间银器无异。

（四）玻璃

玻璃业与乾、嘉时代一样仍是博山玻璃和北京料器两处比较突出。内廷玻璃厂一如既往，遵从遗规，年复一年地召博山玻璃匠进内廷烧造三百零一件玻璃器之后，返回原籍。咸丰时期造办处玻璃厂玻璃器与道光年间玻璃器相比，无多大进展。奕䜣对这种情况深为不满，于咸丰八年曾旨谕玻璃厂，嗣后玻璃活计要素，俱不拉花，款要真[31]，同治、光绪时代玻璃质量似比道、咸时期玻璃略有转机。但不见砑花玻璃，这可能与奕䜣的旨命有关。

咸丰、同治时期博山玻璃工艺，从维廉顺记述该城同治八年（公元 1869 年）以前的情况，可以了解到博山仍是中国制造玻璃的中心地，制有窗片、葫芦、模制刻画杯、灯笼、念珠以及各种装饰品，还制造长约二尺半的成捆玻璃条束，远销国内各省，时值每斤仅百钱。维廉顺称赞博山玻璃，"玻色澄清，彩色者艳美绝伦，手术颇灵敏，所制各种器皿亦多精巧完美。"19 世纪 70 年代以前博山玻璃似乎并未因英国殖民者的侵略，立即引起反响，至 19 世纪末，博山玻璃的生产，仍以家庭手工业和手工业作坊为主，男女老幼分工其事者，几居十分之七，城外炉厂店铺密布，这里仍然是清代制造精良玻璃的著名产地，所产有似白玉的玻璃及玻璃瓦片等，多为北京商人所收买，号曰："京料"[32]。

光绪三十年（公元1904年），清廷在实行新政的幌子下，山东巡抚胡廷干等在博山城东北柳坑设玻璃公司，聘请德国技师七人制造玻璃，产品尚属不劣，本地玻璃工匠学习并掌握了德国技师的生产技能，当宣统下台，公司停办之后，工人们在西冶街设厂生产平板玻璃，开始了以本地工人独立的生产平板玻璃的历史。[33]

北京玻璃业，在咸、同、光时期仍然是博山玻璃料的加工者。这一时期的重要创造是内画壶。在透明的玻璃鼻烟壶内以勾笔彩绘山水、人物、花卉、禽兽、鱼藻等图景，当壶内满盛鼻烟时，以鼻烟烘托更加艳美。内画壶问世之后，逐渐兴盛。光绪时期京师内画壶名家如周乐元、叶仲三的作品进入了内廷，其技艺还传播到博山。

故宫博物院收藏这一时期的玻璃器大多是小件，仍具有一定水平。如名家鼻烟壶、仿蓝宝石和仿翡翠的扳指，其色彩、透明度都相当逼真。此期重要的成就除玻璃鼻烟壶的制造与加工外，尚有三点情况：

（1）兼套色料多达七种，如呆白地套月白，橘红、绞褐、蜜蜡、佛青、粉红、玫瑰红等七色。

（2）压花玻璃的出现。在透明或呆白玻璃胎上贴色料、用模子捺印花纹，以代替用玉工铊磨隆起的纹样，这种工艺比较省工，价格低廉。当然艺术效果是不及刻花套料那样清晰、明快。

（3）古月轩玻璃鼻烟壶的仿制，从故宫旧藏古月轩款玻璃鼻烟壶中，可以了解到晚清曾大力仿制。但与文献记载相距甚远，尚不见其优秀者。

（五）珐琅

晚清珐琅工艺的中心北方为北京、南方为广州。北京以掐丝珐琅为主兼做画珐琅，广州以錾胎珐琅和画珐琅为主，均以器体硕大为目标，在工艺上极尽繁密之能事，色彩多不协调，格调不够高雅。这时宫内掐丝珐琅，也均来自上述两地，至今遗存尚多。而养心殿造办处珐琅作形同虚设，只做点轴头之类小件器物。新政后成立大清工艺局制造掐丝珐琅。颐和园收藏有光绪年款、可能是造办处在北京厂肆定制的几件掐丝珐琅器，由造办处提供草稿，不准越雷池一步，工匠完全按图掐丝、填料、焙烧，所以，保存了较多的宫廷格调。厂肆珐琅产品行销各城镇，以满足地主商人的需要。静远堂、志远堂款掐丝珐琅属堂号款，系专门定制的产品。

北京掐丝珐琅多集中于廊房二条。出现几个重要店铺。如老天利、成兴德等所制掐丝珐琅瓶、罐、盒等，纤巧有余，情雅不足。喜用回纹或万字不到头作地纹。

"玉书草堂"款画珐琅盘，似晚期之作，可能是北京产品。北京晚清画珐琅烧造尚盛，只是艺术上可取者极少。

如上所述，晚清装饰工艺美术在同、光两代有所恢复并制造一批产品。以追求清代工艺的黄金时代——乾隆盛世的艺术格调为目标，这当然，是梦想，难以达到。反之，庸俗，低级趣味则占了上风，即使成功者仍不过是模仿而已。

通过对有清一代的玉、漆、金属、玻璃、珐琅等五类装饰工艺的成长、发展、繁荣、衰落的过程及其艺术造诣、技艺成就与时代风格的探讨之后，使我们得知：清代装饰工艺美术处于封建社会烂熟期，经过康、雍、乾三朝的发展、衍化，形成了华丽倩雅的时代风格，在我国工艺美术史上占有重要地位，并对现代工艺美术的生产，仍然起着相当大的影响。因此，对其优越的一面或缺陷的另一面，要客观地加以分析判断，区别精华与糟粕，以利于批判、继承，为社会主义工艺美术事业的健康成长提供有益的资料。

注　释

［1］　《清代宫廷玉器艺术》，《故宫博物院院刊》1982 年第 4 期。

［2］　故宫博物院明清档案部：《李煦奏折》附漆器单四，三附——漆器单，1976 年 5 月。

［3］　《养心殿造办处各作成做活计清档》，国家第一历史档案馆藏。

［4］　《养心殿造办处名作成做活计清档》，雍正三年，国家第一历史档案馆藏，编号 3295。

［5］　《苏州府志》卷十八《物产》，道光四年版。

［6］　《芜湖县志》卷五十《人物志》，"民国"八年版。

［7］　《广东通志》卷九十七《舆地略十五·器用类》，同治甲子重刊版。

［8］　同［5］。

［9］　李斗：《扬州画舫录》卷四，中华书局，1960 年。

［10］　同［3］，雍正二年，编号 3291。

［11］　李鸿庆：《明清锡器丛考》、《国立沈阳博物院筹备委员会会刊》，1947 年。

［12］　孙廷铨：《颜山杂记》卷四物产，康熙版。

［13］　同［3］，雍正三年，编号 3294。

［14］　同［5］。

［15］　赵之谦：《勇卢闲诘》，《丛书集成·初编》。

［16］　同［15］。

［17］　杨伯达：《清代玻璃概述》，《故宫博物院院刊》1983 年 4 期。

［18］　杨伯达：《景泰款掐丝珐琅的真相》，《故宫博物院院刊》1981 年 2 期。

［19］　杨伯达：《康熙款画珐琅初探》，《故宫博物院院刊》1980 年 4 期。

［20］　《乾隆御制诗》五集，卷九十八，乙卯。

［21］　同上，卷七十四《壬子》。

［22］　同［1］。

［23］　拙文：《清代苏州雕漆始末》，《中国历史博物馆馆刊》1982 年总第 4 期。

［24］　《博山县志》卷一《建置》，乾隆十八年版。

［25］　同［15］。

［26］　《山东巡抚咨文》嘉庆二十二年二月十一日，国家第一历史档案馆藏。

［27］　《各处行文》乾隆四十二年，国家第一历史档案馆藏，编号 1185。

［28］　《旨意题头清档》同治二年，国家第一历史档案馆藏，编号 3098；
　　　　光绪十五年，国家第一历史档案馆藏，编号 3198

［29］　同［28］，光绪十六年，国家第一历史档案馆藏，编号 3203；
　　　　同［28］，光绪二十二年，国家第一历史档案馆藏，编号 3226；
　　　　同［28］，光绪二十六年，国家第一历史档案馆藏，编号 3240。

［30］　《翊坤宫、储秀宫等处旨意题头清档》光绪九年，国家第一历史档案馆藏，编号 3172。

［31］　同［28］，咸丰八年，国家第一历史档案馆藏，编号 3078。

［32］　波西尔著、戴岳译：《中国美术》卷下，第八篇《玻璃》，商务印书馆，1928 年。

［33］　《续修博山县志》卷七《实业志》，1937 年。

推陈出新与开拓创新的康熙朝美术

　　康熙朝长达六十一年之久，在这六十一年中，清代社会由初创时的百废待兴逐渐发展成繁荣兴旺的盛世，中国美术在此阶段也得以同步发展，这是我国古代美术发展历程中一个十分重要的关键时期。从清代覆亡至今已近百年，在这百年中诸多学者致力于对康熙朝美术史的研究，但由于种种原因，清宫存留的美术遗产未能足够地发表，加之研究力量的相对薄弱，致使此项研究未能正常开展。这与我国的总形势有关，不是个人可以抗衡的，譬如1925年成立故宫博物院，院方掌握了大量珍贵的清宫美术遗存，但整理工作刚刚开始不久，便因日寇侵犯使得文物南迁，抗战胜利后内战又起，2000余箱珍贵的南迁文物又被运至台湾，保存于后来建于台北外双溪的故宫博物院。两岸故宫博物院于20世纪50年代分别开始整理库存文物，首先充实陈列，以飨观者。以北京故宫博物院为例，拿出展示的文物8000余件，相当于其全部藏品的百分之一弱。出版工作虽有陶瓷、书画等精美图录问世，但因限于人力、物力之匮乏，未能满足社会需要。从1995年开始编印的《故宫博物院藏文物珍品全集》60册即将全部完成，估计此60册最大容量不过18 000余件，也未超过全部藏品的百分之二。这种状况大大妨碍了对清代美术的科学论证和历史研究，于是公开藏品成为当务之急，不过冷静地思忖，实无必要将一百万件库藏文物全部公之于世，恐怕仅将有重要的历史、科学、艺术等研究和鉴定价值的文物面世也就足矣。

　　近十余年来，文物拍卖事业如火如荼，生意兴隆，均出版拍卖图录，尤其嘉德、翰海两家文物拍卖公司的目录最佳，不仅为竞拍人提供宝贵的第一手资料，还有极珍贵的收藏价值。这些都为研究清代文物提供了流散于世的鲜为人知的潜在资源。还有《收藏》、《收藏家》、《收藏界》、《收藏·拍卖》等拍卖杂志刊出了不少的具有研究价值的文物彩片和介绍文章及论文，它们也为促进研究清代文物作出贡献。

　　《收藏》杂志社主编杨才玉先生为向广大读者介绍清代美术的重大成就和时代特点以及鉴定标准器，特邀请故宫博物院各专业的专家学者拨冗撰稿，不久前又向我约了康、雍、乾三朝美术的三篇综合性论文。考虑到我放下清代美术研究已有二十余年，业已荒疏，现状不明，写出高水平的综合性论文确实不堪胜任，如果降低标准，向读者介绍有关康熙朝美术的概况，则可试笔一作，于是便草草写成此篇简述康熙朝美术的小文，供诸位藏家参考。

　　回顾1956年笔者调进故宫以来至1987年这三十年，不论是工作还是研究，多与清代美术有着密切联系，曾目睹摩挲清代各种精美文物，并查阅内务府养心殿造办处各作成做活计流水档和清档，对其艺术成就及其时代特点有所了解，认为康、雍、乾三朝美术特点鲜明，水平甚高，堪称清代美术的黄金时代，在我国古代美术史上应有它的重要的历史地位。当然，清代美术也有它的不足的一面，如仿古之风过盛、沉缅怀古、墨守成规、缺乏创意以及琐碎纤细、拼凑堆砌等等弱点，这些都是这一时代美术之不足的一面，但它丝毫不能遮掩其光辉的主流趋向。下面从三个方面具体地说明一下康熙朝美术的总特点。

一、康熙朝美术继承明代美术并加以弘扬

首先有必要扼要地说明一下明代美术概况。明代推翻元代蒙古族的统治，恢复汉族的国家最高统治权力。这种最高统治权力的更迭并不意味着文化艺术与其相应的立即发生突变，相反它是按照自身规律运行，仍然沿蒙元美术的道路继续发展，如元代文人画潜入底层；南宋院体传派——浙派绘画抬头；馆阁体书法形成；雕刻及工艺美术趋向工整化、装饰化而又互有增损进退，不能一概论之。此后渐趋变化，至明晚期（嘉靖中期至崇祯），依然是文人工艺品与粗糙商品并存，一方面文人参与工艺品制作，有名望的工艺匠师不断涌现；另一方面商品生产扩大，产量大增，装饰艺术上也暴露出庸俗化现象，而且工艺退化，有些工艺技术走向衰亡以至不见踪影。清顺治帝于1644年登极太和殿，其时战事频仍，百废待兴，他在位十八年，驾崩之后由其三子玄烨以八岁冲龄于1662年即皇帝位，改元康熙。此后，政治权力掌握在孝庄皇太后手中。玄烨正当学文习武之年，接受了系统的儒学教育并练就了马上武功，又通过效力于宫中的西洋传教士接触到西方自然科学和文化艺术，这为康熙朝宫廷美术的发展奠定了认识上的、理论上的基础。清宫遗留下来的康熙朝的绘画、法书、雕塑以及工艺美术类文物也不算少，足够我们研究康熙朝美术继承弘扬明代美术的历程、成就与特点。在此要首先谈一下康熙朝于何时摆脱明代旧模式的束缚而创造出自己的美术模式。因各类美术形式发展的不平衡性，其模式的定型化的时间也不同，有早晚先后之区别，从康熙朝美术演变的总情况来看，其模式定型的时间应置于康熙十年（公元1671年）至康熙三十年（公元1691年）为宜。这就是说从康熙登极到其在位三十年这一期间，它的美术走向主要是在继承明代模式及其工艺经验的基础上不断地扬弃，一方面纠正明末美术上的过度商品化带来的粗制滥造的不良倾向，同时又将康熙朝向往太平、追求康乐的时代精神贯注充实于美术及工艺美术领域，一步一步地改变了明末美术粗放狂宕的旧模式，为康熙朝朴茂华滋的美术模式的出现创造了优越的条件。

二、在继承弘扬旧有美术模式的同时，经过推陈出新的 改造加工过程出现了康熙朝美术的新模式

康熙朝美术如何脱胎于明末美术模式已如前述，各种美术形式多有不同的转换条

件，决定其转换的时间也有所不同。大家都知道康熙年间的龙是引入宋龙形式而拟定的。何谓宋龙？主要是来自宋代龙鱼画，其中重要的画家有黄筌、陈容等人。陈容的现存作品有《九龙图卷》（现藏美国波士顿博物馆）、《墨龙图卷》（现藏故宫博物院）等真迹。今知康熙宋龙形象、动态与陈容所绘之龙非常接近但已有所改变，如龙的下颚拉长，头顶增补梅花形包，四足改为五趾，而在气势与动态上则远不及陈容所绘者。估计康熙朝宋龙的模式很可能出现于康熙二十年至三十年这十年之中，可能不会早过康熙十年（公元 1671 年）。又如北京师范大学清黑舍里氏墓（康熙十四年，公元 1675 年）出土了白玉云纹鸡心佩和绿玉云纹鸡心佩，二者已毫无明末商品玉的弱点，是纹饰繁茂、做工精美的清康熙朝玉器，与明代玉有根本性的差异。它的上限应在康熙十四年（公元 1675 年）之前。

康熙朝画院的情况迄今仍不甚明了，清人胡敬《国朝画院录》著录顺、康朝院画家有黄应谌、焦秉贞、冷枚、唐岱等人，列小传记其画作（图一）。近世美术史论家略有涉及，多停留在画家生平及其创作的评介。故宫博物院于 20 世纪 70 年代初整理了库存院画，制草目一册。现存康熙朝院画的代表性作品——《康熙南巡图》十二卷故宫博物院仅存其第一、第九、第十、第十一、第十二等五卷，其他七卷或已流至国外，或下落不明。此图卷创作实发自都察院左副都御史宋骏业，后延聘王翚进京主笔，弟子杨晋协助王翚完成《康熙南巡图》的创作绘制（图二）。从尚存于故宫博物院的五卷的画风来看，无不显示出王翚的清晖苍润的画风，充分地发挥了青绿重彩渲染的华贵凝重格调和轻新清和气质，使文人画笔与皇家气派成功地融为一体。与描绘真人真事的《南巡图》相似的是以真园真景而创作的《万寿图》二卷，由冷枚领衔，徐玫、顾天骏、金昆、邹文玉、余永烈、李和、佘熙璋、樊珍、刘余庆、楚恒、贺铨、永治、徐名世等参与合画而成。上述诸图与冷枚《避暑山庄图轴》（图三）都表现了清康熙朝文人画坛的进取精神和崭新气象。

图一　《康熙帝便服写字像》

康熙朝瓷业一改明末衰败颓靡之风，有了长足的发展，形成了庄严大方的风格。官窑烧造前有"臧窑"，后出"郎窑"，为提高烧造水平做出了杰出贡献。通观康熙六十一年间的窑业，在推陈出新方面成就尤为突出，可谓胎精釉实，花色品种层出不穷。如青花显色翠青，或蓝如宝石，渲淡晕染层次迭出。郎窑红、豇豆红、天蓝釉、水绿、金

图二　《康熙南巡图》（局部）

釉、银釉等新釉水不断出现。造型演变为庄重华贵的风格，也创造了不少的新器型，以三层台足圆肩大侈口的凤尾尊为其佼佼者。仿生瓷形象毕肖，栩栩如生。

　　康熙朝的掐丝珐琅与明末以红色为主的珐琅相比，可谓恢复了从元代至明嘉靖朝的掐丝珐琅的本来面貌，同时又研制了多种掐丝手法工艺并获得成功。从现存"康熙年制"款珐琅器中探求，可知当时珐琅色料的制品有涅珐琅、蜡光珐琅及莹光珐琅等三种珐琅，尤在仿制景泰款掐丝珐琅（俗称"景泰蓝"）上付出了很大精力和物力，可见其模仿胜朝珐琅的苦心及其刻意追求、锲而不舍的精神。上述康熙朝掐丝珐琅均由武英殿造办处珐琅作承做，此处成立于康熙十九年（公元1680年），至康熙五十七年（公元1718年）改归养心殿造办处，现存故宫博物院的"康熙年制"款掐丝珐琅器

图三　《避暑山庄图轴》

可能均出于此期。宫廷掐丝珐琅本源于京师民间掐丝珐琅手工业，但在这三十八年间宫廷掐丝珐琅的工艺手法与艺术风格必然又反馈于京师民间珐琅业，对其产生了积极的有益影响。今藏于故宫博物院的薄胎无款识的陈设用掐丝珐琅器，即可能出自康熙年间京师的民间作坊，这些民间仿制的景泰蓝与宫廷制品相比，不难看出精粗之分、文野之别。

三、中西交融 开拓创新

西方资本主义为推销商品、掠夺资源、获取廉价劳动力，派出了强大的武装商船或舰队，侵占亚洲、美洲的大片土地建立了殖民地。葡萄牙（佛郎机）、西班牙（佛郎机）、荷兰（红毛番）与明王朝地方政府官吏和华商有了接触。萄人以行贿骗取地方官员，占据了澳门，筑城设市，广通贸易，西班牙人于明天启元年（公元 1621 年）侵夺我国台湾。欧洲列强还派传教士到世界各地传布天主教。据查，意大利罗明坚于明万历八年（1580 年）来华；三年后，意大利传教士利玛窦来华，后来卒于北京（万历三十八年，1610 年）。这些传教士不仅宣传天主教宗教教义，还传播了西方的几何学、算学、天文历法等等科学技术。此后又有意大利、葡萄牙、西班牙、瑞士、日耳曼等籍传教士三十余人来华。清代时西方传教士来华者益多，著名的有南怀仁（比利时）、纪里安（日耳曼）、马国贤（意大利）、徐日昇（葡萄牙）、张诚（法兰西）、白晋（法兰西）、巴多明（法兰西）、雷孝思（法兰西）、戴进贤（日耳曼）、郎世宁（意大利）等人。这批传教士来华效力于朝廷，传播了西方科学技术及工艺艺术。康熙帝接受西方文明、文化艺术、科学知识的主要途径便是通过传教士面授，再者便是粤海关贡进的各种洋货和书籍。康熙对待西方文化艺术的态度总的来说是"拿来主义"、为我所用，对西方传来的科学技术、文化艺术中有用的、便于解决实际问题的他都用了起来，如天文学、算学、测量学、火炮、医药、时钟等等西方科技均被利用，为其加强政治统治、发展生产、提高生活的艺术质量服务。

康熙朝迫于内忧外患的形势，在对外关系上保持高度警惕，采取了保守的、封闭的消极政策，谨慎从事。仅以对外贸易来说，只保留了广州一个口岸供对外贸易之用，设粤海监督主其事。粤海关除收厘税银供内廷使用之外，每年还在元旦、端午、中秋、冬至以及皇帝寿辰之万寿节和皇后寿辰之千秋节都要向内廷贡献各种精美艺术品、洋货、古董以及土特产。1987 年笔者代表故宫博物院曾与香港中文大学文物馆合办《清代广东贡品展》，提供自康熙至光绪（公元 1662～1908 年）92 件来自广东的贡品，其中洋货（包括改制加工的在内）有多尔门的那油、冰片油、水安息油、檀香油、巴尔撒末油、铜镀金透明珐琅千里眼、铜镀金刻花嵌石盒、铜经纬赤道式日晷、洋鼻烟、铜镀金珐琅转花活动人物钟、铜镀金壁钟镜等消费品和工艺品，另有出自广东画家之手的装饰油画——双童托钟博古柜钟上的花鸟屏以及画珐琅上的仕女楼阁山水等画幅，都有着明显的欧洲油画的影响。康熙六十一年十一月二十六日《所子进单》中所列贡品共 81 项，其中大部分为洋货，早已被消耗（详见《清代广东贡品》），故宫博物院、香港中文大学文物馆，1987 年 2 月）。故宫博物院现存的乾隆朝及其以后的洋货藏品亦可供参考。上述进单和现存藏品都反映了清廷粤海关与欧洲列强的贸易交流的一些情况。康熙朝美术、工艺美术恰好碰撞上一个与外国资本主义的美术、工艺美术交流的大好机遇，玄烨适应形势，打开了一个通向西方的门缝（广州口岸和传教士），接触到西方文化，目睹摩挲过从西方输入的美术品和工艺品，引动起他的浓厚兴趣，并在他的身边建厂制造。其中重要项目有引进玻璃烧造术、珐琅料及烧珐琅配方、油画技巧以及钟表、仪器等先进技术。

关于清代康熙朝宫廷玻璃，笔者已在《清代玻璃概述》一文中做过介绍（详见《故宫博物院院刊》1983 年 4 期），在此再一次说明以下四点具体看法：

（1）关于中国玻璃的名称，古人称为"琉璃"，清代山东博山亦称"琉璃"，京都称其为"料"。自清康熙始，内廷称琉璃为玻璃（详见《清内务府养心殿造办处各作成做活计清档·流水档》）。琉璃与玻璃仅一字之差，反映了中、西两种不同的工艺，康熙朝宫廷玻璃标志着引进西方玻璃烧造术，故在名称上与西方接轨。

（2）康熙三十五年（公元 1696 年），日耳曼传教士纪里安神父作筹建内廷玻璃厂的总设计师，由他主持烧造的玻璃产品完成于康熙三十九年（公元 1700 年）。

（3）康熙帝的决策为清皇家玻璃烧造打下工艺技术基础（详见《中国金银玻璃珐琅 4·明清如月的中国玻璃器》）。

（4）套色雕刻玻璃（俗称"套料"）的制成为我国玻璃制造业增加了一个崭新的品种。现已认定的康熙朝宫廷玻璃器是仿水晶的透明玻璃，尚不能反映康熙朝宫廷玻璃的科技的、艺术的重大成就。

康熙帝酷爱来自欧洲的金铜胎画珐琅，传教士十分理解这一点，便以此作为敲门砖博得康熙帝的青睐，取得传教的不少方便。康熙十九年（公元 1680 年）设武英殿造办处，下置珐琅作。此时珐琅作的重要工作是烧造宫廷所用的掐丝珐琅，即"景泰蓝"。康熙五十七年（公元 1718 年）奏准，珐琅作改归养心殿造办处。因康熙朝造办处档案已佚，已无法了解其详情，但两广总督杨琳于康熙五十五年（公元 1716 年）派广东珐琅匠潘淳、杨士章及其徒弟二人共四名进内廷珐琅厂效力。康熙五十八年（公元 1719 年），杨琳又送会烧画珐琅的技师陈忠信（法兰西）进入内廷珐琅厂。在清宫旧藏画珐琅中还有一批类似早期粉彩的画珐琅器，如铜胎画珐琅山水图双耳炉、折枝花卉纹盖碗、仙人图梅瓶等器。疑其为康熙画珐琅中的早期制品，这与潘、杨二匠进珐琅厂效力有何联系尚待研究，但上述档案和实物说明，内廷珐琅作工匠来自广州和法兰西，而上例铜胎画珐琅仙人图梅瓶与景德镇官窑瓷梅瓶接近，故也不能排除在试制过程中可能有景德镇官窑技工参与。所以理应承认康熙早期画珐琅可能有景德镇官窑瓷工及欧洲传教士画家参与，至康熙五十七年，又有广东珐琅匠来内廷服务，参与试制与烧造。清宫旧藏康熙款珐琅器中也有一批十分成熟了的典型的画珐琅器，如铜胎画珐琅桃蝠图撇口瓶、缠枝牡丹纹碗、菊瓣纹圆盒等器，它们有着极为鲜明的中国气派和中国传统风格，绝无洋味。康熙画珐琅中还有一种硬透明珐琅仿古铜器，也是珐琅工艺的新品种，值得一提。总之，康熙试制画珐琅的起点与过程虽还不甚清晰，还有待今后探讨，但它的重大成就及其开拓创新精神是值得称道的。

西方传教士之中亦有专工油画的人，据《马国贤神甫回忆录·清宫十三年》（《紫禁城》1989 年 1 ~ 6 期；1990 年 1、2、4、5、6 期）记载，第一个将油画绘画艺术传入中国的是传教士窄剌耳他诺。清廷已设油画作坊，已有油画工七八人。接着就是马国贤本人，他从康熙五十年（公元 1711 年）二月五日也到了油画坊，当年四月份，康熙又命他学习雕版术，他绞尽脑汁，实验成功，得以完成《皇舆全图》、《热河行宫三十六景》、《避暑山庄三十六景诗》的雕版印刷工作，并培养了两个学徒。意大利传教士画家郎世宁（Giuseppe Castiglione）于康熙五十四年（公元 1715 年）十一月来京，为康熙帝效力七年，作油画并学习中国笔墨，同时在他的油画作坊里还传授油画技法，共有十四名徒弟，可知此时在清宫学画油画的满汉子弟已经是一个有相当规模的群体，其中的张为邦、林朝楷至雍正朝已经成为颇有造诣的油画家和珐琅画家。目前已找到的康熙时期内廷油画作品极少，作者亦不便确定，但从其纸布、颜色等材料与画风来看，已不是纯西方的油画，而与雍、乾时期郎世宁油画所用的纸、绢地及中国画风的新油画十分相似，但又不完全相同，技巧上不够成熟，常有生拙、幼稚的缺点。可知康熙帝大约于其后期已擢用西洋传教士画家，建油画作坊供其使用，并选年轻人做他的徒弟学习西方油画技巧。康熙帝油画肖像可能就是这一时期留下来的作品。当然，在油画创作和培养徒弟方面贡献最大的还是郎世宁。可知康熙朝晚期油画创作任务可能较大，可惜这些作品已泯灭无存。康熙晚期油画家不仅为本朝创作了不少的油画作品，更重要的是他们为后继雍、乾两朝的油画发展打下了人才和技艺的良好基础。

综上所述，我们可以略知康熙朝美术、工艺美术确是具有继承弘扬、推陈出新及中西交融、开拓创新等两个方面的重大成就及历史贡献，同时它又是承上启下的关键所在，为雍、乾二朝美术工艺的发展繁荣打下了牢固的基础。

长达六十一年的康熙朝美术及工艺美术的历史成就和艺术风格若与晚明相比，它是向上的、健康的、富有强大生命力的，而后者则逐渐走向下坡路，已达颓废的、没落的、病态的谷底，这是时代使然，也是历史必然。就这一点来说，康熙朝美术是集大成的上升时代的产物，它必然有着朝气蓬勃的神采和朴茂华滋的气韵，在官窑瓷器、织造及内廷的掐丝珐琅、画珐琅、竹木牙雕等等诸多专业领域内已初步达到了顶峰，其选材用料十分考究，采用优质材料加工，不厌其烦，保证工序严格，设计用心，巧思妙想，独具一格，避免雷同。严紧精工的宫廷工艺风格业已形成，以金碧、青绿、重彩和纪实性为特点的康熙御用绘画已呈现出精细华美的皇家画风，这种皇家画风一旦问世，必然强烈地影响到民间的美术和工艺，也不可避免地还要影响下一代，也就是说必然影响到雍正朝的美术和工艺。

（原刊于《收藏》2005 年 9 期）

"恭造式样"进一步发展的雍正朝美术

雍正朝仅仅十三年（公元 1723~1735 年），比起其前康熙朝六十一年与其后乾隆朝六十年（不包括太上皇四年）均要短少了近五十年。由于雍正帝即位时正面临朝纲松弛、吏治腐败、国库空虚的困境，加之西北战事屡起、争夺皇位的内讧未息，他遇到的重重困难无以复加，形势极为严峻。雍正帝处乱不惊，从容应对，在整顿史治、充实国库、稳定西北、巩固皇位上取得节节胜利，表现出他非凡的才干和智慧。对当朝的美术、工艺美术，他也及时地采取了调整、充实、扩大、提高的多种措施，使皇家美术出现了崭新的面貌。

康熙朝皇家美术和工艺美术作品均由武英殿造办处和养心殿造办处分别承担，之后武英殿的工艺作坊划归养心殿造办处管理，至此，养心殿造办处成为康熙朝的最为重要的内廷工艺作坊。康熙帝老年多病，疏于管理，养心殿造办处的档案没有流传下来。雍正帝即位后将寝宫移至养心殿，原设在该殿的造办处迁至新址（武英殿之后的白虎殿一区），分别于慈宁宫、白虎殿设画画处，废弃蚕池口玻璃厂，建圆明园六所玻璃厂，还扩建了油漆作坊的洋漆窖。尤其重要的一点是命养心殿造办处设档房管理各项文书档案工作，使其造办活计的文字记载严紧、手续完备、账簿有序，对造办处的管理进一步规范化，使该处有条不紊地造办活计。《养心殿造办处各作成做活计清档》（简称《清档》）就是雍正帝指令造办处建立的档案，此档已成为后人研究清朝皇家美术不可或缺的重要资料，它记载了自雍正元年（公元 1723 年）至宣统三年（公元 1911 年）共 189年间内廷造办活计的内容，准确而又周详。可以这样说，任何研究清代工艺美术的专家学者都不能不去详查熟记、分析思辨《活计档》所记载的文字，从中掌握宝贵的第一手资料，从而了解清朝皇家美术的辉煌成就。

雍正朝虽然时间甚短，但其地位十分重要，它正处于康、乾之间，是"康乾盛世"中的关键时期，在康乾（公元 1662~1795 年）皇家美术的发展中起到了承先启后的历史作用。雍正朝皇家美术继承发扬了康熙朝的美术传统，树立了本朝美术的新风气，为乾隆朝宫廷美术的巨大发展打下了坚实牢靠的基础并创造了重要的条件。在雍正朝皇家美术新面貌的成长过程中，雍正帝的追求、关心和培养起到了不容忽视的作用。

一、雍正帝提出"恭造式样"，排斥"外造之气"

胤禛即位后整顿了郎世宁油画房里面的徒弟和柏唐阿，有留有去。对南匠食粮银、衣服银、安家银也做了调整。在慈宁宫、白虎殿、芰荷香设画画处，画画人在内奉命作画。修造洋漆活计地窖。由各省巡抚或总督荐举名工巧匠进入养心殿造办处各作效力，对各作活计褒贬不一。对工匠及官员赏罚分明。胤禛下达活计时往往交下他所满意的器物作样板，用何材料、怎样做法以及有何具体要求都指示明细，毫不含糊其词。对贡进的或造办处自做的器物他也往往有所评价，最高评价就是"甚好"。可知他对造办处的管理和制品的质量都很关心，寄予厚望，要求严格，精益求精，务须达到至高的标准。这些情况在《清档》中屡有记载，不胜枚举。由此可知，胤禛对改进和提高造办处工匠的表现能力和艺术水平确实起到了重要作用。此外还有一个非常关键的举措，就是他根据造办处作品工艺、艺术水平及其品格的情况，提出"内廷恭造式样"和"外造之气"这两个对立的艺术风格问题，见于雍正五年闰三月三日的圆明园来帖，以郎中海望传达"上谕"的方式下达至造办处各作匠役，择其要点于下：

> "朕看从前造办处所造的活计好的甚少，还是内廷恭造式样，近来虽其巧妙，大有外造之气，尔等再造时不要失其内廷恭造之式。钦此。"（《清档》，编号3310）

此上谕非常重要，其中包括雍正帝对他即位五年来所见的造办处、织造、海关、盐关等衙门作坊所制贡品（含康熙时期制品）的估价，他感到"所造的活计好的甚少"。今天我们对胤禛这句话应如何理解？笔者认为，雍正帝即位时以及其后的五年中的贡品都是按照康熙朝造办处各作的工艺技术（材料、设计、加工等程序以及表现手法）制成的，当然与康熙朝制品式样雷同或类似，这是合乎情理的，因各种工艺不可能由于一位老皇帝驾崩、另一位新皇帝登极而立即改变，不会出现一刀切的情况，所以雍正朝初年的贡品肯定都是老面孔、老样子。雍正帝对这种状态是不满的，他要极力谋求改变。《清档》记载中有许多雍正帝在命造办处制造某件器物时下达的指示，这些指示往往非常具体而细致，如：

> "雍正元年二月二十九日　交白玉螭虎杯一件，王谕：'此杯甚好，螭虎头不好，另改做。'于四月十七日改做完。"

> "雍正元年四月二十日　交白玉花碗三件，王谕：'将面上花纹磨去，往薄里做。'"

上述两条档文记载了雍正帝对他即位前的康熙朝或更早的玉器的改头换面和磨花为素的做法，这反映了胤禛的审美观与康熙帝是不同的。档文中的"王"当为怡亲王允祥，他的谕令只是传达了雍正帝的旨意。

> "雍正元年八月初二日　交厂官窑缸一口，花梨木座；小钵盂缸一口，槐木座。传旨：'配做彩漆架子。'"

> "雍正二年二月初五日　交喜相逢漆盒一件，传旨：'照此形，盖上画寿桃二个，底子画寿桃一个，周围墙子上下俱画寿字九个。'"

上述有关漆器的两条记载，其一是用彩漆架子换下花梨木架和槐木架；其二是胤禛命造办处造寿意漆盒时以喜相逢漆盒为造型，改其喜相逢纹为双桃九寿纹。这些旨意反映了胤禛对原有器物或架子不甚满意。

从《清档》记载来看，雍正五年之前有关批评斥责的旨意屡见不鲜、比比皆是，但少有表扬的语言，偶亦可见部分满意的口谕，如：

> "雍正六年正月二十九日　郎中海望持出宜照熊、刘师恕进的汉玉一统太平一件，随紫檀木架，黑堆漆夔龙万字锦式匣盛。奉旨：'此架还好，不必换，黑堆漆匣做法、花纹亦甚好，着留样，嗣后若做漆水匣子等件有用此做法的俱照此做。'"

此玉件之架、匣都是地方制品，博得胤禛的欢心，并命将其漆匣留造办处作"样"（标准器），以后可加意仿制。

> "雍正七年四月十一日　持出洋漆万字锦绦式盒一件，奉旨：'照样式烧造黑珐琅盒或做漆盒。钦此。'于闰七月做得黑漆洋金万字锦绦结式盒五件呈进。奉旨：'此盒子甚好，大有洋漆的意思，但里子略不像些。钦此。'"

此记载说明雍正帝对"漆作"所仿之洋漆锦绦结式盒五件十分满意，评之大有洋漆的风味，同时也指出其不足之处。

官窑瓷烧造情况也是如此，如：

> "雍正八年十月二十六日　将内务府总管年希尧烧造来的仿均窑炉大小十二件呈览，奉旨：'此炉烧造得甚好，传与年希尧照此样再多烧几件。'"

雍正帝称赞了年希尧在官窑烧造上获得的成绩。似乎可以这样说，雍正元年至六年（公元1723～1728年）是由康熙朝作风向雍正朝作风转变的过渡期，雍正六年至十三年（公元1735年）正是雍正朝美术风格形成和定型的时期。

雍正七年（公元1729年），打做仿洋活计地窨一座，八年（公元1730年）在造办处相近地方盖造。

> "雍正八年三月初六日　将画飞鸣宿食芦雁珐琅鼻烟壶一对呈进。奉旨：'此鼻烟壶画得甚好，烧造得亦甚好。'赏画珐琅人谭荣、烧珐琅料人邓八格银各二十两；赏首领太监吴书、太监张景贵、乔玉每人各十两；赏催总张自成、柏唐阿李六十各十两；赏胡保住、徐尚英、张进忠、王二格及镀金人王老格每人五两。"

由于一个珐琅鼻烟壶烧造成功，共有13人受赏，共赏银120两，这是雍正帝首次向造办处役匠重赏。

> "雍正十年七月初一日　太监仓州传旨：'百花斗方山水大碗画得甚好，赏画珐琅人邹文玉银五两。'"

> "雍正十年十二月二十八日　内大臣海望谕：'邹文玉所画珐琅数次，皇上夸好，赏银十两。'"

邹文玉于雍正十年内数次得到雍正帝夸奖，得赏银两次共15两。

　　"雍正九年五月十九日　海望奉上谕：'造办处所做仿洋漆活计甚好，着将洋漆活计之人每人赏给银十两；做的荷叶臂格亦好，亦赏银十两。钦此。'"

　　"雍正十年十二月二十三日　传旨：'赏给李毅八品官。钦此。'"

李毅系裱匠，时年48岁，江宁县民籍。

　　"雍正十年十二月二十三日　传旨：'拣选小苏拉二名与李毅做学徒。钦此。'"

造办处各作活计的工艺艺术水平不断提高，终于达到了雍正朝皇家美术工艺的高峰，其各种作品已能合乎胤禛口味，足以准确地、出色地达到雍正帝的审美要求，标志着雍正朝的"恭造式样"已臻成熟。

二、雍正朝"恭造式样"的艺术标准——精、细、雅、秀

　　雍正帝即位后非常重视对养心殿造办处的工艺、艺术水平等的管理。雍正元年九月二十八日，将郎世宁油画房整顿完毕，留下斑达里沙等六人仍归在郎世宁处学画，佛延等四人留在养心殿当差，查什巴等三人被革退，画鸟谱金尊年等三人被送回本籍，对造办处南匠中已病故的空额撤销，老病者遣返，陆续补充了新的南匠来京。雍正四年，画画人丁观鹏等五人进入内廷供职，每人每月钱粮银八两、公费银三两。慈宁宫新来画画人张霖等七名暂且，每人每月暂给饮食银三两。年希尧送来画画人、玉匠、雕刻匠、漆匠、匣子匠、细木匠共16名；广东巡抚祖秉圭送来牙匠、木匠等共六名进造办处行走。在一年内先后补充了画画人和南匠共22名，极大地充实了新生力量，对改进造办处各作的工艺，艺术质量起到了重要作用。同时对造办处各作人浮于事、纪律松懈等现象进行批评，还对银两材料管理不严、责任不清等弊端作了整顿。对管理人员、总管太监不经请示、擅自派活的妄举亦采取措施加以制止，规定所做活计必须要事先请旨，准后再做。对匠役私做活计等劣行严加申饬禁止（雍正十一年二月）。为了改进和提高造办处活计的质量，雍正帝确实费尽心机、殚精竭虑，可以说在他作皇帝的13年中一直关注着造办处的艺术方向，故而在执政的前期便提出了"内廷恭造式样"和"外造之气"这两种截然不同的艺术格调。所谓"内廷恭造式样"（"恭造之式"）不难理解，即指造办处各作秉承皇帝旨意、按其审美要求的造物模式。"恭造式样"或称"恭造之式"，就是其物品总体中的精华部分所体现出来的典型形式和标准形式，其中包括材料、工艺、款式、色彩、风格中符合皇帝口味、爱好的那部分，所以不是所有的内廷制品都符合恭造式样的标准和要求，只有其中的一部分或者说是少数的一部分才是符合或属于"恭造式样"的制品，也就是被胤禛评为"甚好"的制品。简而言之，"内廷恭造式样"就是内廷作坊为皇帝制造的用品中所体现的皇家标准形式。

　　"外造之气"的"外造"从字面上讲就是内廷作坊之外的地方制造的物品，也可包

括官窑、织造、税关、海关等衙门作坊制品以及督抚将军所贡地方名匠、名坊等所制物品。"气"在此是指工艺品、艺术品的气派、韵味、风格、特色的意思。"外造之气"简而言之，也就是外面制品的地方的、民间的气味。这是笔者常年接触包括雍正朝造办处制品和贡品在内的宫廷美术工艺品并查阅《清档》之后形成的一种个人认识，并非胤禛本人的解释。非常遗憾的是在《清档》中没有查到胤禛对他自己的话的直接解释，所以笔者作了上述字面上的释读，侥幸的是在《清档》中还可查到不少的有关胤禛对造办处制品和外造器物的褒贬言论，很有参考价值。如雍正十年九月十一日胤禛夸"绿地黄菊花盘上山子青色甚好，再画水墨山水器皿俱用此青画"。于同年十月二十八日他又夸"一面画花卉、一面写字的磁（瓷）壶款式甚好"。我们现在已无法核实一种青料和一把瓷壶款式的"甚好"在哪里，但已表明这种青颜料和瓷壶款式符合他那"内廷恭造式样"的标准，也是"内廷恭造式样"的典型代表。同年十月二十八日，雍正帝对一件蓝地珐琅碟的评语不仅褒贬俱有，还提出了对以后的要求和企望。他说："画得甚好，颜色不好，嗣后往精细里做。""画得甚好"是指花纹的布局、形象、笔法均很好。"颜色不好"是指珐琅的显色不够鲜艳，不够漂亮，这与珐琅料本身质量及烧造时的火候是否合适有关。"嗣后往精细里做"，其"精细"是胤禛对造办处工匠的最高要求之一。"精细"作何理解？我想必然是要求工匠要精心细致地去工作，要求作品要达到精美细致的水平。有时他还用"细处"二字，其意思是一样的。与精细相对的就是"粗糙"、"粗俗"，雍正帝也常用此类词语对不称心的制品加以批评。其实"粗"与"俗"各有不同的含义。胤禛在褒扬某件器物时常用"文雅"、"秀气"这两个词，"文雅"不难理解，"文"有"文采"、"美善"之意，"雅"有"正"之意，如娴雅、风雅、典雅等美意，其反义即俗。"秀气"也很容易理解，"秀"有荣茂华美之意，"气"即气味、气韵、气色、气质、气派之意。用"秀气"形容器物，即指其有特异之气质，超凡脱俗。由此，我们可将"恭造式样"界定为具有精、细、雅、秀这四种特色的内廷作坊制品，若不具备这些特色的内廷制品则不属"恭造式样"。因而可以这样讲，雍正帝提出的"恭造式样"不仅是他对内廷作坊制品的最高艺术要求，也是对他个人审美观的高度概括，而精、细、雅、秀则是他的恭造制品艺术标准的具体内容。

三、雍正朝美术工艺成长与成熟时段的试探

雍正朝虽仅历经13年，但它的工艺美术的发展过程却可分为前后二个阶段，前一阶段是沿着康熙朝工艺美术的条件和基础不断吸收继承、融会创新，进而走向健康发展、日趋成熟的境界。内廷各门工艺的传承到演变的时间并非一致，而是各有自己到达终点的时间。

上面已经讲过，雍正帝在即位的第一年便着手整顿了郎世宁油画房。郎世宁在雍正朝作画情况在《清档》中有所记载，如雍正元年郎世宁画《聚瑞图》，"江写瓶花，以纪祥

应"。雍正二年三月初二日遵旨画《百骏图》，于十三年十一月十四日裱完呈进，这是他的代表作。雍正三年，命郎世宁画画书格内各式陈设物件。雍正七年二月十六日，郎世宁起圆明园含韵斋屋内对宝座前面东西板墙画稿3张呈览，奉旨："准山水画稿一张，其画着添画日影。"同年闰七月，含韵斋殿内陈设的棕竹边漆背书格二架，上着郎世宁画山水；中层着戴临写核桃大字；下层着程璋画花卉。雍正九年五月初四日首领太监郑忠传旨："着高其佩、唐岱、郎世宁每人画大画一张。"雍正十年四月二十九日，郎世宁画得《午瑞图》绢画一张。同年九月初六日，传备万寿节用画，着唐岱、朗世宁画《松高万年》绢画一张，这是唐岱与郎世宁之合笔画。新到的南方画家先后虽已有16人之多，但无出人头地者。雍正帝喜欢莽鹄立为他作肖像，山水画他器重唐岱，后与郎世宁共绘绢画。总之，雍正朝内廷绘画除了《太学讲经图》之外，仍围绕雍正帝的爱好为主线，表现他的行乐，描画他的肖像以及寓寿意或吉祥之意的符瑞画、贡品写生图，还有宫苑殿内和家具装饰用的油画、纸绢等画幅，未见有惊世骇俗之作（图一、图二）。

图一　《雍正帝朝服像》

图二，1　《郊原牧马图》（局部）

图二，2　　《郊原牧马图》（局部）

官窑瓷器烧造上由于雍正帝起用了广东巡抚、淮安关税监督、内务府总管年希尧兼管景德镇御厂，于雍正四年已见胤禛"釉水颜色俱好"的表扬。于雍正六年（公元1728年）命内务府员外郎、画家唐英协助年希尧督理窑务，常驻景德镇御窑厂。唐英自称："余于雍正六年奉差督陶……茫然不晓，惟诺于工匠之意旨……杜门谢交游，萃精荟神，苦心戮力，与工匠同其食息者三年。抵九年辛亥，于物料、火候、生克变化之理虽不敢谓全知，颇有得于抽添变通之道。"他由外行变成内行，已基本掌握坯土、成型、火候等生产规律，大大地提高了官窑瓷器的工艺水平和艺术质量。由于他长期在养心殿造办处效力，了解雍正帝的爱好和性格，找到满足皇帝要求的办法，所以得到了雍正帝的青睐。当然，这也与雍正帝不断地发出瓷器或画样、木样作标本并多有严格要求和具体指示有关。唐英在督理官窑厂的8年（公元1728～1735年）中曾有很多对烧瓷技艺的改进和创新，他于雍正十三年撰《陶成纪事碑》，总结了这8年的成绩，自白"一切烧造事宜俱系一人经营"，想必此言不虚，是他协助年希尧督理陶务的总结。据碑所记，他烧制的釉彩已有57种，这是难能可贵的。据《清档》记载，从雍正八年至十三年，雍正帝曾多次以"甚好"的评语褒扬年希尧烧造的瓷器，烧造任务也有增加，不见有贬义的评语。所以可将官窑烧造以雍正八年为界，其前为继承发展期，其后为变化创新期。瓷胎珐琅彩，御窑厂生产的称为"洋彩"，内廷珐琅处烧成的称为"珐琅彩"，所用瓷胎由年希尧在御窑厂烧成后贡进内廷，画、烧珐琅的工序成于珐琅处。似以雍正六年为界，雍正帝于二月十七日指责："近来烧造珐琅器皿花样粗俗，材料亦不好，再烧造时务要精心细致。"于六月二十九日又批评说："此茶圆颜色甚好，但款式不好。"同年还改进试烧珐琅料，推广试用调珐琅彩的多尔门油。雍正六年是个关键年，总结过去，改进提高，为画珐琅和珐琅彩原料和工艺的提高打下基础。雍正七年之后步步高升，八年即见成效，九、十两年达到顶峰。

雍正朝漆器工艺包括素漆、退光漆、彩漆、金漆、雕填等工种，在康熙朝的基础上稳步提高、精益求精，唯有雕漆试制仍未突破，而在制造西洋金漆和东洋金漆上都取得了显著成绩，尤在仿洋漆上取得的成绩更为突出，体现在数量上也是增加很多，致使原有漆窖也不敷用，于雍正七年修建了新的仿洋漆窑，制作了更多更美的仿洋漆漆器。

从上述造办处各作的情况来看，确实可以看出有着前、后两期的不同情况，前期是承继康熙朝工艺做工制作器物，因胤禛不满足他父亲那个时期的工艺和趣味，于雍正五年提出"恭造式样"的高标准、高要求，督促、帮助造办处各作和派出衙门作坊提高技艺，创造出新的产品，这就是代表雍正朝美术的新产品，也可以说雍正朝美术的形式、风格大体自胤禛登基后的第五年为界，各种工艺经过几年实践，或迟或早地初具规模。雍正帝对造办处工艺最为满意的年月可定在雍正九年，一次受赏的有洋漆匠、洋金匠、牙匠、玉匠、彩漆匠、广木匠等六个行业，受赏金额分为十两、六两、五两、四两、三两五个等次，受赏匠役共二十八名，共赏银一百五十两，柏唐阿三人官用缎三匹。这种集体性大赏不仅是空前的，也是绝后的，这足以说明雍正帝对内廷匠役的高超手艺甚为满意，同时标志雍正朝恭造式样的全面形成。目前《清档》所记的事例及器物还很难在故宫博物院现存实物中找到，即使找到也是有限的几件，在这一困难条件下当我们见到雍正朝制品时首先要分析它是否有雍正朝的时代特征，是者即为雍正后期（雍正六年至十三年）产品，非者可能是其前期（雍正元年至五年）之制品。在研究雍正朝美术工艺模式时必须以发展眼光来看待它的形成与历程。

四、雍正朝美术工艺创新的行业和品种

雍正朝美术工艺的特点在于精、细、雅、秀，在各种工艺门类都有所表现，都有杰出的匠师和代表性作品，它们都是雍正朝美术工艺的恭造式样，有着不同于康熙朝美术工艺的新模式和新韵味。

雍正朝美术工艺在吸收外国的新工艺、新技术方面是下了一番工夫的，这使得皇家美术工艺的原状发生了很大变化。胤禛对郎世宁的使用上也比较宽容，给他创造了广阔的发展空间，除下达一些装饰画和少量的绘画任务之外，其他时间都由郎世宁自己支配作画。他还有培养油画学徒的任务，但是有一点令人百思不得其解的就是，迄今为止我们尚未看到一张郎世宁为雍正帝画的肖像，这与乾隆帝不同。在《清档》中也未发现记载雍正帝命郎世宁为他画肖像的相关条文。具有代表性的雍正朝院画就是《太学讲经图》，比起《康熙南巡图》可以说是小巫见大巫，所以雍正朝院画在发展过程中还是未能形成一个亮点。

雍正朝工艺，尤其内廷工艺在某几个行业里确有改进创新，出现了新品种、新面貌。

1. 珐琅工艺的画珐琅和珐琅彩取得了巨大进步，形成了雍正朝的新面貌和新模式

首先是珐琅料的烧造上有所进步。据《清档》记载，雍正六年二月二十二日奉怡亲王谕试烧炼珐琅料，七月十二日列出四批珐琅料，即怡亲王交出的西洋珐琅料、旧有西洋珐琅料、新炼珐琅料及新增珐琅料，每批 9 色，共 36 色，虽相重者不少，可能其显色还是有差异的。仅从《清档》所记名目来看，其不同者有月白色、白色、软白色、黄色、松黄色、淡松黄色、绿色、浅绿色、亮绿色、深亮绿色、浅亮绿色、浅蓝色、深亮蓝色、黑色、亮青色、秋香色、淡松黄绿色、藕荷色、酱色、深葡萄色、青铜色等21 色。这虽非雍正朝所用画珐琅料的全部，但确也大大丰富了雍正朝珐琅料色的品种。这是雍正朝发展金、铜、瓷、玻璃等不同胎质珐琅工艺的物质基础，这些珐琅料后来被存放在造办处作样。此后，烧玻璃也依照此样，影响到内廷玻璃的色彩。

其次是瓷胎"古月轩"的烧成。"古月轩"是晚清文人对乾隆朝烧成的一种瓷胎或玻璃胎上集诗、书、画、印四绝为一体的画珐琅器的称谓，其名称的由来迄今仍是一个悬案。《清档》雍正七年四月十七日来贴云：

> "郎中海望持出呆白玻璃瓶颜色甚好，底子不要浑楞，砣平，其瓶身上画珐琅绿竹，写黑珐琅字，酌量落款，章法画样呈览过烧造。"郎中海望将呆白玻璃半地瓶上画得绿竹并字款、图章，呈览，奉旨："甚好。"于六月十二日烧造得二件。

这一记载说明"古月轩"式画珐琅玻璃器已于雍正六年便烧成，出主意的人还是雍正帝本人。此后于雍正九年四月十七日，内务府总管海望持白磁（瓷）碗一对，奉旨："着将此碗上多半面画绿竹，少半面着戴临撰字言诗诵题写。"于八月十四日画得。此种瓷胎四绝画珐琅器首创于雍正朝，画画人邹文玉还得过赏银，嗣后通行于乾、嘉两朝。

其三是单色画珐琅做工的出现。用单色珐琅料作图也见于西方画珐琅。清代单色画珐琅可能成于雍正朝，发展于乾隆朝。用黑色珐琅料画纹的因其纹而名的有墨菊、绿竹、青山等等，有时亦称水墨水山。雍正十一年五月初一日邹文玉曾画得瓷胎画珐琅青山水酒圆一对，得到雍正帝的好评"俱做得甚好"，还得到每月所食钱粮外加赏银一两的奖赏，自本年六月起按月官领。

上述雍正朝内廷画珐琅工艺的新成就便是继承康熙朝珐琅工艺后的结果。

2. 改变洋法玻璃回归传统

雍正帝与康熙帝一样也很喜爱玻璃器。康熙朝玻璃厂厂址在蚕池口，从康熙三十五年（公元 1696 年）起创建，历经几年，于康熙三十九年之前建成。康熙帝南巡时曾将其产品赠与老臣宋荦，计御用玻璃器 17 件，其中有白、蓝、黄三种单色玻璃器和洒金蓝玻璃器。康熙朝玻璃厂还创烧了套色玻璃（亦称"套料"），时人赞为"三十六天罡，稀世珍也"。现存一件水晶玻璃墨水丞。由于康熙朝玻璃厂从建设到投产的全过程均由日耳曼传教士纪里安（公元 1655～1720 年）指导，从上述水晶玻璃墨水丞来看，即为西方玻璃工艺制品。嗣后，又有广州玻璃匠程向贵、周俊二人进玻璃厂效力。于康熙四十七年烧造"雨过天晴"刻花套杯 12 个、素套杯 12 个。程向贵、周俊二人于康熙五十四年四月被遣返回广东。所以康熙御窑玻璃产品包括日耳曼钠钙玻璃和广州洋玻璃两种不同的类型。胤禛御极后蚕池口御用玻璃厂由于广州玻璃匠早已被遣返，纪里安又于康熙五十九年（公元1720年）逝世，已处于无人照管的状态，设备老化，生产停顿。在这种情况下，胤禛把目光转向青州府颜神镇琉璃业。该镇琉璃业可能始于宋金，明廷设外厂于斯地，专为明廷烧造青帝。清代顺、康年间，大学士孙廷铨致仕后撰《颜山杂志》，专辟"琉璃"一章，记录了该地的传统手工业——琉璃的材料配方、冶炉熔材、成型工艺、销售渠道以及历史沿革的考证，因其具有重大学术价值，为丛书，刊出名为《琉璃志》。雍正帝于圆明园六所辟建新的玻璃厂，材料、工匠均来自颜神镇炉户。这说明雍正朝玻璃厂是一次再建，生产上是一次转机，并非蚕池口玻璃厂的一次搬迁，而是由外来玻璃、广州玻璃转轨到颜神镇玻璃的轨道。雍正十二年设博山县，县治设于颜神镇，此后称颜神镇玻璃为博山玻璃（本地称为博山琉璃）。雍正帝也非常关心御窑玻璃厂的生产，不断地下达具体指示，以改进其生产。从《清档》中已查出20余件重要的玻璃器皿，其他年节贡进玻璃器未计。由于宫廷珐琅料丰富多彩，为改进提高玻璃显色的质量提供了样本和呈色剂，同时玻璃厂也为珐琅厂烧造珐琅料，互为合作又互为影响。故宫博物院现存雍正款玻璃器据查仅有21件，均为单色玻璃，有淡黄、黄、雄黄、涅白、亮黄、亮浅蓝、亮紫等色，器型有八棱瓶、小缸、水盂、渣斗、圆盒等几种，均镌"雍正年制"直二行宽栏楷书阳文款，这与《清档》所记的葡萄色玻璃杯、涅白玻璃里外套红三足马蹄腿圆笔洗等玻璃器是不能相比的，可能都是节日贡品，但也是很难得的了。

雍正帝深爱玻璃，便以其取代宝石，正式列为典章制度，用于官员所戴的帽顶，仅次于珠宝，如三品官以蓝色玻璃取代蓝宝石作帽顶；四品官以蓝色涅玻璃取代青金石帽顶；五品官以白色明玻璃取代水晶帽顶；六品官以白色涅玻璃取代砗磲帽顶。每年赏赐少数民族王公以及外国君主和使臣的珍贵物品中都包括一批玻璃器，于是玻璃器亦成为礼仪用的赏赐品。

总之，雍正朝玻璃厂在皇帝的直接指导下业绩不凡，另辟蹊径，别开生面，不仅提高和改进了传统玻璃工艺水平和民间玻璃的艺术格调，还创造了精、细、雅、秀的清代皇家玻璃的艺术典范。

3. 漆器工艺普遍发展的同时在洋漆的仿制与创新上创造出辉煌的成绩

关于雍正朝官私漆业的情况已有详述，不必赘言。笔者以为雍正朝漆器作工细致、格调文雅，不同于康、乾两朝漆器。内廷漆业工匠也多来自南方，其物质、技术的基础便是较为发达的南方漆器手工业。另外，由于海运交通的开辟，海外漆工艺制品作为商品或贡品已传至中国，并首先在南方江、浙等地漆作坊仿制，清代传入内廷。康熙朝内廷漆业情况由于藏品较少、档案缺佚，故对其发展不甚了解。雍正朝的遗物稍增，《清档》中的相关记载亦屡屡可见，这给我们了解雍正朝漆工艺提供了可能和方便。我认为雍正朝漆业颇值得一提的就是仿洋漆和洋漆工艺。《清档》记雍正元年一二月怡亲王交"洋漆双梅花香几一件"及"洋漆小圆盘一件",疑其为康熙年间贡进宫廷之洋漆器。康熙年间是否已仿制过洋漆尚未查到明文记载,但从雍正年间《清档》所记可以推断康熙时已曾仿制。如:

> "雍正元年二月十三日 怡亲王交洋漆小圆盘一件,王谕:'仿此样镟作木样,或三足、或满足,中心起台另做几个。'于四月二十九日做得洋漆小圆盘八件。"

此记自交下小漆盘作样至做成八件漆盘共用时二个月零六天,这一速度确实够快了,说明操此业者必为技艺娴熟的老漆工,这位洋漆匠人必为康熙朝留下的老匠人,不可能是雍正帝御极后才立即调入的。那么雍正帝是否调入洋漆匠人现尚未查到记载,但《清档》中有关洋漆匠的记载却只至雍正九年。《清档》记雍正四年二月二十二日,彩漆匠秦景贤因"洋漆方盒做得甚好"而受赏银十两。雍正七年,新建仿洋漆活计用窑,说明漆作仿洋漆活计很多,以致原有漆窑已不敷用。至雍正九年在内廷又采用瓷器作胎骨,漆作洋漆,半边画纹,半边戴临写诗句,五月五日画得久治长安飞鸣宿食芦雁碗、绿竹潇潇碗、红梅碗各一件,这是受瓷胎画珐琅的影响试制而成的,足见雍正帝对漆器的喜爱。同年五月十九日奉上谕:"造办处所做仿洋漆活计甚好,着将做洋漆活计之人每人赏给银十两。"洋漆匠李贤、洋金匠吴云章领赏银十两。说明此时洋漆已成为恭造式样的一种,确立了它的重要的艺术地位。

在《清档》中可以看到洋漆、仿洋漆、洋金、画洋漆、画洋金金钱花、西洋描金、西洋金等不同的漆工艺称谓。在解释这些称谓的工艺特点时须认真研究它们的工艺内涵及其不同的艺术效果,但这一工作难度较大,须结合实物、找到实物例证方可做到。在此仅对洋漆稍作说明。按清人习惯,所谓"洋"均为海外国家之意,如称欧洲为西洋,称日本为东洋,但此处洋漆之"洋"字即指日本,"漆"可解为莳绘漆器之意,仿洋漆指内廷漆作所仿日本之莳绘漆器。

4. 雍正年窑、唐窑都是恭造式样瓷器的代表

雍正官窑是在继承康熙官窑成就的基础上发展起来的,同时出现了鲜明的变化。康熙官窑至少经历了不少于四十年的稳定发展时期,出现了"臧窑"和"郎窑"。"臧窑"是指工部虞衡司郎中臧应选于康熙十九年至二十七年(公元1680～1688年)奉旨督烧的各种单色釉瓷;"郎窑"是指江西巡抚郎廷极于康熙四十四年至五十一年(公元1705～1712年)主持景德镇官窑所烧的郎窑红、豇豆红以及仿宣德青花、仿成化斗彩和白釉脱胎器等官窑瓷器。雍正官窑早期由内务府总管年希尧主持,雍正六年派出内务府员外郎唐英赴景德镇协助年希尧督理陶务。唐英常年在养心殿造办处行走,主管珐琅厂事务,熟悉内廷造办管理事宜,对雍正帝的兴趣、口味、性格也比较了解,对恭造式样的理解也有一定深度。有关唐英的一些情况前文已述及,不再赘言。从内廷养心殿造

办处各作活计来看，符合恭造式样的则须首推珐琅厂的金、铜、瓷、玻璃胎的画珐琅和珐琅彩，其次就是年窑和唐窑了。

雍正帝对瓷器也是颇为爱好，经常选宋官、哥、汝、定、钧五大名窑及明代永、宣、成、嘉等官窑的各色瓷器作样板，发至官窑厂仿制。雍正帝对仿宋、明瓷器有褒亦有贬：雍正四年十二月二十二日指示年希尧瓷器胎骨要精细，要求年希尧过三年以后要烧得更好。雍正七年八月十七日批评新烧霁红釉水甚薄，要照送去的破瓷釉水烧造。雍正八年二月二十八日，年希尧仿（按：实为唐英所仿）钧窑磁（瓷）炉大小十二件呈览，奉旨："此炉烧得甚好。"从上述《清档》记载可知，年窑、唐窑都是在雍正帝关心指导下认真、努力地完成烧造任务的。年希尧于雍正初年任广东巡抚，雍正四年烧造官窑瓷器，雍正十年任内务府总管。至此，唐英方可"一切烧造事宜俱系一人经营"，对提高雍正官窑瓷器的质量起到关键性作用。唐英烧瓷的成就如前已述，令人高兴的是唐窑的许多著名瓷器"与现今所见的传世器物相印证，都能基本吻合"（耿宝昌：《明清瓷器鉴定》下册，67 页）。我认为唐英的 57 种釉彩中最为重要的还是洋彩和珐琅彩。洋彩为"新仿西洋珐琅画法，人物、山水、花卉无不精细入神"。似乎是专指仿西洋珐琅画法，物象精细入神。此外，洋彩可能还有采用珐琅为彩料的另一面。"精细入神"的写实笔法应与传统的工笔画法有所不同，若想使瓷器上的图案真正达到"精细入神"的境界，只有使用珐琅料方能成功，其他粉彩、五彩所用的彩料是不堪胜任的。所以，唐英很有可能将内廷珐琅处"精细入神"的画法引进官窑厂，大量地采用珐琅料。已如上述，内廷所用珐琅来自外国和玻璃厂所自炼者，据《清档》披露的线索，可以认为景德镇御窑厂完全可以烧炼珐琅。雍正七年闰七月初九日年希尧送来画珐琅人周岳、吴士琦及吹釉炼珐琅人胡大有，此三人可能都是由御窑厂选拔的优秀工匠，这是文字证据。另外，收藏在故宫博物院的原定为粉彩的大件彩瓷，据我过去细察，似乎都是珐琅彩。所以我相信唐窑烧造了大量的洋彩和珐琅彩，这也是唐窑的一大特色。

除了上面的绘画、珐琅、洋漆、洋彩之外，在丝织、刺绣、染色、木器、玉器、铸造、篆刻、竹木牙骨雕刻以及镶嵌等工艺都有不少创新或新意，而与康熙朝不同，将有故宫博物院的各行专家的专文详加介绍，故本文不必涉及。

总之，雍正朝虽仅有十三年，由于胤禛与其父玄烨的性格、爱好不同，他又要强烈地表现自己，落实在美术品和工艺品上，也必然出现与康熙朝不同的新的烙印，必然发生不同程度的变化甚至形成崭新的格局。这方面的突出表现就是雍正帝提出"恭造式样"及其"精、细、雅、秀"的艺术标准，皇家造办机构的管理人员和工匠都力求达到这样的标准。雍正帝的"恭造式样"大体形成于雍正六年至雍正十年这段时间里，主要的行业品种有珐琅、洋漆以及"唐窑"等专业制品。

（原刊于《收藏》2005 年 10 期）

盛极至衰的乾隆朝美术

1735 年雍正帝驾崩之后，宝亲王弘历顺利地登上了皇帝宝座，改元乾隆；统治全国长达六十四年（包括太上皇四年训政）。这六十四年间（公元 1736～1799 年），在康、雍两朝政治、经济、文化各个方面有效治理，出现了"太平盛世"的坚固基础之上，经济更加发展，城市工商业进一步繁荣，皇权巩固，内帑富足，国力强大，达到了清代的极盛时期。当然，由于吏治腐败，贪官污吏损公肥私的问题进一步恶化、土地高度集中，失去土地的农民生活贫困，被迫涌向城市，构成了潜在的社会危机，最终酿成了白莲教起义。这次起义声势浩大，波及全国大部地区，沉重地打击了清朝统治。乾隆朝时国内各民族尚能友好相处、互通有无，与朝廷保持着密切的良好关系。康、雍两朝遗留下来的准部分裂活动的难题于乾隆二十年（公元 1755 年）已彻底解决，接着回部敌对分子大、小和卓木以怨报德发动了叛乱，清廷经过三年的平叛，终于在乾隆二十四年取得了胜利，从此准部、回部归服，土地、牧场纳入清朝版图，边疆其他地区的隐患也彻底铲除，其经济、文化遂得到相应的发展。

长达 60 年的乾隆朝美术在太平盛世的大好形势下亦呈现了巨大的发展，当然，各美术专业发展提高的幅度并不一致，速度也不相同，但从整体上看，大致在乾隆二十至三十年代的二十余年间为其极盛期，此后便向下坡滑去，皇家美术和民间美术随之都出现了不同程度的粗制滥造或偷工减料的现象，其艺术质量有所下降。

一、地方大中城市经济繁荣，为地方美术的繁荣打下物质基础并创造了有利条件，形成了地方美术中心

各地经过了顺、康两朝七十余年的休养生息，经济有所恢复，生产力较明末、清初有了较大的提高，庶民安居乐业。乾隆年间，经济空前繁荣，美术亦得到同步发展，如京师、南京、苏州、扬州、杭州、福州及广州等城市的美术呈现百花盛开、欣欣向荣的大好局面。苏州"四王"，吴、恽之传派依然雄踞画坛，丝织、刺绣、玉器、漆器、雕刻、家具等工艺以及园林也异常发达，闻名全国，成为江南地区的一处极为重要的传统文化和美术中心。又如扬州镶嵌、漆器、玉器、掐丝珐琅、竹木牙雕等工艺美术独具一格，同时"扬州八怪"从各地集聚于此，以卖画为生，广交上流社会人士，活跃于乾隆朝。屹立于江北的扬州是一与苏州争辉并耀的士庶美术中心。广州地处南国，凭借海运港口之利，输入了西欧的油画、版画、金属、珐琅、钟表、玻璃、毛织、烟草等商

品，还进口了东南亚的犀角、玳瑁、珊瑚、宝石、硬木等珍贵材料，并将其贡进内廷或转运至各大城市。同时，广州的美术家、工艺家接受或移植了西欧的油画、版画、錾胎珐琅、画珐琅、硬透明珐琅、玻璃等美术工艺技法，并使其地方化，丰富了本地美术，也使广州成为清乾隆朝引进西欧美术的桥梁，同时又成为乾隆朝的第三个富有异国情趣的美术中心。江宁的云锦、杭州的绢绫、福州的漳绒、成都的蜀锦等都是十分名贵的丝织物。景德镇的瓷器、宜兴紫砂、博山玻璃、肇庆端石、婺源龙尾石、福州田黄、青田冻石、昌化鸡血石等都是名物珍材，均名扬寰宇。特别要指出：乾隆朝这三大美术中心在全国范围内形成了三足鼎立之势，互相竞争，互相交流，扬长避短，共同繁荣，并带动全国美术普遍提高，还为内廷提供了各业的优秀工匠及地方的名优产品。

上述美术中心至乾隆中期先后走向衰势，其质量下降，产量也减少。唯独玉器碾琢业的情况有所不同，由于康、雍及乾隆二十四年（公元1759年）之前玉路断绝，玉料进入内地主要靠私运，其数量甚少，这严重地阻碍了清代前期玉业的正常发展。自乾隆二十五年（公元1760年）西北战事结束，打通了玉路，和田玉通过玉贡和私运，方源源不断地被运至内廷和京、津、苏、扬、宁、杭等玉器制造地，故玉业的盛期晚于其他各工艺行业二十余年。

二、在全国安定繁荣的局面下各少数民族美术也得到相应的发展和提高

清朝是一个多民族的统一的集权制的封建帝国，经历了努尔哈赤、皇太极、福临、玄烨、胤禛等五代皇帝的奋斗，到了乾隆朝，终于彻底地平定了准、回两部，先后开疆辟土达1300万平方公里，容纳了蒙、藏、维、僮、回、苗、彝等50多个少数民族，他们都有着自己民族的悠久历史和文化艺术。

藏族长期以来信奉佛教，形成了政教合一的西南边疆地方政权。到了清代，藏族信奉黄教，以达赖喇嘛为其最高的宗教领袖，同时他又掌握着政治、经济、文化等多种最高统治权力。藏传佛教的建筑、壁画、造像、唐卡、金属工艺等都有着鲜明的民族特色。自从元代尊藏传佛教为国教、封巴思巴为国师以来，西藏归入元代版图，与朝廷关系十分密切。元代建梵像提举司，总管皇家佛教的造像和皇家美术等工作。明廷仍设藏经厂并造藏传佛教造像，封赏乌斯藏王和法师。后金汗王引进藏传佛教，皇宫建筑有着明显的西藏寺院建筑的色彩。清代紫禁城内中正殿主管黄教造像事宜。乾隆朝在承德避暑山庄之外建庙弘扬佛法，称"外八庙"，其中最大的庙宇普陀宗乘庙是仿拉萨布达拉宫建造的；另一座较大的须弥福寿庙是仿后藏日喀则的扎什伦布寺建造的。还有青海湟中、内蒙古呼和浩特、山西五台山等地亦建有佛寺，兼取汉、藏的建筑艺术及其装饰手法。在承德、西藏、内蒙古、青海等地建造的寺庙往往采用营造法式中的庑殿顶，悬山顶上铺镀金铜瓦。紫禁城内建有雨华阁、佛日楼、梵华楼及多处佛堂，供奉黄教佛像、

唐卡。帝后居住的建筑也都设有佛堂，供奉藏式或汉式的造像。可知西藏佛教美术对内廷及山西、内蒙古、青海等地佛教建筑及造像的影响是非常深广的。

蒙古族曾入主中原九十七年，之后被迫退至漠北，与明朝对立，时战时和，构成明代北部边患。后金政权采取联合蒙古、封赏通婚的政策，笼络蒙古各部首领，参加灭明的军事斗争。蒙古王公与清皇室关系密切，在政治上、经济上获益甚丰。清廷扶持藏传佛教在蒙古地区传播，使其成为蒙古全民族的宗教信仰。蒙古黄教寺院不仅是宗教活动中心，同时又是蒙古文化艺术的庙堂。黄教寺院集中藏、汉建筑艺术精华；造像、唐卡、供器大多出自蒙古喇嘛工匠之手；医疗吸收汉、藏医学成果，形成了适于草原的蒙医药和蒙兽医。王府是蒙古世俗领袖的集施政、宗教、生活于一体的建筑，也是汉、满、藏等多民族建筑的混合形式，由于蒙古王公随着进内拜谒皇帝之机进贡特产、佛像、金银铜等宗教和生活用的工艺品，遂使宫廷内外对蒙古美术有所了解。清帝宗教国师章嘉呼图克图均由蒙族担任，大至内廷宗教活动，小到造像认看工作等均由章嘉呼图克图决策，但造像的拨蜡、铸造及唐卡的设计、绘制等具体工作均由藏族喇嘛承担。

维吾尔族清称"回部"，唐时迁居今新疆，多分布于南疆绿洲。维族信仰伊斯兰教，其寺院建筑形式来自西亚和中亚。比较著名的工艺品产地有喀什，其地工匠擅长丝织、地毯、金银、宝石镶嵌、紫铜等手工艺。该地亦出产玉石，但其碾玉工匠的技艺水平实属一般。丝绸中著名的有阿尔泌壁衍绸、经印染的窄幅丝绸织品以及马什鲁布，其图案都是几何纹和拜旦姆纹。用羊毛编织的毯类制品有床毯、壁毯、鞍毯等，丝织地毯多由富裕人家购置，也有贡进内廷者，如"玉堂富贵金丝辫地栽绒丝毯（长645厘米，宽270厘米）"即是用维族技法编织的传统谐音图案丝毯。南疆维族采玉的历史已有千年，自乾隆二十五年（公元1760年）清廷命维族伯克每年进贡玉石4000斤，至道光元年（公元1821年）停止玉贡。同时贩玉者私采私运，朝廷屡禁不止，玉贩售与苏州等玉肆的玉料也很多。这些私售玉料为京师和江南的玉器制造业提供了丰富的原材料。维族碾玉工匠也曾进造办处效力，但因技术上、审美上不能满足乾隆帝的需要，不久便被遣返回本地。维族碾玉业工艺水平不高，器型简单，纹饰较少，多为素器，其制品流入宫廷及内地者甚少。印度莫卧儿王朝玉器通过驻疆大臣、将军以及伯克贡进内廷，乾隆帝名之为"痕都斯坦玉器"，民间称其为"番作"。这种玉器充满着西方文化基因和伊斯兰情趣，有的器体碾琢甚薄，受到乾隆帝的好评，遂提倡仿制，称为"仿番作"，其做工尤其图案对内地玉器影响较为深远。

回族聚居于宁夏及甘、青等地，并散居于全国各地。回族用汉语、汉字，没有本民族的文字语言，信仰伊斯兰教，其风俗习惯与汉族不同。民居建筑与汉族基本一致，其寺庙建筑亦与佛教庙宇相似，但其内部装饰与祭器均与佛教完全不同，有着鲜明的伊斯兰风格。回族的地毯、铜锡等手工艺均为本族民众服务，以伊斯兰经文为主纹，配以常见的松竹梅以及花草等图案。

僮、苗、彝、黎等少数民族都有着特殊的宗教信仰及本民族的语言、歌舞、风俗习惯，还各有自己的手工艺特产。如僮族的织锦（简称为"僮锦"）、苗族的银牌饰、彝族的银器和漆器、黎族的木骨雕刻等等，都有着鲜明的民族特色，丰富了清代民族工艺美术的"花坛"。

三、外国美术渗透为乾隆朝美术的发展提供了新鲜的养料

当欧洲美术由巴洛克（baroque）进入到洛可可（rococo）的新的历史时期之际，清朝人接触到它，但由于欧洲美术传入乾隆朝仍是由传教士画家来完成的，所以他们所带进的美术并非都合乎欧洲时兴的新潮流。意大利传教士画家郎世宁（Giuseppe Castiglione，1688~1766年）长期以来是清内廷中绘制西洋油画及传授其技艺的主力，他于康熙五十四年（公元1715年）十一月二十二日到达北京并进入内廷，在康、雍年间作画21年，嗣后在他48岁时便进入了乾隆朝。乾隆帝与雍正帝不同，他对油画的兴趣甚浓，便放手使用郎世宁，对这位画家十分眷顾，封赏有加。郎世宁的作品经过康、雍两朝的摸索和改进，逐渐成为受到皇帝喜爱的新体油画（图一、图二）。郎世宁的具有代表性的画幅有乾隆元年的《乾隆帝后肖像卷》（美国克里夫兰艺术博物馆收藏）及乾隆辛酉（六年）《弘历哨鹿图》，还有后来绘制的《十骏图》、《弘历射猎聚餐图》、《马术图》以及《平定回部得胜图》的四张绢画。郎世宁于乾隆三十一年六月十日病逝，享年78岁，乾隆帝"加恩给予侍郎衔"。这位传教士画家在乾隆朝对美术的贡献仍是传播西方油画并留下大量精美作品；他还教授了一些徒弟，使油画在中国的传播益加广泛和长久；另外，他所创成的"郎世宁新体油画"对中西绘画艺术的融会贯通亦产生了深远影响。乾隆朝新来的传教士画家有王致诚、艾启蒙、安德义、贺清泰、潘廷章等五人，此五人中以王致诚（Frere Jean Denis Attiret）的油画功底最好，堪与郎世宁相比肩，他的代表作有《万树园赐宴图》（合笔画）、《乾隆射箭油画挂屏》。他于乾隆三十三年十二月八日病逝于京，享年72岁。艾启蒙（Ignatius Sickeltart）的油画技巧远不及郎世宁和王致诚，参与《万树园赐宴图》、《马伎图》二幅合笔画的创作，代表作有《宝吉骝图》，他病逝于乾隆四十五年（公元1780年）。安德义（Joannes Damascenus Salusti）参与《平定回部得胜图》的创作，于乾隆三十八年（公元1773年）离开清廷。贺清泰（Louis De Porot）于乾隆三十七年（公元1772年）来华进入内廷，传世之作有《贲鹿图》。中西合笔画——《威弧获鹿

图一　《平安春信图》

图卷》则为乾隆中期院体画的代表作之一。总之，传教士画家对清院画的贡献可概括为受命作油画（新体油画）、传授油画技巧及焦点透视构图法（"线画法"）等三个方面。

西洋铜版画传入宫廷的时间早于乾隆朝，但乾隆帝利用西洋铜版画技术以歌颂平准、回两部将士们的英勇和武功，于乾隆三十年（公元1765年）六月十六日将西洋画家郎世宁、王致诚、艾启蒙、安德义等四人画得《平准回两部得胜图稿》十六张分批寄至粤海关监督方体浴处，又发往法国艺术学院刻版印制铜版画。《平伊犁回部得胜图》简名《战图》，是为清代战图之鼻祖，此后，乾隆帝又相继命作平定台湾（十二幅）、平定云贵（四幅）、平定湖南（十六幅）等三套战图制作铜版，铜版由广东刻版匠镌刻，由造办处工匠印刷而成。

图二　《乾隆帝朝服像》

欧洲建筑自明末葡萄牙人窃踞澳门之后便传入中国，首先在澳门建造欧式楼房。清朝广州从事对外贸易的"十三行"大批地建造西方形式的楼宇。这种欧式建筑渐趋向我国北方传播，乾隆朝已达两淮盐政所在地扬州，歌德式天主教堂也出现于全国各大城市。乾隆初年，内廷引进巴洛克式建筑艺术，由郎世宁、蒋友仁等传教士在圆明园东北部设计谐奇趣、海晏堂及远瀛观等西洋楼阁园囿等建筑群。

乾隆五年（公元1740年），传教士烧玻璃技师汪执中、纪文二人进入内廷圆明园六所玻璃厂行走效力。乾隆六年（公元1741年）烧成金星玻璃（温都里那石），满足了乾隆帝自烧金星玻璃的夙愿。乾隆十七年（公元1752年），为安装圆明园西洋楼阁的灯具与陈设，新建大窑专供烧造大型玻璃器皿。从乾隆十七年十一月二十日至乾隆十八年三月十六日止，一百余天内共烧成仿西洋玻璃番花三件、玻璃灯九座、玻璃缸八件、玻璃花浇二件，共耗银近3500余两。乾隆十八年又做得缠丝玻璃花浇三件、缠丝玻璃笔筒一件。乾隆二十年四月七日传旨："造办处制作玻璃鼻烟壶五百个、玻璃器皿三千件，用作避暑山庄召见蒙古王公的赏赐品。"乾隆二十一年，乾隆帝又下令仿照水法殿游廊内新挂之西洋玻璃灯样式，制作五色玻璃灯四对，估价银3600余两。此项玻璃烧造的艺术设计是郎世宁，烧造技术指导是纪文，这是宫廷玻璃烧造的盛举。纪文辞请离开清廷返国之后，圆明园六所玻璃厂逐渐走向下坡路，主要地依靠博山烧玻璃匠，只可"巴结着成做"了。

　　欧洲传教士传入内廷的欧洲美术大体如上，他们在各地借传教之机传播天主教美术也是可想而知的，但其艺术水平远远低于内廷，所以流传至今的清内廷所藏欧洲美术品或带有欧洲色彩的仿制品都是研究乾隆朝中西美术交流的第一手资料，其艺术价值也是很高的。

　　日本"莳绘"（即金漆洒金）在清宫旧藏漆器中不乏其例，可知借两国开展民间贸易之机，大量的日本"莳绘"也输入我国，福建、江苏等地的官员购置后贡进内廷。同时还可见到仿"莳绘"的中国金漆器皿，在《清档》中记有"洋漆"，疑即日本莳绘金漆，这些都是中日两国民间美术交流的物证。

四、在各地民间民族美术熏陶之下乾隆朝恭造美术的发展与提高

　　乾隆朝皇家美术的发展取决于各地、各民族美术及康雍两朝皇家美术所打下的坚固基础。为了便于探讨和研究乾隆朝美术，有必要再简明地回顾一下其前的雍正朝美术的发展状况。

　　雍正五年闰三月初三日，胤禛提出"恭造式样"，在此前此后，还相继提出了"精、细、雅、秀"的具体标准。从《清档》记载和现存雍正年间所制的美术工艺品遗物来看，可以肯定上述恭造标准已全面地落实在各个美术门类的制品之中，其中最为突出的就是唐窑和造办处珐琅厂的产品。唐窑瓷器和内廷瓷胎珐琅彩以及铜胎、玻璃胎画珐琅都是雍正朝精细雅秀的"恭造式样"的典范和代表。乾隆朝美术根植其上，又有了很大的变化，出现了一些新的情况，其时全国政治、经济、文化的总形势决定了美术发展的趋势。乾隆朝与雍正朝相比，乾隆朝是繁荣的、开拓的，而雍正朝则是严谨的、守成的。这一总形势决定前后两朝虽然同在"恭造式样"的统一要求下贯彻精细雅秀的具体标准，但在实施上却出现了不同的情况，在质与量的关系的把握上各有不同的侧重。雍正朝重质，要求高品质，在重质的前提下还来不及考虑数量问题之时由于胤禛的早逝，这个王朝便结束了。乾隆朝则重量，首先要求数量庞大，在保证数量的前提下再争取提高美术制品的品质。从实物和文献来看，乾隆帝的审美观仍继承其祖、父两代的传统，并未有何根本性改变，他也不遗余力地维护"恭造式样"，也不断地提倡精细雅秀，反对粗糙、纤巧、琐碎、俗气的外造之风。当然，雍、乾两朝宫廷美术的面貌有所不同，造成其变化的原因是多方面的，并非完全取决于皇帝个人的审美取向，这其中客观的社会要求起到了关键性作用，这就是我们常说的"大势所趋"，是客观形势左右了乾隆朝美术的发展方向，我们要客观地、公正地评价乾隆朝的皇家美术和民间美术。

　　乾隆朝美术制品的数量大增，传世遗物较多，各美术门类均有所突破，有所创新，但其发展并不平衡。皇家美术吸收欧洲美术的成果，为我所用，开创了历史上的新局面，其比较突出的美术部门有院画、玻璃、雕漆、玉器等。

1．乾隆朝前期是清朝院画的至盛期，形成了中西合璧的清院体画——合笔画

乾隆帝御极以来便渐次扩大造办处的机构，广罗中西画家，创作了大量表现弘历的政治、礼仪、文化和行乐等生活的作品。乾隆朝新设画院处、启祥宫、如意馆供画家作画。画院处设于紫禁城内的慈宁宫、咸安宫、南薰殿、白虎殿及圆明园的芰荷香、深柳读书、春宇舒和、怡情书室、和化日舒长等处，这些画家作画处并非乾隆朝一直使用，而是经常变动、搬迁。启祥宫即今太极殿，位于养心殿后之西北一院落，是画家、工匠接受并完成皇帝钦派活计的综合性的高级作坊。如意馆位于圆明园福园门内东侧附近的洞天深处东北邻的一组四座四合院，与启祥宫一样，也是一座高级作坊。沈源、冷枚、唐岱、金昆、卢湛和郎世宁都在此两处作过画。名匠韩起龙（商丝）、姚宗仁（玉匠）、黄振效（牙匠）、封岐（竹刻家）、杨维占（广木匠）等人也在此做过钦派活计。画院处画家称为"画画人"，不能称为匠人。画画人中从雍正朝下来的老资格院画家有郎世宁、唐岱、陈枚、沈源、丁观鹏等人。乾隆二年从苏州招募了余省、周鲲、余穉，至乾隆六年（公元1741年）已增至15人，有金昆、孙祐、丁观鹏、张雨森、余省、周鲲（以上一等，钱粮银八两，公费银三两，共十一两）、吴桂、余穉、程志道、张为邦（以上四人二等，钱粮银六两、公费银三两）、戴洪、卢湛、吴械、戴正、徐焘（以上五人三等，每月钱粮银四两、公费银三两，共七两），传教士画家未计在内。此后，张宗苍、金廷标、姚文瀚、曹夔音、顾铨、贾全、徐扬、方琮、杨大章、王炳、黄炳等画家相继进内。此外尚有擅长书画的文官，如朱伦瀚、邹一桂、张若霭、董邦达、董诰、李世卓、钱维城、张若澄、门应兆、汪承沛等亦常受命作画，这些文官画家我们称之为翰林画家。传教士画家有郎世宁、王致诚、艾启蒙、安德义、贺清泰、潘廷章等人。此外还有柏唐阿画匠和学手等学习绘画或做辅助工作。乾隆朝院画包括画家画、翰林画、传教士画以及中西画家合笔画等多种流派作品，以表现皇帝的治政、典礼、行乐以及肖像为重，也可以说这些作品是院画中的主流作品。大量的院画是室内装饰用的，都带有喜庆、长寿等寓意，色彩鲜艳华丽。合笔画是由几位画家分工合作完成的，经常是由西洋传教士画家与画画人或翰林画家分工合作、取长补短、共同完成的一幅或一套作品。中西画家的合笔画往往纪实地表现重大政治事件，还有皇帝行乐图和皇帝肖像，在技巧上是适应皇帝口味的中国式油画，构图采用线法（焦点透视法），山水树石均用青绿、浅绛勾勒的传统方法，是折中中西画法的新体绘画形式。这种"中西合璧"绘画得到乾隆帝的首肯并加以推广。合笔画并不是乾隆院画始创，早在五代南唐时其画院已有之，文人画家之间也有合笔作画的事例，但中西画家合笔画则多见于乾隆朝画院。

乾隆帝大胆地采用法国铜版技术，委托法国艺术学院名雕工勒巴、圣多本、布勒佛、阿里默、马斯克立业、纳伊、学法等人雕刻印刷《平定西域得胜图》（十六幅），乾隆三十九年（公元1774年）完成。此后招募广州刻版工匠镌刻平定台湾（十二幅）、平定云贵（四幅）、平定湖南（十六幅）以及圆明园水法楼（二十幅）等铜版画。当然，广州铜版刻工技巧远不及法国匠师，这是情理中的事，也是正常的现象。

2. 宫廷珐琅的全面大发展，创烧桃红色珐琅，引进透明硬珐琅

乾隆帝颇像他的祖父康熙帝，也非常钟爱珐琅器，在内廷广为使用。他登基不久，即着手扩大养心殿造办处珐琅作（处），于圆明园扩大作坊，广招工匠，大量生产，产量激增，以满足紫禁城、圆明园、盛京各宫殿以及皇家苑囿、寺庙、行宫陈设供奉的需要。经历了三十余年的生产，其产品充斥于殿宇，至乾隆后期生产渐趋萎缩。乾隆五十四年（公元1789年）因"现无活计"而裁减冗员，珐琅处已名存实亡。乾隆帝对珐琅器的审美要求仍是贯彻"内廷恭造式样"精细雅秀的艺术标准，他极力贬斥工艺及艺术上的琐碎、纤细、粗糙、甜俗等不良倾向，为了克服时弊而提倡仿"景泰珐琅"或青铜古彝。乾隆帝告诫匠役"下交活计俱系钦件之物，应恭谨成造"，工匠无不遵命，恭而谨之，以博皇帝欢心。在乾隆帝的抑俗扬雅的谕旨的指导制约之下，遂而形成了工致敦重、繁缛华丽的皇家珐琅艺术风格。

乾隆朝掐丝珐琅以仿景泰珐琅为其最高追求目标。在当时作珐琅上有四个特点：其一是掐丝由单掐丝向双勾掐丝方面转移，主纹多用双勾掐丝，烧后镀金；其二是粉红珐琅的应用，粉红珐琅最早用于康熙朝画珐琅和粉彩上，但在掐丝珐琅上康、雍两朝未见其应用，乾隆朝始用于掐丝珐琅；其三是镀金浓重，金彩耀目，呈现金光灼灼、华彩昭昭的描金效果；其四是器胎较厚重。在乾隆朝前半期的掐丝珐琅器上已完善地呈现出上述四个特点，故可以此四点作为乾隆朝掐丝珐琅器的鉴定和审美标准。

乾隆帝不仅钟爱掐丝珐琅，同时还十分喜欢画珐琅，其喜爱的程度较康、雍二帝有过之而无不及。他御极伊始，便扩大画珐琅作坊，"添盖正房三间"，还广召画珐琅人，乾隆四年（公元1739年）广州粤海关监督郑伍赛送进画珐琅人六名，至乾隆七年（公元1742年），珐琅作新召画珐琅人已有17人之多，其中一人为江西烧造瓷器监督唐英送进的，其他16人大多来自广州。此中便提出一个问题，即广州画珐琅人如何丢掉"外造之气"，尽快地适应皇帝要求绘制具有"恭造式样"的画珐琅器。这里有一个艺术观和技巧上的转变问题，这个转变过程虽不见记载，但是可以想知的，他们按照已形成的"恭造式样"的画珐琅为样板，恭谨描画，在试做一段时间之后即可理解"恭造式样"之精髓，继之自然而然地顺应其变。宫廷画珐琅的工艺、艺术的基因是来自广州的，但其制品确是合乎"恭造式样"之要求的。乾隆朝画珐琅器有金胎、铜胎、瓷胎和玻璃胎者，以金胎为贵，书写"御制"款，以玻璃胎（古月轩）为美。珐琅以黄色为正色，居诸色之首，并成为主流色彩。白色珐琅地实为仿瓷之作。珐琅色彩丰富绚丽，每器往往用七八种到十几种珐琅。花纹以工笔为主，写意的较少。图案题材有花卉、人物、山水、楼阁、欧洲妇婴等等，不胜枚举。单一色彩的"青山水"、"红山水"仍盛行不衰。总之，乾隆朝画珐琅出于雍正朝但又胜于雍正朝，它的特点在于繁华绚丽，爽朗明快。

3. 乾隆朝宫廷玻璃是清代玻璃的典范

乾隆朝宫廷玻璃在雍正朝玻璃烧造业的基础上有了崭新的突破和巨大的发展。康熙、雍正二帝都喜欢玻璃，为此，康熙帝命日耳曼传教士纪里安神父指导创建蚕池口玻璃厂，雍正帝将蚕池口玻璃厂迁至圆明园六所。乾隆帝对玻璃器的雅兴绝不减于康、雍二帝，他在圆明园玻璃厂的原有基础上新建炉窑，生产仿欧式玻璃番花和中国玻璃器物。乾隆帝在位六十年，玻璃厂的生产从未间断，每年生产周期稳定，产品品种规范，即使在乾隆帝驾崩之后，历经嘉、道、咸、同、光、宣六帝，玻璃厂的生产从未停顿，直至清帝逊位方告终结，这与养心殿造办处其他各作生产时断时续的情况完全不同，可知玻璃工艺在皇家美术中的地位是不可忽视的。

关于乾隆朝玻璃生产及其艺术风格，笔者已在《清代玻璃概述》（《故宫博物院院刊》1983 年 4 期）一文中有所评述，在此需要重申一下关于清代玻璃的分期问题：内廷玻璃厂自康熙朝成立至雍正末年的五十年间是其兴盛期；乾隆前期二十余年是其极盛期；乾隆后期至嘉庆朝是停滞期。康雍乾百年盛世当中宫廷玻璃从兴盛至极盛，终于到了停滞时期，尽管其后发展又有所缓慢，但已不可与其盛期同日而语。乾隆朝玻璃的艺术风格与雍正朝玻璃接近，以精细为其特色，与康熙朝玻璃之"浑朴简古"风格已有很大的不同。套色玻璃（套料）的做工"细入毫发，扪之有棱"（赵之谦语），细入毫发即指琢磨做工精细如毫发一般，但抚摸起来还是有着锋棱而不够圆浑。这种现象不仅在玻璃雕刻上有之，而且在竹木牙雕、雕漆以及玉雕等做工方面也不能例外，均锋棱毕露，摩挲错手。为何不打磨圆浑而留下锋棱？我认为这是明末嘉定竹刻艺术扩散影响的结果，这既是时代风尚而又是玻璃工艺的重要特点。令人深思的是这种民间文人雕刻手法与风格竟已渗入皇家玻璃工艺，这当然是"外造之气"，也浸入宫廷玻璃的"恭造式样"肌体之内，而且得到皇帝的默认。再从乾隆朝养心殿造办处玻璃厂烧造的玻璃贡品来看，其上所镌阴文楷书"乾隆年制"款一律是横平竖直无捺少撇的民间草急体款，乾隆帝不仅不声不响地接受下来，而且还将这些皇家玻璃器当作国礼赠与外国帝王和国内蒙古王公及西藏达赖喇嘛与班禅，这确是一种例外，但是我们不能简单地解释为宫廷玻璃完全等同于博山玻璃，这种理解也是不妥的，因为玻璃厂烧造的贡品玻璃均由其自行设计，完工后还要向皇帝呈览，待皇帝认可后方可呈进烧成的玻璃制品派用场，所以只能说清皇家玻璃是尚未脱尽"外造之气"的"恭造式样"的特殊皇家工艺美术制品，这表现了乾隆帝对待民间工艺的宽容态度。

乾隆朝皇家玻璃品种远远超过康、雍二朝，单色玻璃已有二十余种，复色玻璃富丽多彩，令人爱不释手，如新出的金星玻璃、点彩玻璃、夹金洒金玻璃、夹彩玻璃以及绞丝玻璃等等。套色玻璃出于康熙朝并得到很高的评价，而乾隆朝套色玻璃更加丰富多彩并留下大量遗物，可认知乾隆朝套色玻璃确已达到至高境界并胜过前朝一筹。此外，在装饰手法上已有雕刻、描彩、描金、珐琅彩等加工技巧。涅白玻璃胎画珐琅虽属玻璃与珐琅两种工艺的复合作品，不能单方面归功于玻璃厂，但若没有玻璃厂烧炼出的白如羊脂、温润如玉的涅白玻璃作器胎，那么珐琅则失去依托，皮之不存，毛将焉附，只会剩下金银及瓷陶为胎的珐琅彩或画珐琅。

4. 洋漆的大发展和剔红的恢复是乾隆朝皇家漆器的两大亮点

乾隆朝漆器在雍正朝漆工艺的基础上继续发展。一方面继承雍正朝髹漆、彩漆、填漆、金漆等漆工艺并有所发展；另一方面弘历根据自己的爱好，特别注意发扬洋漆的优势并扩大生产。乾隆帝对漆器的要求首先是其器形和纹饰，这是工艺美术的一般要求，即使这种一般要求乾隆帝也是颇为关注的。譬如他命油漆作按冷枚所绘美人画上的鼓钉冰冽纹绣墩样式做木胎彩油绣墩四件，说明他对漆工艺的要求是细致入微的，并借鉴绘画效应以提高彩漆的艺术水平。乾隆帝与雍正帝相似，都很喜欢洋漆，但乾隆帝对洋漆的认识更为全面，对具体器物、具体工艺采取具体分析的态度，好的肯定，不好的指明，褒贬适当。如太监高玉呈进红黑洋漆盒子，他认为"漆水花样俱好，此盒胎子蠢些，再做时要比此胎子秀气些"，显然对其款式进行批评。乾隆帝对洋漆的审美要求是漆水要"亮"，其实也就是认为造办处油漆作的黑漆不如洋漆"亮"。"亮"是光亮之意，洋漆光泽艳明，足以鉴人，而自制漆的亮度尚有待提高。造办处油漆作仿造洋漆器是一项重要工艺，所耗银两甚高，如一件洋漆画洋金彩漆花六方灯每对耗银 67 两 6 钱，制作通高二尺三寸的四方灯 12 对，买办洋漆、飞金、颜料、外雇匠工等项共需银 474 两 3 钱 6 分 2 厘 6 毫。这里提到的洋漆应系漆料而不是成品——日本莳绘漆器。

乾隆朝漆器最重要的一个成就是恢复了剔红的生产。剔红即红雕漆，始见于元末，镌有张成、杨茂两名款者最为珍贵，明永乐年间引入宫廷，其作坊设于果园厂，可能于明末清初消逝。雍正帝本想恢复，但未能成功。弘历御极后于乾隆二年十月十二日诏命："照多宝格内红雕漆圆盒样式做几件，盒盖里子中间刻'大清乾隆年制'款。"相隔一年之后又降旨："雕漆盒若漆得时交牙匠雕刻。"当年做完 4 件红雕漆圆盒。《清档》的以上记载说明乾隆三年造办处油漆作恢复了剔红的生产，雕做活计是由牙匠完成的。这种刻工与元、明雕漆不同，所以清宫牙匠的剔红风格与明初雕漆的风格必有很大的差别。其制造地点亦不同，明代于北京果园厂制造，而清宫是在养心殿造办处油漆作雕造。这里提到的要牙匠雕刻也很关键，此牙匠是何人？此前牙匠有朱栻（雍正五年杭州织造孙文成养赡）、李懋德（雍正六年招募）、雕刻匠屠魁胜、关仲如、杨迁（雍正七年年希尧送来）、牙匠陈祖章（雍正七年广东巡抚祖秉圭送来）、牙匠施天章、叶鼎新、顾继臣、牙匠封岐（雍正五年苏州织造高斌养赡）等十人，都有可能效力至乾隆三年。他们本出自竹雕、牙雕或木雕，但在造办处内工作时分工并非十分严格，所以在不同年份便贯有不同工种。如封岐贯雕竹匠（雍正五年）和牙匠（雍正九年）两个工种，屠魁胜也是贯有雕刻匠（雍正七年）和牙匠（雍正九年）两个工种。其中哪一位牙匠曾担当此红雕漆圆盒的主刀人似乎已是难以考证的悬案，但是这条档文的确记载了清宫试制剔红的首次实践。乾隆四年《清档》记载：

> "十月二十九日　七品首领萨木哈将照多宝格内红雕漆圆盒做红雕漆圆盒胎子一对持进，交八品官高玉、太监毛团呈览，奉旨：'将此胎交封岐先画样呈览，准时再雕刻。'于本日七品首领萨木哈将红雕漆盒胎一对交封岐领去讫。"

虽然不见封岐设计雕刻红雕漆圆盒的下文，但另一条档文可补其缺欠，其文记："同年十一月十五日，将做得红雕漆盒二件交图拉持去讫。"由图拉持去的二件红雕漆盒正是封岐画样并雕刻而成的。从封岐领去红漆盒胎一对至图拉持去红雕漆盒二件之间相隔半个月，时间是否太紧，尤其与乾隆二年至三年的试制用了一年一个月零三天相比是否太仓促？但从实际工期来说，木胎髹漆需要很长时间，而画样呈览至雕刻完成呈览不需太长的时间，半个月已足够了。因而可以肯定乾隆朝试制剔红完成于乾隆二年和四年，这两次试制可能都是油漆作做胎髹漆，由竹刻匠封岐雕刻的，因其脱胎于竹刻工匠之手，故其做工与竹刻近似，遂形成了刀工精细而又锋棱毕露的特点，与明代雕漆迥然不同。乾隆四年十一月十五日图拉持去红雕漆盒二件之后很可能交给苏州织造海保作为标本以供照仿。同在乾隆四年先于封岐雕红漆圆盒的六月二十八日，已向苏州织造行文："太监毛团、高玉传旨：'着海保将雕漆器皿做几件。钦此。'"这是迄今查到的苏州织造制作雕漆器的第一次记录。苏州于乾隆四年开始恢复雕漆器制造之后，于乾隆五年制成黑雕漆盘、盒各二件、雕漆瓶一件，此后便成为清皇家雕漆的唯一产地，受到乾隆帝的器重。乾隆八年十二月二十六日弘历对苏州织造所办雕漆活计权衡等次时说："图拉做来春寿盒为上等，经匣为中等，其余为次等，再比上等好些的为特等。"乾隆帝为苏州织造所制雕漆活计立下了四个等级的标准器。我们所见乾隆四年至六十年（公元1739～1795年）这56年间制造的大量雕漆活计，从小巧的直径仅半寸的圆盒到气势宏伟的宝座屏风，从形形色色的器皿（碗、盘、画匣、帽架）、陈设（瓶、罐、插挂屏）、文具（水盂、笔山、笔管、墨匣）、供器（五供、七珍、八宝）到华丽典雅的家具（柜、案）等物，品种齐全，应有尽有。图案有山水人物、佛道故实、花卉翎毛、吉祥博古等题材。在做工上大多都是纤巧工细、富有刀味，还有少数的仿永乐剔红和嘉万时期的剔彩，精者亦足以乱真。漆层有厚有薄，大多都髹40～50层漆，厚薄适中。总之，苏州织造雕漆为清乾隆朝皇家漆苑增加了一个新品种，这是值得肯定的。

5. 皇家丝织品争奇斗艳

清皇家非常重视丝织业的发展和提高，除了平日生活所用的绸缎之外，更加注重典章礼仪用的朝服的锦、绫、绣、缂等丝织物。清廷颐和园耕织图主管内廷所用丝织品的织染等活计，另在苏州、江宁、杭州设织造衙门为皇家造办丝织品、刺绣、缂丝和地毯等活计。三织造衙门集中本地最好的丝和染料、最优秀的匠师、最先进的织机与工艺，遵照皇帝谕旨和典章制度，织造帝后、阿哥、公主、亲王、福晋等皇族所用之衣料。为了博取皇帝欢心，三织造监督无不用尽全身解数在材料、工艺、色彩上压倒竞争对手。这种三家竞争的局面有利于皇家丝织业的发展和提高。经康、雍二朝近八十年的竞争，三织造丝织工艺基础、技术力量均十分雄厚牢固，织、绣、编、缂的技艺精湛，经验丰富，为乾隆朝内廷丝织业的进一步发展提高打下了坚固的物质基础，创造了优越的技术条件。至乾隆十年，三织造规模扩大，实力增强，如江宁织造织机 600 台，机匠 1780 人；苏州织造织机 663 台，机匠 1932 人；杭州织造织机 600 台，机匠 1800 人。三家织造可谓势均力敌，但这是表面现象，不能反映三织造技术上的真实对比。这一点乾隆帝是心中有数的，他调度发挥三织造的各自优势，分工合作完成钦派活计。如乾隆十六年（公元 1751 年）四月二十日，首领张玉交红青实地四团龙褂面二件、红青芝麻地四团龙褂面一件，传旨：

　　"着海望将纱褂拨回，传与安宁（按：苏州织造监督）知之，上用衣服地杖江宁做得好，嗣后宁绸、纱、缎俱在江宁织作，在苏州绣作。钦此。"

在乾隆帝心目中，江宁所织宁绸、纱、缎等丝织物（即"衣服地杖"）滋密光亮，要胜过苏州所造者，而苏州的绣作则占有优势，故一件上用衣褂在江宁织造丝绸纱缎，在苏州刺绣，二地分工合作，扬长避短，共同完成这件钦派活计。

乾隆帝非常喜爱缂丝，在宫内广泛地使用。三织造都承担钦派缂丝活计，但制造缂丝的质量似以苏州织造为最佳。乾隆十六年五月，弘历亦着苏州织造安宁用宁绸经纬照缂丝二色龙袍看样，安宁返苏后查得缂丝是以素生丝为经，熟线缂花纹地杖，其宁绸经纬俱熟丝，"缂丝之法，不能照缂"，也就是宁绸经纬不能成做缂丝。于是安宁挑选好高手匠人用上好缂丝经纬缂得鹅黄地小样一块、三蓝地小样一块，并备缂香色地两色金小样一块，其纹编缝处已将针线勾连，"甚觉粗糙，未敢呈览"，"将宁绸经纬不能成做缂丝缘由并来样三块持进，交太监胡世杰呈览，奉旨：'准此三样，各照样缂做龙袍一件。钦此。'"乾隆帝所以要安宁用宁绸经纬来做缂丝，是因其地杖好，但经实验不妥，便奏报乾隆帝，乾隆帝也只能尊重实验，仍以苏州传统的缂丝方法照此三样各缂做龙袍一件。可知缂丝确为苏州织造的优势工艺，江、杭二织造只能望其项背。苏州丝织贡品中有缂丝片、绣袍、花饰与海兽饰花缎、上用官用蟒缎以及地毯等工艺性、技术性含量较高的丝织物。

江宁织造除之宁绸、纱、缎等高级衣料之外，最著名的还是云锦。乾隆朝江宁云锦多有仿古之作，但在色彩上有所增加，织法上更加精进，不宜做衣料，仍以垫套之料为主。

杭州织造也遵旨织造包括龙袍在内的钦派活计，从《清档》记载判断，杭州织造擅长宽幅或极长的绢供皇家画院使用，如院画《雪猎》高 436、宽 348 厘米，面积 151 728 平方厘米，这种超长宽的大幅画绢出自杭州织造，可知杭州织造的平纹素织物工艺是其长处，也是苏、宁二织造所莫能为者。

6. 处于转折时期的乾隆朝官窑瓷器

康乾盛世的皇家美术、工艺美术的发展既有其总体趋势，又有各专业各自的具体走向。以官窑瓷器来说，其盛期的顶点在雍正朝后期，准确地说应是唐英受命赴御窑厂担任窑务佐理官员之后。唐英经过三年的勤学苦练，由外行成了内行，能独立指导官窑瓷器的坯胎、釉料、颜色、形饰、窑火、烧造及品评等生产管理事宜。至雍正十三年的五年间，可认为是"唐窑时期"，或者说是"后年窑时期"。从《清档》和官窑遗物可以判断，唐窑（雍正九年至十三年）时期是雍正御窑的顶峰期，此后即走向下降期。《清档》乾隆三年十一月初二日、乾隆六年四月记录了乾隆帝对唐英的两次申饬，尤其乾隆六年四月的那次批评引发了唐英深刻地反思并据理力争，使得乾隆帝已能体察、理解唐英兼管瓷器烧造的苦衷。为了使唐英能够兼顾九江钞关的税收和管理陶务这两项工作，弘历决定派养心殿造办处催总老格协理窑务。此后，乾隆七年至乾隆三十三年（公元1742~1768年）的二十七年间，景德镇御厂窑务实际上老格起到中坚作用。自乾隆七年至乾隆二十一年（公元1742~1756年）这十五年间，唐英、老格的领导机制与雍正九年至雍正十三年（公元1731~1735年）五年间掌管窑务的年希尧、唐英搭配班子的框架类似。所以，自乾隆元年至乾隆二十一年这二十一年间御厂窑务已进入"后唐窑时期"。此后，历届督陶官都离不开窑业专家老格，老格不仅是历届督陶官的参谋和助手，还是窑业生产第一线的指挥者，他对乾隆官窑瓷器的生产作出贡献，其功不可没。老格于乾隆三十三年离开景德镇之后，御窑厂生产便进入了乾隆朝贡瓷的萧条期，产量增加，质量下降，每况愈下，回天乏术。乾隆帝对这种状况的出现也无可奈何，只能听之任之了。

贡瓷烧造督陶官、佐理等官员是沟通皇帝与御窑厂之间的媒介，他们发挥有益作用的空间是极为广阔的。皇帝远在天边，与御窑厂相隔两三千里，督陶官和佐理均驻御厂，直接与匠役们接触，指挥生产，对这些来说，他们就是皇帝的代言人，要求匠役不折不扣地执行和贯彻皇帝的旨意。所以，皇帝与贡瓷的关系也是非常密切而又极其重要的，尤其一位刚刚登基的新皇帝往往对养心殿造办处的造办事务关心至极、多方干预，之后随着时间的迁移会渐渐缓和下来，干预遂日趋减少了。为了了解乾隆帝对贡瓷的关心起到何种作用，仅以乾隆二年、三年《清档》的个别记载便可了解其概况，从而具体分析乾隆帝对御厂的生产起到了什么作用。

（1）乾隆帝发出旨谕（订货清单），提供标本（样品），并将具体要求等交督陶官，御厂要根据乾隆帝的要求组织生产。

乾隆二年五月十一日，为烧造画珐琅用的填白瓷器命造办处画瓶样。隔两天后于当月十三日画得底样八张，计胆瓶、双环蒜头瓶、玉环天丝地纸锤瓶、花觚瓶、天盘口梅瓶、双凤耳尊、玉环纸锤瓶、小胆瓶，呈览，奉旨："准照样发去烧造。钦此。"

（2）验看：此八张设计图发往唐英，烧得之后于十月二十二日将八种填白瓶每种选一件呈览，奉旨："将直口胆瓶，着唐英以后不必烧造。"这种少数作坯胎用的填白瓶览后交珐琅处留作上珐琅彩之用，比较简单，若验看瓷贡之器则种类多、数量大、品评有差。如乾隆二年十月十三日验看霁红把碗、汝釉杏元四方双管瓶、青花白地龙凤盒、娇黄釉宫碗、大观釉收小一号花瓶、娇金黄釉茶碗、宣窑青龙海水梅瓶、嘉窑双管六方瓶、黄地绿龙葵瓣四寸小碟、洋彩黄地洋花宫碗十种贡瓷之后乾隆帝提出以下旨谕：

① 以后烧造瓶、罐、碗、盘、钟、碟等物，但照此霁红把碗釉水勉力烧造。

② 洋彩黄地洋花宫碗甚好，再烧造些。

③ 青花白地龙凤小盒烧造些。

④ 再将洋彩黄地洋花宫碗上花，将小盒亦烧造些。

⑤ 大观釉收小一号，花瓶嘴子甚粗，再烧时收细些。

⑥ 再烧造青龙海水梅瓶时其青花白地不必改，青龙改烧釉里红龙。

⑦ 黄地绿龙葵瓣四寸碟上龙发绿釉水不清楚，碟外画青花。

对十种贡瓷中的七种指出其不足及改正的措施，另对他不满意的贡瓷停止烧造。

⑧ 汝釉四方双喜尊、哥窑锦带瓶、汝釉四方双耳太平尊、汝釉收小天禄尊、汝釉双喜纸锤瓶、东青釉双喜纸锤瓶、汝釉收小扁方双耳瓶、东青釉络子尊、厂官釉收小双鼓钉花囊、钧釉拱如意花瓶、龙泉釉纸锤瓶，此十一件款式不好，不必烧造。

⑨ 旧样新烧：窑上若另有旧样，仍随新样烧造。御厂内确有贡瓷留样，此处所指之旧样应为康、雍时御窑厂留下的历次贡瓷中的样品，乾隆帝并不知其详，方说"窑上若另有旧样，仍随新样烧造"，是何品种、烧造多少均可由唐英自行斟酌烧造，随下次新样贡瓷进内。

⑩ 贡瓷要加款式："盘碗钟碟俱用篆字款，要周正。""于十六日交出篆字款纸样一张，传旨：'以后烧造磁（瓷）器俱照此篆字款式轻重成造。钦此。'"宫内造办器物款识除了玻璃厂烧造器皿之外，均由翰林篆写年款，呈览后发行有关衙门照写（刻）。按《清档》所记，乾隆朝御窑瓷器上的"大清乾隆年制"六字篆书款纸样成于乾隆二年十月十六日，即发往唐英处。这是一条硬记载，完全可靠。至早自乾隆三年起便开始使用此篆字款，至乾隆六十年止，可能沿用到太上皇四年。太上皇四年中的贡瓷书"大清乾隆年制"和"大清嘉庆年制"两款，二者各占一半。

⑪ 旧形新花样："东青釉拱花大汉尊、嘉窑青花穿枝莲八宝双环大尊、嘉窑青花龙穿枝莲花天球尊，此三样遵照洋彩黄地洋花宫碗上花样烧造些。"这就是乾隆帝惯用的以旧物之形加新款花样的早期例证。

⑫ 烧新釉水花样："再将小些宝月瓶、马褂瓶用各样釉水花样烧造。"乾隆帝看上了小些宝月瓶和马褂瓶两种器型，要唐英用其他釉水花样烧造此两种瓷瓶，烧什么釉水和花纹由唐英自行处理。

⑬ 树立样板："青花红地大瓶烧得正好。""烧得正好"是指款式、釉水、花样均烧得恰到好处。另有"汝釉四方双管瓶照此样烧造"。

⑭ 局部小改："其嘉窑六方双管瓶口改作直的。"乾隆帝察看贡瓷十分细心，任何小缺点都不放过，对嘉窑六方双管瓶口这种小事他都要挑剔，瓶口要改作直的，此瓶改烧后即为"嘉窑六方双管直口瓶"。

⑮ 改换釉水："青花白地娇黄釉宫碗釉水淡了，嗣后照娇黄茶碗釉水烧来。"此宫碗之娇黄釉没有达到标准，指出以"娇黄茶碗釉水"替换淡的娇黄宫碗釉水。

⑯ 选看等次："所进圆器内留下十三样，余送圆明园，俟朕驾幸圆明园时选看等次。钦此。"乾隆帝对贡瓷和其他工艺的贡品都要认看级别，玉料也要划分等级，分别庋藏。这种分级的做法是继承其父雍正帝的规矩，当然他们父子两代的具体标准是不会完全一致的。

通过对上述《清档》记载的分析，读者不难理解御窑瓷器的优劣确与皇帝本人的性格、爱好有关，这有利于客观地、全面地、正确地理解乾隆朝御厂贡瓷的成就与不足。

如上已述，乾隆朝御厂贡瓷在精细雅秀这种"恭造式样"上确不及雍正朝贡瓷，是由雍正朝贡瓷已达到的制高点上向下滑坡的产物。乾隆元年至二十年由于唐英尚健在，他虽因厘关收税银两上颇费精力，但尚可兼顾督造御厂窑器，亦可勉强维持雍正朝贡瓷的水平，下滑之势还不致完全失控，只是慢慢地滑落，离至谷底（1860 年）还有百余年。首先，尽管乾隆朝贡瓷正在滑坡，面对这一窘境的乾隆帝和唐英都已无回天之力，更遑论老格，但乾隆朝贡瓷在某些特定品种里还是有所改进和创新的。以单色釉来说，其中的粉红、黄、绿、蓝、紫等色釉由康、雍两朝的透明变为"涅化"（借用清内廷称乳浊状不透明体的釉、珐琅、玻璃为"涅"），好像掺入粉子似的不透明。这种变化从瓷业工艺角度来看，可能是一种"退化"，但从审美角度来看，涅化了的单色釉反而有温和的、润泽的含蓄美。其次，始于雍正朝晚期的"洋彩"在乾隆朝推广甚快，御窑贡瓷中多有采用，并且尚可保持着精美的水平，进而推广到民窑，亦被普遍采用，这都与唐英在御厂烧炼珐琅料有关。这种唐英珐琅秘方也难以保密独揽，相信不久后即泄露机密，成为民窑可用的公开配方。当前对乾隆朝彩料的鉴定有无误断的问题也是值得研究的。广彩虽起于广州，所用彩料均由广州自炼，与景德镇官民窑未必有何联系，但是也可认为它是在乾隆朝御厂珐琅扩散推广的潮流掀动之下出现的。还有彩绘宜兴器上的彩料，据观察也是珐琅料，如果这种判断无误的话则又牵扯出一个问题，即宜兴所用珐琅料从何而来？是来自景德镇还是自烧自炼？这是值得来日探讨的。再次，乾隆朝仿青铜古彝及松石、玛瑙、漆器、木器、竹器等仿真瓷器都产生了极佳的艺术效果，它们或有着古色古香的韵致，或具与所仿物毫无二致的真实感。其四，旋转瓶的烧成，可能与广钟上的机器人有关，今所见有镂空套瓶、转心瓶、万年甲子笔筒等三种。据《清档》记载，乾隆十八年五月十二日御厂烧造成"斗龙舟打筋斗人转旋瓶"一件。

乾隆朝陶器中由苏州织造操办的宜兴窑器最为名贵。最早的皇家宜兴紫砂陶器镌有康熙款。乾隆帝南巡时亦经常使用紫砂陶茶具。今天可见的内廷紫砂器中最精美的是由苏州织造贡进的完整成套的紫砂陶茶具，外用竹篾编制的箱或盒包装，可提可担，出游时携带是非常方便的。这套茶具品质高雅，令人爱不释手。此中昭示着乾隆朝将民间文人的紫砂器艺术的"外造之气"加以改良，把皇家基因渗入其中，贯穿于表里，改造成符合"恭造式样"的御用品。这套紫砂茶具是我们研究由民间文人艺术升华为皇帝御用"恭造式样"的第一手资料，也是我们今天探讨将地方手工艺品提升为"名优产品"的关键历史资料。

7. 乾隆朝玉器由缓慢成长到繁荣昌盛

清朝玉器的发展与上述美术和工艺的情况不同，它的高潮出现在乾隆五十年前后，比其他工艺晚了二十年上下。清朝前期西北地区准、回两部经常发动内乱，战事不息，到乾隆二十四年清军平定和卓木分裂分子叛乱，新疆地区准回二部始置于清廷直接管辖之下。自乾隆二十五年始，回部每年向内廷贡玉4000斤。私贩玉料难以估其数量，仅叶尔羌办事大臣高朴勾结商人张銮私运叶尔羌玉至苏州，一次交易即可获利十二万八千余两之巨，但这也为清代玉器的大发展提供了物质条件。经过乾隆帝直接干预下二十余年的大量制作，到了乾隆五十年（1785年）前后，玉器工艺终于攀登至高峰。乾隆帝本人独钟玉器，或者说他是一位玉器迷也不为过。他不仅迷恋玉器、收藏玉器，还考证古玉并对苏州专诸巷玉器制造业的不良倾向进行批评、加以匡正。他的御制诗文约四万余首，其中涉及玉器（包括古玉、仿古玉、时作玉）的御制诗文就达八百余首。《清档》中也载录了不少弘历有关玉器的谕旨及涉及玉器的条文，揭示了乾隆朝玉器的发展脉络。乾隆早期延用了一些雍正朝的老玉匠，据《清档》所记，雍正五年十一月二十五日新来玉匠有陈直嘉、王斌、鲍有信三人；雍正七年年希尧又送来玉匠杜志通、姚宗仁、韩士良三人；雍正九年五月十九日见于《内务府总管定得匠役花名银两数目》中有玉匠邹学文、杜志通、姚宗仁、鲍有信、王斌、陈直嘉等六人。按常理，此六名玉匠均可过渡到乾隆朝，成为其早期碾玉工匠。见诸《清档》档文的乾隆朝玉匠有邹景德、姚宗仁、陈宜嘉，张君选、鲍德义、贾文远、张德绍、蒋均德、平七、朱彩、金振寰、顾觐光、朱玉章、沈瑞龙、李均章、吴载岳、王振伦、庄秀林、姚肇基、顾位西、王尔玺、陈秀章、朱鸣岐、李国瑞、王嘉令，朱时云、朱永瑞、朱光佐、朱仁方等29位匠师，此外尚有六十三、七十五、六十一等披甲旗人工匠。造办处玉作（金玉作）经常保持5~6人的规模为皇帝碾玉，遇到紧急的大量玉器制作任务时还要从苏州织造调进工匠完成。雍正朝内廷玉器碾作仅限于玉作；乾隆朝内廷玉器造办由金玉作扩至苏州织造，再扩至长芦、江宁、杭州、淮关、凤阳、扬州等共八处。乾隆初年碾玉件数少，工期甚长。乾隆二年五月十一日未做完的玉器有白玉太平如意（"万年太平如意"铭）、碧玉双友瓶。乾隆三年九月三十日将库贮白玉石子一件剞下白玉大小二块，乾隆帝口谕："将白玉石子一块交与海保，随玉形大小令伊酌量做一器皿，不可做小了。其剩下回残玉着伊亦酌量应做何物用，其余剞下大小二块交造办处作材料用。"这是首见

的内廷向苏州织造衙门作坊发下玉活计的记载。至乾隆七八年间做得白玉凫樽一件及其
刳下的四块回残玉所碾福禄瓶一件、白玉如意一件、白玉舞凤樽一件和白玉龙凤樽一
件。这五件玉器工期共用五六年之久。乾隆六年二月初一日交青玉一块，传旨："着交
玉匠姚宗仁画样呈览。"于当月十六日姚宗仁画得凫樽纸样一张呈览，奉旨准做。二月
二十九日面奉上谕："将此玉一块交织造图拉办作。"于乾隆十二年十一月二十三日将
图拉送到青玉凫樽一件交太监胡世杰呈进讫。苏州织造承制的青玉凫樽包括往返路程在
内共用六年十个月方得告竣，可知苏州碾玉效率还不够高。仿古玉制作始见于乾隆八
年。此年正月二十七日"太监高玉、胡世杰交《考古图》二本，奉旨：'将《考古图》
二本交与安宁、图拉，按图上选定的玉辟邪二件、璃玉马一件、玄玉骢一件、琥一件、
仙人一件共六件，着尔等寻好玉勉力照图上记载之尺寸各仿旧做一件，做得时其玉上系
何人成做、何人收藏之处，尔等酌量将古人名字刻于其上，图样并尺寸记载——详细记
下。将此书先送来，其书不可污了。钦此。'此六件仿古玉玩于十一月初七日以前早已
完工，命白玉仙人、白玉马俱烧汉玉、配文雅座，碧玉虎配楠木胎漆座，做旧，做矮束
腰文雅些座。"当月初八日，胡世杰、张玉交《考古图》一套，传旨："将做来白玉人、
马照《考古图》内颜色烧造。钦此。"十日奉旨："将碧玉虎持出，在左腿里怀刻'十
三'，其座仍配秀气些，座上面刻隶字'宣和御玩'，底面刻篆字'伯时珍藏'。其白玉
仙人留下烧造颜色，白玉马亦持去配座。钦此。"之前，乾隆八年十一月初七日弘历诏
命："着传与安宁、图拉，嗣后再做玉器有仿旧的，必将字样刻上烧造仿旧送来。"这
是乾隆帝制造仿古玉——汉玉的首条记录。乾隆十五年八月初一日太监胡世杰交白玉杯
一件，传旨："杯口上着张邦彦画样。钦此。"于当日张邦彦画得回纹如意纸样呈览，
奉旨："着朱彩照样刻做，诗堂亦刻字，底刻'乾隆御玩'款。钦此。"乾隆十五年七
月三十日，太监张永泰交白玉石子一件，传旨："着姚宗仁画样呈览。钦此。"于八月
十一日姚宗仁画得《放鹤图》纸样一张，准后发苏州织造做得。同年七月三十日，姚
宗仁还画得题诗纸样一张、英雄纸样一张、阴刻纹道茂叔观莲纸样一张，交苏州织造做
得。在这二天内姚宗仁画样共四件，都交苏州织造做得，其加工速度快了很多。乾隆帝
对玉器上的款识非常关心，提出严格要求。如乾隆二十二年五月初二日将白玉碗足内篆
得"乾隆御用"款呈览，奉旨："着交苏州织造安宁处照样刻得阳文字要一分深，如不
能或七八厘深。钦此。"于当年十月十二日刻得，呈进讫。这是乾隆十八年及其以后苏
州刻款的规律，深至一分或七八厘，篆字人是翰林，这与玻璃上面的"乾隆年制"的
楷书和刻字都不同，似有文野之分。从乾隆二十五年起，新疆回部玉贡运进内廷，首先
检验、分级、呈览，每年制作六十余件玉器，分发到织造、厘关、盐政等衙门碾作，造
办处金玉作也做几件，乾隆朝皇家玉器的高潮逐渐到来。从乾隆四十一年贡进重达二万
余斤的六块大玉和之后的九千余斤大玉，至乾隆五十二年琢成大禹治水图山子为高潮。
现存故宫博物院的大禹治水图山子、寿山、福海、玉瓮、秋山行旅山子以及会昌九老山
子等六件大型玉雕山子堪称乾隆朝玉雕的代表和典范，这些大件玉雕山子均富有画意，

可谓碾琢的画轴,具有永恒的艺术魅力。

　　乾隆朝取得西北军事的胜利,打开通行中亚与北印度的通道,大致于乾隆十六年至二十四年八年之内,北印度莫卧儿王朝玉器进入内廷,乾隆帝称其为"痕都斯坦"玉器,其意也就是印度地方玉器,它是具有欧洲趣味的伊斯兰文化玉器,乾隆帝十分喜爱,称赞其为"精镂本鬼工","细入毛发理,浑无斧凿痕","玉既莹净,制薄如纸,良工巧琢,非中土玉工所能仿佛也",承认清代玉工不及痕都斯坦玉工,"玉宝非求彼,频来却惭吾",有些无地自容了,一位天朝君主竟然拜倒在地而失去理智。由于乾隆帝的偏爱并提倡仿制,在玉坛上遂形成一股仿痕都斯坦玉器之风,玉肆称其为"番作",故有仿番作之说,其影响十分深远。

　　长达六十年的乾隆朝玉器在工艺上、艺术上有何特点?首先应了解乾隆帝对全国玉器工艺的评论。乾隆帝认为苏州玉工技术"精练",北京刻手"草率",他在御制诗中说"相质制器施琢剖,专诸巷益出妙手"。专诸巷是苏州碾玉业所在地,是一条弄堂,此地"益出妙手"是对苏州制玉业的由衷肯定和高度评价,由此可知清内廷养心殿造办处玉作工匠大多来自苏州,其原因就是该地"益出妙手",所以宫廷玉器多交给苏州玉工碾琢,但是乾隆帝对苏州玉苑所发生的"追求斤两、纤巧琐碎、俗雕横生、新样泛滥"等不良倾向也绝不姑息,斥之为"玉厄",便不遗余力地对其加以纠正,同时提出"返璞归真"、"规仿三代之制"、"以古为宗而不邻于俗"、"刻镂而不伤古雅"的玉雕艺术理念,具体地落实在仿三代青铜古彝方面,所仿三代鼎、尊、觚、瓶等玉器占有相当数量。另一个办法就是提倡画意,刻山水、人物、故实、花卉、鸟兽等题材作主要的图案装饰,并大量雕造玉山子,最大者即高达2.24米的大禹治水图山子,小者则如同拳头。这些大大小小的玉山子都是按照画理布局雕造的,如"三远法"(平远、深远、高远)之巧妙运用。山水强调笔墨情趣;人物古雅脱俗;花鸟均用工笔法精雕细刻,几无悖于画理之作。简朴古茂与繁华秀美两种艺术风格并存,具有简朴古茂之风的玉器多为素器或纹饰简约者,大片的玉肌表现了温润莹泽、细腻坚韧的质地美,令赏家神往。这是乾隆朝皇家玉器的主流,当然也有一定的拼凑堆砌、繁琐纤细的缺欠之处。

　　乾隆朝美术、工艺美术在我国古代美术、工艺美术的形式美上占有很重要的地位,并具独自的和时代的特色,它不仅是最后的辉煌成果并散发着扑鼻的艺术芳香,它也是均衡、稳定、和谐、完美的法则的一种最高体现。当然,历史总是前进的,现今已是电脑化、数字化的时代,视古代规律和艺术的创造都已过时,但是,我们为何还要研究、阐发其中幽秘,为何还要欣赏、探讨它的材料美、工艺美及其形式美,其实这个答案也很简单,这就是它的永恒的艺术魅力吸引着我们的目光,而创造这些精美的艺术杰作的无名工匠们的敬业精神深深地打动了我们的心!

　　　　　　　　　　　　　　　　　　　　　　　(原刊于《收藏》2005年11期)

苏州清代工艺美术述要

苏州美术有着悠久的历史和优秀的传统，尤其是工艺美术自唐、五代、宋以来，在全国范围占有举足轻重的地位，至清代，这种趋势更为鲜明而突出。

关于清代苏州工艺美术，笔者已在中国工艺美术史或元、明、清三代工艺美术论文中多有涉及，在此，拟对清代苏州工艺史中的四个重要问题略陈管见。

一、苏州工艺美术在清代艺坛上处于领先地位

清代苏州工艺美术品种齐全、工艺精湛。最为著名的则是丝织、玉器、漆器、木器等工艺，均享誉全国，甚受市庶青睐。苏州丝织业以仿宋锦、妆衣缎最为著称，在国内首屈一指。刺绣业遍及全府之州县乡镇、专业刺绣以"顾绣"最为显赫，名扬寰宇。缂丝工艺制品种类繁多，从观赏用的书画到服御的袍服；从巨屏到巾帕，包罗甚广，其艺术及工艺水平已达到历史最高峰。玉器出自专诸巷玉肆，其地良工云集，分工严密，碾制时作玉、仿古玉与仿痕都斯坦玉器，在全国也是独领风骚，无与伦比。乾隆帝弘历非常关心专诸巷玉器生产，曾作诗或在呈览苏州贡玉时加以指导。漆工艺技艺超群，别具一格，包括剔犀、剔红、剔彩、彩绘、描金以及仿倭金漆等等，可谓千文万华，异彩纷呈。木器以硬木家具为其代表，形制朴实，做工精致，充分地显示了硬木色理之质感。概而言之，苏州清代工艺美术不仅在上述诸专业占有明显优势，从总体上看，道光以前在全国范围亦占有领先的地位，在材料、工艺及艺术三个方面都是清代同类工艺的楷模。

二、苏州工艺美术对清代工艺美术发展施加有益影响

既然我们承认苏州工艺美术在清代工艺美术领域内处于领先地位，其影响也必然向外地辐射，并左右着其他各地工艺美术的发展，对其艺术的、工艺的水平的提高起到了有益的影响。譬如苏州专诸巷是专门生产玉器的地点，厂肆林立，名匠荟萃，产、供、销一条龙，并设行会和玉神庙。这种发展完善的玉器业及其工艺必然向扬州、南京、北京等地玉业传播。北京玉器别出一宗，至清代与苏州专诸巷玉器工艺差距甚远，无一匠人供奉内廷。厂肆追随宫廷玉器，也就是步专诸巷玉器之后尘。苏州的仿痕都斯坦玉器对北京玉业的启迪与影响尤为突出。其次是木器家具。苏州吴县不仅是明式家具的发源

地，嗣后也是清代苏州家具的著名产地。众所周知，由明式家具进化而来的苏州家具大量贡进内廷。现存故宫博物院的清宫旧藏清代苏州家具与明代家具有着较大差别，所以清代苏州家具与清代明式家具泾渭分明，二者不可混为一谈。苏式家具泛滥于京师，并酿成京式家具的诞生。再其次是苏州工艺对清代对外贸易港口广州所施影响也是很大的，尤其在 17 世纪更是如此。如广东流传着一句谚语："苏州样，广州匠"，其意思甚明，即在以精雕细刻而著称的广州工艺行业，也不得不承认在"样式"（包括形制、色彩、花纹装饰等）的创新上还远不敌苏州，尚不敢与"苏州样"相抗衡。可知苏州工艺美术的"样式"在清代各工艺美术品产地的工匠中被奉为圭臬，世代相沿，其影响是广泛而深远的。当然，18 世纪广州"样式"形成，可能反过来又影响苏州和其他各地，即使这样，也未抵消"苏州样"的强劲冲击力。

三、苏州工艺美术是清皇家工艺的雄厚基础，苏州是宫廷工艺品的重要产地

　　任何王朝的皇室工艺美术无不依附于高度发达的地方工艺美术，清代皇家工艺也不例外。清代皇家御窑和官窑设于瓷都景德镇，每年为皇家烧造各式宫用或官用及赏用瓷器数万件，这先由淮安后由九江两关督办。此外，织造、税关、盐政等内府派出衙门设于苏州、南京、杭州、淮安、凤阳、扬州、长芦、广州等城镇，为皇家筹办各种贡品和用品。清廷养心殿造办处为皇帝、皇后及阿哥、亲王造办各种礼仪的和生活的用器。造办处下设二三十个作坊，招募数百名能工巧匠，其中有不少人是来自江南的苏宁杭及岭南的广州，称为"南匠"，能得到优厚银粮和公费银两。而来自苏州的"南匠"亦不在少数，现在已查明有玉、犀、牙、竹、雕刻、漆、木器、捏塑、纸编等工匠。这批苏州工匠在造办处各作坊为皇家制造器物。皇家工厂规模有限，产量不足，或因资源、气候、技术等条件所限，难以满足皇室需求，于是便决定在外设厂，增加新工种。皇帝还通过造办处向苏州织造发派相关活计，以丝织、刺绣、缂丝（图一）、玉器、剔红等高级工艺美术品为主。两江总督、江苏巡抚、苏州织造监督等地方大吏每年四次向皇家进贡特产，疑其中不少的器物是取自苏州工艺美术作坊，譬如顾绣、缂丝、剔红等专业完全处于独占地位，凡宫廷所用上述工艺品均由苏州织造提供。概而言之，苏州工艺美术行业为皇家输送良工巧匠及其所需工艺美术品，如果没有苏州的工匠和工艺产品输入内廷，那么清皇家工艺的状况尤其是有关专业的情况则是不可想象的，很可能在整个层次上大幅度下降。

　　当然，也有反向流动的例证，如皇家根据需要，命苏州试制并批量生产新型器物。乾隆帝喜爱剔红，便命造办处画样，准后发往苏州织造监督按所发剔红图样试制雕造，织造官不敢违命，便组织工匠进行试制遂而制成，送京呈览通过。从此，苏州漆行中出现了雕漆新工艺，品种计有剔红、剔彩以及仿明等器。此外，苏州织造还受命烧造成澄

图一　苏州缂丝梅花双禽图册页

（采自《故宫博物院藏文物珍品全集·50·明清织绣》）

泥砚。所以，皇家的要求对苏州工艺的某些行业也具有催化作用。苏州成功地制造剔红漆器是基于弘历本人对苏州工艺技术的估量，弘历先后六次南巡时对江苏之苏州、扬州及浙江的杭州、宁波绍兴等城市有了较深入的了解，将苏州工艺列为江南第一，即使当时扬州夏漆匠善雕漆，亦颇有名气，弘历也不屑一顾，仍将试制雕漆任务交给苏州织造。当然，弘历喜欢洋货，故凡属洋风的金属、珐琅、钟表等工艺以及广州木器，他要粤海办理，所以至 18 世纪，苏州仅在传统工艺美术上占绝对优势，对外来工艺似稍迟钝，故在内廷出现苏广工匠分庭抗礼、平分秋色的局面，这也预示苏州工艺前景令人担忧。

四、清末苏州工艺在废墟上重建并有了一定的发展

苏州工艺美术的水平随着清王朝的衰微而逐步下降，至咸丰初年遭到了灭顶之灾。清代晚期出现了一次震撼全国、席卷半壁江山的太平天国起义，苏州工艺在这场战事中被彻底摧毁。太平天国起义被清廷镇压之后，清朝的经济至同治时期略有复苏，史称"同治中兴"。苏州织造在此时也重新建立，至宣统三年止。在这半个世纪之中要注意三个问题：一是康乾盛世工艺美术作品被毁灭殆尽；二是太平天国起义军占据苏州期间

也建立了官方工艺及其管理机构，这一段时间虽然短暂，但是太平天国在苏州留下了统治的烙印，也必然存在着太平天国时期的苏州工艺美术，有何作品传世，其特征如何，其水平高低等问题都需要研究；现存少量的太平天国工艺品与康乾盛世工艺不堪比较，实与稍后的"同治中兴"期工艺美术水平大体相当；三是所谓"同治中兴"后的苏州工艺质量，若与乾嘉时期苏州工艺相比，可谓有天壤之别，或者说一落千丈、面目皆非，这说明苏州工艺在遭受太平天国战火之后元气受损，在清朝末期无法恢复到乾隆朝的水平。目前，苏州市民手中保存的清代工艺品大多是同治中兴后的产品，不能代表苏州工艺美术的水平和历史成就，这是必须注意的。

以上四点是清代苏州工艺美术领域中的关键问题，笔者已简单扼要地讲明了个人的看法，作为研究苏州清代工艺美术本来面貌的参考，不妥之处请读者予以指正。

（原刊于《姑苏工艺》1994 年）

十一、鉴　　定

摩羯·摩竭辨

由于摩羯、摩竭的图像比较特殊，均与外来文化有着密切关系，所以在文物考古界有些同行并未透彻地理解其内涵，往往望文生义，从图像获得直观印象后便称其为"鱼化龙"或"鱼龙纹"等，在近半个世纪以来，这几个名称又互为通用，致使其涵盖更加混淆不清。为何其来路清晰、名称底定的情况下在定名上又发生了问题？其中必有因缘，很难用简单的几句话说得明白。现将近期已发表的有关论文进行梳理，探索摩羯与摩竭两名来源并规范其使用范围，对其正确定名提出个人意见以供读者参考。

一、简述史料记载与有关的研究成果

笔者所见有关摩羯、摩竭图像研究的论文仅有《摩竭纹考略》一篇，但也还有不少论文中涉及摩羯、摩竭的论述。

河北省文物管理处、河北省博物馆于1975年8月《文物》杂志上正式发表了张家口市宣化区下八里村辽张世卿（公元1116年）墓的发掘简报，同时又发表专文侧重介绍该墓后室穹隆中心所绘星图在我国天文史上的重要价值，指出黄道十二宫图像与古巴比伦黄道十二宫图像之异同，其中摩羯宫图像由羊首鱼尾形兽衍变为龙首鱼身带翅兽。该文进一步指出："宣化星图的十二宫虽然起源于古巴比伦，但在画法上却已有了中国特色而不是照搬。"

之后，夏鼐先生于1996年2月《考古学报》上发表了题为《从宣化辽墓的星图说二十八宿和黄道十二宫》的宏文（简称"复文"），其"（四）什么是黄道十二宫"一段转引 C. 弗拉马利翁《大众天文学》1955年版希腊黄道十二宫图形符号，其图形称为羊首鱼身，但实为羊首、颈、胸及两前蹄，是一完整的羊前半身，在其胸腔与鱼身尾连接，鱼尾作上卷状，尾鳍伸张分为三岐，似三岐叶状，想必亦有所指，一时尚不易查明。在羊角上部书其符号"♑"并注"摩羯"二字（图一）。夏文又在"（五）黄道十二宫传入中国的时代"一段中讲述了黄道十二宫传入我国的时间及摩羯宫的梵文与汉译问题。文章首先列举了七种佛经与古文献中的年代和十二宫的汉名，其中摩羯宫的汉译颇不一致，如有磨竭（《大方等日藏经·宿曜经》387页）摩竭（《宿曜经·支轮经》395页）、磨羯（《七曜攘灾经》）、磨蝎（《玉函经》及《武经总要》、《理气心印》）等四种汉译文字，

图一　希腊黄道十二宫
摩羯宫图像和符号

可知音译选字灵活性很大，譬如同一本《宿曜经》中汉译摩羯宫就有磨竭或摩竭两种译法，所以在黄道十二宫的摩羯宫四种汉译均已成立并可互为通用。就此夏文解释云：

> "就上表可以看得出来，黄道十二宫至迟在隋代已传入我国[1]，是随着佛经的翻译由印度传来的，其中摩羯宫是印度梵文 Makara 的音译，第一音节译"磨"或"摩"（二者隋唐古音 muâ），第二音节译竭或蝎或羯（三者隋唐古音 ghât）。最初并没有一定，后来由于图形是羊身鱼尾的怪兽，便采用从羊的羯字，也许与佛经中梵文 Karma 译作'羯磨'（意译为"作业"或"办事"）有关，把同一音节的汉字音译加以划一。"

夏文的解释是可取的，希腊黄道十二宫之摩羯宫图取羊身鱼尾之怪兽作图式，在汉译时取羊部首之"羯"字是有道理的、正确的，可见"竭"、"蝎"二字似不如"羯"字妥当。当希腊（一说古巴比伦）黄道十二宫传至印度，其摩羯宫羊首鱼身图像遂而为印度神话传说中的 Makara 摩竭，这是印度人的权宜之计，是可以理解的，但夏文未指出印度天文学者缘何将希腊摩羯宫图像撤下来将印度的摩竭（Makara）换上去，其中必有因缘。笔者以为此问题尚难短期澄清，可是若仅从观察希腊黄道十二宫图像所获印象角度来探讨其调换因缘的话，不难发现希腊黄道十二宫之第一宫的羊宫图像（图二）与第十宫之摩羯图像十分接近，可以说都是羊首鱼身，极易混淆，不易区别，抑或由于此因迫使印天文学者以其土生土长的摩竭（Makara）以顶替原图像。当印度黄道十二宫传入中国时两种摩羯宫图像一道传进来，所以在辽墓出现两种不同的摩羯宫图像便是有力例证。是否妥当，姑且缓论，仅供读者参考。

图二　希腊黄道十二宫
白羊宫图像和符号

1983 年，岑蕊《摩竭纹考略》（《文物》1983 年 10 期，以下简称"岑文"）一文公开发表，此文是笔者所知过去五十年当中第一篇有关摩竭纹的专文，它论述了摩竭纹的起源、变化及其特征与传入路线等课题，所引隋—宋的摩竭纹图像资料是可信的，如唐代摩竭图像是龙首鱼身（图三），宋代摩竭图像是龙首鱼身有翼（图四）。岑文以为"摩竭是印度神话中一种长鼻利齿鱼身鱼尾的动物，梵文 Makara，汉译作摩竭、摩羯、摩伽罗等"。"摩竭的形象，或以为源于鲸鱼，或以为源于鳄鱼，印地语中称鳄鱼为 Magar，即为梵文 Makara 之转，也有人认为出于鱼、象、鳄鱼三种不同的动物形象。"所言甚是，此见解与夏文基本一致。印度的摩竭与中国的龙都是复合形神兽，当然，其形象和功能、地位是有很大区别的，在此不作详细比较。该文在论证其纹饰时也涉及黄道十二宫的摩竭宫的图像为"长首、张口、尖耳、鼻不很长，整个头部似龙，但有鱼身，胸鳍宽大似翼，有尾（图四）"。其年代大约属西夏时期（公元 1035～1227 年）。"这一摩竭纹比上述中唐银盘纹更为汉化，头部几乎看不出印度摩竭的特点"。

图三　唐代银盘上的摩竭纹

图四　西夏黄道十二宫中的摩羯纹

（莫高窟第 61 窟）

岑文考证摩竭纹的起源、变化及其特点证据确凿，结论可信，尤其将摩竭分为印度神话及黄道十二宫的两个来源亦很重要。其文在定名的用字上是以"摩竭"为准，不用"摩羯"，这种命名有单一化的缺点，便将不同来源的摩竭或摩羯的两种定名划一为摩竭亦颇有不便之处。

除了上述有关摩羯、摩竭的论文之外，近年也不乏学者在论文中涉及这一问题[2]。我国天文学家伊世同先生在他的论文（《文物》1990 年 10 期）中除了综合宣化区下八里村辽金三座墓（公元 1116～1144 年）的天文图作简要分析介绍，M1、M2 二墓的摩羯宫所绘图像均为"大鱼"，亦即龙首鱼身怪兽，伊文还指出："摩羯的形象大体是一条长着鼻和翅膀的鲸鱼，这类形象纹饰至今仍在尼泊尔和我国西藏地区流行。隋唐之际，在中国流传的摩羯纹改造成为龙首鱼身或生有翅膀的鲤鱼，以后世代流传。"

笔者于 20 世纪 70 年代后期去西藏考察新铜时曾请教当地文物工作者关于象鼻兽面二爪鱼身的怪兽名称，他们说藏语称之为鲸鱼。显然西藏还保存着从印度传来的摩竭的古代基因，但图像已衍变的面目皆非了，鲸鱼的形象踪影无存，仅仅保留了印度名称而已。伊文同时还提供了一个非常有趣味的独一无二的新的摩羯图像，这就是他在河北省邢台市发现了开元寺一具大铁钟，铸"金大定甲辰岁"（大定二十四年，公元 1184 年）款，较上述辽墓晚三十年左右，还铸有八卦图和黄道十二宫图像，以摩羯宫的图像为圆顶的碑碣形（图五）。他以为金人以碑碣形式代替龙

图五　"金大定甲辰年造"款大铁钟上的摩羯宫图像

首鱼身形，"碣"亦符"羯"之音。这虽为孤证，但也值得注意。

二、摩羯与摩竭的两个不同来源

综合上述论文及出土简报关于摩羯、摩竭的名称及其图像，可分黄道十二宫的摩羯和佛教经典中的摩竭等两大类。

（一）黄道十二宫摩羯宫的名称与图像

根据已见资料共有六种，分别列举如下：

（1）古巴比伦黄道十二宫所列摩羯宫图像特征注为"羊首形兽"（《巴比伦十二宫》，《文物》1975 年 8 期），不见其图像资料，仅从注明其图形为"羊首形兽"可知是有羊头的怪兽，身部情况不明。此摩羯宫及其图像因有羊首，用"羯"字是可取的。

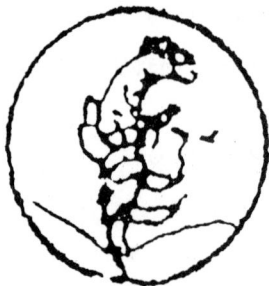

图六　辽张恭诱墓墓室穹顶
摩羯宫图像

（2）希腊黄道十二宫摩羯宫图像为"羊首鱼尾"状，符号为"♑"，在羊首部注有"摩羯"两个汉字（图一），这可能是撰稿人所注，此"羯"字也是可取的。

（3）希腊或古巴比伦黄道十二宫摩羯宫图像、宣化下八里辽天庆七年（公元 1117 年）张恭诱墓（M2）墓室穹顶彩绘黄道十二宫摩羯宫图像都保存希腊黄道十二宫摩羯宫图像的遗痕，作羊首昂起，长颈挺直，身部不明（图六）。这是从该再版复原图勉强认出，是否准确尚有待对其实物进行观察。

（4）印度黄道十二宫摩羯宫的图像出现了与上述古巴比伦和希腊两地的摩羯宫图像不同的新形象。它的图像为龙首鱼尾状，其名 Makara，于是，神话、佛经中的摩竭形象升华到印度的黄道十二宫中的摩羯宫。在我国辽代仍保留着它的遗迹，详见辽天庆六年（公元 1116 年）张世卿墓（M1）后室穹隆顶部中央的黄道十二宫摩羯宫图像，已更换为龙首双翼鱼身形摩竭（Makara）图像（图七）。

图七　辽张世卿墓后室穹顶
摩羯宫图像

（5）又一印度黄道十二宫摩羯宫图像出于宣化下八里辽张世古墓（M5，葬于公元 1117 年）后室顶部黄道十二宫（《文物》1995 年 2 期 17 页，图四一）。此墓壁画保存情况不佳，但侥幸的是摩羯图尚完整地保存下来，其形象清晰可辨。摩羯宫图像确为印度摩竭（Makara），作龙首双翼鱼尾状（图八）。

6. 异形摩羯宫图像

见于河北省邢台市开元寺大铁钟黄道十二宫摩羯宫图像。此钟铸于金大定甲辰年，即1184年。已如前述，其摩羯宫图像十分特殊，呈阳线圆首碑碣状，置于长方平凸座上。碑碣本为特立之石，其形状略有区别，一般说方而高大者为碑，圆而矮小者为碣，而此铁钟上的摩羯宫之碑碣应为"碣"而非碑也。"碣"、"竭"同音，疑其主持铸造者和铸钟工匠等人并不知摩羯为何物，便从其音以碣代羯，遂出现了碣形图像的摩羯宫。

图八　辽张世古墓后室顶部
摩羯宫图像

上述六例黄道十二宫摩羯宫共有三种图像：一种是希腊或古巴比伦的羊首鱼身图形；其次为印度摩竭 Makara 图像；其三是以石碣为标志的摩羯宫图像。前二种均来自印度，唯有后者确为金代河北地区土生土长的国粹，与古巴比伦摩羯宫或印度摩竭宫的图像毫无关系，是以中国同音替代的新型图像，迄今仅见此一孤例，饶有兴味。

（二）印度神话与佛经中的摩竭

印度神话与佛经中的摩竭图像大致有两种：

（1）摩竭鱼王：又作摩伽罗，梵语 Makara，"译曰鲸鱼、臣鳌"，"谓鱼之王也"，"海中大鱼，吞啖一切"（唐慧琳著《一切经音义》）。也就是由鲸鱼转化的摩竭鱼王。其形象为口大张，利齿长鼻，眼外鼓，似鳄首鱼身（图九），或作象首双足鱼身（图一○），见于南印度阿马拉瓦蒂，约相当于公元前200～公元250年。这是摩竭凶恶的一面，但它还有另外一面，如印度人认为摩竭为河水之精，能融化万物，是法力无边的海兽，既可兴妖作恶，又能滋养印度人民，使其得以生息繁衍。善恶两面才是对摩竭全面的揭示。

图九　印度阿马拉瓦蒂摩竭纹

图一○　印度阿马拉瓦蒂摩竭纹

（2）摩竭大鱼：《洛阳伽蓝记》："宋云取经至辛头大河，河西岸上有如来作摩竭大鱼从河而出，十二年中以肉济人处起塔为记。"此摩竭以肉济人是其好的一面。

摩竭大鱼的形象除了上文所列举的之外，尚见于文物考古部门藏品，其中辽陈国公

图一一　辽陈国公主出土玉佩（Y93）之摩竭坠、双摩竭坠

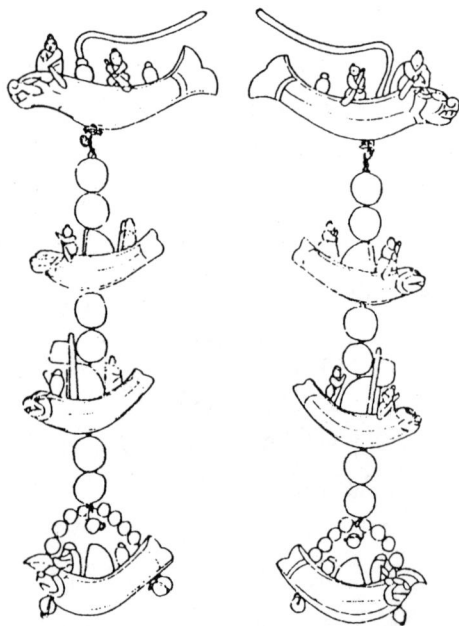

图一二　辽陈国公主摩竭鱼舟琥珀珍珠坠
一付（Y95-1、2）

主墓所出之玉佩（Y93）中可见其两件摩竭坠，原报告称"龙形玉坠"、"双龙形玉坠"[3]，均为龙首双翼鱼尾形，此当为摩竭大鱼（图一一，图版47、74）。另有一双琥珀珍珠耳坠（Y95-1、2）[4]亦似摩竭，此坠最下是一对凤首鱼尾形舟，其上三对摩竭，均作龙首、鱼身、无翼，此当为摩竭鱼舟，最上一摩竭尺寸最大，舟载宝货，二人乘于舟中正在划桨，似在水中行舟运回宝货（图一二）。这种摩竭舟疑其出自《中阿含经》卷三十四《商人求财经》中所云："彼在海中为摩竭鱼王破坏其船"，是商人反用其意，保祐乘舟出海贸易顺利的形象。前述1997年全国精品展中的广西南丹县虎形山出土的宋代鎏金银摩竭背有船棚，说明此摩竭亦应为摩竭舟（图版73）。

三、结　　语

通过上述比较研究，对摩羯与摩竭的不同出处及其有别的内涵已有所了解，今后在使用摩羯或摩竭时应当加以区别，特提出以下两点意见供读者参考。

（1）摩羯：应限于黄道十二宫的摩羯宫，其图像共有"羊首鱼身"、"龙首双翼鱼身"（Makara）图像和碣形等三种，这三种图像均为摩羯宫标志，故均可称摩羯或摩羯纹。

（2）摩竭：梵语 Makara，系指出自印度神话和佛经的摩竭大鱼或摩竭舟，与摩羯宫无关，其形象为"龙首鱼身"或"龙首双翼鱼身"，但又与由鳄鱼和鲸鱼发展起来的印度和藏传佛教中的 Makara 图形有着很大区别，当为汉化的摩竭纹，如金银、玉、琥珀、陶瓷等器物上的单独图案或立体造型及器皿均应称为"摩竭"，最好不要用"摩羯"二字。

过去，摩羯或摩竭两名称区别不严，从佛经开始由梵文译为汉文的过程中已经混淆，在定名上随意性较大。20世纪50年代以来这种影响依然存在，有人喜用"摩羯"，还有人主张一律用"摩竭"。鉴于上述情况，笔者提出上述两种区分，要避免混淆。但是在实践过程中对器物上的摩竭纹与立体性摩竭鱼，其定名如何使用恰当的字（即"羯"或"竭"）一定要把握其图案或形象是否与黄道十二宫有关系，如果有关系，确为摩羯宫图，当然可用"摩羯"；如果反之确与黄道十二宫无关而是摩竭鱼，则应用"摩竭"，以澄清当前文物考古界互用两名的现象。

注　　释

[1]　王仲殊先生认为黄道十二宫传入我国的时间应提早到三国时代的吴（公元222~280年），较隋早三百余年。详见《论吴晋时代的佛像夔凤镜》，《考古》1985年7期。

[2]　河北省文物管理处、河北省博物馆：《河北宣化辽壁画墓发掘简报》，《文物》1975年8期；
河北省文物管理处、河北省博物馆：《辽代彩绘星图是我国天文史上的重要发现》，（《文物》1975年8期）；
孙机：《摩羯灯——兼谈与其相关的问题》，《文物》1986年12期；
张家口市文物事业管理所、张家口市宣化区文物保管所：《河北宣化下八里辽金墓壁画墓》，《文物》1990年10期；
伊式同：《河北宣化辽金墓天文图简析——兼及邢台铁钟黄道十二宫图像》，《文物》1990年10期；
张家口市宣化区文物保管所：《河北宣化辽代壁画墓》，《文物》1995年2期；
孟嗣徽：《炽盛光佛变相图图像研究》，《敦煌吐鲁番研究》第二卷，北京大学出版社，1997年。

[3]　内蒙古自治区文物考古研究所、哲里木盟博物馆：《辽陈国公主墓》82~85页，图五一、彩版二一，文物出版社，1993年。

[4]　同［3］，87页，图五四，3；彩版二四，2。

（原刊于《故宫博物院院刊》2001年6期）

中国古器物鉴定讲义（提纲）

一、古器物鉴定的目的和任务

古器物包括书画、碑刻、造像之外的，用有机的或无机的原料制成的具有不同的社会功能的各种器物。一般的按质地分类，包括玉、石、木、牙、角、骨、漆、陶瓷、金、银、铜、铁、铅、锡、玻璃、珐琅等类器物。

古器物鉴定的目的是通过目验、检验和考证，区别其真伪，即"去伪存真"，亦称"辨伪"。

古器物的真伪是历史现象，又是客观存在，继续至今。不承认这一史实和现状是不妥的。

对古器物的材料、产地、年代、工艺以及作者的认识是古器物本身固有的物质、工艺及其相关诸条件在人们头脑中的反映。这些条件的认识与鉴定互有联系，但还不是鉴定。

鉴定的途径和手段则是通过看、闻、嗅等过程找出作伪的破绽和伎俩，才能做出正确的判断。

掌握古器物鉴定能力须经过较长期的学习和经验积累的过程，不能速成。

（1）要掌握传世的、出土的古器物的特征与常识；

（2）要掌握作伪的特殊技巧。

以上两个方面的知识是鉴定人员必须掌握的，缺一不可。

由于伪制器物是在秘密情况下进行的，且各行都有独特技巧，又鲜为人知。所以，鉴定按器物品种分工，可以触类旁通，兼顾相近的器物，但无全才。

学习鉴定的方法：主要是师徒传授，临场实验并指导。其次是集体培训、课堂讲授、观摩实物和幻灯，可以获得一些基本知识。

二、古器物鉴定在博物馆各项工作中的地位

文物是博物馆各项活动的物质基础。博物馆的文物都须经过鉴定。

文物鉴定是文物征集工作中必经的重要环节。经过鉴定的文物才能决定是否入藏。经过鉴定的文物有真伪两种，真品可以入藏，伪作要淘汰。这是一般的原则，但也有特

殊情况，如书画、玉器类文物中真伪两种文物在不同的条件下均可入藏、应用或发表。所以，不能讲博物馆只收藏真的文物、不收藏伪作。这一原则至少在古代艺术博物馆是行不通的。其他类型博物馆，也可按此原则酌情处理，收藏一定数量的伪品，作藏品或参考资料。

仿品的入藏价值：

（1）仿品（伪品）"似是而非"，既有似的一面，则有入藏价值。

（2）仿品年代也是入藏的条件。如宋元明伪名画。宋、明仿古玉，只要有价值即应入藏。

（3）仿品工艺的精粗也是另一个入藏条件。

（4）仿制古玩的历史较久，有的自成系列，要从仿制史的角度考虑收藏。

（5）不能入藏的仿制品，在处理上持慎重态度和妥当方法。

根据陈列需要，从大量藏品中遴选展品时，首先要注意文物的真伪问题。这是对藏品的第二次鉴定。它的实际成效取决于主持陈列人的鉴定水平。

讲解、编辑工作同样也要注意文物的真伪。但是，一般讲解、编辑工作者不谙文物鉴定，多依赖于前两次鉴定。

从鉴定与保管、陈列、讲解、编辑等项工作的关系来看，它与保管工作的关系最为密切，它是保管工作的重要一环。这就要求保管工作人员和保管部主任（副主任），都应有一定的鉴定能力。还要有少数专家，以指导文物鉴定和把好鉴定关。

三、古器物鉴定的分工

1. 按材料分类，如有机质材料和无机质材料

（1）甲、骨、角、牙类

（2）木、竹、核、根类

（3）漆器类

以上是有机质文物

（4）玉石类

（5）金石类　即青铜、铭刻类

（6）铜铁类

（7）金银类

（8）陶瓷类

（9）玻璃类

（10）珐琅类

以上是无机质文物

陶瓷、青铜是古器物中的两大类，自成体系。漆器、玉器两类文物数量远不及陶瓷、青铜，但也自成体系，其他各类合称为杂项。

古器物鉴定首重材料质地，把鉴定材料真伪放在第一位，对贵重材料文物鉴定尤其如是。

贵重材料有玉、宝石、金、犀角、象牙等。

非贵重材料有木、竹、骨、玻璃、陶瓷。

介于二者之间有银、铜、骨、角、牙、珐琅等材料。

2. 按工艺分类

（1）琢磨钻雕类

（2）冶炼范铸类

（3）掐錾锤镙类

（4）编织类

（5）烧结类

（6）炼吹类

（7）错金类

（8）银嵌类

（9）髹饰类

古器物鉴定次重工艺，有精粗、繁简、难易、优劣之分。如精工、精制、细工、粗制、滥造。

3. 按时代分类，由于前两类分工和鉴定者的情况又形成了按时代先后分工

（1）三代：青铜器、玉石、陶器

（2）秦汉—南北朝：汉铜、玉石

（3）唐宋：金银器、青白瓷、三彩

（4）元明清：青花、景泰蓝、料器、犀角、百宝嵌

4. 按地区、国别分类

中国文物的分布区域分为中原与边疆、汉族与少数民族。边疆、少数民族文物过去统称为"番作"，包括西番片子、刀、剑、番作玉器等。

外国文物主要分布于日本、朝鲜、越南、泰国、缅甸、印度、巴基斯坦、犍陀罗、波斯、土耳其、欧洲等地。外国文物鉴定难度更大。这是过去的社会条件决定的，成了文物鉴定的一个难关。

四、古器物鉴定的要点

古器物大多都有多面的立体的器型，是由单一材料或多种材料和工艺制成的。鉴定的着眼点甚多，难度较大。要承认各类古器物鉴定均有不同的侧重面和着眼点及其各自不同的特点。现在按材料（质地）分类，将各类古器物鉴定要点分别介绍如下。

1. 玉石类器物鉴定的要点

（1）首先要区别其质地是玉、彩石或是玻璃？要从观察、区别三者的现象及诸特征出发，由表及里，确切地掌握其物质内涵与属性。

玉，即指和田玉。其他地方所产之"玉"，不是真正的玉，可称为彩石或冠以地名，以与和田玉加以区别。

和田玉温润晶莹，有玻璃光或油脂光，以单一色为上，杂色为下。比重 2.9 ~ 3.1，硬度 6 ~ 6.5，钙镁硅酸盐类，化学式 $CaMg(SiO_3)_4$，角闪石族。新中国成立后对和田玉的认识有了改变。如地质界主张和田玉是由角闪石族矿物中的透闪石—阳起石矿物（以透闪石为主）组成的致密块体，透闪石是一种含水和氟的钙镁硅酸盐，化学式 $Ca_2(MgFe)_5[Si_4O_{11}]_2OH_2$，通常含有 4% 以下的铁（Fe），当铁含量超过 4% 时即过渡为阳起石，化学式 $Ca_2(MgFe)_5[Si_4O_{11}]_2OH_2$。由于和田玉的透闪石性质与太湖区域的良渚文化遗址出土的透闪石玉质，在表面现象上有较大出入，所以，仍以角闪石玉作为和田玉的矿物定名为宜。

彩石，包括透闪石、阳起石、蛇纹石、黝帘石、绿帘石等，以地名冠则是岫岩玉、祁连玉、南阳玉、密玉、蓝田玉等。以岫岩玉（蛇纹石）为例，以不同的绿色为主，半透明以至不透明，蜡状至油脂光，缺乏温润晶莹之美。硬度 2.5 ~ 5.5。比重 2.5 ~ 2.8。镁质碳酸盐，化学式 $Mg_3(Si_2O_5)(OH)_4$。现在的岫岩玉产于瓦沟，其邻细玉沟出角闪石玉，可知角闪石与蛇纹石的密切关系。

玻璃以石英砂、长石、石灰石为主要原料，以钠、钾、铅做助熔剂，以硝酸钠、氧化砷为澄清剂，以氧化金属为着色剂，以磷酸钙、氟化钙为乳浊剂。将原料粉碎、混合、熔融、澄清、匀化后加工成型，再经退火处理而成，中国的铅钡玻璃或钾钙玻璃均善仿玉器。

材料经鉴定后，分别按玉、石、玻璃权衡高低。

（2）治玉工艺：不能凿刻，只可砣碾（古人称之雕琢）。对砣具要有所了解。凡经观察确证其为雕刻而成者，则绝非玉质。

（3）沁色：沁色是次生色，分为天然环境的自然沁色。人为环境的自然沁色和人工沁色。所谓次生色，不是玉石形成（交代、过渡）过程中呈现的色彩。而是玉石形成后，风化成碎块在地表或埋藏在地下，与某种金属元素接触并逐步浸入机体而形成的色彩。这种自然染色是特定环境的某些物质作用于玉石的结果，需要几百年上千年，但人工染色只要几个月或几个小时即可，亦称"烧古"。识别沁色是鉴定真伪玉器的重要依据之一，切勿忽视。可以这样说凡伪制古玉器十之八九均有人工沁。其玉质往往是劣质的或掺色的。

（4）人工致残：古玉伤残是合情合理的，因而，仿古玉和伪古玉大多经人工致残，做出古玉效果以蒙蔽收藏家视觉。在鉴定玉器时一定要识别伤残的性质和程度，只要识别或发现了确有人工致残等情况时，则需要警惕。

（5）仿古玉的几种情况

① 仿古玉：有为鉴赏慕古而制的仿古玉和为骗取高值而制的伪古玉。有所本的仿古玉，按照实物仿作或从《考古图》仿制。还有的凭经验或想象再创造的仿古玉。

② 仿熟坑：熟坑是指出土玉器经过人工盘过的，或经油炸速成的。

③ 仿生坑：考古学传入之后，应洋人之好而作的。

④ 仿名作：仿名器或仿名家之作。

以上（1）、（3）、（4）、（5）各项是制造伪古玉的特技，不可不知。不知这些特殊手段和技术则不能鉴定玉器的真伪。

2. 宝石类鉴定的要点

从传统的和现实的价值观、审美观出发，宝石包括钻石、红、蓝宝石（元人称"剌"）、猫眼石和祖母绿等。其他的如欧珀、碧玺、紫牙乌、晶宝石等类似宝石，低宝石一等。

钻石原材料是金刚石，成分是碳，化学式是 C，等轴晶系，硬度 10，比重 3.5，金刚光泽，分为无色、淡绿、淡蓝、橙黄或微红等色，钻石是经过琢磨的金刚石。标准钻石有 57 个棱面，称为 57 番。顶面呈八角形，倾斜面有三角面和菱形，共 33 个面。下部是多角形锥状，各面有三角形和菱形，成锥形面交于底部，呈尖锥状，共 24 个面。主要产地是南非，其次是刚果、安哥拉和加纳。

宝石：矿物名刚玉，有玫瑰紫（红）宝石和蓝宝石。成分是三氧化二铝，化学式 Al_2O_3，六方晶系，硬度 9，比重 4.1，透明、半透明至微透明，有二色性，颜色以玫瑰红、宝石蓝，也有淡蓝到白蓝色的，或蓝得发黑的。宝石的重要特征是有"星彩"，如同太阳光芒四射，随视线的移动而移动，称为活光性或勒光性。有的星彩呈六道交叉亮线，也有的是双六道交叉亮线，俗称"六道线"。也有的红蓝宝石没有六道线，只有活光性。

猫眼石：在一定的光线下出现一道细长的白晕光，似猫眼而得名，又叫猫儿眼。矿物名金绿宝石，其成分是铍铝的氧化物，化学式 $BeAl_2O_4$，斜方晶系，硬度 8.5，比重 3.7~3.8，透明、半透明至微透明。颜色从绿到黄闪蓝的亮色，绢丝光泽、灼光性。产地巴西、斯里兰卡。

祖母绿：绿色浓艳而透明，世称"绿色之王"。矿物名纯绿宝石。系绿柱矿物的一种。是一种铍铝的硅酸盐，化学式 $Be_3Al_2(Si_6O_{18})$。六方晶系，晶面有细纵纹，硬度 $7.5 \sim 8$，比重 $2.6 \sim 2.8$，性脆，透明，亮度灼光性，无活光性。最好的祖母绿产于哥伦比亚、苏联乌拉尔山，巴西、罗得西亚、澳大利亚、印度、南非也有出产。

过去仿制宝石均用玻璃为之。清代广州用透明玻璃仿金刚石作嵌件，容易识别。但随玻璃制造技术的提高用高级玻璃仿制，则不易识别。广州与养心殿造办处玻璃厂也用透明的红蓝玻璃仿制红蓝宝石，也容易识别，还要掌握红蓝宝石与晶宝石的区别，不要把红晶宝石、蓝晶宝石误认为是红、蓝宝石。

3. 甲骨角牙类器物鉴定的要点

甲：包括龟、鳖、玳瑁等甲，用龟的甲和牛骨占卜吉凶、刻辞，称作甲骨文。1899年，古文字学家王懿荣首先发现。现传世甲骨共十五万片以上，其中有少量赝品。清代受欧洲影响玳瑁工艺在广州兴盛起来，留下了少量制品。

骨：以牛羊等兽骨作工具和装饰。商代骨器很发达，雕刻饕餮等纹，或嵌松石。20世纪初出现了仿殷商骨器。

角：有牛、鹿、犀等角，以犀牛角最为珍贵。犀角是中药的贵重药材，历代均有进口。广州汉墓出土过陶制犀角，朝廷用于礼制。犀角雕刻出现于宋，盛行于明清。犀牛产于东南亚和非洲。犀角有广角和小犀角两种。明清犀角多用小犀角。地方所制犀角杯多染成酱红色，清内廷犀角器不染色。假犀角用牛角仿制。鹿角欧洲人用于室内装饰，清宫用以拼制鹿角椅。

牙：原始人用动物的牙齿作装饰。大汶口原始部落人用象牙制器，战国用象牙作剑鞘。唐代用象牙作笏板、图章，清代广州与内廷用象牙制盘盒等器具。雕饰繁缛精工。广州牙雕不仅精细还善茜色。牙雕古董甚多，大量流传国外，有随形雕作的神仙、仕女、文人像，多用烟熏，呈烤红、烤黄等色。

4. 木、竹、根、核类器物鉴定的要点

木器：就地取材制成各种日用器物。硬木多由外域输入，最早的硬木器物见于唐代。明末清初硬木器制造逐渐发达。清代硬木家具有苏、广、京和宫廷等形式。明式家具以苏州（吴门）为代表，特点是"尚古朴不尚雕镂"，民国时期北京仿制。木器往往与髹漆、镶嵌工艺相结合，成为复合工艺。木器鉴定从木材、做工、结构、形式等几个方面着眼，对旧料改作、拼制要特别注意。

竹器：尚不见仿古代器。明清竹雕发达，形成了金陵和嘉定两派，以笔筒、笔搁或肖生为主，历朝曾盛行仿名家竹雕，凡遇到名家款竹雕、须慎重对待。近代北京、上海、苏州以及南方各地均有竹雕小名家，亦善仿古，仿制嘉定派、金陵派风格的竹雕。

这种情况也值得注意。

核器：是指用果实之核雕刻的工艺品或器物。如用胡桃核、桃核雕刻精微工艺品，用椰壳雕刻碗盘杯盅等器。传世的这类核壳制品都是晚近之物。

根器：用多年生盘根错节，结瘤性瘿的老树根制作像生或桌椅等家具。这种瘿根器似无仿制品，但可以新充古。瘿根器断代是一难题。

5. 漆器类器物鉴定的要点

宋人赵希鹄《洞天清禄集》讲过古琴断纹，明人黄成《髹饰录·尚古》第十八"仿效"一节，提出了仿效的原则、对象与方法。

仿倭器名匠有杨埙、蒋回回二人。中国仿日本莳绘漆始于明宣德间，正式派工赴日学习，返国后传授给杨埙，其仿倭漆器世称"杨倭漆"，明后期新安方信川亦仿倭漆，蒋回回所仿日本莳绘漆器，称为"蒋制倭漆"。清代仿倭金漆的地点是苏州。其传世器均藏于故宫博物院。日本莳绘漆器有平莳绘、研出莳绘、高莳绘和肉合莳绘（菱合莳绘）以及多种洒金法。清代仿莳绘的金粉与日本莳绘金粉不同，前者是粗细不等的金箔，后者是粗细不同的金粉。

清代内廷造办处曾仿嘉靖、万历的雕漆和彩漆。晚清北京雕漆行仿永、宣和乾隆时代的雕漆。北京仿雕漆较易识别，其漆色不鲜、无断文，荫干不透，迄今不硬是它的破绽。

日本室町幕府，足利义持时代收到一批永乐款剔红器。不知何时在日本也出现了仿制品，称为"堆朱"。堆朱是木雕髹朱漆，其制法与剔红根本不同。

6. 铜铁类器物鉴定的要点

铜、铁是代表社会发展的两个不同阶段的标志，也是推动社会生产力向前发展的主要金属。奴隶社会的杰出代表是青铜器。青铜是铜锡合金，商周奴隶主驱使奴隶制造了大量的青铜工具、兵器和彝器。始仿古彝的时间，有待探讨。可以提出比较突出的人物是宋徽宗赵佶。"大晟钟"即其仿古彝的代表，其立足点是尚古，与后世清玩不同。由于国内收藏家的征集和近世日本、欧美等收藏家的收购，大大促进了仿古彝的发展，在文玩业中也出现了"洋庄"。东洋庄重铭文，西洋庄重器型和图案。至 20 世纪 30 年代达到高潮，"九一八"以后逐步消沉，太平洋战争爆发后完全停顿。仿古彝是用模仿、拼凑、焊接、旧器新补等手段制成。古铜镜翻制古已有之，须准确断代。近世仿铜镜、带钩、"西蕃片"，也流出国外，要从铜质、做工、锈斑等方面来鉴定真伪。

铁质工具、武器易锈蚀，不为收藏家看重，故无人仿制。唯铁器中铁权是重器，秦铁权有仿制器。

7. 金银类器物鉴定的要点

金是稀有的贵重金属，受到人们器重，故金玉并称。楚以金作通货，汉代金较多，以斤计重。魏晋以后黄金渐少，用作首饰器物。银亦较少，唐以后作通货用，宋代酒楼、妓院多用银器，内廷和权贵、富贵之家多使用金银器皿。我国边疆少数民族甚爱金银器，其金银工艺起源甚早。内地金银器最发达的时代是唐代，贵族显吏墓中均有金银器出土。近世仿制盛唐银碗、盘、薰炉、盒等器，錾有细密的图案和鱼子地纹。金银器皿的成型主要用锤镍工艺，成型之后再锤打隐起图案、錾刻阴纹。仿制唐银器亦用锤镍法，但其技艺远不及唐人，又因计算成本、追求高值，锤胎过薄，斤两较轻。錾花技巧较为板滞，缺乏盛唐气势。这种仿唐银器流往日本、欧洲的数量相当可观，留在国内者甚少。翻开欧美博物馆图录和拍卖行的目录，有时也可发现仿唐银器。

蒙藏少数民族也喜欢金银器，如项链、戒指、佛龛、佛窝、七珍八宝，这里有西藏、蒙古喇嘛寺院的喇嘛工匠制造和北京金银手工业作坊汉族金银匠制造的。后一种是商品，不是古董。

8. 陶瓷类器物鉴定的要点

古代陶瓷的断代和识别窑口，已有巨大进步，这对陶瓷研究和鉴定是大有裨益的。古陶瓷在当时是流通于市场上的商品，供日常生活和陈设之用。古代陶瓷行业一向有着仿名窑和仿官窑的传统，这种器物是冒牌商品，不能算作假古董。这一点与翻铸的古铜镜的情况相仿佛。陶瓷的辨伪仍然是剔除古玩行为蒙骗收藏家获得高额利润作的伪器和后掛彩。伪器大致有仿商白陶、汉釉陶、唐三彩、越窑、龙泉窑，官、哥、汝、定、均、磁州窑、成化斗彩和康雍乾珐琅彩等。还有后加款和拼凑成器的。

日本仿龙泉梅子青甚为著名，相传可以乱真。

最近景德镇陶瓷馆仿元青花，取得良好效果。他们是试验恢复元青花为目的，均注明仿制，故不能视为伪品。

据说北京有人将仿古瓷做旧，与真器无异，可以骗过瓷器鉴定家，还以高价向博物馆推销。这是不折不扣的伪品。我以为瓷器的仿制是很难逼真的。无论在胎、釉、彩，还是在造型、图案上，均无法做到与古器雷同，天衣无缝，无懈可击的水平。

唐三彩的仿制品，象生类甚多，器物较少，它的破绽均暴露无遗，并不难识破。

9. 玻璃类器物鉴定的要点

我国古代玻璃起源甚早，但发育不够正常，进展缓慢，比较出色的一个时代是清代乾隆玻璃，在国外有一定的知名度。元明清三代都有宫廷玻璃作坊或外厂。

　　我国古玻璃的存在价值主要的体现在仿玉器，或者说是作为玉器的代用品而持续发展起来的。掌握这一特点对玉器的鉴定也有好处，如羊脂白玉可用呆白玻璃仿制。最早的仿玉玻璃则是长沙出土的玻璃璧及仿玉具剑玉器的玻璃器，汉代有仿玉玻璃玉衣片、仿玉玻璃羽觞等。我国早期玻璃是铅钡系统，唐宋及以后是钾钙玻璃，新疆地区多产钠玻璃。我国铅钡玻璃和钾钙玻璃都经不起骤冷骤热，不宜于作饮食器，只能做装饰品。甘肃漳县元墓出土了莲花玻璃盏、托是一个例外。至清代康熙时期在北京出现了套色玻璃（亦称套料），乾隆时代出现了"古月轩"款器物，在鉴赏界颇负盛名。在古董市场上价格也很高，于是出现了仿制的套色玻璃和"古月轩"款等伪器。仿制套色玻璃器的起点时间不明，大约在清末。这与洋庄古董行兴起有关，外国人称套色玻璃为"乾隆玻璃"，在外国也有玻璃艺术家模仿，清末民初套色玻璃色调鲜淡轻飘，不够沉着稳重，件头不大，小巧可爱，图案也比较简单，没有宫廷艺术趣味，似民间厂肆之作，多流往海外，国内所存甚少。"古月轩"款器物仿制也兴于清末民初，仅见二三器，都是矾红楷书款，与记载不符，属于毫无根据的主观臆断之制。

10. 珐琅类器物鉴定的要点

　　珐琅工艺是玻璃质材料覆盖于金属制品的复合工艺。包括掐丝珐琅、錾胎珐琅、透明珐琅和画珐琅四大类。其作伪情况各有特点，现在分类介绍于下。

　　（1）掐丝珐琅古称大食窑，又称鬼国窑，俗称鬼国嵌，今称景泰蓝。现已查明我国掐丝珐琅从元代至现代，持续发展，面貌多变。景泰内廷珐琅流传民间，因其"细润可爱"，便有了名气。清内廷养心殿造办处珐琅作亦仿景泰珐琅。从现存实物来看清宫仿景泰珐琅从康熙时代开始。详情已在拙文《景泰款掐丝珐琅的真相》（《故宫博物院院刊》1981年2期）已作过介绍，不再赘述。民间厂肆仿景泰蓝与景泰标准器相距甚远，只要掌握了景泰珐琅的掐丝、釉色、图案、造型，便一望而知其为伪器。真正的景泰内廷掐丝珐琅的特点是：掐丝比较活泼而又合法度，釉色有浅蓝、红、黄、白、蓝、绿、黄绿等色，色调淡雅温柔，失透而有彩石之感，款识阴刻楷体不够工整。康熙朝确实追仿所谓的景泰珐琅的釉色，虽不成功，其苦心是可嘉的。乾隆仿景泰器的釉色多用本朝珐琅，较易识别。

　　掐丝珐琅的研究比过去深入了，不仅找到了景泰珐琅的标准器，经排比还将景泰款器中的少量器物提到元末，排出了元末到清末六百余年的发展序列。对清代掐丝珐琅的产地进行了研究，共有养心殿造办处珐琅作和北京之外，尚有扬州、广州和九江关等共五处，均有标准器。这些科研成果对景泰蓝真品的鉴定不无裨益。

　　（2）錾胎珐琅：古称"拂郎嵌"，明代錾胎珐琅寥寥可数。清代造办处珐琅作偶尔制之。但在广州却大量制造，以乾隆朝最盛。

　　（3）透明珐琅：俗称烧蓝。目前所知最早的实物是康熙朝的，有蓝、绿、黄、白、紫等色。民间银楼亦可烧造而普及城乡。断代要靠图案、造型，蓝本身变化不甚显著。广珐琅是硬透明珐琅，以乾隆时期制品最好，民间银楼所用透明珐琅是低火度的软珐琅，因覆盖于银质首饰又称银蓝。

（4）画珐琅：清代康熙年间始于广州和内廷。广州画珐琅与内廷画珐琅泾渭分明，各具特点，前者是外造样式，后者是宫廷形式，代表了清代画珐琅的两种不同风格。京城王公亦聘巧手设炉私烧。北京画珐琅出现于本世纪初，著名艺人王安府（画烧）、贾恒宾、张德明等人认真地研究了清宫藏品，一面仿制，一面创新，增加品种，有的饰以錾花，提高了北京画珐琅的艺术水平，扩大了销路。

以上十类古器物鉴定的要点，已包括了它的主要门类，当然，不可能面面俱到，包罗万象。譬如文房四宝、民间工艺、建筑艺术和外国文物中还有不少的器物须要鉴定，这次不再一一介绍了。

五、文物鉴定与保管部人员

文物鉴定并无神秘之处，但也并非可以一蹴而就，马到成功的。进入角色且非容易事，何况造就鉴定专家，更是十分艰难的。关于这一点保管部主任要有一个正确的估计。

培养保管部工作人员鉴定能力的主要途径是在工作中学习，管理何种文物，则学习何种文物的鉴定知识与提高鉴定能力。要学习和掌握文物真赝的两种要点：

（1）铭记正确的标准器的要点，不是记忆少量的标准器，而是要牢记历代器物的标准器的要点。

（2）要熟知并掌握作伪的各种特殊技术。

只有掌握了以上两个要点才能区别真伪，进而去伪存真，完成文物鉴定的工作。

在博物馆、考古队、文物保护单位工作的同志，往往是在实际工作中锻炼，不能按部就班地循序渐进，只好一件、一批的学习并记牢。在长期的学习过程中要勤看、勤记、勤比较。只要持之以恒、锲而不舍，总可以把鉴定本领学到手。可是馆藏不足，则难以学得鉴定本领。这必须借鉴和接受别人的经验，以便丰富自己，提高自己。

博物馆业务人员都要掌握初步的鉴定知识和起码的鉴定经验。这有利于工作。只有少数怀有作鉴定人员的志愿和决心的人，在文物丰富、工作方便等极为优越的条件下，通过直接的、间接的方法，经过若干年的艰苦奋斗，才能造就成专业的鉴定人员或鉴定专家。

保管部主任应当掌握了解本馆收藏的文物及其保管、保护工作的理论与方法，以领导全馆的文物保管工作。也要掌握一定的文物鉴定知识。

博物馆没有自己的鉴定人员，它的收购、编目、陈列、出版和科研等工作都不好办。可是鉴定人员不是在任何条件都可以培养出来的。如文物少或文物虽多但不注意鉴定工作的情况下也不能培养出鉴定人员。根据笔者的经验判断，大多数地方博物馆缺乏独立的培养鉴定人员的客观条件和物质基础，那么，怎样解决这个问题呢？只有一条途径，要举办各类文物鉴定人员的专业培训班。各馆选派有培养前途的青年人接受培训，结业后继续培养，使其成材。这也是保管部主任的义不容辞的任务。

六、有关鉴定的参考书目

这次所讲的各类古器物鉴定的要点，主要是个人体会，同时也适当地联系了古文献。古文献内容丰富，值得认真学习，从中吸取教益。

我国鉴定专著很少，有关文物鉴定的见解往往在文人笔记或鉴赏文物的著作中有零星记载。现将有关文献列举于下，以供进修时参考。

（1）陶宗仪：《辍耕录》

（2）曹昭、王佐：《新增格古要论》

（3）高濂：《遵生八笺·燕闲清赏戋》

（4）沈德符：《万历野获编》

（5）刘侗：《帝京景物略》

（6）许之衡：《饮流斋说瓷》

（7）邓之诚：《古董琐记》、《古董续记》、《古董三记》

（8）赵汝珍：《古玩指南》

（9）容庚：《商周彝器通考》

（10）容庚、张维持：《殷商青铜器通论》

（11）瞿中溶：《奕载堂古玉图录》

（12）陈原心：《玉纪》

（13）刘大同：《古玉辨》

（14）赵永魁：《玉石简介》

（15）栾秉璈：《怎样鉴定古玉器》

（16）王世襄：《〈髹饰录〉解说》

（17）耿宝昌：《明清瓷器鉴定》

（原文为 1988 年 9 月 26 日讲义稿）

十二、日朝工艺

刍议日本玉器、玻璃器、七宝、漆器等
工艺的成就和特色*

　　中日两国自古以来便有着密切的政治联系、经济往来与文化交流。它的起点较早，从考古学角度来看大致在公元前二三世纪，正式见诸记载则是于公元57年，建武中元二年倭奴国王遣使后汉，光武帝授印（"汉委奴国"金印）。据日本考古学家研究，日本弥生时代文化（公元前300～公元300年）已受到中国和朝鲜半岛的文化影响，于是在原来的绳纹文化的基础上出现了急剧的变化，开始种植水稻，从大陆输入铜料，在本地铸造铜剑、铜矛、铜戈和铜铎。还直接从大陆输入汉式铜镜，从半岛输入多纽细纹铜镜，接着又从大陆输入大量的三角缘神兽镜。至飞鸟、奈良时代于公元538年（一说公元552年）朝鲜半岛的百济圣王向倭国献佛像和经论，这是佛教传入日本的最早记载。此后又从唐朝引入佛教造像和佛经。日本学习中国文化的高潮也在这一时期。日本为了学习和引进唐文化，便从公元630年起，始派遣唐僧，带回了大量的典籍、佛经、造像、法书、绘画、文具以及各种工艺品，进而充实了它的固有文化。大约在宋代，正是日本的藤原时代（公元10～12世纪），日本美术史上称为平安后期，即在这一时期日本朝野进一步消化吸收了唐文化，以滋养业已进化了的本土文化，并促其成长与发展，在此基础上终于形成了有着鲜明的民族特色的日本古典文化。此后日本民族文化也进入了相对独立发展的阶段。之后，伴随着民间贸易的开展，在佛教美术、绘画、陶瓷、漆器、珐琅等工艺中仍然吸收了中国文化的影响，不断丰富着本国文化并创造了新的工艺品种。

　　我国从宋代开始输入日本著名的莳绘漆器，受到宫廷贵族的赞赏。元明清时代日本还从中国吸收了绘画、书法以及工艺美术的某些成果，同时，中国也开始学习日本的某些工艺技巧，形成了工艺美术的新品种，这就是"杨倭漆"、"蒋制倭器"、"潘铸倭铜"。至清仿倭漆移至苏州继续生产，且逐步中国化，演变为中国传统漆工艺系列中的一个分支。

　　日本明治维新之后，它的传统手工艺品和机制工艺品作为商品大量输入我国。日本军国主义者发动了蓄谋已久的侵华战争爆发之后，随着割地索款、移民殖产的野心逐步实现，日本的书画、陶瓷、漆器、象牙雕刻、玳瑁器、玛瑙器、水晶器、七宝以及欧风美术与装饰品也被带进日本殖民地和军事占领区。1945年日本战败投降，其军民被迁返，但大部分古董与陈设却散失在东北、华北、华东等各大、中城市。其中一部分已为各地博物馆、文物管理部门与文物店收购存贮，还有一部分仍由民间收存。

---

* 本文为作者结合日本近来出版物纂写而成，属译著作品。

目前，我国博物馆、文物店收藏的日本"文物"，大体包括以下两类：

（1）清代朝廷收到的来自日本的礼品（贡品）和清廷大臣、督抚所进的日本工艺品。这批日本礼品保存在故宫博物院，一部分晚清时收到的日本礼品还由颐和园收藏。

（2）日本侵华期间官厅、企业及其官员、职员带进的古董和陈设品，日本战败后散失于民间，后由博物馆、文物店收购入藏一部分。

我国收藏的这批日本古董和工艺陈设品，年久者约一二百年，短的也有几十年的历史了。对这批藏品首先需要弄清其文化、艺术和历史的价值，还要对其质地、工艺、产地、作者、年代等有一个起码的了解，条件成熟时再划分文物与非文物及其等次。对一批古董尚需进行研究、鉴定、区别真伪、铨评等次。

据了解我国收藏的日本"文物"中，大宗的是书画和陶瓷，对此已有人作过探索和研究，取得了一定的成果。而其他类古器物尚无人问津，恰好笔者在工作和出国访问时，有幸看到不少日本文物，产生了浓厚的兴趣并有一定的了解。1988 年 7 月国家文物局为了培养鉴定日本书画、陶瓷的人才，特举办鉴定外国文物研讨班，学员来自东北、华北、华东、华南各省博物馆、文物店的文物工作人员，教员来自博物馆和文物店的研究人员和鉴定专家。笔者撰写了《中朝日三国美术工艺之交流》和《日本工艺美术类文物鉴定》两种讲义，亲自向学员讲了要点。这两篇讲义共六万余字，仅用一个月的时间突击翻译撰写完成。因而在内容与文字方面均难免有这样或那样的问题，再加上抄写得较潦草，打印时又出现了一些错字、漏行，最多一段竟丢失六百余字。这样，实有必要进行更正，以免造成不良后果。

为了促进对于日本古代美术的研究和文物鉴定，现将《日本工艺美术类文物鉴定》讲义略作修改，更名为《刍议日本玉器、玻璃器、七宝、漆器等工艺的成就和特色》公开发表。这里需要解释的是：原讲义中每一类的最后部分是讲器物鉴定的，但由于条件限制仅提出了有关鉴定的参考意见或应注意的事项，这与标题是不尽相符的。考虑到这一实际情况便将鉴定改为鉴别，似乎更为妥当一些。在这里还需要做简单的说明。

我国文物、博物馆界对文物鉴定有着各自不同的理解。概括起来可分为广义的和狭义的两种见解。广义的解释包括辨伪与断代的两个方面，还有的包括产地、工艺、材料等诸多方面，最宽的甚至连铨评等次也包括在鉴定之内。狭义的理解仅仅包括辨伪。笔者主张狭义说，认为文物鉴定的任务是区别真伪，去伪存真，为科研、出版、陈列、展览提供确凿无疑的第一手实物资料。至于文物的质地、工艺、产地、年代、风格及其优劣是涉及文物欣赏、品评以及科学研究的一些侧面。从文物鉴定角度来看，识别其质地、工艺、产地、年代、风格及其优劣等，不过是鉴定的全部过程以及做出肯定抑或否定的结论之前的几个参考条件，而不是它的最终目的和必然归宿。据笔者的经验，一个文物工作者若想掌握文物鉴定本领，至少需要闯过两关，一是要切实掌握各朝代文物的标准（器），二是要识辨其作伪伎俩。两者具备，缺一不可。为此，须付出一二十年甚至更长期的努力，才能掌握鉴定本领。可以肯定地说：学习鉴定绝非短期可以见效的。

学习鉴定中国文物尚且如此，由此及彼，学习鉴定日本文物更需如此。何况，我们掌握的日本古董和工艺品，不仅数量有限，且质量也不高，在这样的条件下如何学习并掌握鉴定本领确实是一个难题。其实也并不难，捷径是有的，方便之门也可找到，这就是请几位日本的书画、陶瓷以及其他工艺美术的鉴定专家来我国传授经验或我国派人赴日留学专修日本文物鉴定，也就是请进来、走出去，这样不要太长的时间便可解决问题。可是目前尚不具备这两个条件，请进来、走出去都很难办到。只有我们自己从头学起、增长学识、积累经验、掌握标准，总有一天终会胜任。回顾我们学习或研究鉴定日本文物已有四五十年的经历，为什么还不能全面突破，这就是缺乏良师指导、受到资料限制和各自为战、孤立无援等主客观条件造成的。这种情况不改变，再拖延下去，对提高我国鉴定研究日本文物的水平则更为不利。

我对鉴定日本文物可以说是门外汉。这不足为奇，确实非常正常的。这是因为我没有下过工夫研究日本文物，也未对其作伪伎俩作过深入调查，当然，不可能取得鉴定日本文物的发言权，仅仅是凭借研究和鉴定中国文物的经验，几次赴日考察时看到了大量的日本文物，有了一定的积累和识别能力，有时也可以鉴定与笔者专业相近的日本文物的真伪。现在，考虑到我国年青一代鉴定外国文物的工作者的具体状况，认为须重新学习外国文物的基本知识，掌握各时代文物的标准，打下一个坚固的基础，再调查研究日本古董界、工艺界仿制或作伪的技术与手段，只要这样做下去，鉴定日本文物工作的完成，便指日可待了。那么，文物的鉴定与鉴别有何不同呢？笔者理解文物鉴定就是辨伪，上面已经讲过不再重复。而鉴别则是鉴而别之，不必一定下真伪的定语，或者说对辨伪、断代、工艺、产地及其优劣等诸多内容，提出自己的见解而已。总之，鉴别比鉴定要活络一些、宽松一些。

概观我国文物、博物馆鉴定者的成长情况之后，可以大胆地说：文物鉴定并不难、也并不神秘，只要有资料可供比较、掌握了正确方法、有了锲而不舍的恒心和充足的时间，便能够学到手。真正的难题是科学研究，即包括文物研究、专题研究和系统研究在内的科研活动。鉴于上述认识，本文拟从文物鉴定和科学研究两个角度上提供一些粗浅的看法和意见供同志们参考。

最后，还要说明本文的论点和资料，基本上是来自日本近来的出版物，以择善而从为原则，择其正确部分，舍其无关紧要的内容并结合笔者自己的见解，纂组成篇，故称译著。其谬误失当之处在所难免，祈方家不吝指正。

一、日本的玉器、玛瑙器、水晶器类文物鉴定工艺的成就与特色

日本的玉石矿藏有的露在地表，风化蚀解为次生矿块体，散落在河谷两岸和溪流里。在绳纹时代（公元前 8000 ～前 300 年），原始人已经采集次生玉石或开采露在地表

的玉矿以制造玉器。它的代表性玉器是"勾玉"。勾玉还传至朝鲜半岛南部。至近世日本玛瑙、水晶制造业比较发达。所以，在中国的某些博物馆和文物商店收藏着少量日本玉器和玛瑙器、水晶器，但鲜为人知。

（一）日本古玉器

1. 日本人对"玉"的理解

日本古代对玉石的认识也带有很大的迷信成分。如玉的日本音读为"タマ（TaMa）"与"魂"的发音相同，亦释为灵魂，进而把玉引申为灵魂的归宿或者是灵魂的外壳。有着"咒术的、宝器的、祭祀的"意义。还可佩戴在身以祈神灵之保佑，也起到装饰的作用。

2. 日本玉石的范围及其产地

日本考古学家认为玉石包括硬玉、软玉、碧玉、蛋白石、玛瑙、玉髓、水晶、铁石英、蛇纹石、滑石、蜡石等，其范围似乎过于宽松，其产地分布于全国。硬玉产地在今新潟县、兵库县、鸟取县；碧玉产地在新潟县佐渡岛、鸟取县、岛根县；玛瑙产于若狭；水晶产于山梨县甲府和广岛县。

3. 日本玉器的发展历程

（1）日本考古学文化的玉器

日本古代玉器始于绳文时代（公元前8000～前300年）。绳文时代可分为早、前、中、后、晚五期，早期尚不见玉器出土，其前期（公元前4200～前2900年）玉器材料主要是滑石或蜡石质石材，制作装饰用玉有玦状耳饰、球形、管状、棒状、牙状、鲣节状等，形制多不规则。中期（公元前2900～前2300年）才发现了硬玉（翡翠）的治玉遗址。位于新潟县之西端之系鱼川市姬川、青海町青海川为中心的硬玉产地及其附近的原始文化遗址，重要制品有硬玉大圆珠，硬玉硬度6.5～7，穿孔、磨光等工艺难度较大，至其后期（公元前2300～前1100年）便逐渐减少，不久突然消逝。绳文时代晚期（公元前1100～前300年）出现了勾联形玉器。这时，包括玉器在内的各种装饰品都非常发达。弥生时代（公元前300～公元300年）玉器以碧玉质管为其代表，出土于北九州、四国、本岛和北海道函馆、松前一线，其玉作遗址出于北陆、畿内两地。古坟时代（公元300～440年）治玉工艺衰落以至消亡。日本各大博物馆和著名收藏家还收藏着一批相传早年出土的硬玉玉器和碧玉玉器，有兽形勾玉（又称栉形勾玉）、丁字形勾玉、禽兽首勾玉、鱼形玉、兽形玉、鱼佩、硬玉十字形剑把头饰、碧玉异形车轮石、碧玉铲形器、碧玉钺、碧玉弓矢、碧玉盒、碧玉四足盘、碧玉车轮状器、碧玉杖等传世玉器。据考上述传世玉器可能是绳文中期至古坟时代的遗物。根据日本学者意见，玉玦可能传自中国。日本古代玉器有3000余年的历史，其型制纹饰均较单纯。传世像生玉中也无精雕细刻者，唯其磨工尚精。总之，玉器的琢制工艺较为简单，尚未脱离治石工艺，估计已有原始的旋转性工具，其结构、形式不明。

（2）正仓院的玉器

这是指正仓院收藏的玉器，其中包括中国的制品和西方的石材，反映了东西方文化交流的盛况，及其对玉、宝石等装饰的影响，说明正仓院收藏的工艺品具有世界性的特点。分为两个部分介绍：

① 舶来玉器

包括佛教用玉、装饰用玉以及玉器三大类。

佛教用玉：如执炉和如意上镶嵌的珠玉，金铜镂空器上嵌饰的玉、珍珠、玛瑙、水晶、琥珀制的数珠，玛瑙或水晶的经卷轴头等，其加工工艺均较简单。

装饰用玉：在金银钿装唐大刀和金银珠玉装刀上的各种嵌玉；佩饰用的琥珀和水晶制的鱼形；水晶长方盒子；绀玉带（即在黑漆革带上饰以绀玉板者，绀玉系原产阿富汗的青金石）；还有盛此绀玉带的箱子，箱面以金银平脱和嵌螺钿作花鸟图案，花蕊是衬染色的水晶珠；还有在九弦琵琶上嵌花形纹螺钿，再嵌以琥珀珠；铜镜的平螺钿背上的嵌绿松石、青金石、孔雀石和琥珀等饰。

器皿：有白玉杯和玛瑙杯。玛瑙杯有漂亮的斑纹，器形有木叶形和卵形两种，是天平胜宝四年（公元752年）东大寺大佛开光时献纳的。还有水晶长方盒以及硬玉、白玉、水晶和琥珀的双陆子等。

按照笔者的看法，上述玉器中仅有一件白玉杯是玉器，其他的器物都不是玉器。两件叶形和卵形的玛瑙杯的工艺水平较高，其余的都是片、珠等嵌件或简单的饰物，主要的工夫花在光工上，工艺本身还是比较简单的。

② 日本古代玉器

已知上述：日本原始的玉工艺，至古坟时代已经消失，日本古代玉器情况不甚明了。正仓院还收藏着硬玉、碧玉、玛瑙、水晶、琥珀等珠类和盒子，对此要作具体分析。已知前述：硬玉、碧玉露在地表的矿藏和次生矿由于被开发、采集已经枯竭，从而其加工工艺也衰落了，甚至走向消亡。虽然，奈良时代及其以后的遗物中仍可见到硬玉勾玉，可是无疑这是从古坟时代继承下来的，比如正仓院的金铜镂空杏叶形饰上镶缀的硬玉、碧玉、玛瑙等勾玉，仔细观察，勾玉的尾部可见重新穿孔的痕迹，孔不规矩。其原因可能是当初操之过急，但也说明其时的制作技艺下降了。至于水晶、玛瑙、琥珀等工艺这时还继续存在并得到一定的发展。

据《延喜式》（公元927年藤原忠平撰，公元967年颁布）记载：出云国造奏神寿词之时献上"玉六十枚、赤水精八枚、白水精十六枚、青石玉册四枚"。由此估计，由于出云有玉作的传统，所以大宝令（公元702年颁布）便规定了贡献玉类之事，可是不久这一制度似乎也废除了。这说明日本平安时代的治玉工艺仍在出云国维持其有限的生产。从用材角度来看，日本古代玉器不见硬玉器、碧玉器，而水晶器、玛瑙器逐渐多起来了。

（3）日本中世玉器工艺的转变

平安时代（公元 794 ~ 1192 年）以后玉器工艺衰退了，只有水晶工艺品尚在继续生产，故留下了一些遗物，如《平家纳经》上安的水晶五轮塔形轴头就是一珍奇之遗例。还有拴在金铜镂空金具上作饰件的，经研磨了的各式样的水晶坠珠。而在佛像白毫上嵌以水晶珠的工艺制作从平安朝以来增多了。在佛像上按玉眼，以奈良县长岳寺阿弥陀三尊像为最古，至镰仓时代广泛应用。随着舍利信仰之普及，制造各种舍利塔作供养也多起来了，有以水晶制五轮塔者，如供奉于奈良市般若寺石造十三重塔内的有四基。弘安九年（公元 1286 年）造的字治浮岛石造十三重塔内供奉的水晶塔则有十三基之多，这是最显著的例证了。叡山实藏坊的水晶塔高 15 厘米，置于金铜镂空座上，也是一优秀之作。还有禅僧袈裟上的璧珠，有圆形和八角形两种。日本所以珍重玉制者，可能是受到中国风尚之影响所致，其中多数也是输入品。

总之，平安、镰仓两代正处于日本玉器工艺的衰落期，没有留下较好的作品。此时，正相当中国玉器工艺大发展的宋元时代，两者相比，差距极大。

（二）江户时代的玛瑙工艺和水晶工艺

日本中世时（镰仓时代、南北朝时代、室町时代、安土桃山时代，公元 1192 ~ 1603 年）念佛普及士庶，需要大量的数珠，于是玉匠们集聚起来加工玛瑙、水晶和琥珀等念珠出售。至江户时代（公元 1603 ~ 1867 年）发展到制簪等饰玉，这种作坊叫作"玉屋"，当时出现了两处著名的玛瑙和水晶工艺的生产中心。

1. 若狭玛瑙工艺

若狭玛瑙现已被推举为日本传统工艺品，但若狭玛瑙的起源可追溯到享保年间（公元 1716 ~ 1736 年）。相传高山喜平于享保年间，在浪花的眼镜店学徒，掌握了磨玉技术之后，返回若狭始作玛瑙器。喜平还试验并掌握了将玛瑙加温发色的技术。因而，若狭玛瑙遂为世人所知。至明治时代中川清助不仅善磨玛瑙，还摸索掌握了工艺雕刻的技术，从此声誉逐渐提高，并延续至今。

2. 甲府水晶工艺

据说甲府水晶工艺始于天保五年（公元 1834 年），京都的玉屋弥助来到御岳传授了磨玉的技术。初期的技术很原始，利用锹头作铁板，在其上置蘸水之金刚砂琢磨水晶成器。御岳的神官也学会这种磨琢技术，便利用闲暇时间磨制水晶珠，以满足僧庶的需要。自从弥助到了甲府便以水晶工艺为家业，制造了印材、玉兔和富士山型文镇等工艺水晶。这样，甲府水晶工艺终为社会所承认。至明治维新前一年的庆应三年（公元1867 年），盐入寿三制成了雕有线描五重塔的万尖塔形水晶工艺品。据说这是寿三去横滨参观旅行时，买到一件外国进口的玻璃工艺品，从中得到启发，经反复试验琢成的，盐入寿三的贡献是提高了甲府水晶的工艺水平。

（三）近代若狭玛瑙工艺

前面讲到享保年间高山喜平发明了玛瑙加热发色技术，为了鉴别这种玛瑙器并掌握其特征，需要了解它的工艺过程。喜平是怎样发明了加热发色术的呢？据说是在一次偶然的发现中得到启示。不知何人、何时将一块石头放在风箱的旁边，年复一年，谁也没有注意它有何变化，当喜平看到那块石头时，觉察到它比原来更加鲜艳了。于是，他想到若用加温的方法促使矿物体内的金属物质发生氧化作用，也许可以变化出优美的颜色。为此，他设计了一种特殊的"火窑"，经过试验，获得成功，创造了独一无二的"烧色玛瑙"，又称作"若狭玛瑙"。从而给若狭地方的玛瑙工艺带来了繁荣，这是若狭玛瑙工艺的特点之一。它的另一特点则是到了明治初期中川清助摸索出一套美术工艺雕刻技术，把"若狭玛瑙"工艺继续向前推进了一步，形成了今天的若狭玛瑙的风格。中川清助传世代表作有伊势神宫迁宫式的装束神宝。下面介绍若狭玛瑙的石料、制品以及加工方法。

1. 主要石料和制品

主要石料如玛瑙、水晶与蛋白石，产于越中、加贺；黄蛋白石产于岩代；玉与孔雀石产于中国；月长石产于朝鲜。这些来源逐渐断绝，最近采用北海道出产的和从巴西输入的石料，所用石料是以石英、玉髓、蛋白石为主要成分，摩氏硬度为 6.5 ~ 7，比重 2.62 ~ 2.64，是具有多孔性石材。

主要制品有称作"玉"的、以球体为基本型制的珠子，如出云大社用的"玉"和数珠、簪、风镇、枣等，饰有佛像、唐美人、动物等陈设以及施有复杂的图案雕刻的首饰等器。

2. 制作过程

（1）堆贮：尽量将玛瑙石料置于不落尘埃的地方，使其与地面隔开，易于吸收铁分者，放置一至五年；而近似紫色透明者不易吸收铁分，需要置放五至十年。堆贮是为了便于下一步的"含浸处理"和灼烧后获得鲜艳色彩的良好效果。

（2）审石：石料经过一至五年堆贮之后，要进行挑选甄别，首先要审定它是否适合细加工，有无作"含浸处理"的必要和可能，对其可进行"含浸处理"者再作随形设计。

（3）粗琢：审材之后在石上勾画大样，作成糙坯，若狭玛瑙工人按设计要求使用"弓式切断机"，在其铁制弓下旋转石料，用活塞吸扬掺水的金刚砂，通过橡胶管输往前后推动的铁制弓，切琢玛瑙坯料。

（4）含浸处理：分为两种处理方法。第一种是乳白色或鼠灰色的石料，需浸泡在硝酸铁［$Fe(No_3)_3$］水溶液中，一至六个月使铁分浸透至石料之内，取出石料后需用清水冲洗干净。第二种是将透明的或紫色石料放进氯化亚铁（$FeCl_2$）水溶液中浸泡一至两个月之后，将原石取出用水洗净，再放入硝酸钠（$NaNo_3$）水溶液中浸泡 20 ~ 30 天，使其发生还原作用，取出石料也要用水冲洗干净。

（5）晾晒：选定不触尘埃的空地，铺上垫子，再将"含浸处理"过的石料放在垫上，使其与地面隔绝，经过 1 ~ 12 个月的晾晒，使其受到天然的氧化作用，逐渐变黄。

（6）烧色：分为低温火烧和高温火烧两种烧色方法。

① 低温火烧法：经过晾晒的石料，按需要放在"火窑"内进行烧色，开始用低温火烧。火窑的做法比较简单，用黏土和藁秆调水制作成四角形箱状，长宽各 100 ~ 150 厘米，高 100 厘米，边厚 10 厘米，要十分牢固。在火窑的底部铺上 10 厘米厚的木材灰，用手拍实，在上面摆放石料，不要留空隙，表面要平，在其上铺 10 厘米厚的木灰，用手压实，在上面照样再铺一层石料，填木材灰，照样可放数层，最上层放上硬炭四公斤，堆成山状后点火燃烧，大约四十分钟后，硬炭全部燃烧，再用火窑棒将炭打碎像乒乓球大小即可，摊平在火窑之上，再撒一层薄灰，让炭火徐徐灼烧，使炭火之热能浸入木材灰下之石料，使火温可达 80℃ ~ 120℃，均匀布于箱内。燃烧一昼夜之后，熄火使其逐渐冷却，回到常温状态，需反复燃烧 5 ~ 15 次，直至石料变红为止。

② 高温火烧法：经低温火烧过石料显色往往不够理想，为了石料显色更为鲜艳，并使石料硬度降低便于雕刻，需要再经高温火烧的工序。具体做法与上述低温火烧一样，只是最后放硬炭时要加倍，即八公斤硬炭堆在火窑的最上部，点火，硬炭全部燃烧之后，也要把炭打得更碎，直径 10 ~ 15 毫米小块，并铺均匀，在上面再铺平 5 厘米厚的木灰，这样，平均温度可达到 250 ~ 350℃，经一昼夜降至常温为一个工序，需反复七八次才能了结高温火烧的工序。

烧色工艺的难度最大，也是关键性工序。只有掌握了丰富的实践经验的工匠才能胜任，也是老工匠大显身手的良好机会，这是若狭玛瑙的传统技术。

我国清代称玉石烧色为"烧古"，也有"文火"（即低温渐烧），"武火"（即急火猛烧）之两种工夫，但其具体方法不见记载，若狭玛瑙烧色可供参考。

（7）整形：首先将经过烧色的石料中的瑕玷去掉，再量其大小，色之浓淡，斑纹之结构，进行设计，用毛笔在石料上勾画轮廓，再用旋转性工具的铁制薄胎圆盘带动蘸水金刚砂琢磨，切除多除部分。旋转性工具与清代琢玉用的水凳，在原理上是相通的。它是一架小型辘轳，掺水的磨玉砂放在盆内，在辘轳铁制圆盘之下置一箱，盛磨玉后的水砂。工匠用右手食指、中指拈蘸水金刚砂抹在圆盘工具上，左手执石料，以直角方向对准旋转中的圆盘，加以顶压磨琢切掉不必要的部分。

（8）欠术：这是若狭玛瑙中的特殊工序，可能是引入旋转性工具之前，以手工成型时使用的重要技法，但在引入旋转性工具之后，仍然保留下来加以利用，我国琢玉工艺中没有这一道工序。所以，找不到合适的术语，只好保留日文术语"欠术"二字。若狭欠术分荒欠和小欠两种。

①荒欠：工匠坐于板床之上，两膝张开，双足掌相对，将经过整形的石料夹在两足趾间，一手执细长凿，另一手拿小锤，敲打细长凿，凿去石料的多余部分。

②小欠：将荒欠过的糙坯再作加工整形叫做小欠，是以长而细的方身尖头欠棍，中间裹布，用一手握住，另一手压住石料，放在欠台上，再用欠具拨剔多余部分，做成细坯，这一工序非常重要，也需要熟练的技术。

（9）雕琢、磨光：将经过"欠术"处理的石坯，用旋转性的辘轳带动蘸水金刚砂逐步细琢，磨光成器。若狭玛瑙这一道工序分为"糙琢"、"中琢"、"细琢"、"泥琢"、"细磨"、"上光"六道工序。主要区别在于金刚砂的精细型号，如糙琢用 30～40$^{\#}$砂，中琢用 60～70$^{\#}$砂，细琢用 100～120$^{\#}$砂，泥琢用 180～200$^{\#}$砂，细磨用 250～600$^{\#}$砂，上光用氧化铬（Cr_2O_3）磨粉。

以上是若狭玛瑙工艺的全部工序，所用"欠术"留下的凿痕经磨光后，便不见痕迹，烧色工艺留下了各种不同的红色，这是在鉴定时须留意观察识别的，区别其是烧色还是原色。

（四）近代水晶工艺

日本近代水晶工艺中一件突出的事情是甲府水晶工艺有了新发展，这与县令的提倡和学习中国优秀的传统玉工艺有着密切联系。

山梨县县令藤村紫朗于明治七年（公元 1874 年）在甲府设劝业场并设置水晶加工部，这是从生产奖励的立场上提携刚刚小有名气的甲府水晶工艺的一个有力措施。此时，由出生于御狱的技术人员盐入寿三，以及内藤宽治、相原三遊乐等人为技术指导。藤村县令为提高水晶工人的技术，还将水晶加工部的优秀学员长田一朗太派遣到中国学习碾玉技巧，长田亲身研修了中国玉器的传统技术之后，回国开办了清国传习水晶细工所，聚精会神地培养徒弟。于是，长田之子宗善又掌握了水晶印章篆刻的新办法，盐入之子次郎吉创成在烟嘴和笄簪上磨出花纹的新技法。土屋松华和土屋宗幸等人在水晶细工作品上开拓了新境界，并促进了水晶工艺的发展。

明治时代根据新政府的劝业殖产政策经常举办博览会，推动了工艺事业向近代化方向迅猛前进。明治十年（公元 1877 年）第一回国内劝业博览会展出了六寸的甲府水晶工艺品，得到好评，提高了声誉。但是，这并非仅仅由于它是前所未有的最大一件，而其主要原因则是他使用简单的工具，以手工磨成的，表现了甲府工匠的高度熟练的技艺，还有盐入寿三用了一块水晶做成肩部有七个连环的花瓶，于明治二十三年（公元 1890 年）第三届国内劝业博览会上展出，表现出他的设计精妙和良苦用心。

明治二十年（公元 1887 年）创始了"原石挽割法"，应用纺线车的形式和方法，安上称作"独乐"（即陀螺）的圆盘（也就是我国治玉用的"水凳"），使其旋转进行研磨雕刻，促使水晶加工的技术有了改良和进步。明治二十九年（公元 1896 年）水本延次郎想出了高效率的磨花玉研磨方法，人称"人本磨"，博得盛名。到了明治四十年（公元 1907 年）将独乐回转改良为足踏式。大正四五年（公元 1915、1916 年）由足踏式又改进为电动式。

水晶工艺品的种类随社会风尚的变化而发展。明治时有梳、笄、头箍儿等发饰，帽卡子、袖扣等洋装小品以及杖柄、风镇、台座、印材等水晶工艺品。大正期（公元 1912～1926 年）流行水晶梳子，还制作观音像、七福神以及各种动物陈设等，将制品品种的范围扩大了。县内水晶原料产量在明治时代已经锐减，到了大正时代不得不输入巴西产的水晶以及其他各种珍贵石料来维持水晶加工并逐步转变为贵石工艺，以至今日。

（五）关于日本古玉器、玛瑙器、水晶器的鉴别

（1）日本古玉中的硬玉翡翠和软玉的质地、美感均与缅甸硬玉翡翠、我国软玉和田玉有着较大的区别。日本翡翠与缅甸翡翠的主要区别在于前者光亮度不足，翠少而不鲜艳。

或有透明状地子泛绿丝的，其质地与缅甸翡翠相去甚远，日本软玉与和田玉差别太大不堪比较。前者石性过重，干而缺少温润之感，涩而不见莹晶之光泽，类似硅质岩，它的器形均很特殊。在我国玉器中不见其先例，在雕工上较精致，尚注重磨工。

（2）若狭玛瑙的最大特色就是烧红，这里须注意玛瑙本色与烧红的区别，这是很难用语言来形容的。概括言之，天然色自然生动，人工烧色有些呆板，往往顺缕而行，显色略深，可以看出二次成色的破绽。在造型上有民间工艺的特点，不讲究解剖，对面的起伏处理比较笼统，细部用阴线刻饰以取代隐起做工，碾琢不够精工，总之，大而化之，不作精雕细刻。

甲府、福井、小浜也有玛瑙工艺，此三地玛瑙器崇尚天然色彩，不烤色。

（3）甲府水晶的鉴定标准难以捕捉，从材料来说本县水晶产品是明治以前的，巴西水晶是大正以后的，擅长雕琢神像和各种动物，技巧较高。它的玛瑙器也注重本色，形象比较准确，神态也比较生动。

二、日本玻璃器工艺的成就与特色

日本最早的玻璃器及其工艺，从已掌握的资料来看，可以肯定是由中国输入的。日本本国工匠制造的玻璃器，可能始于弥生时代。此后的发展也比较缓慢，品种、数量都很有限，远远不能与它的陶瓷工艺相比。随着国际条件的变化、航海业的发达、基督教与天主教的东传、贸易的开展、欧洲玻璃器传入日本。日本玻璃制造业在明治维新以后有了较大的发展，日本玻璃器作为商品输入我国也是始于明治维新期间。现存故宫博物院和颐和园的外国玻璃器中的一部分是来自日本的产品。

鉴于上述情况，首先扼要介绍日本古代玻璃，之后，注重介绍明治时代及其以后的玻璃工艺。

（一）日本古玻璃器

日本弥生时代文化遗址中出土了最古的日本玻璃器，以弥生时代中期遗址出土的为多，出土玻璃器物有珠、璧、剑、塞杆、勾玉、管等。经过化验分析有两个不同系统的玻璃，如小玻璃珠含有较多的钠，这就是碱（苏打）玻璃，而玻璃璧与玻璃勾玉则含有大量的铅和少量的钡（Ba），也就是铅钡玻璃。前者产于中国的岭南和西方，后者产于中国湖南等地。这就是说，日本古代玻璃大部门来自中国和西方。前面讲过勾玉是日本的特有玉器，在九州出土了大量的用玻璃制造的勾玉，以取代硬玉勾玉。所以，玻璃勾玉应是日本本土生产的玻璃器。近来发现了制造勾玉的范，更加证实了上述推断是正确的。但是，日本学术界认为制造玻璃勾玉的玻璃料可能是从中国输入（日本已发现玻璃砖形料）或者将外来玻璃器碎片重新回炉，用以制造勾玉和珠子。

（二）飞鸟、奈良时代（公元 350 ~ 794 年）

日本飞鸟朝（公元 350 ~ 645 年）、奈良朝（公元 645 ~ 794 年）与中国晋、南朝有过联系，尤与唐朝交往密切，还通过"遣唐僧"与西方发生了间接联系。佛教及其文化艺术也在日本逐渐扎根，这时玻璃叫做瑠璃，瑠璃也是佛教的"七宝"之一，日本可能是受到佛教的影响而珍重玻璃器。正仓院收藏的西方玻璃器，有白玻璃瓶、白玻璃高足杯、绀玻璃杯等，均完整无缺，而弥足珍贵。相传安闲陵出土过磨花玻璃碗，在佛塔基出土了玻璃扁平珠、磨花珠、圆珠、叉形珠、菱形珠和小珠等玻璃珠，还有装佛舍利的舍利瓶、骨灰瓶、佛像装饰用的玻璃珠。正仓院还收藏着玻璃鱼和玻璃尺等佩带用的玻璃器和双陆用的玻璃扁珠以及经卷用的玻璃轴头等玻璃器，这些玻璃器中出现了罗马玻璃和日本自制的吹玻璃器，还出土了长方形砖状的玻璃料。据化验大多也是铅玻璃，这与正仓院文书《造佛所作物账》的记载相符，范铸玻璃器有勾玉和鱼。

（三）平安、镰仓时代（公元 794 ~ 1334 年）的玻璃工艺

这一时期的玻璃工艺比较消沉，没有多大起色，估计玻璃珠还在维持生产，出土玻璃器物极少，有玻璃小壶、舍利容器，文献记载尚有迹象可寻。

（四）室町时代（公元 1334 ~ 1600 年）的玻璃工艺

室町时代晚期西方传教士来到日本，他们为了取得传教方便，首先需要联络收买日本的大小统治者，与利玛窦在中国的策略是一样的。室町时代天文二十年（公元 1551 年，明嘉靖三十年）佛兰西斯科、扎比耶鲁为了取得传布天主教的许可，拜访了山口的大内义隆并赠送两个南蛮玻璃器（即指经南海至日本的西方玻璃器皿），这是见诸文献的欧洲玻璃器传入日本的最早记录。此后，传教士路易斯·佛罗伊斯还向足利义昭将军（公元 1568 ~ 1575 年）和织田信长（公元 1534 ~ 1582 年）两人赠送玻璃器，可以想见当时日本统治人物刚刚看到莹澈如镜、秀丽华美的南蛮玻璃器时万分惊喜、如获至宝的情景。上述礼物都是西方生产的高级商品，与此同时各种玻璃器也跟随传教士来到日本，现存日本的南蛮玻璃器已极稀少，不过是玻璃十字架（已断成两截）、玻璃药瓶、玻璃杯和玻璃瓶等玻璃制品而已，这几件玻璃器中分用两种成型法制成。一是范畴法，代表性玻璃器有玻璃十字架；二是吹制法，上述玻璃瓶、杯等器皿确是吹成的。日本冈田让先生认为这几件玻璃器皿可能是从荷兰输入的。

（五）江户时代（公元 1601 ~ 1867 年）的玻璃工艺

1. "毕德罗"和"葛牙曼"

毕德罗和葛牙曼都是南蛮玻璃器的日语音译。毕德罗（ビードロ）是葡萄牙语玻璃（Vidrio）的日语译音，通行于江户时代；葛牙曼（ギヤマン）是葡萄牙语金刚 diamante 和荷兰语 diamant 的音读上的讹译，都是日本最早的外来语。日本人看到从荷兰输入的用金刚石雕成精细纹样的透明雕刻玻璃，便把这样的刻花玻璃与金刚石联系起来称为"金刚钻雕"了，又简化为"金刚绘"，并普及到民间。这种译音转讹的外来词，首先为江户幕府和玻璃栈房接受加以使用推广，从官方文献记录来看葛牙曼似乎专指荷兰输入日本的雕花玻璃而言，而毕德罗似乎在文化界及市庶中通行，是泛指南蛮玻璃而言的。

2. 长崎吹制玻璃工艺

毕德罗是从日本唯一的与南蛮（西方）贸易的港口长崎输入的，不久便得到日本

朝野的欢心，大约在延宝四年（公元 1676 年）之前，在长崎便开始了仿制毕德罗的生产。现在，日本研究玻璃的专家们对仿毕德罗的技术问题有两种分析：一是长崎仿毕德罗工艺是由来日的南蛮玻璃工匠直接传授的，这种推想固然有其合理的成分，但查无实据，迄今尚不能确证；二是经化验，长崎毕德罗的成分中含有大量的铅，应是铅玻璃，而不是钠玻璃。这两种不同成分的玻璃，向来被认为是来自不同的国家，前者属中国玻璃系统，而后者是西方玻璃。所以，从其成分来分析，长崎毕德罗的吹玻璃法不是来自欧洲，而是来自中国，上述分歧迄今尚无定论。笔者认为长崎吹制玻璃来自中国的设想，从化验其成分得到了有力证据是可以成立的。在这里再为其设想提供技术传播的线索，毕德罗传至长崎后，长崎仿制毕德罗在 1676 年以前，这正是清朝康熙十五年之前，这时山东颜神镇（博山）吹制玻璃业正处于恢复发展时期。那么，颜神镇（博山）吹制玻璃法何时传至日本长崎呢？估计可能在明末清初，即 17 世纪初。颜神镇（博山）县于明末遭受了一次特大灾荒，人口死亡达十之八九，逃亡求生者亦不计其数。在这场灾难中颜神镇（博山）吹玻璃匠辗转流离，渡海逃生，到了长崎，重操旧业，以图生存是不无可能的。颜神镇（博山）向北、东北有龙口、烟台、威海，东南有石岛等港口，颜神镇（博山）玻璃匠先漂海至朝鲜再转至长崎，这是一条捷径，当然，也不排除其他迂回的线路。虽然那时明清与日本室町、江户均实行锁国政策，两国间正式交往早已断绝，民间往来确已受阻，可是私运从未停止过，还有倭寇与海盗在"交流"上的客观事实等情况，亦须考虑。总之，在明末清初这一段，颜神镇（博山）吹玻璃匠流落长崎的可能性是存在的，这就是说，日本长崎毕德罗是受欧洲透明玻璃器皿的诱导，在中国颜神镇（博山）吹玻璃匠的指导参与下仿制成功的，这一分析可供参考。当然，今后为了解决这个课题，还可用长崎毕德罗与南蛮毕德罗、清代博山玻璃器及其化学成分的直接比较，找出异同便可提出更为有力的证据。

长崎毕德罗实物有吹制玻璃和吹铸玻璃两种成型方法，其技术比较熟练，以瓶、温酒瓶、杯、钵、碗、盘和有盖器等为主。日本三得利美术馆保存着一批长崎玻璃器，吹范成器者是用带有角形、菊花形和草花纹的范型，有蓝、绿、黄、紫等颜色，有透明的，也有乳白的，有的还施以金彩和漆绘等彩饰。

长崎玻璃制品还有玻璃棒，玻璃管与玻璃球等，还有用各色玻璃料制成的盆景。

长崎玻璃的特点是：色彩绚丽有着多彩之美，从传世器物来看小件玻璃器较多，玻璃工匠手艺高超，可以吹成薄胎，纤巧窈窕，厚重者较少，有着日本趣味，但质地脆弱，不够坚固。

长崎玻璃工艺不久传到大阪，再传至江户，据明和七年（公元 1770 年）发行的《职人部类》载，当时江户已可制造玻璃，其品种已经多起来了。可知长崎制造玻璃技术传入江户的时间当早于公元 1770 年。

这时各藩藩主为了振兴领地的经济，发展生产、增加财源便鼓励玻璃的制造，如萨摩、福冈、佐贺诸藩先后开办了玻璃作坊，制造玻璃器皿，投放市场出售。比较著名的有萨摩藩的着色玻璃和雕刻加工玻璃，佐贺玻璃有新型的菊花形猫足玻璃钵，还制造药瓶和化学用玻璃器，这都反映了当时社会生活的新要求。

3."江户切子"和"萨摩切子"

日文"切子"（キリコ）是英文 cut gass（磨花玻璃）的意译词，江户即今东京，是江户幕府所在地，萨摩是九州西南部的一藩，位于今鹿儿岛县之西半部，镰仓时代以后为"守护"，地头是岛津家。两者即指在江户和萨摩藩（鹿儿岛）生产的磨花玻璃器。

（1）江户切子

江户切子出现于幕府之末期，首先由营业兴旺的"江户葛牙曼加贺屋"千代文次郎经营生产江户的切子，文次郎原先在大阪毕德罗匠师和泉屋嘉兵卫那里学徒，返回江户之后，于天保五年（公元 1834 年）开始了磨花玻璃业务。那时，花纹与刻法均很简单，刀口断面呈 V 形沟，沟线有一定斜度或纵横交叉，出现了像棱晶折光体那样的屈射效果，这是它的主要特征。江户切子艺术的渊源何在？据分析，欧洲磨花玻璃至 18 世纪后半期在英国盛行起来，而江户切子又与当时的英国磨花玻璃相似，或许是模仿了英国磨花玻璃发展起来的，这是一种见解。另一种见解认为磨花技术并非直接学自英国，很可能从中国极其发达的玉工技术中得到启发而移植应用的。其证据是在加贺屋的广告上写明"和物、唐物、兰物、葛牙曼问屋"，所以，有充分理由认江户切子是与中国进行技术交流的结果，这种分析颇有道理，也是值得考虑的。

江户遗物中有日本传统形制的铭酒瓶、碟、海碗、有盖器物和盒子、文具等。还有欧洲风格的葡萄酒杯，相比之下和风之器较多。也还可以见到模仿器具的小件摆设。在这些器物的图案上有斜线交叉而成的栅栏纹，再加上纵横线组成的网纹，由曲线联结七宝等基本图案，再依其斜线的不同角度、线的间隔不等距离、刻沟的深浅等而出现了变幻莫测的光色效果，以鱼子、鳞、麻叶等组成几何形四方连续图案，还有散光形的、菊星形的蜘蛛网十字、米字等几何图案。

（2）萨摩切子

萨摩藩王岛津齐兴于弘化四年（公元 1847 年）从江户招募毕德罗匠师四本龟次郎到藩内制造医药用玻璃瓶，到了下一代的岛津齐彬时期，参照外国书籍研究试做彩色玻璃，终于制成前所未有红色玻璃，于安政二年（公元 1855 年）把玻璃制造所移至集成馆，生产出优秀的玻璃器，可是齐彬死后，玻璃制造业便衰退了。可惜生产时间过于短促，但萨摩磨花玻璃业却给后世留下了不少优秀的套色玻璃器皿。它与江户切子玻璃器不同，在套色玻璃坯上大胆地施加雕刻，将漂亮的表层色玻璃毫不吝惜的削去，让人们从斜向磨削痕上看到着色玻璃的退晕效果。它那劲锐利落的雕刻、丰富多彩的图案，别致考究的器形，都说明它的技术确已达到了高度水平。萨摩磨花玻璃不愧为日本 19 世纪最优秀的玻璃器。

（六）明治、大正时期（公元 1868～1926 年）的玻璃工艺

日本明治维新之后的玻璃工艺同样也存在一个走向现代化的重大课题，日本明治维新以前的玻璃工艺处于手工业生产状态，玻璃性能有较大的弱点，它的社会功能极为有限，不能适应明治维新后的新的社会需要。明治维新之后的日本热衷于学习西方文明、实行工业化建立资本主义社会，须从欧洲引进现代科学技术，将江户时代的铅玻璃，转变成苏打玻璃，并且要扩大生产，提高产量以满足工业生产和日常生活的需要。

这个时代的玻璃工业以科学的、产业的、民用的玻璃为目标，生产化学、药物用玻璃、建筑用平板玻璃和航海、船舶所用的着色玻璃，从研究试制到正式生产这些玻璃，花费了很大的心血并投入了巨额资金。有的是在外国技术人员的直接指导下，或购买技术专利，经实验获得成功的，这些玻璃一般说人们不承认它是艺术品，更不是文物，所以，在这里不讲了。

这个时代的玻璃器中有文物价值的不外乎玻璃工艺品和玻璃艺术品两类。

1. 玻璃工艺品

比较普通而常见的是各式玻璃瓶。江户时代的酒器之类的玻璃器到了明治时代还照样生产，在形式上、色彩上也没有什么进步和变化，这给鉴定带来了困难。可以说很难准确地鉴定其时代。新型的玻璃瓶是啤酒瓶与葡萄酒瓶，因需要量很大，一度成了明治时代玻璃工艺的一大难题。在欧美，随着近代产业的发展，从 19 世纪前半叶以来瓶类产量渐增，如啤酒、矿泉水的瓶子，香水和化妆水瓶、墨水瓶、牛奶瓶、罐头瓶、野营用瓶等品种甚多，对其造型和型范都经过认真研究、周密设计，不仅饶有风趣，还作为生活文化史料也引起人们的关注。当然，日本晚于欧美，于明治二十年（公元 1887年）西村胜之制造啤酒瓶首获成功。明治三十三年（公元 1900 年）札幌的"大日本啤酒"设制瓶工厂，达到年产 280 万个的记录。还有荷兰水瓶，形制富有变化，这已是明治末年的事了。至大正年间，玻璃瓶制造便普及各地。

灯具也是明治时代的新兴玻璃器，如煤油灯的灯罩和油壶、电灯伞和灯泡是被视为代表新文化的玻璃器，尤其煤油灯成了日常生活和室内的装饰。所以，明治时代留下不少的灯具佳品，这类玻璃器有单色的、乳白色的、两色相配的、有退晕效果玻璃、磨光图案玻璃和雕刻装饰等。使玻璃质地之特性与美感充分的显露出来，有着家庭般的亲切感。电灯伞、小钵和高足杯等也都用了同样的技法，在边缘上掐成皱折的华丽的花口形状，绽放出一种豪华而富贵的光彩。

到了大正时代玻璃已经不再是贵重材料，以其制作各种日用杂品，由于粗制滥造，声誉日趋下降，但是它却开拓了大量生产的路子，可以惠及到普通庶民阶层。

2. 玻璃艺术品

明治时代的玻璃艺术品烧造业比起玻璃产业来说只不过是一个支流。但在艺术上又远远胜过工业玻璃器，如雕刻玻璃、玻璃画与镶嵌玻璃画等都是玻璃艺术品，现分别介绍如下：

（1）雕刻玻璃器：首先要提到的是宫垣参次郎所作雕刻玻璃钵，曾在明治十四年第二届国内劝业博览会展出过。这是一件萨摩磨刻技法的作品，在套色玻璃钵上以雕刻之法作出类似磨花图案的效果。与此同时，"品川硝子制作所"研制笔筒获得成功。这是在透明玻璃上施红、青、白螺旋状三色玻璃带饰，是一种过去不曾有过的崭新技法，因而获得二等有功赏。

（2）玻璃绘画：严格讲它并非玻璃艺术，因为它是画在玻璃板上，与普通绘画不同，所以，也可以视为玻璃艺术品。它可作为风俗图的额绘，或镶嵌于器物之上，给人们一种异国情调之美感，这种玻璃盛行于江户，至明治时代继续制作，第一届日本国内劝业博览会上展出了一件油画玻璃额，还介绍了制作方法。据介绍，将外来玻璃板用酒精擦拭干净之后，再用密陀油来画，白色用碳酸铅（PbCO$_3$），黄色用石黄、绿色用绿青（石绿），赤色用朱（硍朱）或攀红，黑色用油烟调成。此后，仍继续制作玻璃画，还出现了以透明性彩色制成的幻灯片。

（3）镶嵌玻璃画：欧洲多用于中世纪修道院的哥特式建筑的门窗上，透过阳光修道院内显出幻觉般的光彩，制造出有利于宣传宗教、巩固信仰的气氛，创作了不少优秀作品。日本长崎大浦天主堂于庆应元年（公元1865年）从法国鲁·曼市卡尔梅尔修道院得到"十字架上的基督"镶嵌玻璃画，可惜的是毁于第二次世界大战的原子弹爆炸。日本明治三十六年（公元1903年）在大阪开幕的第五届国内劝业博览会上展出了岩城泷次郎的镶嵌玻璃画，虽然还不够精巧，但这是日本首次发表的镶嵌玻璃画，有着文物价值。目前已知日本镶嵌玻璃画有两个系统：一是宇野泽辰雄去德国学习镶嵌玻璃画，明治二十二年（公元1889年）返回，第二年建立工厂，松本镶嵌玻璃制作所及其后来发展；二是小川三知于明治三十三年（公元1900年）赴美学习美国式的自由手法的镶嵌玻璃画。明治四十三年（公元1910年）返回日本，制作了庆应义塾大学图书馆的旧有镶嵌玻璃画，培养了大竹龙藏等学生。还有岩城泷次郎于明治三十四年（公元1901年）起赴美五年学习镶嵌玻璃画。这些人的作品中仅存宇野泽辰雄的在横滨开港纪念馆的大作。横滨开港五十周年会馆竣工于大正六年（公元1917年），宇野镶嵌玻璃画是以幕末开港时的交通为题材，用绿、青、黄、褐、白及鲜红等着色玻璃镶嵌而成，这是日本近代玻璃艺术的纪念性作品，弥足珍贵。

（4）创作玻璃艺术

玻璃作为美术工艺的素材有着多种可塑性，可供艺术家、工艺家自由操作，制出富有幻觉的艺术品，欧美诸国的玻璃艺术的创作已盛行多年，可是在日本明治、大正两期还未作出值得寓目的作品。进入昭和时代（公元 1926～1989 年）之后，应用作为近代式的艺术创作活动的新材料——玻璃，才制成了在造型和装饰上富有创造性的作品，其先驱艺术家有岩田藤七和各务矿三。

（七）日本玻璃器的鉴别

日本玻璃大致经历了三个阶段：一是古玻璃器；二是江户时代在毕德罗和葛雅曼的影响下出现了长崎吹制玻璃、江户切子和萨摩切子；三是明治维新以后的现代玻璃工艺品和玻璃艺术品。由于条件限制，目前关于对日本玻璃器的研究与鉴别问题还不尽如人意，在此仅提出几点有关日本玻璃器的鉴定标准问题，当前的迫切任务是认识它的时代特征和工艺的优劣。有以下几点需特别注意。

首先要掌握这三个阶段玻璃器的时代特点，在年代鉴别上不要出现大的失误，日本玻璃器输入我国的时间比较晚，可能不会早于明治时期，但大量的商品输入可能在大正至昭和二十年（公元 1945 年）以前，其中可能包括少量的工艺品或艺术品。这时的玻璃器不存在真伪问题，主要的也是年代早晚和工艺优劣的问题。我以为需要注意的是：应按照日本学术界、工艺界和博物馆界的一般原则和标准来考虑制定日本玻璃器的文物标准。上面谈到的意见，大多是日本工艺界的见解，与文物博物馆界的看法也是基本一致的。无需赘言的是，日本古玻璃器、江户时代的玻璃器都是文物。明治维新之后的玻璃品，要严加区别一般的、廉价的、大量的机械制品与稀有的、高级的机械制品等，不能笼统处之，对机制玻璃器与手工玻璃器也要严加区别，对手工玻璃器还要甄审其优劣，不能一切都好，也不能一切都坏，要区别对待。

上面提到的玻璃瓶类，大部分属于一般的、廉价的、大量的机械产品，没有文物价值。但是，若收到明治时代的啤酒瓶或葡萄酒瓶则须慎重对待。

要注意发掘和搜集玻璃灯具，它与玻璃瓶不同，其本身是玻璃工艺品，优秀者有文物价值，要保存起来。

对日本投降前的玻璃器也要留心，特别是磨琢玻璃器，如杯、钵、盘、碗之类。首先要注意区别是磨琢玻璃还是范制玻璃，欧、美、日本等国以范制方法仿制磨玻璃，由来已久，产品遍及全球，如果经过识别，确是磨琢玻璃，而且透明度、光亮度都很高的话，可以作为文物或高级商品，加以保存。

三、日本七宝工艺的成就与特色

珐琅在日本被称作"七宝"，有着它自己的发展历程，与中国珐琅工艺曾有过交流，终于形成了日本自己的风格与特点。过去，我们对日本珐琅的实物和资料了解地不多，现在根据日本已发表的"七宝"工艺的材料，将其沿革与品种及其工艺介绍如下：

（一）"七宝"释义

七宝是佛教用词，即七种珍宝之意，出于《法华经》、《无量寿经》、《阿弥陀经》和《般若经》，但是这四部佛经中所叙述的七宝却不尽一致，均有金、银、琉璃、砗磲和玛瑙等五宝，另外两宝略有分歧，如《法华经》是珍珠、玫瑰；《无量寿经》是玻璃、珊瑚；《阿弥陀经》是珍珠、玻璃；《般若经》则是珊瑚、琥珀等五种，与前五种合计共有十种宝物。所以，七宝并不是七种宝物，实际泛指多种宝物而言，如凡是饰以多种富贵材料的器物，即名之七宝车、七宝碗、七宝砚炉等。

尽人皆知，珐琅最初的功能是充作宝石，装饰在金、银、铜等器物之上，其主要成分是铅丹、硼砂、玻璃粉以及氧化金属物，日本珐琅早期名称已不得而知，现在通称"七宝"或"七宝烧"。这一名称可能起自室町时代（公元 1334 ~ 1600 年），是约定俗成，通行已久的称谓，并为学术界所公认。正如世人称我国掐丝珐琅为"景泰蓝"，称北京的传统玻璃器为"料器"一样，只要社会承认，即算合法，不必细究。对我国文物工作者也是如此，必须了解日本"七宝"或"七宝烧"即是日本珐琅，而并非佛经上的七宝，日本语言近来日趋简化。过去叫"七宝烧"，最近将"烧"字省略，干脆与佛经上的七宝一样，也叫"七宝"了。

（二）七宝工艺的分类

分类是一门科学，引用于文物，便是文物分类，如书画、铜、瓷……既然承认它是一门科学，则应当立足于客观科学的立场，正确地对待需要分类的对象。

我们面前的分类对象是日本七宝，而日本七宝则与其他各国的珐琅工艺一样，都是珐琅工艺与金属工艺的复合工艺。它与单一的木、石、玉等到工艺不同，也与经冶炼的金、银、铜等金属工艺不同，它是两种工艺互为依托又相辅相成的，起决定性作用的还是珐琅本身，它的器胎有金、银、铜、铁和陶瓷、玻璃，因而在分为定名上则需兼取两者之长，而以珐琅为主，先从珐琅工艺进行分类，再作金属工艺的分类，最后将二者结合起来。

1. 珐琅工艺的分类

珐琅是由石英、长石、氟石、钙、钠硼酸与呈色氧化金属等粉末调匀之后，分别置于"换热式坩埚连带窑"（我国俗称"八卦炉"）内，以 1300℃ 高温熔融成液体之后，取出冷却，再磨成粉状，这就是各色珐琅料。这个工艺过程与玻璃相近，又因其原料的主要成分是氧化硅，故与玻璃、陶瓷、白灰、水泥同属硅酸盐类。

珐琅料由于配方比例，呈色剂以及炼成温度不同，呈现透明与不透明两种状态，故称前者为"透明七宝",即"透明珐琅",又因透明珐琅烧炼熔融的温度不同,再细分为"软珐琅"与"硬珐琅"两种,日本人称"不透明珐琅"为"泥七宝"。明治(公元1868~1912年)以前的珐琅料,除了"平田七宝"之外,大部分都是不透明的"泥七宝"。尤以江户时代(公元1601~1867年)中期(公元1703~1792年)的"高槻七宝"为代表,这种情况与清代自制珐琅料的情况极其相似。

从显色上分类也有粗细两种不同标准:粗分以原色分为红、黄、蓝、白、黑五种,细分则有红、褐、蓝、浅蓝、翠蓝、黄、浅黄、鹅黄、绿、浅绿、墨绿、湖绿、月白、紫、白、黑等十几种,随着科学的进化,显色也有增无减,可达数十种。

2. 成型工艺的分类

首先是按金属材料质地分类有金、银、铜、铁四种。日本金胎七宝尚不见传世,也未发现有出土者。在欧洲金胎珐琅较多,多为宗教用器,日本七宝中有银胎者,如正仓院收藏的金丝珐琅镜背就是银胎的(案此镜背向有出自唐朝之说)。日本铜胎七宝最为普遍,被大量使用。日本七宝中还有铁制胎者,如于铁镡之上施七宝装饰,这是日本七宝中的独特做工,中国、阿拉伯国家及欧洲诸国均未发现铁胎珐琅。金属胎成型工艺有两种,一种是铸胎,按器型设计做范,用金属熔液浇铸,然后除范修整而成;二是锤胎,按器形设计,分段锤成再焊接连成一器。这种金属作胎的七宝,在江户时代以前已经有了,还有以陶瓷或玻璃作胎的。陶瓷胎和玻璃胎珐琅器在中国清代甚为流行,如宜兴珐琅彩、瓷胎珐琅彩或玻璃胎画珐琅等均属代表性品种,其中最为著名的是"古月轩",据传有瓷胎、玻璃胎两种,但尚不能证实。

3. 金属珐琅工艺的分类

按金属胎不同的处理方法分类,珐琅工艺可分为:

(1)雕金七宝

在铸成或锤焊的紫铜胎上按照花纹设计,减地,保留内外轮廓线,填以珐琅料,焙烧而成。我国称其为"錾胎珐琅"。

(2)有线七宝

在金属胎上按照图案,用白芨水(将干燥的紫兰根磨成粉末,以水调成液状)黏上金属丝,用880℃火焊结,再填珐琅料,反复焙烧数次,再用砥石、布料、木炭等磨光,形成似以金属丝画成的七宝画。金属丝有金、银、真输、铜等片状长丝,这种有丝七宝即掐丝珐琅,我国俗称其为"景泰蓝"。

(3)锤起七宝

在金属胎上按设计花纹锤成图案画。锤胎图案往往用阴线刻,亦有隐起者,在胎上施透明七宝,中国称为透明珐琅,珐琅分为软硬两种,硬珐琅须以高温火烧成,呈透明状,亦称"透明珐琅",以低温火烧成的软珐琅则称"烧蓝"。

（4）无线七宝

也是用金属丝浮隔成图案（不经烧结），内填珐琅料，烧成后金属丝便不露形迹，好像一幅珐琅画。明治十三年（公元 1880 年）始有此法。无线七宝相当于中国的画珐琅，但又不尽相同，中国画珐琅不用金属丝，先烧成白珐琅胎，再用笔蘸珐琅料画成，再烧一次，显色呈珐琅画方告完成。

上述两层分类比较符合珐琅工艺的具体情况，国际上均采用此法进行分类。日本七宝分类、定名与我国稍有不同，严格地讲，日本的无线七宝和蚀胎七宝两种珐琅在我国是没有的，而我国的画珐琅在日本也是没有的。另外，日本的透明珐琅品种单一，远不及我国尤其是不及我国广州透明珐琅那样丰富多彩。

（三）日本七宝工艺的沿革

日本七宝工艺的历史可分为古代七宝细工、中兴的七宝工艺和近代七宝工艺三大发展阶段。

1. 古代七宝细工

日本七宝工艺的记载始见于《大宝令》大藏寮典铸司（公元 702 年颁布），但不知其起源于何时，现存发掘出土的早期七宝实物资料是奈良县高市郡明日香村牵牛子冢出土的古坟时代（6～7 世纪）的六方形铜胎珐琅饰件。这件珐琅器很重要，它是认识与了解日本早期珐琅工艺重要特征的物证。这件器物很小，仅长 4.7 厘米，呈六角龟甲形，其铜胎减地，是铸造时留下还是錾胎形成，现已无法辨认。其中部掐丝 12 瓣花朵，地施白色珐琅，花瓣施琥珀色透明珐琅，花心已佚。据日本学者分析，这种珐琅器不是点蓝之后放在炉内焙烧而成，可能是将玻璃料条热熔后烧结在金属面上，这种做法与朝鲜三国（公元 562～676 年）末之珐琅工艺相类似。这件日本出土的六角形掐丝六瓣珐琅对研究我国早期珐琅也有一定的借鉴价值，现存日本正仓院中的银胎掐镀金银丝十二棱珐琅镜（日本称其为"黄金琉璃钿背十二棱镜"）是一件标准的掐丝珐琅，此镜在正仓院入库时间不明，出产国别不清，故对其时代与产地有两种估计。有的学者认为此镜系中国唐代所制，另有学者对此提出疑义，笔者未见实物，仅从图版判断应是唐代掐线珐琅。

日本平安、镰仓时代文化是在日本文化史上的一个极为重要的时期，是其一切领域内"国风样式"之萌发与确立的时代，有着异国情调的七宝受到这一时代风尚的抑制而衰落下来，亦不见有何遗物。然而在《台记别记·久安三年（公元 1147 年）入道殿御贺（藤原忠实七十贺）杂事条》中记载有关七宝的项目。由此可以了解 12 世纪中叶日本七宝工艺仍在继续发展而未完全中断。

2. 再兴的七宝工艺

室町时代（公元 1334～1600 年）后半期，日本通过勘合贸易（公元 1434～1547 年）输入了明代珐琅器，在《荫凉轩日录》、《君台观左右账记》、《御饰记》等均可见使用输入的明代珐琅小具的记录。尤其《君台观左右账记》载有嵌金银琉璃等背的胡铜铜镜。同时从一条记载可以了解，当时人们虽对珐琅并非那么关心，但这一时代的珐琅却堪称繁华，与古代相比大有进展，故称"七宝之再兴"。

在输入明代诸种工艺的影响下，从桃山时代（公元 1576～1610 年）末期到江户时代（公元 1610～1867 年）初期的 17 世纪珐琅工艺得以恢复，留下了相传由平田彦四郎道仁作的"花云纹七宝镡"、名古屋城上洛殿引手、东照宫本社的金属装饰等七宝工艺品，现已定为重要文化财产。据说平田道仁是京都的金工师，于庆长年间（公元 1596～1614 年）从朝鲜工匠那里学到了七宝的技术。平田家以后的十一代，都是为幕府效劳的御用七宝师，其作品人称"平田七宝"，受到尊重，相传与道仁大体同时代的另一位七宝师是嘉长，未留下姓氏，仅知他是伊予松山之人，应丰田秀吉之召入京，住于堀川油小路。又有一说是小堀远州在秀吉麾下时了解嘉长，让其将他的胜色铖铠金具嵌以七室，与远州有关系的桂离宫（公元 1620～1624 年），大德寺龙光院，殊曼院等处的引手和钉帽可能均出自嘉长之手。

正当此时，通过与荷兰贸易也输入了欧洲珐琅。1634 年平户侯向荷兰总督痕得立克·部拉鸟埃尔表示索要的物品清单中有珐琅锷（即剑格）五个，施有珐琅的金胎茶箱两个。这五个珐琅锷可能是向德川家奉献的贡品，在《平户荷兰商馆日记》中有的订货单合同详细记载了关于五个珐琅锷的技术和数量上的详细要求。总之，这个时代日本珐琅工艺受到欧洲以及我国明代珐琅的影响，踏踏实实的走上了发展的路程，达到新的境界。

江户时代中期平田家第五代就门已成名工而闻名朝野，并受到赞扬。元禄十五年（公元 1702 年）前田松雪公于江户建成的御成御殿所用的七宝"钉隐"，横溢着元禄时代之华丽特色，堪称雕金七宝（錾胎珐琅）之白眉。同时，在京都五条出现了一位珐琅匠师，姓高槻，名不详，其后继承家业的共有七代人，其作品系不透明珐琅，称为高槻珐琅，相传文久（公元 1861～1863 年）年间失传以至灭绝。

桃山末期到江户末期的日本珐琅制品，多数是刀装具的镡和"三小件"、引手及钉隐、轴头、水滴等小件器物，至幕末时尾张海东郡的梶常吉（公元 1803～1883 年）开始制作了真正的珐琅器物，相传他于天保四年（公元 1833 年）在名古屋获得并研究荷兰船输入的珐琅，遂而掌握了它的技术。之后，常吉传授给尾张远岛的林庄五郎，成了远岛村七宝之远祖。由于他的弟子冢本贝助（公元 1828～1897 年）的努力，珐琅成了尾张的代表性工艺。

3. 近代的七宝工艺

明治时期七宝工艺的突出成就是改良珐琅料与提高其艺术水平，并确立其在日本工艺界的一个独立领域的地位。尾张七宝由初代林小传治经手于文久三年（公元 1863年）已向海外输出。村松七彦在明治年间设名古屋七室会社，努力振兴七宝的生产并向海外输出。同时，还向欧美的万国博览会送展。向国内劝业博览会出品，得到奖赏，以促其提高产品质量。在海外也获得好评，身价倍增。明治八年（公元 1875 年）在东京筑地的阿联斯商会开始制造珐琅，招聘冢本贝助为厂长，又在第二年招聘京都府立舍密局技术长哥德福立特。巴古纳阿来厂。于是贝助得到了巴古纳阿的化学知识和研究实验的具体帮助，大大改良了珐琅并有所创新，由原来的泥七宝改进为莹澈的透明彩色。阿联斯商会于明治十年（公元 1877 年）将工厂转让给涛川惣助（公元 1847～1910年）。他在明治十三年（公元 1880 年）发明了无线七宝，巧妙地运用浓淡退晕法，以珐琅料作颜色，以器胎作纸描绘了日本珐琅画，其精工技巧令世人叹服。名古屋七宝会社于明治十四年将涛川惣助的"芳野川菜摘川"图花瓶，送交第二届国内劝业博览会展出，堪称妙品并荣获名誉赏牌。尾张桃井仪三郎于明治初年移居于京都，其门人并河靖之（公元 1845～1927 年）以日本画的生动笔致画出了纤细的珐琅画，他与涛川惣助一齐被选为帝室技艺员，名古屋的珐琅工艺由于村松彦七、安藤重兵卫、服部唯三郎等人的努力钻研，推进了珐琅工艺的技术与意匠的改良，促使海外人士承认了日本珐琅真正价值之所在。

（四）日本七宝的鉴别

我国博物馆和文物商店掌握了有限的"有线七宝"和"无线七宝"，可能都是明治以后的产品，故宫博物院收藏的一批日本七宝器都是贡品，它的绝对年代在 1924 年以前，艺术水平较高，尚未找到明治以前的七宝，现将其主要特点概述如下：

① 明治以前的七宝、珐琅料多数是失透性珐琅（泥七宝），烧成后珐琅表面不平，有冰裂痕，珐琅色有大红、翠蓝、豆绿、紫、白等色，很像明末清初的珐琅。应用珐琅料色时刻意追求写生效果，如绿叶白尖、白梅花点大红，有着类似工笔着色的趣味，色彩斑斓，富有生机。

② 紫铜地有錾、掐两种，不镀金，露铜本色，珐琅器皿极少见，多用在家具的拉手和钉帽等装饰，形制有梅、桐等植物。

③ 铁地七宝，用作刀之镡（挡手即"格"）。铁镡作圆形或花形，在铁地上嵌金丝和圆点组成菊花纹。这种技术在中国称为铁鋄金，在铁镡减地云纹图案内掐铜丝折枝花等图案。珐琅料有翠蓝、豆绿、香黄、褐、深绿、大红与白等多种色彩，呈半透明状，亦有冰裂痕，其珐琅料的配合类似万历到康熙时期的珐琅。

④ 有线七宝。现在所见者均系明治以后之物，故宫博物院、颐和园收藏有大型精美作品，它的主要特点是：

第一，珐琅器物上的图案装饰多数是绘画性的，以花鸟题材为主。

第二，珐琅料多数呈透明状，色调纯正而又鲜亮，完全按照工笔写生的要求配写，晕染有浓淡明暗的变化，甚为生动活泼。

第三，图案用银丝掐成。

日本有线七宝的珐琅料配色、工笔写生的笔法均超过晚清掐丝珐琅（景泰蓝）。

⑤ 无线七宝的制法与有线七宝相似，但不见掐丝，似用珐琅色料画成的珐琅画。在其制造过程中还是使用掐丝的，只是不加烧焊，填彩后烧成，掐丝便不露形骸了。这种方法系涛川惣助（公元 1847～1910 年）于明治十三年（公元 1880 年）发明的，适于表现写意题材的绘画。但是，无线七宝也往往在局部上显出掐丝或其痕迹。所以，无线七宝从总体上可讲是不露掐丝的，但不是绝对的。

⑥ 目前我们掌握的材料不足，尤其对日本七宝烧仿制与作伪情况一无所知。现在，只能对分类和年代、优劣提供一些鉴别标准，至于七宝器的真伪需要注意日本文物界的动态。有了新的情况，再作沟通。

四、日本漆器工艺的成就与特色

欧洲人心目中的日本漆器堪与中国瓷器相媲美。所以，英文 China（中国）引申为瓷器，Japan 即是日本又是漆器。当然，英文的日本与漆器二词用同一词汇是比较晚近之事了。

（一）日本原始漆器

日本漆有着悠久的历史。据文献记载：日本武尊狩猎时在山中偶尔折了一枝长满了红叶的树枝，其木汁沾上皇子之手，显出黑色光亮，于是将皇子手上的汁液取下涂在自己爱玩的器物上，这是日本野生漆汁被发现的最古老传说。考古资料证明，日本漆器出现于绳纹文化前期（公元前 4200～前 2900 年），有黑红两种漆均涂于木梳、陶器的表面，有红漆、黑漆红线（直线、曲线、点）或朱漆黑曲线纹。经化验确系良质之漆，说明日本漆器已有五六千年的历史，比我国略晚。绳纹文化后期（公元前 2300 年～前 1100 年），在北海道著保内野遗迹出土了漆绘纹样的土偶。绳纹文化晚期（公元前 1100～前 300 年）出土漆器更多了。有蓝胎漆器以及髹漆的弓、大刀、高杯木制品、陶器、树皮制品、鹿角制垂饰等器具。弥生时代（公元前 300～公元 300 年）遗址的出土漆器主要是用漆涂于木器上。古坟时代（公元 300～350 年）漆的利用范围扩大，技术有了显著进步，有木、竹、皮和金属器胎，还有的在蓝胎上涂布，在其上再髹漆，这类似夹纻之法，黑漆更为普遍，髹技亦有所提高。

（二）飞鸟、奈良时代漆工艺

这时，在日本原始漆器的传统与技术的基础上，又吸收了大陆漆工艺，促使日本漆器进入了一个崭新的发展时期。这就是与中国交往已有五百多年历史之后，建立起来的日本古代国家——飞鸟（公元 350～645 年）、白凤（公元 645～710 年）时代的漆器。这一时代漆器的代表作是玉虫厨子（7 世纪初所制）。玉虫即吉西虫，厨子金具之下有玉虫翅故名，通身髹黑漆，以朱、绿、黄三色漆绘佛画。厨身画二天王、菩萨像、多宝塔，须弥座绘舍利供养、舍身饲虎图、施身闻偈图、须弥山图，有着中国六朝的绘画风格。

奈良时代（公元 710～794 年）吸收了盛唐文化进一步发展了漆工艺，制造了优秀的器物，现今收藏于正仓院的金银平脱漆皮箱，漆胡瓶是其代表性的漆器，奈良时国家体制逐步完善，各种机构制度也健全起来，按大宝律令（大宝元年 701 年制定）大藏省内设"漆部司"，官办作坊置漆工制作漆器，并奖励漆的生产，漆产地有陆奥、上野、越之国。制胎髹漆工艺已有较高的水平。中国夹纻法已传入日本，日本称为"壒"或干漆，分为木心干漆和脱胎干漆，多髹黑漆，漆器的装饰方法较多，有平脱、螺钿、密陀绘、油色、金银绘、末金镂等工艺技术。平脱传自中国，日本称为"平文"。末金镂即洒金（有传自中国或日本自己发明两种说法），仅见一例。图案有宝相花、唐草、连珠纹、含绶鸟、山水、人物、神仙，有着浓厚的唐代与西方的艺术风格。图案组织取对称、回旋以及绘画性等手法。奈良漆工艺不仅富丽堂皇，且在艺术上也是充满了自由奔放的生命力。

（三）平安时代漆工艺

平安朝（公元 794～1192 年）漆工艺遗物的造型、图案与技法有两种样式及其不同特征。一是在继承前代的大陆风格，并已显示出向和风化转变的过渡性特征，二是纯和风样式，前者称为平安前期样式，后者称为平安后期样式。

大同三年（公元 808 年）漆部司并于内匠寮。政府需要漆器增多，由内匠寮在别处组织漆器生产。延长五年（公元 927 年）撰成的"延喜式"详细地记载了各种漆器的制作方法和所用材料以及工人等数字。还鼓励督促种植漆树。漆产地普及到东山道的美浓，北陆道的越前、越中、越后，山阳道的丹波、丹后、但马、因幡、山阳道的备中、备后，西海道的筑后、丰后等地方。

平安前期遗物极少。文献记载，此时出现了朱漆器，莳绘的记载至 10 世纪中叶已屡见不鲜。传世品中尚有几件造型、图案上有着大陆风格的莳绘器物。

平安朝后期文化以反映藤原氏为中心的贵族生活为其主要特征，酿成了纯日本的文化与艺术，贵族寝殿不断扩大，装饰室内的小道具，适应季节，行事或起居而经常调整变动。小道具的造型极度洗练，以流丽优美的线条构成框架。譬如喜用鹭足式的细长足，显示出一种特有的曲线美。箱面亦取曲线和圆弧状，形式柔媚娴雅，图案以自然景色为长，然而又非纯粹写实，其构图灵活自由，形成了优雅典丽的和风趣味。这个时代奠定了莳绘在日本漆艺中占据主流地位的基础，"研出莳绘"与前期相同，使用金银的合金——青金与莳晕、螺钿等手法以及几种材料并用是这一时代的工艺特征。"平莳绘"有安元元年（公元1175年）铭的经箱（七寺藏），其他莳绘如白镴莳绘和用"芦手绘"的莳绘，均见于文献。当时，螺钿漆器也很盛行，作为贡品，《宋史》、《高丽史》均有记载。这时日本螺钿工艺有了较大的进步和提高，可能已凌驾于中国之上，致使宋人误认："螺钿器本出倭国。"（方勺《泊宅篇》）此时，日本螺钿用厚贝施以毛雕，与漆面平或高于漆面作隐起效果，特别值得提出的是在建筑装饰上已用莳绘和螺钿了（图版75）。

（四）镰仓时代的漆工艺

镰仓时代（公元1192～1334年）武门势力取代贵族制度，并以自力开拓出一个新时代。在艺术上摒弃了贵族的审美主义而追求武士的现实主义，在漆工艺上仍继承前代小道具的形式以及莳绘和螺钿等技术，同时在意境和表现上反映了新时代的风气，出现了雄劲而写实的新倾向。造型的线条处理紧严稳重，富有量感，图案上出现了写实的趣味，结构规则，章法整严，还取诗歌为饰，与书法艺术结合起来，有着中国绘画三绝之韵味。莳绘工艺至此，其基本技法一应俱全了。

镰仓时代前期盛行研出莳绘，末期出现了平莳绘和高莳绘。莳绘的三个基本技法已趋完备。莳绘漆器的形制、规格和品种逐渐增多，这是促使莳绘技术发达的重要原因之一。使用规格大小一致的金粉，可使轮廓线截然清晰明了，相反若利用不同规格的金粉，可以做出浓淡效果和写实表现。器地上用泥金（沃悬地）、洒金地（平目地），并用银粉与销金粉，也可取得金一色的效果，做出浓淡远近的写实意境的作品，有着强烈的表现力。于是，平安后期以莳绘工艺构筑了一个美的世界，它是用不整形的炉粉描绘出模糊的轮廓线，并用莳晕和金、销金并用表现出的特殊的艺术效果，而镰仓时代的美则是依靠强烈而截然的表现手法呈现出来的。莳绘兼用螺钿与平文、金与贝等其他工艺，巧妙地利用金与贝、银的强烈对比，给人以鲜明而突出的印象。平安末期到镰仓时代制造了螺钿鞍，不乏优秀之作，用厚贝雕刻图案或加以镂空镶嵌在变化多端的器表弧面上。这标志着螺钿技术已极度精巧了。在泥金地嵌螺钿或在厚贝的团花上作莳绘纹样等也是这一时期螺钿技术的一个特点。

这时朱漆漆器应用的较为普遍，镰仓时代之前，只有上层人物才能使用朱漆器，其传世遗物甚少。如平安朝后期有寿永二年（公元1183年）纪年朱漆大刀箱二只（严岛神社藏）。至镰仓、室町时代朱漆的使用面已相当广泛，寺院中留下了较多的朱漆饮食器皿。

髹朱漆器、髹朱与黑或髹朱与透明漆器日本称为"根来涂"，有着神馔具、佛具、饮食器、家具、武具等多种用途，分为三种源流、形式：①从平安朝贵族所用的家具形式传下来的和样器物，如瓶子、高杯、酒壶等；②受到宋元朝工艺品影响出现的新形式，其造型复杂，多少带有中国味道的漆器，室町时代以后制作较多；③前两种的折中形式。总之，"根来涂"主要是用于饮食类的漆器。

（五）室町时代的漆工艺

室町时代始于元弘三年（公元1333年）镰仓幕府亡，其中还夹着一个南北朝时代（公元1313～1392年）。从漆工艺角度来看，南北朝不能成为独立的一期，系镰仓至室町漆工艺的过渡期，特征也不明显。室町文化有三个特征：一是有着明显的足利幕府的个性，足利氏将幕府从东国移至京都，它的文化便失去了武门的实质与风度，表现出城市的洗练感，并追求贵族主义文化的复活，出现了更多的强调形式的倾向。足利义满在北山营造金阁寺、义政仿此建造银阁寺，对发展室町文化作出了贡献，特别是义政喜好玩赏书画、工艺、艺能和茶道，于是酿成了所谓的东山文化。二是日本对外贸易频繁，输入"唐物"（主要是元明两代美术工艺品），并受其文化艺术上的影响，珍重宋元明的美术工艺品，不仅用"唐物"装饰室内，还波及于吃茶、饮食之风尚。三是禅宗的思想给予这一时代精神以最强有力的影响。禅宗已在镰仓时代传入日本，至室町幕府便把禅宗当作已皈依日本佛教的教派而加以保护。所以，此时禅宗在幕府保护下能够向社会生活的各个方面进行渗透。不必说宗教的、思想的方面，其影响所及已成为美术和艺能的精神支柱了。随后，从中国传入的禅宗终于为日本同化也演变为日本禅宗。对日本文化的形成，施加了强有力的刺激。这三个文化特征对此时的漆工艺也产生了不同程度的影响。

莳绘这时仍然与前期一样在漆工艺中占据着主流地位。在镰仓时代它的技法业已完备。室町时代莳绘在这一基础上，广泛的应用各种技法。出现了更加复杂巧致的新趋势。这时的高莳绘用錆堆积到不能再高的高浮雕图案。探索出兼用研出莳绘和高莳绘作出有倾斜度效果，又保持同一平面，经研磨而成的"肉合研出莳绘"。进一步对金粉加以精选洒成了"梨子地"，在并用的材料上也有了新变化，多用金具、金块、扁头钉、金属棒等新型材料，因而其艺术表现比较繁杂，出现了极端的夸张倾向。对传统漆工艺，在表现上也作了调整，如早期的平莳绘，是过去仅用于盖里等从属部分的技法，这时将仅用金粉的平莳绘用到器表面上，成为莳绘的重要手法，这种技法简单的莳绘，其纹样构成也是朴素的，如将纹样置于边角，使地空阔，呈现娴雅的气氛。这种单纯朴素的形式与复杂夸张的表现形成鲜明对照。表现出室町莳绘的一个新侧面。

莳绘的纹样还出现了向平安文化复古的现象，它与受"唐物"影响而绘制的纹样有着不同的性格。这种属于和风趣味较强的纹样有"扇散文"、"歌绘"题材装饰的流行可能是当时的复古精神的一种表现。还有在宋元画的熏陶下出现了岩石和树木等题材的纹样。

中国文化对日本的影响主要依靠"唐物"的输入，所谓"唐物"就是镰仓时代以来由中国及其他地区输入的美术工艺品，其数量是相当可观的。室町时代珍重唐物的社会风气甚为流行，仅在《佛日庵公物目录》（贞治二年，公元1363年的跋尾）记录的漆工艺有堆朱、犀皮、桂浆、钻犀、堆漆等。据永享九年（公元1437年）《室町殿行幸御馈记》记载各房间的小道具均用唐物器具，加以装饰。同时，还列举了不少漆器，伴随着爱好唐物的风尚而来的是对其仿造，于是日本漆作坊也模仿中国漆器在市面上出售，从中可以看出中国漆工艺对日本的深刻影响。中国戗金漆器到了日本称作"沈金"，这种技法在日本室町时代后期才逐步推广。元明薄贝螺甸和李朝割贝螺钿的影响，从室町到桃山时代（公元1576～1610年）的漆器也可以看出一些迹象，室町还仿制元明雕漆，但不见真正的雕漆制品传世。现存的以锖作隐起雕刻的堆彩以及木雕髹漆之作可能是直接模仿中国雕漆的产物，还有棱花形和轮花形也是仿唐物器物的造型，进而箱子等器轮廓线失去了前代的紧张感而变得弛缓而复杂了。

此时，漆工之名散见于文献，幸阿弥、五十岚是将军家御用的莳绘师，代代相传成了漆器世家。幸阿弥家的初代道长作义政的近侍，而其子孙又仕丰臣、德川两家，继承着传统的莳绘工艺。五十岚的初代信斋也出仕义政，三代以后被聘往加贺前田家，奠定了加贺莳绘的基础。此外，尚知堆朱工的门人堆朱杨，堆朱世家也是代代相承，一直传至近年。

在这里还附带地介绍一下明清两代学习日本漆器的情况。日本莳绘于宋代传入我国之后，受到朝野的重视。到了明代宣德年间，便派人前往日本学习"泥金画漆之法"，学成返回，"杨埙遂习之"（《皇明文则·杨义士传》载），杨埙是间接学到日本泥金画漆之法，并有所创造，"以五色金钿并施"。到了清代日本莳绘至迟从康熙时起便贡进内廷，康熙也很喜欢，经常传旨，命织造、督抚等官员进日本莳绘漆器。清代仿莳绘漆器也很盛行，其主要产地是苏州，它的传世品保存于故宫博物院。从这些简单的记载和现存仿莳绘漆器的遗物可以了解莳绘漆器在中日两国人们心目中的显赫地位了。

（六）桃山时代的漆工艺

桃山是一个暂短的时代，在政治上称为：信长，秀吉的统一（织丰政权），自1576

年（信长进驻安土城）至 1610 年（名古屋城落成）36 年间，但对日本漆工艺来说却是有着深刻意义的重要时代，这就是莳绘漆器工艺又出现了新的转机，大量的漆器输往欧洲，日本国内漆器需要量大为增长等情况，也是过去从未见过的新形势。这时日本战乱结束，走向统一，社寺城郭等复兴与建设逐步开展，大大促进了美术工艺的制作。对外一手开展了南蛮贸易，另一手又侵略朝鲜将全国视线转向海外，而输入的各种文物也成了崭新的激素。这样，由于内部的充实和外向的视野，而开拓了文化方面的新生面，宣告了"近世"之帷幕已被揭开了。在漆工艺方面也出现了近世的新样式，但它顽强地继承传统样式，最终又奠定了向下一代的江户漆工艺迈进的基石。

代表近世样式的漆工艺是以高台寺莳绘为首的一系列漆器为其翘首的。高台寺位于京都东山，其灵屋内安置一整套祭祀秀吉和北政所的莳绘漆器，在须弥坛上置有两个橱子（与我国潮州民间神橱相似），秀吉之橱扉。扉表饰有折枝花和桐纹，扉里饰枫、菊等配以桐纹，北政所橱子扉内外均饰松竹。秀吉厨子扉上针刻文禄五年（公元 1596年），正可溯及高台寺的创始年代，可知此橱原为伏见城（建成于文禄三年 1594 年）遗物，后从伏见城移此。高台寺莳绘（包括移至别处的伏见城遗物）样式的特征有三。其一，形制单纯明快的和样趣味占优势，这与受到唐物影响而出现的有着繁琐复杂的线结构的前代形体截然不同；其二是在纹样上表现出崭新的装饰性，譬如以绘画手法描绘秋草纹、散点布置的菊桐纹，器物表面以对角线分割为二，一边涂黑，另一边作梨子地（粉金地），各自表现了不同题材的图案。这种对比装饰法称作"片身替"，也是衣料上常用的装饰法；其三是以简单的技法求得较好的艺术效果，如以最简单的平莳绘为基调，且只撒金而不加研磨，过去在线的表现上多用"描割法"，即是在撒金时留下线条的技法。这时，在莳绘上用牙签和针那样的刀子划出线条的针割法。撒金的方法也有了变化，应用金粉的粗细和撒金的疏密，或将用于地上的梨子地运用在纹样上的"绘梨子地"而突出了金彩效果。高台寺莳绘用最简单的方法获得了较佳的装饰效果，它扭转了以复杂的技法作夸张表现的室町莳绘的艺术方向，可以说这是向新时代的一次飞跃，堪称足以代表近世漆器的新样式。

代表近世日本漆工艺的还有南蛮漆艺。所谓的南蛮漆工艺是具有欧洲风格的，并向欧洲输出的日本漆器。南蛮漆艺分为两种，第一种是 16、17 世纪通过葡萄牙和西班牙商船输出的有关基督教的圣饼箱、圣龛以及陈设品、饮食器、西洋双六盘、楯等器物，并用金银平莳绘和螺钿的较多，也有银莳绘在漆地上用淡撒的方法表现出绘梨子地那样的做工。还有的在纹上洒贝和贴鱼皮等少见的装饰法，较多的使用秋草、樱、枫、橘、蔓类等植物图案，也有的再配以鸟兽，其题材尽管是日本的，但在构图上却使用密布空间的装饰手法，以满足欧洲人的心理与爱好。所用的洒贝地、切贝、割贝、贴鲛鱼皮等技法都是应用李朝螺钿和中国技法。蔓草类等曲线结构与李朝螺甸的蔓草纹属一系统，各种系纹与中国漆器上的纹饰相似，使用上述这些技法与纹样不外乎为了强调异国趣味。第二种技法与纹样是南蛮纹漆器，有南蛮人、洋狗、烟斗、铁炮、铁炮弹和铸型、骨牌、斑纹、花纹等新的图案题材，这些纹样在以前的漆器上未曾出现过，这是漆工看到南蛮人及其带来的动物、器具、武器之后将其变成直观性的图案，并加以描绘的。他们观察事物的方法极其自由，无拘无束，不受传统所囿，表示了近世的新趣味。这种绘南蛮纹样的漆器使用各种莳绘技法以及螺钿和密陀绘等技艺，但在技术上看不出有何特色。

宽永十六年（公元 1639 年）锁国以来，主要改由荷兰人经营输往欧洲的漆器贸易，它与桃山时代的南蛮漆艺的样式也有不同，一般的称为近代外销漆器。令人吃惊的是这时东洋趣味也随之在欧洲风行一时，在室内陈设着中国漆器和日本漆器，还有的在墙面上悬挂着漆地彩绘和描金纹样的玻璃画。总之，17、18 世纪日本输往欧洲的漆器数量是极其庞大的。在这种社会风气影响下欧洲也开始仿制日本漆器，叫做"日本玩艺儿"。

（七）江户时代的漆工艺

从桃山时代经江户初期出现了独特的莳绘样式，这就是称作"光悦莳绘"的一批漆器。本阿弥光悦出生于刀剑鉴定和研磨世家，在书画、陶艺、茶道等活动中发挥了他的才能和天资。然而，他自己能否动手制作漆器，还是一个疑问。所以，"光悦莳绘"很可能是按照他的设想并在他的指导下由专业工匠制作的。总之，不能否认多才多艺的光悦在莳绘制作上以某种方式发挥了他的杰出天才。光悦莳绘的特征有三：其一，追求古典的主题，应用古典的和古歌的图案，但不是单纯地再现文学的内容，而是表现自己特殊的灵感和见解；其二，以崭新的意匠，打破了形体、图案的陈旧概念，建立了新体系；其三，大胆的使用材料，发挥其优势，得到了出色的表现效果。总之，光悦所追求的美植根于他自身的祥和之心。

尾形光琳拜倒于光悦足下，并仰慕宗达，从而创立了自己的独特样式，从选用古典主义的题材和材料用法上可以看出他继承光悦莳绘的一面，而其明快华丽的色彩、理智而胸有成竹的构图等特点则发挥了他的个性之处。光琳莳绘由永田友治之后的诸多莳绘师所继承模仿，这一系统的莳绘匠师称之为琳派。

江户时代是漆工艺异常发达的时代，其技术、品种无所不有，走上更加精细巧致化的道路（图版 76）。

江户初期莳绘继承近世样式的传统图案，所谓近世样式即将高台寺系统加以发展形成的以平莳绘为主的新样式，擅用简明的绘梨子地和针划的方法取得优异的装饰效果，其器型规整，发挥了机能美，再巧妙地配以洒脱的纹样，与前代相比更加洗练了、醒目了。这时由于经济实力的提高，庶民在日常生活中都喜欢莳绘装饰，故莳绘漆器广为普及并追求实用性的器型以便于应用。

传统样式莳绘大多采用狩野派和大和绘等作品作纹样，比室町莳绘的技法更加精细化，发挥"诘梨子地"、"高莳绘"、"肉合研出莳绘"、"付描"、"浴莳"等多种方法，并用金具、金块、银扁钉或兼取螺钿、雕金、珊瑚等技艺，使其装饰豪华富丽。这种豪华的装饰用于"大名"的婚礼家具，盛行于江户时代的始终而经久不衰。

幸阿弥一家仕于德川将军家，"即位"（天皇）和"大名"（幕府直属的持有万石以上的武士）的陈设、东照宫的莳绘漆器等都继承了一贯的传统样式。将军家御用莳绘师尚有古满家和梶川家，古满家初代休意以下代代相传，长于研出莳绘，制作了日光东照宫的莳绘漆器，梶川家初代彦兵卫以下，代代都是"印笼"（装药的小盒子）莳绘师。五十岚家三代道甫被前田家招募，四代以下移至加贺，与清水九兵卫一起打下了加贺莳绘漆工艺发展的基础。田付长兵兵卫生卒年月不详，他留下了优秀的传统样式之作，可能由同系统的莳绘师承继下去。山本春正起初活跃于京都，四代之后移居名古屋传授了漆艺。江户中期以后的莳绘尚有盐见政诚、小川破笠、小田常嘉、饭家桃叶、古满巨柳、古满宽哉、原羊游斋、中山胡民等人。小川破笠始用陶瓷、雕漆、七宝等镶嵌于莳绘上形成了特殊风格，人称"破笠细工"门人望月半山继业称为二代破笠。

江户中期随着经济实力的增长，漆工艺的用材上较为丰富起来，凝聚了华丽技巧的漆器也多起来了。幕府已在 17 世纪后半叶下令禁止商人制作莳绘小道具和鞍具，但并未产生积极效果。这时，反映了元禄时代华美和奢侈之社会风气的莳绘漆器，变得更加豪华，为此也更为重视技巧了。在技术上达到了极限之顶点，漆工们还构想了各种梨子地法，极端的高莳绘，使金箔和刑部梨子地粉洒作的"刑部梨子地"，"置子目"，在高莳绘上贴金贝以及其他无计其数的莳绘技法。大量地使用各种技术和金银等材料的莳绘漆器是这一时代的象征，并借纲吉将军（公元 1680～1709 年）的院号而称作"常宪院时代物"，山水莳绘隔子（大仓集古馆藏）是纲吉时代的典型作品。然而，到了后期逐渐形式化了，使用粗恶质地的金银，随便玩弄技巧的作品逐渐多起来了，其结果是虽在技术种类和制作数量可以凌驾一切时代，但在样式的继承上招致了千篇一律的缺点，失掉了高格调的艺术性。

另一方面，作为近世整体的倾向来说，漆器已广泛的普及到庶民。由于地方城市的勃兴，以及各藩的振兴产业政策的推动，开发了各种技术，促使各地漆工艺发达起来。从技法的种类来说，使用了莳绘、螺钿、戗金、彩漆、密陀绘、雕漆等等，还设计了各种不同的髹漆方案。特别是"变涂"，依其使用的技法和材料制出富有变化的涂漆法和装饰法，相传其种类已达到三百种以上。"变涂"起初用作刀鞘的装饰，所以也叫做"鞘涂"。彩漆和密陀绘主要用在饮食器等日用漆器，而发达起来，被赞誉为具有近世特点的装饰法，制作了纹样甚为洒落的器物。

已如上述，近世漆工艺除了京都、江户等都市之外，还作为各地方的独特产业而发达起来，其中有的作为富有地方色彩的工艺，继续到现在。

（八）明治以来的漆工艺

明治维新之后，日本漆工界遇上了艰难的局面。明治维新使社会形势为之一变，日本漆器业与其他职业一起，失去了可靠的庇护者，故大多数漆工失业，再加上生活方式的改变，漆器的社会需求减少，几乎无人顾盼了，政府虽然采取了不少的扶植措施，试行了产业奖励和技术改革，使漆器在作风上也出现了新的倾向。但是从根本上讲，它未能超出继承江户漆工艺技术的界限。漆工多集中于东京，名工柴田是真、池田泰春等继承了古满家之流派，川之边一朝属于幸阿弥系，此外还有中山胡民的门人小川松民和白山松哉等。在京都有木村表斋，金泽有五十岗他次郎、泽田宗泽斋、鹤田和三郎等人均在从事漆器的制造，以上是莳绘师。涂师有桥本市藏、铃木嘉助、堆朱业有二十代堆朱杨成等人。

特别值得一提的是明治二十五年（公元 1892 年）在宫内省设置正仓院御物整理机构，对其收藏进行了认真的整理、修整和研究。同时，对唐、奈良时代的漆工技术作了科学研究工作，对文物的保存修理、技术保护也起了重要作用，还对彩漆进行了化学的研究。由田原荣、六角紫水、石井杏次郎等对从来不可能发色的白色漆进行了开发并取得进展，对白色和中间色也做过研究，六角紫水还调查了日本各地的古美术，参加了乐浪古墓及其漆器的发掘和整理，他还研究了漆工艺的历史并做出了重大贡献。

大正（1912～1926 年）、昭和（1926～1989 年）年间继续采取了一些发展漆器工艺的有力措施，得到了有益的效果。漆工有赤冢自得、植松包美、松田权六、高野松山、山崎觉太郎等，还有值得特别提出的是用漆来鬃饰和装潢建筑、船舶和车辆，标志漆已涉足现代大工业产品，成为不可缺少的涂料。

（九）日本漆器的鉴别

日本漆器早于宋代已输入我国，主要是莳绘漆器。清代统治者也非常喜爱日本莳绘，臣子投其所好，贡进不少的日本莳绘漆器，目前保存于北京故宫博物院。

日本莳绘漆器确有鉴定问题。因为明清两代都热衷于仿制莳绘漆器、故宫也有收藏。据观察研究苏州织造仿制的莳绘漆器与日本莳绘根本不同。它们的区别甚多，如造型、装饰、图案、漆工、用金等各个方面均有较大的差异。那么，其根本不同点是什么？最重要的一条则是对金的处理方法不同。日本莳绘使用不同规格的金粒子，而清代仿莳绘漆器却使用金薄，只要抓住这一标准则很容易鉴定真伪。当然，两者在造型、装饰、风格以及整体效果上的差异也是鉴定的标准。目前存在一个问题则是对收藏的日本莳绘尚未作过区别早晚和研究其技法的工作。所以，对这批日本莳绘漆器仍然暂定为清代，也就是江户时代至明治时代的产品。

日本制造的日常生活用漆器在 20 世纪已输入我国，对东北地区的输入量最大，但都是商品，不是工艺品更不是艺术品。这与江户时代、明治时代输往清代的莳绘漆器不同。但是从民族艺术的角度出发，某些商品漆器，可能还有一定的文物价值，也是值得注意的。

琉球今称冲绳，也盛产漆器，主要有螺钿和堆锦等，堆锦与温州瓯塑的技术相似，要注意发现。

五、结　语

从上述玉器、玛瑙器、水晶器、玻璃器、七宝、漆器的发展历程来看：起源甚早，持续不断地发展下来并取得了重要成就的，只有漆工艺一类了，其他五类与漆工艺相比似大有逊色。譬如玉器虽然起源甚早，但其发展不能连贯，工艺不精；玛瑙、水晶两种工艺，起源也甚早，至近代才崛起成为地方名产。其他五类与人们日常生活的关系，远不如漆器那样密切并普及民间。如果从日本美术与工艺的全局角度来看玉器、玛瑙器、水晶器的社会功能及其工艺的发展水平所以如此，确与日本原始社会生产与文化的发展程度较低有着密切关联。在古代、中世、近世日本佛教雕刻均十分隆盛，然唯有石窟寺和石佛的开凿雕造却极不发达。这些现象不是偶然的，也与玉器、玛瑙器、水晶器有着内在联系。总之，日本的古代美术史和工艺美术史，凡是与岩石有关的门类和品种，其发展水平都是有限的，也没有留下什么杰出的作品，这是日本民族文化的一个特点，这一点与我国是截然不同的。

日本玻璃器、七宝都是受到中国工艺的影响发展起来的。日本玻璃器的发展速度缓慢，产品品种不多，工艺水平也不高。至江户时代日本玻璃业，从室町时代晚期受到输入的西方玻璃器和中国玻璃器的冲击，出现了一次高潮，这就是长崎吹制玻璃器和江户切子、萨摩切子等磨花玻璃的诞生与发展。虽然这次高潮好景不长、昙花一现，但其工艺有所革新，产品面貌也为之一变，还是颇有成就的。七宝工艺的发展也是比较缓慢，其珐琅料与清代相似，一直受到金属工艺的制约，不见大件器物。它崛起于明治时代，改进"泥七宝"为"透明七宝"，以无线七宝和有线七宝为其优秀代表。总之，上述五类工艺不是日本工艺美术的主流，而是它的几条支流，唯有漆器工艺堪称日本工艺美术的主流之一。

日本漆和漆器是其先民的重要发现。它不仅起源较早，而且用途广泛，涂于各种有机质材料上，起到保护作用，并给人以美感。日本漆工艺品种多样、技术精湛，代表性的品种是莳绘漆器。莳绘漆工艺可能源于"末金镂"，历经平安朝镰仓、室町、桃山、江户几个朝代，延续1000余年。在工艺上不断革新，有所创造，名家辈出，产品丰硕。在16、17世纪"南蛮漆器"输往欧洲，对西方的室内装饰和陈设艺术产生了一定的影响。日本地方漆工艺面貌多端、丰富多彩，与生活联系密切，并充满着浓郁地方色彩和乡土的芳香，构成了日本漆工艺的一个深广侧面。

上述六类工艺品，若从工艺角度分类，玉、玛瑙、水晶应归为一类，即玉器类，实为四类。现在，再来看看玉器、玻璃器、七宝、漆器四类之间的横向联系。从材料方面来看，玻璃与七宝料同属硅酸盐类，两者的原料和烧炼有相似处，但其成器工艺又完全有别。所以，从工艺角度来看，这四类器物则是各自独立，没有什么相互联系，它们都是日本工艺美术中的独立领域。但若从艺术风格上考察可以体验到，它们之间确有共同之点，在时代特点上也是如此。不过要具体阐明确是不容易的，这是因为这四类器物的传世资料不多或有的还极少，也有的尚可足资研究之用，这种资料上的悬殊，对我们研究它们之间的横向联系带来了难以克服的困难。这一课题只有留待今后去完成了。

参 考 文 献

［1］　梅原末治：《日本古玉器杂考》，吉川弘文馆，1971 年。

［2］　寺村光晴：《古代玉作形成史的研究》，吉川弘文馆，1980 年。

［3］　关忠夫：《玉·ガラスの历史》，《カラ——日本の工艺》9，《玉·ガラス》，淡交社。

［4］　吉田丈夫：《玉·ガラス探访记》，《若狭——日本の工艺》9，淡交社。

［5］　由水常雄、棚桥淳二：《东洋のガラス》，《日本の古代ガラス》，《江户时代のガラス》，三彩社，1977 年。

［6］　关忠夫：《玉·ガラスの历史》，《カラ——日本の工艺》9，淡交社。

［7］　土屋良雄：《ぎせまん·びいどろの美》，《サントリー美术馆》，1987 年。

　　　　关忠夫：《玉·ガラスの历史》二七宝《カラー日本の工艺·9·玉ガラス》，淡交社。

［8］　吉村元雄：《七宝工艺》《カラ——日本の工艺·9·玉·ガラス》，淡交社。

［9］　松田权六：《うるし话》，《岩波新书》，1964 年。

［10］　荒川浩和：《漆工の历史》

［11］　《カラ——日本の工艺·6·漆工》，淡交社。

［12］　谷田阅次：《漆、金、玉、木、硝子器、墨纸·金工》，《世界美术全集·20·中国Ⅳ》，平凡社，1955 年。

［13］　关忠夫：《玉·ガラスの历史·七宝》，《カラ——日本の工艺》9，淡交社。

［14］　吉村元雄：《七宝工艺》，《カラ——日本の工艺》9，淡交社。

［15］　杨伯达：《论景泰蓝的起源》，《金属珐琅工艺简介》，《故宫博物院院刊》，1979 年第 4 期。

（原文为国家文物局外国文物鉴定研讨班（大连）材料

《日本工艺美术类文物鉴定讲义》1988 年 7 月 25 日完成，1989 年 1 月 7 日补充更名）

中、朝、日三国美术工艺之交流

　　传世文物鉴定的任务首先要区别真伪，去伪存真，"辨伪"是第一要务。至于文物的质地、产地、年代、风格以及优劣的鉴定是关系文物的评价、欣赏、科学研究的必要条件。从传世文物鉴定角度来看其质地、产地、年代、风格以及优劣等，不过是鉴定的必要过程以及做出肯定或否定的结论之前的几个参考条件，而绝不是它的最终目的和必然归宿。

　　鉴定本领的获得及鉴定能力的提高，其主要办法是依靠积累，经过多看文物，日积月累，经常比较，总结经验，取得了发言权，便可应付一般的鉴定工作。如果再经升华，达到概念和理论的境界，才能成为一个真正的文物鉴定家。经验的积累可分为直接积累和间接积累两种：直接积累是以自学为主，遇到文物之后都要经过看、想、记的反复过程，将心得经验逐步积累起来，过去的收藏家通过买古董，付出学费后成长、成熟起来，最后成为鉴赏家或学问家，也有的倾家荡产之后仍然是一位好事家或耳食家；所谓间接积累是靠吸收别人的直接经验和书本上的知识，1949年前文物鉴定主要靠古董店内师徒授受，代代相传，掌握鉴定标准和知识。在学徒期间听师傅讲，学习鉴定经验，待出师后还要靠勇于实践，自己主持鉴定，取得直接经验。两种积累应以直接积累为主，间接积累为辅，两者要结合起来，或者说两条腿走路。1949年后，古董业转变为文物商店，依靠古玩业的师傅将经验传授给青年一代。博物馆也是靠老带新，培养青年人掌握文物鉴定本领。这是一条切实可行的办法。此外，通过短期训练，请有经验的鉴定人员，考古发掘人员或博物馆研究人员采取授课的方式给学员以帮助，这对文物鉴定队伍的成长、壮大、巩固与提高是大有裨益的，但是，也不能估计过高。我参加了几次玉器鉴定培训班，讲课内容大多是与鉴定有关的基本知识，对作伪的手段讲得太少，不能帮助学员们掌握鉴定知识，只学到一些有关质地、做工、风格等知识，这些知识固然重要，但它不是鉴定的关键和要害。这次外国文物鉴定研讨班的任务更为艰巨，这是因为外国文物鉴定是我国文物界的一个空白，有待填充。

　　我对日本的书画和陶瓷并不陌生，几次赴日期间都借机看了一些日本的法书、绘画、雕刻和工艺类文物，同时，也拜读了一些专著，可以说对日本文物还有一点感性认识和书本知识，但对日本文物的鉴定却是陌生的，过去从未研究过日本古董业的情况和作伪的手段。所以在本班我不能讲日本书画、陶瓷的鉴定，想讲一个与日本文物鉴定有关的专题——《中、朝、日三国美术工艺的交流》。掌握了这一历史情况，有助于从宏观上学习有关日本文物鉴定的原则和经验及基础知识，并便于今后自修和提高鉴定水平。

本专题将按历史发展顺序分为四个段落，侧重于相互交流。考虑到过去的历史情况和我国保存的日本文物的实际情况似应讲授日本的绘画、雕刻、陶瓷、玉器、玻璃、珐琅和漆器七种专业知识即可，这对鉴定亦不无裨益吧。

一、西汉、乐浪、支石墓文化、弥生文化时期美术工艺的交流

中朝两国仅一江之隔，中日之间不过一衣带水，在地理上中朝日三国是比邻或是邻国。这种地理条件决定了在很早以前至迟于三国年间即在政治、经济、文化上发生了联系。

中国是地球上最早的人类聚居区域之一。迄今已发现 200 余处旧石器时代早、中、晚期的遗址。所发现的距今 180 万年的西侯度文化，已有用锤击、砸击和碰砧三种方法制成的石片。还发现了距今 170 万年的元谋人化石和距今 59 万年的北京猿人化石。北京猿人沿石脉砸击脉石英等砾石以制造石器，打制器形都是比较稳定的石器，如三棱大尖状器、手斧、石球、刮削器和尖状器，后期还出现了雕刻器和石锥。山顶洞人已能制造骨针、渔叉、骨锥、骨刀和角铲等，还用兽牙、鸟类肢骨、贝壳、小砾石等原料制作装饰品，反映了先进的工艺水平和朦胧的精神生活。大约距今一万年全新世开始的时候，中国旧石器时代结束，进入了中石器时代与新石器时代，以原始农耕文化为主体，在黄河流域、长江流域及华南、西南、北方地区都有了普遍的发展，东北地区原始文化崇尚玉器，木、牙、骨、石、玉、陶、纺织等手工业和建筑都有了很大的发展，村落和"都邑"业已形成。中部与西部的原始文化擅长彩陶。龙山文化以黑陶为主。从良渚文化遗址与红山文化遗址的陵区墓葬和庙宇遗址的规模和遗物来看，财富已集中，社会已分化，统治权力和等级差别已得到充分的体现。

朝鲜半岛已发现距今 50 万 ~ 40 万年的黑隅里旧石器时代遗址，出土了石核、石片、手斧、砍砸器和尖状器，采用碰砧法和锤击法打制。中期出现了刮削器、尖状器和雕刻器，晚期出现了楔形细石核、细石叶、各式刮削器、尖状器和雕刻器。细石器类型和制作技术与中国华北、东西伯利亚、蒙古国和日本属同一系统。朝鲜新石器时代距今 7000 ~ 3000 年。陶器以篦纹为其特征，石器有石斧、石凿、石铲、半月形石刀、石磨棒，东北部也有黑砾石为原料的打制石器。值得注意的是篦纹与我国辽东"之"字纹陶器之间似有联系。

日本旧石器时代称为"先土器时代"。学术界认为在日本列岛上人类居住的历史不超过 3 万年。现已发现的日本旧石器均属晚期之物，以石片石器为代表。石器类型较多。以刮削器最多，加工亦较精致、有石核、石片、石斧、端刃和侧刃的刮削器、尖状器和石锥。日本旧石器时代晚期之末，也出现了细石器，分布很广，类型以锥形、楔

形、石核为代表，原料以黑砾石为主，在类型和工艺上与中国华北的细石器相似。日本新石器时代在历史教科书上称作"绳纹时代"，分为早、前、中、后、晚五期，距今1万年（或距今5000年）~2300年，即公元前8000~前300年，以绳纹陶器为其特征，处于采集经济时时期，尚无农业，可能在晚期才有了种稻业。石器有打制的石镞、石磨棒和石磨盘等。中期（公元前2900~前2300年）已有硬玉大圆珠，晚期（公元前1100~前300年）出现了勾形玉，这时包括各种装饰品都非常发达。

距今4000年我国中原地区首先进入了奴隶制的青铜时代——夏商周，创造了光辉灿烂的青铜文化。武王灭殷后，箕子率五千人避至朝鲜，史称箕子朝鲜，经历了春秋至战国，中国进入了封建社会，出现了冶铁业，使生产力有了较大的发展，公元前221年秦嬴政统一全国，建立了历史上第一封建大帝国。汉承秦制，巩固了全国统一，经济繁荣，推动了美术工艺的发展。

朝鲜进入青铜时代大约晚于中国10个世纪，大体上从距今3000~2500年约五百年间，以石棚墓（又名支石墓）为其特征。这种支石墓在辽东、吉林南部和日本也有发现，磨制石器相当发达，青铜器较少，有曲刃短颈式青铜短剑。早期铁器时代在距今2400~2000年，以细形铜剑和多纽细纹铜镜为代表，在朝鲜北部曾发现中国战国时代的燕国货币明刀钱、战国式的青铜器和铁器。箕子朝鲜亡于卫满。卫满于公元前194年（惠帝刘盈元年）亡命于朝鲜并灭箕子朝鲜。公元109~108年武帝派兵灭朝鲜并置乐浪、玄菟、真番、临屯四郡，即辽东四郡，始元五年（公元前82年）并为乐浪。汉代辽东四郡中在朝鲜半岛只剩下乐浪郡，郡址（平壤南郊大同江南岸土城里）及乐浪汉墓已经发掘，出土了大量汉晋文物。带方郡于东汉建安九年（2004年）割乐浪郡南部置郡，郡址在今黄海北道凤山郡石城里。

日本弥生文化（公元前300~公元300年）受中国和朝鲜半岛文化的影响，在绳纹文化基础上急剧地转变，而出现的新的社会形态。此时，种植水稻，铜器有铜剑、铜矛、铜戈和铜铎，其铜料是由中国内地输入的。铜铎是日本本地生产的，铜镜主要从大陆输入"汉式镜"，少数多纽细纹铜镜是从朝鲜输入的。铁器出现于前期，原料从中国内地输入，生产中仍广泛地应用磨制石器，到了后期逐步被铁器所取代。陶器呈红褐或黄褐，烧成温度约850℃，以泥条盘筑，慢轮修整，有壶形器、瓮形器、钵形器和高脚杯，花纹用篦刻画，或用贝壳压印，装饰品有手镯和项链，质料有贝壳、玉石、玛瑙、琥珀和玻璃等。玻璃手镯和勾形玉的原料可能自中国内地输入，在日本制造。墓中出土的玻璃璧是从中国输入的。

从以上考古资料来看，朝鲜的篦纹陶、支石墓与大陆东北有联系。从战国开始朝鲜北部与燕国也有着一定联系，汉代半岛北部直属朝廷，汉文化对当地社会生活给与了一定的影响，至于箕子朝鲜问题有待于今后考古发掘加以证明。日本弥生文化受到中国和朝鲜的影响，所出现的种稻、铸铜、冶铁、烧造玻璃等技术都是来自中国，可知三国间经济、文化交流的概况。

二、东汉—南北朝（公元25~589年）、乐浪郡带方郡、三韩、高句丽三国、古坟时代、倭国飞鸟时代美术工艺的交流

东汉—南北朝由统一帝国瓦解分裂，少数民族政权纷立，北方混战，民无宁日。至南北朝形成南北对峙的局面，全国局势相对地稳定下来。东汉时期青铜、陶器、漆器、玉器、织绣等工艺继续发展，画像石、壁画均较盛行。永平十年（公元67年），佛教正式传入，建白马寺，供奉佛陀，翻译佛经，成为中原第一座佛教寺院。至南北朝佛教大发展，在新疆、中原北方和南方营建石窟、建造寺庙，促使佛教艺术非常繁荣。汉永元十七年（公元105年）蔡伦发明麻纸。书画方面出现了王羲之，顾恺之等一系列的名家，朝鲜半岛北部仍是乐浪郡、带方郡行使东汉、晋的统治权力。公元313年，高句丽攻陷乐浪、带方二郡，结束了汉晋的统治。高句丽石墓壁画显然是受汉代绘画的影响，新罗遗址中发现了来自中国的青铜鼎、镳斗和漆器。南朝梁的青瓷、青铜器输往三国时代的百济。公元372年，前秦派僧顺道携经书前往高句丽，这是佛教传入朝鲜之嚆矢，半岛南部百济于公元384年也从东晋传入佛教，佛教造像也传入朝鲜。高句丽于公元539年，完全模仿北魏6世纪龙门造像形式铸造鎏金铜立佛。百济于公元538年迁都扶余之后的第三年（公元541年），圣王遣使南梁，请来涅槃等经文，还请来工匠与画师为百济王室造像，故百济造像反映了梁齐色彩不是偶然的。之后高句丽佛像又从东魏造像形式中摄取了灵感，其三尊一铺式造像就是继承了东魏造像形式的典型作品。古新罗佛教造像比高句丽、百济略晚，于公元553年方建皇龙寺。佛像以半跏的思惟像为代表，与高句丽造像形式有着密切关系。6世纪后半叶的造像样式，以北魏后半期样式为主流。

日本古称倭，公元前1世纪出现了部族国家。倭国分为百余国，各自独立，使译通于汉者约三十国，倭即其中之一国。东汉光武帝建武中元二年（公元57年），倭国遣使来朝，授"汉委奴国王"金印。此金印于1784年出土于日本九州福冈县糟屋志贺町，现藏福冈市美术馆，这是中日关系史上的一件重要文物。东汉安帝永初元年（公元107年），倭国王师升亦遣使来朝。公元189年（汉中平六年），卑弥呼践邪马台国女王位，魏景初三年（公元239年），倭国邪马台国女王卑弥呼向带方郡和魏朝遣使，魏明帝赐卑弥呼为"亲魏倭王"，并赐缎锦、铜镜等礼物，由带方郡派官吏回访，正始四年（公元243年），卑弥呼又遣使向魏帝贡物。正始六年（公元245年），魏齐王曹芳赐倭国使物。晋泰始二年（公元266年），倭女王壹兴（壹与）遣使朝晋。此后，147年间已不见倭使朝华的记载，在日本考古学上称此段为弥生时代中后期和古坟时代，在这里再简单地介绍一下弥生时代和古坟时代。

弥生时代（公元前300~公元300年）前期末到后期盛行祭器铜铎，铸有几何形花纹和人物、动物、狩猎、纺织、房屋、船只等纹样，反映此时的社会生活和绘画艺术。

铜铎的起源经学者们研究是来自朝鲜的小铜铎。

古坟时代从公元300~440年，有的地方要推迟到7世纪。这时铁器终于取代石器和青铜器，地方经济发展，政治走向统一，出现了中央政权——大和朝廷，有了文字。公元369年出兵南部朝鲜，占领了任那。公元391年又征服百济、新罗。于公元413年始，又与中国恢复国交，向东晋与南朝宋、齐数次遣使。公元479年，齐高帝建元元年赐倭国王武"使持节都督倭新罗任那加罗秦韩慕韩六国诸军事安东大将军"。此期文化上的代表物是陶器、铜镜、玉器和装饰品。陶器分为"土师器"和"须惠器"两种，须惠器是由朝鲜半岛"陶户"工人在日本烧制的高火度的硬陶。铜镜大量来自中国（三角缘神兽镜），也有日本自制的倭镜。金银器有指环和耳饰，玉器有手镯、项链。手镯有"锹形"、车轮和钏等形，多用碧玉制成；项链由勾形玉、管状珠、枣形珠、菱形珠、圆珠等组成。

《宋书·蛮夷传》载，顺帝升明二年（公元478年）倭王武遣使中国。所进表文纯属汉文，可知倭国政府内有汉人为官，或通行汉文并以汉文作为音标。

倭国与百济联系也较密切。公元513年百济遣送五经博士去倭。公元538年（一说公元552年），百济圣王献佛像和经论，从此佛教正式传入日本。

三、隋—宋（公元581~1279年）、新罗、高丽、飞鸟—平安朝文化之美术工艺的交流

隋至宋的近七百年是中国美术工艺史上的黄金时代，举世闻名的盛唐，不仅是中国历史上强大、繁荣的时代，而且其文化有着国际性的影响。向西可到亚洲的极西和北非，向东可覆盖朝鲜半岛和日本列岛。向南已达东南亚半岛。向北至今西伯利亚草原。盛唐艺术形式是在传统文化艺术基础上引入印度麹多朝佛像形式和萨珊波斯与中亚的音乐、舞蹈、美术等形式并加以融会创造而成。用唐人的话来说就是胡乐、胡舞、胡装、胡瓶，还有于田凸凹法等都是中西文化艺术交流中的一种反映。在这一时代我国书法绘画已经成熟，书法上的楷、草两体和绘画上的人物、鞍马与花鸟等画科已达到艺术之巅。陶瓷业邢越二窑崛起，丝织技术上纬线显花已获成功，加之新兴的金银器工艺等，都是这一时代工艺上的重大成就。

五代、宋与隋唐不同，它的国力顿减，城市商人抬头，虽然在丝绸、陶瓷的对外贸易不减盛唐，但在艺术上出现了一次转折，即一反唐代豪奢的富丽的贵族气而出现了士庶化、人情化、现实化的清新的艺术风格。这里主要有内外两重原因：外因是在我国西部形成了一道伊斯兰宗教文化带。阻挡了宋代与西亚、印度的文化交流。伊斯兰宗教与佛教、印度教都不同。它反对偶像崇拜，基本上没有自己的雕刻与绘画，它的创造智慧主要表现在建筑及其图案以及可兰经的装饰和插图。印度教过分强调肉感，与中国的伦理道德观念水火不容被拒于东南沿海。所以，印度教不可能渗入佛教之中，仅在泉州一

带留下了足迹，更不可能向内地迈进。内因是宋代政治统治腐朽、党争严重、军事力量不强，连对契丹、女真、党项、大理这些边疆少数民族割据独立，分庭抗礼都无可奈何，在较量失败之后不仅赔款纳帛，还称臣称侄，苟延残喘了三百年，因而宋皇室不可能像唐皇室那样激发艺术的凝聚力而造就宫廷的贵族艺术，这一点当然有它积极的一面，如文化艺术由贵族皇室手中向城市转移，而城市化、庶民化、通俗化即是其必然结果。所以对宋代文化艺术倾向也不能全盘否定。五代、宋的绘画在山水画、界画方面达到了一个新高度，雕塑艺术形神兼备、栩栩如生。雨过天晴的越窑和类银类雪的邢窑代表了传统的青白两大窑系的最高艺术水准，新兴的官、哥、汝、定、钧和磁州窑都是陶瓷工艺的瑰丽花朵。这时日本漆器和高丽纸、墨亦输往中国，受到文人的喜爱。

1. 新罗、高丽引进隋唐、宋的美术工艺

新罗文武王借唐军之力于公元 675 年兼并百济，公元 676 年又灭高句丽，在朝鲜出现了新罗统一时代，长达 270 年，这种政治上统一的局面为其艺术的统一形式的出现创造了有利条件。新罗艺术的统一形式和风格是吸收了唐代艺术再与其本身秀丽纤细的特点相融合而逐步酿成的。新罗王朝提倡佛教，在其首都庆州修建佛寺、塔婆和石窟，其中以庆州石窟庵诸像为代表，本尊释迦如来坐像高 273 厘米，躯体堂堂，着紧身薄袈裟，肌体丰满，表现出 8 世纪前半叶盛唐样式的风貌，可是不能忽视其身躯做工和面相表情有着新罗艺术的特征。8 世纪末朝鲜雕刻史进入了新罗化的崭新时代，新罗陵墓雕刻也受到唐文化影响。仿唐代陵墓设石人石兽，以庆州近郊桂陵神道石雕最为完整。神道左右立石柱一对，身着武官服与文官服的武将和文臣像各一对，石狮两对，坟周围以十二支神像浮雕作护石。神道雕刻的设置、翁仲的雄丽以及设护石等都表现出新罗王朝的时代特色。至后半期的兴德王陵神道石雕已走向衰落，高丽王朝初期到 11 世纪初与中国的关系疏远，它的雕刻继承新罗末期形式并走向类型化，缺乏生气，从而更加衰落了。此后，引进了北宋元丰年间（公元 1078～1085 年）塑造的十六罗汉，两国间的联系又活跃起来。这样，高丽雕塑接受了宋代佛像的影响，形成了独自的样式，随之进入了高丽佛教雕刻的娴熟期。代表作有庆尚北道浮石寺阿弥陀佛泥塑坐像，该像可能是受南宋影响的 13 世纪之作。

新罗的绘画　据文献记载新罗统一时代朝廷设"彩典"主管宫廷美术，有一批画家专为朝廷服务，没有留下什么作品，据《高丽史》记载，太祖六年（公元 923 年）去中国的使节带回五百罗汉像，可能给高丽王朝佛像一些影响。高丽王室仿效宋制也成立了"画图院"。院画家的主要任务是：一、绘制佛像画；二、画传播封建伦理道德的圣贤君子的肖像和故事画；三、为王侯贵族、僧侣文人、学者等人画肖像，此外，还有官吏、文人消遣所作之山水、宫殿、楼阁、花鸟、动物、四君子等题材的画。特别是山水画中不仅有中国传统观念山水，还有很多描写朝鲜实景的作品，可惜 13 世纪绘画已无传世者。少数传世的佛画用笔工细、施色浓丽，属工笔重彩佛画系统。

　　新罗、高丽的陶器受到中国陶瓷器的影响，迅速成长。高丽青瓷比五代、宋越瓷有过之而无不及。新罗统一时代，窑业继承三国时代的龙窑，以高温火烧成硬陶，并有了新发展，品种增加，在器面上压印较细密的图案，绿釉陶较前亦有增加，其釉厚而鲜丽。新罗后期有了灰釉器。高丽陶瓷工艺是在新罗陶瓷工艺基础上引进中国的新技术而得到发展的。初期高丽青瓷在釉色、器型、图案上与越州青瓷相似，这时，中国北宋的华北、华南的陶瓷器输入高丽，在开城附近的高丽时代的古坟中出土了大量的北宋陶瓷器。后来，从 11～12 世纪发生了急剧的变化，至 13 世纪初便进入高丽青瓷的最盛期，制成了釉色甚美、不加镶嵌的所谓的翠色青瓷，宋徐兢在《宣和奉使高丽图经》中也表彰了高丽青瓷。最盛期高丽青瓷做工极为精巧，釉色较初期明澈晶莹，出现了在中国青瓷之中罕见的美丽的釉，施以线刻、斜阴线、浮雕、压印、毛雕等技法，还有细密的镂孔瓷，后期高丽青瓷以动物或植物为器型，或以此装饰器体为其特征。镶嵌青瓷是高丽青瓷中独一无二的青瓷品种，可能出现于翠色青瓷之后的 12 世纪，它的制造工艺并不复杂，先在器胎上阴刻剔地图案，嵌以白土和红土，经焙烧后，再挂釉烧成镶嵌青瓷。有的在器胎上塑贴浮雕图案，在器胎之一部阴刻剔地图案并嵌以白土和红土。图案有唐草纹、莲花纹等传统的定型的图案和独特的蒲柳水禽纹、流云飞鹤等稍微自由的绘画式的图案等两大类，这种产品可能是 12～13 世纪镶嵌青瓷最盛期烧制的。

　　铁绘（褐彩）图案的青瓷即所谓的"绘高丽"，也是高丽青瓷中的特殊品种，可能是受到中国浙江、广东的铁绘青瓷或北方的磁州窑的"铁绣花"（白地黑花）的影响。其青釉一般带有暗黄色调，与翠色青瓷大相径庭。

　　漆器工艺　新罗统一时代设"漆典"之官，管理官办漆作的漆器生产。从金铃塚、金冠塚和瑞凤塚中出土的漆器很像铜容器，其器形缺乏变化。有木胎的外黑内朱漆器，纹样有以朱漆在口沿描绘唐草纹带，或以朱、褐、黄的色漆和密陀绘画纹样装饰。总而言之都是一些简单朴素的装饰。高丽漆工艺较新罗发达，特别是螺钿漆工艺有显著的发展。高丽朝廷在 11 世纪初已设"中尚署"（后改为"供造署"）承担制作宫廷家具之任，也包括螺钿器物在内。据文献记载：文宗时期（公元 1047～1082）从辽、北宋和日本得到了螺钿器，到仁宗时期（公元 1122～1246 年）螺钿漆器工艺已达高峰。宋人称道说："螺钿之工细密可贵"（徐兢《高丽图经》），但现存高丽螺钿漆甚少，其优秀者大多为日本收藏。

　　新罗铜镜传世极少，高丽铜镜流传迄今者尚多，有从中国输入的（汉、唐、宋、金等）铜镜、按照高丽风格铸造的高丽国产以及以中国与日本等邻近诸国铜镜为祖型制范铸成的仿制镜等三种类型。高丽镜的铜锡比例与唐宋镜不同，含锡量较低呈青铜色，不像唐宋镜那样呈白铜色。高丽墓出土的镜有神兽镜、海兽葡萄镜等汉唐铜镜，也有薄胎的圆形、八瓣形，委角方形的边沿较宽的宋铜镜以及南宋湖州镜，还有翻制的日本平安时代末期到镰仓时代初期的菊花双雀镜、松鹤镜等。上述情况说明高丽铜镜工艺与中国、日本铜镜的交流甚为密切。

高丽镜中最多的是外缘断面呈台形的高缘而稍厚的铜镜，镜背图案有双龙纹、双凤纹、双鱼纹等唐宋镜中常用的对称纹样，海上行舟图、仙女云鹤图、婴戏图等绘画式图案也很多。特殊的铜镜有以钮为中心绕以四重界圈，在各区充以八卦、十二支、星宿等纹样。在八棱镜之内还饰以菊花、唐草、双凤纹，外围配置"铸铜为鉴，如月团团，修尔颜儿，整尔衣冠"等十六字铭，这些铜镜与中国宋代铜镜的做工、图案、题材有着密切联系。高丽镜最大的特点是以古镜为祖范直接翻铸为范而大量铸造，日本称为"踏返铸造法"，这一类高丽铜镜的铸造年代很难判断。由于大量铸造，容易粗制滥造，细部缺少锐利清晰的感觉，表面比较粗杂，因加锡少而生锈，出土时通身常裹一层绿锈。可见高丽镜只重数量而不重艺术价值，这是它的特点之一。

2. 日本飞鸟—镰仓时代引进隋唐、宋、新罗、高丽的美术工艺

这个时代包括6世纪末的飞鸟文化、白凤文化、天平文化、弘仁文化、贞观文化、藤原文化以及13世纪末的镰仓文化前半期，大约7个世纪。这7个世纪可分为两个阶段，自飞鸟时代至公元894年（唐昭宗李晔乾宁元年）废止遣唐使之前，大和民族如饥似渴地学习并吸收唐文化，以充实丰富日本文化。此后的三四个世纪虽与宋朝仍进行民间贸易，公元1075年（北宋熙宁八年）中日两国互通国书并互赠礼物，但是此时日本却已进入比较独立发展的大和文化的阶段，形成了自主的民族文化的特色。这个时代佛教得到发展，其美术工艺也取得相应的发展，故先从佛教雕刻谈起。

日本佛教雕刻开始于公元538年佛教传入时（一说公元552年），百济圣明王献经典、佛具、金铜释迦像。最早的经论、律师、禅师、佛工、车工等均来自百济（公元577年）。公元585年物部守屋等毁佛，焚烧佛寺佛像。公元603年创蜂丘寺（广隆寺），公元607年创建法隆寺。此后，佛教在日本统治者的支持下得到迅速的发展。据日本佛教雕刻界的学者们考评，最早的释迦佛是奈良安居院于公元606年造，其次则是奈良法隆寺金堂于公元623年造释迦三尊像以及7世纪中叶松木雕的半跏思惟像（亦称高冠弥勒），它们都是日本初期佛教造像的佼佼者。从造像形式与气韵来看，上述这些造像属于中国南北朝到隋代造像的风格。其与日本陶俑"填轮"是否有联系尚待研究。奈良当麻寺金堂弥勒佛塑像与增长天王，广目天王两彩漆像均作于7世纪后半叶至8世纪，均与初唐形式近似。奈良药师寺金堂药师、日光、月光三尊铜像均成于公元697年至728年（武后万岁通天二年至开元十六年），已具有盛唐造像的苗头。奈良法隆寺五重塔内成于景云二年（公元711年）的罗汉塑像极为生动，尤其女供养像与我国唐代中宗时的陶俑如同出一范，十分相像。由此可以了解日本佛教雕塑与我国的关系非常紧密，几乎是亦步亦趋、步步相连。日本佛像形式有它的微妙之处，据我在日本看到的实物，如广隆寺木雕思惟像，就有着内向的含蕴和造型上的单纯洗练，确是一件不可多得的杰出之作。日本公元8~9世纪的佛教雕刻趋向臃肿，较为呆板，缺乏亲切安详之感，与天宝时佛像体态丰腴的形式相似。总之，此时的日本佛像已走向下坡路。

　　藤原时代 10～12 世纪，即日本美术史上的平安后期，是处于消化吸收唐代文化以滋养日本固有文化成长发展的时期，也就是由平安初期的奈良样式（晚唐样式和密教样式）逐渐演变造就了典丽优雅的和样为主流的藤原雕刻形式。这种和样雕刻是由康尚、定朝等专业佛师完成的。最后，定朝所制之造像样式风靡一时，并达到和样造像的顶峰。此后的年代，定朝样原封不动地蔓延下去。出现了很多的公式化作品。所以藤原时代是日本雕刻史上形成和样的极为重要的时代。和样造像是在奈良样式理想的造像基础上，按照当时人的感觉和审美要求加以调整而成的，这与宋代佛教造像的世俗化的特点相通，也就是把盛唐的麹多形式与士庶审美观念结合起来，创造了接近当时人的形貌和理念的造像，如京都醍醐寺药师如来木雕（公元 907 年）和京都棲霞寺阿弥陀木雕（公元 945 年）就保留了浓厚的天宝遗风。11 世纪中叶定朝所造木雕阿弥陀佛（公元1053 年京都平等院），一洗前期天宝遗风，创作了丰满适度的佛像，衣纹由前期的繁琐转向劲挺洗练。这种作风至镰仓时代由定朝并四代传人康助开始，至其后运庆时更加成熟了，迎来了镰仓佛教雕刻的黄金时代。此时，净土宗、禅宗也对镰仓佛雕塑的形成施以一定的影响，其时的佛像雕塑，有着以自我为中心的写实性、绘画性等特点。与运庆同时行艺的名佛师还有快庆，运庆崇尚雄健，而快庆则擅长柔和。运庆、快庆都有杰作传世，他们二人事实上已是日本佛教雕塑史上的殿军，并将其帷幕拉了下来。镰仓样式的形成也与宋代影响密不可分，传播宋代样式的关键人物是入宋求法僧，他们穿梭般地往来于镰仓与宋朝之间，每次都带回大量的佛像与佛画，对镰仓佛教雕刻样式的形成做出了传递消息、提供样板的桥梁作用。

　　当再建于公元 1180 年烧毁的东大寺、兴福寺时，采取了宋朝的建筑形式并起用宋人陈和卿铸造大佛，可知该二寺建筑形式之艺术源泉。

　　日本绘画的起源可能较早，因受遗物所限，情况尚属不明。以大和为中心的遗存均已泯灭，只能从古坟中出土的线刻画和彩色画了解其一斑，7 世纪末至 8 世纪初的高松冢壁画是现存最完整的日本绘画作品，现存遗迹大多是佛教绘画，其早期史料有以下记载：5世纪百济画部的"因西罗我"（イニシラガ）抵达日本，传播了佛画，6 世纪初汉人男龙在日本成了一名优秀的画工，他们都带来了朝中两国的新画风。公元 588 年修建法兴寺有百济技工和画工白加（昌加）等参与。公元 610 年高句丽僧昙征传授制造颜色、纸张和墨锭等法，从此日本也开始建立了制造色、墨、纸的文房手工业。以中国六朝绘画为基础，经过长期实践涌现出止利这位天才的佛像画师。他吸收了众家之长，创造了独特的止利样式佛像。止利于公元 604 年被推定为专门画师，免于课税，给予优待。经过一段时间终于确立了世袭画师的制度，这时有高句丽系画师黄书（文）和大陆系的秦画师山背以及箐秦、河内、栖三家。箐秦、河内露面于奈良时代；而栖无画名，是武烈朝画工男龙后裔。天智（公元 661～671 年）治世时赐姓，成了倭画师。所以，早期画家都是来自半岛、大陆的归化人，他们的画风自然也近似半岛和大陆，此时比较著名的传世作品有玉虫橱子、壁扉上的佛画舍利供养、须弥山等，都具中国内地的佛画风格。

由于大化新政（公元 645 年）的施行和佛教的隆盛，促进佛教绘画更加发展，佛画家的地位有所提高。大和时代以来的名家惠尊（男龙之五世孙）于天智年间受赐倭画师之姓，天武天皇六年（公元 678 年）赐倭画师音梼以"小山下"之位，并赏赐二十户，这是日本历史上首次的画师授位措施。法隆寺金堂壁画可能是这时绘制的，它是白凤期绘画的代表作。奈良时代 8 世纪（一说公元 767 年）画的药师寺吉祥天像（图一），系麻布地设色，用于吉祥天悔道法会。吉祥天取女像如同当代宫廷美人。还有正仓院的鸟毛立女屏风上的立女图是"天平美人"，它与吉祥天都富有写实的精神，同时也有着浓郁的天宝遗韵。此外尚有风俗画、绘卷鉴赏画——山水画、密陀绘、金银画等，说明奈良后期画种已相当齐全了。

延历十三年（公元 794 年）废旧都奈良，迁往新都平安京，随之，日本已进入平安时代。此时仍然继续着奈良对大陆文化的崇拜心理，依旧是唐画时代的继续。但，至此，

图一　吉祥天像
（采自《日本美术名宝展》）

唐朝黄金时代已经结束，到了中晚唐，艺术也趋向消沉，色彩变得淡素了，在敦煌莫高窟壁画中表现得更为明显。这种变化在平安时代绘画上也有所反映。这时，日本空海、最澄等"入唐八家"将密教传回日本迅速传播并压倒了奈良六宗，具有森严而阴晦气氛的佛像绘画与雕刻也相当普及。

平安时代过了 100 年后（公元 894 年）中止了遣唐使，断绝了与唐朝的正式联系，摆脱了直接来自中国内地的影响。几个世纪以来，从半岛、大陆来的画师归化日本后，养儿育女，代代相传，逐步土著化，其画风也逐步适应日本的风土人情，成了倭画家。依靠这批归化画家逐步调整了唐画风格，终于蕴育成日本岛国贵族的绘画形式，至公元 10 世纪以后，即平安时代的藤原期完成了温柔而优美的"大和绘"的创造。这时密教画也得到发展，留下了不少作品，这就是我们所说的"东密画"。宫廷与公家的住宅广泛地应用"障子"（间隔室内的拉门）和屏风，上面都绘有装饰画。这些障子画、屏风画可能亦由前代建庙的画工司的画司、画工和画所的画师们承制的，同时，这时少数贵族文人也挥笔作画，如左大臣源信（公元 810～868 年）喜丹青，尤擅画马。这种贵族文人画到 10 世纪更多了，他们对"大和绘"的形成也有一定的贡献。

10～12世纪三百年间，在美术史上称为藤原时代，也就是平安朝的后期。它介于前以奈良为中心受唐文化培育下成长起来的古代艺术繁荣期与后以13世纪以来中世纪文化高潮期之间，即在文化上互不相同的两个时期之间，起到了转换期这一角色的作用。但它不等于是两者之间的过渡期，确切地说，它是日本的古典之形成时代，也就是以平安贵族的都市生活为中心，在艺术上向日本化进展并娴熟起来的时代，这时是日本佛画的黄金时代，反映了京都贵族的温和而妩媚的性格和趣味，形成了优美婉丽的日本佛画固有的样式。这与一般风俗画的大和绘的步调是一致的，也是佛教绘画日本化最为显著的时期。废止了遣唐僧后断绝了与中国政府联系约300年，而民间的宗教交流虽然受阻，但未完全停顿下来，在10世纪末便又开始了公开的入宋求法的宗教活动，以东大寺的奝然和重源，泉涌寺的俊芿等为代表人物。奝然于10世纪末将从三国传来释迦像安置在清凉寺，同时还带回了十六罗汉像，这是传到日本最早的与唐画完全异趣的北宋画。俊乘房重然再建东大寺时在建筑程式和雕刻手法上引进了崭新的宋朝作风。在重源之后入宋的俊芿又带回了很多的罗汉画，其中还有水墨的罗汉画。所以，在12世纪前后日本绘画又表现出宋朝艺术的感染力则不是偶然了。这种时代背景和艺术气氛促成了宅磨派的出现。宅磨派与巨势派（巨势金刚光哲绘像、鸿儒障子画、巨势公宗坤元录屏风）传统的古典主义相对，使佛画转向鉴赏化，俊贺、成忍等可能均属宅磨派或近似宅磨派。相传凤凰堂壁画是以为成为首的为远、为久、为展等人所绘。12世纪末出现了宅磨胜贺，画了教王护国寺的十二天屏风，俊贺也是这时的宅磨派画人。此后，还有长贺、荣贺诸作家出现，于是在顶相和罗汉画中出现了以讲究笔法为本位的水墨画新样式。这种新样式水墨画，在日本兴起的主要原因是以否定偶像膜拜的禅宗思潮泛滥为媒介发展而成的，虽在题材上均称佛像，然而不具备礼拜对象的性格与庄严。这时所谓的道释人物画，诸如白衣观音、苦行释迦、布袋、寒山、拾得等水墨减笔画，则是宗教画向鉴赏画方向转化进而开拓了鉴赏画独立发展道路的鲜明例证。这也是日本中世纪水墨画自身固有的合乎逻辑的发展，又必须指出它也给发展中的宗教画打上了终止符。

这一时代的另一重要成就则是"倭画"的发展及其为"大和画"的发展打下了深厚的基础。

日本工艺美术始终在国家政权强有力的保护与扶持下得到发展，多以归化人为主力，有着官府的世袭的特色。这一时期的日本优秀工艺品保存在正仓院9000余件，其中可分为陶、漆、染织、纸、草、玉、石、玻璃、七宝、牙、角等多种工艺。金工也是受到半岛和大陆的影响发展起来的，如铁器由倭锻部到韩锻部，传入大陆新技术发达起来，能够制造铁甲胄那样精巧的产品。由于铁器的发达又促成金银、青铜工艺的发展与提高。

铜镜工艺有了较大的变化，平安期铜镜在模仿唐镜同时也逐渐地脱离了唐镜规范。演变为纯和风样式，这种铜镜亦称"和镜"。虽然，从藤原时代中期以后才确立了和镜样式，然而真正发挥藤原时代铜镜特色的则是后期的院政时代（公元11世纪后期至12

世纪后期）。薄胎小圆形并有甜美的柔情味，其代表作有秋草蝶鸟镜、鹤啄松镜。至镰仓时代铜镜大而厚，像漆工艺的高莳绘那样花纹呈高隐起，图案变得复杂化，多取写生手法，以牡丹蝶鸟为代表。

烧陶工艺受到朝鲜半岛的影响有所发展，"须惠器"传入后提高了日本陶艺，又传入了中国内地新窑技，制成火度更高的自然釉黑陶。崇峻天皇元年（？～593年）从百济请来瓦博士，传播并普及了制瓦技术，还传入大陆的彩釉陶，即二彩或三彩，发展成绿釉砖瓦，用在竣工于公元767年东院玉殿。公元794年营建的大极殿均葺瓷瓦。从《延喜式》（延喜五年，公元905年撰修）记载，贡陶国有尾张、美浓、近江、大和、河内、摄津、和泉、播磨、备前、长门、赞歧、筑前等地。平安时代陶瓷器在全国烧得最多的仍是"须惠器"，现在已发现北自奥羽地方，南至四国、九州等地一百几十处的二千窑址。它承袭奈良时代形式，但胎厚，还原气氛不足，泛白色，有的挂上灰釉，还有低火度绿釉器和琉璃瓦。日本镰仓时代陶瓷的一支起源是由陶祖藤四郎将中国制瓷法移入后出现的。藤四郎是加藤四郎左卫门景正的简称，本是久我通亲的家臣，通臣次子道元禅师于公元1223年（南宋嘉定十六年）跟随明全渡宋时藤四郎作为道元时随员来到中国。公元1227年（宝庆三年）回国后，于尾张的濑户筑窑烧造中国风格的陶器，才算日本陶器的起源。总之，濑户陶业从镰仓时代起突然兴盛，烧成高火度的美丽釉色，饰有压印纹、刻纹、贴纹等真正的陶器是始于镰仓濑户（图版78）。爱知县濑户有二百几十个窑地，其中特别有名的镰仓时代窑址有马城、百日、松留、鹰根、神田等处，从镰仓到宝町时代除了濑户之外，还有常滑、信乐、丹波、备前、越前等窑，称为日本六古窑。

日本漆工艺滥觞于古代。古坟时代发现髹漆之栉和木棺，飞鸟、奈良时代漆工艺的水平在正仓院藏品可以窥见。平安前期的奈良漆器有的日本化，也有的消失了，唯有莳绘占据了首位，镰仓时代漆工艺又有了新发展。

木竹工艺遗物在正仓院有完好如新的传世品，包括香木、硬木的家具。染织工艺也比较发达，是一个重要的工艺部门。从百济引进了缝衣女工，又招募百济的锦部定安那，还有罗、绫、锦、织成、刺绣等工艺。牙角工艺品在正仓院有红牙拨镂、绿牙拨镂、碧牙拨镂等象牙施彩雕刻工艺品。此外还有玉石，玻璃、七宝等工艺。

四、元明清（公元 1271～1911 年），高丽后期—朝鲜（公元 1259～1897 年）、镰仓后期—明治（公元 13 世纪中叶至 1912 年）美术工艺的交流

元明清三代文人画大发展，以至衰落。元代四家奠定了文人山水画的四种画格，成为后世画坛之楷模。明代文征明、沈周和唐寅继承文人画传统又各有损益，自成一家。明末董其昌独树一帜，风靡全国，成为画苑领袖。清初四王吴恽在董其昌绘画理论指导下，承袭四家衣钵又各有成就。对日本有影响的是浙派、院体和沈诠。元代引入藏传佛

教，通行内地，并影响到朝鲜和日本。在工艺美术方面，如陶瓷、漆、丝织对日朝都给予较为强烈的影响。陶瓷中的青花对日朝，五彩、粉彩之对日本的影响均极明显。漆器中的剔红（有张成、杨茂款的和永乐剔红）先后传入日本，震动了日本朝野，漆工赞叹不已，并进行模仿。丝织品作为贵重商品输入日本。这时中国工匠还赴日学习工艺技术，将日本技术带回国内，加以传授和推广。

1. 元明清三朝与高丽、朝鲜、镰仓—明治时期美术工艺的交流

据明高濂《遵生八笺·燕闲清赏笺》记："近有潘铜打炉，名假倭炉。此匠幼为浙江人，被掳入倭，性最巧滑，习倭之技，在彼十年。其凿嵌金银倭花样式，得传倭制。后以倭败还省，在余家（按高濂家）数年，打造如倭尺，内藏十件文具、折叠剪刀，古人未有。其铜合子、途利筒、彝炉、花瓶、无一不妙，此真倭物也。故其初出价高，炼铜、金、凿嵌金银，花巧精妙，与倭无二。若近日吴歇之制，较潘似胜，但制度花巧，……外如倭人凿铜细眼罩盖薰炉亦美。"关于仿倭漆的记载："有漂霞、砂金、钿嵌、堆漆等制，亦以新安方信川为佳。如效砂金倭盒胎轻漆滑，与倭无二，今多伪矣。漆器唯倭为最。""而倭人之制漆器工艺至精极矣。""倭漆国初至者，工与宋倭漆等，……中国尽其技者称蒋制倭漆与潘铸倭铜。""近之仿效倭器，若吴中蒋回回者，制度造法，极善模拟，用铅铃口，金银花片，钿嵌树石，泥金描彩，种种克肖，人称亦佳，但造胎用布少厚，入手不轻，去倭似远。"《髹饰录·仿效》亦有仿倭制者。《七类修稿》载："天顺间有杨埙者，精明漆理，各色俱可合，而于倭漆尤妙，其漂霞山水人物，神气飞动，真描写之不如，愈久愈鲜也，世号'杨倭漆'"。《皇明文则大成》卷十二张汝弼《义士杨景和埙传》记："宣德间尝遣人至倭国，传泥金画漆之法以归，杨埙遂习之。"可知明人学习仿效倭漆者计有：宣德间遣人杨埙、方信川、蒋回回等数人，仿制者所在地有新安（方信川）和吴中（蒋回回）。至清代仿倭金漆的工艺中心在苏州，所仿器物今仍传世者大多存于故宫博物院。

2. 高丽、朝鲜与元明清三朝，镰仓时期美术工艺的交流

朝鲜高丽后期公元1259年臣服蒙古，公元1370年始用明朝年号，公元1392年国号朝鲜，亦称李朝，公元1393年迁都开城，公元1636年归顺清朝，又改用清朝年号。基督教传入，鸦片进口，殖民者虎视眈眈，面临亡国灭种之危机。公元1897年改国号为大韩，称帝。公元1910年被日本侵并，成为日本殖民地，至公元1945年第二次世界大战结束，分为南北朝鲜。这686年间的半岛上的高丽、朝鲜虽臣服于蒙古、元、明、清王朝，但仍行使其经济、文化以及政治上统治权，可是在外有强敌、内有叛乱的形势下，其政治不稳定，经济不发达，人民生活贫困，是朝鲜史上的一个不幸的时代，终于于公元1910年丧失主权成了殖民地，迄今仍处于分裂状态。

高丽王朝后期恭愍王（公元1351～1374年）善绘山水人物，留下天山狩猎图残片。

高丽末年，藏传佛画传入并影响画坛，李朝佛教绘画依然盛行。至16世纪末因受日本侵略破坏，绘画艺术随国势衰落而衰落。李朝亦设"图画院"，内置"画员"若干，其主要任务是为王室贵族、高官显吏画肖像，也画山水等鉴赏性作品。在民间官僚文人则挥笔作画以陶冶性情。李朝五百余年的绘画史可分为前后两个时期，以公元1592年壬辰之乱，公元1597年丁酉之乱两次受到日本丰臣秀吉的侵略和蹂躏为界，分为前期和后期。前期的著名画家有安坚、李上佐和姜希颜。安坚是世宗朝（公元1419～1450年）图画院画员，他于世宗二十九年（公元1447年，正统十二年）受世宗第三子安平大君李瑢之命画《梦游桃源图》（现藏天理图书馆）。此图画面重峦叠嶂、烟雾弥漫，桃源隐于山中，其构图和用笔似属学习郭熙一种，而略有损益。安坚是李朝山水画之祖，他的画法传播甚久。现存日本严岛大愿寺潇湘八景图（屏风），是日本僧人尊海于公元1539年从朝鲜带回的，是真迹无疑了。16世纪初的李朝山水画，其画风仍属安坚一派。与安坚齐名的有中宗朝（公元1506～1542年）图画院画员李上佐，他学南宋马远一派，现存韩国国立博物馆的《松下岁月图》轴是他的代表作，还有麻布地《雨中猛虎图》和《罗汉图》等作传世。据记载李上佐还画了中宗及高官的肖像以及《烈女传》插图等人物画，说明李上佐是一位山水、动物、肖像无所不工的画家。姜希颜（公元1419～1464年）与安坚、李上佐等御用画家不同。而是一位出身名门、身居高位、擅长诗书画的典型的文人画家。出使明朝时，他的书画受到明人赞赏。他的传世代表作《高士观水图》，是受明代浙派影响而又有自己的个人风格。

李朝后期传入中国南方画，出现了富有个性的宫廷画家、专业画家和文人画家，画了大量的横溢民族性的多彩作品。比较著名的有金明国、金弘道、申润福和郑歆等人。金明国（号莲潭）于公元1636年、1643年两次赴日，与日本文人学士画家交往甚密。金明国性格磊落，嗜酒，不醉酒绝不挥毫，故其画风狂放不羁，以其自由跌宕的笔墨给予日本画坛以新的冲击，传世作品有《达摩图》。郑歆（公元1579～1676年）号谦斋，任图画署画员，因其长寿留下的作品也较多。他除了画从中国传来的山水画之外，还画金刚山等朝鲜的大好河山。与郑歆并称的画家有金弘道（公元1725～？年）擅长山水、人物、神仙、花鸟，其特点在于既立意巧妙，又不背离传统笔法。他的名作《斗犬图》吸收了西洋画的明暗法，笔触细腻，类似郎世宁一路。申润福（公元1723～？年）是风俗画家。李朝末期以葡萄、四君子、花鸟为题材的文人画很多。李汉喆功力较深，留下了米法山水图，被誉为"无所不能"。画家张承业手法练达，有墨梅图传世，他们二人是李朝最后两名画员。

"影帧"是肖像画，在朝鲜绘画史上占有重要地位。影帧行于高丽时代至李朝，图画院画员的主要任务则是为王妃和重臣们画肖像。前述安坚、李上佐等山水画名家也画肖像，也作为肖像画家活跃于画坛。高丽和李朝前期几乎没有留下肖像画作品，从李朝后期作品来看，姿势、服装均大同小异，已经类型化，但影主的容貌和个性确有不同。画上书写影主姓氏、身份，但画家从不书款。朝鲜"影帧"也就是中国的"影像"。

"民画"（民俗绘画）深深扎根于民庶的日常生活，与上层社会的传统美术不同，有文字画、文房用具、虎、花鸟以及教育子女、辟邪、祈福等题材，手法简洁，形式朴素，有着强劲的美感，表现出鲜明的朝鲜民族的艺术风格和时代特点。

李朝绘画史资料不足，有许多课题我们尚不能做出明确的说明，可以肯定中世纪以来的日本绘画史上除了直接受到来自中国的影响之外，还有经过朝鲜传来的影响，已如上述，早于应永三十年（公元1423年）周文到过朝鲜，第二年朝鲜画家秀文又回访，日本至江户时代共有十九次通信使来访，每次必有画家同行。日本的文人和画家也积极地与其交欢往来，还留下了有关这种活动的资料，看来有必要重新估价他们对日本近世绘画的影响。

高丽中期以后的雕塑艺术中石佛已经不再是佛教雕刻的主流，这时从宋传来的夹纻像和塑像多起来了，因材料关系难以流传下来，这也是造成高丽佛像遗存贫乏的原因。现存唯一一座塑像是庆尚北道浮石寺无量寿殿的本尊阿弥陀如来坐像，日本学者认为它是高丽佛像中的优秀作品，可能是受到南宋影响于13世纪塑成。13～14世纪的高丽晚期佛像受到元代雕刻的影响，特点是喇嘛教色彩浓厚，其代表作是金铜观音坐像（江原道长渊里出土），华丽的宝冠和精致的璎珞、鎏金的铜胎都表现出藏传佛教的影响。位于京畿道教天寺遗址的1348年造的十层石塔塔身浮雕群像，其作风与元代藏传佛教佛像相似。

13世纪是高丽青瓷的烂熟期，盛烧镶嵌青瓷，还烧造铜呈色的红彩—辰砂（釉里红）、金彩等瓷器（图版84）。由于元代几次入侵破坏了高丽社会，陶瓷生产也不能例外，它们的原有缺陷逐步地暴露无遗。遗物有镶嵌青瓷、瓢形水注、红彩莲瓣纹水注，还有单纯的反复使用的菊花纹和云鹤纹也是这一时期图案。14世纪的高丽青瓷品味愈趋低下，青瓷已失去特有的釉色，浊灰釉青瓷增多了，镶嵌青瓷多用细密的菊花纹和珠纹、云纹等，但雕刻粗糙草率，即将移植于称作"三岛"的李朝初期的陶器。器形、做工的缺点显著了，于是进入了高丽青瓷的全面的衰退期。高丽青瓷窑址甚多，遍及朝鲜全境，特别是集中在全罗北道扶安郡保安面和全罗南道康津郡大口面两地。烧造最优秀的青瓷窑址是大口面沙堂里第七号窑及保安面柳川里第十二号窑。古窑筑于山坡上，是细长的龙窑，用新火烧成，都是先经一次素烧，施釉二次烧成。高丽时代固然以青瓷为代表，但还有"烧缔陶"、绿釉、白磁、黑釉、泥釉等陶器。

烧缔陶属于新罗统一时代无釉硬陶系统，烧成焦黑的也很多。盛行于高丽初期到末期，用作日常杂器，有的在素胎上施以唐草纹和柳芦纹等阴纹装饰。其编年序列尚不清楚。

绿釉也是继承新罗的传统烧制，留下了少数遗物。据记载高丽末期在江华岛烧绿釉瓦。可以想像绿釉技法流传时间较长。

白瓷与青瓷相比遗物太少，对其变迁实难溯及。可是从12世纪末的遗址中出土过高丽白瓷，其作风与最盛期的高丽青瓷类似，可以推测12世纪、13世纪已经烧造了相当多的白瓷（图版85）。高丽白瓷偶尔也有如同青瓷那样镶嵌白黑二色纹样的器物，于柳川里第二号窑址发现了美丽的白瓷镶嵌的瓷片。高丽末期白瓷的纪年实物有在金刚山顶发现的刻有李成桂发愿文的白瓷碗和白瓷香炉，其作风与李朝白瓷没有什么不同。高丽末期白瓷厚胎，挂上很厚的泛青味的透明釉，其传世品有的可能混在李朝白瓷之中，而不得识别。

黑釉俗称"黑高丽"，可分为三种：一黑釉，真正挂黑釉的陶器比较少，一般釉色有斑点，缺少光泽，与中国黑釉差别极大，本色无纹饰的较多，也有釉下雕花的；二是挂上红黑铁釉俗称"铁砂釉"，铁砂釉铁分特多，有时还在浅浮雕的纹样上涂铁砂釉；三是"铁彩手"，即在素地上涂上铁花再挂青瓷或透明釉，所谓铁彩手实际上并非黑釉，可是乍一看却是黑釉，有的将黑绘花刮落下来显示出划花纹样，镶嵌白土，再挂釉烧成，在地上浮起白色纹样，黑白对比十分醒目。

泥釉亦称杂釉，是挂上褐黄的鼠色釉的陶器，也可以说是在泥中掺灰的釉，挂在器胎上烧成的，大部分是素厚胎的杂器。

上述这些青瓷以外的高丽陶瓷，因其遗物太少，对其情况掌握甚微，其实际历史尚不清楚，估计它们的历史变迁与高丽青瓷相通。

朝鲜初期15世纪时从半岛南部高丽青瓷转化而来的"三岛手"陶器，有着各种各样的作风。三岛的名称来自室町末期茶人，他们喜欢用此碗饮茶，便称这种碗为三岛。还有一种说法是它那细密印花纹很像三岛，所以称作三岛历。现在，将其扩大包括了"刷毛目"、"粉引"等陶瓷而统称为"三岛手"。

三岛是在器面的部分或全器上压印细密的花纹和珠纹，涂上白土（陶衣），挂透明釉烧成，亦称"历手"、"花三岛"。三岛之中还有一种"礼宾手"，在器上有礼宾、长兴库、仁寿府、内瞻寺、内资寺等铭文，这些铭文都是李朝的官衙名称，专为该官衙制造的。还有庆州、密阳、高灵等地名铭文，注明了产地。"雕三岛"与三岛不同，在雕大朵花纹里填以黑白镶嵌叫做"镶嵌三岛"，与高丽青瓷镶嵌相比，其纹样粗放，有着雅拙之感。

"刷毛目"与三岛不同，是用刷子沾白土浆涂在陶胎上，或用白土液倒在器上再挂透明釉烧成，有一种柔媚的白肌肤之感，比刷毛目的白土层要厚，有铁绘花纹样的叫做"绘粉引"，遗物较少。

上述三岛手陶器在南朝鲜忠清道、庆尚道、全罗道等地很多的窑里烧造，特别是忠清南道公州郡鸡笼山窑烧造三岛、刷毛目、雕刷毛目、绘刷毛目等多种三岛手陶器，堪称是它的代表性窑址，这里出土了15～16世纪的纪年铭三岛手墓志残片，成为三岛手烧造年代的有力佐证。

白瓷与三岛手同时都在15世纪盛行起来，白瓷在高丽时代已经有了，但被青瓷掩盖未露头角。高丽末期在南朝鲜有几个烧白瓷的窑，李朝初期庆尚南道的晋州窑、庆尚北道的青松窑、京畿道的广州窑均烧白瓷，而以广州窑烧造得最精。15世纪后叶半世祖朝道马里、牛山里等窑盛烧宫廷用白瓷，白瓷上的钴（Co）绘青花是受中国刺激之后兴起的，始于世祖朝（公元1445～1468年），已发现少数的与明初青花类似的器物。

还有以铁绘具制纹样的所谓"铁砂"兴起于李朝初期。在白瓷上雕刻纹样镶嵌铁砂的器物，各地瓷窑均在烧造。16世纪时青花手法洗练起来，出现了留下大片余白的绘有纹样的朝鲜特有的青花，青花秋草纹（亦称"秋草手"）器特别出名（图版80），又称"窗绘"，即我国称之为"开光"的装饰样式，还有在四瓣花形之中描绘花卉的器物也不乏优品。因受钴料的限制李朝不能大量生产青花，故尝颁发不准庶民使用青花的禁令。《东国舆地胜览》记载：宫中图画院也曾涉足御用瓷器的描绘，所以，出现了一种表现出舒展的用笔、精妙的图案的青花瓷器是并非偶然的。这时的李朝青花中有着其他瓷器所缺少的具有恬静韵味的优秀作品，足以代表李朝瓷器（图版87）。

16世纪末，日本丰臣秀吉于公元1592～1596年、1597～1598年两次大举侵略朝鲜，这就是历史称作"壬辰"、"丁酉"之乱，接着公元1620年、1627年、1636年后金、清军三次征讨朝鲜，来自外域的五次侵略蹂躏给朝鲜半岛以毁灭性打击，窑业也遭受严重摧残，从烧制御用瓷的广州窑到各地窑业均停止烧造。经过恢复后南朝鲜的三岛手窑大多改烧粗白瓷，说明陶瓷业发生了剧变。许多陶工不堪战争之灾难而移居日本，创始了唐津烧、萨摩烧、荻烧等新的窑业基地，由于流入新的朝鲜陶技，便刷新了日本陶艺的面目。在此以前，在日本室町末期已经兴起了玩赏朝鲜茶碗的社会风气和活动，新兴庶民之间也兴起了品茶之风，认为朝鲜的杂品如三岛、刷毛目、井户、熊川等碗是最为相宜的茶碗，一般称为高丽茶碗。流传迄今的高丽茶碗的名品无不经过杰出茶人的惠眼鉴选出来的，显示了日本鉴赏陶器的高水平。这是我们中国人学习日朝文物时特别要注意的一点，要尊重日朝两国的审美标准和鉴赏优劣的条件，不能用我国茶具与日本茶碗比较高低，因为两者的审美与鉴赏上有着完全不同的标准和条件，因而不便加以比较。高丽茶碗包含着许多品种，概言可分为两大类：一类是朝鲜人日常使用的碗，日本人拿来当茶碗使用的，其烧制时间在公元1592～1598年之前，三岛、刷毛目、粉引（粉吹）、井户、熊川、坚手、雨漏、"ToToYa（ととや）"，柿之蒂等茶碗均属此类；第二类是公元1598年之后经茶人订货或者陶人考虑到茶人的爱好而制作的茶碗，烧造地是设于倭馆的釜山窑以及釜山附近诸窑。御所丸、金海、御罗保、割高台、吴器、雕三岛、御本云鹤等均属第二类。这一类中实有出众的茶碗，有着朴素而强劲，幽寂而深邃的韵味，远远地胜过前者，尤其是井户茶碗列于所有茶碗之前茅，深得茶人之爱重，还有筒井筒、喜左卫门、细川等铭的名碗。唐津、荻、萨摩等窑的兴起是建立在玩赏高丽茶碗的风潮的广泛基础之上的，可知李朝陶瓷对日本陶瓷的影响波及了很长时间。

朝鲜陶工李参平移住北九州后，于元和二年（公元1616年）在佐贺县有田始烧瓷器，这不仅是有田瓷器之始，也是最早的日本瓷器，这是日本陶瓷史上极为重要的事件。初期有田瓷器烧造白瓷、青花、青瓷等，当然，有着李朝风格的器物是最早的。另外初期唐津浇、萨摩烧也有李朝风格做工，从这里也可看出16世纪末李朝陶瓷的一种面貌，也可以理解为在日本土地上烧造的李朝瓷器。

公元1598年《日本侵朝第二年》之后烧造御用瓷的广州窑几乎全部停烧，在宫廷仪式上使用的青花大瓶却要向民间征集。17世纪后到整个18世纪青花制作得到恢复并有所发展，但前期之舒畅情趣已丧失殆尽，器形也较为端正，像前代那样丰满而稳重的气势业已消失，给人以硬固之感。这时出现了文具等精绝小品，特别是水滴富于变化，有很多爱好者。李朝除了白瓷、青花之外还有铜呈色的红彩图案的瓷器，传世者大多是中期的器物，可能于广州窑烧制，可是另有人说在后期北方也有烧釉里红（辰砂）瓷之窑，传世品比起青花显得过少。还有青花釉里红并用者，总而言之，李朝瓷以素器为主，有花纹的较少，以白瓷最负盛名。这与佛教信仰和社会伦理观念相适应，更大量地烧造白瓷，礼仪上也使用有着整洁风貌的白瓷祭器，这是最好例证，中日两国烧造的红彩器在朝鲜并不生产，这也是基于上述同一理由吧。此时，各地还制造了挂黑釉的陶器，扁壶和多角瓶（面取壶）中尚有值得一顾的器物。在北朝鲜的会宁、明川烧制独特的失透釉陶器。李朝末期在广州分院窑使用输入的钴料大量烧造了青花瓷器，但是作工低劣，纹饰粗糙，没有可供入目者。不久，因日本伊万里瓷器的输入，加上对资源的毫无顾及地滥用和浪费，故分院窑也只能走向衰亡的道路。

高丽后期漆器在其前繁荣的漆工艺的基础上，于元崇十三年（公元1272年）特设"钿函造成都监"的特别官办作坊，大量制造专为元宗皇后发愿而纳藏大藏经的螺钿漆箱。从上述文献材料可以了解，螺钿漆器在质与量两个方面都有了很大的进展，但传世器甚少。日本当麻寺藏唐草纹螺钿玳瑁盒子，因其加饰了螺钿与玳瑁而显示了高丽漆器的特色，此圆盒直径12.4厘米，通身施黑漆，盖上中部配以梵文，分为三区，内部满饰高丽特有的唐草纹，在三区分界以及二条铜线之间，又以连珠纹加以区分。此唐草纹的特点是叶作"〈"形，铜线之茎作弧形，由有韵律的细微动势的纹样组成，菊、唐草纹是以贝片巧妙地切成花叶，以铜线作茎，在螺甸的花瓣中心以赤地彩与黄地彩的玳瑁相交形成了微妙的色彩效果。这种施地彩玳瑁技法在日本正仓宝物中可以看到，是盛行于唐代的装饰法，在朝鲜的高丽漆器也可以看到。这种镶嵌铜线的高丽漆器特征是从南方传来的，以后成为表现独自特色的技法而得到发展。

李朝漆器喜用绘画性图案的装饰，但其技术却走向下坡路，主要是以柳木或银杏作胎，用胶粘厚贝，涂简单的底漆，再施表漆，在贝面上用小刀刻出图案，在箱内再糊纸或粘布，在底和盘之足髹墨、朱等漆，钉上几个鎏金铜具，把各个部分接合起来，装饰纹样有着明朝趣味，包括松、竹、梅、桃、葡萄、栗鼠、鹤、水禽、鱼虫等动物，植物和七宝纹、寿、福等吉祥文字以及云、风、龙、雷、宝相花、唐草纹等图案。

李朝还有一种加饰角片的工艺品，这是将刮薄压平的牛角背面上彩绘各种图案，贴在木胎器物上，牛角可以透过背面彩绘的图案，出现了多彩的幻影色彩效果。这个技法盛行于唐代，与日本正仓院宝物上的玳瑁、琥珀平片技法一样，李朝则用牛角贴在箱子、扇子、镜子上作装饰，发扬了它的具有独特性的加饰法。

3. 镰仓—明治时期与元明清三朝、高丽、朝鲜美术工艺的交流

镰仓后期随着与南宋、元贸易，带进了大量的唐、宋画，促使宗教画、大和绘、水墨画、肖像画的发展。宗教画在前已经讲过，出现了宅磨派。大和绘是受到宋、元水墨画的影响、融合并有了变化。肖像画由于禅宗的顶相传入并盛行起来。在这里只简单地加以介绍。

镰仓后期，由日本禅僧带回日本的南宋画有两种：一是南宋线描的顶相画；二是宋元道释水墨画，道释画盛行于镰仓时代之末（公元 1300 年）。默庵灵渊于公元 1326～1329 年在中国习画，返回日本后对道释画在日本的推行起到了有益的作用，同时尚有大和绘的豪信、顶相的周位、余技的铁舟德济等名家。稍晚的后续画家有可翁（仁贺）和良全。日本道释画和山水画在镰仓时代最末期形成，作为禅宗绘画特定形式的水墨道释画至室町时代末期已普及全国。水墨画实质上是武士与禅宗相结合的产物。如经过足利义持时代的如拙到义政时代的天章周文，他竟弃相国寺都管的职位，转而在足利幕府之下做了一名御用画师，他的重要贡献是确立了前期水墨画样式。室町时代官画的周文样式由义政时代后期的宗湛及其子宗继等人继承下来，但已出现分化，形成了支派。同时，在周文时代还有一批不同派系画家在作画。禅宗寺院培育的画家名不见经传，义政时代的艺术顾问（"同朋众"）玉阿能阿（公元 1397～1471 年）都是水墨画家。能阿之子艺阿（公元 1431～1485 年），其子相阿（？～公元 1525 年）继任幕府艺术顾问，掌握着诸种绘画事项，这是与周文样式对抗的一个流派。还有义政时代的文成（文清）和岳翁藏丘等自成派系。从周文样式直接分离出去的强有力的画家有宗湛及其同门的雪舟等杨（公元 1420～1506 年）二人。至此，水墨画不仅在五山和幕府所在地的京都繁荣起来，且逐渐地在地方城市也出现了专业画家。师事艺阿的贤江祥启、私淑雪舟的宗渊等是出生在镰仓五山的水墨画家。雪舟在相国寺师周文，中年时受到大内氏的庇护活动于西国，他的弟子秋月等在鹿儿岛，雪村周继居住在常陆。至室町时代末期水墨画已扩散到全日本，水墨画家几乎是由禅宗画师、画僧所继承垄断。但只有传授到士庶的职业画家才能有更大发展，狩野正信（公元 1434～1530 年）就是代表人物，他是足利义尚时代继宗湛之后成为幕府的一位御用画家。他的水墨画样式更多地以武家的精神为主体了。在水墨画的形式内容两个方面，逐渐地向世俗绘画方面伸展，使水墨画有了实质性的武家绘画的性格。从名实两方面集大成者是狩野正信之子元信（公元 1476～1559 年），为了完成向世俗绘画的转变，将传统的禅宗观念和现象置之于表现手段之下，毅然决然地抛弃了至正信时代已经摇摇欲坠的禅宗修正的精神和宋元水墨画程式的严格性，将武家和禅宗的生活及庄严的意识推向前台，以取代之。他们的功绩堪与周文、雪舟相媲美。他的作品与其说是水墨画，不如说是武家的绘画，更符合已经变化了的面貌，也可以说理论上的水墨画的本质至此已经解体了。有一种狩野画与大和绘融合的通常说法，也就是指这一面而言的，从而，对狩野派画家来说水墨画只不过是一种形式而

已。这种纯武家的狩野样式反而又渗透到禅宗寺院，受到公家阶级的欢迎并侵蚀到了有着长期传统的大和绘的领域之内。在这一段时间内苟延的宗湛派和阿弥派等其他水墨画家，只不过占据着狩野派这棵大树下的荆棘之位而已。织田信长和丰臣秀吉再建武家霸权，与之同时，狩野元信之子直信（松荣，公元 1569~1512）及其子州信（永德，公元 1543~1590 年）承继其父祖元信的艺术遗产并加以改变，创造了表现新时代的英雄精神的绘画样式，这就是桃山时代的绘画。桃山绘画的特色是起到重要作用的富有表现力的强劲的线描法、丰富的题材、壮大的形式等等。这些都是活用了孕育于室町水墨画的营养而获得成功的。当然，桃山时代画家画了大量的水墨画，可是已如前所述，他们都是纵笔水墨技法，徒具形式而已。还有的从大和绘画家角度运用水墨画法于作品之中，这样，水晕墨章的技法和形式就被消化吸收为全日本绘画的共同要素，其本质的个性已经消失，这就是江户时代的绘画。

德川幕府时代（公元 1603~1867 年）在政治经济上取公家统制政策，在文化上采用在禅宗世界育成的儒教为全社会的指导思想，建立了新的封建制社会。信长、秀吉以来的狩野派，这时在德川幕府内担当着御用绘画的创作和绘制，狩野探幽改变了江户时代的狩野派绘画。随着幕府地位的稳定及町人阶级（工商业者）的形成，在这一社会里产生了独自的文化。光琳是町人阶级上层群体的美的表现者，浮世绘版画表现了一般人的审美与爱好，尤其是浮世绘淋漓尽致地表现了在经济上占有优势地位的町人阶级的形形色色的生活。建立在儒教基础上的幕府的文治主义政策促使汉学隆盛，汉学的教养普及到武家与町人，使教养阶级的知识层增加了力量。

在这一背景下，受明清文人画影响的日本文人画（南画）兴隆起来了，还有通过长崎进行的微不足道的海外贸易带来的在洋学成长过程中部分地吸取西洋画法的版画和笔画等写实的样式。为了掌握其美术概况，依照日本谷信一、土居次义、执丸一夫、山根有三、饭岛勇、千泽桢治、近藤市太郎、樽崎宗重、望月信成等专家论文，仅列举派系，以供鉴定者参考。

1. 狩野派 （从室町中期至江户末期，公元 1476~1559 年）

正信（出家后号祐势）之子二代元信（出家后号永仙）大家之一，最有名作品是石山本原寺的"祓画"。之子三代宗信（祐雪），之子之信，之子乘信（秀赖），之子直信（松荣，公元 1592 年，75 岁殁）。直信之子 州信、秀信、长信。直信之子四代州信（永德，公元 1543~1590 年，48 岁殁），传世作品有《唐狮子图》屏风。秀信（永德之弟，宗秀，公元 1601 年，51 岁殁），长信（永德之弟，休白，公元 1654 年，78 岁殁）仕德川家，州信之亲生子五代光信（公元 1608 年，44 岁殁），亲生子孝信（公元 1618 年，48 岁殁）。

直信门下狩野内膳重乡（公元 1616 年，47 岁殁）。州信门下狩野山乐（公元 1635 年，77 岁殁）浅井长政臣木村永光之子、仕丰臣氏画师、余生住于京都，其子孙是京都的狩野派，长期存在下去。

京都狩野派：

养子山雪　（公元 1651 年，62 岁殁）其子永纳（公元 1697 年，67 岁殁）。

光信门人　狩野兴以（公元 1636 年殁）。

　　　　　　渡边了庆（公元 1645 年殁）。

以上为桃山末期—江户初期的狩野派。

江户时代狩野派：

孝信之子六代守信（僧名控幽，公元 1602～1674 年），锻冶桥狩野。

将军家的狩野三家，尚信（主马）木挽町狩野，安信（永真）。

光信之子六代贞信、安信为中野狩野。

尚信之子七代常信，常信之次子八代子岑信为滨田狩野。

此外还有表绘师的十六家狩野。

以上是全狩野派的中枢力量。江户时代的狩野派将其势威扩张到全国各藩，宛然构成了画苑之王国。

探幽，大家之一，六代，（公元 1602～1674 年，73 岁殁）号白莲子，为江户狩野的第一臣匠，是其祖父州信（永德）的再世，也是早熟的天才，以淡泊潇洒的水墨画见长，其代表作是二条宫城内的屏风画、障子画等。门人久隅守景描写田园生活的风俗画，门人桃田柳荣，门人神足常庵及门人山本素程。

鹤泽派之祖探山，系京都狩野之一家，与山乐系并张门户。近世写生派之总师园山应举出于鹤泽派系的石田幽汀门下。尚信，探幽之弟（公元 1650 年，44 岁殁）。常信，尚信之子（公元 1713 年，78 岁殁），堪称狩野家掉尾之雄。

狩野派中另辟蹊径者有木村探元（鹿儿岛），谷文晁（公元 1840 年，78 岁殁）折中汉画和南画。宫本二天（公元 1645 年，62 岁殁）汉画系作家。松花堂昭乘，狩野山乐之徒，善书，与本阿弥光悦、近卫信尹并称宽永三笔，岩佐胜以（公元 1650 年，73 岁殁），即浮世绘元祖右兵卫，自署"大和绘师"，狩野派风俗画家。

2. 海北、长谷川、云谷、曾我诸派

上述派系都是在狩野派的直接、间接影响下，从宋元古典绘画中发现了新的生机或者继承了室町水墨画，创造了独自的样式和风格。

海北派：始于友松（公元 1615 年，83 岁殁），习狩野元信画，成家后自动脱离狩野派，落款友松，友雪：友松之子。

长谷川派：其祖等伯（公元 1610 年，72 岁殁）著《等伯画说》，是日本最早的画论，培养了许多弟子并联结利休与狩野派对抗，终不克强敌，故自称"雪舟五代"、"反逆儿等伯"。等伯之子久藏、宗宅、左近、宗也，久藏尤秀。

云谷派：始于云谷等颜（公元 1816 年，72 岁殁），原姓名原直治，武士，喜雪舟画，仕毛利辉元，得雪舟山水长卷，再建雪舟旧迹山口云谷庵而改姓名为云谷等颜，自

讹"雪舟末孙",给予江户初期狩野派以很大的影响。等颜次子等益,自诩"雪舟四代",其他三子活跃于江户初期。曾我直庵:擅长花鸟,相传是室町时代的曾我蛇足后裔,其家系不确,亦不成画派,子二直庵。

3. 土佐·住吉派—大和绘派

土佐派:始于土佐光茂,系与狩野派之祖正信同一时代。土佐家中兴之祖光信之子。大和绘作家,在桃山时代以前已做宫殿、城郭、住宅的大幅装饰画,擅抒情的重彩画。其子光元于永禄十二年(公元 1569 年)战殁,光茂抚养三个孙子,光茂殁后失掉宫廷绘所予之职,三个孙子由门人玄二收养。不久门人玄二改姓名为土佐光吉,改变了土佐家的血统。光吉(公元 1613 年)善细密画,成为土佐家之家技。光吉之子光则于公元 1638 年,56 岁殁,光则子光起于公元 1619 年,75 岁殁。承应三年(公元 1654年)复宫廷绘所予之职。

与土佐派有关的复古大和绘运动的代表作家有田中讷言于公元 1859 年殁,宇喜多一惠于公元 1859 年 65 岁殁,冷泉为恭于公元 1864 年 42 岁殁。

住吉派:始于住吉广通(光则之弟),成为德川幕府御用绘师,广通于公元 1670年 72 岁殁,61 岁充"法眼",号如庆,62 岁(公元 1660 年)后西天皇敕远桃镰仓时代大和绘名手住吉庆恩而改姓,画风更加精巧细致。广通之子广澄(号具庆)天和三年(公元 1681 年)去江户并成幕府御用绘师,广澄、广保、广守、广行(板谷广当之子、广守养子)、广尚、弘贯、广贤等,代代都是御用绘师。住吉家的御用绘师地位本来较低,至弘贯提至与狩野家相等的地位,加入麾下之列,住吉家在安永、天明(公元 1772 ~ 1788 年)派生粟田口和板谷二家,也都是幕府御用绘师。

总之,土佐家在室町、江户两代都是大和绘的代表作家。

4. 宗达·光琳派—大和绘新体派

宗达:于宽永年间(公元 1624 ~ 1644 年)作画的画家,与鸟丸光广和本阿弥光悦是亲交,其他一无所知,有一说是京都西阵的唐织物家的一族,叫做俵屋宗达。传世宗达作品甚多,宗达所用伊年园印,后世宗达亚流作家也钤用,比较混乱。

尾形光琳(公元 1658 ~ 1716 年)是吴服物商雁金屋的次男,初学狩野派,再学光悦,父殁后受到隔世之师宗达的启发。

继光琳之后有立林何帛、芦舟、渡边始兴等人,均无大起色。

紫翠深省(公元 1613 ~ 1742 年),光琳之弟,以"陶工乾山"之称为世所知,作画是他的余技。

酒井抱一(公元 1761 ~ 1828 年),姬路藩主酒中忠仰之次子,曾论宗达是通过藤原古典叹美梦幻的世界,光琳是追求形态和色彩的纯粹性,提高理智的构成。

与名扬一世的工艺家本阿弥光悦结上亲交的织屋俵屋宗达和亲弟陶工乾山以及参与

莳绘制作的雁金屋光琳等人，与画业一途的职业画家走着完全不同的道路。工艺家对时代动向最为敏感，从这一层意义来看宗达·光琳派可称作装饰派，又是经常能够唤醒人们共鸣的国民画家。

5. 欧风画

欧风画大约有四百年的历史，分为天文宽永（公元 1532～1643 年）正保幕末（公元 1644～1867 年）以及明治维新迄太平洋战争结束（公元 1868～1945 年）等三期。一、二期不过是洋风画，还不是纯粹的油画。第一期：天文十八年（公元 1549 年）耶稣会 Frahsisco Xavier 初来日本传播基督教，传来了以葡萄牙为主体的欧洲文化艺术。庆长年间（公元 1596～1614 年）西欧文化离开基督教会向一般社会阶层渗透，给予当时的服装、语言、艺术以很大影响，在屏风和障子上描绘欧洲风俗画，出现了山田右卫门、生岛三郎左和身世不明的信方等少数洋画家。第二期：锁国时代，长崎是唯一的与荷兰通商的口岸。摩绘进口的荷兰科学书籍插图。司马江汉（产业家平贺源内之徒）学习荷兰铜版画，天明三年（公元 1783 年）已创成铜版腐蚀法，刻印日本铜版风景画。画技术图的有出自须贺川的亚欧堂田善、江户的新井令恭与安田雷州、京阪的中伊三郎与松本仪平等。长崎与江户、京阪一样也盛行第二期洋风画，涌现出川原庆贺、石崎融思、荒木如元、若杉五十八等优秀画家，组成了长崎派、长崎洋画是加进了沈南苹味的洋风画，与江汉、田善等作品相比却是接近洋画的泥绘和油画。

6. 浮世绘版画

浮世绘是出现于江户时代的特定的美术现象，并非风俗画的别称，而是近世日本庶民对美的体验的一种形式，它大约始于庆长（公元 1596～1614 年）、宽永（公元 1624～1643 年）时，继续到明治中期。浮世绘之词见于延宝九年（公元 1681 年）的文献，可能出现于宽永时期（公元 1624～1643 年），至宽文、延宝（公元 1661～1680 年）出现了流派，明治三十年（公元 1897 年）衰亡。首先出现于京都，描写了庆长、宽永时代逸民的行乐。宽文—元禄时期（公元 1661～1703 年）在江户的庶民间得到大发展，成为江户的庶民艺术。最初的浮世绘也是用笔画在富裕之家屏风、障子、挂轴和手卷等上面，随着士庶大众需要的增加，木版画才发达起来。版画开始时有"一文绘"、"四文绘"之称，用便宜的价格卖出去，适应过着安逸生活的小家子市民的世俗的好尚而制。这样到了江户中期（锦绘创始）以后，发展到版画中心时代，画家菱川师宣（公元 1694?，77 岁殁）是江户浮世绘的开山鼻祖，并有了后继者，形成了菱川派的一个画派。这一流风成为后世浮世绘的源泉，相继兴起了怀月堂派、鸟居派、奥村派、宫川派等诸派。元禄—享保间（公元 1688～1732 年）造成了流派的土壤。后续者有石川丰信、西村重长。在京都出现了西川祐信一派，他出于在京畿与师宣拮抗的吉田半兵卫等先进作家之间，成了上方浮世绘的开派祖师。浮世绘以江户为中心发展起来，但京都版画并不甚普及。至幕末，在大阪盛行了所谓的浪花锦绘之时，在名古屋、长崎、横滨、富山等地都出现了富有地方特色的浮世绘。

从明和经安永、天明至宽政（公元 1764～1800）是浮世绘的黄金时代，这期间续出浮世绘版画的大家。首先由铃木春信使版画一变，以年轻的女性为主题，以美人画为专业，后来分为美人绘和役者绘。美人画方面继春信风的有鸟居三代的满清、矶田湖龙斋、一笔斋文调，春重（司马江汉之前著名的大和绘师）。春章、清长、歌磨也从春信画风开始。安永—天明（公元 1772～1788 年）以优雅典丽的美人画吸引了一代人的视听。清长之后，宽政期（公元 1789～1800）涌现出喜多川歌磨、北尾重政、政演、政美、鸟文斋紫元、荣昌、荣里、春潮、窪俊满、荣松斋长喜、歌川丰春、丰广、丰国等画人，其间最为突出的是歌磨。可以说从浮世绘的趣味性的角度把美人风俗画的一切价值毫无保留地描写出来。役者（俳优）绘初出鸟居清信，由胜川春章创有个性的役者绘，文调也是其中一员。春好、春英推动其前进，使其达到顶点的则是东洲斋写乐。长喜、国政、丰国继其余绪。江户文化娴熟期出现了描绘艳靡之风的国贞、菊川英山、英泉。歌川丰国门流不久成了一大画阀横行于江户末期。役者绘专业的鸟居派至长清以后作风世代相沿，变为僵化了。

在浮世绘方面放出最后光辉的则是葛饰斋、安藤广重、歌川国芳等的风景画和花鸟画。明治初年，由小林清亲画上了句号。这时的风景画浮世绘还接受了焦点透视法和明暗阴影，奥村政信最为注意这一点，到了歌川丰春才取得优秀业绩。

浮世绘分为墨印和彩印两大类。墨印起于平安时代以后，印后敷彩者又分为丹绿本（宽永，公元 1624～1643 年）、丹绘（红彩）（延宝—享保年，公元 1673～1735 年）、漆绘（延宝—享保间），红绘是丹绘与漆绘的总称。彩印又分为色印（宽永以后）红彩绘（享保以后，当时亦称红绘）和锦绘（明和二年，公元 1765 年以后）。锦绘是彩绘如锦之意，是彩印最为绚丽者。这是绘师、印师、雕师、设计师、版主合作的结晶。

7. 文人画派

日本文人画是指文人在读书赋诗之余挥笔所作的画，其画不讲法度与技术，也不考虑舆论，只求画面气韵生动。它的艺术思想是通过自己的主观认识来解释自然，基于自己的理想来干预社会，这与中国文人画有相似之处，但不尽相同。文人画派的最初代表是池大雅和与谢芜村二人，在他们之前尚有祇南海、服南郭、彭百川等文人。

大雅与芜村几乎同时出现，以京都为中心开展活动。大雅（公元 1776 年殁）善汉诗与禅，周游全国。其作品不讲比例，喜变形，不为世人所理解。芜村与大雅稍有异趣。以京洛为中心，以俳句、文学和绘画了却一生。此后，堪为大雅、芜村匹敌者只有浦上玉堂和青木木米二人。玉堂是备前鸭方藩的家臣，宽政五年 49 岁致仕，背琴操笔周游全国，文政三年（公元 1820 年）76 岁殁，自学成材，无师自通，喜用焦墨，画风稚拙。青木木米是陶工而博学，在制陶之余读书、作诗、作画，也是无师承。构图奇拔秀逸，气韵高雅苍老。画论对木米评价甚高。玉堂子春琴与其父不同，所画均合法度，有学问，人格高洁。与玉堂、春琴齐名者尚有米山人（周田）和半江父子。米山人是米商，家境富有，广罗书画，学习元明古迹，善山水人物以自娱，是大阪少有的识者。子半江又号小米，是文政—天保间（公元 1818～1843 年）文人画中的一方骁将。这时，在京都以赖山阳为中心集聚了中村竹洞、山本梅逸、青木大米、小田海仙、贯名海屋、日根对山、田能村竹田等铮铮文人，他们同赏书画，切磋技艺。山阳巧作淡雅的山水，竹洞善画清雅轩昂的山水人物花鸟画，梅逸善写生花鸟，发挥其过人之才气，别人难以模仿。以山阳为中心的文人画家中田能村竹田最为出色。他是丰后直入郡人，冈藩第一大学者，出仕藩学，文化九年（公元 1812 年）37 岁时诀别一切世俗，度过了文雅风流三昧的余生。他能画文人画中罕见的致密的山水花鸟，且多气韵横溢，堪称典型的文人画家，殁后明治维新时期出现了文化艺术大变革，他的逝世好像给文人画派打上了终止符。可是，在以后的人物中一定要寻找出文人画家的话，只能举出富冈铁斋，他是竹田之后的殿军了。

文人画派中还有一位写生大家，这就是渡边华山。他受到了多才多艺的谷文晁（公元 1840 年，80 岁殁）的熏陶，擅长青绿和花鸟虫鱼画。

幕末—维新是文人画派全盛时代，狩野、土佐、园山、四条浮世画等各派画家都画文人画风的作品，可是完全失去了文人画的本来面目，不是俗臭纷纷，即是枯燥无味之作，给人以其生命完结之感。日本文人画派虽然一度颇为繁华，但其生命实在短促。

8. 园山、四条派——南宋文人画

江户中期以后的画坛，与在江户完成的浮世绘相对，在京都、大阪兴起了南宋文人画。这是由于幕府初期把儒教提到国教的地位而造成了"中国崇拜"引起的。大雅是以主观主义艺术观为指导思想的文人画，与之相反的还有体现客观主义的艺术观的另一样式，由大体相同时代的园山应举（公元 1795 年，63 岁殁）也是受中国绘画的感化而完成的。从形式上讲，与大雅的抽象的表现相对，应举是近乎写实的描写，也就是称作写实主义的作风，受到欧画影响，还画焦点透视的"眼镜绘"（洋片）。松村月溪（吴春，公元 1811 年，60 岁殁）初学芜村的俳谐短歌和绘画，中年入应举门。他恢复了不为应举看重的诗情性，用笔轻柔，符合广大社会阶层的视觉习惯，成为四条派之祖。从绘画史角度评价，吴春不及应举。应举的门人源琦是唐美人画家，山口素绚是日本美人的专业画家。还有森狙仙善画猿猴，均以一艺登上画坛。吴春系统有弟松村景文和冈本丰彦。与园山派后继者一样。他们都是单纯地维持吴春样式，而折中文人画的气氛，表现了光琳的装饰性。这些南宋文人画从不描写日本自然景物，但却确立了符合日本的绘画样式，这一点要特别指出。

日本雕塑艺术尤其是佛教造像到了镰仓末期至室町时代业已衰落，而人物雕像和能面制作却有发展。

由于佛教衰落，佛像雕造趋于墨守成规，少有创造。但是，也有值得注意的情况，

诸如宽永—元禄（公元 1624～1703 年）年间所造之佛像，尚有可寓目者，最为显著的是天正至庆长（公元 1573～1614 年）由丰臣秀吉与秀赖之力建造的方广寺大佛，同时的东寺五重塔和金堂佛像。元和三年（公元 1617 年）开始的光山轮王寺、宽永二年（公元 1625 年）以来的上野东叡山宽永寺、宽文（公元 1661 年）时的黄檗山万福寺、元禄至享保初年（公元 1688～1717 年）的东大寺等造佛活动。参与造佛的佛师有康正、康理、康犹、康音（法桥）、康知、康佑、康音（法眼）、康传、康朝、康胜、良以、忠园、宗贞、宗印、尧海、性庆、顺庆、贤庆、弘顺、净庆等，他们有的在有较长传统的七条佛所，也有的属于在南部保有地盘的椿井佛所。他们都很活跃，其特点是不同于过去传统的和样，造成有了相当变化的写实的样式，但缺乏跃跃欲动的那种感人力量，而过分地玩弄技巧，过于巧致了。其中宽文八年（公元 1668 年）造的黄檗山万福寺的释迦三尊像，十六罗汉、韦陀天像、布袋等像是在明代佛师范道生的指导下完成的，甚有异趣，与日本传统造像不同，世称"黄檗样"。还有松云元庆从元禄初年（公元 1688 年）至八年（公元 1695 年）自己一人雕造了江户天恩山罗汉寺的五百罗汉以及本尊释迦、晋贤、文殊、阿难、迦叶、昆沙门天、白衣观音等的等身像约六百躯。可谓是一位毅力很强的雕塑家。宝山湛海 73 岁造的宝山寺本堂的五大明王等像虽有着强烈的力量，但又颇为写实。到了后期佛教雕刻的颓势是难以避免的，其造像形式逐渐固定化，徒具躯壳，几乎没有什么美术价值。

能狂言面具雕刻，在世阿弥的《申乐谈义》中留下了一些名工的名字，其中最负盛名的是龙右卫门和冰见两人，龙右卫门善作女面，而冰见以悲剧面见长。人物雕刻受到禅宗顶像的影响，出现了以生人为对象的雕像。这种雕像中较好的例证有于天正十九年（公元 1591 年）丰臣秀吉为其夭折的长子弃丸作的雕像，弃丸像现在京都邻华院，至桃山时代这种雕像勃兴起来，福岛宗英寺的芦名盛氏像（公元 1580 年造立）和大德寺千利休像等都是世俗肖像雕刻的代表作。人形雕塑出现了嵯峨人形和伏见人形。嵯峨人形美如嵯峨锦，色彩优美，衣装华丽，可能出自佛师余技，反映了桃山时代至元禄治世崇尚服饰华美的时代风尚。而伏见人形手法素朴，有着古老传统和大众性。此外，还有御所人形和奈良人形都是做工洗练的人形雕刻，御所人形是内廷赏赐到京都参观交代的诸大名的纪念物，其特点是技巧凝练、风姿高雅。奈良人形俗称"一刀雕"，其刀法简劲，也是佛师业余刻成的。如茂人形是元文年间（公元 1736～1740 年）加茂神社的杂掌高桥某利用作祭器剩余的下脚料，衣料零头等制成的插木芯的人形（木目入人形）。最有特色的是风俗人形，由享保二年（公元 1717 年）隐居后的佛师清水隆庆雕刻敷彩的木雕人形，表现洛中洛外的风俗，这种人形称作"百人一众"，实际上是人形的群像，高矮不过寸余，小巧可爱，富有风俗性和趣味性。

继镰仓幕府与宋元贸易后，室町幕府为了造寺募集资金，补助财政不足，也开展了对明贸易。15 世纪中期足利义政以贸易船 10 只，人员 1200 的规模，以刀剑类、硫黄、铜、扇、蒔绘漆器等换取明代的铜钱、纻丝、纱、罗、彩绢、锦、布、绣、陶器、铁锅、银器、古文书、古名画、漆器等，满足了皇室，贵族、将军、大名、僧侣、富豪的物质文化生活的需要，因输入贵重商品有限，不敷分配。便出现了仿制，同时，也促进了中日工艺美术的交流。

近世莳绘在镰仓时代做了基本完备的情况下进入室町时代吸收宋元画乃至汉画的描法，并发展了高莳绘、金贝、切金等技法，有了更大的发展。江户莳绘继室町莳绘之后，犹如繁花似锦，锦上添花。至元禄、享保（公元 1716～1735 年）莳绘也渐渐衰落走向低潮。地方漆工艺，特别是江户时代有了发展，多用于制造膳碗和盒子，其奔放的图案和轻快的笔触，发挥了地方漆器的特色。油画是在"荏油"内加入密陀僧（酸化铅）配上颜料描在漆器上，不像漆画仅限于朱、黄、绿三色，它可以调出更多颜色，故易被广泛应用。油画漆器是由越中城端的畑治五卫门好永于天正年间（公元 1572～1591 年）到长崎学习中国密陀绘法，回到城端代代相传，成了有名的"城端塗"。桃山时代螺钿工艺在京都，有中国风格和朝鲜风格两种。江户初期长期在长崎制造中国风的青贝细工，于享保间（公元 1716～1735 年）在富山出了青贝细工的名工杣田清辅，也叫"杣田细工"。沈金即戗金，在室町时代学习明代手法移至日本制作，叫做沈金。江户时代享保年间（公元 1716～1735 年）在能登的"轮岛塗"漆器上加饰沈金之法是很著名的新型漆工艺。据研究，"轮岛塗"沈金之法是由朝鲜漆工传授的。此外，在越后的村上，于享保年间用木地浮雕髹漆以模仿中国的剔红（日本称堆朱）、剔黑（日本称堆黑）。明和（公元 1764～1771 年）时京都辻屋丹甫来到越中的高冈制作了堆朱、存星等中国式漆器。

铜镜工艺是在中国铜镜的影响下也有所新创新。柄镜出现于室町末期（16 世纪中期），据研究日本镜工受到湖州镜的启示而仿造之并形成了日本风格。有白铜、青铜和黄铜三种。镜师的宗家是青家，于室町时代末期在京都有了一席地位，当时的著名作家有青家次和木濑阿弥。京都和江户共有数百镜师生产铜镜，均铸上"天下一何某"的阳款，这一风潮虽一时被禁止，但无实效，便风靡一世。日本金工中的雕金、锻金、镶嵌均甚发达，水平甚高，有着浓厚的日本民族风格和较高的工艺价值。明代浙江人潘某在日本学习金工二十年，返回后专制倭铜"与倭无二"，人称潘铜，名闻一时。

据日本田中作太郎、中川千咲的论文阐明，日本窑业经常受到中朝窑工的影响在变化发展着，可是到了室町时代末期极其不振，至桃山期中叶因茶汤之风流行和丰臣秀吉发动了文禄，庆长的两次侵朝战争，带来了窑业的兴旺。茶道起于室町时代末，由南都称名寺僧珠光培育佗茶成为一时好尚，经武野绍鸥到千利休，遂而茶道大成。从而用作茶具的佗寂之趣被强烈地追求下去。因而以朝鲜陶器取代了书院茶用的天目茶碗等中国陶器。于是这一契机促成了乐烧的发达。乐烧是由天正年间（公元 1573～1591 年）中国归化人之子长次郎开始以低火度烧成的茶碗，相传其造型是受到利什的指导。以原始的手法成形，在造型上有着特异的趣味，适应了当时的好尚，身价倍增。当时的濑户烧、备前、伊贺等冷货或者唐津烧等无不受到较大的影响，这样，仿乐烧的陶器增多，继续到后世。始烧于桃山期的乐窑到了下一代的江户期更加发展，遂而普及到一般吃茶的人在业余时间也去仿烧。这样，乐烧可分为以长次郎为祖，乐家代代烧制之器和由别的什么人烧造的两类，前者称为本窑、后者叫做乐烧之胁窑。本窑工匠继长次郎以及之后的江户期最初的常庆，道入和一入等名陶工，同期之末又出现了入、旦入、庆入等名匠，他们都发挥了各自的天才保持了乐本窑的名誉。胁窑名手有刀剑鉴赏的名人本阿弥光悦，其孙光甫和藤村庸轩，表现了本窑的专业陶艺家所得不到的趣味。在京都南方的玉水之地有玉水弥兵卫，北陆山本与兴创加贺乐烧，太田信岑有埴生乐烧等各地乐烧。它们共同促进了乐烧的发展。

濑户地方窑业，从镰仓末叶到室町初受到中国陶技的影响又有了大发展，至桃山期更加兴隆起来。复兴了的濑户窑有黄濑户和黑濑户两种。黄濑户陶釉色失透呈油炸色，当时的濑户窑新派有志野和织部，志野陶用失透性长石釉和于釉下绘粗放的铁绘等。织部有与黑濑户陶相同的黑釉和黄濑户的绿彩釉同质的绿釉等。近世初叶濑户窑的发展以黄濑户、黑濑户、志野、织部为代表。江户初又有御深井烧的新派加入。御深井烧位于名古屋城之外廓。始于宽永年间（公元1624~1643年）使用当时的伊贺烧的透明玻璃釉。繁荣的濑户窑至江户中期两度衰落。文化、文政（公元1804~1829年）时由加藤吉民移植肥前瓷器烧成法才挽回了衰势，并移向烧造瓷器，烧成的瓷器称作"新制"并繁荣起来。这一新制派的良工有川本半助和加藤五助。老窑称为"本业"也受新制的刺激。志野陶转向绘濑户。织部陶由奇矫之制又恢复了本色。本业的良工有春岱、青丹为其发展尽了力量（图版78、79）。

唐津烧是指以秀吉侵朝为机得到飞跃发展的一群陶器的总称，是在肥前周围烧成的。原本只烧土器那样的原始陶器，受到朝鲜的影响得到迅速的发展。现在已知窑址近三百。最初的唐津陶有不透明性海鼠釉的朝鲜唐津和厚长石釉的濑户唐津等。还有灰青釉上施铁绘的简单纹样的绘唐津以及镶嵌式纹样的或近似濑户窑的志野陶和织部陶等多种陶器。传播至各地之后均有仿烧。九州周围有较多的与唐津陶有兄弟关系的陶窑。如烧深釉彩的上野烧（福冈县）兴起。作风精美、名声较高的高取烧在筑前（福冈县）繁荣起来。还有巧于镶嵌和刷毛目的肥后（熊本县）的八代烧和施用独自的白浊釉的长门（山口县）的萩烧、作风朴素的萨摩（鹿儿岛县）帖佐烧。这些陶窑都是在侵朝战役之际，各领主带回了朝鲜陶工始建的。还有高取、上野二窑在江户之初烧制茶陶也有名望。奈良的赤肤、近江（滋贺县）的膳所、京都的朝日、远江的志户吕等各窑是远州七窑。相传是由小堀远州推出的。这批窑在江户中期开始凋落。至末期已无影踪。其原因与濑户窑相同，都是由于瓷器的发达而被淘汰。

近世的备前，伊贺等窑是日本固有的陶艺。也经历了消长沉浮。有的在江户末期转向白色陶器。

近世窑业以文禄、庆长（公元1592~1600年）之役为界有了飞跃的发展。磁窑的始创和青花的烧成带来了由陶器转变为瓷器的盛况。釉上彩的发明在意匠上分为中国和日本样式，都得到划时代的扩展。与此相伴随的是由乡土所产达到都市产品。窑业也从工人向名人、巨匠之艺转移，由单纯的手工业制品向工艺美术的分野大踏步前进。另一方面作为一般日常生活必需品到江户末期迅速扩大。在质量两个方面呈现了日本陶艺史上的空前盛况。

日本釉上彩紧接着瓷器、青花的创始而出现。江户初期元和（公元 1615～1622年）时以有田为中心烧制了瓷器。最初是在传自李朝瓷器之法的瓷器上画了简单的青花，这些专由归化的朝鲜陶工制作。此法不久向肥前一带扩展，由过去的唐津风陶器转而以瓷器为主流了，开创了作为近世窑业中心的瓷器发展的开端。接着也发明了釉上彩，相传釉上彩的烧成是由酒井柿右卫门始于宽永（公元 1624～1643 年）之末，柿右卫门正在有田南川原努力改良青花白瓷时，伊万里陶商乐岛德右卫门从中国人辛勘（シンカン）得到红彩的秘方。他们二人共同研究，在瓷器出现于日本后的二十几年方获成功。以后得到惊人的进步，并传向各地，称作柿右卫门作的彩瓷。一般说是在浊乳白色地上，以纤细的笔描绘凤凰、松竹、团龙等潇洒华丽的图案，它是以明末清初釉上彩为范本加以日本化的瓷器，有不少的杰作，柿右卫门家代代相传至现在。二代至五代都是一代之子即兄弟，其作风相差不大。六代继续家业时尚幼小，由叔父柿右卫门作其后台。其作品有"元禄八乙亥柿"（公元 1695 年）或"元禄十二年柿"（公元 1699 年）等铭款。在意匠上受染织图案的影响，色调浓丽，有着与柿右卫门不同的趣味，随着柿右卫门名声的大振，早在正保三年（公元 1646 年）就开始向中国输出。其红彩秘方外泄之后，近邻名窑开始仿制。宽文年间（公元 1661～1672 年）在有田形成了红彩街，专为红彩画工们居住。有田瓷器由青花转向彩绘瓷之后，以贩卖地伊万里之名向全国推广，17 世纪中叶正保年间（公元 1644～1647 年）输出欧洲。首先在荷兰的 Delft 仿制，接着在德国麦森（Meissen）、法国鲁安（Rouen）、香琪（Chantlly）英国切尔西（Chelsea）等地生产出优秀作品。彩绘瓷大约百年间在欧洲各地的主要诸窑均烧成了大量产品。已如上述，柿右卫门、伊万里对欧洲的陶瓷器艺术作出了贡献。

日本彩绘瓷向海外输出的同时，肥前瓷器传至九州各地，大村（长崎）的长兴窑和筑前（福冈县）的中野烧早已兴起，元禄以后又有了显著的飞跃。有名的锅岛烧也诞生了。当柿右卫门六代刚刚衰微时锅岛藩从有田岩谷川移至大川内，享保（公元 1718～1755 年）之初锅岛烧才建成。以烧白瓷、青花红彩绘青瓷为主。其精丽之处高于其他窑。以雍正窑彩瓷为范本烧成的精美的彩绘器是锅岛烧代表性品种，也是日本窑业的代表。

彩绘瓷发明后不久即传到加贺（石川县）和备后（广岛县）。差不多同时古九谷和姬谷烧也诞生了。姬谷烧创于宽文年（公元 1661～1673 年），陶工柿右卫门之名也传了过来，烧造了红彩、青花、青瓷。古九谷烧造了潇洒朴雅的红彩，受到好评。取得最优秀成果的是古九谷，由于在九谷村的金山发现了良质的瓷石。大圣寺藩主前田利治派炼金役后藤才次郎到有田地方学习掌握了红彩技法之后返乡用其瓷石烧成瓷器，这就是古九谷的起源。开窑于宽永未至明历初年（公元 1630～1657 年），废于贞享年（公元 1684～1687 年）或元禄初（公元 1688～1703 年）。古九谷是在粗糙的瓷胎上挂上钝厚的釉，以强劲的线条，描绘大胆的图案，有着柿右卫门的锅岛所不见的豪放的情趣，足以代表日本彩绘瓷器。号称古九谷的瓷器数量甚多。有的与明末清初（17 世纪中期）的瓷器相通，还有的很像古伊万里，所以迄今对柿右卫门、姬谷、古九谷三窑的区别难以简单地说明。

古九谷废窑后，古九谷风格的瓷器便中断了。可是文政六年（公元 1823 年）大圣寺藩的豪商吉田屋传右卫门在古九谷近处建吉田屋窑将其继续烧造下去。之后移至山代而扩大了，在器胎上涂黄、绿、蓝、紫的彩釉，虽然在釉与纹上极力模仿九谷，但缺少古九谷那样的雅趣。以后由宫本屋窑、九谷本窑（山代）接续下来，因而作风也改变了，由饭田八部右卫门做成的称作"八郎手"。精微高雅的金襕手（金彩），则是后来的九谷金襕手之范本，还请来京都的金襕手名人和全计议改良。由能美郡庄三创成被称作"彩色金襕手"的新绘器是在诸色上加金、银二彩的艳丽的彩绘。在幕末加贺诸窑这种金襕手也十分流行。除了上述古九谷直系的彩绘之外，为了奖励国产还从京都请来青木木米，于文化（公元 1304～1817 年）初年开创了春日山窑，以中国画法为主，烧造了青瓷、青花、红彩等瓷器。因加藩紧缩财政，木米离职，遂而于文政（公元 1818～1829 年）初年废窑。相传从京都来的木米的助手本多贞吉于文化年间受聘于能美郡若杉村创建了若杉烧，这就是能美陶的源流。肥前的陶画工勇次郎来到若杉村传授了依照伊万里风格的红彩新式彩绘样式，还有从若杉窑本多贞吉学习陶法的粟屋源右卫门，他研究了一种快活精巧的做工之后创成了粟生屋烧，对此地窑业的发展作出了贡献。

柿右卫门发明的彩绘瓷器传播到外地，在京都由仁清应用到陶器上，在这里彩绘陶器也得到了发展的机会。其典雅华丽的彩绘作为"京烧"，成为日本窑业的主流之一，仁清本是丹波的陶工，到了京都在御到设窑并加以经营，其基础可能是以濑户为主，加入当时的京烧和他的丹波烧，他所做之器表现了辘轳之妙，或加以雕塑天才。掺入舶载茶壶的形式而成的独特的、完美优雅的造型，从现存十几件茶壶可以看出他那精致的技巧。当时其他各窑彩绘瓷器都或多或少地显现出中国风格的影响。而仁清烧的华丽的彩绘完全是醇醇的日本意匠，鉴于此，可以说是由仁清首创了日本样式的彩绘。当时，从日本桃山时代勃兴起来的复古思潮泛滥于公卿等贵族之间，仁清自然会受到这一客观背景的庇护。相传还受到茶人金森宗和在设计上的指导，进而设计了金、银彩，采取莳绘手法，还学习了当时的绘画，加上他的非凡天才和苦心经营而获得成功。从其铭印的使用方法来看，他对制作的用心绝不低于第一流画人，他占据了日本彩绘最高峰的地位。仁清样式在京烧有清水、粟田。清水有御室、粟田口、御菩萨、押小路、清闲寺、音羽。清水的诸窑烧造，随着抹茶趣味的流行。至江户中期，由粟田烧的锦光山、宝山岩、仓山、带山等长久地将其特色传递下去。元禄时（公元 1688～1703 年）受到仁清感化的乾山在鸣泷村建窑，给乐烧以轻妙洒脱或华丽优美的意匠，与仁清稍呈异彩并有着日本情趣，而提高了京烧之名望。晚年他移居江户入谷，其特色依然影响到以后的陶工，更重要的是这种仁清样式普及到其他地方。早期是高松烧，中期以后是太和的赤肤烧、备前虫明烧、淡路烧等，万古烧和安东烧也受到了京烧的感化。万古烧是伊势桑名的豪商沼波弄山在元文（公元 1736～1740 年）时创于小向村的。有异国趣味而受到尊重。安东烧是万古的工人瑞牙在宽保年间（公元 1741～1743 年）于津烧成。有着朴雅之趣堪与万古匹敌。如此繁华的京烧在乾山殁后却有点不景气了，至文化—文政年间（公元 1804～1829 年）清水烧又重新制造瓷器，当时流行于文人之间的煎茶趣味给予京烧以很大影响，这样清水烧瓷器压倒了先前日本风的彩绘陶器，成了京烧之主流，而它的日本样式却转变为中国风，在京烧史上划出一期，产生了另一个黄金时代。带来这一发端的是奥田颖川，他新制成了中国趣味的青花和吴须赤绘瓷器。据说后者超过了中国产品。其门下有木米、仁阿弥、龟祐等名工，至文化、文政、文保（公元 1804～1843 年）时，成为京烧的中心。木米研究翻刻朱笠亭的《陶说》，与濑山阳和田能村竹田等学者文人交往甚密，自己也善画文人画，如此这般从"学"进入"陶"，他的青花、青瓷、南蛮写及交趾写的煎茶器，都有着不同于一般陶工的气质与品格。仁阿弥工巧雕塑，多才多艺，绘了各种陶瓷，特别著名的是仁清写。弟周平在红彩上已凌驾其艺，钦古堂龟祐善制青瓷，并且出了几个名工，其中清水六兵卫是五条坂的代代名工，他独立成风叫做六兵卫风，给京烧增加了一种样式。据说岗田久太曾指导木米使用辘轳。在吴须，木米的亲友多才多艺的龙文堂安平以其高雅的红彩在幕末京烧中被称为名工。木米门下的真葛长造擅于仁清写；学于仁阿弥的清风与平画青花，三代道八门下的三浦竹泉擅作中国写。这些名工多数属于清水系，夸誉过清水烧的全盛。另放异彩的还有永乐，代代都是土风炉师。十代了全转业陶工，其子保全与木米、仁阿弥并称为当时的三名工，他巧于祥瑞写，其仁清写堪与仁阿弥比肩，子和全也是金襕手的名工。正如上述，京烧的盛况促使京都诸窑及其名工与地方诸窑之关系紧密起来了。木米正如前述在加贺春日山复兴了加贺窑业，龟祐对三田烧，仁阿弥在嵯峨一方堂，四国三本松的赞窑以及与真葛一起参与了备前虫明烧，周平创始了淡路烧，保全与仁阿弥和旦人一起受纪州偕乐园烧之招募，在仿明代法花和交趾写上显示了他的特色，还参与彦根湖东烧和摄津高槻烧。湖东擅长红彩，和全在九谷烧也指导了金襕手，其他如近江的湖南，姬路的东山，出云的乐山，肥前的白石等，均受到京烧颇多的影响。

有田瓷器已如上述，很早已给他国以大的影响并促进他们的发展，九州早已传给长与烧（长崎县）和中野烧（福冈县），至宽政（公元 1789～1800 年）时网田烧（熊本县），文化（公元 1804～1817 年）时龟山烧（长崎县），安政（公元 1835～1859 年）时萨摩的平佐烧（鹿儿岛县）兴起了。龟山是文人青花，平佐彩绘虽然浓丽而像肥前瓷器，与平佐鳖甲一起为人所知，平户烧（长崎县）是由归化陶工开设，但有清朝窑风的纤细清晰的特色。文化、文政以来的有田瓷器的影响普及全日本，相继出现了几个瓷器窑。中国地方的吉成、久村、洞山，四国的砥部、能茶山，近畿的出石、男山、东山、湖东，东海的濑户，远方东北的会津、切込是其主要的窑业，而其中特别值得注意的是濑户窑。濑户是日本窑业的中心，但由于受到德川藩严厉的保护政策的干涉，至江户中期便逐渐衰微了。可是在文化初年加藤民吉掌握了肥前瓷器的技法，最初制造青花瓷器成功之后，再次呈现了往年的生机。那里称旧陶窑为"本业"，这种新瓷器为"新制烧"，遂而得到迅速的发展，取代本业成为濑户窑的主流。再从美浓、多治见向东海一带扩展，与西边的伊万里一并若说窑器或是唐津或是濑户器，出现了二分日本窑业界的大发展。随着这种情况本业方面也复兴了。不辱持有古老传统的名望。还有从濑户风开始的犬山烧（爱知县）后来又引进京风，烧成了吴须红彩风的优品。其他由吉向行阿开始的大阪吉向烧，烧成了青花、交趾写的逸品，飞弹高山附近的涩草烧沿袭九谷之风生产了青花、红彩和青瓷。

如上所述，日本窑业在江户末期窑数急增，地域分布广阔，产量增加，作为一般日常用具与生活联系起来了。明治维新之际都经历过短暂的衰落。之后采取西洋式的制陶法，改良技术、材料、燃料还有使用机械辘轳，使窑业得到迅速的发达，由过去的家庭工业移向工场经营，其产量庞大起来，作为输出贸易商品占有重要地位。另一方面，还陆续涌现了优秀作家，作为工艺美术品的技法也进步了。所以在较短的时间内陶器作为用器则不必赘言，作为玩赏的对象，以至它在日常生活中成为不可缺少的内容了。

以上有关中国、朝鲜、日本在古代美术工艺领域相互学习、引进、模仿、创造等史实说明，从汉至宋中国古文化对古朝鲜、古日本的影响是十分明显的。中国是辐射源，向朝鲜半岛、日本列岛（主要是九州）辐射，传播了政治、经济以及儒家和佛教等文化。在此所讲的中朝日三国的美术工艺的交流或许是微不足道的历史陈述，但是对我们文物工作者来说却是不可忽视的研究任务。这本讲义所列举的资料与看法虽然是比较零碎而又陈旧，不能全面地反映20世纪下叶以来有关中国、韩国、朝鲜和日本学术界科学研究的新成果。这是受到主客观条件的制约，不是短期所能解决的，但是"聊胜于无"，已经开了一个头，我们已经迈出一步，总是一件有益的良好开端。期盼着今后高水平的中朝日三国美术工艺交流的专著早日问世。

参 考 书 目

[1] 《世界美术全集》9，日本Ⅰ、15。Ⅱ、21。日本Ⅲ、雕刻、绘画、工艺。

[2] 《改订东洋美术全史》松原三郎编，泉宏尚《第一章朝鲜 美术》。

（原文为1988年9月5日讲义）